21世纪普通高等教育
法 学 系 列 教 材

合同法学教程

隋彭生 著

中国人民大学出版社
·北京·

图书在版编目（CIP）数据

合同法学教程／隋彭生著. --北京：中国人民大学出版社，2021.8
21世纪普通高等教育法学系列教材
ISBN 978-7-300-29544-2

Ⅰ.①合… Ⅱ.①隋… Ⅲ.①合同法-法的理论-中国-高等学校-教材 Ⅳ.①D923.61

中国版本图书馆CIP数据核字（2021）第120303号

21世纪普通高等教育法学系列教材
合同法学教程
隋彭生 著
Hetongfaxue Jiaocheng

出版发行	中国人民大学出版社		
社　　址	北京中关村大街31号	**邮政编码**	100080
电　　话	010－62511242（总编室）		010－62511770（质管部）
	010－82501766（邮购部）		010－62514148（门市部）
	010－62515195（发行公司）		010－62515275（盗版举报）
网　　址	http://www.crup.com.cn		
经　　销	新华书店		
印　　刷	北京市鑫霸印务有限公司		
规　　格	185 mm×260 mm　16开本	**版　　次**	2021年8月第1版
印　　张	23.5 插页1	**印　　次**	2022年4月第2次印刷
字　　数	639 000	**定　　价**	55.00元

作者简介

隋彭生 中国政法大学民商法教授，中国政法大学合同法研究中心主任，讲授民法、合同法、公司法等课程。注重研究教学关系、教学规律，授课受到广泛欢迎。授课及理论研究注重联系实际、解决现实问题，善于分析复杂的法律关系。出版《合同法要义》《合同法论》《民法新角度》《用益债权原论》等著作，发表数十篇民法学术论文，学术上有独立的见解和观点。目前重点研究民法中的合同法律制度和占有法律制度。

前　言

合同法律制度是民事法律制度的组成部分，合同法学是以合同法律制度为基础而形成的理论体系。本书名为《合同法学教程》，对合同制度与合同法学的一般理论进行了简明阐释，作为教材，在阐述中尽量采用“通说”。

合同法不仅与经营者的经营活动密切相关，也与民众的日常生活密切相连，因而“适用频率”极高。法律校、院、系，几乎没有不设“合同法”或合同法学课程的。在《民法典》通过之后，仍很有必要将其作为独立的课程来设置。

全国人民代表大会第十三次会议通过了《中华人民共和国民法典》，法典于 2021 年 1 月 1 日生效，原《中华人民共和国合同法》等相关法律同时废止。《民法典》涵盖了原《合同法》的内容，对合同法律制度有所调整和增补，使合同法律制度更加完整和充实。本书以《中华人民共和国民法典》“总则编”“合同编”为依据，参考了最高人民法院有关司法解释，系统、全面地介绍、阐释了合同法的基本原理和基本规则，侧重基本知识、基本技能的传授和训练。

本书注重结合实务，回应了实务上的一些热点问题；采用“夹叙夹例”等表述方法，有大量压缩饼干式的案例，有以案释法的效果，有利于加强读者对法律的“直观了解”，提升其阅读兴趣。

《民法典》“合同编”分为三个分编，第一分编“通则”，第二分编“典型合同”，第三分编“准合同”。本书基本按法典的体例，按章、节撰写。

本书在每章之后附有“思考题”，思考题一方面注意用题来提炼、提示本章的重点内容，另一方面参考了法学硕士、法律硕士的考题，可作为法学硕士入学考试的参考。

本书按教材体例撰写，适合本科生阅读，也可以作为其他层次教学的参考书或作为各类职业培训的教材；因比较贴近实务，也可作律师的执业参考书。

欢迎读者、教师到我的微博（隋彭生民商法）就本书的观点、案例分析进行探讨，也欢迎大家提出批评和建议。

中国政法大学合同法研究中心主任、教授　隋彭生

2021 年 5 月 23 日

前言

本书采用的缩略语和条文引注

（一）缩略语

1.《中华人民共和国民法典》——《民法典》

2.《最高人民法院关于适用〈中华人民共和国民法典〉时间效力的若干规定》——《民法典时间效力规定》

3.《最高人民法院关于适用〈中华人民共和国民法典〉物权编的解释（一）》——《物权编解释（一）》

4.《最高人民法院关于适用〈中华人民共和国民法典〉有关担保制度的解释》——《担保制度解释》

5.《最高人民法院关于审理买卖合同纠纷案件适用法律问题的解释》——《买卖合同解释》

6.《最高人民法院关于审理商品房买卖合同纠纷案件适用法律若干问题的解释》——《商品房买卖合同解释》

7.《最高人民法院关于审理民间借贷案件适用法律若干问题的规定》——《民间借贷规定》

8.《最高人民法院关于审理城镇房屋租赁合同纠纷案件具体应用法律若干问题的解释》——《城镇房屋租赁合同解释》

9.《最高人民法院关于审理建设工程施工合同纠纷案件适用法律问题的解释（一）》——《施工合同解释（一）》

10.《最高人民法院关于审理物业服务纠纷案件适用法律若干问题的解释》——《物业服务纠纷解释》

11.《最高人民法院关于审理民事案件适用诉讼时效制度若干问题的规定》——《诉讼时效规定》

（二）条文引注

引用条文注明引自何部法律或司法解释，条文采用尾注方式，未注明来源的，均引自《民法典》。分为加引号和不加引号两种。例1："合同是民事主体之间设立、变更、终止民事法律关系的协议。婚姻、收养、监护等有关身份关系的协议，适用有关该身份关系的法律规定；没有规定的，可以根据其性质参照适用本编规定"（第464条）。例2：出卖人依据第642条第1款的规定取回标的物后，买受人在双方约定或者出卖人指定的合理回赎期限内，消除出卖人取回标的物的事由的，可以请求回赎标的物（见第643条第1款）。

目　　录

第一章
合同法概述

第一节　合同的概念、法律特征和分类

一、合同的概念

《民法典》第464条第1款（合同编，即第三编）规定：“合同是民事主体之间设立、变更、终止民事法律关系的协议。”第1款所说的合同，是作为平等民事主体的自然人、法人、非法人组织之间设立、变更、终止债权债务关系的协议，即合同编所规定的合同，是债权合同，本书是对债权合同的介绍、阐释。

债权合同是一种意定法律关系，合同，也称为合同关系、合同法律关系。合同，区别于合同凭证。比如，火车票只是客运合同法律关系的凭证（书证）。再如，甲向乙出卖房屋，双方签订了一份合同书，该合同书生活中通常被称为合同，但它只是合同（合同法律关系）的凭证，是记载权利义务关系的书证。

协议，是合意，就必要内容意思表示一致，为达成合意。

合同主体不同于合同的签订主体，比如甲代理乙与丙签订合同，甲是签订主体，不是合同权利义务的承担者，乙与丙是合同主体，是合同权利义务的承担者。

二、合同的法律特征

对合同的法律特征，一般从缔约行为（原因法律事实）和缔约产生的合同法律关系（结果法律事实）两个角度表述。我们有时说合同是双方、多方法律行为，有时说合同是债权债务法律关系，这是从不同角度而言的。

（一）从缔约行为展现的法律特征

（1）合同是双方或多方法律行为。

“民事法律行为可以基于双方或者多方的意思表示一致成立，也可以基于单方的意思表示成立”（第134条第1款）。法律行为以意思表示为要素。双方的意思表示一致成立的是双方法律行为，多方的意思表示一致成立的是多方法律行为，单方的意思表示成立的是单方法律行为。单方法律行为只有一个意思表示，不可能成立合同。有些合同行为是单方法律行为，如行使解除权的行为、免除对方合同债务的行为等。

《民法典》规定的典型合同，绝大多数是双方法律行为，双方法律行为基于对立的两个意思表示一致而成立。比如，甲对乙发出要约：“这台电脑1万元卖给你。”乙表示同意（承诺）。甲和乙的意思表示内容相同、方向相反、取得一致，即构成了双方法律行为。

《民法典》上的合同，也可以基于多方的意思表示一致而成立。比如，甲、乙、丙订立了合作开发技术的合同，意思表示一致即构成多方法律行为。

双方或者多方就必要内容（必要条款）的意思表示达成一致，即构成合意。

(2) 合同作为双方或多方法律行为，可以创立法律关系，也可以变更或终止既有的法律关系。

合同是设立、变更、终止民事法律关系的法律行为。分解来看，可以是设立法律关系的行为，比如，甲、乙订立2万元的买卖合同；也可以是变更既有法律关系的行为，比如，甲、乙协商一致将价款2万元的买卖合同变更为1.8万元；还可以是终止既有的法律关系的行为，比如，甲、乙协商一致解除了上述2万元的买卖合同。

（二）从缔约结果展现的法律特征

1. 合同是平等民事主体之间的协议

合同当事人的法律地位平等，不存在从属关系、强制关系。比如，某国家机关与某公司签订了买卖合同，双方的主体资格是平等的。合同的主体有自然人、法人和非法人组织。

自然人是依照自然规律出生，具有自然生命形式的人。自然人的民事权利能力平等，完全民事行为能力人、限制民事行为能力人、无民事行为能力人都可以成为合同主体。中国人、外国人和无国籍人都可以成为合同的主体。

法人是具有民事权利能力和民事行为能力，依法独立享有民事权利和承担民事义务的组织。法人包括营利法人、非营利法人和特别法人。法人是独立的民事主体，不同所有制，不影响法人在民事活动中的主体平等性。

非法人组织是不具有法人资格，但是能够依法以自己的名义从事民事活动的组织。非法人组织包括个人独资企业、合伙企业、不具有法人资格的专业服务机构（如律师事务所、会计师事务所）等。中国法人、非法人组织和外国法人、非法人组织都可以成为合同主体。

2. 合同是当事人之间的意定债权债务法律关系

《民法典》合同编所说的合同，是债权合同，是当事人通过实施法律行为创设的债权债务法律关系，即合同是当事人之间的意定债权债务法律关系。债权债务关系是民事法律关系。身份合同（如监护协议、收养协议等）不是债权合同。

三、合同的分类

（一）典型合同与非典型合同

1. 典型合同与非典型合同的含义

法律对常见合同类型赋予特定的名称并为其单独设定具体规则，这种合同称为典型合同，也称为有名合同。《民法典》合同编和其他编（如物权编规定的担保合同、人格权编规定的肖像许可使用合同①）所规定的合同都是典型合同，其他法律及行政法规所规定的合同也是典型合同。

典型合同，一般以非金钱给付作为基准，结合有无对价予以认定。比如，甲公司购买乙公司的一台激光切割机，乙公司交付激光切割机的债务是非金钱之债，甲公司交付价款的债务是金钱之债。至于双方之间的合同，按照乙公司的给付，确定是转移所有权的合同，结合甲公司的价金给付，认定为是有偿合同中的买卖合同。

非典型合同也称为无名合同，是法律（民法典和其他法律、行政法规）没有冠以特定名

---

① 担保合同、肖像许可使用合同都是债权合同。

称，未为其单独设定具体规则的合同。

当事人订立的合同有时包含两个以上典型合同法律关系，此种合同称为混合合同。例如，张甲将一栋小楼出租给乙，又约定乙雇佣张甲打扫卫生，此是租赁与雇佣的混合，该“租佣合同”是非典型合同（无名合同）。

2. 典型合同与非典型合同区分的意义

典型合同与非典型合同区分的意义主要在于法律的适用不同。如买卖合同，《民法典》为其设置了一套完整的规则。非典型合同可以参照适用有关典型合同的规则。“本法或者其他法律没有明文规定的合同，适用本编通则的规定，并可以参照适用本编或者其他法律最相类似合同的规定”（第467条第1款）。

（二）诺成合同与实践合同

1. 诺成合同与实践合同的含义

诺成合同是当事人双方意思表示一致即成立的合同。如买卖合同、供用电合同、赠与合同、租赁合同、保理合同、中介合同、保证合同等都是诺成合同。《民法典》物权编规定的质押合同也是诺成合同。①

实践合同又称为要物合同。这种合同，当事人双方意思表示一致时尚不成立，在交付标的物时才成立（见第586条、第679条、第890条）。如自然人之间的借款合同就是实践合同，李某向张某借款1 000元，张某同意出借，双方意思表示一致，但借款合同并未成立，当张某将1 000元交给李某时，合同才成立。

诺成合同是合同的常态，实践合同是合同的非常态。法律对合同的实践性（交付成立）专门作出规定的，是实践合同；没有作专门规定的，该合同就是诺成合同。有时出于技术上的原因，对诺成合同也会作出专门规定（如第905条），这是个别情况。

2. 诺成合同与实践合同区分的意义

诺成合同与实践合同区分的意义，在于合同成立的要件不同。实践合同的债务人可以通过不交付标的物来行使“反悔权”，且不因此承担责任。实践合同在成立前，对约定给付的债务不能强制执行。

在实践合同成立之前，双方当事人之间已经形成了法律关系，但不发生给付效力，这种法律关系是“合同前法律关系”，类似于单务预约。

诺成合同与实践合同都是在依法成立时生效。诺成合同可以通过附生效条件使成立与生效处在两个时间节点上。表面看，实践合同以交付标的物为成立要件，因而不能附生效条件；实践合同的成立要件并非强行性规定，是可以突破的，可以直接将实践合同约定为诺成合同，也可以约定附生效条件，附生效条件意味着其变成了诺成合同。

（三）要式合同与不要式合同

1. 要式合同与不要式合同的含义

“要”是要件，“式”是形式、方式。要式合同是法律、行政法规要求或者当事人约定合同采用特定形式才能成立的合同。“民事法律行为可以采用书面形式、口头形式或者其他形式；法律、行政法规规定或者当事人约定采用特定形式的，应当采用特定形式”（第135条）。

要式合同分为法定要式合同和意定（约定）要式合同。例如，法律、行政法规规定某种合同应当采用书面形式，这种合同就是法定要式合同。再如，双方当事人在预约中约定以书面合同形式签订本约，该本约就是意定要式合同。对一个不要式合同，当事人采用了特定形式，这

① 《民法典》第429条规定：“质权自出质人交付质押财产时设立。”质押合同是债权合同，在达成合意时“成立”；质权是动产物权，在交付时“设立”。

个合同就是意定要式合同。

不要式合同是法律、行政法规或者当事人未特别要求具备特定形式即可成立的合同。如李某到商店买一台电视，无须使用具备特别形式的合同书，无须经过特别的手续，交钱就可提货，李某与商店买卖电视的合同就是不要式合同。

在立法上，不要式合同是常态，要式合同是非常态，没有作出专门规定的，就是不要式合同。

2. 要式合同与不要式合同区分的意义

要式合同与不要式合同区分的意义，主要在于合同成立的要件不同。例如，甲与乙口头达成了技术许可合同的合意，但由于该合同应当采用书面形式（见第863条第3款），是要式合同，则该口头技术许可合同不成立，双方也就不负担履行合同的义务。如果甲与乙口头约定一周内签订技术许可合同，则预约成立，预约是不要式合同（见第495条）。

没有采用法定形式，其结果也可能导致合同的效力状态发生变化。如《民法典》第707条规定："租赁期限六个月以上的，应当采用书面形式。当事人未采用书面形式，无法确定租赁期限的，视为不定期租赁。"

（四）双务合同与单务合同

1. 双务合同与单务合同的含义

双务合同是当事人双方互负对待给付义务的合同。双务合同双方所承担的义务，呈对价关系。如买卖价值1 000元的一台电冰箱，出卖人移转电冰箱所有权的义务与买受人交付1 000元价款的义务是对价关系。

单务合同是指一方只负担给付义务而不享有权利，另一方只享有权利而不负担给付义务的合同。如果双方负担的义务不是对价关系，则该合同是不真正双务合同。不真正双务合同是单务合同的一种形态。如甲与乙签订了附义务的赠与合同，则该合同是不真正双务合同，本质还是单务合同。

2. 双务合同与单务合同区分的意义

（1）双务合同之双方给付义务，构成对待给付，即构成对价关系。双务合同的对价，要求对应、充分，差距过大称为对价不充分。单务合同是一方负担给付义务，没有对价关系。双务合同双方之义务，是同时成立的，具有成立上的牵连性。

（2）双务合同之双方的对待给付，具有履行上的牵连性。双务合同双方的履行，分为同时履行、先履行和后履行，由于履行上的牵连性，可以产生同时履行抗辩权、先履行抗辩权和不安抗辩权。单务合同因是一方履行义务，因此没有履行顺序的问题，不因履行上的牵连性而发生履行抗辩权。

（3）双务合同之双方的对待给付，具有消灭上的牵连性。比如，双务合同的甲方因不可抗力不能履行合同时，其给付的债务消灭，同时，其无权要求乙方履行，即乙方的给付债务也消灭。单务合同不发生消灭上牵连性的问题。

（五）有偿合同与无偿合同

1. 有偿合同与无偿合同的含义

根据合同当事人取得权利有无代价，可将合同分为有偿合同和无偿合同。有偿合同是指一方须给他方相应的利益才能取得自己利益的合同。给予他人利益而自己不取得相应利益的合同为无偿合同。有偿合同是交易形式，无偿合同不是交易形式。买卖合同、租赁合同、承揽合同、建设工程合同、有息借款合同、中介合同等都是有偿合同，赠与合同、保证合同等是无偿合同。委托合同可以是有偿的，也可以是无偿的。

有偿合同是双务合同，如买卖合同就是双务、有偿合同；无偿合同是单务合同，如赠与合同是单务、无偿合同。

2. 有偿合同与无偿合同区分的意义

(1) 对当事人行为能力的要求不同。有偿合同要求当事人具备相应的行为能力，如限制行为能力人订立的与其年龄、智力、精神状况不相适应的合同，经法定代理人追认后，该合同有效，但纯获利益的合同（无偿合同之一种）不必经法定代理人追认。

(2) 当事人的责任不同。有偿合同，债务人的责任较重；无偿合同，债务人的责任较轻。比如，有偿保管合同的保管人因过失造成保管物灭失、毁损的，应赔偿损失，即便是只有一般过失也不免责[①]；而无偿保管合同的保管人一般过失可以免责。

(3) 对善意取得的意义不同。善意取得是保护交易安全的制度。有偿合同是交易行为，如果无处分权人通过有偿合同将不动产、动产转让给第三人，第三人若为善意时，可以取得标的物的所有权。无偿合同不是交易行为，第三人通过无偿合同不能善意取得标的物的所有权。

(4) 对公平性的要求不同。有偿合同是交易行为，要求对待给付大体平衡，否则可能构成自始显失公平的合同（同时需要具备意思表示有瑕疵的主观要件）或者嗣后显失公平的合同（情事变更所致）。无偿合同是单方的付出，无所谓显失公平。

（六）主合同与从合同

1. 主合同与从合同的含义

根据从属关系，合同可以分为主合同和从合同。确立当事人之间交易关系的合同为主合同。以主合同的存在为前提，不能独立存在的合同是从合同。从合同一般是为了保证主合同确立的交易关系的实现而订立的，其独立存在没有意义或者根本不能独立存在。比如，一份买卖合同中规定了定金条款。这个定金条款实际上就是定金合同，是买卖合同的从合同。保证合同、抵押合同、质押合同、定金合同等是从合同。“主从”是相联系、相对应的概念。没有主，也就无所谓从；反之亦然。

2. 主合同与从合同区分的意义

区分二者的意义，在于说明它们之间的从属关系以及由此而产生的效力关系、命运关系。主合同无效，从合同也无效，当事人另有约定的除外。

例：甲卖给乙一批走私手表，甲先交货，乙后给钱，为乙提供担保的是丙。甲和丙之间的合同为从合同，甲和丙约定主合同无效，从合同继续有效。后丙拒绝承担担保责任，主张从合同无效。甲则主张：“主合同无效，从合同也无效，但当事人另有约定的除外。我们双方另有约定，因此从合同有效。”

解：这个关于从合同有效的约定，本身是无效的，因为它所担保的是一个买卖走私物品的合同。法律另有规定时，从合同才能单独发生效力。

应当指出的是，有关联的合同不一定是主、从合同。比如，《商品房买卖合同解释》第20条规定：“因商品房买卖合同被确认无效或者被撤销、解除，致使商品房担保贷款合同的目的无法实现，当事人请求解除商品房担保贷款合同的，应予支持。”其中，商品房买卖合同和商品房担保贷款合同就是两个独立的合同，但是，它们在效力上存在关联关系；而商品房担保贷款合同与为该合同设立的担保合同则是主、从合同。

（七）预约合同与本约合同

1. 预约合同与本约合同的含义

预约合同也称为预约。预约是指当事人约定于将来某一时间订立某一合同的合同。预约是

---

① 一般过失与重大过失相对应，也称为轻过失，但对初学者，轻过失易与抽象轻过失、具体轻过失相混淆，故本书采用一般过失的术语。在大陆法系民法中，过失按程度分为三级，即重大过失、抽象轻过失和具体轻过失，我国《民法典》未作此区分。

以订立另一合同（本合同）为内容的。本约合同又称为本约，是依照预约订立的合同。或者说，对预约的履行，就是订立本约。本约和预约不是主、从合同关系，没有效力上的从属关系，不能把本约称为主合同。

例：甲、乙双方于1月1日订立了一份合同，约定于同年4月订立买卖皮衣的合同，甲方为了向乙方保证自己4月将与其订立合同，还向乙方交了定金（立约定金）。后来，双方履行了1月1日的约定，在4月1日订立了买卖皮衣的合同。1月1日的合同就称为预约，4月1日的合同就称为本约。

预约也需有必要的条款，只是笼统地表示将来要订立某合同，但缺少订立本约的标准（标的、价款等）的，可以认定预约不成立。

预约合同分为双务预约和单务预约：双方都负担订立本约义务的，为双务预约；一方负担订立本约义务的为单务预约。例如，甲、乙1月份约定，至3月底之前，甲要求按预订书约定的价格购买乙的房屋时，乙应与甲订立买卖合同，这就是乙负担缔约义务的单务预约。

预约可以约定定金，担保本约的签订，这种定金是立约定金。定金是双向担保方式，约定立约定金的预约，是双务预约。

预约经常表现为认购书、订购书、预订书等。实务中，有的当事人虽然使用了这一类名称，但实际上就是一般的合同。判断是否为预约，要看当事人是否有再订立一个合同（本约）的合意。

2. 预约合同与本合同区分的意义

区分二者的意义，在于说明它们之间的履行关系。履行预约的行为，就是订立本约，而本约的履行多种多样。

“当事人约定在将来一定期限内订立合同的认购书、订购书、预订书等，构成预约合同。当事人一方不履行预约合同约定的订立合同义务的，对方可以请求其承担预约合同的违约责任”（第495条）。违反预约的责任，是违反合同的责任（违约责任），不是缔约责任。

对本约可以强制执行；对预约不能强制执行，否则就侵害了人的自由。

第二节　合同法的含义、适用及合同争议的解决

一、合同法的含义

合同法是民事法律制度的重要组成部分。本书所说的合同法，在广义上是指调整民事合同关系的法律规范的总称。合同法律规范，包括《民法典》总则编的有关内容、合同编、最高人民法院的有关司法解释及其他具有法律效力的规范。

《民法典》2021年1月1日生效时，1999年3月15日第九届全国人民代表大会第二次会议通过的《中华人民共和国合同法》（以下简称《合同法》）同时废止，至此，独立的“合同法典”，不复存在，包括合同法规范的《中华人民共和国民法总则》（以下简称《民法总则》）、《中华人民共和国民法通则》（以下简称《民法通则》）、《中华人民共和国担保法》（以下简称《担保法》）、《中华人民共和国物权法》（以下简称《物权法》）也同时废止。

二、合同法的适用

（一）合同法不调整具有身份性质的民事合同

本书所说的合同法，调整平等主体之间由合意产生的债权债务关系。不论是涉外关系还是

非涉外关系，合同法都予以调整。《民法典》第464条第2款规定：“婚姻、收养、监护等有关身份关系的协议，适用有关该身份关系的法律规定；没有规定的，可以根据其性质参照适用本编规定。”即身份合同适用“自己的”规定，没有规定的可以参照合同编对债权合同的规定。

（二）非因合同产生的债权债务关系对合同编通则的适用

《民法典》第468条规定：“非因合同产生的债权债务关系，适用有关该债权债务关系的法律规定；没有规定的，适用本编通则的有关规定，但是根据其性质不能适用的除外。”因合同产生的债权债务关系，属于意定之债。非因合同产生的债权债务关系，如《民法典》第七编规定的侵权责任、第三编（合同编）第三分编规定的准合同（无因管理、不当得利）等，属于法定之债①，它们适用自身的规定，没有规定的，适用合同编第一分编通则的有关规定。比如，债权人代位权、债权人撤销权、债权转让、债务转移、抵销、免除、混同等等都可以适用合同编通则的规定。合同编通则有类似于债法总则的作用。有些非因合同产生的债权债务关系按性质不能适用合同编通则的规定，例如，故意侵权人不能适用抵销的规定，即不能通知被侵权人将自己侵权产生的债务抵销。

（三）涉外合同的法律适用

合同一方或双方主体是外国人或无国籍人，属于涉外合同。《民法典》第12条规定：“中华人民共和国领域内的民事活动，适用中华人民共和国法律。法律另有规定的，依照其规定。”对于涉外合同，除适用《民法典》外，还要适用《中华人民共和国涉外民事关系法律适用法》（以下简称《涉外民事关系适用法》）的特别规定。

1. 意思自治原则和最密切联系原则

《涉外民事关系适用法》第41条规定：“当事人可以协议选择合同适用的法律。当事人没有选择的，适用履行义务最能体现该合同特征的一方当事人经常居所地法律或者其他与该合同有最密切联系的法律。”

（1）按照意思自治原则，涉外合同的当事人可以选择处理合同争议所适用的法律，但法律另有规定的除外。当事人可以选择适用中国的法律，也可以选择适用外国的法律。这种选择必须是明示的、合法的。

（2）最密切联系原则是意思自治原则的补充。涉外合同的当事人没有选择处理合同争议所适用的法律，适用与合同有最密切联系的国家的法律。“适用履行义务最能体现该合同特征的一方当事人经常居所地法律”，在学说上称为“特征性履行说”，是最密切联系原则的具体化。例如，与相对人履行的义务相比，出卖人履行交付货物的义务最能体现买卖合同的特征；银行履行交付贷款的义务最能体现借款合同的特征；银行履行担保义务最能体现担保合同的特征；承揽人履行加工、制作等义务最能体现承揽合同的特征；施工人的施工行为，最能体现施工合同的特征；等等。

2. 特定合同须适用中华人民共和国法律

“在中华人民共和国境内履行的中外合资经营企业合同、中外合作经营企业合同、中外合作勘探开发自然资源合同，适用中华人民共和国法律”（第467条第2款）。上述三种合同的法律适用，当事人没有选择的余地，即使选择了也是无效的。

例： 外商A与中国的企业B签订了中外合资经营企业合同，决定在天津设立一家中外合资经营企业。双方在合同中约定，如果发生争议，任何一方有权到设在外国的某仲裁机构申请仲裁。

---

① 意定之债包括因单方法律行为、双方法律行为、多方法律行为产生的债；非因法律行为产生的债，是法定之债，非因合同产生的债属于法定之债。

解：约定有效。本案法律适用，当事人没有选择的余地，应当适用中华人民共和国法律。但选择解决争议的法律与选择仲裁是两个不同的问题。合营各方根据有关仲裁的书面协议，提请仲裁，可以在中国国际贸易促进委员会对外经济贸易仲裁委员会仲裁，按该会的仲裁程序规则进行。如当事各方同意，也可以在被诉一方所在国或第三国的仲裁机构仲裁，按该机构的仲裁程序规则进行。

3. 国际条约和国际惯例的适用

（1）中国缔结或者参加的国际条约同中国的民事法律有不同规定的，适用国际条约的规定，但中国声明保留的条款除外。国际条约，是主权国家为确定相互之间在经济贸易等方面的权利义务而缔结的具有法律效力的书面协议。

（2）中国法律和中国缔结或者参加的国际条约没有规定的，可以适用国际惯例解决涉外合同的争议。国际惯例，是在国际贸易的长期实践中逐步形成的通用的习惯做法。

（四）合同法在时间上的效力

《民法典》自2021年1月1日起施行，《民法总则》《合同法》《担保法》等法律同时废止。

《民法典》将原《民法总则》作为自己的总则篇，合同编吸收了原《合同法》的绝大部分内容和《担保法》的部分内容。原《民法总则》自2017年10月1日起施行，原《合同法》自1999年10月1日施行，原《担保法》自1995年10月1日起施行。《民法典》与《民法总则》《合同法》《担保法》相同的内容，在适用上实际是有连续性的。《民法典》新增加内容，原则上不具有溯及既往的效力。①

三、合同争议的解决

（一）合同争议解决的途径

解决争议的途径有和解、调解、仲裁和民事诉讼。

1. 和解、调解

和解是当事人自行协商解决争议。这里所说的调解是指诉讼、仲裁程序以外的由第三人主持的调解。和解和调解都是当事人以自治的方式解决争议的方法，这两种方法成本比较低，解决争议的时间也较短。

自行和解成功、第三人调解成功，争议当事人达成的合意，称为和解协议，也称为和解合同。和解协议是常见的重要合同，但《民法典》没有将它作为典型合同专门作出规定。和解协议是法律行为，是债权合同，对和解协议的争议的解决，自可适用《民法典》对民事法律行为的规定及合同编的规定。

为保障和解协议的履行，可以约定违约责任和担保。当事人也可以对和解协议约定条件。对合同争议可以签订和解协议，对其他争议也可以签订和解协议。

例：张甲把李乙打伤，李乙检查、治疗花费5万元，二人约定，张甲如在3天内支付4万元，就免除剩下的1万元。

解：本案有两个法律关系：一个是侵权责任法律关系，一个是和解协议法律关系，前者是

---

① 《民法典时间效力规定》第1条就法律事实发生的“前”“后”“持续”的适用分三款作出了规定，第1款规定：“民法典施行后的法律事实引起的民事纠纷案件，适用民法典的规定。”第2款规定：“民法典施行前的法律事实引起的民事纠纷案件，适用当时的法律、司法解释的规定，但是法律、司法解释另有规定的除外。”第3款规定：“民法典施行前的法律事实持续至民法典施行后，该法律事实引起的民事纠纷案件，适用民法典的规定，但是法律、司法解释另有规定的除外。”第2条就“有利溯及”的适用规则作出了规定：“民法典施行前的法律事实引起的民事纠纷案件，当时的法律、司法解释有规定，适用当时的法律、司法解释的规定，但是适用民法典的规定更有利于保护民事主体合法权益，更有利于维护社会和经济秩序，更有利于弘扬社会主义核心价值观的除外。”

后者的基础法律关系。本案和解协议是附生效条件（随意条件）的合同，张甲期限届满若未履行和解协议，其就应当按原侵权责任法律关系履行。

对超过诉讼时效的债务，当事人也可以签订和解协议[①]，并按和解协议约定的履行债务的期限重新起算诉讼时效。

2．仲裁

仲裁，是指仲裁机构根据当事人的申请，通过仲裁程序依法作出裁决，以解决当事人纠纷的活动。当事人将争议提交仲裁，必须根据仲裁协议。仲裁协议是程序性合同，是排除民事诉讼管辖的依据，也是仲裁机构受理的依据。有了仲裁协议，当事人不能到法院提起诉讼。仲裁有国内合同仲裁和涉外合同仲裁。涉外合同的当事人可以根据仲裁协议向中国的仲裁机构或其他仲裁机构申请仲裁。对发生法律效力的仲裁裁决，一方拒不履行的，对方可以请求人民法院执行。仲裁实行一裁终局的制度，且一般不实行公开审理。当事人没有订立仲裁协议或者仲裁协议无效的，可以向人民法院提起诉讼，要求人民法院解决合同争议。

例：甲、乙签订的技术合同中有一解决争议的条款："发生争议，任何一方可向有管辖权的仲裁机构提起仲裁，或者向有管辖权的法院提起诉讼。"后来，双方就履行发生了争议，甲方向仲裁机构提起了仲裁，乙方则提出仲裁机构无权审理。请问：可仲可诉的约定是否有效？

解：《最高人民法院关于适用〈中华人民共和国仲裁法〉若干问题的解释》第7条规定："当事人约定争议可以向仲裁机构申请仲裁也可以向人民法院起诉的，仲裁协议无效。但一方向仲裁机构申请仲裁，另一方未在仲裁法第二十条第二款规定期间内提出异议的除外。"《仲裁法》第20条第2款规定："当事人对仲裁协议的效力有异议，应当在仲裁庭首次开庭前提出。"

乙方提出仲裁机构无权审理，等于提出了异议。因此，甲、乙双方可仲可诉的约定无效。

3．民事诉讼

发生合同争议，可以提起民事诉讼，由人民法院作出裁决。民事诉讼适用的程序法是《中华人民共和国民事诉讼法》。民事诉讼是解决民事争议的一种机制，当事人的诉讼请求得到人民法院的支持，须有实体法上的权利，比如，请求确认所有权、请求实现债权，须有《民法典》规定的所有权、债权。提起民事诉讼，一般需要提出证据。证明责任的归属，一般应由实体法予以规定，因为权利成立的要件，是实体法规定的。

（二）合同争议对诉讼时效的适用

1．诉讼时效概述

诉讼时效限制请求权。在立法层面，诉讼时效是权利人在法定期间内不向人民法院或仲裁机构请求保护民事财产权利，就丧失胜诉权的法律制度。丧失胜诉权不等于丧失诉权。在法律关系层面，诉讼时效完成（届满）是使义务人成立诉讼时效抗辩权的法律事实。

诉讼时效有"诉讼"二字，权利人在诉讼时效届满后提起民事诉讼的，人民法院不予保护。《民法典》第188条第1款规定："向人民法院请求保护民事权利的诉讼时效期间为三年。法律另有规定的，依照其规定。"第594条规定："因国际货物买卖合同和技术进出口合同争议提起诉讼或者申请仲裁的时效期间为四年。""三年"是普通诉讼时效，"四年"属于特殊诉讼时效，也是申请仲裁的特殊时效。

《民法典》第198条规定："法律对仲裁时效有规定的，依照其规定；没有规定的，适用诉

① 《诉讼时效规定》第19条第2款规定："当事人双方就原债务达成新的协议，债权人主张义务人放弃诉讼时效抗辩权的，人民法院应予支持。"

讼时效的规定。”[①]

“诉讼时效期间届满的，义务人可以提出不履行义务的抗辩”（第192条第1款）。诉讼时效完成（届满），并不消灭实体权利，只是消灭胜诉权或者说只是义务人成立诉讼时效抗辩权。例如，张甲对李乙有1万元债权，超过诉讼时效后，张甲对李乙的债权并不消灭，只是变成自然之债中的债权，李乙可以诉讼时效抗辩权对抗张甲的请求权。

2. 合同争议对诉讼时效的适用

这里的合同争议，是一个“大而化之”的说法，包括合同之债（意定之债）的争议，及与合同有直接关系的法定之债的争议。

合同之债，是约定之债，约定之债是意定之债的一种。被违约人（债权人）请求对方承担不履行或者履行不符合约定的违约责任，要受诉讼时效的限制。

与合同有直接关系的法定之债，包括无效合同之债、合同未成立之债及合同失去效力后依法产生的债。

无效合同之债、合同未成立之债，比如请求返还货款、赔偿损失等，受诉讼时效限制，就上述请求提起的民事诉讼，称为给付之诉。提起民事诉讼，请求法院确认合同无效或者合同未成立的，为确认之诉，不受诉讼时效的限制。

合同失去效力产生的法定之债，如合同被解除、合同被撤销后产生的赔偿损失等法定之债，受诉讼时效限制。

3. 合同约定的债务履行时间与诉讼时效的起算

诉讼时效是一种可变期间，“变”的原因包括中止、中断和延长。诉讼时效期间是否届满当然要考察有无“变”的法律事实，但首先要确定诉讼时效的起算日。

诉讼时效起算的基本标准，是主观标准（知道或者应当知道），另有规定的除外。[②]

对于合同之债（意定之债）诉讼时效的起算，应特别注意的是分期履行的债务和不定期债务。

（1）分期履行的债务是一个诉讼时效，不是一期一个诉讼时效。“当事人约定同一债务分期履行的，诉讼时效期间自最后一期履行期限届满之日起计算”（第189条）。“分期之债务，最后才起算。”例如，分期归还欠款，要从最后一笔到期不履行才开始计算诉讼时效。再如，分期付款的买卖，要从最后一笔货款到期不履行后才能起算诉讼时效。

（2）不定期债务，在债权人未主张的情况下，诉讼时效不起算、不进行。在债权人第一次主张，并给予债务人的宽限届满后，诉讼时效才能起算[③]，但债务人当即拒绝的，当天就起算。

例：甲（发包人）与乙（承包人），签订了施工合同，工程竣工后，双方签署了《竣工资料（档案）移交清单》，该《清单》载明乙工期延误300天。在《清单》签署三年后，甲起诉要求乙支付迟延300天的违约金。有人认为，甲在签署《清单》时就已经知道权利受到侵害，从签署《清单》时起计算请求支付300天的违约金已经超过了诉讼时效，应当驳回甲的诉讼

---

① 《中华人民共和国仲裁法》第74条规定：“法律对仲裁时效有规定的，适用该规定。法律对仲裁时效没有规定的，适用诉讼时效的规定。”

② 《民法典》第188条第2款规定：“诉讼时效期间自权利人知道或者应当知道权利受到损害以及义务人之日起计算。法律另有规定的，依照其规定。但是，自权利受到损害之日起超过二十年的，人民法院不予保护，有特殊情况的，人民法院可以根据权利人的申请决定延长。”

③ 《民法典》第511条规定：“当事人就有关合同内容约定不明确，依据前条规定仍不能确定的，适用下列规定：……（四）履行期限不明确的，债务人可以随时履行，债权人也可以随时请求履行，但是应当给对方必要的准备时间。……”

请求。

解：甲在签署《清单》前就已经知道权利受到侵害，签署《清单》只是明确了迟延的“天数”。从已知条件看，当事人并没有约定什么时候支付违约金，该300天工期迟延违约金是不定期债务，在甲第一次主张违约金且宽限届满后，才能起算诉讼时效。甲对乙的诉讼时效并未届满。

第三节　合同遵循、适用的民法基本原则

本书所谓合同遵循、适用的民法基本原则，是《民法典》规定的基本原则，不是合同法或合同领域的专门原则。《民法典》的基本原则，对合同行为有指导、规范作用，适用合同法的具体规则，不得违反基本原则。

一、平等原则

《民法典》第4条规定：“民事主体在民事活动中的法律地位一律平等。”合同是平等主体之间的法律关系。市场经济的客观规律决定了合同当事人必须是相互独立的，具有法律上的平等地位。无论当事人“身份”、经济力量、所有制有何差别，他们之间在合同关系中的地位是对等的，不存在强制关系和从属关系。任何一方不得强迫或采用其他非法手段使对方服从自己的意志。合同自由，是双方当事人的自由，一方的自由不能侵犯另一方的自由。合同自由，要求双方的意思表示真实和一致，真正达成合意。

平等是自由的基础，没有平等，就不可能真正实现合同自由。在平等的基础上，当事人可根据自己的具体情况和对利益的追求，自主地决定合同的订立及相关行为。法律地位的平等，可以使当事人在权利义务的分配上平等地协商，实现利益的平衡。平等原则要求当事人：(1) 在订立合同时，任何一方无权强制他人服从自己的意志。(2) 合同依法成立后，对当事人双方产生平等的约束力，不允许任何一方享有特权。(3) 合同发生纠纷时，当事人平等地受法律的保护。(4) 合同当事人没有单方处罚或惩罚对方当事人的权利。应当指出的是，合同约定违约金等，不属于“单方处罚或惩罚”。

二、自愿原则

《民法典》第5条规定：“民事主体从事民事活动，应当遵循自愿原则，按照自己的意思设立、变更、终止民事法律关系。”该自愿原则，落实到合同领域，可称为合同自由原则。合同自由原则反映了市场经济的本质要求。在我国市场经济体制下，确立合同自由原则的地位尤为重要。它的重要作用在于解放市场主体。给予当事人以何等程度的自由，反映了公平竞争的程度，也是衡量市场经济发达程度的标准。合同自由原则，排斥不正当竞争和非法垄断，为市场经济提供了活力。合同自由不是一个空泛的概念，它的基本内容有以下几个方面。

(1) 当事人可以自主地决定是否订立合同，除非为了公共利益，法律并不强制当事人缔约。

(2) 当事人可以自主地决定与谁订立合同，当事人可以根据需要选择交易对象或伙伴。

(3) 当事人可以自主地决定合同条件，在意思表示真实的条件下，当事人可以订立对价不充分的合同，这并不妨碍合同法对整个社会交易的公平性要求。

(4) 当事人可以选择合同的形式，也可以自主决定合同的类型，既可以缔结典型合同，也

可以缔结非典型合同。

(5) 从合意与法律的关系来看，当事人的合意，具有排除某些法律规范适用的效力，即按照合同自由原则，形成了"约定大于法定"的规则。当然，当事人在合同中排除法律规范的适用，只能排除任意性规范而不能排除强行性规范。

(6) 从争议的解决来看，当事人可以自主地决定解决争议的途径，当事人可以通过协商解决争议，也可以申请仲裁。如果当事人之间没有仲裁条款，他们可以起诉到法院，以解决争议。

三、公平原则

《民法典》第6条规定："民事主体从事民事活动，应当遵循公平原则，合理确定各方的权利和义务。"公平原则落实到合同法领域，主要是规范当事人之间的有偿合同交易关系，它要求合同当事人的权利义务要对等，不得显失公平。在有偿合同中，任何一方当事人既要享有权利，也要承担相应义务；取得利益的同时，要付出相应的代价。不能取之太多，付出太少。对相互独立的主体，法律禁止无偿平调或强迫进行不等价交换，而提倡和保障公正交易。权利、义务对等，要求双方当事人所享有、承担的权利、义务大体相当，不是指绝对等值，价格可以围绕价值变动。公平，不仅体现在两项对待给付的平衡上，还体现在对免责条款的限制、违约责任的承担和风险的承担上。免责条款指出现约定免责事由时，免除、限制当事人责任的条款。免责事由由当事人约定，法律一般承认其效力。但以下责任不得事先免除：(1) 因故意或重大过失所致责任；(2) 人身伤害的责任；(3)《中华人民共和国消费者权益保护法》禁止免除的责任。当违约情况出现时，令违约人承担的违约责任应当公平、合理，因违约产生的赔偿责任，要受法定规则（如合理预见规则等）的限制。对与损失不符的约定违约金，当事人可以请求法院或者仲裁机构予以调整。当风险出现，造成财产损失时，法律对损失的承担没有规定，当事人对损失的承担也没有约定时，应按公平原则要求当事人合理地承担或分担损失。

四、诚实信用原则

《民法典》第7条规定："民事主体从事民事活动，应当遵循诚信原则，秉持诚实，恪守承诺。"诚实信用最早是市场活动中形成的道德规范，以商品交换的存在为根据。通过立法将诚实信用的道德规范上升为一种法律规范，用以指导人们的民事行为，加强了对社会经济关系的调整。落实到合同领域，诚实信用原则要求当事人以善良的态度和善意的方式签约和履行合同义务，不滥用权利，在获得利益的同时充分尊重他人的利益和公共利益。诚实信用原则同时给法院解决合同纠纷赋予了很大的裁量权。诚实信用原则追求合同的公平，从诚实信用原则在合同法的地位和作用来看，它兼顾了自由与公平的要求，在二者之间起到了平衡作用。

(1) 合同自由，不是哪一方当事人的自由。诚实信用原则要求一方当事人在行使自己自由的时候，充分尊重他人的自由。双方自由，才是合同正义所要求的真正合同自由。按照诚实信用原则，当事人在订立合同时，要以诚相待，如实陈述自己的情况，包括身份（主体资格）、履约能力、财产状况、标的物有无隐蔽瑕疵等；对与成立合同有关的重要事实负有揭示义务；不得采用胁迫、欺诈等方式订立合同；不得利用他人危难订立合同；不得恶意串通订立危害他人和公共利益的合同。遵循上述要求，才能达到公平、公正的结果。

(2) 合同依法成立后，具有相当于法律的效力。当事人以合意的方式，将自己"锁"在债权债务的链条之中，只有通过履行，才能以正常的方式解开这个链条。诚实信用原则，要求当事人正确对待合同这个双方自由意志的产物。信守诺言，严格履行合同义务，不随意毁约。

(3) 双务合同的履行，需要双方的配合，诚实信用原则除要求一方当事人严格履行自己的义务外，还要求为对方的履行创造条件，不随意拒绝对方的履行。占有对方财产时，要尽善良管理人的注意义务。发现有危及合同目的的实现的情况时，有及时通知的义务和采取合理措施减少损失的义务。遵循上述要求，可以降低缔约成本和履约成本，实现最大效益。

(4) 双务合同中，当事人既享有权利，又承担义务。诚实信用原则的内容之一，就是权利不得滥用。如在行使解除权和履行抗辩权的时候，要出于善意，不得恶意使对方处于不利的境地。

(5) 当存在合同条款不清、矛盾的情况时，应依诚实信用原则解释合同条款、履行合同义务。

(6) 在双务合同中，当事人的利益是对立的，但诚实信用原则要求当事人在发生争议时，如实陈述事实和自己的真实意图。这可以视为是对自己利益的保护，也可以视为对对方利益的尊重。在这里，诚实信用要求的是一种品格，这种品格的展现，意在维护和追求公正的结果。这种品格，还要求当事人不利用对方违约获得非分利益。

总之，诚实信用对于合同正义，是一种维护。当事人遵循诚实信用原则，才可能使合同自由得到真正体现，才可能达到公平、公正的结果。

五、守法与公序良俗的原则

《民法典》第8条规定："民事主体从事民事活动，不得违反法律，不得违背公序良俗。"合同行为应当在法律框架内实施。合同所追求的目的和实施结果，都不得违背公序良俗。公序，是指社会公共秩序（生活秩序和市场秩序），是社会公共利益的体现。良俗，是指善良风俗。应当注意的是，善良风俗可因地域的不同而有所区别，会因时代的发展而发生变化。

(1) 该项原则，落实到合同行为上，要求当事人在合同订立、履行、变更、解除、解决争议等各个环节都遵守法律、行政法规的规定，不得违背法律、法规强行性的规定。

(2) 该项原则体现了对合同自由的适度限制。其一，当事人有自主决定是否订立合同、与谁订立合同、如何确定合同内容的基本自由，但为了执行国家计划、维护社会公共利益，法律可强制当事人订立某些合同或强制要求合同的内容（见第494条）。其二，从保护社会整体利益出发，公益单位的缔约资格受到限制。如《民法典》683条第2款规定："以公益为目的的非营利法人、非法人组织不得为保证人。"

(3) 该项原则要求当事人订立的合同不具有社会危害性，不能过失或故意地危害社会公共秩序和善良风俗。合同是当事人之间的关系，具有相对性，但毕竟不能脱离社会而存在，要受公序良俗的制约。比如，当事人不得利用合同进行不正当竞争、偷逃税款或恶意串通危害第三人的利益。再如，当事人不得订立赌博合同、卖淫合同、传播淫秽物品的合同等。

六、绿色原则

《民法典》第9条规定："民事主体从事民事活动，应当有利于节约资源、保护生态环境。"该条规定的原则，被称为绿色原则，也称为环境保护原则。绿色原则贯彻了宪法保护环境的要求，是改善人与环境关系的倡导性原则，体现了天地人和、建设生态文明、实现可持续发展的理念。因此，合同行为，也应遵循绿色原则。

第四节　合同的解释

一、合同解释的含义和有关学说

合同解释是对有争议的合同内容及合同行为含义和意义的理解和确认。具体地说，合同的解释，包括对合意的解释，也包括对要约、承诺、解除、撤销、抵销、免除等一方意思表示的解释。

合同解释是合同法理论中具有普遍意义的问题，也是实务经常面对的问题。

《民法典》第466条第1款规定："当事人对合同条款的理解有争议的，应当依据本法第一百四十二条第一款的规定，确定争议条款的含义。"第142条第1款规定："有相对人的意思表示的解释，应当按照所使用的词句，结合相关条款、行为的性质和目的、习惯以及诚信原则，确定意思表示的含义。"据此，对有相对人的意思表示采表示主义，此种解释方法学理上也称为规范解释，这是通过对表示行为的解释确定"意思表示的含义"，即这种解释要探究并确定符合规范的表示行为的客观意义，而不是探究表意人内心的真实意思。[①] 合同是有相对人的意思表示，因而合同的解释适用该款规定。

表示主义认为：合同本质不是当事人的内心意思，而是当事人的表示意思。在表示意思与内心意思不一致的情况下，以外部表示为准，以保护相对人的信赖利益。

有相对人的意思表示的解释规则和原则，包括文义解释规则、整体解释规则、行为性质和目的解释规则、按习惯解释规则及诚实信用原则。

二、合同解释规则、原则

（一）文义解释

文义解释是指依据合同条款所使用词句的通常含义进行解释。对合同应当首先进行文义解释。通常含义，要结合合同的类型和背景等来确定，比如，日常生活所使用的词句的通常含义与某技术领域所使用的词句的通常含义是不同的。

例：甲（发包人）与乙（承包人）签订了建设工程合同，由乙为甲建造一座桥梁。该合同就一笔专款写道："甲提供该笔款项，用于购买钢筋、木材、水泥等。"后来，乙不但用这笔专款购买了钢筋、木材、水泥，还购买了40台小彩电给施工工人使用。甲指责乙用款不当，乙辩解说："这40台小彩电就是'等'里面的，即'等'包括小彩电。"

解：此案合同中的"等"，可以适用文义解释规则、目的解释规则。文义解释：钢筋、木材、水泥是建材，因此"等"是钢筋、木材、水泥以外的建材。目的解释：合同的目的是乙为甲建造桥梁，购买小彩电与合同目的的实现没有直接关系，故"等"不包括小彩电。

（二）整体解释

整体解释又称体系解释，是指对有争议的条款、词句解释时，要考察其与整体的关系。合同的条款要互相解释，以确定每一条款从整个行为所获得的意义。如果不把有争议的条款或词

---

① 与之对照的是《民法典》第142条第2款："无相对人的意思表示的解释，不能完全拘泥于所使用的词句，而应当结合相关条款、行为的性质和目的、习惯以及诚信原则，确定行为人的真实意思。"据此，对无相对人的意思表示的解释采意思主义，学理上也称为自然解释。这种解释要探究、确定行为人内心的"真实意思"，即表意人有权要求按内心真实意思发生效力。

句与上下文和其他有关联的条款联系起来考察，而是孤立地去探究它的一般意思或可能具有的意思，则很容易走入歧途。

（三）按合同性质和目的解释

（1）合同性质可以从多方面来看，比如，是有偿合同还是无偿合同，是给付财产的合同还是提供劳务的合同，等等。合同性质不同，权利义务自有所不同。解释合同不能脱离合同的性质。例如，无偿合同应作对债务人一方有利的解释或作对债务人义务最轻的解释。有偿合同双方互负义务（存在对待给付），解释的时候要平衡双方的利益。

例：甲（赠与人）与乙（受赠人）签订了一份赠与合同，赠与金额用阿拉伯数字书写。乙主张赠与 30 000 元，甲主张开头不是“3”，而是“2”，即赠与的是 20 000 元。在无法辨别是“3”还是“2”的前提下，应当作有利于债务人（赠与人是债务人）的解释，即应当解释为赠与 20 000 元。

（2）解释合同时，应当考虑当事人的缔约目的，合同使用的文字或某个条款可以作两种解释时，应采用最适合合同目的的解释；当合同可以作有效与无效两种解释时，应当采纳使合同有效的解释。

按合同性质和目的解释还适用于采用两种以上文字订立合同产生争议的情形。“合同文本采用两种以上文字订立并约定具有同等效力的，对各文本使用的词句推定具有相同含义。各文本使用的词句不一致的，应当根据合同的相关条款、性质、目的以及诚信原则等予以解释”（第 466 条第 2 款）。目的解释的结果可以用来印证文义解释、整体解释的结果。

例：甲公司是复印器材经销商，欲从在美国注册的乙公司处购买一批大型复印机，指定张三、李四为代理人。张三未经与李四商量，就私自代理甲公司与乙公司用中、英文两种文字签订了合同。但两种文本条款有矛盾，若全部按英文文本履行，甲公司将无利可图，合同双方诉争到人民法院。

解：本案中法院不能根据文义解释合同，而应当根据合同目的对争议条款予以解释。

（四）按习惯解释

习惯分为生活习惯和交易习惯。习惯如果没有被合同当事人排除，可以成为合同的法定默示条款。

对合同主要按交易习惯进行解释。交易习惯是人们在长期反复实践基础上形成的，在某一地域、某一行业或某类交易中普遍采用的做法、方法，交易习惯实际上也是一种规则。当事人对合同条款的理解不一致时，应当考虑当事人交易的背景，考察交易背景中实际为当事人所依据的交易习惯。

例：某日，陕西烧饼店开张了。大红标语写道：“开张当天，买二送一。”刘某买了三个，要求烧饼店送一个半。烧饼店老板说：“没有这样送的，只能送一个。”老板是依据什么进行解释的？

解：老板是按交易习惯进行解释，刘某的解释是文义解释。本案应当采用老板的解释。

例：农民李某从县农科所购买了一批果苗。双方在合同中约定：县农科所在两年内提供有偿技术指导服务。一年后，县农科所停止技术指导，理由是合同规定的有效期是一年。李某向县人民法院提起诉讼，要求县农科所继续提供技术指导服务。在周围地区，提供这种果苗的单位均提供两年以上的技术指导，该县农科所向其他农民出售果苗，也是提供两年的技术指导。法院支持了李某的诉讼请求。本案采用了什么解释规则？

解：本案合同有两个互相矛盾的条款：一个是县农科所在两年内提供技术指导服务，另一个是合同的有效期为一年。县人民法院是按交易习惯解释规则，确定被告有提供两年技术指导服务的义务。

(五) 诚实信用原则

按诚实信用原则解释合同，要求以善意为出发点，以公平为结果。诚实信用原则是其他解释规则的指导性原则，它们不是并列的关系。对有争议合同条款进行解释，有具体解释规则时，应在诚实信用原则指导下进行，不能直接适用诚实信用原则。没有具体解释规则时，才能直接适用诚实信用原则解释。

思考题

1. 简述合同的概念和法律特征。
2. 简述典型合同与非典型合同区分的意义。
3. 如何区分要式合同和不要式合同?
4. 如何理解双务合同双方给付义务的关系?
5. 简析有偿合同与无偿合同区分的意义。
6. 如何区分预约和本约? 如何履行预约?
7. 简析合同争议的解决方式。
8. 简析法定之债对合同法规范的适用。
9. 如何理解诚实信用原则?
10. 简述合同解释的规则。

第二章
合同的订立

第一节　要约与承诺

一、概述

“当事人订立合同，可以采取要约、承诺方式或者其他方式”（第471条）。要约和承诺，是达成合意的方式，是合同成立的一般方式、主要方式。合同作为关于债的合意，需要当事人相互交换意思表示，以求相互取得一致。订立合同的过程，一般就是双方当事人采用要约和承诺方式进行协商的过程。往往一方提出要约，另一方又提出新要约，反复多次，最后有一方完全接受了对方的要约，这样才能使合同得以成立。

应当注意，一方提出要约，受要约人可能有四种应对方式：第一，为承诺而成立合同。第二，提出新要约。第三，提出要约邀请，希望对方重新发出要约。第四，予以拒绝。

当事人成立合同也可以“要约与承诺对应”以外的方式，例如，双方以“交叉要约”的方式成立合同。再如，在股票市场上的买卖股票成交也是成立合同的行为，撮合成交原则是价格优先、时间优先，这种成交方式也属于“要约与承诺对应”之外的方式。

意思实现被规定为承诺的一种方式（见第480条、第484条第2款），因而仍属于“要约与承诺对应”的方式。

二、要约

（一）要约的概念

要约是希望与他人订立合同、具有经承诺而成立合同之效力的意思表示。要约的效力表现为两点：其一，要约人不得任意撤销要约；其二，一经受要约人承诺，合同即成立。

要约，在许多场合又称为发价、发盘。要约一般向特定的当事人发出；向不特定多数人发出的广告，一般是要约邀请，也可以构成要约。“商业广告和宣传的内容符合要约条件的，构成要约”（第473条第2款）。

（二）要约的要件

依据《民法典》第472条的规定，作为要约的意思表示应当符合下列条件：内容具体确定；表明经受要约人承诺，要约人即受该意思表示约束。具体而言，要约应当具备以下要件。

1. 要约须是特定当事人以缔结合同为目的的意思表示

所谓特定的当事人，是指要约人能为外界所确定。要约还必须是向相对人作出的订立合同的意思表示。相对人，一般是指特定的相对人。要约一般是向特定的相对人发出的，也可以是向不特定的相对人发出的。例如，正在工作的自动售货机，自选市场标价陈列的商品等，都是针对不特定当事人发出的要约。没有相对人，也就没有受领要约的人，要约也就失去了它的意义。要约还应以订立合同为直接目的，这是要约与要约邀请的一个重要区别。

2. 要约应包含在被接受时就受其约束的意旨

要约以追求合同的成立为直接目的，要约是为了唤起承诺，并接受承诺的约束。要约在获得承诺后，当事人双方之间成立合同，进入债的锁链（法锁）。若一项提议没有这样的法律效果，那么这项提议可能是要约邀请，而不可能是要约。

3. 要约包含足以使合同成立的必要条款，能够在当事人之间建立起债权债务关系

合同的内容是以条款表现出来的，要约中应包含足以使合同成立的全部必要条款。哪些是必要条款，应当根据合同的性质和当事人的合同目的来确定，不可一概而论。标的条款是所有合同应当具备的条款，但只有标的条款尚不能构成合意，还需要设定其他条款。例如，买卖合同除标的条款外，还应有数量、价金条款。如果没有对数量、价金的具体约定，而有确定数量、价金的方法，合同也可以成立。如果有合理补救的基础和机会，合同中的某些条款可以暂付阙如。

（三）要约的方式

要约一般采用通知方式。通知，可以是口头通知，也可以是书面通知。口头方式可以当面提出，也可以用打电话的方式提出。书面方式，一般是通过寄送订货单、书信以及发送电子邮件、传真等形式提出。

一方当事人也可以向相对人发出加盖公章或者签名的合同书作为要约。如果当事人在发出的合同书上未签名、盖章，说明当事人不愿受其约束，因此只能认为发出合同书为提出要约邀请。

（四）要约的效力

1. 要约生效的时间

要约是有相对人的意思表示。有相对人的意思表示，分为对话意思表示和非对话意思表示，前者能直接、即时交换意见，后者不能直接、即时交换意见。

（1）对话方式要约的生效时间

对话方式要约采取了解主义。“以对话方式作出的意思表示，相对人知道其内容时生效”（第 137 条第 1 款）。以当面交谈、哑语、打旗语、打电话、在线视频等方式发出的要约，在受要约人了解其内容时生效。例如，甲给乙打电话提出要约，乙听了甲的所述所求后，要约生效。如果甲说的是外语或地方方言，乙不知所云，则要约不能生效。

（2）非对话方式要约的生效时间

“以非对话方式作出的意思表示，到达相对人时生效。以非对话方式作出的采用数据电文形式的意思表示，相对人指定特定系统接收数据电文的，该数据电文进入该特定系统时生效；未指定特定系统的，相对人知道或者应当知道该数据电文进入其系统时生效。当事人对采用数据电文形式的意思表示的生效时间另有约定的，按照其约定”（第 137 条第 2 款）。据此，以信件、邮件、数据电文等方式发出的要约，在到达受要约人时生效。所谓到达，是指意思表示进入对方可支配的范围（可控制的范围），处于对方可随时了解其内容的客观状态。比如，以寄信的方式发出要约，对方的传达室或法定代表人的秘书收到了信件，就算送达，至于对方或对方法定代表人是否看到、隔了多长时间看到，都不影响其效力。例如，甲以信件方式向乙发出要约，3 月 1 日发出，3 月 5 日送达，3 月 10 日乙看到该信件。该要约在 3 月 5 日生效。

非对话方式中，以数据电文方式为意思表示，又可分为相对人指定特定系统和相对人未指定特定系统两种情况。数据电文方式，是以电子传输的方式传达信息，取代了以往纸质单证的

邮寄和递送，提高了效率，传真、电子邮件、手机短信、微信、微博私信等属于数据电文方式。

例：2月1日，甲按乙留下的邮箱地址给其发出了一封电子邮件，提出了自己的要约，乙2月5日才看到要约。

解：该要约在进入对方系统时（2月1日邮件发送成功时）为到达，到达时要约生效。乙给甲留下了邮箱地址，就是指定了特定系统。

例：甲有电子邮箱、手机微信、短信等多种联系方式，但是没有给乙指定。5月1日，乙用手机短信给甲发出要约，写明要约有效期为10天。5月20日，甲回复短信表示承诺，乙表示反对。甲解释回复迟延的原因是："手机虽然天天用，但经常忘记看短信。"合同是否成立？

解：甲没有给乙指定特定系统，自述没有及时看到手机短信，要约在甲"应当知道"该数据电文进入其系统时生效，即要约应当在5月1日生效，要约的有效期到5月11日截止。超过有效期的承诺无效，合同不能成立。

2. 要约的效力

其一，对要约人的效力。对要约人的效力又称为形式约束力。要约生效后，要约人就丧失了撤回的机会。要约生效后，在特定情况下，要约人可以撤销。

其二，对受要约人的效力。对受要约人的效力又称为实质约束力。要约生效，即意味着受要约人获得了承诺的资格，也意味着受要约人有承诺权。此时，能决定合同是否成立的一方是受要约人。

（五）要约的失效

"有下列情形之一的，要约失效：（一）要约被拒绝；（二）要约被依法撤销；（三）承诺期限届满，受要约人未作出承诺；（四）受要约人对要约的内容作出实质性变更"（第478条）。

1. 要约被拒绝

受要约人在要约规定的承诺期届满之前，就明示予以拒绝，此时要约在拒绝通知到达时提前失去效力。

2. 要约被依法撤销

在符合撤销条件时，要约人可以撤销要约，被撤销的要约是一个已经生效的要约，被撤回的要约是尚未生效的要约。因此，撤销发生要约失效的效果，撤回不存在要约失效的问题。

3. 承诺期限届满，受要约人未作出承诺

具体来说，采用口头方式发出的要约，受要约人没有即时承诺，要约即失效；如果要约采用书面方式并规定了承诺期限，受要约人没有在规定的期限内送达承诺，要约即失效。

4. 受要约人对要约的内容作出实质性变更

实质性变更，说明受要约人提出了新要约，新要约意味着对原要约的拒绝，使原要约失去效力。实质性变更后，双方当事人的主体地位发生变化，原受要约人成为要约人，原要约人成为受要约人。

（六）要约的撤回

要约的撤回，是指要约人阻止要约发生效力的意思表示。撤回要约的通知应当在要约到达受要约人之前或者与要约同时到达受要约人。要约撤回，有两种情况：其一，撤回通知先于要约到达受要约人，此时不会给受要约人造成任何损害，自应允许撤回要约，要约不发生效力。其二，撤回通知与要约同时到达受要约人，此时，受要约人也不会因信赖要约而行事，不会产生损害，撤回通知也足以消灭要约。

在要约生效前对发送的要约的修改，其效果等于旧要约撤回、新要约产生。比如，甲方对乙方发出要约，要以每吨2万元的价格出卖100吨矿石。在要约生效之前，甲方又发出通知把每吨2万元改成每吨1.8万元。这就等于以新要约撤回了旧要约。

（七）要约的撤销

1. 要约撤销的含义

要约的撤销，是要约人消灭要约效力的意思表示。要约到达受要约人后，要约对要约人产生拘束力，此时不发生撤回的问题，但存在要约人撤销要约的可能。在要约生效后，承诺生效前对要约的修改，其效果等于旧要约撤销、新要约产生。

要约的撤销采用通知的方式，具体又包括对话方式和非对话方式。“撤销要约的意思表示以对话方式作出的，该意思表示的内容应当在受要约人作出承诺之前为受要约人所知道；撤销要约的意思表示以非对话方式作出的，应当在受要约人作出承诺之前到达受要约人”（第477条）。以对话方式撤销，采了解主义；以非对话方式撤销，采到达主义。

要约撤销和要约撤回的区别是：目的上，要约的撤销在于消灭要约的效力；要约的撤回在于阻止要约生效。时间上，要约的撤销是在要约生效之后、承诺生效之前；要约的撤回是在要约生效之前。如果承诺生效，则合同成立，要约既不能撤回，也不能撤销，否则就等于允许当事人撕毁合同。

2. 要约不得撤销的情形

要约撤销，是撤销一个已经生效的要约，为保护受要约人的信赖利益，对要约的撤销应当有所限制。依据《民法典》第476条的规定，有以下情形之一的，要约不得撤销。

（1）要约人以确定承诺期限或者其他形式明示要约不可撤销

其一，要约人以确定承诺期限的方式明示不可撤销，即意味着要约人在要约期限内等待受要约人的答复。也就是说，要约规定了承诺期限，就等于要约人作出在承诺期限内不撤销的诺言。规定承诺期限是要约人放弃撤销权的表示。

实践中对于承诺期限的表达方式多种多样。比如，有的要约中这样规定：“6月7日后价格及其他条件将失效。”要约中的“6月7日”就是承诺期限的最后一天。这种要约是不可撤销的。“请按要求在3天内将水泥送至工地”“请在15天内答复”“3个月内款到即发货”等，都属于规定了承诺期限。

其二，以其他形式明示要约不可撤销。下列情形都可以认为是明示表达要约不可撤销：“我方将保持要约中列举的条件不变，直到你方答复为止。”“这是一个不可撤销的要约。”如果当事人在要约中称：“这是一个确定的要约”，仅仅这样表述，不能认为该要约不可撤销。因为要约本身就是确定的。明示要约不可撤销，并不等于要约永远有效，如果受要约人在合理的时间内未作答复，要约自动失效。

（2）受要约人有理由认为要约是不可撤销的，并已经为履行合同做了合理准备工作

一般来说，要约中要求受要约人以行为作为承诺的，受要约人就有理由认为要约是不可撤销的。如“款到即发货”“如同意，请尽快发货”等。除了受要约人有理由认为要约是不可撤销的以外，还有一个并列的条件，就是受要约人已经为履行合同做了必要的准备。比如，购买原材料，办理借贷筹备货款，购买车船机票准备到要约人指定的地点去完成工作等。

三、要约邀请

（一）要约邀请的概念

要约邀请又称为要约引诱。“要约邀请是希望他人向自己发出要约的表示。拍卖公告、招标公告、招股说明书、债券募集办法、基金招募说明书、商业广告和宣传、寄送的价目表等为要约邀请”（第473条第1款）。要约邀请可以对不特定多数人发出，如上述拍卖公告、招标公

告、招股说明书等；也可以“一对一”地发出，如甲给乙发短信、打电话提出要约邀请。

意思表示，有效果意思（法效意思）；表示，没有效果意思。原《合同法》认为要约邀请是“意思表示”[①]，《民法典》认为要约邀请只是“表示”，即认为邀请人没有形成法律关系的效果意思。

（二）要约邀请的表现形式

1. 拍卖公告、招标公告

这两种公告不包括价格条款等合同的必要条款，因而不能构成要约，而只能是要约邀请。

2. 招股说明书、债券募集办法、基金招募说明书

上述三种文件不可能包含购买者将要购买的数量等合同的必要条款，因而不能构成要约，而只能是要约邀请。

3. 商业广告和宣传

商业广告的主要职能是使商品经营者和消费者在最大、最有效的时空领域中建立直接或间接的商品交换关系。而合同法规范以调整商品交换关系为己任。在我国，对广告的规制，主要是由《中华人民共和国广告法》（以下简称《广告法》）和《中华人民共和国反不正当竞争法》（以下简称《反不正当竞争法》）来承担的。但由于广告与合同的成立有密切关系，故广告也成为合同法规范所调整的对象。

我国《广告法》所说的广告是指商业广告，依据该法第 2 条第 2 款的规定，商品经营者或者服务提供者通过一定媒介和形式直接或者间接地介绍自己所推销的商品或者服务的商业广告活动，适用该法。该条中的“直接介绍”和“间接介绍”，强调了商业广告是传播商业信息的工具。

所谓“宣传”，包括商业广告以外的广告（比如，对丢失的物品发布悬赏广告）和其他向特定或不特定的他人传递与订立合同有关信息的行为。

商业广告和宣传一般是要约邀请。《民法典》第 473 条第 2 款规定：“商业广告和宣传的内容符合要约条件的，构成要约。”例如，某商家在商业广告中对欲出售的某种商品的规格、价格、质量等作出了明确规定，除了买卖的数量以外，广告包含了足以使合同成立的全部必要条款。广告还注明：“款到即发货”，即把确定买卖数量的权利交给了买受人。此广告就不是要约邀请，而是要约。

例：某商店清仓查库，在报纸上刊登广告，称处理某某牌床垫，原价 800 元，现价 280 元，售完为止（没有规定承诺期限）。齐某在合理的时间内赶到商店，要求购买两个。商店经理说，该床垫质量很好，最低价为 400 元。齐某提起诉讼，商店辩称：“广告不是要约，只是要约邀请。”

解：商店的广告因包含足以使买卖成交的条件，同时也有受其约束的表示（售完为止），应认定该广告构成要约。

4. 寄送的价目表

邮寄、派发的价目表，虽然包含了商品名称、服务的类型和价格、酬金，而且包含有行为人希望建立交易关系的意图，但邮寄、派发价目表，不能确定行为人是受其约束，即不包含一经相对人承诺即接受承诺后果的意图。寄送、派发的当事人把成立合同的最终权利留给了自己，只是向相对人提供有关信息，希望相对人向自己提出要约。因此，该行为是要约邀请，而不能构成要约。

---

① 《合同法》第 15 条规定：“要约邀请是希望他人向自己发出要约的意思表示。寄送的价目表、拍卖公告、招标公告、招股说明书、商业广告等为要约邀请。商业广告的内容符合要约规定的，视为要约。”

价目表或者价目标签置于陈列并准备出售的商品之前或相关位置，可构成要约。在自选市场就是如此。价目表或者价目标签置于商品之前，其与寄送的价目表有明显不同之处：其一，寄送的价目表没有实物展示，受领信息的人不能以受领标的物的方式承诺；而超市的价目表、标签列于实物之前，受领信息的人可以受领实物而为承诺。其二，寄送的价目表不具有数量条款，缺少要约具体明确的要求；超市的价目表、标签列于实物之前，有标的物、价格，没有数量条款，但有确定数量的方法，即由购买者自行确定，符合要约具体明确的要求；超市的结论是：超市中对实物表示价格的价目表或者标签，为现物要约。

5. "一对一"口头和书面的要约邀请

要约邀请不一定都针对不特定的多数人，"一对一"的口头和书面要约邀请是很常见的。比如张甲要出国定居，就给李乙写了一封信，表达了要出卖房屋的意向。因为仅仅表达了"意向"，这封信只能是要约邀请，不能是要约。

（三）要约和要约邀请的区别

要约和要约邀请都包含着当事人订立合同的愿望，但两者又有很大区别。

1. 定性不同

《民法典》将要约定性为"意思表示"（见第472条），而将要约邀请定性为"表示"（见第473条）。"意思表示"之意思，是发生法律效果的意思，该意思包括受约束的意旨。"表示"只是传达一种信息，不包含受约束的意旨。

2. 效力不同

要约对要约人具有约束力，即要约送达，要约人就不得撤回，撤销也要符合法定的条件，受要约人承诺送达，合同即告成立。要约邀请对邀请人没有撤回的限制，邀请人可以任意撤回，且要约邀请不存在撤销的问题。但对要约邀请的违反也可能构成缔约责任和《反不正当竞争法》《广告法》上的责任。

3. 目的不同

要约以订立合同为直接目的，一旦相对人作肯定答复，则合同成立；要约邀请，则不是以订立合同为直接目的，它只是唤起别人向自己作出要约表示或使自己能向别人发出要约。

4. 内容不同

要约必须包含能使合同得以成立的必要条款，或者说，要约必须能够决定合同的内容；而要约邀请不要求包含使合同得以成立的必要条款。要约邀请一般只是笼统地宣传自己的业务能力、产品质量、服务态度等。

（四）容纳规则

容纳规则是指要约邀请的内容可以被要约所承继，要约的内容可以被反要约所承继，最终成为合同的内容的规则。容纳规则对确定合同的内容（即确定当事人权利和义务）具有重要的作用。

例：某杂志社发布征稿启事，在征稿启事中表明，对选中刊登的稿件一律按千字80元支付稿酬。这是要约邀请。张某投稿，这是要约，杂志社选中刊登，这是承诺。杂志社应当按千字80元支付稿酬。

解：这千字80元的稿酬是在要约邀请中规定的，按照容纳规则，这个规定已经成为双方合同中的条款。

《商品房买卖合同解释》第3条规定："商品房的销售广告和宣传资料为要约邀请，但是出卖人就商品房开发规划范围内的房屋及相关设施所作的说明和允诺具体确定，并对商品房买卖合同的订立以及房屋价格的确定有重大影响的，构成要约。该说明和允诺即使未载入商品房买卖合同，亦应当为合同内容，当事人违反的，应当承担违约责任。"上述规定，是容纳规则的体现。

四、承诺

（一）承诺的概念

“承诺是受要约人同意要约的意思表示”（第479条）。承诺是对要约的接受，是指受要约人接受要约中的全部条款，向要约人作出的同意按要约成立合同的意思表示。承诺与要约结合，方能构成合同。要约是一个诺言，承诺是一个诺言，一个诺言代表一项债务，两个诺言取得一致，就构成了一个合同。

（二）承诺的要件

1. 承诺是对要约同意的意思表示

承诺必须针对要约进行，而不能针对要约邀请进行。没有要约的存在，承诺也就是无的放矢了。

2. 承诺必须是受要约人向要约人作出的答复

承诺人是获得承诺权的人。非受要约人向要约人作出的接受的意思表示不是承诺，要约人并不因此与其成立合同。比如，甲向乙发出要约，丙知道后表示的“承诺”，不能发生效力。

承诺权是要约人给予的，受要约人向非要约人作出接受的意思表示也不是承诺，非要约人并没有成立合同的意图，一方的意思表示不能强加给无关的人。

3. 承诺必须是不附条件的同意要约的各项条款

如果受要约人对要约中的某些条款，提出实质性的修改意见，这样的答复不能视作承诺，而是受要约人提出的反要约。

4. 承诺应当在要约确定的期限内到达要约人

受要约人在承诺期限届满后作出的答复都不是承诺，而应视为新要约。“承诺应当在要约确定的期限内到达要约人。要约没有确定承诺期限的，承诺应当依照下列规定到达：（一）要约以对话方式作出的，应当即时作出承诺；（二）要约以非对话方式作出的，承诺应当在合理期限内到达”（第481条）。

（1）要约中规定了承诺的期限的，承诺应当在此期限作出并到达要约人才能视为有效承诺。例如，以信件的方式发出承诺，应当在承诺期内发出信件并到达要约人指定的地方或者要约人能够有效控制的地方。

（2）要约中未确定承诺期限的，承诺应当依照法律的规定到达要约人。这里又分为两种情况。

第一种情况：要约以对话方式作出，如面对面提出要约或者打电话提出要约，受要约人应当即时（当时）作出承诺，否则，要约立即失效。当然，即时承诺，并不排除受要约人在接到口头要约时在当时场景中的犹豫。要求受要约人即时承诺，是为了保护要约人的利益。在口头要约中，要约人规定了承诺期限的，受要约人当然可以在规定的期限内将承诺的意思表示送达。

第二种情况：要约以非对话方式作出，如以邮寄信件、发送短信等方式作出，承诺应当在合理的期限内到达。

例：李某4月1日打鱼3 000千克，当日以手机短信要求王某以每500克3元的价格前来购买保鲜鱼。要约中没有规定承诺的期限。王某第二天持币前来购买，不料李某已经将鱼转卖他人。

解：4月份鱼的保鲜期是2天，因此王某在第二天来购买，属于在合理的期限内承诺。李某转卖，应当在王某承诺之前发出撤销通知。李某转卖，属于违法撤销要约的行为，应当承担缔约责任。

（三）承诺期限的起算

承诺期限是在要约中规定的。要约有对话方式和非对话方式两种，方式不同，承诺期限的起算有所不同。

（1）对话方式要约，在对方了解时生效，要约生效时开始起算承诺期限。比如，某月 1 日甲给乙打电话发出要约，并说："请在三天内答复。"则乙应在同月 4 日前承诺，否则要约失效。

（2）非对话方式要约，承诺期限的起算又分为两种。

其一，要约以信件或者电报作出的，承诺期限自信件载明的日期或者电报交发之日开始计算。信件未载明日期的，承诺期限自投寄该信件的邮戳日期开始计算。

其二，要约以电话、传真、电子邮件等快速通讯方式作出的，承诺期限自要约到达受要约人时开始计算。比如，甲 1 月 1 日以电子邮件的方式向乙指定的邮箱发出要约，要求在 10 天内答复，则自电子邮件发送成功的 1 月 1 日起计算承诺期限，最后一天为 1 月 11 日，即乙应当在 1 月 11 日前送达承诺。

（四）承诺的方式

"承诺应当以通知的方式作出；但是，根据交易习惯或者要约表明可以通过行为作出承诺的除外"（第 480 条）。据此，通知方式是一般方式，行为方式则是一种例外。以行为方式承诺，称为意思实现。

规定承诺行为方式，是对受要约人利益的保护，也有方便交易的考虑。

1. 通知方式的承诺

承诺的方式应当符合法律的规定或者要约的规定。要约没有规定承诺方式的，应依交易习惯、交易的性质确定承诺的方式。一般情况下，承诺的方式是通知方式。

通知是明示的方式。在实践中，有的当事人在要约中规定沉默视为承诺。这种规定对受要约人不具有约束力。比如，甲方向乙方以信函方式提出要约："……如不同意，请在 7 天内答复，否则视为接受。"对含有这种规定的要约，受要约人保持沉默，仍构成拒绝。理由很明确：要约人不能把自己的意志强加给受要约人。

2. 行为方式的承诺

要约规定时间的，行为应在规定的时间内作出，没有规定时间的，应在合理的时间内作出。

作为承诺的行为，可以是受领给付的行为、提出给付的行为，也可以是为给付的准备行为；可以是积极的行为，也可以是消极的行为。

（1）受领给付的行为、提出给付的行为、为完成给付的准备行为可以构成承诺

给付是双方行为，须债务人提出给付、债权人受领给付，给付才完成。按照交易习惯或要约的要求：以现物要约的方式提出给付，受领给付的行为构成承诺；提出给付或者为完成给付的准备行为都可以构成承诺，如出卖人按买受人的要求将货物送至指定地点以及筹集货物准备发货，承揽人按定作人的要求开始工作等都可以构成承诺。

（2）积极的行为、消极行为可以构成承诺

积极的行为可以构成承诺。比如，某建筑公司急需水泥，向甲、乙两家水泥厂发出要约，要求购买 300 吨水泥。甲水泥厂回电报承诺，乙水泥厂为解建筑公司的燃眉之急，将水泥送至建筑公司。建筑公司以已经与甲成立合同为由拒收。此案中，乙的行为构成有效承诺，双方成立了合同，建筑公司无权拒收。

在双方有约定或者存在交易习惯的情况下，消极的行为（单纯的沉默）也可以构成承诺。

例如，甲、乙双方事先约定："如果甲方向乙方发出要约，乙方在15天之内保持沉默，视为对要约的承诺。"依合同自由原则，此约定自然有效。

（五）承诺生效的时间

承诺生效，合同成立。承诺与要约一样，是有相对人的意思表示。承诺的方式，分为通知方式和行为方式，它们生效的时间不同。

1. 通知方式承诺的生效

通知方式又分为对话方式和非对话方式，分别适用《民法典》第137条第1款和第2款。

(1) 对话方式承诺的生效时间

以对话方式作出的承诺，要约人了解（知道）时生效。例如，甲给乙打电话提出要约，要求乙最迟第二天答复，乙第二天回电话，表示同意甲的一切条件，甲接听后，承诺生效。如果乙回电话时，刚接通，乙的手机就断电了，甲不知乙说什么，第三天乙又打电话表示承诺，甲表示反对，则承诺不能生效。

(2) 非对话方式承诺的生效时间

以非对话方式作出的承诺，到达要约人时生效。例如，6月1日，甲公司给乙公司用特快专递发了一份要约，要求乙公司在当月20日之前答复，乙公司当月19日将承诺信件特快专递寄回，当月20日甲公司的收发室签收。甲公司的法定代表人21日看到承诺信，表示反对，理由是承诺晚了一天。本案承诺生效，因为承诺在20日已经到达。

以非对话方式作出的采用数据电文形式的承诺，要约人指定特定系统接收数据电文的，该数据电文进入该特定系统时生效；未指定特定系统的，要约人知道或者应当知道该数据电文进入其系统时生效。当事人另有约定的除外。

例： 甲用手机短信给乙发出一个要约，要以1万元的价格出卖一对文玩核桃（特定物），要求乙10天内答复。乙见过这对文玩核桃，觉得价钱合适，在收到要约第9天时，找出甲多年前给的电子邮箱地址，发了一封邮件，表示接受要约。又过了一周，乙打电话给甲，要持现金到甲家中取货。甲说，电子邮箱虽未销号，但多年未用，过了10天未见到答复，便将文玩核桃卖给了第三人丙。乙表示要追究甲的违约责任。

解： 甲未向乙指定特定系统，乙回复的通信方式应与甲一致。乙向甲多年不用的电子邮箱发送承诺，虽然进入了甲的数据电文系统，但不属于要约人知道或者应当知道该数据电文进入其系统的情形，故承诺无效，双方的合同不成立，甲对乙不构成违约责任。顺便指出，一方未指定特定系统的，回复一方原则上应使用相同的系统，例如，甲给乙发手机短信提出要约，乙一般应以手机短信回复；如果甲给乙用电子邮件发出要约，乙一般应以电子邮件回复。

2. 行为方式承诺的生效

一般是以通知方式承诺，但也有以行为承诺的情形。"承诺不需要通知的，根据交易习惯或者要约的要求作出承诺的行为时生效"（第484条第2款）。

例： (1) 甲向乙发出订单（要约）要求购买货物，每次乙都是以发货的方式承诺，双方之间已经形成了交易习惯。一次甲又发订单，乙发货（提出给付）后甲拒收，理由是乙没有承诺。甲的理由不能成立，因为乙发货时买卖合同成立。(2) 甲向乙发出书面要约，要求乙将某种标号的水泥100吨直接送往自己的工地，乙按要求送到工地（提出给付）时，甲不得拒收，因为，乙按要求将货物送到工地时，合同成立。

例： 张甲给李乙（从事红木雕刻的个体工商户）发了一封特快专递，出价2 000元要李乙为其雕刻一个红木寿桃，还说，因时间很紧，见信后请即开始工作，我10天后带钱取货。随信附有图纸、注明了原料和尺寸。因张甲是熟悉的客户，李乙立即下料开始雕刻工作，至第6天雕刻工作还未完成时，张甲又来电说"不要了"，李乙表示反对，张甲表示，你李乙未回电或回信承诺，合同并未成立。

解： 李乙已经为给付做了准备工作，该准备工作是一个持续的过程，应以一个时间节点作为合同成立的时间，应认定双方的定作合同在李乙下料时成立，否则李乙的信赖利益得不到保护。

（六）承诺的撤回

承诺可以撤回。承诺的撤回，是阻止承诺发生效力的意思表示。撤回承诺的通知应当在承诺通知到达要约人之前或者与承诺通知同时到达要约人。

承诺可以撤回，但不能撤销。也就是说，承诺尚未生效时，可以取消承诺；承诺于到达要约人时生效，如果承诺已经生效，则不能取消，即不能撤销。因为承诺生效，合同成立，如果允许撤销承诺，等于赋予承诺人任意撕毁合同的权利，要约人的利益就得不到保护，交易安全就得不到保护。

（七）迟到的承诺

1. 因迟发而迟到的承诺

《民法典》第486条针对"因迟发而迟到的承诺"规定："受要约人超过承诺期限发出承诺，或者在承诺期限内发出承诺，按照通常情形不能及时到达要约人的，为新要约；但是，要约人及时通知受要约人该承诺有效的除外。"

承诺的表示应当在承诺的期限内发出并到达要约人，否则不能构成有效的承诺，而只能构成新要约。但是，要约人希望成立合同，及时发出了对"因迟发而迟到承诺"的承认通知，则该承诺为有效承诺，这样符合双方的利益。对于因迟发而迟到的承诺可以用这样一句话来概括：以新要约为原则，以承诺为例外。即要约人发出承认通知，承诺才有效。

2. 未迟发而迟到的承诺

《民法典》第487条针对"未迟发而迟到的承诺"规定："受要约人在承诺期限内发出承诺，按照通常情形能够及时到达要约人，但是因其他原因致使承诺到达要约人时超过承诺期限的，除要约人及时通知受要约人因承诺超过期限不接受该承诺外，该承诺有效。"

未迟发而迟到的承诺又称为承诺迟延，是指承诺在发出时虽然不构成迟延，但由于传递故障等原因，到达要约人时超过了承诺的期限。未迟发而迟到的承诺与因迟发而迟到的承诺不同。因迟发而迟到的承诺，发出承诺时就已经超过了期限；未迟发而迟到的承诺，在发出承诺时尚未超过规定的期限。

例： 北京与南京一般信件的传递时间是3天。北京的甲方以信件的方式向南京的乙方发出要约，发出信件的邮戳日是1月1日，承诺期限是15天，但按照信件无法确定起算日期。乙方接到要约信的时间是1月4日，经过考虑，乙方于14日向甲方邮寄接受要约的信件。表示承诺的信件本应于承诺期限的最后一天即1月16日到达甲方，但由于自然灾害或者邮局人员的工作失误，1月17日承诺才送达甲方。

解： 要约生效的时间是1月4日。承诺期限是15天，自1月1日起算，最后一天是1月16日（计算公式是1+15）。甲方如果不接受未迟发而迟到的承诺，必须发出否认通知，否则承诺生效、合同成立。

对于未迟发而迟到的承诺可以用这样一句话来概括：以承诺生效为原则，以承诺不生效为例外。即要约人及时发出否认通知，承诺才无效。为什么要求要约人发否认通知呢？因为受要约人（承诺人）不知道承诺陷于迟延。

（八）承诺的内容

1. 对承诺内容的要求

承诺的内容应当与要约的内容一致，即承诺应当是对要约的接受。承诺与要约相一致的要求，被称为镜像规则。镜像规则要求承诺就像对着镜子反射一样与要约取得一致。这种规则不能完全适应现代市场条件下的交易需要。《民法典》第489条规定：“承诺对要约的内容作出非实质性变更的，除要约人及时表示反对或者要约表明承诺不得对要约的内容作出任何变更外，该承诺有效，合同的内容以承诺的内容为准。”

2. 实质性变更

所谓变更，是指受要约人在对要约的答复中对要约的内容作出了扩大、限制或者增删。所谓实质性变更，是指这种变更提出了不同于要约的权利义务。“承诺的内容应当与要约的内容一致。受要约人对要约的内容作出实质性变更的，为新要约。有关合同标的、数量、质量、价款或者报酬、履行期限、履行地点和方式、违约责任和解决争议方法等的变更，是对要约内容的实质性变更”（第488条）。

上述规定采用列举的方式指明了哪些是实质性变更，失之于宽泛。由于列举的事项过多、过于原则，使受要约人提出的任何改变都可能“触雷”，都可能被认为是改变了实质性条款。最具有实益的标准是：增加了要约人义务的为实质性变更。此外，变更了违约责任、变更了解决争议的方式以及变更了合同成立的时间、地点，都是实质性变更。

例： A公司给B公司发出订单（要约）购买电器，B公司在回信中表示完全接受订单，但其又附了一张纸——这张纸记载了B公司提出的免责条款，A公司看后，不予理睬。B公司到期就发货，A公司认为货还不错，就收了。(1) A、B之间的书面合同是否成立？(2) A、B之间的合同是否最终成立。

解： (1) A、B之间的书面合同没有成立。因为B公司的回信构成了实质性变更，是新要约。对该新要约，A公司并未承诺。

(2) A、B之间的合同最终成立。因为B公司的发货为现物要约，A公司的收货是承诺，双方以行为成立了合同。

3. 非实质性变更

非实质性变更，是指虽有表面上的变更，但这种变更没有实质改变要约的内容，即没有提出新的权利、义务的设计或者虽有变更，但没有增加要约人的负担。非实质性的变更主要有以下几项。

(1) 在承诺中提出了要约人法定义务

法定义务，在当事人没有明示排除的情况下是当事人必须承担的义务。在承诺中提出或者强调了要约人的法定义务，并没有实际上改变要约的内容，并没有增加要约人的义务。法定义务本来就是要约人必须遵守的。比如，受要约人在承诺中加了这样一句话：贵方出卖的标的物必须是没有设定抵押的物。这就是一种非实质性的变更，因为，如果出卖的是抵押物，出卖人应当告知买受人，如果没有告知，那么出卖人就应担保该物是没有设定抵押的物（权利瑕疵担保义务）。这种担保是出卖人的法定义务。受要约人在要约中强调了要约人的法定义务，并没有增加要约人的额外负担。尽管如此，要约人也可以表示反对，要约人及时通知受要约人自己将要出卖的标的物权已经设立了抵押，那么受要约人这种非实质性变更的承诺就不构成有效的承诺。

(2) 在承诺中增加了说明性条款

说明性条款使当事人之间的权利义务关系更加明确，但不会改变要约人意图创立的权利义务关系，更不会增加要约人的负担，因此是非实质性变更。如果要约人对这种说明性条款不能认同，就必须及时表示反对，否则，承诺产生预期的效力。

(3) 承诺在授权范围内对要约作了修改

这种修改仍然在要约人设计的权利义务关系的范围之内，因此也是非实质性的变更。如果要约人认为这种修改违背了自己的意图，仍可及时表示反对，阻止这种承诺的生效。如果受要约人确实是在承诺的范围内作了修改，要约人的反对应为无效。

例：甲公司给乙公司发出要约，要卖给乙公司50吨枣庄小枣。要约中条款齐全，乙公司表示接受，同时提出，甲公司发货时应附有产地证明书。请问：乙公司在表示接受的同时增加了附产地证明书的要求，是实质性变更还是非实质性变更？

解：附产地证明书是甲公司应当承担的义务，此要求未增加甲公司的负担，因此，乙公司的变更是非实质性变更。如果甲公司不同意，必须及时表示反对，否则以承诺的内容为准成立合同。

第二节 合同的成立

一、合同成立的含义

一般意义上的合同成立，是指当事人就合同的必要内容达成合意的法律事实。成立必须有内容，即合意是关于当事人债权债务关系的合意，不是空洞的合意。但当事人就必要条款达成合意即可，欠缺的某些内容还可以由当事人协商一致填补，发生争议时可以由法院、仲裁机构依据法律的规定填补（补充性解释）。

合同依法成立，导致合同法律关系成立，即在当事人之间建立起他们所追求的法律关系。依法成立的合同，对当事人具有法律约束力。当事人应当按照约定履行自己的义务，不得擅自变更或者解除合同。

合同成立与合同订立不同。合同的订立，指当事人的缔约行为或缔约过程，订立所追求的目标，就是成立合同，合同成立是订立的结果。当然，有订立行为，合同不一定成立。

二、合同成立的时间

（一）一般规定

“承诺生效时合同成立，但是法律另有规定或者当事人另有约定的除外”（第483条）。承诺生效是合同成立的实质要件，也是判断合同成立时间的一般标准。确定合同成立时间的意义，主要在于判断当事人开始受合同约束的时间节点。

承诺生效时合同成立，即达成合意时合同成立，此是一般规则，但法律有特别规定的除外。如《民法典》第491条第1款规定：“当事人采用信件、数据电文等形式订立合同要求签订确认书的，签订确认书时合同成立。”再如，实践合同，在交付标的物时合同成立。

当事人也可特约合同成立的时间，比如当事人可以约定合同在一方上级批准后成立。再如，1月1日，张甲要买李乙的一幅画，双方就价款等必要条款协商取得了一致，买卖合同是不要式合同，本来双方达成口头合意合同即成立，但双方为稳妥起见，约定1月2日签订书面合同时成立。

（二）采用合同书形式、其他书面形式及履行方式时，合同成立的时间

“当事人采用合同书形式订立合同的，自当事人均签名、盖章或者按指印时合同成立。在签名、盖章或者按指印之前，当事人一方已经履行主要义务，对方接受时，该合同成立。法律、行政法规规定或者当事人约定合同应当采用书面形式订立，当事人未采用书面形式但是一方已经履行主要义务，对方接受时，该合同成立”（第490条）。

（1）合同书形式是书面形式之一种，各方当事人签名、盖章或者按指印，是当事人达成合

意的外在标志，是合同成立的标志。

合同当事人的签名、盖章有其一即可，合同当事人的代理人签名、盖章的，要看其有没有代理权。自然人在合同书上按指印的，应当认定其具有与签名或者盖章同等的法律效力。但我国对自然人名章没有备案制度，因此不签名而只盖章，存在不安全因素。

采用合同书形式签订合同，遵循要约与承诺的程序，但一般不必区分谁是要约，谁是承诺。合同书，概括、反映了当事人的反复协商的过程和内容，即概括、反映了要约与承诺的过程，总结了当事人的合意内容并将其固定了下来。

（2）合同书不是唯一的书面形式，比如，双方通过信件往来成立合同，也是采用书面形式。依法或依约应采用书面形式，当事人没有采用，但债务人履行了主要债务，则合同在债权人受领时成立，此称为“形式瑕疵的履行治愈”。比如，法人之间的借款合同应当采用书面形式（见第668条），当事人没有采用，但出借人提供了借款，借款人收款时借款合同成立。

（三）要求签订确认书时，合同成立的时间

“当事人采用信件、数据电文等形式订立合同要求签订确认书的，签订确认书时合同成立”（第491条第1款）。

签订确认书是当事人附加的程序。签订确认书，不排除有当事人在同时、同地签订的可能，但当事人采用签订确认书形式的，一般是在异地分别签订。

应当注意：要求签订确认书的时间须在合同成立之前。合同成立之后，一方当事人要求签订确认书的，实际上是要否定或者推翻已经产生约束力的合同。对这种做法当然不能予以支持。

（四）电子合同成立的时间

“当事人一方通过互联网等信息网络发布的商品或者服务信息符合要约条件的，对方选择该商品或者服务并提交订单成功时合同成立，但是当事人另有约定的除外”（第491条第2款）。日常生活中的“点外卖”，就是采用“下单”的方式成立合同的。“下单”，就是提交订单，电子系统表示提交成功就是送达承诺。

三、合同成立的地点

确定合同成立地，对于合同纠纷的诉讼管辖、交易习惯的适用、价格的确定、有关费用的承担以及涉外合同的法律适用等具有重要意义。合同的成立地，是当事人达成合意的地点。很多人把合同的签订地等同于合同的成立地，这是不准确的。因为合同成立地只有一个，而合同签订地，当事人分处异地的时候，可以有两个。合同的两个签订地点，只能有一个是合同成立地。

（一）确定合同成立地点的基本依据

合同成立，是通过要约、承诺的程序实现的。承诺生效，则合同成立。因此，“承诺生效的地点为合同成立的地点”（第492条第1款）。这是确定合同成立地点的基本依据，不论是采用数据电文形式订立合同，还是采用合同书形式订立合同，或者是以行为成立合同，合同的成立地点都不能摆脱这一规则的制约。

（二）采用数据电文形式订立合同时合同的成立地点

“采用数据电文形式订立合同的，收件人的主营业地为合同成立的地点；没有主营业地的，其住所地为合同成立的地点。当事人另有约定的，按照其约定”（第492条第2款）。该条文所说的收件人是承诺收件人，即收到承诺的人。

1. 对成立地没有约定时合同的成立地点

采用数据电文形式订立合同，当事人对于合同的成立地点或者收件地点没有约定时，收件人的主营业地为合同的成立地点。主营业地是收件人进行主要经营活动的基地和中心。

有些从事经营活动的自然人（如个体工商户、农村承包经营户），亦应以他的主营业地为合同成立地点。

没有主营业地的，收件人住所地为合同成立的地点。例如，不从事经营活动的法人、非法人组织和自然人，没有经营地，也就无所谓主营业地，其合同成立的地点是住所。“自然人以户籍登记或者其他有效身份登记记载的居所为住所；经常居所与住所不一致的，经常居所视为住所”（第25条）。经常居住地即经常居所。

例：天津甲公司以电子邮件方式向贵阳乙公司发出要约。贵阳乙公司回了一封电子邮件表示接受。请问：合同成立地在天津还是在贵阳？

解：在天津。因为天津是承诺到达地，也是承诺收件人的主营业地。

2. 对成立地或者收件地有约定时合同的成立地点

采用数据电文订立合同，当事人对于合同的成立地点有约定时，自应从其约定。有时当事人没有明确约定合同成立地点，只是约定了收件地点，此种情况应当视为约定了合同成立地，即收件地为合同成立地。

（三）采用合同书形式订立合同时合同的成立地点

“当事人采用合同书形式订立合同的，最后签名、盖章或者按指印的地点为合同成立的地点，但是当事人另有约定的除外”（第493条）。各方当事人都在合同书上签名、盖章或者按指印，才是达成合意，即合同才能成立。

（四）以行为成立合同时合同的成立地点

行为可以构成承诺。承诺生效时，合同成立。承诺生效的地点，即为合同成立的地点。以积极的行为（作为）为承诺的，要约人接受该行为的地点可为成立的地点。比如，甲公司急需水泥，要求乙公司三天内将水泥送到甲公司作为承诺，乙公司在第三天将水泥送到甲公司，则甲公司所在地就是合同的成立地。以消极的行为（不作为）为承诺的，承诺人为该行为的地点为合同的成立地点。比如，甲公司要求乙公司以停止发布某种广告为承诺，则乙公司停止发布广告的地点为合同成立地。

第三节　合同的内容、形式及合同书的审查

一、合同的内容

合同的内容表现为合同的条款。“合同的内容由当事人约定，一般包括下列条款：（一）当事人的姓名或者名称和住所；（二）标的；（三）数量；（四）质量；（五）价款或者报酬；（六）履行期限、地点和方式；（七）违约责任；（八）解决争议的方法”（第470条第1款）。

合同应当包含足以使合同成立的必要条款。也就是说，欠缺必要条款，合同不能成立。当事人对合同是否成立存在争议，人民法院能够确定当事人名称或者姓名、标的和数量的，一般应当认定合同成立。但法律另有规定或者当事人另有约定的除外。实际上，价金或报酬条款也很重要。比如，对一个买卖合同而言，应当包括标的、数量和价金条款。如果没有数量和价金条款，但有确定数量和价金的方法，也可以使合同成立。标的是任何合同都应当具备的条款，否则合同不能成立。

当事人可以参照各类合同文本（比如市场监督管理机关制定的合同文本）订立合同。合同的示范文本与格式合同有本质区别。合同示范文本，是由无利害关系的第三方拟订的；格式合

同是由一方当事人事先拟订的。

二、合同的形式

合同的形式，是合意的外在表现方式。合意是当事人表示意思的结合，是当事人思想意志的结合。这种结合，不能只停留在脑海之中，需要通过外在的形式表现出来。这种外在的表现形式，就是合同的形式。合同的形式可以分为口头形式、书面形式和其他形式（见第469条第1款）。

（一）口头形式

口头形式是以口头语言表达合意。口头语言是作用于听觉的，即以听觉进行信息交换。口头形式多用于即时清结的合同。即时清结的合同，是指订立与履行同时完成的合同。口头形式的优点是迅速、简便，能够提高交易的效率；缺点是发生纠纷的时候举证困难，不易分清是非，不利于交易安全的保护。我们常用的成语“空口无凭”，可以说是对口头形式合同弱点的概括。口头形式的运用具有局限性。比如，进行不动产交易的时候，要办理过户手续，只有口头协议，没有书面形式的合同，主管登记的部门不予办理过户手续。

（二）书面形式

1. 书面形式的含义

“书面形式是合同书、信件、电报、电传、传真等可以有形地表现所载内容的形式”（第469条第2款）。其特点是，第一，通过视觉交换信息（盲文例外）；第二，一般以纸面方式负载、固定信息（布帛、竹片等较少见）。书面形式的合同是一种书证，它可以证明合同法律关系的存在。

合同书是规范的书面形式。它可以由当事人同时、同地签订，也可以由当事人在异地分别签订。其他书面形式包括信件等，比如，甲方以信件的方式向乙方发出要约，乙方以信件的方式承诺，双方成立的是书面合同。

2. 数据电文视为书面形式

“以电子数据交换、电子邮件等方式能够有形地表现所载内容，并可以随时调取查用的数据电文，视为书面形式”（第469条第3款）。上述方式所反映的信息，是以电子介质为载体的，与纸面形式一样，是作用于视觉的，可以随时随地调取。比如，以手机短信方式成立的合同视为书面合同，要约与承诺的两个电子信息，是分别表达的，但足以证明合同成立。

（三）其他形式

1. 默示形式

以行为表示意思而成立的合同，为默示形式的合同。行为可以构成要约，也可以构成承诺。这里所说的行为，包括成立合同的给付行为、受领行为，也包括构成意思实现的准备行为。

默示合同是与明示合同相对应的概念。用语言、文字为意思表示的合同为明示合同。当事人未以书面形式或者口头形式订立合同，但从双方从事的民事行为能够推定双方有订立合同意愿的，可以认定是以“其他形式”订立的合同。

2. 混合形式

混合形式是明示与默示形式的混合，如一方以书面通知的方式发出要约，另一方以行为承诺。这种情况在实践中也比较常见，它并不影响合同的成立。

例：消费者在自动售货机上购买饮料，正在工作的自动售货机，属于现物要约（也称为实物要约），售货机屏幕上的文字表达（标价等），是一种特殊的书面形式，而投币购买的行为是承诺。这种成立合同的方式是混合形式。

三、合同书的形式审查

合同书是书面合同的典型形式，是合同法律关系存在及表明其内容的凭证（书证）。对合同书的审查，是实务中的一项重要工作。合同审查，应秉持公平的观念，不可一边倒，不可设计合同陷阱。

合同审查分为合同的形式审查和实质审查。合同的形式审查，是审查合同书等合同凭证的结构、格式、文字、表述方式、逻辑关系等。实质审查是对当事人欲建立的法律关系的审查。法律关系审查，主要是审查法律关系能否成立（合同是否有效），法律关系的内容如何，如果法律关系被违反，救济法律关系将如何，等等。实质审查是建立在形式审查基础上的，实质审查不但要看合同文本，还要看其他材料，了解合同的背景。

这里仅介绍合同书形式审查的若干要点。

（一）对合同四个部分的审查

合同大体可以分为四个部分：其一，合同名称；其二，首部；其三，正文；其四，尾部。

1. 合同名称

要审查“名与实”是否相符，即合同的名字与内容是否一致。审查合同名称，先要看合同全文，了解当事人欲实现的目的，最后再予以确定。

合同名称就像我们写文章的标题。合同名称反映当事人之间权利义务关系的性质，各类合同的后果、责任也不同。比如，在承揽合同与雇佣合同履行过程中造成对第三人损害，定作人与雇主的责任不同。再如，当事人通过买卖一台“样机”来转让技术秘密，就不能把技术转让合同写成买卖合同。

准确界定合同性质，对减少当事人争议是有切实作用的。当然，合同名称与内容不一致的，要以内容为准。

有时一份合同书包含两种以上典型合同法律关系（混合合同），就不宜简单套用《民法典》合同编的典型合同。这类合同可以笼统地使用“协议书”“合作协议”等名称。

2. 首部

合同书的首部主要有两个部分的内容：一是当事人条款；二是通讯、联络条款。

审查首部，要重点看当事人条款与尾部（落款）是否一致。有没有“似是而非”的情况。

（1）当事人条款

当事人分为甲方、乙方等。甲方、乙方地位相等。实务中，有些交易的甲方、乙方比较固定，比如，出卖人称甲方，买受人称乙方，这对权利义务没有任何影响。

当事人是自然人的，要写真名，不要写笔名、绰号等。对不熟悉的人，应要求其注明身份证号码或者把身份证复印件作为合同附件。合同应注明当事人的住所。

当事人是单位的，要写全称，要在单位下边写上法定代表人或者负责人的姓名。如果是代理人代理签订合同，要把代理人名字、职务等写清楚；应要求代理人出示并交付授权委托书的原件。单位也要注明住所。

（2）通讯、联络条款

重要的合同应当写明两种或两种以上通讯、联络方式（不包含口头方式），还要注明，当事人可以选择其中一种方式送达（意思表示），即只选用其中一种送达方式，不影响送达的效果。在操作中，可同时采用两种或两种以上方式送达。实务中，有的当事人采用公证的方式送达，一般来说，没有必要。

3. 正文

正文是具体表述当事人权利义务的部分。

对正文的审查，一是要看对权利义务关系的表述是否清楚；二是要看双方的权利义务是否一一对应，有无重大遗漏；三是要看文字、术语使用是否准确；四是要看条款之间有无矛盾。

(1) 正文一般首先要对给付（标的）作出界定，其次要看对完成给付设置的具体条款如何规定。比较复杂的合同，可给正文加一个序言（或称为前言、提要等），将合同的主旨或有几个法律关系说清楚。比如，甲将有限责任公司的股份转让给乙，乙又让甲代理行使部分权利，那么，可在序言中提示本合同有两种法律关系。

(2) 有些合同，需要在正文前对有关术语进行界定，即要表明术语的确切含义。

(3) 正文要分条款来写，即要参照法律条文的表述方式来写。

(4) 一方的权利即另一方的义务，但整体上要从义务的角度写合同条款，因为从义务的角度写，才能达到准确的要求。比如，甲方应在2月1日前发货，乙方应在3月1日前付款。这种表述如果反过来写，就不容易说清楚。关键的地方，也可从权利的角度表述或者再次表述。例如，合同规定解除权等权利，要正面表达，不能含糊。

(5) 涉及金额时，要小写加大写。如："支付的时间和金额：2021年9月30日前支付3 950万元（叁仟玖佰伍拾万元整）。"

(6) 有的合同只写一方的违约责任，不写另一方的违约责任，失去了"文本的平衡性"，这往往是一方处于强势地位的表现。实际上，双方的违约责任是不同的，比如不付款的违约责任与不发货的违约责任不同，应分别予以表述。违约责任要写违约的形态（违约的行为表现，如不履行还是履行不符合要求等）和违约的后果。违约的后果要具体，不要抽象描述。

(7) 内容较多的合同可以分章、节。

4. 尾部

尾部也称为落款或者当事人落款。对尾部的审查，要注意三点。

第一，注意尾部与首部的当事人条款是否一一对应。防止出现"大头小脑袋"和"狸猫换太子"的问题。

有的合同书在当事人条款中注明甲方是某某某单位，落款及公章却是某某某单位研究中心，这就是所谓"大头小脑袋"，给合同效力留下了隐患。

有的合同书在当事人条款中注明乙方是李某某，落款用美术体或草书等签字，实际不是同一个人名，这就是所谓的"狸猫换太子"。"狸猫换太子"是为将来逃避责任做准备的。

第二，落款是否明确表明了签名人的身份，比如，法定代表人签名，在其签名上部或者左边，一定要有一个表述法定代表人身份的"帽子"。同样，代理人签名，一定要有一个代理人的"帽子"。有时第三人在合同书上签名，一定要表明他是"中介人"，还是"见证人"，抑或是"保证人"等。

第三，印章（公章）是否符合要求。单位的行政章和合同专用章对签订合同来说，效力是相同的。部门章的风险较大，能否使用要具体问题具体分析。如果有法定代表人签名，没有印章（公章）不妨碍合同的效力。

当事人要签名或盖章，或签名加盖章。自然人签合同，盖印章（私章）意义不大，但一定要当面签名（不能异地换签）。最后要写年月日。

（二）其他应注意的问题

(1) 应注意查看合同文本中有无解决争议的条款，如果有，是否明确、具体。

(2) 审查合同，不能只看合同文本，还要看附件等。有时，当事人会把技术规范、技术要求在合同附件中表述。附件是合同的组成部分，附件中可能夹杂着违约责任的规定，负责起草合同的一方对此应是清楚的，但另一方当事人可能并不知情，容易陷入被动状态或者掉入合同陷阱。

(3) 合同书两页以上的，要加页码，重要的合同书要加盖骑缝章。

(4) 如果合同书没有加盖骑缝章，最后一页一定要有一部分正文，空白处用来签名、盖章。也就是说，不要用没有正文的单页专门用来签名、盖章，以防止一方当事人偷换前面记载合同内容的纸页。

(5) 合同书一般是面签，但也有交换文本方式的签订，对交换文本，要注意审查文本的一致性。比如甲方将打印好的两份合同书签名后寄给对方，乙方签名后留下一份寄回一份，甲方就要仔细审查寄回的文本有无变动，比如价格、数量、质量等有无变动，解决争议的方法有无变动等。

第四节　强制缔约义务、格式条款、悬赏广告

一、强制缔约义务

(一) 强制缔约义务的含义

强制缔约义务，是指合同的订立或者合同的内容不能自由决定，须按法律要求成立合同或者决定合同内容的义务。强制缔约义务，一是为保证国家计划的执行和实现，二是为维护社会公共利益。

(二) 强制缔约义务的要求

1. 为完成国家订货任务、指令性任务的强制缔约义务

"国家根据抢险救灾、疫情防控或者其他需要下达国家订货任务、指令性任务的，有关民事主体之间应当依照有关法律、行政法规规定的权利和义务订立合同"(第 494 条第 1 款)。对国家根据抢险救灾、疫情防控或者为保证国防军工、重点建设以及国家战略储备等需要下达的国家订货任务、指令性任务，必须予以充分保障，相关的民事主体之间（如企业之间）负担强制缔约义务。

2. 为维护社会公共利益的强制性缔约义务

"依照法律、行政法规的规定负有发出要约义务的当事人，应当及时发出合理的要约。依照法律、行政法规的规定负有作出承诺义务的当事人，不得拒绝对方合理的订立合同要求"(第 494 条第 2、3 款)。这是法律对公用、公共企业规定的"强制缔约义务"。如供用电合同、供用水合同、供用气合同、旅客运送合同、储蓄合同、邮电合同的供应人、服务提供人等有强制缔约义务。强制缔约义务实际上取消了这些人不订立合同的自由和任意选择对方当事人的自由。

订立合同通常是通过要约和承诺的程序完成的。如公共汽车到站，停车开门，是发出要约的行为，乘客上车是承诺行为。公共汽车公司应当"按时按点"发出要约，不得拒绝旅客上车(承诺)，不得选择旅客。

二、格式条款

(一) 格式条款的概念

"格式条款是当事人为了重复使用而预先拟定，并在订立合同时未与对方协商的条款"(第 496 条第 1 款)。可能合同中的全部权利义务条款都是格式条款，也可能合同中的部分权利义务条款是格式条款。它们都可以称为格式条款合同。格式条款合同中经常有一些空白条款由当事人填写，如保险合同就是如此。由当事人填写的条款不是格式条款。

格式条款是针对不特定的多数人反复使用的，这样可以提高交易效率、降低交易成本。格式条款涉及社会公共利益，因而法律对格式条款有着更严格的要求。

格式条款是事先拟定、事先设计的，相对人不能更改，“要么接受，要么走开”。这种不能更改的格式条款被称为“锅炉钢板条款”，相对人的合同自由受到了限制。因此，对相对人要有特殊的救济措施。

非格式条款合同是当事人自由协商一致而订立的合同，未采用事先拟定的固定条款。

（二）格式条款的订立规则

“采用格式条款订立合同的，提供格式条款的一方应当遵循公平原则确定当事人之间的权利和义务，并采取合理的方式提示对方注意免除或者减轻其责任等与对方有重大利害关系的条款，按照对方的要求，对该条款予以说明。提供格式条款的一方未履行提示或者说明义务，致使对方没有注意或者理解与其有重大利害关系的条款的，对方可以主张该条款不成为合同的内容”（第 496 条第 2 款）。

（1）提供格式条款的一方应该按照公平原则来确定当事人的权利义务，不能只顾一己之利。

（2）提供格式条款的一方对免责条款等重大利害关系条款负担提示、说明义务，要使对方注意到免责条款等重大利害条款的存在，能够理解其内容。免责条款是免除或者限制自己责任的条款。

合理的提示方式，应区别一般提示义务和特殊提示义务。所谓一般提示义务就是以社会一般人的认识水平为判断标准。如免责条款用黑体字、大号字，或者在免责条款下面用横线标注等。免责条款必须“引人注目”或“显而易见”。所谓特殊提示义务是指对因老、弱、病、残而认知事物受到影响的人士要尽特殊提示义务。特殊提示义务要求格式合同提供人明确向对方指出免责条款。

提供格式条款一方对已尽合理提示及说明义务承担举证责任。

（3）未履行提示或者说明义务，致使对方没有注意到重大利害关系条款的存在，或者没有理解重大利害关系的意义的，对方可以主张该条款未进入合同或者未订入合同（就该条款未达成合意），即是说，该条款未成为双方合同法律关系的内容。“未进入”，就失去了发生效力的前提。

有时格式条款提供人将打印好的合同书交给对方签名，没有作提示，只是要对方自己看，对方出于对提供人的信任，没有阅读或者没有仔细阅读合同书就签了名，没有发现合同书中对自己的重大不利条款。尽管合同书中有这个条款，尽管当事人在合同书上签了名，仍可认为该条款未进入合同。

虽然提示了重大利害关系条款，但格式条款提供人没有按对方的要求作出必要的说明，对方没有理解该条款意义的，也可认为该条款未进入合同。

主张“未进入合同”，是“对方”的权利，提供格式条款的一方没有此项权利。

主张“未进入合同”，是一项独立的权利，与无效有所不同。无效的条款，该条款是合意的内容，是已经进入合同的内容，不管当事人是否主张，均无效。

（三）格式条款的无效

“有下列情形之一的，该格式条款无效：（一）具有本法第一编第六章第三节和本法第五百零六条规定的无效情形；（二）提供格式条款一方不合理地免除或者减轻其责任、加重对方责任、限制对方主要权利；（三）提供格式条款一方排除对方主要权利”（第 497 条）。

1. 格式条款无效的一般情形

（1）格式条款具有《民法典》第一编（总则编）第六章第三节无效的情形

第一编（总则编）第六章第三节是“民事法律行为的效力”。这里，主要是指格式条款具备第153条的情形，该条规定：“违反法律、行政法规的强制性规定的民事法律行为无效。但是，该强制性规定不导致该民事法律行为无效的除外。违背公序良俗的民事法律行为无效。”

（2）格式条款违背免责条款的一般规定

“合同中的下列免责条款无效：（一）造成对方人身损害的；（二）因故意或者重大过失造成对方财产损失的”（第506条）。该规定既适用于以格式条款形式出现的免责条款，也适用于以非格式条款出现的免责条款。

2. 不合理地免除或者减轻自己的责任、加重对方责任、限制对方主要权利的格式条款无效

利用格式免责条款“不合理地”免除或者减轻自己责任的无效；“不合理”地加重对方责任的无效；“不合理”地限制对方主要权利的无效。“不合理”，是对上述三类行为的定性，不能理解为：“提供格式条款一方不合理地免除或者减轻其责任的无效”，“加重对方责任的无效”，“限制对方主要权利的无效”。

“不合理”，要根据民法原则并结合个案进行综合判断。

例：商店门口的屏幕上滚动着标语：“本店商品售出后概不负责，不退不换。”这种格式条款是否有效？

解：这种格式条款无效，因为商店利用格式条款“不合理”地免除了自己的瑕疵担保责任。如果是药品，非质量问题可以不退、不换。

3. 排除对方主要权利的格式条款无效

主要权利包括：对对待给付的请求权，索赔权，针对重大违约的解除权，提起诉讼的权利等。主要权利不容剥夺。

例：甲方在事先打印好的格式条款合同中规定，如果甲方违约，双方只能协商解决，乙方不能起诉。尽管乙方在合同上签名盖章，但该“不能起诉”的规定仍然无效。

“排除对方主要权利”不同于“限制对方主要权利”。“排除”，一概无效；“限制”，不合理的才无效。

例：甲公司与李乙签订了《商品房预售合同》，约定将某小区某栋楼的一套房屋出卖给李乙。合同文本是甲公司提供的格式条款合同。该合同中的一个条款规定，出卖人对标的房屋有无偿使用权。李乙取得所有权后，双方就此条款发生争议。甲公司未能提供证据表明其已尽合理提示及说明义务。

解：李乙取得所有权（建筑物区分所有权），其外墙面属于业主共有①，而外墙面使用权是所有权的权能，出卖人利用格式条款规定“出卖人对标的房屋有无偿使用权”，排除了业主的主要权利，该条款本应无效，但甲公司未尽合理提示及说明义务，该条款未进入合同。未进入合同就没有生效的前提，即本案应按“未进入”处理。

（四）格式条款的解释

“对格式条款的理解发生争议的，应当按照通常理解予以解释。对格式条款有两种以上解释的，应当作出不利于提供格式条款一方的解释。格式条款和非格式条款不一致的，应当采用非格式条款”（第498条）。本条有三个解释规则。

1. 按通常理解解释的规则

通常理解是以一般人的正常理解为衡量标准。通常理解是格式条款解释的第一步。例如，

---

① 《民法典》第271条规定：“业主对建筑物内的住宅、经营性用房等专有部分享有所有权，对专有部分以外的共有部分享有共有和共同管理的权利。”

甲公司与乙公司约定，乙公司在7月2日到甲公司提货。按照通常解释，提货时间应当是在甲公司上班时间，而不应当延续到24时。

2. 不利于表意人的解释规则

对格式条款有两种以上解释的，应当作出不利于提供格式条款一方的解释，这是不利于表意人的解释规则的体现。格式条款提供人应当承担条款含义不明的风险。这两种解释，可能都是通常的解释，或者孤立地看都有合理性。如果一种解释合法，另一种解释不合法，当然应当采取合法的解释。

3. 采用非格式条款的解释规则

格式条款与非格式条款不一致的，应当采用非格式条款。据此，手写体优于印刷体。非格式条款（包括手写体）是在后填写的，它们可以修正、改变格式条款。

三、悬赏广告和优等悬赏广告

（一）悬赏广告

"悬赏人以公开方式声明对完成特定行为的人支付报酬的，完成该行为的人可以请求其支付"（第499条）。悬赏的"悬"是征求，"赏"是给赏金。悬赏是对不特定人有偿征求完成特定的行为，完成该行为的，双方构成对价关系，行为人即可请求报酬。对悬赏广告，一种观点认为是单方法律行为，另一种观点认为是要约，本书采要约说。① 悬赏广告是要约，不要求先行以通知方式承诺的，完成该行为即构成承诺，此为意思实现的一种情形。

（二）优等悬赏广告

优等悬赏广告是要约邀请，广告人把报酬（赏金）分成等级，按等级支付报酬。对要约邀请需有人提出要约，再由广告人按等级承诺。

例：（1）学生甲的手机丢了，在学校内网发了一条信息说："谁给我送来，我给谁3 000元。"学生乙将捡到的手机送到甲的宿舍。（2）某杂志社发布征稿广告，一等奖1名，奖励5 000元，二等奖6名，每人奖励3 000元，三等奖20名，每人奖励1 000元。经过对投稿的评选，确定了符合条件的一、二、三奖的人选。

解：（1）甲发的信息是悬赏广告，是要约，乙把手机送来是承诺。（2）杂志社征稿广告是优等悬赏广告，是要约邀请。投稿是要约，确定符合条件的一、二、三等奖的人选是承诺。

第五节　缔约责任

一、缔约责任概述

（一）缔约责任的概念

缔约责任又称为缔约过失责任。"缔约过失"是翻译过来的词，过失实际上讲的是过错，也就是说，缔约责任是一种过错责任，既可因为故意也可因为过失造成缔约责任。如欺诈就是一种故意。缔约责任是指当事人因故意或者过失违反先合同义务致使合同不能产生效力，应当承担的民事责任。这种民事责任主要表现为赔偿责任。

① 采要约说的优越性在于，悬赏广告可以直接适用《民法典》对要约的规定，相对人完成悬赏广告要求的行为的，成立合同，可直接适用《民法典》对合同的规定。

（二）缔约责任与违约责任的区别

1. 发生的阶段不同

缔约过错是于合同缔结之际发生的。缔约责任主要发生于四种情况：第一，因过错致使合同未成立；第二，因过错使成立的合同不能生效；第三，因过错签订了无效合同；第四，因过错致使合同成为可撤销的合同，而合同被撤销。

违约责任是在合同缔结之后发生的，是对有效成立合同的违反。例如，债务人因不履行合同而承担支付违约金的责任，支付违约金是承担违约责任的一种方式，而违约责任只能产生于有效合同，有效合同才有履行效力。合同无效，没有履行效力，只能追究缔约责任。

2. 行为违反的义务不同

缔约行为是缔约阶段的行为，缔约责任由缔约行为产生。违约行为是合同有效成立后，当事人不履行合同或者履行合同不符合约定。

责任是违反义务的后果。缔约责任是违反先合同义务的后果，先合同义务是法定义务。违约责任是违反合同义务的后果，合同义务是约定义务。

3. 救济的利益不同

缔约责任主要救济的是信赖利益。通说认为，缔约责任不保护履行利益。违约责任救济的主要是履行利益，履行利益包括可得利益。

4. 适用的归责原则不同

缔约责任只能是过错责任，而违约责任归责原则多元化，有严格责任，有过错责任。

5. 责任形式不同

缔约责任是赔偿责任，主要采取金钱赔偿的方式，而违约责任的责任形式多种多样，包括支付赔偿金、支付违约金、强制实际履行等。

二、构成缔约责任的要件

（一）当事人违反先合同义务

先合同义务是基于诚实信用原则、合法原则产生的法定义务。如不欺、不诈，不违反法律的强行性规定，不侵犯对方非合法权益等。当事人违反先合同义务，是缔约行为违反先合同义务。

例：某银行下设一个证券公司（子公司），按照中央的精神，银行要和证券公司脱钩。该银行找到广东的A公司说转让证券公司的股权，A公司就组织了30多家公司共同来受让股权。经过半年的磋商和可行性研究，合同文本起草完毕准备签字的时候，银行突然说不转让了，因为银行的领导说，要转让给B公司。A公司损失50万元可行性调查等缔约费用。A公司可以起诉银行，要求赔偿，但不能强制要求银行履行将证券公司等股权转让给它的合同义务。因为当事人没有签字，合同没有成立，双方尚未建立起交易关系。

解：双方随着谈判的深入产生了一种信用关系，一方当事人基于这种信用关系做出了一定的付出，如果由于对方对信用的违反而使付出的一方受到了损失，这个损失应该由违反信用的一方来承担，这种信用、信任就是合同编给缔约当事人附加的先合同义务的基础。银行违反了先合同义务，先合同义务随着缔约双方的接触而产生并且逐渐发展。违反合同义务是违约责任，合同义务是约定责任，违反先合同义务构成缔约责任。

（二）当事人有过错

当事人于缔结合同之际有故意或者过失。缔约责任是过错责任。该过错导致合同不成立、成立不生效、无效或者被撤销。

（三）当事人有损失

承担缔约责任的方式主要是赔偿，因此要求受害一方有损失。“无损害则无责任。”

三、缔约责任的适用

“当事人在订立合同过程中有下列情形之一，造成对方损失的，应当承担赔偿责任：（一）假借订立合同，恶意进行磋商；（二）故意隐瞒与订立合同有关的重要事实或者提供虚假情况；（三）有其他违背诚信原则的行为”（第500条）。

（一）假借订立合同进行恶意磋商

所谓假借也是一种故意。比如，张某找李某订立合同，张某并没有成立合同的真实意思，他找李某协商订立合同，只不过是为了达到不正当竞争或者其他违法目的。这就构成缔约责任。

（二）故意隐瞒与订立合同有关的重要事实或者提供虚假情况

订立合同有关的事实，分为重要事实和一般事实（次要事实）。重要事实是足以影响决策的事实。故意隐瞒与订立合同有关的重要事实或者提供虚假情况是欺诈行为。订立合同时的欺诈构成缔约责任，履行中的欺诈构成违约责任。

（三）有其他违背诚实信用原则的行为

1. 违反强行性规定以及胁迫、乘人之危、恶意串通、重大误解等都可以构成缔约过错责任。

2. 当事人在缔结合同过程当中有可能接触到对方的商业秘密，如经营信息和技术信息，对此应承担保密义务，否则可能构成缔约责任，也可能构成违约责任。“当事人在订立合同过程中知悉的商业秘密或者其他应当保密的信息，无论合同是否成立，不得泄露或者不正当地使用；泄露、不正当地使用该商业秘密或者信息，造成对方损失的，应当承担赔偿责任”（第501条）。违反保密义务也是一种侵权责任。

四、缔约责任的赔偿范围

承担缔约责任的方式主要是赔偿损失。一般认为，缔约责任制度主要保护当事人的信赖利益，因此赔偿范围不包括履行利益（合同履行后可以获得的利益）。具体的赔偿内容包括以下内容。

（1）缔约费用，包括可行性调查费用、差旅费等。

（2）为准备履行合同产生的费用。当事人有理由信赖合同能够有效成立，而为履行合同作出了必要的准备，由此发生的费用。

（3）履行合同而发生的费用。当事人签订了合同，有理由信赖合同有效，而履行了合同，但合同被撤销、被确认无效。一方履行合同发生的费用，过错方应当赔偿。

（4）丧失合同机会产生的损失。基于赔偿范围原则上不超过实际损失的原则，丧失合同的机会带来的损失一般不予赔偿。当事人可以通过另行寻找交易伙伴而重新创造机会。但如果机会是唯一的，或者是难以替代的，过错方对相对人丧失合同机会产生的损失应当予以赔偿。这时赔偿的数额可以与违约的数额相等。

思考题

1. 要约与承诺的概念是什么？

2. 要约与要约邀请的区别是什么？
3. 在什么情况下要约可以撤销？
4. 论合同的成立。
5. 简述合同的形式。
6. 合同应当具备的最基本内容有哪些？
7. 论格式条款。
8. 简述格式条款的解释。
9. 浅论缔约责任的适用。

第三章
合同的效力

第一节　合同效力概述

一、合同效力的含义及合同相对性原则

（一）合同效力的含义

合同的效力，又称合同的法律效力。合同效力是指依法成立的合同对当事人具有法律约束力（见第465条第1款）。约束力，也称为拘束力。

合同具有约束力的条件，一是须合同成立，二是须依法成立。合同的约束力，是法律保障的效力，来源于法律的强制力，来源于法律对当事人合意的认可。对依法成立的合同，法律承认当事人追求的效果；对于违反合同者，法律予以追究；对于受到损失者，法律给予救济。在特定意义上，合同于当事人之间，有相当于法律的效力。合同当事人是“为自己立法的人”。

合同有效，则合同为当事人履行义务、主张权利的依据，也是人民法院、仲裁机构解决当事人之间纠纷的依据。这与无效合同不同，无效合同虽然可作为诉因之一，但当事人的权利义务关系，直接依法律规定而产生。无效合同约定的权利义务只能作为某种证据，不能作为判决和裁决的依据。

无效合同是成立但无效的合同。合同的效力，是法律赋予的，如果无效，法律认定其不能产生当事人追求的法律后果。

（二）合同效力的作用

按效力的作用，合同效力分为形式拘束力和实质拘束力。

1. 合同的形式拘束力

合同的形式拘束力，是合同法律关系的维持效力。任何一方无约定或法定事由，不得擅自变更或者解除合同。合同是当事人意思表示一致的产物，当然当事人也可以协商一致变更、解除合同。协商一致变更合同或解除合同，是以第二个合同变更第一个合同或者以第二个合同解除第一个合同。

2. 合同的实质拘束力

合同的实质拘束力，是合同的请求给付的效力，也称为给付效力、履行效力。合同实质拘束力的体现，是债权人享有请求给付（履行）的权利，债务人负担给付（履行）的义务。合同的实质拘束力要求当事人按照约定履行自己的义务。

无效合同虽然当事人达成了合意，但既没有形式拘束力，也没有实质拘束力。

3. 合同的形式拘束力、合同的实质拘束力的并存与分离

(1) 概述。

对"正常"的合同，合同的形式拘束力、实质拘束力是对其约束力不同角度的表达，二者同时存在。有些合同，两种拘束力是分离的，比如，附生效条件的合同，在合同成立后、条件成就前，是只有形式拘束力的，债权人对请求给付，只有期待权，在条件成就后，才发生实质拘束力；附始期的合同期限未届至时，也只具有形式拘束力。再如，须经批准的合同，在当事人之间是有形式拘束力的，在经批准后才发生实质拘束力。

(2) 成立与生效的关系，反映了合同的形式拘束力、实质拘束力的关系。

合同生效，是指已经成立的合同生效，所以合同成立是合同生效的前提。《民法典》区分合同成立和生效。

认定合同是否成立，即考察当事人订立的"合同"，是否具备成立的要件。未成立的合同，当事人之间不存在合同，称为"合同"，是因为未成立的合同也具有合同的外观。例如，甲、乙作为双方当事人的一份房屋买卖合同上有甲的签名和乙的私人印章，但乙否认签订过这份合同，该印章不是自己的，同时甲不能证明乙签订过这份合同，所以应认定双方当事人之间没有成立合同。

认定合同是否生效，是在认定合同成立的基础上，考察合同是否具备合同有效的要件。

一般情况下，依法成立的合同，自成立时生效。这类合同，成立和生效在同一时间节点上发生。比如，一般性买卖合同在当事人依法达成合意后，成立并生效。

有时合同成立，却不发生所谓"效力"。《民法典》第 502 条第 1 款规定："依法成立的合同，自成立时生效，但是法律另有规定或者当事人另有约定的除外。"① 本条的"生效"，应该包括形式拘束力和实质拘束力。另有规定或另有约定者除外，应作限缩解释，应解释为实质拘束力除外，但合同仍然具有形式拘束力。违反形式拘束力（违反非给付义务），也可构成违约责任。比如，附条件的合同的一方当事人在条件成就前撕毁合同，应当承担违约责任。

(3) 关于待批准合同的效力。

待批准的合同是已经成立的合同，其效力比较特殊。"依照法律、行政法规的规定，合同应当办理批准等手续的，依照其规定。未办理批准等手续影响合同生效的，不影响合同中履行报批等义务条款以及相关条款的效力。应当办理申请批准等手续的当事人未履行义务的，对方可以请求其承担违反该义务的责任"（第 502 条第 2 款）。合同中履行报批等义务条款以及相关条款可以独立发生效力，违反约定不办理手续的，构成违约责任。因为违反的是合同义务，所以构成的责任是违约责任，不是缔约责任。

法律、行政法规对一些合同设置了批准等手续，并规定履行这些手续合同才能生效。这些合同，尽管当事人就合同内容达成了一致意见，形成了合意，但只是依法成立，尚须履行规定的手续才能发生双方之间的给付效力。换句话说，这类合同是有形式拘束力的合同，尚无实质拘束力。

（三）合同相对性原则

"依法成立的合同，仅对当事人具有法律约束力，但是法律另有规定的除外"（第 465 条第 2 款）。这是对合同相对性原则的规定。

合同具有相对性，是合同之债具有相对性，合同之债的相对性是债的相对性的一种表现。

---

① 《民法典》第 136 条第 1 款规定："民事法律行为自成立时生效，但是法律另有规定或者当事人另有约定的除外。"合同是法律行为，第 502 条第 1 款应是第 136 条第 1 款的具体化，但该款加了"依法"二字，强调"依法"成立的合同在成立时生效，造成两个条文的后半句（但是法律另有规定或者当事人另有约定的除外）内涵不一致。

合同仅对合同当事人有法律约束力，仅在合同当事人之间发生债权债务关系，比如，合同甲方只能向合同的乙方请求履行，不能请求乙方的子公司丙履行。

依据法律规定第三人享有合同权利、承担合同义务的，该合同不但约束当事人，也约束第三人。例如，买房人与房地产开发公司订立的商品房买卖合同中的物业服务条款，也约束买房人与物业服务人。

二、合同的成立要件与有效要件

（一）合同的成立要件

合同成立的要件分为一般要件和特殊要件。

当事人就合同的必要条款意思表示一致，为合同成立的一般要件。即一般情况下，当事人达成合意，合同即成立。简洁地说，合意是合同成立的一般要件。

有些合同在具备一般要件的基础上，还要具备成立的特殊要件。主要有以下几种形式。

（1）要式合同（合意＋特定的形式、方式）。“要”是要件，“式”是形式、方式，当事人成立合同，须采取法律规定的特定形式，比如书面形式。

需签订确认书的合同（合意＋签订确认书）也是要式合同。

（2）实践合同（合意＋交付）。实践合同须交付约定的标的物才成立。

（二）合同的有效要件

对已经成立的合同，符合有效要件的，按当事人的合意赋予其法律效果。

合同的有效要件是法律评价当事人合意的标准。按照《民法典》第 143 条的规定，合同有效的一般要件是：（1）行为人具有相应的民事行为能力；（2）意思表示真实；（3）不违反法律、行政法规的强制性规定，不违背公序良俗。

三、无效合同、可撤销合同、效力待定合同的区别

（一）事由不同

1. 无效合同违反效力性强制性规定或者违反公序良俗，侵害的法益不限于当事人的法益。

2. 可撤销合同是当事人意思表示有瑕疵的合同，受损害人是合同当事人。

3. 效力待定的合同是当事人欠缺能力或者欠缺权利而订立的合同。欠缺能力，是指欠缺行为能力，合同效力待定，体现了对限制行为能力人的保护。欠缺权利，这里主要是指欠缺代理权，合同效力待定，体现了对相对人的保护。

（二）效力不同

1. 无效合同，虽亦是意思表示行为，但不能发生当事人追求的效果，即不能发生意定（合意）的效力。无效合同自始无效。

2. 可撤销合同，是发生法律效力（意定效力、合意效力）的合同，即是说，在撤销之前，合同有效，当事人有权要求履行。

3. 效力待定的合同又称为可追认的合同。它有两个前途，一个是被追认，一个是不被追认（包括明示拒绝追认）。被追认的，如无其他违法事由，是有效合同；不被追认的，确定地不生效。

4. 事由可以竞合，效力不能竞合。

（1）无效合同的事由与可撤销合同的事由竞合时，按无效处理，否则就保护了无效行为。

（2）无效合同与效力待定的合同事由竞合的，按无效合同处理，追认不发生效力。

（3）无效合同、可撤销合同、效力待定合同三种事由竞合的，按无效处理；不得请求撤

销，不得追认。

(4) 可撤销合同与效力待定合同事由竞合的，按效力待定处理。合同被追认的，有效但可撤销；不被追认的，确定地不发生效力。

例：限制行为能力人作为赠与人与他人签订了与其行为能力不相适应的赠与合同，法定代理人可以撤销赠与合同吗?

解：撤销针对的是有效行为。对赠与合同的撤销，也是撤销有效赠与合同。限制行为能力人与他人成立的与其行为能力不相适应的赠与合同，是效力待定的合同，不存在撤销的问题。法定代理人可以通过积极的拒绝承认和消极的不予承认，使赠与合同确定地自始不发生效力。

（三）对请求履行，抗辩的事由不同

1. 无效合同，没有履行效力，一方要求履行的，另一方可以提出“权利不成立的抗辩”而拒绝履行（不属于履行抗辩权）。

2. 可撤销合同，有履行效力，一方要求履行的，另一方原则上不能以撤销事由作为不履行合同的抗辩事由。应注意的是，撤销事由是有可能“演变”为履行抗辩事由的。

3. 效力待定合同，没有履行效力，一方要求履行的，另一方可以提出“权利不成立的抗辩”而拒绝履行（不属于履行抗辩权）。

（四）受期间的限制不同

1. 主张合同无效（确认之诉），不受诉讼时效和除斥期间的限制，同时主张因订立、履行无效合同产生的返还财产、赔偿损失等请求权的（给付之诉），该请求权受诉讼时效限制。在民事诉讼中同时主张两个诉的，为复合之诉（两个诉讼标的）。

2. 请求撤销合同（形成之诉），受除斥期间的限制。除斥期间是否经过，涉及权利的有无。民事诉讼的被告在一、二审中都可提出除斥期间已经过的抗辩。如果一、二审法院没有审理除斥期间或者对除斥期间认定错误，在再审请求中，也可以把除斥期间的届满作为请求再审的理由。

合同被撤销以后，自始无效，由此产生的法定之债，受诉讼时效的限制。原告可以在请求撤销的同时，提出返还财产、赔偿损失等请求（给付之诉），此时，尚不存在诉讼时效的问题。

3. 主张效力待定的合同确定地不发生效力（确认之诉），不受诉讼时效和除斥期间的限制，同时主张因订立、履行无效合同产生的返还财产、赔偿损失等请求权的（给付之诉），该请求权受诉讼时效限制。

四、合同效力与解决争议方法的条款的效力

（一）概述

“合同不生效、无效、被撤销或者终止的，不影响合同中有关解决争议方法的条款的效力”（第 507 条）。本条的关键词是“方法”，违约金等违约责任的约定，是实体给付，不是“方法”条款。合同不生效、无效、被撤销，合同约定的实体权利义务不发生效力，而解决争议方法的条款属于程序上的合意，达成的是程序性合同。该程序性合同具有独立性，不受合同不生效、无效、被撤销的影响，当然，程序合同本身也要合法。

第 567 条就合同终止规定的“结算和清理条款”不是解决争议的条款，在合同终止后该条款可保持效力，但合同不生效、无效、被撤销的，该条款作为合同内容，亦随同不生效、无效、被撤销。

第 507 条规定了合同不生效、无效、被撤销和终止四种情形，不包括效力待定。

解决争议方法的条款包括：法院管辖条款①；仲裁条款②；选择检验、鉴定机构的条款；涉外合同的法律适用条款；协商程序条款等。

1．合同未成立，解决争议方法条款的效力。

合同未成立是指当事人未达成合意。如果合同未成立，就其中解决争议的条款也未达成合意（程序合同也未成立），则实体合同与程序合同均因未成立而不能生效。如果单独就解决争议的条款达成了合意（独立地成立程序合同），则其自可单独生效。

2．合同不生效，解决争议方法条款的效力。

合同不生效是指合同成立但未生效，合同不生效的事由包括生效条件未成就、始期未届至、应办理批准手续的合同未办理手续等。这些事由只是限制实体权利义务的发生，不妨碍解决争议条款的效力。

例：甲、乙的融资租赁合同中有仲裁条款，甲提起仲裁，请求乙支付违约金。仲裁过程中发现甲、乙订立的合同因甲（出租人）不具有融资租赁的资质而无效。违约金条款、仲裁条款还有效吗？

解：违约金条款是实体条款，无效。仲裁条款是解决争议的程序性条款，不受融资租赁合同无效的影响。对融资租赁的资质要求，与仲裁无关。

3．合同无效，解决争议方法条款的效力。

合同无效，是指合同成立但无效。无效的事由有违反法律、行政法规的强制性规定等（见第153条）。但这些无效事由通常不是解决争议条款的无效事由，比如一份合同因违背善良风俗而无效，而合同中的仲裁条款只是解决争议的一种途径，不能说这个条款违背善良风俗，这个仲裁条款“出污泥而不染”，独自生效。

顺便指出，合同有效，解决争议条款通常是有效的，但也存在合同有效，但解决争议条款无效的情形。例如，限制行为能力人与他人订立的与其行为能力相适应的合同包含仲裁条款，则该仲裁条款是无效的。③

4．合同被撤销，解决争议方法条款的效力。

合同成立、生效后被撤销的原因，是当事人的意思表示有瑕疵（见第147条至第151条），合同撤销以后自始没有效力。实体权利义务的效力受意思表示瑕疵的影响，被撤销，但不应波及解决争议的条款，不能连同解决争议条款一并撤销。比如一份合同中有选择法院的管辖条款，法院判决撤销合同，如果连同管辖条款一同撤销，法院的管辖权都丧失了依据，就陷入了自相矛盾的境地。实体合同可以撤销，程序合同只有未成立、未生效、无效的问题，没有撤销的问题。

5．合同终止、解除、变更与解决争议方法条款的效力。

合同终止，是实体权利义务的终止，解决争议的条款仍然可以保持效力。

---

① 《民事诉讼法》第34条规定：“合同或者其他财产权益纠纷的当事人可以书面协议选择被告住所地、合同履行地、合同签订地、原告住所地、标的物所在地等与争议有实际联系的地点的人民法院管辖，但不得违反本法对级别管辖和专属管辖的规定。”《最高人民法院关于适用〈中华人民共和国民事诉讼法〉的解释》第29条规定：“民事诉讼法第三十四条规定的书面协议，包括书面合同中的协议管辖条款或者诉讼前以书面形式达成的选择管辖的协议。”

② 《最高人民法院关于适用〈中华人民共和国仲裁法〉若干问题的解释》第10条规定：“合同成立后未生效或者被撤销的，仲裁协议效力的认定适用仲裁法第十九条第一款的规定。当事人在订立合同时就争议达成仲裁协议的，合同未成立不影响仲裁协议的效力。”《仲裁法》第19条第1款规定：“仲裁协议独立存在，合同的变更、解除、终止或者无效，不影响仲裁协议的效力。”

③ 《仲裁法》第17条规定：“有下列情形之一的，仲裁协议无效：（一）约定的仲裁事项超出法律规定的仲裁范围的；（二）无民事行为能力人或者限制民事行为能力人订立的仲裁协议；（三）一方采取胁迫手段，迫使对方订立仲裁协议的。”

解除是终止的一项原因。解除之后，对解除本身的效力、解除后的效力还可能有争议，此时解决争议的条款就会显现它的作用。

变更是对实体权利义务关系的部分调整，未变更解决争议条款时，自不影响该条款的效力。

（二）无权代理订立的合同中解决争议条款的效力

1. 无权代理订立合同中的解决争议条款，效力待定。

不生效、未生效的合同，其解决争议的条款可以独自生效，但不包括无权代理订立的合同。无权代理签订的实体合同和程序合同（解决争议的条款），均应为效力待定，不可能实体合同效力待定、程序合同有效。被代理人追认后，实体合同和程序合同均可发生效力。

例：张某是无权代理人，代理甲公司与乙公司签订了承揽合同，合同中有仲裁条款："因合同效力等原因发生纠纷提交北京市仲裁委员会解决。"

解：该合同中的仲裁条款为"程序合同"。本案的"实体合同"与"程序合同"若未曾得到甲公司的追认，甲公司得以张某无权代理为由，起诉至法院，主张承揽合同不生效或无效，法院应当受理。乙公司如果主张承揽合同有仲裁条款法院不应当受理，甲公司有权主张仲裁条款不生效。无权代理人张某和乙公司，无权排除甲公司的诉权。

若甲公司对无权代理订立的合同明示追认或者默示追认，应解释为对仲裁条款一并追认。因为本案"实体合同"与"程序合同"（仲裁条款），是由同一对要约与承诺产生的。

2. 实体合同因无权代理效力待定、仲裁条款单独有效的情形。

(1) 无权代理有"未授予代理权"、"代理权终止"和"超越代理权"三种情形。前两种，即未授予代理权而代理签订合同、代理权终止以后代理签订合同，实体合同和仲裁条款（程序合同）是"同命运、共呼吸"的。就某一事项"未授予代理权"，而就该事项单独授权签订仲裁条款，是不可能的。"代理权终止"，签订实体合同、程序合同的代理权一并终止。

(2)"超越代理权"代理签订合同情况比较复杂。超越代理权包括"质"的超越和"量"的超越。

"质"的超越，是欲图建立委托事项以外的法律关系，比如，委托买A，却买了B，委托办甲事却办了乙事。"质"的超越，实质上是"未授予代理权"，实体合同与程序合同，都是无权代理签订的合同，都是效力待定。

"超越代理权"中的"量"的超越，则有可能产生实体合同效力待定、仲裁条款等解决争议的条款有效的情况。

例：甲给代理人乙的授权委托书载明乙有权代理甲与丙签订购买500万元的某种标号的水泥，乙持此授权委托书与丙签订了购买1 000万元的水泥的合同。

解：本案实体合同可能效力待定，也可能因是可分之债而将超越的部分视为效力待定（视为=按具体情况而定），但该合同中的仲裁条款是有效的。

（三）委托人签发的授权委托书只有实体内容，代理签订的合同中解决争议条款的效力

实务中委托人给代理人签发的授权委托书只有实体内容，代理人代理签订的合同中仲裁条款等解决争议条款的效力会引起争议。

按交易习惯和一般观念，应认定仲裁条款等解决争议的条款有效。为防止和减少争议，委托人最好在授权委托书中，对解决争议事项的授权或者禁止（比如禁止选择仲裁方式）予以明示。对授权委托书作公证时，公证员对此应当予以审查。

第二节 可撤销的合同

一、可撤销合同概述

（一）可撤销合同的概念

可撤销合同，是指合同虽然成立，但由于受损害人的意思表示有瑕疵，经其向法院或仲裁机构请求可以消灭其效力的合同。

合同是当事人通过意思表示成立的法律行为，若意思表示有瑕疵，法律通过赋予受损害人撤销权，给予救济。可撤销合同，包括基于重大误解订立的合同、因被欺诈订立的合同、因被胁迫订立的合同、因危困被乘等原因订立的自始显失公平的合同。上述合同都是意思表示有瑕疵的合同。

可撤销的合同是有效合同，对有效合同才有撤销的必要。有学者认为，可撤销的行为是相对无效的行为，这是指合同被撤销以后转化为无效。这种说法容易引人误解。

撤销合同，是撤销订立合同的法律行为的效力，也就同时撤销了该行为形成的法律关系（债权债务关系）。

若是合同被撤销，不影响合同中独立存在的有关解决争议方法的条款（如仲裁条款、法院管辖条款）的效力。这类条款是程序性条款，导致合同被撤销的瑕疵（事由），并不是这些条款的瑕疵。

（二）撤销权的性质与撤销权的归属

1. 撤销权的性质

可撤销合同的撤销权，是须向法院或仲裁机构提出请求的权利，由法院判决撤销或者由仲裁机构裁决撤销，不能以通知的方式行使。

可撤销合同的撤销权是形成诉权（间接形成权），不是简单形成权。所谓形成诉权（间接形成权），是指当事人的实体权利须经法院或仲裁机构认可才可发生效力的权利，直接通知相对人即可发生效力的权利是简单形成权（单纯形成权）。

撤销权与合同的解除权不同，后者是简单形成权，采用通知的方式行使。

例：甲以欺诈的手段与乙订立了买卖合同，后乙发现甲的欺诈行为，遂通知甲撤销合同，甲未表达意见。之后，乙主张：甲未提出异议，则发生了直接撤销合同的后果。

解：本案未经诉讼或仲裁，不能产生撤销合同的后果。有两种情况需要说明：(1) 乙通知甲撤销合同，甲表示同意，应解释为双方合意解除合同，乙的通知解释为要约，甲的同意解释为承诺。(2) 本案乙也不能直接通知甲解除合同，因为甲订立合同时欺诈，是撤销事由，不是解除事由。

2. 撤销权的归属

撤销权的制度设计，旨在对受损害人进行救济，因而撤销权只能由受损害人一方享有。具体来说，重大误解，意思表示有错误而受到损害的一方享有；欺诈，由受欺诈方享有；胁迫，由受胁迫方享有；自始显失公平，由处于危困状态或缺乏判断力等弱势状态一方享有。

例：甲冒充是乙（著名画家）的弟弟与丙签订了一份买卖农产品的合同，丙并不需要这批农产品，但因非常崇拜乙，就签订了这份合同。谁有撤销权？

解：甲对丙有欺诈行为，丙是欺诈的受损害人，丙对合同有撤销权。第三人乙不是欺诈的受损害人，没有撤销权。乙是姓名权被侵害的受损害人。甲是欺诈人，没有撤销权。

可撤销合同的撤销权是专属于受损害人的权利，不能单独移转，但可因权利义务的继受而移转。比如，甲以欺诈的手段与乙订立了合同，之后，乙经甲的同意，将合同的权利义务转让给了丙（意定承受），在丙履行合同期间，其发现了甲欺诈乙的事实，丙有权诉请撤销合同。受损害人原来是乙，后来是丙，乙一直蒙在鼓里，这不影响其受损害人的地位。再如，A以欺诈的手段与B订立了合同，在履行期间，B死亡，其合同权利义务由其子C继受（法定继受），C知道真情后，有权请求撤销合同，此时C是受损害人。

（三）撤销权的消灭

撤销权不能永久存续。"有下列情形之一的，撤销权消灭：（一）当事人自知道或者应当知道撤销事由之日起一年内、重大误解的当事人自知道或者应当知道撤销事由之日起九十日内没有行使撤销权；（二）当事人受胁迫，自胁迫行为终止之日起一年内没有行使撤销权；（三）当事人知道撤销事由后明确表示或者以自己的行为表明放弃撤销权。当事人自民事法律行为发生之日起五年内没有行使撤销权的，撤销权消灭"（第152条）。

1. 撤销权在法定期间届满后消灭

对撤销权限制的法定除斥期间为不变期间，不能中止、中断和延长。期间届满，撤销权消灭。该不变期间分为一般期间、特殊期间和最长期间。对除斥期间是否超过，法院应主动审查。

（1）对撤销权限制的一般期间为一年

除重大误解外，法定除斥期间适用一年的一般期间。除胁迫外，该一年的起算适用主观标准（自知道或者应当知道撤销事由之日起计算）。胁迫适用客观标准（自胁迫行为终止之日起计算），受胁迫人从一开始就知道胁迫的事实，但其精神处于被控制状态时，难以行使撤销权。

（2）对撤销权限制的特殊期间为90日

重大误解的当事人自知道或者应当知道撤销事由之日起90日内没有行使撤销权，撤销权消灭。对于重大误解，适用的是主观标准。重大误解的认定涉及主观认识且较为复杂，故设计较短的期间。

（3）对撤销权限制的最长期间为五年

该五年亦为不变期间，是请求撤销的最长时间，起算标准是客观标准，自民事法律行为发生之日起计算。"一年"和"90日"均在五年内计算。"五年"是"大套娃"，"一年"和"90日"都是"五年"的"小套娃"。

例：甲与乙在2021年1月10日签订一份技术合同，至2026年1月10日该合同签订届满五年。撤销权须在2026年1月10日（含当日）前主张。甲在2025年12月1日知道了重大误解的事由，其须在2026年1月10日前（含当日）起诉到法院，请求撤销合同，因此甲实际没有90天的时间。一年不变期间的适用，其道理与90日不变期间的适用相同。

2. 撤销权在权利人明示放弃或默示放弃后消灭

（1）享有撤销权的当事人知道撤销事由后明确表示放弃撤销权。例如，被欺诈的一方当事人在知道被欺诈的真相后，仍然向欺诈人表示要履行合同，这是明示放弃撤销权。

（2）享有撤销权的当事人知道撤销事由后以自己的行为表明放弃撤销权。默示放弃包括：全部或一部分履行，对自己的履行提供担保，催促对方履行，主动受领对方的履行，等等。例如，被欺诈的一方是出卖人，其在知道欺诈的真相后，仍按合同约定向对方发货，构成默示放弃撤销权。

（四）合同撤销权与解除权的区别

可撤销合同仅是可撤销民事法律行为的一种；解除权是指对合同的解除权。对于可撤销的合同，当事人可能既享有合同撤销权，又享有解除权。在严格意义上，这种现象不属于竞合。

二者的区别如下。

1. 性质不同

对可撤销合同的撤销权与对其他法律行为的撤销权一样，是形成诉权，而合同解除权是简单形成权（也称为单纯形成权）。形成诉权须经法院或仲裁机构行使，合同解除权是一方以通知对方的方式行使。

2. 产生的原因不同

产生的原因不同，即致合同撤销权成立与解除权成立的法律事实不同。

对合同的撤销权，因一方意思表示有瑕疵而产生，撤销权是对意思表示有瑕疵的一方的法律救济，意思表示有瑕疵的一方享有撤销权。对合同的解除权，一般是由于一方重大违约而产生，是对被违约人的救济，被违约人享有解除权。

3. 产生（成立）的阶段不同

成立撤销权的原因（欺诈、胁迫等），发生在合同成立时，与合同的成立如影随形，违反的是先合同义务（法定义务）。而合同解除权的成立，发生在合同成立之后。如一方的重大违约等导致解除权成立的事由，是对合同义务（约定义务）的违反的结果。

4. 对权利行使的期间限制不同

对合同撤销权的行使，《民法典》用除斥期间予以限制。限制撤销权的除斥期间是法定期间，是效力性强制规定。对解除权也用除斥期间进行限制，该除斥期间分为法定期间和约定期间。①

5. 行使的效果不同

合同撤销权的行使，使合同自始无效。解除权的行使，要看解除的合同的给付状况：一是看何种给付，二是看履行的状况。

合同的给付分为一次性给付、循环给付和持续性给付（也称为继续性给付）。例如，甲卖给乙一套锅炉，该买卖合同是一次给付的合同。如果合同解除，不论是否履行，合同自始失去效力（溯及既往地解除）。次如，甲卖给乙 10 万吨煤炭，分 10 次发货，该买卖合同是循环给付的合同。对种类物，分两次以上履行，为循环给付。循环给付合同的解除效力，具体问题具体分析。再如，甲把一套房屋出租给乙，该租赁合同是持续性给付的合同，其解除不溯及既往，已经履行的部分继续有效，没有履行的部分失去效力。

实务中的一个问题是：解除合同后又发现撤销事由，能否诉请撤销该合同？

（1）如果合同解除是自始解除（合同自始失去效力），则不可以再撤销。解除表面上是解除合同法律关系，实际上是通过解除当事人成立合同的法律行为来解除（消灭）合同法律关系。当事人的法律行为，不能二次消灭。仅从法律关系的角度讲，已经不存在的法律关系无法撤销。对无法再撤销的，要考察提起侵权之诉的可能。（2）如果是面向将来的解除，已经履行的部分继续保留，发现撤销事由后，对保留的部分还可以撤销。

（五）合同被撤销后当事人之间的债权债务

1. 合同被撤销，是当事人实施的法律行为被撤销，由该法律行为（法律事实）产生的意定之债（合意之债）自然同时消灭。撤销以后并非“一了百了”，因订立和履行原合同的行为可产生债权债务关系，这种债权债务关系是法定之债。

（1）合同被撤销后自始无效，因该合同取得的财产，应当予以返还；不能返还或者没有必

---

① 如《民法典》第 564 条规定：“法律规定或者当事人约定解除权行使期限，期限届满当事人不行使的，该权利消灭。法律没有规定或者当事人没有约定解除权行使期限，自解除权人知道或者应当知道解除事由之日起一年内不行使，或者经对方催告后在合理期限内不行使的，该权利消灭。”上述法定和约定的“行使期限”，性质上属于除斥期间。

要返还的，应当折价补偿。有过错的一方应当赔偿对方因此所受到的损失，双方都有过错的，应当各自承担相应的责任（见第 157 条）。

(2)《物权编解释（一）》第 20 条规定："具有下列情形之一，受让人主张依据民法典第三百一十一条规定取得所有权的，不予支持：（一）转让合同被认定无效；（二）转让合同被撤销。"第 311 条是善意取得的规定，即是说，合同被认定无效或者被撤销的，受让人不能善意取得对标的物的所有权。例如，甲与乙签订买卖合同，出卖人甲将与第三人丙共有的标的物（动产）出卖并交付给买受人乙（无权处分），后甲起诉乙，以被乙欺诈为由请求撤销合同，受诉法院判决撤销合同，则由于没有合法的原因，乙不能善意取得对标的物的所有权，甲得以所有权人的"身份"请求返还原物。

2. 合同被撤销后，存在诉讼时效的起算问题。"合同被撤销，返还财产、赔偿损失请求权的诉讼时效期间从合同被撤销之日起计算"（《诉讼时效规定》第 5 条第 2 款）。应注意，这里是诉讼时效的"起算"（开始计算），而不是"中断"以后的重新计算。因为合同被撤销后的返还财产、赔偿损失之债，是法定之债，不是合同之债，即是新的债；而中断只能发生在诉讼时效的进行过程之中。

例： 甲（买受人）起诉乙（出卖人），可以请求撤销买卖合同（一个诉），可以同时请求返还货款（两个诉，为复合之诉）。若甲只起诉撤销买卖合同，则自胜诉的判决生效之日起计算甲请求乙返还货款的三年诉讼时效。

解： 此三年的计算为"开始"计算，不是中断后的"重新"计算。因为请求返还货款的责任，是缔约责任，是法定之债，是新债。诉讼时效可以限制意定之债，也可以限制法定之债。

二、因重大误解订立的合同

（一）概述

1. 因重大误解订立合同的含义

因重大误解订立合同，是指当事人基于对合同主体、给付财产等事实的重大错误认识或者因表示上的重大错误而订立合同，致使该成立的合同与自己的意思相悖，并造成重大不利后果的情形。"基于重大误解实施的民事法律行为，行为人有权请求人民法院或者仲裁机构予以撤销"（第 147 条）。

2. 重大误解的认定是意思表示解释的结果

(1) 意思表示重大误解与意思表示错误。

重大误解，是一种意思表示错误。《民法典》第 133 条规定："民事法律行为是民事主体通过意思表示设立、变更、终止民事法律关系的行为。"当事人是通过意思表示成立（实施）民事法律行为的，故民事法律行为的重大误解，实为意思表示的重大误解，也只有通过对意思表示的解析、解释，才能发现、认定重大误解。不管是使用重大误解的概念，还是使用错误的概念，都是解决表意人自身之意思与表示是否一致（是否有瑕疵）的问题，不是指表意人的相对人有误解，也不是指双方的意思不一致。

表意人的"意思"与"表示"不一致，为意思表示有瑕疵，错误是"意思"与"表示"的非故意的不一致。[①] 错误与重大误解并不等同，意思表示的重大误解，是符合一定要件的错误。错误构成重大误解的情况下，表意人才有撤销权；构成错误但尚未构成重大误解的，表意人没有撤销权。

① 真意保留和虚假意思表示属于"意思"与"表示"的故意不一致，不属于可以构成重大误解的错误。

（2）重大误解的认定是意思表示解释的结果，应遵循意思表示解释的规则。

重大误解的认定，是意思表示解释的结果，是通过解释“表示”（解释的对象）来探究当事人的真实意思或者意思的客观意义的结果。不能认为，当事人对词、句有了争议，才是意思表示的解释问题，才有解释的必要。对词、句的解释，是文义解释，这只是意思表示解释的一部分内容或一部分工作。

考察表意人的意思表示是否构成重大误解，即要考察意思表示是否有错误以及该错误是否满足重大误解的条件。故而，认定重大误解的规则，也是意思表示解释的规则，对合同重大误解的认定，适用《民法典》对有相对人意思表示解释的规定（见第142条第1款）。

3．误解人（表意错误人）

（1）误解人是“犯错人”“表意错误人”，即意思与表示不一致导致对自己不利后果的人。误解的主体是表意人，比如甲因过失对标的物标价过高（过失性误述），乙基于甲的介绍表示购买，乙是误解人，需要研究的是乙是否构成重大误解。

（2）如果合同由代理人代理签订，意思表示的错误以代理人决之，即要按代理人意思表示进行考察，决定（认定）是否构成错误，进而决定（认定）是否构成重大误解。

4．意思表示的一般结构

探究当事人意思表示的错误，首先要明确意思表示的结构，特别是需要明确内心意思的结构。学界反映内在意思和外在意思内容关系和效力关系的结构模型如下。

内心效果意思⇒表示效果意思

此处的效果意思也称为法效意思，是表意人欲发生法律效果并受其拘束的意思。表意人将欲发生效果的内心意思表示于外，表示出来的意思就是表示效果意思，表示效果意思形成（发生、变更、消灭）法律关系。表示效果意思是表示行为的内容，表示行为包括说、写、做等。

在表示效果意思成立的同时，内心意思转化为内心效果意思。结果是：其一，内心效果意思的内容与表示效果意思内容一致，一个意思在主观世界，另一个在客观世界；其二，内心意思与内心效果意思内容一致，此时内心意思就是效果意思，即二者同一。

（二）表意人意思表示错误形态

1．表意人意思表示错误的形态

其一，表示错误。表示错误也称为表示行为上的错误，表示错误导致内心效果意思与表示效果意思不一致，发生错误的环节在实施表示行为过程中。比如，还款日期应为2027年，却误写成20027年。再如，要约中的价格应为3 005元，却因为电脑故障显示出305元。表示错误的模型是：

内心效果意思≠表示效果意思

其二，内容错误。内容错误是由于对事实的认识错误而形成效果意思。例如，某公司要将一部分不良债权打包出卖，在决定出卖价格时对各笔债权一一研究，对其中的一个债权误以为没有担保而作价较低。该公司在对外为意思表示后，同时形成内心效果意思和表示效果意思，两个效果意思的内容是一样的，但其内心真实意思与效果意思不同。内容错误的模型是：

内心真实意思≠内心效果意思＝表示效果意思

2．表示错误的表现

（1）表示错误，是当事人“误表示非其所欲”，内心想的没错，但表达错了。即“所欲”，没有错；“表示”，错了。比如，甲想通过微信给乙转1 000元压岁钱（赠与），因为“乌龙指”多写一个0，实际转了10 000元。

表示错误有口误、笔误、默示行为失误，即说错、写错、做错。不独用笔，在键盘录入文字、数字，录入错误也属于笔误；以口录的方式录入转化为文字，说错了就属于笔误。做错，是以默示方式为意思表示时，产生了失误。比如，对无权代理人订立的合同，被代理人误发货或者误付款给对方当事人，被认为是追认的意思表示，被代理人这种行为属于表示上的错误。

(2) 标价错误，一般是表示错误，也可以是内容错误。因“乌龙指”等原因标价错误（意思与表示无意识的不一致）是表示错误。表意人对出售的财产价值判断有误而标价过低的错误是内容错误，不是标价错误。比如，价值100 000元的古董，以为不值钱，标价10 000元，该错误是内容错误。

3. 内容错误的主要表现

内容错误，是事实错误，是由于对事实的认知错误，导致效果意思的内容有错误。表示行为没错，但与表意人的真正追求（内心真实意思）不符。内容上的错误主要有以下几类。

(1) 当事人同一性错误

当事人同一性错误，也称为当事人本身之错误，是“误甲为乙”的主体选择错误。比如说，张某认定正在播放节目的主播是自己平时追的白马王子甲，就通过网络给其打赏了1万元，实际上当日主播换成了与甲相像的乙。张某的表示效果意思与内心效果意思一致，但实际搞错了，与内心真实意思不一致。

内心真实意思（真白马王子甲）≠内心效果意思（假白马王子乙）＝表示效果意思（假白马王子乙）。

主体是意思表示的内容要素之一。签订合同，当然要明确权利义务的主体（当事人），故认定、选择主体（当事人）的错误，必然是意思表示的内容错误。

(2) 标的财产的同一性错误

标的财产的同一性错误，是特定物或其他特定标的财产选择错误，例如，欲购买甲物，合同确定的标的物却是乙物。“特定”是指标的财产不具有替代性。

需要指出的是，标的财产的同一性错误，是表意人一方的“表示”与内心真实意思不一致的错误，而不是双方的合意错误。就合同而言，对立的两个意思表示取得一致，合同成立，未取得一致，称为不合意，不合意即合同不成立，不能按重大误解处理。例如，甲向乙发出要约，要卖给乙白马，乙以为要卖给自己灰马，就到甲的马厩里牵走了梦寐以求的灰马。乙的行为不构成承诺，买卖白马和灰马的合同都不成立。

(3) 当事人资格错误和标的财产性质错误

一般认为，当事人资格错误和标的财产性质错误是动机错误，若交易上认为重要者，应视为内容错误。本书认为，当事人的资格和标的财产（含物）的性质必进入效果意思，故其错误必为内容错误。

1) 当事人资格错误，也称为当事人性质错误。表意人虽然确定了特定的当事人，但该当事人自带的、“如影随形”的资格（资质、资产、信用、信誉、素质、技能、经历、特定身份等）不是自己真正所需所求的资格，这是内心效果意思与内心真实意思不一致的内容错误。

表意人选择的当事人，虽已“验明正身”，使其作为法律关系的主体，但其资格不符合内心真实意思的所需所求。人没有选错，但是对这个人的“品质”认识错误。即：内心真实意思（以甲具备资格为前提）≠内心效果意思（以为甲具备资格）＝表示效果意思（以为甲具备资格）。

当事人资格错误与当事人同一性错误，都属于内容错误，但有区别。当事人同一性错误，效果意思确定的当事人与内心真实意思所认定的当事人不具有同一性，权利义务承受主体错误，即给付人或给付受领人错误。当事人资格错误不是同一性错误，权利义务承受主体没有发生错误，只是效果意思确定的当事人达不到内心真实意思的标准和要求，即权利义务的设计有错误。

例：(1) 甲回乡创业，老师嘱其多关照乙，甲误认丙为乙，与丙签订了半卖半送的合同。(2) 张丁有两套房子，自己住小的，大的送给儿子张戊。张丁说："有房子才好找对象！"房子过户给张戊后，张丁发现张戊不是自己亲生的。(3) 张小伙在北京打拼事业，未结婚，也没有女朋友。张母命张小伙必须在春节前将女朋友带回家。母命难违，张小伙花钱请大学生李小妹冒充女朋友。张母见李小妹眉清目秀，举止得体，给了其5万元见面礼。

解：例 (1) 甲是对相对人同一性的认识错误，是当事人错误，甲真正想半卖半送的人却"置身事外"。例 (2) 张丁是对当事人资格认识错误，不是同一性错误。例 (3) 李小妹没有骗取钱财的故意，不构成欺诈，张母是对当事人资格的认识错误，不是同一性错误。

2）标的财产性质错误，是物或其他标的财产的质量、适用性、价值等不符合表意人的内心真实意思。比如张甲继承父辈的一块"黄金"，其一直把其当作真黄金珍藏，后来卖给好朋友李乙，李乙信假为真。李乙的意思表示有错误，其错误是对物的性质的认识错误，不是物的同一性错误。

4. 表示错误与内容错误的区别

(1) 表示错误是外部错误。表示错误是表示行为自身有错误，致使表示效果意思的内容与内心效果意思的内容不一致。表示行为是外在的行为，故表示错误是导致"外在"与"内在"不一致的外部错误。表示错误通常是由于表意人粗心大意或电脑故障等原因产生。

(2) 内容错误是内部错误。内容错误，表示效果意思与内心效果意思一致，但内心效果意思没有反映当事人的内心真实意思，是内部错误。内心效果意思的错误是由表意人对事实要素的认识（判断）错误造成的，这种认识（判断）的错误，可以是因表意人自己的原因（包括其过失）而产生，也可以是受相对人、第三人的影响而发生。

(三) 构成合同重大误解的要件

对重大误解，表意人有权请求撤销，该撤销权是形成诉权，法官并无自由裁量的余地。对错误采取多种方式处理并严格设定和把握构成合同重大误解的要件，才是合理的。

表意人构成重大误解，首先须有错误，但发生错误只是构成重大误解的必要条件，不是充分条件。或者说，错误并非都可以构成重大误解。对错误有的需要救济，有的不予救济；有些错误，须按意思表示解释规则订正或者矫正。构成重大误解，须满足以下三个要件。

1. 表意人须有错误，且符合"重大"的要件

(1) 须有错误

须有错误，即存在表意人意思与表示非故意的不一致的错误。对交易上的可预见风险，表意人已经预见到的，自不构成错误。例如，甲、乙订立了买卖"赌石"（可能有玉的成分，也可能没有）的合同，双方都认识到风险的存在，都自愿承担商业风险，因此双方都不存在认识错误。无论结果如何，双方都不得以重大误解为由请求撤销合同。在地摊购买文物的"捡漏"为著例。

对交易上可预见的风险，应推定表意人已经预见到该风险。应预见而没有预见，不妨碍错误的成立，但为保护善意相对人的信赖利益，不能将该错误认定为重大误解。

(2) 错误须重大，且错误导致或者可能导致对表意人重大不利后果

意思表示错误，分为重大错误与非重大错误（一般错误）。重大错误是构成重大误解的要件之一。非重大错误不值得保护，如果保护则危害交易安全，这是一个利益权衡的问题。法律的介入要有度，不可过度干涉平等主体的活动。

例：乙欲承揽甲运送西瓜的活儿，发出的要约是用A型卡车（普通卡车）运输，甲误以为乙用加长卡车运输而予以承诺，双方成立了货运合同。

解：表意人甲的误解属于无关紧要的误解，不影响合同的效力。无关紧要的误解，不会造

成显失公平的后果，也不会影响合同目的的实现。

重大的标准，是错误导致或者可能导致对表意人重大不利后果。该重大不利后果，原则上是经济上的重大不利后果。

基于重大误解实施法律行为的后果，可以是显失公平的，也可能与显失公平无关，即重大误解的成立，不以显失公平为要件。

2. 不侵害善意相对人的信赖利益

(1) 认定合同的重大误解应当采表示主义的立场，保护相对人的信赖利益

合同是有相对人的意思表示。《民法典》第142条第1款规定："有相对人的意思表示的解释，应当按照所使用的词句，结合相关条款、行为的性质和目的、习惯以及诚信原则，确定意思表示的含义。"据此，对有相对人的意思表示采表示主义，此种解释方法学理上也称为规范解释，这是通过对表示行为的解释确定"意思表示的含义"，即这种解释要探究并确定符合规范的表示行为的客观意义，以表示的客观意义推定表意人的真实意思，而不是脱离表示探究表意人内心的真实意思。采表示主义是为保护善意相对人的信赖利益、保护交易安全，并不是说，有错误一定要救济。

表意人主张错误成立甚至已经举证证明错误成立时，应对表示行为在客观意义上进行考察。换言之，表意人存在表示错误或者内容错误，都不影响表示行为的客观意义。若以表意人的内心的真实意思确定意思表示的效力，则其可以很方便地推翻自己的意思表示，意思表示就可能成为"任人打扮的小姑娘"，这样就会危及意思表示制度赖以生存的基础，进而危及交易制度。

具体来说，表意人主张发生了错误，构成了重大误解，在客观立场上相对人知道或者应当知道的错误的，可以认定构成重大误解；此时，相对人是非善意相对人，没有信赖利益可供保护。

从民事诉讼的角度讲，表意人（原告）主张错误存在的，相对人无须举证或反驳错误不存在，而只需主张意思表示的客观性。

对有相对人的意思表示，尽管采纳表示主义立场，认定意思表示的客观意义，仍不妨碍错误本身的存在。

依据《民法典》有相对人意思表示解释的规定，表意人的过失不影响错误的成立。因为有相对人的意思表示采表示主义的解释标准，就已经充分保护了相对人的利益，且表意人的过失导致错误是常见现象，不宜排除对此类表意人的救济。

(2) 合同是有相对人的意思表示，采表示主义立场，动机错误不能构成重大误解

动机是一种心理状态，是促使人做某事的内心原因。动机包括财产方面的动机（获利方面、用途方面、使用方面等）、心理需求方面的动机等（获得心理安慰、获得荣誉等）。

就动机与意思表示的关系而言，动机是意思表示的原因，或者说，动机是订立合同的原因。动机错误是形成错误，即是形成（发生、产生）意思表示的错误。动机错误，使形成的效果意思不能实现动机确定的目标，即达不到心理需求或者无法完成或不能实现动机所指向的事务（另一件事情、另一事实）。

例：张甲估计其父遗嘱中给他的房屋（遗产）在A小区，就与乙房地产公司签订了合同，购买A小区的一个车库。不料张父死亡后，张甲发现遗嘱并没有将A小区的房屋给他。

解：张甲为了给A小区的房屋配一个车库，这是购买车库的动机，该动机所涉事实（他项事实）与购买车库（本项事实）是两个不同的事实，它不进入表意人张甲的表示效果意思，相对人对此不得而知，表意人自不得主张动机错误而撤销买卖车库的合同。

动机作为一种心理活动，本身不通过表示效果意思为外部所识别，表意人并不依动机对外

发生法律效果，即动机不是意思表示之“表示”的内容。故而，为保护相对人的信赖利益，动机错误不能构成重大误解。

例：李某买了一对古旧花瓶送新人王、黄二人作礼物。不料，王、黄劳燕分飞。李某不得以重大误解为由要求返还花瓶，因为，李某只是在动机上发生了错误。

动机错误与内容错误一样，是事实错误。动机所涉事实错误可以发展为表示效果意思的错误，即动机错误又可以成为意思表示的内容错误。例如，对主体资格的认识错误是动机错误，效果意思中的主体资格错误是从动机错误延续而来时，则表意人可以以内容错误为由请求救济。

3. 对错误不能采用修正的意思表示解释的救济方法

（1）对错误的救济，首先应采用认定重大误解以外的修正的意思表示解释方法

表意人意思表示有错误甚至重大错误，不一定构成重大误解。因为，按照《民法典》第147条的规定，构成重大误解的行为人（表意人）是“有权”请求人民法院或者仲裁机构撤销的。也就是说在我国撤销权是形成诉权，如果权利成立，只能通过判决或者裁决撤销该意思表示，表意人没有权利采用其他救济方法。因此，应先认定错误能否适用解释的方法在保持合同效力（不撤销）的前提下予以救济，不能救济的，才能认定为重大误解。由于认定重大误解也是一种意思表示解释方法，故表述为：对错误的救济，首先应采用认定重大误解以外的意思表示解释方法。所谓意思表示解释规则优于重大误解的规则，实际是两种解释后果何者优先的问题。

在保持合同效力的基础上以解释的方式进行救济，对当事人有利，也会节约司法资源，不会造成表意人滥用权利的局面。

对认定重大误解“以外”的解释方法，本书称为“修正”，包括“订正”和“矫正”。对需要救济的表示错误采用“订正”的表述，对需要救济的内容错误采用“矫正”的表述。订正和矫正，与认定重大误解一样，都要遵循《民法典》第142条第1款的表示主义，都不能侵害善意相对人的利益。

撤销否定了合同的效力，应受法定除斥期间的限制；修正保持了合同的效力，没有推翻合同，故超过了法定除斥期间，仍可对错误意思表示进行修正。这种分层次的、有一定弹性的处理方式，能满足实务的复杂需要。

（2）对表示错误的订正

所谓订正，是指通过意思表示的解释，除去表示错误，使表意人的表示效果意思与内心效果意思一致。订正是“更正”表示效果意思，不是意思表示的变更。

所谓“误载不害真意”，也称为误言不害真意，是意思表示的订正规则。误载或误言的后果，没有撼动或改变权利义务关系，通过订正消除当事人之误即可。比如，当事人签订的和解协议把还钱时间写成20021年，解释为2021年即可，不能撤销和解协议。

计算标准或计算依据已经列为合同的内容，但计算结果错误，属于表示错误，可以订正。比如对货物的单价和数量合同都作了规定，货款总额却计算错误，则应按正确的计算结果订正。

（3）对内容错误的矫正

内容错误，是在对事实的认知错误的基础上导致的意思表示的内容错误，在相对人为非善意时，可以对表意人进行救济，通过矫正使效果意思符合真实意思。例如，出卖人因对标的物的性质认识错误而标价极低，大大偏离了正常价值，此时可以矫正到“质价相符”的状态，这可能符合双方的利益，而不只是对单方的保护，因为按重大误解撤销，双方都丧失了交易的机会。这种矫正很像“变更”，但它不是变更。

按意思表示表示主义的解释标准，矫正可以是“反救济”，即可以对错误表意人的相对人进行救济。

例：张甲出差到某县在饭馆里吃饭，看到标价一斤蒸鸭20元，他就要了一斤蒸鸭。服务员端上鸭子后，张甲说绝对不够一斤，饭馆老板说绝对够一斤。原来，张甲所在地习惯将一公斤说成是一斤，该县习惯是将一市斤说成是一斤。端上来的鸭子重量达到了一市斤。

解：上述习惯是交易习惯，应当按饭馆所在地某县的习惯确定标价为一市斤20元，张甲认为一公斤20元构成了内容上的错误，具体而言是价值上的错误。第一，该错误没有造成重大不利后果；第二，该错误可以矫正，该矫正是对表意人的相对人（饭馆）的救济；第三，上述两点有其一，就不能构成重大误解。

三、因欺诈成立的合同

（一）欺诈订立合同的含义

欺诈，是指一方在订立合同时，故意虚假表述或者隐瞒事实真相，使相对人陷入错误而订立合同的行为。“一方以欺诈手段，使对方在违背真实意思的情况下实施的民事法律行为，受欺诈方有权请求人民法院或者仲裁机构予以撤销”①（第148条）。

例：张甲趁朋友李乙熟睡之机，用其手机，以微信红包的方式，给自己转了200元后，将手机放回去，后又谎称是赠与。张甲是欺诈，还是盗窃？

解：欺诈要求被欺诈人因欺诈而陷入错误，因错误而为意思表示。李乙没有意思表示，没有处分行为，故而张甲不是欺诈，是盗窃。

（二）构成欺诈的要件

1. 须有使对方陷入错误的行为

使对方陷入错误，包括使对方发生错误、增强已有的错误、持续已有的错误。欺诈使对方陷入的错误，包括意思表示内容错误和意思表示动机错误。被欺诈人为意思表示出于的动机错误，不影响合同撤销权的成立。这与重大误解不同，动机错误不能构成合同的重大误解（见本节二）。

欺诈的客观表现是欺诈人对订立合同的有关关键性事实的虚假介绍或隐瞒。比如，甲欲出卖给乙一幅古画，将赝品说成是真迹。但细节上的扩大宣传，不宜按欺诈对待。

一方当事人告知对方虚假情况，或者掩盖真实情况，是以作为的方式欺诈。明知对方陷入重大错误而为意思表示，仍然与对方订立合同，可构成不作为方式的欺诈。

例：(1) 张甲进入宠物店，见一小土猫哇地叫了一声：“这斗牛犬真可爱！”遂按标价与宠物店成交。宠物店老板明知张甲的错误而不揭示。(2) 乙公司的业务人员参观了丙公司的一号仓库后，给丙公司发出的要约是：“购买一号仓库的C型机械”，而一号仓库的机械是D型机械，C型和D型机械都是生产洗衣粉的机械，但日产量有很大差别。丙公司知道乙公司搞错了，怕交易泡汤，没有向乙公司揭示，直接作了承诺。(3) 以上两例是否构成欺诈？

解：宠物店老板和丙公司都构成默示方式的欺诈。张甲和乙公司都因陷入错误而为意思表示。

2. 欺诈一方在主观上是故意

欺诈以引导对方订立合同为目的，欺诈一方主观上是故意。如果一方过失性误述使另一方陷入错误，则不构成欺诈。过失性误述使对方陷入错误的，对方可以重大误解为由请求

① 《民法典》第1143条第2款规定：“遗嘱必须表示遗嘱人的真实意思，受欺诈、胁迫所立的遗嘱无效。”此是特别规定。合同是双方法律行为，遗嘱是单方法律行为、无相对人的意思表示。

撤销。

“欺诈一方”可以是合同当事人，也可以是其代理人，关键是看谁实施了欺诈行为。比如，甲授权乙与丙签订合同，代理人乙欺诈了丙，丙在违背自己真实意思的情况下签订了合同，被代理人甲不知情。该合同是因欺诈订立的合同，丙有权请求撤销合同。

3. 欺诈行为与合同成立有因果关系

被欺诈的一方因为欺诈而陷入错误，因错误而订立合同，也就是说，欺诈实际对订立合同起了作用，欺诈行为与合同成立之间有因果关系。欺诈可以发生在要约邀请环节，也可以发生在要约环节，发生在承诺环节的欺诈极少。

例：(1) 甲对乙实施欺诈，以图与乙订立合同。乙识破了甲的伎俩，但考虑到自己需要这份合同，乙在签订合同后不能以欺诈为由请求撤销。(2) A与B签订合同后，在履行环节偷工减料，对B实施欺诈行为。此行为与订立合同无因果关系，不是订立合同的瑕疵，不影响合同的效力，A应承担违约责任。

4. 被欺诈人的合法权益受到损害

法学上的一个原理是“无损害，则无救济”。被欺诈人的损害，有的是被骗去钱财，有的是被骗进行了不合理的交易。应当指出的是，被欺诈人签订的有偿合同，不以显失公平为构成撤销的要件。例如，甲与乙签订买卖合同，出卖给乙一件古董，从对价看，并非显失公平，但乙购买这件并不需要的古董，是因甲的欺诈所致，乙仍然有权请求撤销合同。

也有为做好事而骗对方订立合同的，这就不能按欺诈认定和处理。

（三）第三人实施的欺诈

1. 欺诈分为相对人的欺诈和第三人的欺诈。“第三人实施欺诈行为，使一方在违背真实意思的情况下实施的民事法律行为，对方知道或者应当知道该欺诈行为的，受欺诈方有权请求人民法院或者仲裁机构予以撤销”（第149条）。第三人欺诈，被欺诈人的相对人是恶意时，合同始得撤销。比如，甲与乙签订合同，是由于第三人丙对甲的欺诈，须乙知道或者应当知道丙的欺诈行为，甲才能成立撤销权。乙“知道”丙的欺诈时，其实际亦为欺诈人，因为他有意利用了丙的欺诈；乙“应当知道”丙的欺诈时，亦应承担欺诈的后果。

2. 合同关系以外的第三人的欺诈是侵权行为，受欺诈方有权请求其承担相应的责任。合同没有撤销，也不影响追究第三人的责任。

3. 第三人欺诈，被欺诈人的相对人是善意（不知道或者不应当知道该欺诈行为）的，受害人不能以欺诈为由寻求救济，但因第三人的欺诈陷入错误而为意思表示的，有可能构成重大误解。

4. 合同一方当事人与第三人合谋对另一方合同当事人实施欺诈，被欺诈人因此订立合同的，应以恶意串通为由认定合同无效。无效事由与可撤销事由竞合的，应按无效认定合同的效力。

四、因胁迫订立的合同

（一）因胁迫订立的合同的含义

胁迫，是指一方或第三人采用违法手段，威胁对方，使对方因恐惧而订立合同的行为。以给自然人及其亲友的生命健康、荣誉、名誉、财产等造成损害或者以给法人的荣誉、名誉、财产等造成损害为要挟，迫使对方作出违背真实的意思表示的，可以认定为胁迫行为。胁迫状态可以在一定的“时间段”（期间）持续。

“一方或者第三人以胁迫手段，使对方在违背真实意思的情况下实施的民事法律行为，受胁迫方有权请求人民法院或者仲裁机构予以撤销”（第150条）。胁迫，可以是相对人的行为，也可以是第三人的行为。[①] 第三人的胁迫，被胁迫人的相对人不知情（不知道或者不应当知道），不影响被胁迫人成立撤销权，这与第三人欺诈不同（见第149条）。

（二）构成胁迫的要件

1. 须有胁迫行为

胁迫是一种威胁行为，是告知或者提示未来之危害使人陷入恐惧而足以影响意思表示的行为。暗示对方可能有重大危险，也可以使对方陷入恐惧，即也可以构成胁迫。

2. 胁迫须出于故意

胁迫方是有意使对方陷入恐惧。一方不经意的陈述，引起了对方的恐惧，不构成胁迫。

3. 胁迫须是违法的威胁

胁迫须为不法。不法包括三种：其一，目的违法，手段也违法。例如，以揭露隐私等进行要挟，订立不法合同，这种情形通常为无效事由与可撤销事由（胁迫）竞合，应按无效处理。其二，目的合法但手段违法。例如，甲对不还款的乙说，如果不签订还款协议，就等着今天晚上你家里失火吧。其三，目的违法但手段合法。例如，甲对乙说如不给我10万元，我就告发你某某违法行为。

合法的威胁，不构成胁迫。合法的威胁须目的合法、手段合法。例如，对违约人以起诉相要挟，要求订立和解协议，就不构成胁迫。

例：张甲吃了乙公司销售的香肠，发现里面有两根长长的猪毛，就对乙公司说；“赔我一万元，不赔我就向新闻界披露。”张甲对乙公司是否构成民法上的胁迫？是否构成犯罪？

解：张甲不构成胁迫。向新闻界披露，手段不违法。要求赔偿一万元，属于要价（要约），虽然较高，尚不构成目的违法，就像起诉请求巨额赔偿一样，一般不应认定为目的违法。民法上不构成胁迫，自也不能构成与之相关的犯罪。

4. 胁迫行为与合同成立有因果关系

被胁迫的一方是因恐惧而订立合同，也就是说，胁迫实际对订立合同起了作用，胁迫行为与合同成立之间有因果关系。

5. 损害了被胁迫人的利益

被胁迫人的利益，可以是财产上的利益，也可以是非财产上的利益。因胁迫成立的合同，不以显失公平为必要条件。

例：狗贩子看到爱狗人士走过来，就挑衅地拿大铁夹子夹住狗的脖子，大喊：“买不买，不买我就夹死它。”狗挤出惨叫声。爱狗人士含泪买下。假设狗贩子要价故意提高了一倍，买卖合同效力如何？未要高价，买卖合同效力如何？

解：对狗施以残害手段，对爱狗人士进行精神上的强制，构成胁迫。买卖合同为可撤销的合同。胁迫不要求显失公平的结果，故是否要高价，不影响胁迫的成立。

（三）绝对强制及违反公共秩序的威胁对合同成立和效力的影响

1. “物理强制”之下“订立”的合同

没有意思表示，合同不能成立。被胁迫一方是在心理上受到压力的情况下为意思表示的，即其是有意思表示的，且内心效果意思与表示效果意思一致，只是形成内心效果意思的动机，

---

① 在民事诉讼中，法官威胁原告如不和解就将驳回其诉讼请求或驳回起诉，或者威胁被告如不和解就判其败诉，这种行为可构成民法上第三人的胁迫。人民法院在此种和解基础上作出的调解书是公法行为，不能采用民法的方法救济，但当事人可以申请再审。《民事诉讼法》第201条规定：“当事人对已经发生法律效力的调解书，提出证据证明调解违反自愿原则或者调解协议的内容违反法律的，可以申请再审。经人民法院审查属实的，应当再审。”胁迫是“违反自愿原则”的行为，不过当事人很难举证。《民事诉讼法》第64条第2款规定：“当事人及其诉讼代理人因客观原因不能自行收集的证据，或者人民法院认为审理案件需要的证据，人民法院应当调查收集。”

是为了规避胁迫所指向的危害风险。采用暴力手段，拿着别人的手指在合同书上按指印、盖章，是“物理强制”“人身强制”的行为，属于“绝对强制”。此时，受损害人没有意思表示，不能按可撤销合同处理，应当认定合同不成立。[①]

2. 违反公共秩序的威胁对合同成立和效力的影响

以杀人、放火等危害胁迫订立合同的，不仅使相对人陷入恐惧，同时这种胁迫也是危害公共秩序的行为（其中有些构成犯罪行为），所订立的合同无效。撤销事由与无效事由竞合时，按无效认定合同效力。比如，张甲威胁李乙，如三日内不订立合同，将放火烧李乙的祖屋，李乙考虑张甲真做得出此事，就与其订立了合同。应认定该合同为无效，而不应认定为可撤销合同。

在现场把大刀片架在对方脖子上，或采用非法拘禁的方法迫使对方订立合同，此时，对方是有意思表示的。上述方法虽然不是物理强制，但仍然属于绝对强制，应以违反公共秩序为由确认合同无效。

五、自始显失公平的合同

（一）自始显失公平的含义

自始显失公平，是一方当事人利用对方的危困、缺乏判断能力等处境，致使民事法律行为在当事人之间产生权利义务从一开始就明显不对等（对价不充分）的情形。“一方利用对方处于危困状态、缺乏判断能力等情形，致使民事法律行为成立时显失公平的，受损害方有权请求人民法院或者仲裁机构予以撤销”（第151条）。

法律规定自始显失公平的法律行为，是对明显不公平交易的救济。有偿合同是交易行为，无偿合同（比如赠与合同）则不存在显失公平的问题。单方法律行为产生的法律关系，也不存在显失公平的问题。

（二）自始显失公平的要件

1. 须自始对价明显不充分

对价明显不充分，即权利义务明显不对等，一方得到太多，付出的太少。须自始显失公平。自始显失公平区别于嗣后显失公平，合同成立时公平，但发生了新的法律事实造成显失公平的，为嗣后显失公平。嗣后显失公平可按情事变更的规则处理。

2. 须一方利用对方处于危困状态、缺乏判断能力等情形，对方的意思表示有瑕疵

如果对方是自愿的，当然不能构成自始显失公平的合同。受害人（处于不利地位的人）的意思表示有瑕疵，此是构成自始显失公平合同的主观要件。

（1）乘人之危

乘人之危，是指一方当事人乘对方处于危难处境之机，为谋取不正当利益，迫使对方违背其真实意愿成立合同。乘人之危的目的是追求不公平的后果。乘人之危要求利用对方既有的危难处境，而胁迫不要求利用对方处于危难处境。如果危难处境是加害人一方造成的，应按胁迫处理。

例：甲电器公司急需一种电器上的配件，眼下只有乙公司有这种配件。该配件平时卖10元/个，乙公司得知甲急需，且市场上断档，遂提高价格至20元/个，甲无奈，只得以该价格购买2 000个。后甲公司起诉至法院，以乘人之危为由请求撤销合同。

解：商主体应当比普通人有更强的抗风险能力，经营中的紧迫一般不能认为是“危难”；

① 实务中合同未成立与合同无效的区分不是很明确，两者的民事后果相同，按无效处理也是可以的。

对方利用市场供求关系提高商品价格，属正常的经营行为，不能认为是乘人之危。因此合同效力应予维持，否则交易关系过于脆弱，不利于保护交易安全。

(2) 利用对方缺乏判断能力等处境

利用对方缺乏判断能力等处境，是指利用对方没有经验、缺乏相关知识等，也包括利用优势地位对相对人施加不正当影响。比如，经营者对消费者、教师对学生、律师对当事人施加不正当影响。

例： 张甲的房子市价 1 000 万元，自愿以 500 万元的价格卖给邻居李乙。过户登记后，李乙很少到张甲处走动。张甲遂提起诉讼，以显失公平为由，请求把房价变更为 1 000 万元。李乙以张甲意思表示无瑕疵为由进行抗辩。请问：应如何处理，为什么？

解： 双方的合同是半卖半送的合同。自由即公平，自愿即公正。张甲的意思表示无瑕疵，无权请求变更或撤销合同，法院应驳回张甲的诉讼请求。

例： 张甲去世，留有房屋一套，属其子张乙、张丙、张丁、张戊共同共有。在分割共有财产时，四人都想要这套房屋。于是全体一致决定“价高者得”，即谁出价高，房子归谁。张乙出价 200 万元，张丙出价 400 万元，张丁出价 500 万元，张戊出价 800 万元。四人即决定将房屋给张戊，张戊出价的 800 万元，四个人平分，即张戊补给其他继承人每人 200 万元。8 个月后，张乙等三人经反复核实，发现房屋价值 1 000 万元以上。张乙、张丙、张丁遂起诉张戊，以显失公平为由，请求撤销房屋折价分割协议。

解： 对该房屋折价分割协议，当事人各方意思表示无瑕疵，即不具备意思表示有瑕疵的主观要件，不得以显失公平为由撤销。

第三节　无效合同

一、无效合同的含义

无效合同，是指虽然成立，但因具备无效事由而不被法律承认和保护的合同。

1. 无效合同是虽然成立但无效的合同，就必要内容达成合意为成立。未成立的合同虽然也不发生效力，即也发生无效的后果，但通常将它与无效合同相区别。

2. 无效合同因具备法定无效事由而不被法律承认和保护。法律列举无效事由，是为了保护当事人、社会和国家的法益。

3. 合同是由当事人通过意思表示设定后果（创设法律效果），但无效合同在法律上不能产生当事人预期追求的效果。即法律不承认当事人意思表示的效力，不承认合意的效力，不发生合意之债。合意“之债是意定”之债的一种。

订立无效合同的行为本身，可能因具备侵权行为、不当得利、缔约过错的要件而发生损害赔偿、返还不当得利的债的效力。即订立无效合同的行为，可以在当事人之间发生法定之债。履行无效合同的行为，也可以在当事人之间发生法定之债，

4. 无效合同自始无效[①]，即无效合同从成立时起即无效。如甲、乙双方于 1 月 10 日订立了一份合同，该合同当年 10 月 10 日被法院判决确认为无效，则合同不是从 10 月 10 日起失去效力，而是从 1 月 10 日订立时起就没有效力。这是因为无效原因自始就存在。

5. 无效合同绝对无效，不属于效力待定。对于无效合同，当事人不能通过同意或追认使

① 《民法典》第 155 条规定：“无效的或者被撤销的民事法律行为自始没有法律约束力。”

其生效，这一点与无权代理人、限制行为能力人订立的效力待定的合同不同，后者可以通过当事人的追认而生效。

无效合同的无效性质具有必然性，不论当事人是否请求确认无效，人民法院和仲裁机构都可以确认其无效。这与可撤销的合同不同，对于可撤销的合同，当事人请求撤销的，人民法院或仲裁机构才予以撤销。

6. 合同部分无效，不影响其他部分效力的，其他部分仍然有效。

7. 当事人起诉到法院请求确认签订的合同无效，是程序上的请求权，不是请求相对人为给付（履行债务）的实体请求权，提起的是确认之诉，不受诉讼时效的限制。当事人请求确认合同无效的同时，又请求对方履行因合同无效产生的法定债务的，是提起确认之诉的同时又提起给付之诉，给付之诉是行使实体权利，受诉讼时效的限制。

二、合同的无效事由

合同是民事法律行为的一种，适用《民法典》对无效法律行为的规定。

（一）无民事行为能力人签订的合同

1. 无民事行为能力人签订的合同无效

18周岁以上的自然人为成年人，不满18周岁的自然人为未成年人。不满8周岁的未成年人和不能辨认自己行为的成年人为无民事行为能力人。无民事行为能力人由其法定代理人代理实施民事法律行为。

“无民事行为能力人实施的民事法律行为无效”（第144条）。这就是说，无民事行为能力人只能实施事实行为，不能实施法律行为，其签订的合同无效。对民事行为能力的规定是强行性规定，无民事行为能力人的相对人纵是善意，也不予以保护。

无民事行为能力人不能认识法律行为的性质和后果，规定其实施的法律行为均无效，立法目的是为加强对他们的保护。

由于《民法典》采用了“一刀切”的做法，在逻辑上无民事行为能力人即便是签订了纯获得利益的合同，也是无效的。这与实践发生了矛盾，比如，8周岁以下的未成年人和无民事行为能力人的成年人，可能事实上发生一些消费行为，比如购买零食、乘坐公共汽车等。无民事行为能力人的一些小微交易或接受小额的赠与（如过节的时候家长的朋友给的小额压岁钱），按照一般观念是有效的，在法理上也应解释为有效。只是哪种解释更合理的问题。不管哪种解释，不得将无民事行为能力人解释为或视为有民事行为能力。

例：过春节的时候，张甲在村子里见到李乙7岁的孩子李丙，就给了他100元钱压岁钱，当时李乙不在现场。半年后张甲与李乙因琐事争吵，张甲就提出退回100元的压岁钱的要求。有人认为，李丙为无民事行为能力人，赠与无效，应当退回赠与的100元。

解：100元不用退还，实务中也不用作过多解释，但在法理上应有必要的说明。按风俗习惯，应认定李丙已经获得监护人李乙接受小额赠与的财产的授权，100元的赠与合同有效。就是说，该100元的赠与合同是在张甲与李乙之间发生的，李丙是受益人。代理人须有民事行为能力，而李丙无民事行为能力，不是代理人，其获得授权而实施的，只是接受小额财产的事实行为。

签订合同时（为要约或承诺或者实施其他成立合同的行为时）当事人无民事行为能力，合同无效。签订合同时当事人有民事行为能力，签订合同以后因疾病等原因变成无民事行为能力人的，合同的效力并不受影响，合同主体也不会发生变化。

签订合同时当事人无民事行为能力，之后恢复行为能力追认合同的，不应按追认处理，而应认为是新成立的合同，合同成立时间按当事人的意思确定（见第502条第1款）。

2. 精神病人及一时神志不清的人签订合同的效力

精神病人有三类：第一类是无民事行为能力人。第二类是间歇性精神病人，未发病时有行为能力，发病期间无行为能力，故间歇性精神病人在发病期间签订的合同，应当认定为无效。第三类是“半精神病人”。此类精神病人尚未完全丧失行为能力，属于限制民事行为能力人。

平时正常，一时陷入神志不清的状态（无行为能力状态）的人，其所订立的合同应当认定为无效。人民法院应利害关系人或者有关组织请求认定某人为无民事行为能力人或者限制民事行为能力人①，与认定具体案件中当事人有无民事行为能力是不同的法律问题。对于人民法院受理的合同争议案件或者其他案件，未经人民法院认定当事人为无行为能力人的，也可以认定该当事人为无行为能力而确认合同无效。

例：完全民事行为能力人一般能够预见自己饮酒的后果，对其在醉酒状态下签订的合同应当如何处理？《民法典》关于当事人因醉酒等原因暂时丧失意识造成他人损害仍需负责的规定，能否参照适用？

解：(1) 这要看醉酒的程度。签订合同双方当事人都要为意思表示，如果醉酒导致当事人暂时丧失意思能力，其在醉酒期间签订的合同自然无效。(2) 完全民事行为能力人对自己饮酒的后果能够预见，只能说其在饮酒前没有丧失意思能力，与其在丧失意思能力时签订合同，是两回事。(3)《民法典》第1190条规定：“完全民事行为能力人对自己的行为暂时没有意识或者失去控制造成他人损害有过错的，应当承担侵权责任；没有过错的，根据行为人的经济状况对受害人适当补偿。完全民事行为能力人因醉酒、滥用麻醉药品或者精神药品对自己的行为暂时没有意识或者失去控制造成他人损害的，应当承担侵权责任。”该规定的原理在于，当事人的原因行为是自由的，所以其对结果行为要负责任。这与签订合同等民事法律行为相比，采用了不同的立法政策，不能参照适用。

3. 无民事行为能力人不能作为合同的签订主体，可以作为合同主体

无民事行为能力人也有正常参与社会生活的权利，故而虽不能作为合同的签订主体，但可以作为合同主体。合同的签订主体是亲自签订合同的人，合同主体是享有合同权利、承担合同义务的人。无民事行为能力人不能亲自实施法律行为，当然也就不能亲自签订合同，但可由其法定代理人代理签订合同。

例：张甲的儿子张乙3岁，张甲代理张乙（买受人）与房地产公司（出卖人）签订了一份商品房买卖合同。该合同有效。张乙虽然不能作为合同的签订主体，但可以成为合同主体。

（二）以虚假意思表示订立的合同

1. 含义和特点

“行为人与相对人以虚假的意思表示实施的民事法律行为无效。以虚假的意思表示隐藏的民事法律行为的效力，依照有关法律规定处理”（第146条）。虚假意思表示，也称为虚伪表示。这里所说的虚假意思表示，是双方行为，故也称为双方虚假意思表示、通谋虚伪意思表示。虚假意思表示均无效。虚假意思表示中隐藏的真实法律行为，称为隐藏行为。隐藏行为有的有效，有的无效。

“明修栈道，暗度陈仓”。以虚假意思表示实施的法律行为的特点是，将一个法律行为设计成两个法律行为，以虚假行为掩盖真实行为。

① 《民法典》第24条第1款规定：“不能辨认或者不能完全辨认自己行为的成年人，其利害关系人或者有关组织，可以向人民法院申请认定该成年人为无民事行为能力人或者限制民事行为能力人。”

合同是法律行为的一种。以虚假意思表示订立的合同，是当事人通谋，掩盖真实合同的虚假合同。虚假合同均无效。通谋的原因，包括对第三人隐瞒事实真相、规避法律等。

对虚假合同，通谋人不欲使其发生效力；对隐藏的真实合同，通谋人欲使其发生效力。对隐藏的真实合同的效力应作具体分析。

例：（1）甲有二子，欲将一套房屋赠送给小儿子乙，但怕大儿子丙翻脸不赡养自己，就与乙签订了房屋的买卖合同，办理了过户登记手续，用以掩盖赠与的事实。后丙发现真相，主张房屋所有权移转无效。

（2）甲卖给乙一套二手房，在中介机构的帮助下签订了阴阳两份房屋买卖合同。“阴”合同约定的真实价格为1 200万元；“阳”合同写的价格是500万元，是当事人为逃避税收商定的假价格。

解：例（1）的买卖合同无效，隐藏的赠与合同有效，应认定依赠与房屋所有权移转给了乙。例（2）的“阳”合同是假合同，无效；“阴”合同是隐藏行为，有效。因此，当事人应按“阴”合同纳税。

2. 虚假合同与恶意串通的区别

虚假合同当事人有通谋，但与恶意串通订立的合同有区别：（1）前者把一个合同设计成两个合同行为，即区分为虚假合同和真实合同（隐藏合同），真实合同可能有效，也可能无效；后者不一定有隐藏合同，若有隐藏合同一定无效。（2）前者不一定损害第三人利益；后者必损害第三人利益。（3）前者主观上都有故意，但不一定是恶意；后者主观上都是恶意。恶意，体现的是非法目的，法律给予否定性评价。

3. 对虚假意思表示不能按无效法律行为的转换处理

无效法律行为的转换，是指无效法律行为具备其他法律行为的要件，当事人也希望按其他法律行为生效，则认定其他法律行为有效。法律行为不符合“此”要件，但符合“彼”要件时，可按照“彼”要件生效，由“此”转换为“彼”。无效法律行为的转换，是意思表示解释的结果，称为“解释上的转换”。“其他法律行为”（彼），称为替代法律行为。

例：甲看中乙的一条毛驴，双方约定，甲有偿使用乙的毛驴一年，甲、乙约定了使用费，还引用《民法典》第323条规定，将甲对毛驴的使用权，约定为用益物权。双方的合同效力如何？

解：（1）《民法典》第117条规定：“用益物权人对他人所有的不动产或者动产，依法享有占有、使用和收益的权利。”这是为以后将动产规定为用益物权的客体预留的立法空间，按现行立法，所有的用益物权都是不动产用益物权，没有动产用益物权。甲与乙约定将有偿使用毛驴约定为用益物权，违反了物权法定的原则，是无效的。（2）考察双方当事人实施法律行为的目的，甲是为了获得使用权，乙是为了获得金钱，如果他们知道将合同写为用益物权无效，就不会这样写。因此，应将甲、乙有偿使用毛驴的合同解释为租赁合同，将甲的使用权解释为债权性用益权（用益债权）。这种解释的作业，就是无效法律行为的转换。

如同上例，无效合同的转换，是将“同一”合同，从A无效合同，解释为B有效合同（替代合同）。虚假合同的处理方式与法律行为的转换有类似之处，但它们是不同的规则，不能混为一谈。其一，虚假行为，是当事人故意将一个合同设计为两个合同；而“转换”是“同一”合同的转换。其二，“转换”是通过解释，使无效合同按另一有效要件的合同生效；而虚假合同掩盖的真实合同，可能是有效的，也可能是无效的。其三，虚假行为是当事人的通谋行为，双方共同作假，双方都不欲使虚假合同生效，而欲使真实合同生效；而“转换”是针对当事人欲使其生效的真实合同，真实合同才有“转换”的基础，才有对意思自治保护的基础。

(三) 违反法律、行政法规的效力性强制性规定

"违反法律、行政法规的强制性规定的民事法律行为无效。但是，该强制性规定不导致该民事法律行为无效的除外"(第 153 条第 1 款)。法律由全国人大和全国人大常委会颁布，行政法规由国务院颁布，不包括国务院部门规章、地方政府规章及地方性法规。

强制性规定，又称为强行性规范，是任意性规范的对称。关于权利能力、行为能力的规定，关于保护国家利益、社会公共利益的规定等，都是强制性规范。

经营范围的行政强制性规定，是管理性质的强制性规定，不是合同无效的事由①；限制经营、特许经营和禁止经营的行政强制性规定，是效力性强行性规定，是合同无效的事由。②

违反效力性强制性规范，私法效果不得保留；违反管理性强制性规范，私法效果可以保留。

民法强制性规范是公法"进入"私法的法现象，它的作用包括维护公法效果(维护公法利益)和干预私法效果(干预当事人追求的效果)两个方面。管理性强制性规范，重点在保护公法利益，但允许保留私法效果，即不否认私法效果的效力；效力性强制性规范，则不但直接保护公法利益，也通过干预私法效果来保护公法利益。所谓干预私法利益就是要取缔私法效果，否认私法效果的效力。公法利益包括国家利益、社会公共秩序(包括市场秩序)、善良风俗等。

例：(1) 甲饭店经常摆地摊将多余的蔬菜卖给周围的群众(成立买卖合同)，其工商登记上没有出售蔬菜的经营范围。(2) 乙公司没有融资租赁的资质却作为出租人与丙公司签订了融资租赁合同。

解：(1) 不得仅以超越经营范围确认合同无效(见第 505 条)，私法效果可以保留。(2) 乙公司欠缺融资租赁的资质，违反了特许经营的效力性强制性规定，危害社会公共利益，必须确认合同无效。

(四) 违背公序良俗

"违背公序良俗的民事法律行为无效"(第 153 条第 2 款)。违背公序良俗的合同，是违背公序良俗民事法律行为的重要表现。公序良俗，是指公共秩序和善良风俗。公序是国家、社会的一般利益，良俗是国民的一般道德观念，两者都是公共利益的表现。强制性规范保护公序良俗，但不可能面面俱到，即不能对每一项都作出具体规定，故法律把对公序良俗概括性的保护单列出来。需要注意的是，善良风俗的内容是随时代的变化而变化的。

例：(1) 张男与李女约定，由张男包养李女 3 年，到期张男送李女房屋一套。协议效力如何？(2) 王男(已婚)为解除与第三人赵女长期的不正常的性关系，两人签订了和解协议，王男答应给付赵女金钱，该协议是否违反善良风俗？

解：(1) 张男与李女"包二奶"的协议违反了善良风俗，无效。(2) 通过给付金钱的手段建立婚外性关系，是违反善良风俗的；通过给付金钱的手段解除这种不正常的性关系，不违反善良风俗。这类和解协议，可以成为有效合同。

---

① 《民法典》第 505 条规定："当事人超越经营范围订立的合同的效力，应当依照本法第一编第六章第三节和本编的有关规定确定，不得仅以超越经营范围确认合同无效。"

② 《全国法院民商事审判工作会议纪要》(法〔2019〕254 号) 第 30 条指出："下列强制性规定，应当认定为'效力性强制性规定'：强制性规定涉及金融安全、市场秩序、国家宏观政策等公序良俗的；交易标的禁止买卖的，如禁止人体器官、毒品、枪支等买卖；违反特许经营规定的，如场外配资合同；交易方式严重违法的，如违反招投标等竞争性缔约方式订立的合同；交易场所违法的，如在批准的交易场所之外进行期货交易。关于经营范围、交易时间、交易数量等行政管理性质的强制性规定，一般应当认定为'管理性强制性规定'。"

还有两点需要说明：其一，规章也会体现对公序良俗的保护，违反规章也会因违反公序良俗而导致合同无效。[①] 其二，动机藏之于心，一般不是法律行为的要素，也不是合同所定给付之内容，故不得仅以动机违反公序良俗而确认合同无效；如果动机成为法律行为要素、成为合同内容，当然成为公序良俗的评价对象。

（五）恶意串通，损害他人合法权益

“行为人与相对人恶意串通，损害他人合法权益的民事法律行为无效”（第154条）。

1. 恶意串通，双方须有共同的故意

恶意串通是通谋行为、合谋行为，双方当事人须有意思联络，须有共同的故意，须有共同的目的，须有协调一致的行为。例如，采取恶意串通的方式（投标人与招标人恶意串通或投标人之间恶意串通）导致的中标，中标无效。

“恶意”二字，在民法中混入了价值判断，是意图危害他人利益的主观过错。

双方当事人都有“故意”，但是没有共同的故意（故意的内容不一致，追求的目的不相同），不构成恶意串通。

例1： 甲对乙有巨额债务，估计乙可能起诉并请求对自己的财产强制执行。为逃避强制执行，甲与丙签订一份买卖合同，约定将甲最值钱的一套房屋卖给丙并办理了过户登记手续。为防止丙将房屋据为己有，甲又要求丙写了一份房屋为甲所有的“证明”，并表明自己（丙）是代持人。

解： 甲、丙共同故意的双方行为，双方故意的内容是一致的，构成恶意串通，该买卖合同无效。房屋仍归甲所有，不妨碍乙请求强制执行。

例2： 甲欠乙1 000万元，其除了一所房屋，没有值钱的东西。甲以700万元的价格将房屋卖给丙。丙不仅知道此是明显低价的买卖，而且知道此买卖将有害于甲的债权人。甲与丙之间的合同是否因恶意串通而无效？

解： 不构成恶意串通。因为：(1) 甲与丙没有通谋行为，丙仅是“知道”明显低价的买卖且该买卖将有害于甲的债权人。(2) 故意的内容不同，丙的故意是图便宜。(3)《民法典》第539条规定：“债务人以明显不合理的低价转让财产、以明显不合理的高价受让他人财产或者为他人的债务提供担保，影响债权人的债权实现，债务人的相对人知道或者应当知道该情形的，债权人可以请求人民法院撤销债务人的行为。”乙只能依本条请求撤销甲与丙的买卖行为。

2. 恶意串通须有受害的“第三人”存在

“他人”即第三人，第三人的合法权益，包括自然人、法人和非法人组织的合法权益，自然也包括国家的权益（国家是一种特殊的法人）。如果双方当事人有合谋，但不危害任何第三人的合法权益，自然不能构成恶意串通。

例： 甲公司（买受人）与乙公司（出卖人）签订了巨额建材买卖合同。收货后，甲公司未按照合同约定付款，甲公司预估乙公司将起诉自己，为防止乙公司胜诉后强制执行自己的主要财产（建设用地使用权），甲公司与丙公司签订了假的建设用地使用权转让合同，将自己的土地使用权过户登记（产权变更登记）到丙公司的名下。后乙公司起诉甲公司请求支付贷款，但发现甲公司已经没有值钱的财产。

解： 显然，乙公司是受害人。甲公司与丙公司恶意串通签订的建设用地使用权转让合同无效，办理过户登记不影响对合同效力的确认。

---

① 《全国法院民商事审判工作会议纪要》（法〔2019〕254号）第31条指出：“违反规章一般情况下不影响合同效力，但该规章的内容涉及金融安全、市场秩序、国家宏观政策等公序良俗的，应当认定合同无效。”

3. 代理人与相对人恶意串通订立的合同

(1)“代理人和相对人恶意串通，损害被代理人合法权益的，代理人和相对人应当承担连带责任”(第164条第2款)。“代理人和相对人恶意串通”，是当事人恶意串通的一种表现。比如，出卖人的代理人为了获取买受人回扣，在买卖合同中将出卖人的标的物价格压低，买受人和代理人都获得了好处，而出卖人(被代理人)却受到了损失。这类合同实务中都是认定整个合同无效的。①

(2)《民法典》只规定了代理人与他人恶意串通的行为，没有规定法定代表人与他人恶意串通的行为。因为：1)代理行为的效果归属于被代理人，但代理人有独立存在的意思表示，即代理人自为意思表示。代理人与被代理人的人格是各自独立的。2)法定代表人为法人之代表机关，法定代表人的代表行为即被代表人的行为，法定代表人没有独立存在的意思表示，即代表人不能自为意思表示。

例：(1)甲公司的法定代表人与乙公司的法定代表人串通一气，以甲公司、乙公司的名义签订了恶意危害丙公司利益的合同，恶意串通人是甲公司和乙公司。

(2)甲公司的代理人张三与乙公司的法定代表人李四串通一气，以甲公司、乙公司的名义签订了恶意危害被代理人甲公司利益的合同，恶意串通人是张三和乙公司。

(3)甲公司的代理人李四与乙公司的法定代表人王五串通一气，以甲公司、乙公司的名义签订了恶意危害第三人丙公司利益的合同，被代理人甲公司不知情。恶意串通人是甲公司和乙公司，恶意串通的一方以代理人李四的意思表示决之，后果由被代理人甲承受。

4. 恶意串通人的连带责任

《民法典》只规定了代理人和相对人恶意串通的连带责任(见第164条第2款)，作为一般规定的《民法典》第154条，只规定了恶意串通的民事法律行为无效，没有规定串通人的连带责任，这是法律的一个纰漏。要求恶意串通人承担连带责任，须有法律根据，“连带责任，由法律规定或者当事人约定”(第178条第3款)。这里就是一个寻找请求权基础的问题。《民法典》第1168条规定：“二人以上共同实施侵权行为，造成他人损害的，应当承担连带责任。”恶意串通是共同侵权行为，可以适用该条规定。

三、合同的部分无效

(一)概述

“民事法律行为部分无效，不影响其他部分效力的，其他部分仍然有效”(第156条)。部分无效是法律行为的部分内容无效。民事法律行为是按照行为人的意愿(意思表示)形成(发生、变更、消灭)法律关系的法律事实。法律行为无效，行为人的形成法律关系的意愿完全不能实现；法律行为部分无效，当事人的意愿能够部分实现。

合同可以发生部分有效、部分无效的情形。把违法的效果除去，保留合法的效果，体现了法律的务实和灵活性，兼顾了民事交易的安全、效率；从整体上看，也是对国家、社会的整体利益的保护。

例：张甲从李乙处借了10万元人民币，并将自己的一枚纪念邮票质押给李乙。双方在质押合同中约定，到期张甲不还钱，邮票自动归李乙所有。

解：到期不清偿债务，质物归质权人所有的约定，称为流质，也称为流押。“流”是流失的意思，存在流质条款是质押合同部分无效的情形，该条款无效，不影响质押合同其他条款的

① 学有余力者可以思考，这类合同能否被认定为部分无效。比如，对可分之债，可以将合法的利益保留，以部分无效的方式去除非法利益。

效力。流质条款无效，李乙对邮票的变价款仍然享有优先受偿权。[①]

（二）部分无效的情形

1. 给付可分割时，可发生部分无效的情形

（1）在数个给付存在牵连关系或者同一给付性质上不可分割时，合同的无效，只能是全部无效，不可能是部分无效。再如，由于双务合同两个给付（双方的义务）的牵连性，一方的给付无效，另一方的给付必然无效。再如，甲与乙签订金融业务合同，甲违反国家特许经营的规定，其给付无效，乙给付金钱的约定也必然无效。

（2）在给付可分割时，可发生部分无效的情形。例如，一份合同给付合法但定金超标（超过 20%），超过的部分无效。再如，一份租赁合同除租期超长（超过 20 年）外，其他内容合法，则租期超过 20 年的部分无效。

在财产或财产份额可区分时，给付可以分割，可发生部分无效的情形。例如，张甲与李乙签订了一份遗赠扶养协议，约定李乙承担对张甲的扶养义务，张甲死后，财产归李乙所有[②]，张甲将其与他人共有的一部分财产都写入了遗赠扶养协议。于此，不能认为该遗赠扶养协议全部无效，应认定处分他人财产份额的部分无效。

（3）有些给付在履行上虽然可以分割，但在性质上不因分割而有所变化，则整个行为无效。例如，甲作坊将用工业原料做的有毒粉条卖给食品超市，由于给付违法，合同无效，不存在部分无效的问题。

2. 非同一给付，可发生部分无效的情形

合同的标的是给付，当主给付义务无效时，从给付义务也无效，但从给付有独立的无效原因时，从给付无效，这是合同的部分无效。再如，合同中的免责条款是免除、限制自己责任的条款，与合同的标的非同一给付，可以无效而不影响整个合同的效力（见本节四）。还有，违约金条款、排除解除权的条款等也可能单独无效。

3. 在合同同时存在实体条款和程序性条款的情况下，可发生部分无效的情形

例如，甲与乙签订了建设工程合同，约定了仲裁条款。由于甲缺少相应的资质，该合同实体部分无效，但仲裁条款有效。实体条款也称为实体合同，是相对法律关系中的给付；程序性条款也称为程序合同，是当事人约定的解决争议的条款，不是给付关系。实体部分违法，不等于程序部分违法。

再如，《最高人民法院关于适用〈中华人民共和国民事诉讼法〉的解释》第 31 条规定："经营者使用格式条款与消费者订立管辖协议，未采取合理方式提请消费者注意，消费者主张管辖协议无效的，人民法院应予支持。"该管辖协议的格式条款的无效，并不影响合同其他条款的效力，属于部分无效的情形。

四、无效的免责条款

免责条款，是当事人在合同中确定的排除或者限制未来责任的条款。免责条款无效是合同部分无效的一种情况。并非免责条款（包括格式免责条款）都无效，违反效力性强制规定的免

---

① 原《物权法》第 211 条规定："质权人在债务履行期届满前，不得与出质人约定债务人不履行到期债务时质押财产归债权人所有。"《民法典》第 428 条规定："质权人在债务履行期限届满前，与出质人约定债务人不履行到期债务时质押财产归债权人所有的，只能依法就质押财产优先受偿。"《民法典》没有采用原《物权法》的表述方式，但都表明流质条款是无效的，《民法典》明晰了一点，流质条款无效，不影响质权人的优先受偿权，流质条款无效只是使质押合同部分无效。

② 《民法典》第 1158 条规定："自然人可以与继承人以外的组织或者个人签订遗赠扶养协议。按照协议，该组织或者个人承担该自然人生养死葬的义务，享有受遗赠的权利。"遗赠扶养协议是债权合同、双务有偿合同。

责条款才无效。

“合同中的下列免责条款无效：（一）造成对方人身损害的；（二）因故意或者重大过失造成对方财产损失的”（第506条）。人身安全权是不可转让、不可放弃的权利，也是法律重点保护的权利。因此，不能允许当事人以免责条款的方式事先约定免除这种侵权责任。对于财产权，不允许当事人预先约定免除一方因故意或重大过失而给对方造成的损失，否则会给当事人提供滥用权利的机会，也会使一方当事人对他方的财产采取漠不关心的态度。

例：甲年少时学过武术，为求生计，到乙马戏团应聘，声称可以胸口压300斤巨石，并受铁锤撞击。乙马戏团经过测试，认为甲所言不虚，遂与甲签订试用合同，合同特别约定：因进行胸口压石表演出现的危险由甲自负，乙一概不负责。某日表演中，甲突然口吐鲜血，医治无效死亡，经鉴定系因胸部组织承受过大压力所致。甲妻主张乙马戏团赔偿，乙马戏团主张甲之工作本身就属于高度危险的工作，甲是自己甘冒风险来应聘该工作，并且双方事先已有免责约定。

解：合同约定的“因进行胸口压石表演出现的危险由甲自负，乙一概不负责”，系典型的人身损害免责条款。无论该条款是否出于签约人自愿，均绝对无效。因此，马戏团仍应负赔偿责任。甲亦不属于自甘风险。①

五、因订立、履行无效合同产生的债权债务

无效合同不能发生当事人追求的效果，不产生意定之债。但无效合同的订立、履行行为可以产生法定财产法律关系，这种关系就是法定之债。“民事法律行为无效、被撤销或者确定不发生效力后，行为人因该行为取得的财产，应当予以返还；不能返还或者没有必要返还的，应当折价补偿。有过错的一方应当赔偿对方由此所受到的损失；各方都有过错的，应当各自承担相应的责任。法律另有规定的，依照其规定”（第157条）。条文中的“确定不发生效力”，是指效力待定的行为，因被拒绝追认或善意相对人撤销意思表示而自始不生效、确定地不生效。

当事人起诉到人民法院请求确认合同无效，提起的是确认之诉，不受诉讼时效的限制；债权人主张因订立、履行无效合同产生的债权请求权，受诉讼时效的限制。

（一）返还财产

1. 返还财产分为单方返还和双方返还。是依不当得利（债权请求权）返还，还是依物权请求权请求返还，应当具体分析。例如，甲与乙签订了货物买卖合同，甲依合同交付给乙50万元货款，后双方因履行发生争议，诉至法院，合同被判决无效。乙获得的货款自始没有法律依据，因货币（现金）交付后所有权转移，或者采用转账等方式支付货款而债权移转给乙，则甲请求乙返还货款是依不当得利请求返还，不是依照物权请求权请求返还。再如，甲出卖给乙一所房屋，交付使用后办理过户登记前，发现合同为无效合同。甲仍对该房屋享有所有权，其返还请求权是物权请求权，不是请求返还“所有”，而是请求返还对原物的“占有”。

2. 依据《物权编解释（一）》第20条的规定，转让合同被认定无效的，受让人不能善意取得对标的物的所有权。由于没有合法的原因，即便不动产已经办理转移登记、动产已经交付，如上例中，乙也不能善意取得对标的物的所有权，甲得以所有权人的“身份”请求返还原物，其请求权自然是物权请求权。

① 《民法典》第1176条规定：“自愿参加具有一定风险的文体活动，因其他参加者的行为受到损害的，受害人不得请求其他参加者承担侵权责任；但是，其他参加者对损害的发生有故意或者重大过失的除外。活动组织者的责任适用本法第一千一百九十八条至第一千二百零一条的规定。”

（二）折价补偿

法律对无效民事法律行为后果的处理，采取灵活的方法。当事人取得的财产不能返还或者没有必要返还的，应当折价补偿。不能返还，包括返还的事实不能和返还的法律不能，前者如购买的物已经消费，后者如购买的物被第三人合法取得。没有必要返还，主要是指在经济上没有必要，比如，买受人正在使用某物，返还以后不能使出卖人增加利益，反而无谓地增加了买受人的损失，采用折价补偿的方式处理，则两得其便。

法院判决折价补偿的，折价补偿是法定之债；当事人协商一致就折价补偿达成和解协议的，是合意之债（意定之债）。①

（三）赔偿损失

损害赔偿责任是一种过错责任，对成立和履行无效合同造成的损失，有过错的一方应当赔偿损失。对一方的损失，双方都有过错的，应当适用过错相抵的规则。因法律行为无效，赔偿的范围，仍适用全部赔偿规则。

无效合同没有履行效力，因此不能赔偿履行利益，履行利益通常称为可得利益。

第四节　效力待定的合同

效力待定的合同，又称为可追认的合同，是指订立的合同因当事人欠缺能力或欠缺权利而未生效，须权利人追认才能生效的合同。效力待定的合同，其效力取决于第三人（权利人）的意思表示，第三人包括法定代理人、被代理人。

一、限制民事行为能力人订立的与其年龄、智力、精神状况不相适应的合同

（一）概述

1. 对限制民事行为能力人的保护

对限制民事行为能力人实施的法律行为，法律给予特别规制。② 限制民事行为能力人实施的民事法律行为（包括订立合同和实施其他法律行为），有的有效，有的效力待定，当然也会存在无效的情形。立法的精神是，保护限制民事行为能力人的利益，优先于保护交易安全。这不同于确认合同效力的一般规则。

例：春节过后，13 岁的女儿拿 5 000 元压岁钱，购买了一部手机。其母发现了买手机的发票遂要求退货、退款。手机店经营者认为，他们不可能去判断每位消费者的年龄，不同意退款。两方的利益怎样协调？

解：（1）保护限制民事行为能力人的利益，优先于保护交易安全。此案，13 岁的孩子实施的法律行为与其民事行为能力不相适应，交易（买卖手机的合同）应为效力待定，其母要求退货、退款，是拒绝追认的行为，则该合同确定地自始不生效力。手机经营者不知消费者的年龄，是善意的相对人，该善意并不能使合同变成有效合同。（2）限制民事行为能力人经常用家

① 如同侵权之债是法定之债，当事人就赔偿额达成和解协议的，是合意之债（意定之债）。

② 《民法典》第 19 条规定："八周岁以上的未成年人为限制民事行为能力人，实施民事法律行为由其法定代理人代理或者经其法定代理人同意、追认；但是，可以独立实施纯获利益的民事法律行为或者与其年龄、智力相适应的民事法律行为。"第 22 条规定："不能完全辨认自己行为的成年人为限制民事行为能力人，实施民事法律行为由其法定代理人代理或者经其法定代理人同意、追认；但是可以独立实施纯获利益的民事法律行为或者与其智力、精神健康状况相适应的民事法律行为。"第 23 条规定："无民事行为能力人、限制民事行为能力人的监护人是其法定代理人。"

长（监护人）的钱消费，保护限制民事行为能力人的利益，自然会延伸到保护监护人的利益。

2. 限制民事行为能力人可以独立订立的合同和实施的有关行为

限制民事行为能力人可以独立订立的合同和实施的有关行为分为两种：第一种是纯获利益的；第二种是与其年龄、智力、精神健康状况相适应的。这两种行为自无须法定代理人（监护人）的同意或追认。

(1) “纯获利益”，是指限制民事行为能力人既不承担对价性义务，也不承担非对价性义务。比如，不附义务的赠与，受赠人是纯获利益的；无息借款，虽然不需要支付利息，但承担还款义务，因而不属于纯获利益。

例：13 岁的少年借了 10 万元，没有利息，借款合同效力如何？

解：无息借款是无偿合同，不属于纯获利益。借款合同效力待定，若监护人（法定代理人）拒绝追认，则确定地自始不生效。

(2) 与限制民事行为能力人的民事行为能力是否相适应，需要具体问题具体分析。例如，在生活水平比较高的一线城市，一个十五六岁的少年买一双四五百元的球鞋，可认为与其民事行为能力是相适应的；在贫困地区，一般应认为与行为人的行为能力是不相适应的。

（二）限制行为能力人订立的与其年龄、智力、精神状况不相适应的合同

“限制民事行为能力人实施的纯获利益的民事法律行为或者与其年龄、智力、精神健康状况相适应的民事法律行为有效；实施的其他民事法律行为经法定代理人同意或者追认后有效。相对人可以催告法定代理人自收到通知之日起三十日内予以追认。法定代理人未作表示的，视为拒绝追认。民事法律行为被追认前，善意相对人有撤销的权利。撤销应当以通知的方式作出”（第 145 条）。限制民事行为能力人订立的与其年龄、智力、精神状况不相适应的合同，也称为欠缺能力的行为，在效果上属于效力待定；限制民事行为能力人的相对人纵是善意，也不能使合同转变为有效合同。

1. 法定代理人的同意与追认的区分

(1) 对因欠缺能力而效力待定的合同，经法定代理人同意或者追认者为有效。同意和追认为单方法律行为。《民法典》将法定代理人的同意与追认相区分。法定代理人在被监护人实施法律行为之前和实施之时允许的为同意；事后允许、承认的，为追认。以法定代理人的同意或追认决定行为的效力，是为了保护限制民事行为能力人的利益。

例：13 岁的张甲当着父亲张乙的面，给网上直播的主播用手机转账一万元（欠缺民事行为能力），张乙看见全过程，没有表态，打赏一万元的行为是否效力待定？

解：张甲转账一万元的行为虽然欠缺民事行为能力，但张乙看见全过程，没有表示反对，是默许行为，构成内部授权，这个授权自然不是授予代理权，而是授予限制民事行为能力人实施法律行为的权限。《民法典》第 10 条规定：“处理民事纠纷，应当依照法律；法律没有规定的，可以适用习惯，但是不得违背公序良俗。”此条的习惯，包括交易习惯，也包括生活习惯，当着“家长”的面实施某种行为，是被法定代理人认可的，这肯定是生活习惯。也就是说，按生活习惯张乙对张甲的打赏是同意的。张甲的打赏行为有效，不是效力待定。

(2) 法定代理人的同意，可以是对特定财产处分的事先允许。法定代理人允许限制民事行为能力人处分特定的财产，限制民事行为能力人就该财产有处分之行为能力，这称为“行为能力的扩张”。例如，广州张甲 15 岁的孩子张乙到北京上学，张甲每年给其汇款 6 万元，由其在就学、生活方面自主支配，张乙的支配行为原则上都是有效的。再如，春节期间，李丙让自己 12 岁的小孩逛庙会，给他 1 000 元随便花，小孩的消费行为原则上都是有效的。

2. 法定代理人的追认权

法定代理人的追认权是简单形成权。法定代理人追认后，该行为自始有效。追认，一般以

通知的方式行使，限制民事行为能力人经法定代理人同意而实际履行义务的行为，亦可构成法定代理人的追认。

行使追认权的行为是单方法律行为、不要式法律行为。

追认权的反面，是拒绝追认权。法定代理人拒绝追认的，该民事法律行为自始不生效、确定地不生效。

3. 相对人请求法定代理人追认的催告

对欠缺行为能力的行为，相对人可以催告法定代理人自收到通知之日起30日内予以追认。到期法定代理人未作表示的，视为拒绝追认。催告的制度设计，主要是保护相对人，有尽早确定法律关系之功效。

(1)“30日”，是法定最短期间。催告人可以单方决定延长，比如，要求法定代理人在收到通知之日起两个月内答复，法定代理人在两个月内可以拒绝追认或者追认，在两个月内没有答复的，视为拒绝追认。拒绝追认的，限制民事行为能力人效力待定的行为，转化为无效（确定地不生效）。

(2) 法定代理人的“未作表示”，是默示中的沉默（消极行为），视为拒绝追认。默示中的积极行为，可以构成追认，比如法定代理人接到催告通知后，代限制民事行为能力人履行，则构成追认。

(3) 接到催告后的追认，是有相对人的意思表示，应当向相对人为追认的意思表示。

4. 善意的相对人的撤销权

效力待定的民事法律行为被追认前，善意相对人有撤销的权利，非善意（恶意）相对人没有撤销权。撤销，是撤销已经生效的意思表示，是通过撤销自己生效的意思表示，来撤销合意。已经履行约定义务的，不影响撤销权的行使。

“善意”，是不知情，不知道相对人没有相应的民事行为能力。相对人即便有过失，也不影响其善意的成立。

撤销权是简单形成权。撤销应当以通知的方式作出，通知是明示的方式。善意相对人行使撤销权后，该民事法律行为自始不生效、确定地不生效。

在善意相对人撤销前，法定代理人的追认和拒绝追认，都消灭善意相对人的撤销权。

例： 14岁的张甲是集邮爱好者，李乙通过网络向张甲发出要约，要按市价（1.3万元）卖给其一张猴票（纪念邮票），张甲表示同意，将历年积攒的1.3万元通过网络转给李乙，李乙将邮票寄给张甲。张甲不能认识合同的性质和后果，其与李乙成立的合同是效力待定的合同。李乙看张甲发来的照片，以为他是成年人，李乙是善意相对人。后张甲的父亲与李乙联系，表示是否追认该买卖合同还要考虑，在张甲的父亲犹豫期间，李乙通知其撤销合同。撤销是否有效？

解： 撤销有效。(1) 李乙的意思表示（要约）有效，张甲的意思表示效力待定，故张甲与李乙的合意（买卖合同）效力待定。李乙通过撤销自己的意思表示（要约），撤销了效力待定的合同。(2) 本案如果是张甲发出要约，李乙为承诺，李乙则可以通过撤销自己的承诺的意思表示，使效力待定的合同确定地不生效。(3) 撤销与撤回不同。撤销，是撤销生效的意思表示；撤回，是阻止意思表示生效。撤销效力待定的行为的本质，是撤销表意人一方生效的意思表示。

5. 相对人的善意，并无使合同生效的效果

限制民事行为能力人订立的与其年龄、智力、精神状况不相适应的合同，相对人为善意时，只享有撤销权，该善意并不发生使合同有效的效果。

例： 甲（17岁，无业）用自己继承的钱买了一套100万元的商品房，其父母主张合同无效。出卖人则主张：甲看起来像是30岁，自己并不知道他的实际年龄，故自己的善意应当得

到保护，合同应有效。孰是孰非？

解： 限制民事行为能力人制度虽然对善意相对人的善意进行保护，但仅限于其在法定代理人追认之前享有撤销权，善意相对人并没有单方使合同生效的权利。既然甲的父母不愿意追认，则合同自始确定地不生效。

二、无权代理订立的合同

代理，是代理实施法律行为。代理签订合同是代理实施法律行为的一种，解除合同、抵销合同债务等法律行为也可以代理。无权代理，是无代理权而代理他人实施法律行为。

代理订立合同的，代理人是订立（签订）主体，被代理人是合同主体。考察意思表示是否有瑕疵，需要考察代理人的意思表示是否有瑕疵。代理人有欺诈、胁迫等行为的，代理签订的合同也可以构成可撤销的合同。

（一）代理权

1. 代理权的含义

代理权是指代理人得代理实施法律行为的权限。代理权是一种“资格权”。委托代理人的代理权限，由委托人确定；法定代理人的权限，由法律确定。一个代理权，可由一个代理人享有（单独代理），也可以由两个以上代理人享有（共同代理）。

2. 委托代理权授予的类型

（1）内部授权和外部授权

授予代理权，向代理人或第三人以意思表示为之。向代理人授权，称为内部授权；向第三人授权，称为外部授权。内部授权，代理人也要把授权情况传达给第三人；外部授权，是被代理人将对代理人授权的意思表示，直接送达给第三人。

需注意代理授权与传达的区别。甲让乙去丙的小店买东西，甲写了清单，注明了商品的名称、数量和价格，乙没有决策的空间，他只是传达人（使者），不是代理人。甲将清单交给乙，不是内部授权，乙交给丙，也不是外部授权。对代理人有行为能力的要求，对传达人（使者）没有行为能力的要求。

（2）明示方式和默示方式

其一，明示方式。

委托代理的授权，可以是书面方式，也可以是口头方式。“委托代理授权采用书面形式的，授权委托书应当载明代理人的姓名或者名称、代理事项、权限和期限，并由被代理人签名或者盖章”（第165条）。

委托代理合同是委托合同的一种，是双方法律行为。委托代理权的授予，是单方法律行为，采用书面方式的，表现为被代理人签发“授权委托书”（又称为代理证书）等，也可以表现为委托代理合同中的授权条款。对独立于委托代理合同的授权文书，由被代理人一方签章即可，代理人是否签章，不影响授权的效力。

例： 张甲授权李乙代理自己出卖房屋，到公证处办理委托授权，是公证委托合同，还是公证授权委托书，还是两者一起公证？

解： 委托合同是双方法律行为，委托授权是单方法律行为。公证张甲一方签字的授权委托书即可。

其二，默示方式。

默示为意思表示，包括作为（积极行为）和不作为（消极行为）。代理权的授予可以是作为的默示方式，这没有什么争议。例如，甲商业公司雇用李某做售货员，李某在出售商品时，可依据事实推知其被授予代理权（事先授予）。再如，无权代理人代理出卖人订立效力待定的买卖合同以后，出卖人发货构成追认。该追认是默示的、事后授权的单方法律行为。

（二）无权代理的概念和类型

1. 无权代理的概念

无权代理，是指行为人没有代理权，而以被代理人名义实施，旨在将效果归于被代理人的代理。

无权代理之无权，包括没有获授代理权、超越代理权、代理权终止三种情形。无权代理分为狭义的无权代理和表见代理。狭义的无权代理（表见代理之外的无权代理），代理人没有权利外观，未经追认的，不能将代理效果归于被代理人；表见代理，代理人有权利外观，代理效果归于被代理人。我们通常所说的无权代理，是指狭义无权代理。

2. 无权代理的类型

"行为人没有代理权、超越代理权或者代理权终止后，仍然实施代理行为，未经被代理人追认的，对被代理人不发生效力"（第 171 条第 1 款）。上述规定包括了无权代理的三种类型：一是行为人根本没有获授代理权；二是行为人虽然获授代理权，但超越了授权，分为质的超越和量的超越；三是行为人虽然获授代理权，但在代理权终止后（代理事项完成、代理期限届满等情况下），仍然实施代理行为。

例：（1）甲授权代理人乙到丙处购买 170 万元的洗衣粉，乙持授权委托书与丙签订了购买 200 万元洗衣粉的合同，乙的行为为代理权量的超越，170 万元以内的部分有效，30 万元的部分为效力待定。（2）如果丙看到乙的授权委托书后提出："我单位转产，库房的洗衣粉全部便宜 30%卖给你，总价款为 200 万元。"此种情况下，乙代理签订的 200 万元的整个合同是效力待定，因为是尾货打包便宜转让，如果认定 170 万元的部分有效，对丙不公平。（3）丙是非善意相对人，不管是全部效力待定还是部分效力待定，其都没有撤销权。

（三）无权代理订立合同与无权处分订立合同，冒名，借用他人名义订立合同的区别

1. 无权代理订立合同与无权处分订立合同的区别

通常所说的无权处分之处分，是指使物权发生权属变动的物权行为，比如不动产的转移登记行为、基于买卖合同的动产交付占有的行为。这些无权处分行为是物权性无权处分行为，可引起物权的变动。物权性无权处分，相对人可以善意取得物权（见第 311 条）。

这里所说的无权处分签订合同，是负担行为。所谓负担行为，是指负担债务的行为，从设立债权的角度，也称为债权行为。无权处分签订合同，即是以无权处分的物或其他财产作为给付标的财产订立合同的负担行为，又称为债权性无权处分。

无权代理订立合同与无权处分订立合同（债权性无权处分），两种行为都是负担行为，具有可比性。它们有以下区别。

（1）无权代理是以被代理人的名义订立合同，无权处分是以自己的名义订立合同。例如，在买卖合同中，无权处分人把自己当成出卖人，即以出卖人的名义，自己作为合同主体；无权代理人不把自己当成出卖人，而以被代理人的名义出现，只作为合同订立主体，不作为合同主体，被代理人作为出卖人（合同主体）出现。在代理的场合，是三方当事人，在无权处分的场合，是双方当事人。

（2）无权代理订立的合同，如果没有无效事由，是效力待定的合同，如果存在无效事由，就不能通过追认使其生效。无权处分订立的合同（债权性无权处分），如果没有无效事由，是有效的合同，即仅有无权处分的瑕疵不导致合同无效。

《民法典》第 597 条第 1 款规定："因出卖人未取得处分权致使标的物所有权不能转移的，买受人可以解除合同并请求出卖人承担违约责任。"其一，有效合同才有解除和承担违约责任的问题，即是说出卖人未取得处分权不影响合同的效力；其二，"致使标的物所有权不能转

移”，发生在履行阶段，也不影响合同的效力。以两点说明债权性无权处分不影响合同的效力。另外，以上是对买卖合同的规定，其他有偿合同可以参照适用（见第646条）。无权代理订立的合同，未被追认时不发生效力，不存在解除的问题。

（3）无权代理订立的合同，相对人不能善意取得。善意取得是对应无权处分设立的制度。无权处分订立的合同，通过履行环节（不动产转移登记、动产交付）相对人可以善意取得。①

无权代理订立的合同，相对人的善意，是相信代理人有代理权，因没有对权属的信赖，故不能善意取得。

无权处分订立合同的本身并不发生物权的变动。相对人的善意取得，固然要求其在订立合同时相信对方有处分权，但关键节点在履行环节（不动产转移登记、动产交付）。对不动产，因登记在处分人名下，相对人相信其有所有权，此为登记权利推定。我国的登记并非绝对主义，“登记”与“所有”可以分离，所有权登记在某人的名下，其不一定享有所有权，可能没有，也可能不是单独所有而是共有。对动产，因处分人占有，相对人相信其有所有权，此为占有权利推定。“占有”与“所有”可以分离。以上说明，善意取得，经历了债权性无权处分和物权性无权处分（不动产转移登记、动产交付占有）两个环节。

无权代理解决的是代理权限的问题，不是物权转移的问题。无权代理人处分了被代理人的物，相对人不能善意取得；如果得到追认而相对人取得标的物所有权的，也是正常取得（一般取得），不是善意取得。

2. 无权代理订立合同与冒名、借用他人名义订立合同的区别

（1）冒名是行为人擅自使用他人的名义，与相对人订立合同。假冒、盗用他人名义都属于冒名。② 被冒名的人，不限于自然人。冒名不同于代理，冒名的行为人是自己承担合同权利义务，只是擅自使用了他人的名义；而代理，是被代理人承担合同权利义务，被代理人是合同主体，代理人是订立主体，无权代理也是如此。

例：张甲冒弟弟张乙之名出售自己创作的水彩画，与李丙签订了买卖合同，则张甲既是合同主体，又是签订主体，不具备代理的三方结构。张甲不是代理人，张乙也不是被代理人。

（2）借用是经他人同意使用其名义，一般是因欠缺资质等主体资格而借用，比如因欠缺施工资质而借用其他企业的名义签订施工工程合同。个人借用单位的名义签订合同也时有所见。③ 借用不同于代理，借用人自己实际承担权利义务。

（3）冒名、借用他人名义订立的合同，不是代理行为，不得按无权代理认定为效力待定并

---

① 《民法典》第311条规定：“无处分权人将不动产或者动产转让给受让人的，所有权人有权追回；除法律另有规定外，符合下列情形的，受让人取得该不动产或者动产的所有权：（一）受让人受让该不动产或者动产时是善意；（二）以合理的价格转让；（三）转让的不动产或者动产依照法律规定应当登记的已经登记，不需要登记的已经交付给受让人。受让人依据前款规定取得不动产或者动产的所有权的，原所有权人有权向无处分权人请求损害赔偿。当事人善意取得其他物权的，参照适用前两款规定。”

② 《最高人民法院关于在审理经济纠纷案件中涉及经济犯罪嫌疑若干问题的规定》第5条规定：“行为人盗窃、盗用单位的公章、业务介绍信、盖有公章的空白合同书，或者私刻单位的公章签订经济合同，骗取财物归个人占有、使用、处分或者进行其他犯罪活动构成犯罪的，单位对行为人该犯罪行为所造成的经济损失不承担民事责任。行为人私刻单位公章或者擅自使用单位公章、业务介绍信、盖有公章的空白合同书以签订经济合同的方法进行的犯罪行为，单位有明显过错，且该过错行为与被害人的经济损失之间具有因果关系的，单位对该犯罪行为所造成的经济损失，依法应当承担赔偿责任。”

③ 《最高人民法院关于在审理经济纠纷案件中涉及经济犯罪嫌疑若干问题的规定》第4条规定：“个人借用单位的业务介绍信、合同专用章或者盖有公章的空白合同书，以出借单位名义签订经济合同，骗取财物归个人占有、使用、处分或者进行其他犯罪活动，给对方造成经济损失构成犯罪的，除依法追究借用人的刑事责任外，出借业务介绍信、合同专用章或者盖有公章的空白合同书的单位，依法应当承担赔偿责任。但是，有证据证明被害人明知签订合同对方当事人是借用行为，仍与之签订合同的除外。”

通过追认的方式使其生效。有的冒名成立的合同是有效的，比如张甲拿着其孪生弟弟的身份证住进酒店，住宿合同在张甲与酒店之间成立，一般是有效的。借用他人的名义订立的合同，也不能按无权代理认定。欠缺资质而借用资质，合同因主体不合格而无效。

（4）无权代理可以构成表见代理；冒名、借用他人名义订立的合同，因不是代理行为，故而不能构成表见代理。

（四）无权代理中，被代理人和相对人的相关权利

对于无权代理，“相对人可以催告被代理人自收到通知之日起三十日内予以追认。被代理人未作表示的，视为拒绝追认。行为人实施的行为被追认前，善意相对人有撤销的权利。撤销应当以通知的方式作出”（第171条第2款）。

1. 被代理人的追认权

追认是对代理权的补授。“追认权”行使的效果是：相对人对追认无拒绝之余地，追认之后，善意相对人丧失了撤销权。

无权代理的事项并非一概对被代理人不利。若对被代理人不利，被代理人当然可以拒绝追认；如有利，被代理人当然可以追认。

（1）追认权是简单形成权，追认的方式，可以是明示追认（以通知的方式），也可以是默示追认。“无权代理人以被代理人的名义订立合同，被代理人已经开始履行合同义务或者接受相对人履行的，视为对合同的追认”（第503条）。履行和受领履行，是默示方式的追认。

例：无权代理人张某以甲的名义与乙签订了出卖一批电信产品的合同，甲见到合同后即发货。甲发货，是履行合同的行为，视为对效力待定合同的默示追认。合同自订立时起生效。

追认行为是对代理权的补授，所以追认行为与代理权授予行为一样，都是单方法律行为。

（2）追认，使代理行为的效果归属于被代理人。追认的意思表示自到达相对人时生效，合同自订立时起生效。合同是双方或多方法律行为，追认的意思表示是单方法律行为，两个行为生效的时间点是不同的。

例：无权代理人张三于3月1日代理甲方与知情的乙方签订了买卖合同。3月15日，甲方的追认通知送达乙方。追认通知于3月15日生效，而合同却是在3月1日生效的。

解：本案有两个法律行为，一个是单方法律行为（甲方的追认通知），一个是双方法律行为（买卖合同），单方法律行为“激活”双方法律行为，使其自始发生效力。之所以如此，是为了周到地保护当事人的利益。比如，3月2日，即签订合同的第2天，乙方就发了货，如果甲方不追认无权代理人的行为，损失当然由乙方自己承担。如果甲方追认，追认通知在15日到达，合同不能在15日生效，只能在1日生效。否则2日发货的行为就得不到保护。

（3）被代理人可以主动行使追认权，也可以在收到相对人催告通知后30日内行使追认权。到期被代理人未作表示的，视为以默示的方式拒绝追认。法律规定被代理人收到催告通知后开始计算30日的期间，是将催告通知迟延的风险归于通知人，通知人可以采取合理的通讯方式，保障通知及时送达。

（4）追认是有相对人的意思表示。相对人催告的，被代理人追认的意思表示，应向相对人为之。

2. 相对人的催告及善意相对人的撤销权

（1）相对人的催告。

善意相对人和非善意相对人都可以向被代理人发催告通知，被代理人对催告的答复的法定期限是收到通知之日起30日，相对人给被代理人30日以上的期限，并无不可。相对人擅自缩短答复期的无效，被代理人认可的除外。

例： 相对人要求被代理人40天内“表态”是否追认其与无权代理人签订的合同，效果如何？如果要求被代理人20天内追认呢？

解： 要求被代理人40天内“表态”是否追认的，有效。要求被代理人20天内追认的，该期限延长10天，总计30天。即虽然相对人要求被代理人20天内追认，但是被代理人可在第2至第30天的期间内追认。

（2）善意相对人的撤销权。

善意相对人包括无过失的善意相对人和有过失的善意相对人，他们都有撤销权。作反对解释，非善意相对人（恶意相对人），没有撤销权。

非善意相对人与无权代理人签订合同，其将合同是否成立的权利交给了无权代理的被代理人，只能等待被代理人的追认。其要做的工作，就是及时催告。

例： 甲公司委派业务员张某拿着购买10万元梨的授权委托书到乙公司，张某向乙公司出示授权委托书后，发现桃的质量不错，就代理甲公司与乙公司签订了购买10万元桃的合同。

解： 乙公司看了授权委托书，是非善意的相对人，没有撤销权。合同是否生效的决定权，在甲公司手里，其可以追认，也可以拒绝追认。

善意相对人的撤销权，发生在代理人实施的行为被追认和拒绝追认之前。该撤销的本质，是撤销自己的已经生效的意思表示，通过撤销自己的意思表示，撤销了当事人之间效力待定的合意（合同）。撤销权是简单形成权，以通知的方式行使。

善意相对人撤销权的消灭，有两个原因：第一个是被代理人追认，第二个是被代理人拒绝追认。例如，无权代理人订立的合同在被代理人追认后，自始成立生效，善意相对人的撤销权随之消灭；再如，无权代理人订立的合同在被代理人拒绝追认后，自始确定地不发生效力，善意相对人的撤销权随之消灭。

（五）无权代理的效果

1. 被代理订立的合同等法律行为效力待定

无权代理行为的效果，是被代理订立的合同等法律行为效力待定。效力待定的，也是可追认的。比如，无权代理人向相对人发出的解除合同的通知，被代理人可以追认。

2. 未被追认时，无权代理人的责任

“行为人实施的行为未被追认的，善意相对人有权请求行为人履行债务或者就其受到的损害请求行为人赔偿，但是，赔偿的范围不得超过被代理人追认时相对人所能获得的利益”（第171条第3款）。

（1）关于善意相对人的选择权。

依据上述规定，一般认为，无权代理未被追认的，善意相对人对无权代理人有选择权，即有权在请求无权代理人履行债务和请求其赔偿之间进行选择。能否选择要看具体情况，例如，张某代理甲公司（出租公司，有融资租赁经营许可）与善意的乙公司签订了融资租赁合同，后发现张某为无权代理，乙公司无权选择张某履行融资租赁合同的债务，即既不能认为张某与乙公司成立了融资租赁合同（成立意定之债），也不能认为张某与乙公司成立了融资租赁的法定之债。因为张某的主体不适格，且乙公司的善意是相信张某有代理权，其明知张某没有融资租赁的资质。从该例可知，善意相对人是没有形成权性质的选择权的。

（2）善意相对人对无权代理人的赔偿请求权。

无权代理的行为未被追认，善意相对人有权请求无权代理人赔偿，对于赔偿范围，不仅包括信赖利益（一般所说的直接损失），亦包括可得履行利益损失。“赔偿的范围不得超过被代理人追认时相对人所能获得的利益”，是指不得超过可得的履行利益。比如，无权代理人李某代理甲与善意的乙签订合同，如果甲追认该合同的话，适用损益相抵规则（扣除履行合同将付出的成本）后，乙的利益将是 50 万元，则李某的赔偿额最多是 50 万元。

（3）关于无权代理人与相对人的过错相抵。

“相对人知道或者应当知道行为人无权代理的，相对人和行为人按照各自的过错承担责任”（第 171 条第 4 款）。无权代理，行为人一般是有过错的，但也有无过错的情形。造成相对人的损失时，行为人有过错，相对人也有过错（知道或者应当知道行为人无权代理）的，应适用过错相抵的规则，减轻行为人的责任。对相对人的损失，被代理人并不承担责任。

例：甲借给乙 100 万元，甲请求丙代理丁作为保证人与其签订了保证合同。甲深信丙对丁的影响力，一定能够说服丁追认保证合同。丙认真做了丁的工作，但丁并未追认。借款人乙到期未偿还借款。

解：甲明知丙无代理权，对其损失无权代理人丙并无赔偿责任，丙并无过错，不存在过错相抵的问题。甲、丙之间是委托合同关系，丙并未担保丁一定追认，且其已经履行了委托合同的义务。

三、自己代理和双方代理订立的合同

（一）自己代理订立的合同

代理人以被代理人名义与自己订立合同，这种情况称为“自己代理”，自己代理订立的合同，称为自我合同、自我契约。代理人与被代理人是合同的双方当事人，合同的内容实际上是由代理人一人决定。这种只表现一人意志的合同，在法律上不能构成双方当事人的合意。这种合同如果经被代理人追认，视为表现了双方的意志，仍可有效，因此是一种效力待定的合同。

《民法典》第 168 条第 1 款就“自己代理”作出规定：“代理人不得以被代理人的名义与自己实施民事法律行为，但是被代理人同意或者追认的除外。”“同意”，是事先的同意；“追认”，是事后的同意。被代理人同意或追认时，则被代理人与代理人之间构成了合意。禁止自己代理，是为了保护被代理人的利益，如被代理人已经同意或者追认，则无保护的必要。

例：甲公司给代理人李乙一份加盖公章的空白合同书，让其与丙公司谈业务，条件适当的时候与丙公司签订合同，但李乙却用该合同书与自己签订了一份合同。甲公司拒绝承认这份协议，但有观点认为给予李乙加盖公章的空白合同书视为无限授权行为，该合同有效。

解：李乙用该合同书与自己签订合同，与甲的授权不符，属于无权代理、自己代理，甲公司拒绝追认时，合同确定地自始不发生效力。

（二）双方代理订立的合同

一个代理人以双方被代理人名义订立合同，这种情况称为“双方代理”，实务中称为“一手托两家”。有学者认为，合同有双方，代理人一人兼有双方当事人资格，在合同性质上为不可能。此言不确，因为代理人是签约主体，不是合同主体，原则上禁止双方代理，是因为它实际上是由一人决定合同的内容、一人决定合意，不能反映当事人双方协商一致的真实意思表示。这种合同如果被双方被代理人许可或追认，视为表现了双方被代理人的意志，合同可以成立生效，因此双方代理签订的合同，也是一种效力待定的合同。

《民法典》第 168 条第 2 款就“双方代理”作出规定：“代理人不得以被代理人的名义与自己同时代理的其他人实施民事法律行为，但是被代理的双方同意或者追认的除外。”两个被代理人都同意或追认时，则两个被代理人之间构成了合意。禁止双方代理，是为了保护被代理人的利益，如被代理人已经同意或者追认，则无保护的必要。

第五节 因表见代理、表见代表订立的合同

一、因表见代理订立的合同

（一）表见代理的概念

表见代理，是指由于被代理人的行为，使无权代理人的代理行为具有足以使善意相对人相信的代理权的外观而须由被代理人负授权之责的代理。表见代理人是无权代理人。“行为人没有代理权、超越代理权或者代理权终止后，仍然实施代理行为，相对人有理由相信行为人有代理权的，代理行为有效”（第 172 条）。法律设立表见代理的意义在于保护善意第三人的利益，维护人们对代理制度的信赖，维护交易安全，也有鼓励交易和倡导效率的作用。

例：甲是某公司的总经理，曾多次向自然人乙借钱，并加盖本公司的公章。某日，甲又向乙借 5 万元，加盖了公司公章，但这笔钱实际上是为自己借的。事后，甲也承认是为自己借的钱。甲所在公司董事长（法定代表人）出面，要求确认借款合同无效，由甲某自己还款，乙则要求公司还款。

解：甲的行为构成表见代理，故公司应当承担还款义务。

（二）表见代理与狭义无权代理的区别

我们通常所说的无权代理是狭义的无权代理，而表见代理属于广义的无权代理。即无权代理包括狭义的无权代理和表见代理。

1. 表见代理，无权代理人具有代理权的外观；狭义无权代理，无权代理人不具有代理权的外观。

2. 表见代理的相对人是善意的相对人，狭义无权代理的相对人，可以是非善意相对人，也可以是善意的相对人，但两者善意的内容并不相同。对表见代理相对人的善意要求较高，须是不知且无过失；狭义无权代理的善意相对人，面对没有权利外观的无权代理人而不能识别的，应认定为有过失。

3. 表见代理实施的民事法律行为（含合同），如无其他违法事由，是有效的；狭义无权代理实施的民事法律行为，效力待定，未获追认的，自始不发生效力。

4. 因表见代理订立的解决争议的条款（仲裁条款、诉讼管辖条款等）是程序性合意，如无其他违法事由，是有效的；狭义无权代理订立的解决争议的条款，效力待定，未获追认的，自始不发生效力（不适用第 507 条）。

5. 制度价值不同。狭义无权代理主要是保护被代理人（本人）的利益，而表见代理则主要保护善意第三人（代理的相对人）的利益，这种保护在宏观上就是保护交易安全。

（三）表见代理的法律要件

1. 代理人没有代理权

表见代理行为，是一种特殊的无权代理。表见代理人没有代理权，却以被代理人的名义签订合同或者实施其他法律行为。

2. 无权代理人具有代理权的外观

没有权利的外观，也就没有使相对人产生信赖的基础。代理权的外观，通常是外部授权的表象。比如，无权代理人持有加盖公章的空白合同书、介绍信等。

例：甲（分包合同承包人）授权乙代理自己与丙（分包合同发包人）签订工程分包合同，经过一年工程完成，乙又以代理人的身份指示丙将承包费打入自己的账号。后甲以没有收到承

包费为由，以发包人丙为被告提起诉讼，请求支付承包款。丙的抗辩理由是乙构成了表见代理，自己已经履行了付款债务。

解： 授权签订合同与授权办理收受工程款是两项不同的法律事实，要么一并授权，要么分别授权，只授权代理签订合同的，该代理人仅对代理签订合同享有代理权，对其他事务没有代理权。前一委托事务完成，委托代理终止，单独的前一事务的代理授权不能构成对后一事务有权代理的权利外观，即不能构成表见代理。本案应当支持甲的诉讼请求。

3. 被代理人的行为，致使无权代理人具有代理权的外观

具有代理外观的原因，是由于被代理人的行为（作为或不作为）。表见代理制度的本旨，是要求被代理人对相对人负授权人之责任，以保护交易安全。被代理人之所以要负这个责任，是因为其行为使无权代理人产生了权利外观。法学的一个原理是"无行为，则无责任"。这里的行为包括作为，也包括不作为。

例： 张三伪造甲公司的印章，以甲公司为被代理人与乙公司签订了一个广告发布合同，是否构成表见代理？

解：（1）根据已知条件，不能构成表见代理。因为甲公司没有使张三产生代理权外观的行为。（2）若甲公司的有关行为使乙公司善意地相信张三有权代理甲公司签订该合同，则甲公司不得以张三无代理权为由对抗乙公司。

例： 甲公司委托李乙购买10吨铝材，给了李乙一份加盖合同专用章的空白授权书，李乙擅自在授权委托书上填写授权购买10吨水泥，李乙以甲公司的名义与丙公司签订了一份买卖10吨水泥的合同，丙公司订立合同时不知李乙无代理权，不知情且无过失。后来，甲公司主张李乙无权代理，并对其行为不予追认，丙公司认为是"表见代理"，主张合同有效。

解： 本案中，加盖合同专用章是甲公司交给李乙的，甲公司因其行为，使李乙有代理权存在的表征（权利外观），丙公司是善意的相对人。本案成立表见代理，发生代理的效果，合同有效。

表见代理产生的原因包括下列诸项。

（1）因授权表示而产生的表见代理

因授权表示而产生的表见代理有作为和不作为两种情况。

其一，作为。如被代理人以语言或行动表示授予他人以代理权，但实际上没有授予。

其二，不作为。如被代理人知道他人以自己的名义从事活动而不作否定的意思表示。再如，被代理人撤回代理权时，未采取适当的方式告知第三人。

（2）因授权不明产生的表见代理

因授权不明产生的表见代理，有的是"作为"方式产生的表见代理，有的是作为和不作为的混合。例如，虽然内部限制了代理权，而为方便等原因让无权代理人持有加盖公章的空白合同书、空白授权委托书、空白介绍信等洽谈签订合同。再如，代理权定有期间、条件（如价格限制）或限于特定委托事项，本人（被代理人）未在授权委托书中载明，又未采取适当方式告知第三人。

4. 被代理人的相对人是善意的相对人

被代理人的相对人是善意的相对人，其有理由相信代理人有代理权，对代理人有一种法律认可的合理信赖。其善意的构成是：不知情且无过失。

例： 湖南某医院办公室掌管公章的办事员王某未经领导同意，擅自向某礼品公司购买了40万元的纪念品，在庆祝建院40周年的活动中使用。王某以医院的名义与礼品公司签订了买卖合同，在合同上加盖了医院的公章。礼品公司知道医院正在进行庆祝建院40周年的活动，便积极准备货源，到期准时发货。医院领导知道此事后，诉至法院，要求确认合同无效。

解：王某是办公室的职员，不从事对外采购的业务，其行为不构成职务代理。也就是说从职务这个角度，不能认定其构成表见代理。但是其签订的合同加盖了单位的公章，礼品公司没有义务去了解这个公章是否为私自加盖的。礼品公司是善意且无过失的相对人。医院提出，公章是王某偷盖的，此说不能对抗善意相对人，此案中无其他违法情节，应当认定王某构成表见代理，合同有效。医院享有合同权利，承担合同义务。

（四）表见代理的效果

1. 表见代理成立，产生与有权代理相同的后果

（1）表见代理成立，被代理人对相对人承担授权人之责任，即产生与有权代理相同的后果。被代理人承担表见代理行为所产生的债务或责任后，可以向无权代理人追偿因代理行为而遭受的损失。

（2）有权代理签订的合同不一定都有效，与此相同，成立表见代理，合同也并不必然有效。如果没有其他违法事由，表见代理签订的合同或者实施的其他法律行为有效。

（3）表见代理人代签的合同如果有效，被代理人作为合同主体，享有合同权利，承担合同义。如果表见代理人代签的合同无效，被代理人仍然要承担授权人之责任，即要承担合同无效的责任，比如赔偿损失等责任。

2. 表见代理签订的合同成立后，善意相对人无撤销权

一种观点认为，表见代理是一种无权代理，因而适用《民法典》第171条第2款第3句“行为人实施的行为被追认前，善意相对人有撤销的权利”的规定。这种观点是不正确的。因为，只有合同效力待定时，善意相对人才可以撤销，同理，只有合同效力待定时，被代理人才可以追认。表见代理人代签的合同成立生效后，不是效力待定的合同，具有法律约束力，不存在善意相对人的撤销问题。再者，表见代理是一种无权代理，但不是狭义无权代理，不能适用第171条对狭义无权代理的规定。

例：张某手持加盖公章的空白合同书代理甲公司与乙公司签订了买卖100吨草莓的合同。签订合同书之后，乙公司宴请张某，张某拿出授权委托书，委托书载明张某只能代理购买苹果。后乙公司给甲公司去函，表示撤销合同，理由是依照《民法典》第171条第2款的规定，善意相对人有撤销权。甲公司则依据《民法典》第172条的规定提出，张某代理签订合同构成表见代理，自己愿意承担代理后果，主张合同有效。

解：张某构成表见代理。尽管乙公司是善意且无过失的相对人，其仍然不能撤销合同，因为合同已经有效成立。本案不能适用《民法典》对狭义无权代理的规定。

二、因表见代表订立的合同

（一）表见代表的含义和意义

表见代表，是指代表人有超越代表权的行为，而其行为足以使善意相对人相信其有代表权，从而法律规定由代表人所在单位负责任的无权代表。或者说，表见代表是指法人的法定代表人或者非法人组织的代表人超越权限订立合同，因相对人属善意相对人，故代表行为的后果由该法人或非法人组织承受的无权代表行为。

代表人包括法人的法定代表人（1个自然人）和非法人组织的代表人（1个或者数个自然人）。《民法典》第61条第1款规定：“依照法律或者法人章程的规定，代表法人从事民事活动的负责人，为法人的法定代表人。”第105条规定：“非法人组织可以确定一人或者数人代表该组织从事民事活动。”

法律设置表见代表制度的意义与设置表见代理制度的意义类似，是为了保护善意相对人的利益，维护对整个交易制度的信赖，保护交易安全，同时也是为了提高交易的效率。

（二）表见代表的法律后果

“法人章程或者法人权力机构对法定代表人代表权的限制，不得对抗善意相对人”（第61条第3款）。“法人的法定代表人或者非法人组织的负责人超越权限订立的合同，除相对人知道或者应当知道其超越权限外，该代表行为有效，订立的合同对法人或者非法人组织发生效力”（第504条）。所谓善意相对人，是不知道或者不应当知道代表人超越权限的相对人。“代表行为有效”，是指被代表人应当对代表行为承担后果，但不等于合同有效，如果合同没有其他无效事由，则表见代表订立的合同有效。

例：甲公司股东会（权力机构）授权甲公司董事长（法定代表人）签订600万元以下的合同，但董事长代表甲公司与善意的乙公司签订了1 000万元的合同。董事长虽然超越代表权，但因构成表见代表，合同有效。

（三）关于公司法定代表人越权担保和越权债务加入

1. 公司法定代表人的越权担保

公司法定代表人越权担保，实务中经常出现，认定公司法定代表人是否构成表见代表，是认定担保合同效力及处理后果的关键。

《公司法》第16条规定：“公司向其他企业投资或者为他人提供担保，依照公司章程的规定，由董事会或者股东会、股东大会决议；公司章程对投资或者担保的总额及单项投资或者担保的数额有限额规定的，不得超过规定的限额。公司为公司股东或者实际控制人提供担保的，必须经股东会或者股东大会决议。前款规定的股东或者受前款规定的实际控制人支配的股东，不得参加前款规定事项的表决。该项表决由出席会议的其他股东所持表决权的过半数通过。”据此，公司对外提供担保，不是法定代表人个人所能单独决定的事项，须依照公司章程的规定，由董事会或者股东会、股东大会作出决议。法定代表人未经决议擅自为他人提供担保的，构成越权代表，此时应当考察该越权代表是否构成表见代表。构成表见代表的，如无其他违法事由，担保合同有效。

表见代表制度是对善意相对人的保护。法定代表人越权签订的担保合同与其他合同，须相对人为善意才能构成表见代表。[①]

2. 公司法定代表人的越权债务加入

债务加入，加入人的地位类似于连带保证人，与债务人一起承担连带责任，债务加入不是公司法定代表人个人所能单独决定的事项，须依照公司章程的规定，由董事会或者股东会、股东大会作出决议。法定代表人未经决议擅自加入他人债务的，构成越权代表，此时应当考察该越权代表是否构成表见代表。构成表见代表的，如无其他违法事由，债务加入合同有效。[②]

---

① 《担保制度解释》第7条规定：“公司的法定代表人违反公司法关于公司对外担保决议程序的规定，超越权限代表公司与相对人订立担保合同，人民法院应当依照民法典第六十一条和第五百零四条等规定处理：（一）相对人善意的，担保合同对公司发生效力；相对人请求公司承担担保责任的，人民法院应予支持。（二）相对人非善意的，担保合同对公司不发生效力；相对人请求公司承担赔偿责任的，参照适用本解释第十七条的有关规定。法定代表人超越权限提供担保造成公司损失，公司请求法定代表人承担赔偿责任的，人民法院应予支持。第一款所称善意，是指相对人在订立担保合同时不知道且不应当知道法定代表人超越权限。相对人有证据证明已对公司决议进行了合理审查，人民法院应当认定其构成善意，但是公司有证据证明相对人知道或者应当知道决议系伪造、变造的除外。”第8条规定：“有下列情形之一，公司以其未依照公司法关于公司对外担保的规定作出决议为由主张不承担担保责任的，人民法院不予支持：（一）金融机构开立保函或者担保公司提供担保；（二）公司为其全资子公司开展经营活动提供担保；（三）担保合同系由单独或者共同持有公司三分之二以上对担保事项有表决权的股东签字同意。上市公司对外提供担保，不适用前款第二项、第三项的规定。”

② 《担保制度解释》第12条规定：“法定代表人依照民法典第五百五十二条的规定以公司名义加入债务的，人民法院在认定该行为的效力时，可以参照本解释关于公司为他人提供担保的有关规则处理。”

第六节　附条件、附期限的合同

一、附条件的合同

（一）附条件的含义

附条件，是指当事人设定或约定某种发生与否并不确定的将来的法律事实，控制民事法律行为效力的发生或消灭。“民事法律行为可以附条件，但是根据其性质不得附条件的除外。附生效条件的民事法律行为，自条件成就时生效。附解除条件的民事法律行为，自条件成就时失效”（第 158 条）。

单方法律行为、双方法律行为和多方法律行为都可以附条件。《民法典》合同编规定的典型合同，大多数是双方法律行为，有的是多方法律行为，都可以附条件。没有单方法律行为的合同（合意），但有作为单方法律行为的合同行为，这种行为也称为单独行为。比如，通知对方免除合同债务的单方法律行为可以附条件。

法律行为附条件包括法律行为本身（整体）附条件和法律行为某些内容附条件，具体到合同，可以是对合同本身（整体）附条件，也可以是对合同给付等行为附条件，给付等行为附条件是合同内容附条件，形式上表现为对某一条款或某些条款附条件。对合同附条件，条件的成就与否影响到整个合同的效力，对给付等行为附条件，在合同生效的前提下，条件成就与否影响到给付或其他行为的效力。实务中，合同给付等行为附条件的，比（整个）合同附条件的情况多得多。

例：（1）甲与乙约定，当甲的弟弟考上外地的大学，甲就把自己的房屋让乙来居住，这就是附生效条件的赠与合同，条件成就，（整个）合同生效。丙与丁约定，当丙的弟弟大学毕业从外地回到北京工作，丁就从丙的房屋中搬出（解除合同），这就是附解除条件的赠与合同，条件成就，（整个）合同失去效力。

（2）甲与乙约定，甲购买乙对丙有限责任公司（目标公司）的股份，约定签订合同当日甲支付第一期转让款 1 000 万元，到市场监督管理局办理登记后甲支付第二期转让款 2 000 万元。第二期转让款是条款（给付）附生效条件（停止条件），不是（整个）合同附生效条件，合同已经生效。

（二）所附条件的特征

1. 所附条件是当事人意定的事实

合同、合同给付等行为所附条件，须是当事人意定的事实，不可为“法定条件”。“意定的事实”是当事人通过意思表示确定的事实，包括一方当事人设定的事实，也包括双方或各方当事人约定的事实。例如，债务免除通知（单方法律行为）附条件，是债权人以单方设定的事实作为条件；合同附条件，是以当事人约定的事实作为条件。

法定条件是把法律的规定作为条件。例如，须经过批准的合同，把批准作为条件。把法定条件设为条件，就丧失了附条件的意义，因为，附条件是当事人控制发生行为效力的手段。法定条件是一种伪装条件，合同等不因附法定条件而影响其效力，只是等于没有附条件。

伪装条件也称为假装条件、表见条件、不真正条件，只有条件的外形，没有条件的实质。

2. 所附条件属于将来发生的事实

合同、合同给付等行为所附条件，须属于将来发生的事实，不可为“既成条件”。既成条件是把既成事实（已经发生的事实）设定为条件。既成条件是一种伪装条件。合同不因附既成条件而影响其效力，只是等于没有附条件。

3. 所附条件属于发生与否不能确定的事实

合同、合同给付等行为所附条件，须属于发生与否不能确定的事实，不可是“不能条件”。不能条件是把根本不能发生的事实，设定为条件。不能条件是一种伪装条件。

例： 张甲的一套房屋被法院查封，法院在该套房屋上张贴了封条，也通知登记机关办理了登记手续。查封后的第 3 天，张甲与李乙就这套房屋签订了买卖合同。李乙了解房屋被查封的情况。双方约定：“待能办理过户登记手续时，给李乙办理过户登记手续。”该买卖合同效力如何？

解： 该买卖合同是给付（所有权移转）附条件的合同，没有无效事由，应认定为有效合同。房屋有解封的可能，买受人享有期待利益。如签订合同之后，房屋被法院拍卖，则买卖合同终止。

4. 须属于合法的事实

合同、合同给付等行为所附条件，须属于合法的事实，不可为“不法条件”。不法条件是把违法的事实设定为条件。比如，当事人不能约定以“自杀”“杀人”为合同生效的条件。不法条件是一种伪装条件。

（三）不得附条件的行为

1. 法律明文规定不得附条件的行为及按法律意旨不得附条件的行为

例如，《民法典》第 568 条第 2 款明文规定，抵销不得附条件。甲公司对乙公司发出抵销通知：“你欠我 1 000 万元货款，我欠你 1 300 万元工程款，现通知贵司，若三个月内无人申请我公司破产，则抵销相应债权债务。”该抵销通知无效。假如该抵销通知有效，乙公司在条件成就前将其对甲公司的 1 000 万元债权转让给第三人丙，则丙的利益就会受到损害。

2. 按法律行为性质不得附条件的行为

（1）身份行为按性质不能附条件。一般认为，结婚、收养等身份合同不能附条件。附条件的民事法律行为，在条件成就时，自动生效或者自动解除。因此，身份行为附条件，可能发生强制剥夺人之自由的结果。

例：（1）甲与乙约定：如果乙年薪达到 10 万元，甲就与乙结婚。效力如何？（2）A 与 B 约定，如果 B 不结婚，A 就每月给 B 5 000 元人民币。效力如何？

解：（1）因为是对结婚（身份行为）附条件，约定（合同）对甲、乙双方都没有法律约束力。即使乙达到了年薪 10 万元的标准，甲和乙也都可以拒绝结婚。（2）A 与 B 是附条件的赠与合同（附条件的财产给付），B 有选择的机会，该约定并未排除 B 的婚姻自由，约定有效。

（2）行使形成权的行为按性质不得附条件，另有规定的除外。行使形成权的行为是单方法律行为，以意思通知的方式行使。如果允许附条件，会使法律关系不稳定或者使相对人的地位不稳定，也会使第三人蒙受不测之损害。合同解除权行使附义务人随意条件，没有侵害义务人（相对人）利益的，是允许的。①

（3）对给付不得附义务人的随意条件。1）对于有偿合同，随意条件中，由义务人决定给付的生效条件（停止条件），则属无效，因为一场交易，一方获得对价却可以随意否定对方的对价，无异于给予其剥夺另一方财产的权利。即对已经存在的、必须履行的债务，以随意给付

① 《民法典》第 565 条第 1 款第 2 句规定：“合同自通知到达对方时解除；通知载明债务人在一定期限内不履行债务则合同自动解除，债务人在该期限内未履行债务的，合同自通知载明的期限届满时解除。”后半句是解除权行使附义务人随意条件的规定，不是附期限的规定。

条件成就为支付对价款的义务发生，属于《民法典》第158条“按照其性质不得附条件”的情形。2）对于无偿合同，随意条件中，由义务人决定给付的生效条件（停止条件），妨碍相对人利益的，亦有可能无效。

例：（1）甲对乙（独资企业出资人）有30万元货款债权，双方约定，待乙的独资企业经营状况好转即还清。后来乙拒绝偿还，理由是该独资企业的经营状况一直没有好转。（2）甲借给刚考上大学的乙50万元（无息）。双方约定。待乙大学毕业找到正式工作后偿还。乙大学毕业后很长时间没有正式工作，其以此为由拒绝还款。

解：（1）货款是买卖合同的对价，甲、乙之间的买卖合同是双务有偿合同，本案乙还款的条件中包含着义务人的随意条件，“企业经营状况好转即还清”的约定无效，乙应在合理的期限内偿还。（2）甲、乙之间的借款合同是无偿（无息）合同，是不真正双务合同，约定部分无效，即在大学毕业后偿还的约定还是有效的，但以找到正式工作作为还款的条件是义务人的随意条件，无效，乙应当在大学毕业后的合理期限内偿还借款。

对给付附债权人随意条件的，即约定债权人请求给付决定于债权人的行为，应当允许。

例：甲与乙约定，甲购买乙对丙有限责任公司（目标公司）的股份，约定签订合同当日甲支付第一期转让款500万元，由于该股权已经质押给丁银行，在乙争取丁银行解除质押后甲支付第二期转让款4 000万元。

解：第二期转让款是条款（给付）附生效条件（停止条件），该条件是混合条件，包括偶成条件和随意条件。该随意条件不是义务人随意条件而是权利人随意条件，即对取得股权转让款（对价），乙是债权人，上述条件的约定有效。

（四）所附条件的类型

1. 生效条件与解除条件

生效条件也称为停止条件、延缓条件。附生效条件的合同，自条件成就时生效；附生效条件的给付等行为，在条件成就时该行为生效。附解除条件的合同、给付等行为，自条件成就时失效。

例：（1）甲、乙约定：如果甲的新式锅炉研制成功，甲就以每吨1 800元的价格购买乙的某牌煤炭1 000万吨。（2）丙、丁约定：若在3个月内丙的新式锅炉研制成功，丙、丁之间买卖煤炭的合同就归于解除。

解：（1）甲、乙之间的约定，是附生效条件的约定。（2）丙、丁之间的约定，是附解除条件的约定。

例：（1）甲公司与乙民政局约定，如果乙民政局所在县三年内发生了6级以上地震，甲公司捐赠人民币4 000万元。（2）甲公司与乙公司签订了买卖合同，约定甲公司交付的锅炉在约定保修期届满后，主要指标仍符合要求，乙公司增加10%的价款。

解：（1）当事人就赠与合同约定了生效条件，当合同不生效时，自不存在给付效力。（2）买卖锅炉的合同是（价款）给付附生效条件，买卖合同在成立时已经生效。双务合同有两个给付，可以对其中一个给付约定条件。

2. 积极条件与消极条件

积极条件又称为肯定条件，是以所设定事实“发生”为内容的条件。消极条件又称为否定条件，是以所设定的事实“不发生”为内容的条件。简单地说，前者以“发生”某事为条件；后者以“不发生”某事为条件。“发生”和“不发生”的事实，可以是事件，也可以是人的行为。

例：张甲给李乙发了一封电子邮件，道：“去年1月1日你从我这儿借的10万元钱，约定今年12月1日前偿还，现在我等着用钱，如果你今年6月1日偿还本金（10万元），利息我就不要了。”李乙未回信，却在6月1日用银行卡转给张甲10万元。张甲说，我的电子邮件是要约，你并未承诺，还应当支付利息。一种观点认为，张甲的邮件是要约，李乙是以履行行为承诺的。

解：张甲的邮件不是要约，是附条件的（部分）债务免除行为，该行为是单方法律行为。所附条件为生效条件、积极条件、随意条件（随意条件见下文），条件成就与否，在于李乙的行为。李乙付款，条件成就，利息免除。

3. 偶成条件、随意条件、混合条件

(1) 偶成条件以不决定于当事人、偶然发生的事实作为条件。如当事人约定：“三个月内发生地震，甲就购买乙的一千顶帐篷。”偶发事实可以是自然事件、第三人的行为，也可以是社会事件或者社会行为。如当事人约定以第三人提供担保作为借款合同的生效要件，该约定是以第三人的行为作为偶成条件；再如当事人约定以房屋所在地拆迁作为合同解除的条件，该约定是以社会事件作为偶成条件。

(2)“随意”是指随当事人之意思。随意条件的成就决定于当事人的意思。例如，双方当事人约定，以债务人的履行作为合同的生效条件或债务人的不履行为作为合同的解除条件。合同附随意条件是常见的现象。对随意条件的认可是理论上的共识，用它来解决、分析实务中的法律问题没有丝毫障碍。

例：张甲把李乙打伤，应当赔偿10万元，二人约定，如果张甲在三天之内交付8万元，其余2万元李乙就不要了。双方的约定是附条件的吗？

解：二人之间有两个法律关系。第一个是因张甲侵权形成的赔偿法律关系（法定法律关系），第二个是和解协议（意定法律关系）。第一个法律关系是和解协议的基础法律关系（也称为原法律关系）。和解协议是附随意条件、生效条件的合同。张甲三天内交付8万元（条件成就），和解协议生效，基础法律关系消灭；张甲到期不交付8万元（条件不成就），则和解协议不生效，双方按基础法律关系解决争议。

随意条件分为纯粹随意条件和非纯粹随意条件。条件的成就决定于当事人消极行为（不干某事）的为纯粹随意条件，例如试用买卖是附随意条件的。[①] 条件的成就决定于当事人的积极行为（干某事）的为非纯粹随意条件。上述消极行为和积极行为，都是基于当事人的意志而产生的。

例：(1) 甲、乙约定，甲三个月内支付货款，则第二个合同生效。(2) A、B约定，A三个月内再不支付货款，则合同自动解除。

解：(1) 甲、乙所附条件是非纯粹随意条件。支付货款是积极行为（作为）。(2) A、B所附条件是纯粹随意条件。不支付货款是消极行为（不作为）。

(3) 混合条件，是指条件的成就既有偶然的成分，也有随意的成分。例如甲、乙约定，若乙与丙结婚，甲就送乙一套住房。乙与丙结婚，须乙有结婚愿望（随意），还需有丙的愿望（偶成）。

例：张甲租给李乙一辆电动轮椅，租期一年。租到半年的时候，轮椅被偷。张甲与李乙达成口头和解协议：“15天内找不到轮椅，李乙赔偿张甲1.6万元，租赁合同不再履行。”该和解协议所附条件，是生效条件，还是解除条件？是积极条件，还是消极条件？是随意条件，还是

---

① 《民法典》第638条第1款第2句规定：“试用期限届满，买受人对是否购买标的物未作表示的，视为购买。”此规定易给人造成试用买卖所附条件是法定条件不是意定条件的印象。实际上把买卖作成试用买卖是基于当事人的意思表示，首先是基于出卖人的意思表示。一个事实作为条件由当事人掌控，那它是意定条件，一个事实作为条件不能由当事人掌控，那它是法定条件，比如经批准才能生效的合同，批准是法定条件。

偶成条件，或是混合条件?

解：(1) 本案有两个合同，第一个是租赁合同，第二个是和解协议，应针对和解协议回答问题。(2) 和解协议所附条件是生效条件、消极条件、偶成条件。(3) 和解协议若生效，租赁合同解除。也就是说，和解协议生效，是租赁合同解除的条件。(4) 要注意的是，和解协议涉及双层法律关系，一个是和解协议法律关系，一个是其基础法律关系（租赁法律关系）。

例：甲对乙说：如果你在3年内通过法律职业资格考试，我把自己住所旁边的一套房屋送给你（给付物已确定），乙同意。甲与乙的约定，是附随意条件，还是附偶成条件，抑或是附混合条件?

解：甲与乙的约定是附混合条件。因为条件的成就，不仅需要乙的考试行为，还需要考试机构的考察。

（五）所附条件的成就、不成就与条件条款的解除

1. 条件的成就

(1) 条件的成就，是指作为条件的法律事实的发生，即不确定的事实已经成为确定的事实。条件成就，形成（发生、变更、消灭）法律关系。比如，合同生效、变更或者解除以地震为条件，地震发生了，条件就成就了。

(2) 依据《民法典》第158条的规定，在条件成就之时（节点），发生成就之效果，但当事人可以特别约定该效果不于条件成就之时发生，即当事人可以通过特约将效果推前或者向后。例如，当事人可以约定解除条件成就时，合同自始解除。再如，甲与乙约定，乙通过法律职业资格考试5年后，甲送给乙一套房屋。

2. 条件的不成就

条件的不成就，是指作为条件的事实已经确定未发生或者不能发生。比如，甲与乙订立合同约定，如果三个月内甲的儿子回国就业，甲就以年10万元的租金承租乙在白洋淀的别墅。过了三个月，甲的儿子没有回国，条件确定未发生，则甲、乙的合同终止。如果甲、乙订立合同后的第10天，传来噩耗，甲的儿子因车祸死亡，三个月虽未届满，但条件演变为不能成就的条件，则合同提前终止。

3. 条件的解除

条件为当事人所设，当事人当然可以将条件解除，形式上是解除设定条件的条款。解除整个合同，设定条件的条款当然随之解除，也可以单独解除设定条件的条款。

例：甲（出卖人）、乙（买受人）订立了一份书面买卖合同，合同最后一条规定："本合同经公证后生效。"合同签订后，双方都未提办理公证的事情。甲到期发货，乙欣然受领。之后，乙又以未经公证合同未生效为由，请求退货。

解：约定办理公证，是本例买卖合同所附生效条件，该条件也是混合条件。

未办理公证，合同本不应生效，但一方履行，另一方受领，是以合意（双方一致的行为）解除了公证条款（设立条件的条款），买卖合同生效，乙退货理由不成立。

（六）所附条件对当事人的约束力

1. 当事人受期待权保护

期待权（希望权）以条件成就时取得利益为内容。与期待权对应的是期待义务，期待义务以条件成就而丧失利益为内容。

附条件的民事法律行为，尽管条件可能成就，也可能不成就，但当事人受期待权保护。当事人于条件成就与否未定之前，若有损害相对人因条件成就所应得利益的行为，应当承担损害赔偿责任。

期待权人在期待义务人侵害其期待权时，可以请求停止侵害。

2. 条件的成就及不成就的拟制

“附条件的民事法律行为，当事人为自己的利益不正当地阻止条件成就的，视为条件已经成就；不正当地促成条件成就的，视为条件不成就”（第159条）。例如，甲与乙约定，如果乙一年内通过法律职业资格考试，甲就将一套房屋交付给乙无偿使用3年（用益赠与）。后乙通过作弊的手段通过了法律职业资格考试。本例应视为条件不成就，甲有权拒绝用益赠与。

例：甲、乙为同学，甲将从乙处借来的价值200元的自行车丢失，双方遂约定：甲在3日内若不能找到并送还该车，将支付给乙50元赔偿金。甲在校园内找到了该车，在推回宿舍的过程中看到校内修车铺的收购二手自行车的广告，就问修车师傅愿意多少钱收购这辆车，对方表示愿意出价70元，于是，甲将该车卖与对方，回去后谎称没有找到车，支付乙50元。后乙路过修车铺，碰巧看到自己的自行车，经打听，乙得知正是甲将车出卖，遂找甲赔偿200元。

解：按约定，“3日内不能找到并送还该车”为支付50元赔偿金的条件。甲正是通过不正当手段促进该条件成就的（找到未送还），所以应当视为条件不成就，即车已被找回，对乙的主张应予支持。

二、附期限的合同

（一）附期限的含义

附期限，是指当事人选定将来的某一时间（法律事实），控制合同或者其他民事法律行为效力的发生或消灭。“民事法律行为可以附期限，但是根据其性质不得附期限的除外。附生效期限的民事法律行为，自期限届至时生效。附终止期限的民事法律行为，自期限届满时失效”（第160条）。

法律行为附期限包括法律行为本身（整体）附期限和法律行为某些内容附期限。具体到合同，第一可以是对合同本身（整体）附期限；第二可以是对合同给付、其他行为附期限，第二种形式上是条款附期限。对合同附期限，期限的届至或者届满与否影响整个合同的效力；对给付或其他行为附期限，期限的届至或者届满与否决定该行为的效力。

例：当事人在合同中约定，合同至某年某月某日终止，这是合同附解除期限；约定合同订立后10天发货，这是给付附生效期限；约定解除权成立后20天内不行使，该权利自行消灭，这是对行使解除权这种形成权附解除期限。

（二）期限的特征

1. 期限为将来确定发生的事实，即期限必然届至或者届满。

2. 法律行为所附之期限，是单纯的时间的流逝。“期限（时间）加条件”，是附条件，不是附期限，因为条件在一定的时间流逝中成就或者不成就。例如，被违约人通知违约人，接到通知后10天内仍不履行合同（消极行为），合同自动解除。此例是解除附随意条件，不是附期限。

3. 法律行为所附之期限须是将来的时间（事实），已经流逝的时间（过去的时间）自不能作为所附期限。

4. 期限须对当事人有法律意义。如张某对李某说，200年以后我送你一辆自行车，该诺言并不发生效力，张某并无赠送的效果意思。

（三）始期和终期

附生效期限的行为，自期限届至时生效。生效期限，称为始期。附终止期限的行为，自期限届满时失效，这种期限，称为终期。

合同等法律行为，可以附始期，也可以附终期，还可以既附始期，又附终期。比如，一份合同，当事人可以约定该合同生效的时间，还可以同时约定该合同终止的时间。附始期的，用

“届至”这个术语，表示开始；附终期的，用“届满”这个术语，表示终结。

例：甲、乙双方2月1日签订合同，约定该合同自10月1日起生效，这是附始期的合同。甲、乙双方2月1日订立合同，约定该合同10月1日终止，这是附终期的合同。

（四）不得附期限的行为

1. 法律明确规定不得附期限的行为

例如，对抵销，《民法典》第568条第2款明文规定不得附期限。

2. 按性质不得附期限的行为

抵销、撤销、追认等行使形成权的单方法律行为，属于按性质不得附期限的行为①，另有规定的除外。形成权是依一方的意志形成（发生、变更、终止）法律关系的权利，如果允许附期限，则法律关系不稳定，会将相对人“吊在空中”，危及交易安全。

（五）期限与条件的区别

期限为将来确定要发生的事实；而条件，将来可能发生，也可能不发生，是不确定的事实。期限是时间的流逝，条件包括事件和人的行为。作为条件的事实，在一定的时间内发生或不发生。

法律行为所附期限，是“既存情事不变的前提下的时间流逝”，即是在条件不变情况下的单纯的时间流逝。比如，当事人在合同中约定：“合同有效期10年”“合同一个月后生效”，这是附期限。

当事人设定或者约定在法律行为成立之后发生或不发生某个事实，或者某个时间发生或不发生某个事实，不是附期限，而是附条件，就实务中的情况来看，当事人约定的附条件，一般是时间＋条件（＝附条件）。

例1：《公司法》第141条第1款规定：“发起人持有的本公司股份，自公司成立之日起一年内不得转让。公司公开发行股份前已发行的股份，自公司股票在证券交易所上市交易之日起一年内不得转让。”某股份有限公司发起人甲与乙签订股份转让合同，约定受让人乙先支付转让费，至届满1年后股份属于受让人乙。合同效力如何？

解：合同有效。本案合同是附期限的合同，所附期限是在既存情事不变的前提下，经过一年。本案不属于违法的规避法律。

例2：人的死亡，是附期限的吗？比如：张甲把房屋出租给李乙后，又与王丙约定，如果李乙死亡，则该房屋出租给你。

解：(1) 以某人的死亡，作为某种行为发生效力的限制，主导学说认为是附期限的，理由是：该人总是要死的，期限必然届至，故“该人死亡”只是一个期限，而条件可能成就，也可能不成就。——实际上，这是理论上的一个误解。人死，并不是单纯的时间流逝，在一定的时间中死亡，是“条件＋时间”的表现，当事人（包括权利人、义务人、第三人）先死、后死的效果是不同的。

(2) 本案须李乙在租赁期间死亡，才算条件成就，房屋才能再租给王丙。李乙的死亡不是单纯的时间流逝。再者，把人之死亡作为期限，就排除了对《民法典》第159条（对“条件成就和不成就的拟制”）的适用。

例3：《商品房买卖合同解释》第2条规定：“出卖人未取得商品房预售许可证明，与买受人订立的商品房预售合同，应当认定无效，但是在起诉前取得商品房预售许可证明的，可以认定有效。”开发商甲与买受人乙签订商品房预售合同。约定：“甲一年内取得商品房预售许可证明的，合同生效。”合同效力如何？

---

① 另外，结婚、收养等与身份相关的行为按性质不得附期限。

解：本案合同是附条件的合同，不是无效合同。虽然约定了一年，但不是单纯的时间流逝，还约定了在一年内有别的事实发生。

（六）期限的效力

1. 期限到来（届至或届满）之前，行为不生预定之效力。比如，附始期的合同，期限“届至”之前不生效；附终期的合同，期限“届满”之前不终止。

2. 已经生效的行为，终期届满之时，行为当然失去效力（自动失去效力），当事人无须就行为的失效再为意思表示。例如，合同约定了终止期，到期合同自动失效。

3. 期限到来（届至或届满）的效力，不溯及既往。

思考题

1. 如何理解合同的效力？
2. 简述合同的成立要件与有效要件。
3. 试析无效合同、可撤销合同、效力待定合同的区别。
4. 错误与重大误解的关系是什么？
5. 因欺诈成立的合同有哪些要件？
6. 因胁迫订立的合同有哪些要件？
7. 论自始显失公平的合同。
8. 论无效合同。
9. 论效力待定的合同。
10. 简析无权代理与无权处分的区别。
11. 论表见代理的效力。
12. 简述表见代表的效力。
13. 合同所附条件有哪些种类？如何理解随意条件？

第四章

合同的履行

第一节　合同履行概述

一、合同履行的含义及合同义务的类型

（一）合同履行的含义和意义

1. 合同的标的，是给付，狭义的合同的履行，是债务人完成合同约定的“给付债务”的行为。给付债务，是作为合同标的的债务。比如，买卖合同出卖人应交付约定的动产并转移该动产所有权的债务就是给付债务。

合同债务存在于相对法律关系之中。债务人是履行合同债务的主体，有时第三人也是债务人，该债务人也处在相对法律关系之中。有时合同由第三人（非债务人）代为履行，同样可发生消灭合同债务的效果。

2. 广义的合同履行，包括履行合同一切义务的行为。义务是债务的上位概念，合同中的义务，不仅包括债务（主给付义务、从给付义务），还包括其他义务，如不真正义务、附随义务等。

3. 在市场经济条件下，通过合同的履行，才能实现财产的流通，才能满足人们的各种需要。具有履行效力，合同才有存在的意义，履行效力，是合同的基本法律效力。履行，是消灭合同债务的正常途径。

（二）履行、清偿、给付辨析

《民法典》使用了履行、清偿、给付这三个含义相近的术语。这三个术语，使用的角度各有侧重。

1. 履行，侧重于债务人完成合同义务的角度。

2. 清偿，侧重于债务人满足债权的角度。狭义的履行也称为清偿，是完成给付债务的行为，清偿人也是债务人。广义的履行不是清偿行为。

3. 所有相对法律关系的客体，都是给付。合同是相对法律关系，所有合同法律关系的客体（标的）都是债务人的给付，双务合同有两个方向相反的给付，比如买卖合同是钱与物的交换。给付，是一种行为，不是财产本身。例如，100 元买卖一张国画，给付国画的行为是客体（标的），而国画只是标的财产，100 元也不是客体，也只是标的财产。

给付包括作为形式的给付和不作为形式的给付。作为形式给付的完成，须债权人受领。债权人受领给付，即接受债务人的给付，比如，出卖人张甲将出卖的一斤桃递给买受人李乙，这是提出给付（具体到买卖是提出交付），李乙接过桃子是受领给付（具体到买卖是受

领交付)。

债务人提出给付而债权人不受领，则债权人承担迟延责任。适格地提出给付，是依照债的本旨提出给付，要求适合的时间、适合的地点、适合的方式、适合的给付物。不适格地提出给付，不发生提出给付的效力，债权人不受领的，不构成迟延责任。

《民法典》主要把给付作为债务人一方的履行行为来使用。比如，第511条中规定："(三)履行地点不明确，给付货币的，在接受货币一方所在地履行"。即把给付货币作为一方的行为，接受货币作为对方的行为，这里的给付实际上是狭义的履行行为。①

二、合同义务的类型

(一) 主给付义务、从给付义务、附随义务

1. 合同的主给付义务，是满足债权、实现合同目的的主要义务。例如，在房屋买卖合同中，出卖人的主给付义务就是交付房屋并转移房屋所有权(两个主给付义务)，买受人的主给付义务是支付价款。

双务合同中，对待给付义务是主给付义务。一方为给付金钱债务，另一方为给付非金钱债务的双务合同中，非金钱的对待给付，是决定合同类型的主给付义务。

2. 从给付义务，是指在主给付义务之外的辅助主给付义务发挥功能的义务。比如，交付发票、说明书、产地证明书等义务，是从给付义务。

有人把从给付义务简称为从义务，应注意的是，不能把从给付义务等同于从合同义务。主给付义务、从给付义务是基于同一合同发生的，比如基于同一买卖合同既发生主给付义务又发生从给付义务。从合同义务是主合同以外的另一合同的义务，比如，甲、乙签订了买卖合同，第三人丙与出卖人甲签订了保证合同，担保买受人乙支付货款的债务，买卖合同是主合同，乙的主给付义务是给付货款，丙在从合同(保证合同)中的给付义务是承担保证责任，丙的义务并非从给付义务。

3. 附随义务，是附随于给付义务的保护义务和通知义务。例如，《民法典》第785条规定："承揽人应当按照定作人的要求保守秘密，未经定作人许可，不得留存复制品或者技术资料。"本条规定的保密义务，就是附随义务中的保护义务。再如，如果发生了不可抗力影响到合同的履行，履行义务人应当及时通知对方，以防止损失的扩大。该通知义务性质上就是附随义务。

附随义务可以在订立合同时就加以设定，也可以在合同成立之后因出现新情况依照诚实信用原则而发生。附随义务可以是法定的，也可以是约定的。

从给付义务和附随义务的区别是：(1) 从给付义务与主给付义务一样，须义务人提出给付，权利人受领给付。附随义务是单方行为，是不需要受领的行为，附随义务中的通知(意思表示)，相对人也只是被动地受领意思表示，不是一般意义上的受领。(2) 当事人可以单就从给付义务起诉，请求履行。当事人对附随义务不能单独起诉，请求履行。比如，对未履行通知义务者，当事人不能(没有必要)起诉请求其履行通知义务，而只能就未通知造成的损害请求赔偿。再如，对未履行保密的附随义务的行为，由于已经泄密，当事人只能要求赔偿，而不能要求"继续保密"。

(二) 作为方式的义务和不作为方式的义务

履行一般是作为方式(积极行为)，如交付标的物、交付货款、加工制作、运输物品等；

---

① 类似的作为一方的狭义的履行行为的规定，如《民法典》第520条第4款、第560条第1款、第561条、第586条第1款等。

履行也可以是不作为方式（消极行为），如当事人依照约定不参与某一交易。当事人可以通过合意设定履行义务的方式。

（三）义务与不真正义务

义务是对相对人承担的义务，给付义务、从给付义务、附随义务都是对相对人承担的义务。如果一项义务实质体现了义务人的利益，则该义务是不真正义务。例如，《民法典》第591条规定的被违约人的减损义务，就是不真正义务，减损的利益最终归己。

（四）约定义务与法定义务

由当事人协商确定的义务是约定的义务，是意定义务（意思表示确定的义务）。法律规定当事人应当负担的义务，是法定义务。法律中的任意性规定和交易习惯，如果未被当事人排除适用的话，可以自动进入合同之中成为合同的法定默示条款。例如，如果法定的出卖人的质量担保义务未被排除适用的话，出卖人应承担该项义务。

三、标的物的交付

标的物的交付，是履行合同的常见方式，或说是给付的常见方式。

（一）交付的含义

狭义的交付，是指实物的交付占有、移转占有的行为。占有是对物的实际控制。比如，张甲把手中的笔交到乙的手上，就是交付占有。广义的交付，还包括非实物的交付，非实物的交付是拟制的交付。

交付是指现实交付。动产可以观念交付，不动产的交付都是现实交付，没有观念交付。

交付作为履行合同的方式，依据的合同不同，交付的效果不同；动产的交付和不动产的交付，效果也不同。

例：基于买卖合同的交付与基于租赁合同的交付，效果不同；动产作为买卖合同标的物，所有权随交付转移给买受人（占有与本权一并转移）①；不动产作为买卖合同标的物，交付给买受人，买受人不取得所有权，但取得了使用、收益权；不动产作为租赁合同标的物，交付给承租人，承租人取得了使用、收益权。

交付是对实物的交付，包括动产的交付和不动产的交付，但《民法典》扩大使用了“交付”这个术语（见第512条电子合同标的的交付）。

（二）电子合同的交付

《民法典》第512条第1款规定：“通过互联网等信息网络订立的电子合同的标的为交付商品并采用快递物流方式交付的，收货人的签收时间为交付时间。电子合同的标的为提供服务的，生成的电子凭证或者实物凭证中载明的时间为提供服务时间；前述凭证没有载明时间或者载明时间与实际提供服务时间不一致的，以实际提供服务的时间为准。”第2款规定：“电子合同的标的物为采用在线传输方式交付的，合同标的物进入对方当事人指定的特定系统且能够检索识别的时间为交付时间。”

1. 商品（实物）交付与服务交付

电子合同的标的为交付商品并采用快递物流方式交付的，是实物的交付，是狭义的交付，收货人的签收为取得占有的证明，故签收时间为交付时间。

电子合同的标的为提供服务的，为非实物的交付，是拟制的交付，分为载明的交付时间和实际交付的时间两种情况。

① 《民法典》第224条规定：“动产物权的设立和转让，自交付时发生效力，但是法律另有规定的除外。”

2. 在线传输方式的交付

电子合同的标的为采用在线传输方式交付的，也是非实物交付、拟制的交付。如张某从某培训学校购买了一本电子书，培训学校将下载密码传输到张某的手机上，此时就算是交付，张某可以随时下载、阅读。有的电子书不需要密码，买受人付款以后就可以看。“可以看”说明已经交付。[①]

3. 约定优于法定

“电子合同当事人对交付商品或者提供服务的方式、时间另有约定的，按照其约定”（第512条第3款）。电子合同有特殊性，但也采纳约定优于法定的规则。

四、动产的观念交付

（一）概述

观念交付与现实交付一样，是常见的履行方式。

1. 观念交付的含义

观念交付，又称为象征交付，是指在动产不能实际转移占有或者不需要实际转移占有的情况下，转让人将动产占有的权利（本权）移转给受让人或者给受让人设立本权，以代替实物的交付。本权，相对于占有而言，它是占有表彰的权利，也是占有依据的权利。动产占有和不动产占有，都可以有本权（但观念交付只适用于动产），没有本权的占有，是无权占有。

交付，是指现实交付，是移转占有的行为；而观念交付，不移转占有，故观念交付不是交付，只是“视为交付”。视为交付，满足了动产物权变动的公示要件。

观念交付包括简易交付、指示交付和占有改定。

2. 观念交付的法律特征

（1）观念交付是移转本权或设立本权的行为

观念交付存在于观念之中，并不移转现实占有。观念交付是“占有不动，本权动”。“占有不动”，是指占有人不发生变化。“本权动”，是指本权移转给相对人，或者给相对人设立了本权。

（2）观念交付是以双方法律行为移转本权或设立本权的行为

观念交付是作成法律行为的“交付”，是以意思表示进行的“交付”。简易交付和占有改定，是以双方法律行为进行交付，指示交付是以双方法律行为加单方法律行为进行交付（合意＋通知）。

（3）观念交付只适用于动产

观念交付只适用于动产，动产物权设立和转让，在观念交付成立时生效。不动产物权变动的公示要件是登记，故而法律只针对动产规定观念交付，观念交付不适用于不动产。

（二）简易交付

简易交付，是指在合同订立前受让人已实际占有标的物时，标的物自合同生效之日起即为交付。《民法典》第226条就简易交付规定：“动产物权设立和转让前，权利人已经占有该动产的，物权自民事法律行为生效时发生效力。”比如，甲将机器租给乙，在租赁期间即乙占有期间，双方协商买卖这台机器，那么买卖合同生效时（买卖合同作为诺成合同，成立时生效），交付就视为完成，买受人乙取得本权（所有权）。

1. 通过简易交付，当事人可以移转动产所有权，也可以设立动产质权。条文中的“设立”，专指质权的设立。

---

① 《买卖合同解释》第2条规定：“标的物为无需以有形载体交付的电子信息产品，当事人对交付方式约定不明确，且依照民法典第五百一十条的规定仍不能确定的，买受人收到约定的电子信息产品或者权利凭证即为交付。”

2. 简易交付，是间接占有人向直接占有人的观念交付。比如，寄存人向保管人交付保管物后，寄存人为间接占有人，保管人为直接占有人，寄存人将保管物卖给保管人，双方达成简易交付的合意即可。

3. 简易交付，现实占有并不发生变化，只是本权发生变动。

4. 通过简易交付，受让人可以善意取得动产所有权，也可以善意取得质权。

5. 对无权占有人仍可进行简易交付（即对无权占有人仍可移转本权）。

例：青年工人张甲偷拿了师父李乙的书法作品，李乙得知后，对张甲表示赠送，张甲表示感谢。双方达成赠与合意后，实现书法作品的简易交付，所有权（本权）移转给张甲。

（三）指示交付

指示交付，是指在动产由转让、受让双方以外的第三人实际占有时，转让人将对第三人的返还请求权让与受让人，以代动产的实际交付。交付的动产称为指示物，指示交付，也有“通知交付”（通知第三人）的意思。《民法典》第227条就指示交付规定：“动产物权设立和转让前，第三人占有该动产的，负有交付义务的人可以通过转让请求第三人返还原物的权利代替交付。”例如，出卖人将已经出租的动产或由他人保管的动产出卖的，可将对承租人的动产返还请求权或将对保管人、仓储人的返还请求权让与买受人，以代动产的实际交付。

1. 指示交付是指动产由双方以外的第三人占有时，转让人将脱离占有的本权（间接占有）转让给受让人。

2. 本权转让（这里的本权，是所有权）。请求第三人返还对原物占有的权利（也称为占有回复请求权）随同转让。

3. 通知义务可由双方当事人具体约定，没有约定或约定不明确的，转让人负有及时通知义务。转让人可以亲自通知，也可以委托他人（包括委托受让人）通知。“及时”是合理的最短时间。当事人也可以约定通知的时间。通知是不要式行为。

4. 指示交付的动产（指示物），是由第三人占有的，第三人是直接占有人。指示交付后由第三人继续占有，第三人可以是保管人、承租人、借用人、承揽人、承运人、受托人等。

5. 第三人（占有人）对转让人有占有抗辩权的（拒绝交付占有的权利），可以向受让人行使。比如，第三人对占有物所支付的必要费用，转让人应予支付而未支付，该物转让给受让人后，受让人若不向第三人支付，第三人可以拒绝交付占有。

6. 指示交付之后，通常还有一个现实交付，即占有动产的第三人向受让人的交付。现实交付后，受让人实现本权与占有的合一。

（四）占有改定

占有改定，是指由双方当事人约定，动产的所有权转移给受让人，但动产仍旧由转让人实际占有，受让人取得动产的间接占有，以代标的物的实际交付。《民法典》第228条就占有改定规定：“动产物权转让时，当事人又约定由出让人继续占有该动产的，物权自该约定生效时发生效力。”

1. “改定”是指本权发生“改变”，占有本身并不发生变化。占有改定是由双方当事人约定，动产的所有权（本权）转移给受让人，但动产仍旧由转让人现实占有，受让人取得动产的间接占有，以代动产的实际交付。

2. 占有改定的本权，向非占有人运动；简易交付的本权，向占有人运动，二者是本权运动方向相反的“一对”。

3. 发生占有改定的场合，除了转让合同以外，还有第二个合同存在。例如：双方在签订动产买卖合同之后、交付之前，又签订租赁合同，由出卖人租用该动产，则自租赁合同生效之时，该动产即为交付。此时，动产虽由出卖人继续占有，但买受人作为所有权人取得间接占有。第二个合同还可以是借用合同、保管合同、运输合同、承揽合同等。

4. 在发生占有改定的场合，依照第二个合同，转让人是直接占有人，受让人是间接占有人。此时，标的物虽由让与人直接占有，但受让人作为所有权人取得间接占有。间接占有人享有返还对原物占有的请求权。

5. 占有改定方式的本身，不能使受让人善意取得，通过占有改定之后的现实交付，受让人可以善意取得。

五、法律对履行的基本要求

（一）按约履行、全面履行

“当事人应当按照约定全面履行自己的义务”（第509条第1款）。履行的直接目的，是使债权实现。只有债务人按约履行债务、全面履行债务，才能使债权人圆满、全部地实现债权。按约、全面履行，是对债务人完成合同义务的基本要求。

（二）诚信履行

1. 诚信履行的基本要求

合同对义务的约定，很难面面俱到，即使有所规定，当事人理解上可能不一致，态度上也可能积极或者消极。合同义务设定的基础，也会发生变化。为使合同顺利履行，保障公平的效果，减少争议，法律强调诚实信用原则并以之为合同履行的指导原则。合同应依诚信履行之。合同依诚信履行，要求债务人对合同的履行抱有善良的愿望，进行真诚的努力，追求公平的效果；还要求当事人在考虑自己利益的同时，尽量考虑、保护对方的利益。

2. 按诚信原则确定、履行附随义务

“当事人应当遵循诚信原则，根据合同的性质、目的和交易习惯履行通知、协助、保密等义务”（第509条第2款）。所谓“附随义务”，是指附随于给付产生的义务，附随义务本身不属于给付义务，给付义务需一方提出给付，另一方受领给付，附随义务不存在提出给付、受领给付的问题。

附随义务分为约定的附随义务和法定的附随义务。当事人对附随义务没有约定或者约定不明确的，应按照诚信原则确定、履行附随义务。

附随义务分为通知义务和保护义务。例如，张某卖给李某30只羊，约定三天后交货，为省饲料，张某三天内给羊喂食物极少。依据诚实信用原则，张某违反了互相保护的附随义务。

（三）对社会的义务

“当事人在履行合同过程中，应当避免浪费资源、污染环境和破坏生态”（第509条第3款）。此是当事人对社会的义务，也称为社会责任。

六、提前履行、部分履行

（一）提前履行

“债权人可以拒绝债务人提前履行债务，但是提前履行不损害债权人利益的除外。债务人提前履行债务给债权人增加的费用，由债务人负担”（第530条）。该条规定是为了保护债权人的利益。如果提前履行对债权人不利，债权人可以拒绝；如果对债权人有利，债权人可以接受。

例：甲方（债务人）向乙方（债权人）提前10天交付1 000吨泡沫塑料。乙方可以未准备好仓库而拒绝受领。如果乙方可以储存该1 000吨泡沫塑料，也可以向甲方要求相当于10天储存费的款项，如果甲方不同意支付，乙方可以拒绝受领。如果提前履行对债权人有利，则债权人不得拒绝。如自然人之间的无息借款，债务人提前还款的，债权人不能拒绝。如果某人向银行借款而提前归还款项，银行可以拒绝。因为提前还款就意味着银行少收利息。①

债务人提前履行，就产生了债务人是否有权请求返还给付和中间利益的问题。请求返还给付，是指已经履行的部分因尚未到期而请求返还。所谓中间利益，主要是指中间利息。比如，甲向乙提前两个月付货款，之后甲能否以不当得利为由，请求返还两个月的利息？债务人期前履行行为可以解释为自愿放弃给付的期限利益和中间利息，这样，债权人获得的利益为有法律上的原因，不产生不当得利（见第 985 条），债务人无权请求返还。

（二）部分履行

“债权人可以拒绝债务人部分履行债务，但是部分履行不损害债权人利益的除外。债务人部分履行债务给债权人增加的费用，由债务人负担”（第 531 条）。

例：甲、乙约定由甲方供给乙方同等型号的发电机 10 台，后甲方提出因转产只能供应 6 台，其余 4 台由乙方自行解决。因为乙方须将 10 台完全相同的发电机同时投入使用，所以乙方有权拒绝甲方的部分履行。

第二节　合同的补缺

一、合同补缺的含义

合同补缺是对合同空白点或漏洞的补充，因此合同补缺又称为合同的补充性解释，也有人称为合同漏洞的填补。

合同的内容，是通过合同条款反映出来的。当事人通过具体的合同条款，确立了相互之间的债权债务关系。为保证合同目的的实现，保证合同的正确履行，防止发生争议，以及解决争议有所依据，当事人设计的合同条款应当具体、完备和全面。这是对合同条款的基本要求。事实上，当事人不可能将合同内容约定得天衣无缝，有时，当事人未注意而遗漏了某些条款；有时，当事人会将某些条款暂付阙如，以后视具体情况予以补充。条款不具体、不完备、不全面的合同是大量存在的，当事人应尽量维护合同的效力、尽量保护交易关系，使它们能够得到正常履行，补缺就是一种经常适用的救济手段。

补缺可以由当事人协商一致补缺，不能协商一致的，可诉至法院，由法官根据法定补缺规则，结合合同具体情况进行补缺。

二、依推定的意图补缺

依照推定的意图补缺，是法院、仲裁机构根据合同的其他条款、交易习惯推定空缺条款应具有的内容。该内容视为合同的内容，即以推定的意思为当事人的意思。《民法典》第 510 条规定：“合同生效后，当事人就质量、价款或者报酬、履行地点等内容没有约定或者约定不明确的，可以协议补充；不能达成补充协议的，按照合同相关条款或者交易习惯确定。”②

依照推定的意图补缺，应遵循诚实信用原则和公平原则。诚实信用原则要求补缺时，设想处于当事人的地位，以善意对待合同时，合同空缺部分应有的内容。公平原则要求合同补缺的结果是公平的，双方当事人的利益比较均衡。因为，将推定的意思视为当事人的意思，包含的

① 《民法典》第 677 条规定：“借款人提前返还借款的，除当事人另有约定外，应当按照实际借款的期间计算利息。”

② 本条的“合同生效后”，不太恰当，应为“合同依法成立后”，合同依法成立，同时生效；有些合同成立与生效分离，在合同成立尚未生效阶段，也会发生补缺的问题。如果合同根本未成立，则不产生补缺的问题。

一种思想是：双方当事人都意图追求一种公平的结果，双方准备接受的也是一种公平的结果。

推定，不是凭空想象，必须有一定的根据。

1. 合同由条款组合而成，空缺的条款可以根据已有的相关条款推定。例如，一份买卖茶叶的合同没有规定质量条款，但对价金作出了规定。参照市场行情，该价金相当于二级茶叶的价金，据此可以推定作为合同标的物的茶叶为二级品质的茶叶。

2. 交易习惯对推定当事人的意思具有重要作用。“处理民事纠纷，应当依照法律；法律没有规定的，可以适用习惯，但是不得违背公序良俗”（第 10 条）。习惯包括生活习惯和交易习惯，对当事人意思的推定，主要是依据交易习惯。交易习惯，可以是交易行为当地或者某一领域、某一行业的习惯，该习惯应为交易当事人订立合同时所知道或者应当知道。交易习惯还可以是当事人双方之间的交易习惯。对于交易习惯，由提出主张的一方当事人承担举证责任。

例：甲（出卖人）与乙（买受人）是长期交易伙伴，双方订立的一份买卖合同没有规定买受人上门提货还是出卖人送货上门。双方为此发生争执。从甲、乙双方此前的十余份合同来看，都是甲送货，即可认为双方形成了交易习惯，且发生争议的合同规定的款额等与以前的合同相比，并没有改变。根据已知条件，应推定甲负担送货上门的义务。

3. 合同性质与合同目的是有关联的。比如一份买卖合同（性质），买受人的目的是取得标的物的所有权；一份租赁合同，承租人的目的是取得标的物的使用权。以上是大体而言，合同目的可以根据具体情况而具体化。推定，自应根据合同性质、合同目的进行，推定的结果不得与其相反。

三、直接依照法律规定补缺

直接依照法律规定补缺，即要求当事人直接依据法律的规定履行。很多学者把直接依照法律规定补缺看作是履行规则，从对当事人的履行要求这个角度看，此观点当然是正确的。

《民法典》第 511 条的规定：当事人就有关合同内容约定不明确，依据前条（第 510 条）规定仍不能确定的，适用下列规定。

1. 质量要求不明确的，按照强制性国家标准履行；没有强制性国家标准的，按照推荐性国家标准履行；没有推荐性国家标准的，按照行业标准履行；没有国家标准、行业标准的，按照通常标准或者符合合同目的的特定标准履行（第 511 条第 1 项）。[①] 适用上述规则要注意两个

① 《标准化法》第 2 条规定：“本法所称标准（含标准样品），是指农业、工业、服务业以及社会事业等领域需要统一的技术要求。标准包括国家标准、行业标准、地方标准和团体标准、企业标准。国家标准分为强制性标准、推荐性标准，行业标准、地方标准是推荐性标准。强制性标准必须执行。国家鼓励采用推荐性标准。”第 10 条规定：“对保障人身健康和生命财产安全、国家安全、生态环境安全以及满足经济社会管理基本需要的技术要求，应当制定强制性国家标准。国务院有关行政主管部门依据职责负责强制性国家标准的项目提出、组织起草、征求意见和技术审查。国务院标准化行政主管部门负责强制性国家标准的立项、编号和对外通报。国务院标准化行政主管部门应当对拟制定的强制性国家标准是否符合前款规定进行立项审查，对符合前款规定的予以立项。省、自治区、直辖市人民政府标准化行政主管部门可以向国务院标准化行政主管部门提出强制性国家标准的立项建议，由国务院标准化行政主管部门会同国务院有关行政主管部门决定。社会团体、企业事业组织以及公民可以向国务院标准化行政主管部门提出强制性国家标准的立项建议，国务院标准化行政主管部门认为需要立项的，会同国务院有关行政主管部门决定。强制性国家标准由国务院批准发布或者授权批准发布。法律、行政法规和国务院决定对强制性标准的制定另有规定的，从其规定。”第 11 条规定：“对满足基础通用、与强制性国家标准配套、对各有关行业起引领作用等需要的技术要求，可以制定推荐性国家标准。推荐性国家标准由国务院标准化行政主管部门制定。”第 12 条规定：“对没有推荐性国家标准、需要在全国某个行业范围内统一的技术要求，可以制定行业标准。行业标准由国务院有关行政主管部门制定，报国务院标准化行政主管部门备案。”第 21 条规定：“推荐性国家标准、行业标准、地方标准、团体标准、企业标准的技术要求不得低于强制性国家标准的相关技术要求。国家鼓励社会团体、企业制定高于推荐性标准相关技术要求的团体标准、企业标准。”

方面的情况：一是标的财产的适用性。例如，当事人购买钢筋，可能是用于高层建筑，也可能用于多层建筑，两者对钢筋的质量、规格要求是不同的。如果不考虑标的财产的适用性，不考虑合同的目的，那么补缺的结果将与当事人的意愿大相径庭。二是要考虑价款和酬金。因为，合同标的物的质量、规格等与价金密切相关。在双务合同中，两项给付呈对价关系，对价应当充分，补缺的结果应当是公平的，或者说，补缺的结果不能显失公平。如果一味考虑“通常标准”“中等质量”而忽视了标的物与价金的关系，顾此失彼，则有违公平原则的要求。

2. 价款或者报酬不明确的，按照订立合同时履行地的市场价格履行；依法应当执行政府定价或者政府指导价的，依照规定履行（第 511 条第 2 项）。本项前半句强调了“时”和“地”，即强调了订立时的价格，而不是履行时的价格；强调了履行地的市场价格，而不是订立地的市场价格。政府定价和政府指导价具有强制性，自当依其履行。①

3. 履行地点不明确，给付货币的，在接受货币一方所在地履行；交付不动产的，在不动产所在地履行；其他标的，在履行义务一方所在地履行（第 511 条第 3 项）。(1) 履行地点不明确的，给付货币的，在接受货币一方所在地履行，因为在接受货币时，货币的所有权发生转移；货币以外的动产，在履行义务一方所在地履行，即认可这类动产在履行义务一方所在地交付，交付时发生占有的移转和物权的变动。(2) 不动产在不动产所在地履行，原因之一是为了民事诉讼管辖和产权登记等方面的方便。

4. 履行期限不明确的，债务人可以随时履行，债权人也可以随时请求履行，但是应当给对方必要的准备时间（第 511 条第 4 项）。这是对不定期债务履行的规定，应当注意的是“谁给谁以必要的准备时间”（宽限期）——是债权人给债务人以必要的准备时间。②

5. 履行方式不明确的，按照有利于实现合同目的的方式履行（第 511 条第 5 项）。依照诚实信用原则，按有利于合同目的履行，被推定为当事人的必然选择。

6. 履行费用的负担不明确的，由履行义务一方负担；因债权人原因增加的履行费用，由债权人负担（第 511 条第 6 项）。履行费用由履行义务者承担是通常情形，对一份双务合同来说，义务人履行费用，是获取利益或利润的成本。债权人在约定之外，就提出附加要求、改变履行地点、提高包装规格等增加的履行费用，自应由其负担。

四、我国《民法典》规定的补缺步骤

我国《民法典》第 510 条和第 511 条都是关于合同补缺的规则。第 510 条是关于按照合同有关条款、合同性质、合同目的或者交易习惯确定（实际为推定）当事人意图的规定。这是以推定的意图对合同进行填补。这是补缺的第一步骤。

根据我国《民法典》第 511 条的规定，当事人就有关合同的内容约定不明确，依照第 510 条的规定仍不能确定的，适用第 511 条的规定，也就是直接依据法律的规定补缺。这是补缺的第二步骤。

应当注意补缺步骤的顺序关系。推定的意图应当优先于直接依据法律规定补缺。因为推定

① 《民法典》第 513 条规定：“执行政府定价或者政府指导价的，在合同约定的交付期限内政府价格调整时，按照交付时的价格计价。逾期交付标的物的，遇价格上涨时，按照原价格执行；价格下降时，按照新价格执行。逾期提取标的物或者逾期付款的，遇价格上涨时，按照新价格执行；价格下降时，按照原价格执行。”该条有一点要注意：要执行对违约者不利的价格。

② 《诉讼时效规定》第 4 条规定：“未约定履行期限的合同，依照民法典第五百一十条、第五百一十一条的规定，可以确定履行期限的，诉讼时效期间从履行期限届满之日起计算；不能确定履行期限的，诉讼时效期间从债权人要求债务人履行义务的宽限期届满之日起计算，但债务人在债权人第一次向其主张权利之时明确表示不履行义务的，诉讼时效期间从债务人明确表示不履行义务之日起计算。”

的意图，视为当事人的意图。推定的意思，更接近合同的实际，更接近当事人追求的合同目标，与合同目的的联系更为密切。

例： 甲、乙双方订立了买卖1 000万吨水泥的合同，合同规定甲方（卖方）在一年内分四次交货，但对交货的季度、月份和具体日期都没有规定。甲方发货一次以后，水泥的价格上涨。甲方就停止发货。乙方催告，甲方表示将在最后一个季度内分三次交货，并声称，如乙方拒绝接受，将追究其违约责任。双方发生争议。结合本案情况，乙方提出，自己用料是一个连续、渐进的过程，且工地仓库的容量有限，这些情况甲方也都了解。根据诚实信用原则，甲方应当在一年中均匀地交货，即应当按季度分四次发货。甲方引用《民法典》第511条第4项的规定："履行期限不明确的，债务人可以随时履行，债权人也可以要求履行，但应当给对方必要的准备时间。"据此，甲方认为自己可以随时履行，即可以在最后一个季度内分三次交货。

解： 乙方的观点，实际上是要按照《民法典》第510条的规定进行补缺，根据已有的条款（一年内分四次交货）确认合同应当"按季度"分四次交货。甲方的观点是适用《民法典》第511条，自己有权随时交货。应当指出的是，按照第510条的规定，依据已有的条款，在诚实信用原则指导下是能够推定出当事人意图的。第一步骤能够完成补缺的任务，即能够推定出当事人的意图。另外，本案适用第511条第4项，有违诚实信用原则——这是检验规则适用是否正确的一个标准。综上，应当支持乙方的主张。

第三节　债的分类

合同之债，是意定之债，是债的一种。研究债的分类，对深刻理解合同之债及合同之债以外的债的关系，对适用有关规则，是必要的。

一、意定之债与法定之债

意定之债与法定之债是债的最基本的分类。意定之债基本上是合同关系，但也有单方行为、共同行为产生的意定之债。

（一）意定之债

意定之债是依照当事人的意志发生的债。意定之债不仅债的发生由当事人意思表示决定，债的内容也由当事人约定。意定之债是私法自治精神的体现。

单方法律行为和双方法律行为都可产生债的法律关系。即单方法律行为与双方法律行为都可产生意定之债。合同是双方法律行为，合同之债是典型的意定之债。多方法律行为也可产生债的关系，如合伙协议。

（二）法定之债

法定之债的发生直接依据法律针对相关法律事实的规定。如侵权、无因管理、不当得利、缔约过错行为等产生的债为法定之债。经常有学者说，法定之债是法律直接规定的债权债务，其实，如果没有相应的事实，冰冷的法律或法律条文本身是不能产生债权债务关系的。

法定之债
- 侵权行为
- 无因管理
- 不当得利
- 缔约过错行为
- 其他

法定之债与意定之债的主要区别是：法定之债是法律根据特定法律事实的发生，直接规定的债权债务关系，而且法定之债的内容也由法律直接作出规定。意定之债由当事人的法律行为（即按当事人的意思表示）产生债权债务关系，且债的内容也由当事人（意思表示）决定。

二、特定之债与种类之债

（一）特定之债

特定之债，是在债成立时以特定物为给付物的债。如甲方将自己居住多年的房子卖给乙方，属于特定之债。特定物具有自己单独的特征，是独一无二的，除非给付物已经灭失或经债权人同意，债务人不得以他物为给付物。

对于特定之债，当事人可以约定在债（如合同）成立时所有权转移、风险转移。种类物只能在交付后（特定化后），所有权和风险发生转移。

特定物灭失后，不能强制实际履行（强制实际履行的事实不能）。

（二）种类之债

种类之债，是在债成立时候以种类物为给付物的债。种类之债，债务人所给付标的物仅以种类指示。如甲方批发给乙方100箱“燕京”牌啤酒，指出了品牌，因而属于种类之债。以种类物为给付物，须以一定数量表示。

种类之债是以种类物（不特定物）为给付物，为债之实现，该给付物于履行时应为特定。即种类之债在标的物特定以后才能履行。种类之债的标的物若已经特定，即转变成特定之债。

种类之债的特定化，可以依债务人交付标的物的行为完成时特定，还可以以债权人的挑选行为确定。比如，买受人与出卖人约定，购买2斤苹果。买受人在出卖人的一筐苹果中挑选了2斤，即是将标的物特定化了。

种类之债的意义：

（1）种类物品质的确定。

种类物仅仅以种类指示的，依照法律行为的性质或者当事人的意思，不能确定品质的，债务人应当以中等品质之物为标的物。

（2）种类之债一般不因标的物的灭失而消灭。

种类物是可以替代的物，因此当债务人占有的种类物灭失后，不能消灭债务人的给付义务，因为债务人可以“找到”相同的物来履行。

三、金钱之债与非金钱之债

（一）金钱之债

1. 金钱之债的含义

以支付金钱为内容（为标的）的债权债务关系，称为金钱之债，比如购买货物的价款、电费、租金、运费、保管费、银行贷款、民间借贷等是金钱之债。

不能把货币之债等同于金钱之债，货币之债是金钱之债的一种。货币（现金）是动产、消耗物，严格意义的货币之债是给付货币的债，须现实交付货币，转移货币的所有权。而金钱之债以货币计价计量，但不一定现实交付货币，现代社会越来越多地采用转账等方式完成给付，比如现在流行的微信付款就是转账付款，这种转账付款就是对金钱之债的履行。银行转账、网上电子汇款、交付票据等方式都可以是金钱之债的履行方式。

2. 对金钱之债的规定

（1）“以支付金钱为内容的债，除法律另有规定或者当事人另有约定外，债权人可以请求债务人以实际履行地的法定货币履行”（第514条）。上述“实际履行地”，是指履行金钱债务的实际履行地，例如，买卖合同有两个履行地，一个是交货的履行地，一个是付款的履行地，可以要求支付“付款实际履行地”的法定货币。

(2)“当事人约定非金钱债权不得转让的，不得对抗善意第三人。当事人约定金钱债权不得转让的，不得对抗第三人”（第545条第2款）。“不得对抗第三人”，是为了保障金钱的流通性。

(3)“当事人一方未支付价款、报酬、租金、利息，或者不履行其他金钱债务的，对方可以请求其支付”（第579条）。对金钱债务，债权人可以请求强制实际履行。

(二) 非金钱之债

与金钱之债对应的是非金钱之债。非金钱之债的给付客体，可以是物、工作成果、劳务、无形财产等。《民法典》规定的典型合同，按非金钱之债的给付客体，分为转移所有权的合同、完成工作成果的合同、提供劳务的合同、技术合同等。

四、简单之债与选择之债

(一) 简单之债（不可选择之债）

简单之债，是指只有一宗给付作为标的的债。因为只有一宗给付，当事人没有选择的余地，所以简单之债也称为不可选择之债。

简单之债与单一之债不同，简单之债是以给付（标的）的“个数”（数量）划分的，单一之债是以主体的“个数”（数量）划分的。简单之债说标的（客体），单一之债说主体。例如：甲出卖给乙一匹马，“一匹马”，说的是简单之债；出卖人一方只有一个人，买受人一方也只有一个人，双方“各有一个人”，说的是单一之债。

(二) 选择之债的含义

选择之债，是当事人在数个债务标的中，可以选定其一作为确定标的的债。

1. 选择之债可以分为约定选择之债和法定选择之债。约定选择之债的内容和选择权任由当事人约定。例如，甲出卖给乙一幅字画，双方约定，到期买受人给付价值9万元的金条或10万元人民币，此为约定选择之债。法定选择之债直接由法律做出规定。如《民法典》第588条第1款规定：“当事人既约定违约金，又约定定金的，一方违约时，对方可以选择适用违约金或者定金条款。”即此种情况由被违约人（债权人）选择。

2. 选择之债对应的是不可选择之债。不可选择之债也称为简单之债（单纯之债），是指只有一个债务标的的债。因为只有一个债务标的，当事人没有选择的余地。例如，甲出卖给乙一匹赛马，这是简单之债；出卖人（债务人）无从选择，只能向乙交付该匹赛马。

(三) 选择权的归属

“标的有多项而债务人只需履行其中一项的，债务人享有选择权；但是，法律另有规定、当事人另有约定或者另有交易习惯的除外”（第515条第1款）。一般由债务人享有选择权，因为，给付内容不确定时，利益归债务人，而且债务人确定标的较为便利，有利于履行。

对双务合同来说，双方互为债务人，比如，买卖合同的出卖人对交付货物而言是债务人，买受人对付款而言是债务人。因此，要区分哪一方为选择权人。例如，张甲与李乙约定，卖给李乙两只鸡或者一只鸭，法定由出卖人张甲（债务人）选择；约定由买受人李乙（债权人）选择的，从其约定。

主张按交易习惯确定自己有选择权的一方当事人，在发生争议时应承担举证责任。

(四) 选择权相对人的“提出选择”

选择权人的相对人提出作为选择依据的物件、模型、图表、图纸、说明书等，这种行为称为提出选择。有些选择之债不需要提出选择，比如支付货款，买卖的双方约定给付现金或者本票，买受人（债务人）择一履行即可。

合同中约定了选择权人的，相对人的提出选择则可以构成一项合同义务，相对人未提出选择导致选择权人的合同目的不能实现的，构成重大违约。

例：甲与李乙签订了房屋回迁合同。约定新盖的商业大楼图纸设计出来后，由李乙在二楼多间商铺中选择一间适合其营业的商铺。但甲未将图纸交给李乙选择，将二楼较好位置的商铺都给了别人。最后李乙发现，已无适合的商铺。

解：本案债务人甲未提交图纸供债权人李乙选择商铺（未提出选择），致使不能确定给付的标的，李乙不能实现合同目的，甲构成重大违约。本案提交图纸，是甲履行合同的一个步骤，是完成给付的一个不可或缺的环节。

（五）选择权的转移

为防止有选择权的当事人久拖不决，影响交易效率，法律设立了选择权向对方转移的规则。“享有选择权的当事人在约定期限内或者履行期限届满未作选择，经催告后在合理期限内仍未选择的，选择权转移至对方”（第 515 条第 2 款）。

1. 行使选择权期限的届满有两种情况：一是专门约定的选择期限的届满，二是没有专门约定的，以履行期限的届满为选择期限的届满。

2. 到期没有选择，相对人可以发出“选择之催告”，经催告后在合理期限内有选择权的当事人仍未选择的，选择权就“自动”转移至对方。该“对方”可能是债权人，也可能是债务人。

（六）选择权的行使

1. 行使方式及行使效果

选择权是简单形成权（单纯形成权）。“当事人行使选择权应当及时通知对方，通知到达对方时，标的确定。标的确定后不得变更，但是经对方同意的除外”（第 516 条第 1 款）。选择权的行使采通知方式，即采用意思表示方式，适用意思表示的规定。依据该意思表示方式，通知应当及时，以免造成损害。行使的效果是“债务标的确定”，即由选择之债变成简单之债。

2. 选择权行使的限制

“可选择的标的发生不能履行情形的，享有选择权的当事人不得选择不能履行的标的，但是该不能履行的情形是由对方造成的除外”（第 516 条第 2 款）。例如，甲应交付给乙一匹赛马或者一头斗牛，由乙来选择，赛马死亡后，乙不应选择赛马而应选择斗牛；如果赛马被甲擅自卖给第三人，对乙已经履行不能，则乙可以选择赛马以便追究甲履行不能的违约责任。

五、单一之债与多数人之债

（一）单一之债

单一之债是债权人与债务人各为一人之债。例如，甲公司卖给乙公司一批货物，该买卖合同债权债务关系，各方为一人，属于单一之债。

（二）多数人之债

多数人之债是债权人有两个以上或者债务人有两个以上，或者债权人、债务人均为两个以上。例如，张甲与李乙合伙购买丙公司的货物，此为多数人之债。

六、按份之债与连带之债

（一）按份之债

“债权人为二人以上，标的可分，按照份额各自享有债权的，为按份债权；债务人为二人以上，标的可分，按照份额各自负担债务的，为按份债务”（第517条第1款）。

1. 按份之债，须标的可分，不因标的分割而伤害其性质。例如，甲与乙（买受人）合买丙（出卖人）价格为1 000万元的一间商铺，买卖双方约定，甲出600万元，乙出400万元。该案构成甲、乙的按份债务，货款1 000万元为可分之给付。当甲或者乙不履行自己那一份债务时，丙不能要求甲、乙承担连带责任。

2. 按份之债，分为按份债权和按份债务。按份之债，是按份额对外发生效力的，此点区别于连带之债。

3. “按份债权人或者按份债务人的份额难以确定的，视为份额相同”（第517条第2款）。

（二）连带之债

连带之债分为连带债权和连带债务。“债权人为二人以上，部分或者全部债权人均可以请求债务人履行债务的，为连带债权；债务人为二人以上，债权人可以请求部分或者全部债务人履行全部债务的，为连带债务。连带债权或者连带债务，由法律规定或者当事人约定”（第518条）。

1. 连带债务

（1）连带债务的含义

连带债务，债务人为两个以上，任何一个债务人对债权人都有履行全部债务的义务。① 例如：甲为委托人，乙为中介人，丙为第三人，经乙介绍，甲与丙签订了合同，但由于乙与丙恶意串通，造成了甲10万元的损害，乙与丙应向甲承担赔偿10万元的连带责任（连带债务），甲可以向乙主张10万元债权，也可以向丙主张10万元债权，还可以向乙、丙共同主张10万元债权。甲向乙、丙各主张不等份数额亦无不可。乙、丙内部应当各分担多少，是另一问题。

（2）连带债务人的份额、追偿权、抗辩权

合同连带债务人之间的份额通常由债务人自己约定，债权人可能知情，也可能不知情。“连带债务人之间的份额难以确定的，视为份额相同”（第519条第1款）。

“实际承担债务超过自己份额的连带债务人，有权就超出部分在其他连带债务人未履行的份额范围内向其追偿，并相应地享有债权人的权利，但是不得损害债权人的利益。其他连带债务人对债权人的抗辩，可以向该债务人主张”（第519条第2款）。

例：甲、乙合伙向丙购买一项技术秘密，价款是100万元。其一，甲、乙内部约定了各50%的份额，但两人与丙并没有在技术转让合同中约定给付价款的份额，则甲、乙对该100万元承担连带债务。其二，假设甲向债权人丙支付了100万元，则其有权向乙行使50万元的追偿权。其三，假设丙的技术秘密完全没有达到合同的要求，则甲、乙享有履行抗辩权，但甲一意孤行，仍然向丙支付100万元，其向乙追偿50万元时，则乙对丙的抗辩，可以向甲行使。

追偿权可以扩张。“被追偿的连带债务人不能履行其应分担份额的，其他连带债务人应当在相应范围内按比例分担”（第519条第3款）。例如，连带债务人甲、乙、丙欠丁90万元，甲偿还丁90万元，乙、丙本应各自承担30万元，但乙不能履行，则甲、丙按比例分担乙的30万元（每人15万元），即甲可以要求丙向自己支付45万元（30万元+15万元）。此处“不能履行”，主要是指无资力，也包括失踪等以致追偿显著困难等情形。如果不能履行是由于追偿人过失所致，不得对其他债务人请求分担。

（3）部分连带债务人清偿的效力

1）部分连带债务人超额清偿后的效力

“部分连带债务人履行、抵销债务或者提存标的物的，其他债务人对债权人的债务在相应

① 《诉讼时效规定》第15条第2款规定：“对于连带债务人中的一人发生诉讼时效中断效力的事由，应当认定对其他连带债务人也发生诉讼时效中断的效力。”

范围内消灭；该债务人可以依据前条规定向其他债务人追偿”（第 520 条第 1 款）。

债务人对债权人清偿的方式有履行、抵销、提存。部分债务人的清偿，对其他债务人也发生效力，即其他债务人对债权人的债务在相应范围内消灭。比如，A、B、C 对 D 负担 100 万元的连带债务，A 给了 D 70 万元后，A、B、C 对 D 就 30 万元承担连带债务。

实际清偿超过自己份额的连带债务人，有权就超出部分在其他连带债务人未履行的份额范围内向其追偿。例如，甲、乙合伙购买丙的货物，对丙负担 80 万元货款的连带债务，内部是各负担 50%，而丙因另一合同对甲负担 70 万元违约金债务，甲通知丙抵销 70 万元后，对乙有 30 万元的追偿权。

2）部分连带债务人被免除债务的效力

“部分连带债务人的债务被债权人免除的，在该连带债务人应当承担的份额范围内，其他债务人对债权人的债务消灭”（第 520 条第 2 款）。此规定，是为避免求偿之循环。条文中“应当承担的份额”，是债务人内部份额，不是对债权人的份额；对债权人，任一连带债务人以全部债务为自己的债务。

债权人向全体连带债务人或者部分债务人表示免除全部债务时，全体同免其责。

仅对部分连带债务人（如针对一人），表示免除其应分担的债务时，就免除部分，全体债务人亦对债权人同免其责。

例：连带债务人甲、乙欠丙技术转让费 100 万元，其内部比例是 1∶1。债权人丙对甲发出通知说：“我免除你的 50 万元。”通知生效后，甲全身而退，则乙的债务缩小至 50 万元，不再是连带债务人。乙履行 50 万元债务后，无权向甲追偿。

例：连带债务人甲、乙、丙欠丁货款 100 万元，其内部比例是 4∶3∶3。债权人丁对甲发出通知说：“你们内部的份额我不知，但你那一份我不要了。”通知生效后，甲全身而退，乙、丙的连带债务缩小至 60 万元，即甲不再是连带债务人，而乙、丙 100 万元的连带债务减少 40 万元，变成 60 万元的连带债务。乙、丙履行 60 万元债务后，无权向甲追偿。

3）部分债权债务混同的效力

“部分连带债务人的债务与债权人的债权同归于一人的，在扣除该债务人应当承担的份额后，债权人对其他债务人的债权继续存在”（第 520 条第 3 款）。例如，甲、乙两公司对丙公司负担 80 万元货款的连带债务，内部是各负担 50%，后债务人甲公司与债权人丙公司合并为甲公司（吸收合并），丙公司注销。结果是：乙公司欠甲公司 40 万元。再如，连带债务人甲、乙、丙三公司欠丁公司货款 100 万元，其内部比例是 4∶3∶3。债权人丁公司与债务人甲公司合并，吸收了甲公司（吸收合并），甲公司注销。结果是：乙、丙二公司对丁公司负担 60 万元的连带债务。

4）债权人对部分连带债务受领迟延的效力

“债权人对部分连带债务人的给付受领迟延的，对其他连带债务人发生效力”（第 520 条第 4 款）。债权人受领迟延，是广义的违约责任，对部分债务人的违约效果也是对全体连带债务人的违约。例如，甲、乙对向丙发货承担连带债务，甲按约将货物送到丙指定的地点，债权人丙却因故未前去接受，造成费用损失 1 万元，甲和乙都可对这 1 万元主张权利。

2. 连带债权

（1）连带债权的含义

连带债权，债权人为两个以上，任何一个债权人都可以请求债务人履行全部债务。[①] 例

① 《诉讼时效规定》第 15 条第 1 款规定：“对于连带债权人中的一人发生诉讼时效中断效力的事由，应当认定对其他连带债权人也发生诉讼时效中断的效力。”

如，甲和乙将共同共有的一套房屋卖给丙，价格为1 000万元，合同没有约定甲和乙的债权比例，则甲可以请求丙支付1 000万元，乙也可以请求丙支付1 000万元，丙只要支付了1 000万元就是完成了合同义务，不管其是向甲还是向乙支付。

（2）债权人的份额及超额受领的返还。

合同连带债权人之间的份额通常由债权人自己约定。“连带债权人之间的份额难以确定的，视为份额相同”（第521条第1款）。

“实际受领债权的连带债权人，应当按比例向其他连带债权人返还”（第521条第2款）。例如，甲、乙、丙对丁有90万元连带债权，内部是各30万元，债务人丁将90万元交付给甲后，甲应分给乙、丙各30万元。

（3）连带债权规则适用及例外。

“连带债权参照适用本章连带债务的有关规定”（第521条第3款）。例如，甲对连带债权人乙、丙负有160万元的货款债务，乙、丙内部各有80万元，过去乙曾借甲200万元尚未归还，甲就通知乙抵销了160万元。此时参照《民法典》第520条第1款的规定，承认抵销的效力并认定丙有权向乙追偿80万元。

部分连带债权人免除债务人债务不能参照适用《民法典》第520条第2款的规定。例如，甲对连带债权人乙、丙负有190万元的债务，在债权人内部乙有100万元、丙有90万元，乙免除债务人甲190万元债务的通知送达后，只发生免除100万元的后果，丙对甲仍享有90万元的债权。

须强调的是：连带债务不以内部份额对债权人发生效力；连带债权不以内部份额对债务人发生效力，免除例外。

第四节 向第三人履行和由第三人履行

一、概述

一般而言，某一合同只是连续交易的一个环节。比如，甲买乙的货物是为了批发给丙，丙购买货物是为了零售，等等。为了节约成本、提高效率，除基于特殊信任的合同外，债权人不一定亲自受领，而由第三人受领，即由债务人向第三人履行；债务人不一定亲自履行，而由第三人履行。向第三人履行与由第三人代为履行，是交易中常有的事情。相应地，法律要为这两种行为设定规则，以减少和避免争议。

二、向第三人履行

向第三人履行，即第三人受领。第三人受领，第一种是第三人代为受领（第三人没有债权人的地位），第二种是第三人作为债权人受领。

1. 第三人代为受领

（1）第三人代为受领，是第三人按约定代债权人接受债务人的履行，即由债务人向第三人履行，并不是说第三人成为合同当事人、债权人。债务人违约后，该第三人没有作原告的资格。第三人代为受领的合同，属于广义的涉他合同。

当事人约定债务人向第三人履行，是为了提高效率、效益。比如，A地的甲方从B地的乙方买进货物，是为了卖给C地的丙方，此种情况下，甲、乙双方可以约定乙方直接发货给丙方。这种“转手”行为，在民法理论上被称为“缩短给付”。缩短给付是一次履行完成两个给付，在民法上应是被鼓励的行为，但缩短给付，也会被人利用，作为逃税的手段。

例： 农民吴某（出卖人）与农民魏某（买受人）签订了3.5万元的粮食买卖合同，双方在书面合同上签了字。吴某按照合同的约定，将粮食送至第三人粮店主封某处。封某在收条中写道："收到价值3.5万元的粮食。"后吴某反复找封某、魏某，要求支付货款。封某让吴某找魏某要钱，但魏某无力偿还货款。吴某以封某、魏某是合伙人为由，以二人为共同被告提起了诉讼，要求二人承担连带偿还货款的责任。在法庭上，封某主张自己与魏某就3.5万元的粮食建立了买卖关系，指出双方之间以口头方式订立了协议，但未能提出充分证据。魏某主张自己在这一笔生意中与封某是合伙关系，并指出过去无合伙关系。魏某关于这一笔3.5万元粮食交易与封某是合伙关系的主张，也没有提出证据。

解： 原告吴某主张封某作为合伙人承担连带责任，须证明对购买粮食二人是合伙关系，但其不能证明这一点。(1) 吴某与魏某订立的买卖合同中约定吴某将粮食送至封某处，封某没有在合同中签字或盖章，不能证明双方是共同买受人（共同买受人是合伙关系）。从合同来看，封某是第三人，不是合同当事人。(2) 封某所出具的收条，只是收到货物事实的证明，不能说明其是买受人。(3) 封某不能证明自己与魏某是买卖关系，但是不能因此反推双方是合伙关系。

根据已知的条件判断，上述案件中封某与魏某不是合伙关系。该案应当按"向第三人履行处理"，由买受人魏某承担付款的责任，封某不承担连带责任。

(2)"当事人约定由债务人向第三人履行债务，债务人未向第三人履行债务或者履行债务不符合约定的，应当向债权人承担违约责任"（第522条第1款）。即债务人违约时，应当向债权人承担责任，而不是向第三人承担责任。因为第三人不是合同的当事人，不是债务人的债权人，只是代为受领人。

2. 第三人作为债权人受领

(1) 第三人作为债权人受领，即第三人具有债权人的身份，其不是代他人受领，而是自己有权受领。债务人违约后，该第三人有作为原告的资格。第三人具有债权人身份的合同，是狭义的涉他合同。

"法律规定或者当事人约定第三人可以直接请求债务人向其履行债务，第三人未在合理期限内明确拒绝，债务人未向第三人履行债务或者履行债务不符合约定的，第三人可以请求债务人承担违约责任；债务人对债权人的抗辩，可以向第三人主张"（第522条第2款）。本款规定了"第三人取得债权合同"，这种合同也称为"为第三人利益合同""利他合同"。

(2) 法律规定或者当事人约定第三人可以直接请求债务人向其履行债务，即第三人为法定或者约定债权人的，第三人知情后经过合理期限没有拒绝，则其债权成立。债务人不仅是对方的债务人，也是第三人的债务人，但是标的只有一个只应当向第三人履行。债务人不向第三人履行或者履行不符合约定，第三人可以直接请求其承担违约责任。

例： 赠与人张甲与受赠人某县民政局乙签订100万元的赠与合同，指定受益人是第三人希望小学丙。张甲是赠与合同的债务人、受赠人乙是债权人、第三人（受益人）丙也是债权人。到期张甲没有支付约定的100万元，丙可以催告请求交付，也可以直接起诉张甲请求交付。

(3) 债务人对债权人的抗辩，可以向第三人主张。

例： 张甲与乙公司签订装修合同，约定承揽人乙公司为第三人王丙装修坐落在北京市昌平区的一栋别墅，合同还约定张甲先支付给乙公司50万元装修费。王丙接到通知后请求乙公司进驻装修，乙公司拒绝说："不行，张甲还没有给我说好的50万元呢。"

解： 本案的装修债务，只能由王丙受领，不能代为受领，否则就改变了标的的同一性。故第三人王丙是乙公司的债权人，乙公司对张甲的抗辩权得对王丙行使。

三、由第三人履行

（一）由第三人履行的含义

由第三人履行，是合同当事人约定由第三人履行，这是第三人代合同债务人向债权人履行，并不是第三人成为合同的当事人。由第三人履行，并不是债务的转移，是债务人依照与债权人的约定指令第三人履行。由第三人履行，是为了提高效率，避免倒手产生的浪费。

由第三人履行与债务转移不同。第一，当事人约定由第三人履行，第三人并未由此转变成债务人；债务转移，则第三人取代原债务人（免责的债务转移），或者与债务人共同成为债务人（债务加入）。第二，当事人约定由第三人履行，并未明确第三人是债务人，第三人同意代债务人履行，但并未同意自己处于债务人的地位；债务转移中明确第三人是债务人，第三人同意以债务人的身份向债权人履行。

（二）第三人不履行债务或者其履行债务不符合约定时的责任

“当事人约定由第三人向债权人履行债务，第三人不履行债务或者履行债务不符合约定的，债务人应当向债权人承担违约责任”（第523条）。此处的第三人不是合同当事人只是代为履行人，因此第三人不履行债务或者履行债务不符合约定时，只能由合同债务人承担违约责任。第三人的违约，是对债务人的违约，应由债务人对债权人承担违约责任。债权人若提起民事诉讼，只能以债务人为被告，不能以第三人为被告。

例：买受人A公司与出卖人B公司订立买卖某种工艺制品的合同。B公司经A公司同意，将债务转移给其子公司C，C公司与A公司商定，指定由D公司发货。因货物不符合要求，A公司向B公司、C公司、D公司提出索赔。应由谁赔偿A公司的损失？

解：债务转移中，原债务人退出合同关系，不再受债务约束；而指定第三人履行时，债务人并不退出合同，仍然由他向债权人来承担合同义务和责任。本案中，债务由B公司转移至C公司，此时，B公司退出债务关系，不再承担债务。其后，A公司与C公司又约定由第三人D公司履行，但债务人C公司并不退出合同，仍然由他向债权人A公司来承担合同义务和责任。

四、第三人的法定代为履行权

“债务人不履行债务，第三人对履行该债务具有合法利益的，第三人有权向债权人代为履行；但是，根据债务性质、按照当事人约定或者依照法律规定只能由债务人履行的除外。债权人接受第三人履行后，其对债务人的债权转让给第三人，但是债务人和第三人另有约定的除外”（第524条）。此是对第三人代为履行权的规定。

第三人对履行债务具有合法利益时，有权自己代债务人之位向债权人履行，第三人的这种代为履行的权利，是法律加以规定的，故为法定代为履行权，也称为法定代位履行权、法定代位清偿权，因法定代为履行导致债权由履行的第三人承受，因而学说上也称为“法定之债权让与”。

对履行债务具有合法利益的第三人包括物上保证人（第三人为抵押人、质押人）、保证人、次承租人、买受人等。

例：甲向乙借了10万元，第三人丙担保该10万元的偿还，把自己的一个红木雕刻书柜质押给了债权人乙（已交付给乙）。到期甲没有偿还借款，丙怕乙变卖书柜，遂以自己的名义还给乙10万元，则丙取代乙债权人的地位，对甲有10万元的债权。

第五节 履行抗辩权

一、履行抗辩权的含义

履行抗辩权是债务人对抗债权人要求履行的权利。履行抗辩权是债务人的权利，因此履行抗辩权不是为确保债务的履行而设立，而主要是为了保护交易安全，保护债务人的利益。

请求权受诉讼时效的限制，抗辩权是用来对抗请求权的，不受诉讼时效的限制。

请求权存在，抗辩权才有可能存在。请求权与抗辩权同时存在的，请求权消灭的，抗辩权同时消灭；抗辩权消灭的，不影响请求权的存在。履行抗辩权是债务人暂时停止履行的权利，是一时的抗辩权，成立抗辩权的原因消灭，抗辩权随之消灭。

履行抗辩权包括同时履行抗辩权、先履行抗辩权和不安抗辩权。

二、同时履行抗辩权

（一）同时履行抗辩权的概念

同时履行抗辩权是指无先后履行顺序的双务合同债务人在对方未履行或者未提出履行之前，中止履行的权利。“中止”是“暂时停止”，不是“终止”。“当事人互负债务，没有先后履行顺序的，应当同时履行。一方在对方履行之前有权拒绝其履行请求。一方在对方履行债务不符合约定时，有权拒绝其相应的履行请求”（第525条）。

（二）同时履行抗辩权的成立要件

1. 基于同一双务合同

单务合同不存在同时履行抗辩的问题。同时履行抗辩权的成立，是基于同一双务合同两个履行义务的牵连性。比如，买受人说：“你给我货，我才给你钱”，讲的就是牵连性。

2. 没有先后履行顺序

没有先后履行顺序，就意味着双方应当同时履行。同时履行有几种情况。

（1）法定的同时履行。如《民法典》第628条规定：“买受人应当按照约定的时间支付价款。对支付时间没有约定或者约定不明确，依据本法第五百一十条的规定仍不能确定的，买受人应当在收到标的物或者提取标的物单证的同时支付。”

（2）约定的同时履行。如双方约定即时清结的买卖。

（3）按照交易习惯产生的同时履行。如一手交钱、一手交货的零售买卖。

（4）推定的同时履行。如合同只规定了一方履行义务的时间，没有规定另一方履行义务的时间，依照《民法典》第510条有关补缺的规定应当解释为双方同时履行。

3. 对方当事人没有履行、没有提出履行或者瑕疵履行

（1）对方当事人没有履行，另一方当事人可拒绝履行。比如买受人不交钱，出卖人就可不交货。

（2）提出履行（提出给付）是做好履行的准备，只要对方受领就可以完成交付的状态。对方没有提出履行，另一方自然可以行使同时履行抗辩权。比如，甲、乙约定，甲上门送货，乙收货付款。甲没有上门送货（没有提出履行），乙有权拒绝支付货款。

（3）瑕疵履行是指履行债务不符合约定。最简单的例子是张某卖给李某一筐桃，李某一看是烂桃，自然有权拒绝付款。

（三）同时履行抗辩权的效力

同时履行抗辩权不是永久的抗辩权，只是可以产生阻却对方请求权的效力。当对方履行或者提出履行时，行使抗辩权的债务人应当恢复履行。

三、先履行抗辩权

（一）先履行抗辩权的概念

先履行抗辩权是双务合同的后履行义务人针对先履行义务人的先期违约的中止履行的权利。先期违约是违约在先的意思，不同于预期违约。“当事人互负债务，有先后履行顺序，应当先履行债务一方未履行的，后履行一方有权拒绝其履行请求。先履行一方履行债务不符合约定的，后履行一方有权拒绝其相应的履行请求”（第526条）。

先履行抗辩权的成立，强调合同的甲、乙双方有先后履行的顺序。例如，当事人约定，甲方先交定金，乙方后发货。如甲方不交付定金（不履行从合同），乙方自然有权不履行合同。

（二）先履行抗辩权所针对的情形

先履行抗辩权可以针对先履行义务人的不履行、迟延履行、瑕疵履行。

1. 针对先履行义务人的不履行

先履行义务人不履行合同，后履行义务人自然有权不履行。

针对先履行义务人的部分履行，后履行义务人也可以行使抗辩权。最简单的例子是甲方应当发货10批，但只发货5批，乙方自然只支付5批的货款。

即便先履行义务人因不可抗力不履行合同，后履行义务人也可成立抗辩权。合同是商品交换的法律形式。商品交换最基本的规则是：“你不给我，我就不给你。”你不给我发货，我就不给你货款。如果不发货是因不可抗力造成的，可以不成立违约责任，但对履行抗辩权的成立并无影响。

2. 针对先履行义务人的迟延履行

先履行义务人迟延履行，后履行义务人可采用顺延履行期的方法行使抗辩权。

例1：1月份，甲公司与乙公司签订价款为200万元的钢筋买卖合同，约定甲公司当年3月1日前发货，乙公司5月1日前付款。甲发货晚了一个月，乙付款也顺延了一个月，乙公司要追究甲公司的违约责任，甲也要追究乙公司的责任。乙公司顺延付款时间是否于法有据？本案是否构成双方违约？

解：甲公司是应先履行的一方，针对其迟延发货的违约行为，乙公司顺延付款时间是行使先履行抗辩权的行为，不是违约行为，本案不构成双方违约。

例2：甲方1月将建楼工程发包给乙方，在施工合同中约定：甲方负责“三通一平”（通水、通电、通路，工地上住户迁走），乙方第二年8月交工。双方约定，甲方“三通一平”于当年6月完成，但其至9月才完成（迟延了3个月），乙方此时才得以进入工地。至第二年8月，乙方不能交工。请问：乙方是否承担违约责任？

解：乙方不承担违约责任。《民法典》第803条规定：“发包人未按照约定的时间和要求提供原材料、设备、场地、资金、技术资料的，承包人可以顺延工程日期，并有权请求赔偿停工、窝工等损失。”顺延工程日期是行使先履行抗辩权的一种方式。当事人行使履行抗辩权，不影响追究对方违约责任的权利。

例2与例1的不同之处在于，例2的先履行义务人迟延履行的是协助义务，不是对价性义务；例1的先履行义务人迟延履行的是对价性义务。两案的先履行义务与后履行义务都有牵连关系，故后履行义务人都可以行使先履行抗辩权。

3. 针对先履行义务人的瑕疵履行进行抗辩

瑕疵履行包括履行义务不符合约定（如质量不符合要求）以及存在权利瑕疵。

(1) 针对履行义务不符合约定进行抗辩。例如，甲方给乙方装修房屋，由于甲方的原因造成严重污染，乙方无法入住，乙方有权拒绝支付装修费。

(2) 针对合同的权利瑕疵进行抗辩。权利瑕疵，是指第三人有可能向接受履行的人主张权利。例如，出卖人将登记的抵押物交付给买受人，抵押权人有可能追至买受人处，通过法院将抵押物出卖，就价款优先受偿。买受人得知抵押的情况后，有权拒绝支付货款。

（三）行使先履行抗辩权的效果

行使先履行抗辩权，阻却了先履行义务人的请求权。但先履行抗辩权并不消灭合同的效力。当先履行义务人采取了合理的补救措施，后履行义务人应当恢复履行。例如，出卖人将不合格的货物换为合格的货物，买受人就应当支付价款。

四、不安抗辩权

（一）不安抗辩权的概念

不安抗辩权是先履行合同的一方当事人因对方当事人欠缺对待履行债务的能力或者欠缺信用，中止履行合同的权利。

（二）不安抗辩权的成立条件

1. 行使不安抗辩权的一方是先履行义务人

不安抗辩权产生于有先后履行顺序的双务合同，该抗辩权属于先履行义务人。不安抗辩权的“不安”，在于当事人依照合同先履行义务，先履行义务必然要承担对待履行不能实现的风险，当这种风险具有现实性的时候，当事人可以将自己的给付暂时保留。

2. 后履行义务人欠缺履行能力或者欠缺信用

“应当先履行债务的当事人，有确切证据证明对方有下列情形之一的，可以中止履行：(一) 经营状况严重恶化；(二) 转移财产、抽逃资金，以逃避债务；(三) 丧失商业信誉；(四) 有丧失或者可能丧失履行债务能力的其他情形”（第527条第1款）。以上四项都属于有不能为对待给付的现实危险的情形。需要说明的有以下几点。

(1) 后履行义务人经营状况严重恶化，是不安抗辩权产生的基础。第一，须“严重恶化”，即须恶化到不能保证对待给付的程度。第二，恶化到不能保证对待给付已足以产生不安抗辩权，不必达到支付不能的程度，否则，不利于对先履行义务一方的利益的保护。第三，严重恶化，可因破产、意外事故等原因致使履行能力丧失或减弱，也可以因内部人员渎职，使财产急剧减少，从而危及合同的履行。

(2) 后履行义务人有转移财产、抽逃资金，以逃避债务的行为。一是行为要有目的性，二是财产减少应达到不能保证对待给付的程度。

(3) 后履行义务人丧失商业信誉，即欠缺信用。导致丧失信用的行为，可以是多种行为形成的，也可能是由于某一具体行为形成的，不一定针对特定的当事人。如甲、乙双方签订合同约定当事人任何一方不得与第三人签订同类合同，甲又与丙签订了同类合同，则乙可以因甲丧失信用而成立不安抗辩权。

(4) 后履行义务人丧失或者可能丧失履行债务能力，还可能有其他原因，只要存在不能为对待给付的现实危险，先履行义务人即可成立不安抗辩权。

例： 甲找乙画一幅肖像，约定付款后开始绘画。双方签订合同后，乙重病，不能持笔。请问：甲是否可以中止付款？

解： 可以中止付款。甲中止付款是针对可能丧失履行债务的能力而行使履行抗辩权的。若乙长期重病，甲还可以解除合同。

(5) 后履行义务人本身财产状况严重恶化或者欠缺信用，但在合同订立时为自己的履行提供了可靠担保，那么在先履行的一方不能成立不安履行抗辩权，因为其履行利益已经有了保障，应当认为交易是安全的。

保证、抵押、质押等可以认为是可靠的担保。定金是不充分担保，因为定金的数额不能超过标的总额的20%。在后履行的一方当事人虽然交付了定金，但其财产状况恶化，不能保证对待履行时，应在先履行的一方可暂停自己的履行且不应受定金罚则的制裁。

在后履行的债务人的担保人在订立担保后丧失了担保能力的，则在先履行的一方可以成立不安抗辩权。

(三) 不安抗辩权的行使

1. 举证责任

"当事人没有确切证据中止履行的，应当承担违约责任"(第527条第2款)。中止履行的一方，即行使不安履行抗辩权的一方就对方欠缺信用、欠缺履行能力负担举证责任。若允许当事人仅根据自己的判断、猜测就行使不安抗辩权，就会使合同关系十分脆弱、充满危险，同样危及交易安全。

2. 通知义务、恢复履行及解除

当事人依据第527条规定中止履行的，应当及时通知对方。对方提供适当担保的，应当恢复履行。中止履行后，对方在合理期限内未恢复履行能力且未提供适当担保的，视为以自己的行为表明不履行主要债务，中止履行的一方可以解除合同并可以请求对方承担违约责任(见第528条)。

(1) 通知义务的履行，使对方有寻找担保或者证明自己有信誉、有履行能力的机会。

(2) 若合同订立时没有提供担保，在先履行的一方行使不安抗辩权后，在后履行的一方提供了可靠的担保的，应认为不能为对待给付的现实危险消失，在先履行的一方应当履行合同义务。

(3) 中止履行没有效果(后履行义务人在合理期限内未恢复履行能力且未提供适当担保)的，即视为后履行义务人"以自己的行为表明不履行主要债务"，即其构成预期重大违约，先履行义务人成立解除权(见第563条第1款第2项)。

从条文来看，中止履行似乎是解除的前置性条件，其实，若后履行义务人已经构成预期重大违约，在先履行一方可以依照《民法典》第563条第1款第2项的规定解除合同。

(四) 行使不安抗辩权的效果

1. 行使不安抗辩权只是"冻结"履行效力，不是终止履行合同。"中止"与"终止"有原则性区别。

2. 行使不安抗辩权后，对方提供了可靠的担保或者恢复了履行能力，先履行义务人应当恢复履行。因而，不安抗辩权与其他抗辩权一样，是一时的抗辩，不是永久的抗辩。

五、履行抗辩权与留置权的区别

履行抗辩权与留置权都是当事人自助性权利，但它们有明显区别。

1. 履行抗辩权是债务人保留自己的给付的权利；留置权是债权人为了保障、实现自己的债权行使的权利。① 因为当事人"身份"不同，二者不会发生竞合。

---

① 《民法典》第447条规定："债务人不履行到期债务，债权人可以留置已经合法占有的债务人的动产，并有权就该动产优先受偿。前款规定的债权人为留置权人，占有的动产为留置财产。"

2. 履行抗辩权的成立基于债的效力；留置权的成立也是基于债的效力，但其成立须具备已经占有对方动产的要件。

3. 履行抗辩权是保留自己的给付，可以是拒绝交付动产，也可以是拒绝交付不动产，还可以是拒绝提供技术、劳务等；留置权的标的物只能是动产。

4. 履行抗辩权是一种对抗性的权利，没有物权性；留置权本身是一种物权，是他物权中的担保物权。留置权是复合性权利，由三种权利组合而成，这三种权利是占有抗辩权（拒绝回复占有的权利）、自助变价权和优先受偿权。其物权性集中体现在优先受偿权之上。[①]

第六节　情事变更原则

一、情事变更原则的含义

（一）情事变更原则的含义

情事变更，亦称情势变更，是指合同订立后发生的当事人不可预见、致使合同原定权利义务所依据的基础丧失或重大改变的客观情况。

情事变更原则是处理因情事变更致合同基础丧失或改变的一项法律原则。当情事变更致使合同基础丧失或改变后，若令当事人继续履行原合同，则会给当事人带来不曾预见的重大损失，造成显失公平的后果。依据情事变更的原则，受不利影响的当事人可以请求人民法院或仲裁机构变更或者解除合同，以消除不公平的后果。

《民法典》第533条规定："合同成立后，合同的基础条件发生了当事人在订立合同时无法预见的、不属于商业风险的重大变化，继续履行合同对于当事人一方明显不公平的，受不利影响的当事人可以与对方重新协商；在合理期限内协商不成的，当事人可以请求人民法院或者仲裁机构变更或者解除合同。人民法院或者仲裁机构应当结合案件的实际情况，根据公平原则变更或者解除合同。"

（二）情事变更与不可抗力、自始显失公平的区别

1. 情事变更与不可抗力的区别

（1）情事变更是订立合同时无法预见（不能预见）的客观情况；不可抗力是"三不能"，即不能预见、不能避免且不能克服的客观情况。

（2）情事变更专指合同的情事变更，是合同成立后，合同的基础条件发生的重大变化，对合同的继续履行造成重大障碍；不可抗力不仅适用于合同，也适用于其他领域，如因不可抗力造成他人损害，不构成侵权责任。

（3）情事变更不是合同不能履行，而是如果继续履行将造成显失公平的后果（嗣后显失公平）；不可抗力造成合同不能履行或者不能如期履行。

（4）对情事变更的救济方法是受不利影响的一方当事人请求变更或者解除合同，对情事变更的救济也就是适用情事变更原则；不可抗力是民事责任（包括违约责任）的阻却事由。

2. 情事变更与自始显失公平的区别

（1）情事变更，致使合同履行的结果显失公平，称为嗣后显失公平；自始显失公平是合同

① 《民法典》第453条规定："留置权人与债务人应当约定留置财产后的债务履行期限；没有约定或者约定不明确的，留置权人应当给债务人六十日以上履行债务的期限，但是鲜活易腐等不易保管的动产除外。债务人逾期未履行的，留置权人可以与债务人协议以留置财产折价，也可以就拍卖、变卖留置财产所得的价款优先受偿。留置财产折价或者变卖的，应当参照市场价格。"

成立时就显失公平。

（2）情事变更是客观原因，与合同当事人的主观状态无关；自始显失公平，承受不利后果的一方意思表示有瑕疵，而另一方有利用对方处于危困状态、缺乏判断能力等情形的意图。

（3）对情事变更的救济方法是依照承受不利后果的一方当事人的请求变更或者解除合同，对情事变更的救济也就是适用情事变更原则；对自始显失公平的合同，受损害方有权请求人民法院或者仲裁机构予以撤销。

二、情事变更原则的适用条件

（一）须有情事变更的事实

合同是当事人的合意，当事人订立合同的时候必然要根据当时的情况或预见到的情况来确定相互之间的债权债务关系。合意要建立在一定的基础之上。情事变更的事实，就是合同成立后发生的导致原合同基础丧失的事实。这种事实，可以是因战争、政策调整等引起的经济情势的变化，如货币大幅度贬值、价格大幅度调整等。如果战争、政策重大调整等直接阻碍了合同的履行，则以不可抗力规则处理比较适宜。

（二）情事变更的事实须是当事人无法预见和无法控制的事实

1. 情事变更必须是当事人无法预见的意外事件造成的。如果某一事实应在当事人合理预见的范围内，那么，这一事实已经构成了合同的基础。此时，不能按情事变更的原则处理合同。

有时当事人在合同中订立了风险承担条款，该条款所指风险应是当事人预见到的风险。

商业风险不属于情事变更。市场行情的变化，一般属于商业风险，应当在当事人的预料之中，假设当事人自称没有预料到，应依照诚实信用原则推定其已经预料到市场行情的变化。

2. 情事变更还必须是当事人不能控制的事实，既不能控制它的发生，也不能控制它的后果。情事变更，是宏观现象对某一类合同关系产生影响的事实，与当事人的行为无关。如果当事人本身的行为（意思表示有瑕疵）造成合同履行后果显失公平，不宜按情事变更的原则处理。我国《民法典》第 151 条规定的自始显失公平的合同，不但履行的后果显失公平，而且当事人的意思表示有瑕疵，此与情事变更明显不同。

（三）情事变更的事实须造成合同继续履行的后果显失公平

情事变更只是导致当事人继续履行特别困难、费用支出或损失显著加大，以致当事人之间的对价关系变形，履行的后果显失公平，一方全部丧失或基本丧失履行利益，而并不是合同不能履行。正是因为坚持原合同的效力显失公平，法律才赋予蒙受损失的一方请求变更、解除合同的权利。

例： 城市居民张某通过公开“竞价”承包了某农村集体组织的 20 亩荒山，用以种植苹果，承包期为 10 年。后该农村集体组织作为原告向法院提起诉讼，认为被告张某的收益过多，其交付的承包金过低，两者比例极为悬殊，请求按情事变更原则调整承包金。经法院查证，被告的收益大幅度增加，一是因为市场上苹果价格持续上涨，二是因为承包人使用了新技术。

解： 承包合同不能被认为因情事变更而显失公平。苹果价格上涨，是市场问题。承包金过低，对原告而言，是其应当承担的一种商业风险。新技术的使用、资金的投入等原因导致收益的增加，与情事变更是风马牛不相及的。

三、情事变更原则的效力

情事变更原则的效力，是指情事变更原则适用的法律效果。情事变更原则的适用，表现为对合同的变更或解除。变更，是在保持合同效力的基础上，增加或减少当事人所负担的义务，即增减给付。如增加价款、减少数量等。解除，则是消灭合同履行的效力。一般而言，解除的效力应溯及至合同订立时，即合同解除发生溯及既往的效力。根据合同性质和实际效果，也可使合同解除向将来发生效力。

情事变更出现以后，承受不利益的一方当事人并不因此产生单方的变更权和解除权。受不利影响的当事人可以与对方重新协商；在合理期限内协商不成的，当事人可以请求人民法院或者仲裁机构变更或者解除合同。协商，是请求人民法院或者仲裁机构变更或者解除的前置性程序。

适用情事变更原则，在变更、解除的救济方式的适用上，应充分考虑当事人的意愿；在变更与解除的选择上，应充分考虑公平变更合同的可能性。因情事变更而导致合同履行后果显失公平，主要指当事人对待给付的比例关系严重失调。如果采用变更的方法，改善了当事人的对价关系，给付仍符合合同目的时，当然应当变更合同而不是解除合同。

思考题

1. 合同履行的含义是什么，对合同履行的基本要求是什么？
2. 简论交付。
3. 论观念交付。
4. 简论合同的补缺规则。
5. 简述债的分类。
6. 简述连带之债的要点。
7. 无限连带责任和无限责任的区别是什么？
8. 简述向第三人履行和由第三人履行的规则。
9. 第三人的代为履行权的含义和意义是什么？
10. 论先履行抗辩权。
11. 论不安抗辩权。
12. 先履行抗辩权与不安抗辩权的区别是什么？
13. 论情事变更原则。
14. 情事变更与不可抗力、自始显失公平的区别是什么？

第五章 合同的保全

第一节 合同保全概述

一、合同的保全的含义

保全，是保护、维护安全的意思。合同的保全，是指合同债权人为保全自己的债权，代债务人之位对第三人行使债权或相关从权利，或者请求撤销债务人与第三人之间的民事法律关系的权利，包括债权人代位权和债权人撤销权两种。

债权人代位权和债权人撤销权都是债权人基于债的效力对债务人之外的第三人行使权利，因而合同的保全被称为债权之对外效力。两权都突破了债的相对性。

我国《民法典》规定的“合同的保全”，不仅仅是债的保全，其中的债权人代位权，债权人可以请求次相对人直接对其清偿。

请求直接清偿的债权人代位权和债权人撤销权都是形成诉权，代位权兼有请求权的性质。

《民法典》合同编第五章是“合同的保全”，从字面上理解，合同保全是对合同之债权的保全。合同之债可以保全，不当得利之债、无因管理之债、侵权之债等也可以保全（见第468条）。

二、债权人代位权与债权人撤销权的区别

1. 代位权针对债务人的消极行为（不作为），即针对债务人不积极主张债权等消极的行为；撤销权针对债务人的积极行为（作为），即针对债务人不当减少财产的行为。

2. 代位权诉讼，以次相对人为被告，以债务人为诉讼上的第三人；撤销权诉讼，以债务人为被告，以与债务人发生财产关系的人为诉讼上的第三人。

3. 代位权成立，次相对人直接向债权人清偿，代位权行使的财产后果不直接归于债务人，因为代位权成立起到了裁判转移债权的法律后果，不过，保存行为（特殊代位权）除外；撤销权成立，与债务人发生财产关系的人向债务人回归财产，撤销权人并未得到财产。

4. 因次相对人直接向债权人清偿，是基于债权人对债务人的债权和债务人对次相对人的债权，因此代位权的成立受两个诉讼时效的限制；撤销权是使债务人的财产得以回归，受一年和五年两个除斥期间的限制（见第541条）。

第二节 债权人代位权

一、债权人代位权的含义

债权人代位权，是指债务人怠于行使其对相对人的债权或相关从权利，而有害于债权人的

债权时，债权人为保障自己的债权而以自己的名义并以诉的方式行使债务人对相对人的权利。[①] 债务人的相对人（第三人），在三者关系中又称次相对人，债务人的债权的相关从权利包括保证债权、抵押权、质权等。

“因债务人怠于行使其债权或者与该债权有关的从权利，影响债权人的到期债权实现的，债权人可以向人民法院请求以自己的名义代位行使债务人对相对人的权利，但是该权利专属于债务人自身的除外”（第535条第1款）。具体地说，债权人行使代位权，是以自己作为原告，以次相对人为被告，要求次相对人对债务人应履行的到期债务，直接向自己履行（直接受偿规则）。

请求直接清偿的代位权示意图如下。

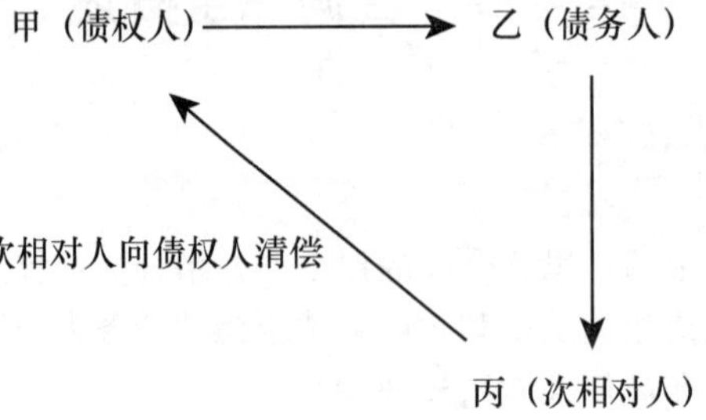

例：甲公司到乙公司索要一台机床货款550万元和迟延违约金20万元。乙公司表示无力偿还，其所述为实。乙公司之前将该机床转卖给丙公司，丙公司到期没有偿还货款600万元，导致乙公司无力向甲公司清偿。甲公司欲直接起诉丙公司索要550万余货款及迟延违约金20万元。请问：甲公司以自己的名义直接起诉丙公司索债，是行使什么权利，法院应怎样判决？

解：甲公司以自己的名义（原告）直接起诉丙公司（被告）向其索债，是行使债权人代位权，法院应判决丙公司直接向甲公司清偿。

债权人可以越过债务人以原告名义直接起诉次相对人，以获得债权的清偿。因此，代位权对解决三角债、连环债，避免当事人的诉累，维护债权人的利益，维护交易安全，具有重要的作用。代位权的制度设计符合经济效率的原则。

二、债权人代位权的法律特征

（一）代位权行使的结果，主要是使债权人直接获得清偿

我国债权人代位权的主要功能不是增加债务人的财产，不是增加债权的担保力，而是使债权人直接获得清偿。

例：甲对乙有800万元的债权，乙借给丙1 000万元，由丁对丙的1 000万元提供连带保证，丙到期不还乙的钱，乙也不向保证人丁主张权利，以致乙无力对甲偿还债务，甲可以起诉丁，要求其向自己清偿吗？

解：甲是债权人，乙是债务人，丙是次相对人，虽然乙对连带保证人丁的保证债权是从债权（从权利），但不影响甲起诉丁行使代位权，即甲可以起诉丁，要求其直接向自己履行保证

① 民事诉讼中有执行代位权，相关司法解释对其行使方式有特别规定。《最高人民法院关于适用〈中华人民共和国民事诉讼法〉若干问题的解释》第501条规定：“人民法院执行被执行人对他人的到期债权，可以作出冻结债权的裁定，并通知该他人向申请执行人履行。该他人对到期债权有异议，申请执行人请求对异议部分强制执行的，人民法院不予支持。利害关系人对到期债权有异议的，人民法院应当按照民事诉讼法第二百二十七条规定处理。对生效法律文书确定的到期债权，该他人予以否认的，人民法院不予支持。”

债务。

（二）债权人以自己的名义行使代位权

代位权是债权人代债务人之位向次相对人主张权利，债权人是以自己的名义、以自己为原告，以次相对人为被告提起民事诉讼。债权人与次相对人之间的关系是以债务人的存在为纽带，由法律直接规定产生的。

（三）代位权行使的一般方式是提起民事诉讼

1. 请求直接清偿的代位权是形成诉权，须债权人作为原告提起民事诉讼。对代位权的行使，我国采取民事诉讼方式，不能采用仲裁或通知方式。即使债务人与次相对人之间订有仲裁协议，债权人行使代位权也不能采用仲裁方式，提起代位权诉讼不受该仲裁协议的影响。

债权人提起代位权诉讼，在客观效果上是主张两个债权，故《诉讼时效规定》第16条规定："债权人提起代位权诉讼的，应当认定对债权人的债权和债务人的债权均发生诉讼时效中断的效力。"

2. 保存行为，是一种"特殊代位权"（债权人债权未到期时的代位权），行使的方式比较灵活（见第536条），不一定都是诉讼行为。

三、债权人代位权的成立要件

债权人代位权的成立，应当符合下列条件：(1) 债权人对债务人享有债权；(2) 债权人对债务人的债权应当到期，保存行为（"特殊代位权"）依照其规定；(3) 债务人怠于行使其到期债权，影响债权人的到期债权实现；(4) 债务人的债权不是专属于债务人自身的债权。

（一）债权人对债务人享有债权

权利都是合法的，不然不能称之为权利，不存在不合法的债权等权利，这应当是不言而喻的。不论是合同之债，还是不当得利之债、无因管理之债、侵权之债等，债权人都可以提起代位权诉讼，行使代位权。即不论债的发生原因，只要享有债权即可以成立代位权。

合同无效不等于债的无效。当合同无效，一方当事人负有赔偿、返还财产等债务的，债权人也可以行使代位权。

（二）债权人对债务人的债权应当到期，保存行为（"特殊代位权"）依照其规定

1. 代位权的行使范围以债权人的到期债权为限。债权人对债务人的债权应当到期，否则不能从次相对人处直接获得清偿。

2. 所谓保存行为，是一种"特殊代位权"，是指债权人债权未到期的代位权，传统民法称为保存行为，指债权人实施的专为保存债务人权利的代位行为。《民法典》第536条针对保存行为规定："债权人的债权到期前，债务人的债权或者与该债权有关的从权利存在诉讼时效期间即将届满或者未及时申报破产债权等情形，影响债权人的债权实现的，债权人可以代位向债务人的相对人请求其向债务人履行、向破产管理人申报或者作出其他必要的行为。"

(1) 债务人的权利存在诉讼时效期间即将届满，而债务人怠于对次相对人行使债权，将影响债权人债权的实现，此时债权人的代位权不是请求次相对人向自己清偿，而是请求次相对人向债务人清偿。该请求，可以采用提起诉讼的方式，也可以采用通知方式。

例：甲公司对乙公司有1 000万元借款债权尚未到期，乙公司对丙公司有1 500万元工程费债权。乙公司对丙公司的债权的三年诉讼时效即将届满，影响到甲公司对乙公司行使权利，但是乙公司既不催告也不起诉，对丙公司将丧失胜诉权。

解："皇帝不急太监急"。甲公司可以直接起诉丙公司要求其对乙公司履行1 000万元债务，也可以直接通知丙公司要求其向乙公司履行，该通知有中断诉讼时效的效力。

(2) 依据我国《企业破产法》的规定，债权人应当在人民法院确定的债权申报期限内向管

理人申报债权。当次相对人被申请宣告破产，债务人未及时申报破产债权，影响债权人债权实现的，债权人可以代位向破产管理人申报。

(3) 针对债务人怠于行使权利影响债权人的债权实现的其他情形，特殊代位权人也可以代位实施保全债务人债权的其他必要行为。

（三）债务人怠于行使其到期债权，影响债权人的到期债权实现

债务人怠于行使其到期债权或者与该债权有关的从权利，影响债权人的到期债权实现，是指债务人不履行其对债权人的到期债务，又不以诉讼方式或者仲裁方式向次相对人主张到期债权或者与该债权有关的从权利，致使债权人的到期债权未能实现。次相对人不认为债务人有怠于行使其到期债权事实的，应当承担举证责任。

如果债务人对次相对人有催告、催交的行为，不影响债权人行使代位权。对债权造成损害，是指由于债务人的消极行为，致使债权人的债权不能实现。债务人对次相对人的消极行为，与债权人的债权不能实现具有因果关系。例如，债权人甲公司对债务人乙公司有100万元的债权，乙公司对丙公司有100万元的债权，甲公司以乙公司怠于行使对丙公司的债权影响自己债权实现为由，提起代位权诉讼；如果乙公司资力雄厚，丙公司对乙公司不履行债务，不影响乙公司对甲公司的清偿，此种情况下，甲公司就属于滥用权利，法院不应支持其诉讼请求。

（四）债务人的债权不是专属于债务人自身的权利

专属于债务人自身的权利，是指基于扶养关系、抚养关系、赡养关系、继承关系产生的给付请求权和劳动报酬、退休金、养老金、抚恤金、安置费、人寿保险、人身伤害赔偿请求权等权利。专属于债务人自身的权利可以分为两大类：一类是基于个人身份关系产生的给付请求权，该类给付请求权带有强烈的人身性质，不得代位行使；另一类虽然是一种交易关系，但是与个人的生存和生活需要有密切的关系，因此也不能代位行使。

专属于债务人自身的权利，与债务人身份和特定生活需要（不可或缺的需要）紧密相连。这些权利都是自然人的权利，对于个人生活，甚至幸福、自由具有特殊的重要性，法律给予特殊保护，使它们超然于代位权的范围之外。

四、债权人行使代位权时次相对人抗辩的权利

（一）次相对人对债务人的抗辩，可以对债权人行使

“相对人对债务人的抗辩，可以向债权人主张”（第535条第3款）。既然债权人以次相对人为被告提起诉讼，那么次相对人对债务人的抗辩就有权对债权人行使。例如，债权人甲对债务人乙有500万元工程款债权，乙对次相对人丙有600万元货款债权。甲起诉丙，要求行使500万元代位权，如果乙对丙债权的诉讼时效已经届满，则丙对乙的诉讼时效抗辩权，可以对原告甲行使。不独诉讼时效抗辩权，履行抗辩权等，次相对人都可以行使。

（二）债务人对债权人的抗辩，可由次相对人对债权人行使

债务人对债权人的抗辩，是否可由次相对人对债权人行使，《民法典》未做规定。从法理上看，这种抗辩，次相对人是有权向债权人行使的。例如，甲对乙有600万元的债权，乙对丙有500万元的债权。甲起诉丙，要求行使500万元的代位权，即要求丙直接向自己履行500万元。在诉讼过程中，丙发现甲对乙的诉讼时效已经届满，就提出了异议。丙提出该异议，实际是行使乙对甲的抗辩权。

五、代位权成立的效力

（一）代位权成立在当事人之间的效力

代位权的行使涉及三个法律关系：一是债权人与债务人之间的法律关系；二是债务人与次

相对人之间的法律关系；三是因代位权成立而在债权人与次相对人之间形成的法律关系。

1. 直接清偿规则

“人民法院认定代位权成立的，由债务人的相对人向债权人履行义务，债权人接受履行后，债权人与债务人、债务人与相对人之间相应的权利义务终止”（第537条第1句）。这是对直接清偿规则的规定。例如，债权人甲对债务人乙有100万元债权，乙对次相对人丙有180万元债权，甲提起代位权诉讼胜诉，甲接受丙的100万元履行后，甲、乙之间的债权债务关系消灭，乙对丙还有80万元债权。

在代位权诉讼中，债权人行使代位权的请求数额超过债务人所负到期债务额的，对超出部分人民法院不予支持。超出部分，有两类：一类是债权人的债权大于债务人对次相对人的债权，超出部分是无本之木；还有一类是债权人对债务人的债权，一部分到期，一部分未到期，债权人只能就到期的债权主张代位权。

2. 不适用直接清偿规则的情形

债权人行使代位权并非都是或都能直接获得清偿。“债务人对相对人的债权或者与该债权有关的从权利被采取保全、执行措施，或者债务人破产的，依照相关法律的规定处理”（第537条第2句）。例如，代位权虽然是“先到先得”，但不是优先受偿权，在债务人破产时，起诉的债权人自不得要求次相对人对自己直接清偿。

（二）代位权成立对其他债权人的效力

当债权人行使代位权被人民法院认定成立，作出判决以后，其他债权人能否分一杯羹？很多学者认为，债权是平等的，其他债权人当然可以按照比例清偿。应当指出，严格意义上的债权平等，是指债务人资不抵债，并进入破产程序时，对债权的公平清偿。在债务人不存在资不抵债的情况下，第三人的债权并没有被剥夺，债权平等权也没有被剥夺，他可以再起诉债务人，或者再起诉次相对人（行使代位权）以获得清偿。如果债务人资不抵债，而债权人又行使了代位权，其他债权人想获得公平清偿，只有一条路可走，就是提起破产程序。也就是说，按一般程序，“先到先得”，债权人代位权胜诉后，债务人的其他债权人无权主张按比例清偿。

第三节　债权人撤销权

一、债权人撤销权的含义

债权人撤销权，是债权人对于债务人不当减少财产以致危害债权的行为，得请求法院予以撤销的权利。债权人撤销权是保全权的一种，可称为保全撤销权。

债权人撤销权与合同撤销权不同：其一，撤销的对象不同。债权人撤销权，撤销的是债务人与第三人的法律关系；合同撤销权，是合同一方当事人撤销与相对人的合同法律关系。债权人撤销权突破了债的相对性，合同撤销权没有突破债的相对性。①

其二，撤销权成立的事由不同。债权人撤销权成立的事由，是债务人不当减少财产以致危害债权人自己的债权；合同撤销权成立的事由，是因当事人自己意思表示有瑕疵，而意思表示有瑕疵的原因有相对人欺诈、胁迫、不正当影响等，或者自己陷入了重大误解。

① 《民法典》第410条第1款规定：“债务人不履行到期债务或者发生当事人约定的实现抵押权的情形，抵押权人可以与抵押人协议以抵押财产折价或者以拍卖、变卖该抵押财产所得的价款优先受偿。协议损害其他债权人利益的，其他债权人可以请求人民法院撤销该协议。”条文规定的对“协议”的撤销权，有的专家认为是合同撤销权，这是不正确的，该撤销权是突破债的相对性的债权人撤销权，应适用“合同的保全”这一章对债权人撤销权的规定。

其三，“身份”不同。债权人撤销权，须具备债权人的“身份”，拥有已经发生的债权；合同撤销权人，并不要求具有债权人的身份，在立法上，合同撤销权并不限定是对债权人的救济措施，而是对意思表示有瑕疵而使自己受害或陷入不利地位之人的救济。

二、债权人撤销权的法律特征

（一）撤销权行使的结果，是撤销债务人与第三人的法律关系

债权人撤销权突破了债的相对性，行使的结果，是通过撤销债务人与第三人的双方法律行为或者债务人的单方法律行为，撤销债务人与第三人的法律关系，如撤销债务人与第三人的赠与合同（双方法律行为），撤销债务人对其债务人的债务免除行为（单方法律行为）。

债权人通过保全债务人的财产而保全自己的财产。撤销后，债权人并不能获得清偿，而只是恢复债务人的责任财产。债务人的责任财产，是其履行债务的一般担保，债权人并无优先受偿权。

（二）撤销权行使的方式是提起民事诉讼

行使撤销权，须债权人作为原告提起民事诉讼。债权人撤销权又被称为撤销诉权或废罢诉权，性质上是形成诉权。撤销权的行使，不包括仲裁方式。如果债务人与第三人之间订有仲裁协议，债权人行使撤销权也不能采用仲裁方式。撤销权也不能采用通知的方式行使。

三、债权人撤销权的成立要件

（一）债权人对债务人存在债权

1. 债权人对债务人存在债权，存在债的法律关系，才能将债的效力扩张至第三人。债权人主张撤销权时，其债权可以是未经法院判决确定的债权，也可以是已经经法院生效判决确认的债权。已被消灭的债权、超过诉讼时效的债权，自然不能成立撤销权。

2. 债权人对债务人的债权，不限于金钱债权，非金钱债权也可以成立撤销权。

3. 债权人对债务人的债权，可以到期，也可以不到期。因为撤销权的效果直接归属于债务人，债权人对债务人的债权不到期，不影响撤销权的成立。

（二）债务人实施了减少财产的法律行为

1. 减少财产的行为有事实行为和法律行为。债权人的撤销权，是针对债务人的法律行为，如免除他人债务的行为、赠与行为、买卖行为等。事实行为不存在撤销的问题。

2. 债权人的撤销权，针对的是债务人生效的法律行为。无效或效力待定、未生效、未成立的法律行为，无须撤销。

3. 减少财产的行为在债权人的债权发生之后。债权人取得债权在债务人减少财产之后，债权人不能成立撤销权。因为债权发生时，债务人的财产为责任财产、一般财产。如果债权人的债权发生之后，溯及既往地否定债务人在此之前的减少行为，这对交易安全破坏过剧，也是不公平的。

（三）债务人减少财产的行为须有害于债权人的债权，行为不具有正当性

债务人的财产，是对债权的一般担保，或者说是用来清偿债权的责任财产。债务人减少财产的处分行为，导致对债权人的清偿无资力或欠缺资力，即有害于债权。债务人的这种行为不是日常生活、生产经营的正常行为，不具有正当性。

例：甲方欠乙方 1 000 万元，甲方有 3 000 万元资产，甲方低价卖给了丙方 1 000 万元的财产，就不能认为该行为是对债权人的侵害。但在实务中，债务人的债权人往往不止一个，这就需要将总债务与总财产相比较。债务人减少财产的处分行为，使其总债务大于总财产（实有资

产）的，就应当认定该处分行为有害于债权人的债权，这种情况可以称为“债务超过”。

如果债务人实施了减少财产的处分行为，即使其剩余财产大于债务，若属于不方便执行的财产的，债权人仍有权行使撤销权。

（四）债务人以不合理价格进行有偿交易或者为他人提供担保时，第三人须有过错

债务人以不合理价格进行有偿交易或者为他人提供担保时（第539条），第三人须有过错才能成立撤销权，这里的过错是指第三人“知道或者应当知道”的恶意。这是为了防止正常交易的第三人蒙受不测之损害，是对交易安全的保护。债务人对第三人无偿处分其财产权益或者恶意延长其对第三人到期债权的履行期限的（第538条），不要求第三人有过错，即不以第三人恶意为条件。

第三人的过错，也称为第三人的恶意，表现为知道或者应当知道债务人减少财产、提供担保的行为影响债权人债权的实现。

对第三人的过错，由起诉的债权人承担证明责任。

四、行使撤销权针对的具体行为

（一）债务人无偿处分财产权益、恶意延长其到期债权的履行期限

“债务人以放弃其债权、放弃债权担保、无偿转让财产等方式无偿处分财产权益，或者恶意延长其到期债权的履行期限，影响债权人的债权实现的，债权人可以请求人民法院撤销债务人的行为”（第538条）。

1. 债务人无偿处分财产权益，影响债权人的债权实现

（1）债务人放弃其债权

放弃其债权，称为债务的免除。可能是债务人与其相对人（次债务人）达成免除的协议，也可能是债务人单方通知次债务人免除其债务。

免除，可能是免除部分债务，也可能是免除全部债务；可能免除的是到期债务，也可能免除的是未到期债务，只要影响了债权人实现债权，债权人就可以行使撤销权。

（2）债务人放弃债权担保

债务人对次债务人的债权是有担保的债权，但债务人放弃该担保，使自己难以获得清偿。比如，债权人甲对债务人乙有500万元债权，乙对次债务人丙有600万元债权，丁对该600万元债务提供了保证担保，丙没有什么财产，对乙欠缺清偿能力，乙却通知丁免除其保证债务，则甲可以请求撤销乙的免除行为。

（3）债务人无偿转让财产

无偿转让财产是一种赠与性质的行为。无偿转让财产的合同主要是指赠与合同。赠与合同是诺成合同，行使保全撤销权，是撤销已经生效的法律关系。

（4）其他处分财产权益的行为

如无偿承揽工程、无偿装修、无偿提供劳务等。只要影响债权人实现债权，不管使用何种合同的名称，都不影响债权人的撤销权。

2. 恶意延长其到期债权的履行期限，影响债权人的债权实现

“恶意”，说明债务人行为具有不法目的。本来，债务人对次债务人的债权已经到期，债务人获得清偿后就可以对自己的债权人清偿，但为了不清偿自己的债务而将自己已到期债权恶意延期，此种行为债权人可以请求撤销。

（二）债务人的有偿行为、为他人提供担保的行为

“债务人以明显不合理的低价转让财产、以明显不合理的高价受让他人财产或者为他人的债务提供担保，影响债权人的债权实现，债务人的相对人知道或者应当知道该情形的，债权人

可以请求人民法院撤销债务人的行为”（第539条）。

债务人的有偿行为影响债权人债权实现的，须第三人（债务人的相对人）有过错，该过错的表现是第三人知道或者应当知道债务人的行为不当减少责任财产，影响债权人债权的实现。具体来说，一是知道或者应当知道价格不合理，二是知道或者应当知道不合理的价格损害了债权人的利益。

债务人为他人提供担保的行为，须相对人（担保权人）知道或者应当知道该行为将导致不当减少债务人的责任财产，影响债权人的债权实现。

第三人没有过错的，不得撤销。如此要求，是为了保护交易安全，保护交易相对人（第三人）的利益，使其免受不测之损害。对无偿行为的撤销（见第538条），第三人是无偿获得财产或者无偿获得财产利益，因此不以第三人有过错作为撤销的条件，即第三人没有过错也不影响撤销。

对于“明显不合理的低价”，实务中应当以交易当地一般经营者的判断为标准，参考交易当时交易地的物价部门指导价或者市场交易价，并结合其他相关因素综合考虑予以确认。转让价格达不到交易时交易地的指导价或者市场交易价70%的，一般可以视为明显不合理的低价；对转让价格高于当地指导价或者市场交易价30%的，一般可以视为明显不合理的高价。债务人以明显不合理的高价收购他人财产，人民法院可以根据债权人的申请，对此行为予以撤销。

五、债权人撤销权行使的具体问题及撤销权行使的效力

（一）撤销权的主体

撤销权的主体，是因债务人不当处分财产而受损害的债权人。债权人为数人时，可以共同行使此权利。

（二）行使的方式

1. 一般情形

债权人撤销权是形成诉权，由受害债权人以自己的名义通过诉讼程序行使该权利。债权人为原告，债务人为被告，受益人或者受让人为民事诉讼上的第三人。如果债权人提起撤销权诉讼未将受益人或者受让人列为第三人的，人民法院可以追加该受益人或者受让人为第三人

2. 债权人提起第三人撤销之诉的情形

债务人与第三人实施了《民法典》第538条、第539条规定的危害债权人利益的行为，债权人本可按一般程序起诉，请求撤销债务人的行为，但如果债务人起诉第三人，在诉讼过程中通过与第三人和解的方式实施了上述危害债权人利益的行为，受诉法院在债务人与第三人和解协议的基础上出具了民事调解书；民事调解书生效后，债权人可以依据《民事诉讼法》第56条第1款、第3款提起第三人撤销之诉①，请求撤销调解书。②

（三）除斥期间

“撤销权自债权人知道或者应当知道撤销事由之日起一年内行使。自债务人的行为发生之

① 《民事诉讼法》第56条第1款规定：“对当事人双方的诉讼标的，第三人认为有独立请求权的，有权提起诉讼。”第2款规定：“对当事人双方的诉讼标的，第三人虽然没有独立请求权，但案件处理结果同他有法律上的利害关系的，可以申请参加诉讼，或者由人民法院通知他参加诉讼。人民法院判决承担民事责任的第三人，有当事人的诉讼权利义务。”第3款规定：“前两款规定的第三人，因不能归责于本人的事由未参加诉讼，但有证据证明发生法律效力的判决、裁定、调解书的部分或者全部内容错误，损害其民事权益的，可以自知道或者应当知道其民事权益受到损害之日起六个月内，向作出该判决、裁定、调解书的人民法院提起诉讼。人民法院经审理，诉讼请求成立的，应当改变或者撤销原判决、裁定、调解书；诉讼请求不成立的，驳回诉讼请求。”

② 相关案例见最高人民法院发布的第27批指导案例中152号鞍山市中小企业信用担保中心诉汪薇、鲁金英第三人撤销之诉案，153号永安市燕诚房地产开发有限公司诉郑耀南、远东（厦门）房地产发展有限公司等第三人撤销之诉案。

日起五年内没有行使撤销权的，该撤销权消灭”（第541条）。一年除斥期间的起算，采取的是主观标准，即从知道或者应当知道之日起计算；五年除斥期间的起算，采取的是客观标准，即从行为发生之日起计算。

有人将“一年”和“五年”说成是选择关系，即“当事人应当在一年或者五年内行使撤销权”，这种观点是不正确的。五年，是行使撤销权最长时间的限制。其立法理由是防止财产关系过度不稳定。比如，债权人知道债务人的有害处分行为时，已经距该行为四年半，则债权人行使撤销权的期限只有半年了。

（四）必要费用的负担

债权人行使撤销权的必要费用，由债务人负担。必要费用主要包括诉讼费，债权人行使撤销权所支付的律师代理费、差旅费等；第三人有过错的，应当适当分担。

（五）撤销权行使的效力

“债务人影响债权人的债权实现的行为被撤销的，自始没有法律约束力”（第542条）。撤销权的效果，在于债务人财产的回归，债权人并不直接获得财产，这一点与代位权有明显不同。

债务人的财产回归之后，不但行使撤销权的债权人享有利益，其他债权人都可以因此享有利益。因为债务人的总财产是其总债务的担保。但基于公平原则，行使撤销权的原告应就诉讼上所支出的必要费用，优先受偿。

思考题

1. 简述债权人代位权的含义和意义。
2. 债权人代位权成立的条件是什么？
3. 浅论保存行为。
4. 简述债权人撤销权的含义和意义。
5. 债权人撤销权与合同撤销权的区别有哪些？
6. 债权人撤销权成立的要件是什么？
7. 债权人代位权与债权人撤销权的区别是什么？
8. 简述行使债权人撤销权的举证证明责任。

第六章
合同的变更与转让

第一节　合同的变更

一、合同变更概述

（一）合同变更的含义

合同变更，是指在主体不变的条件下，对合同内容的调整，包括对合同某些条款的修改或补充、去除。对合同内容的调整，就是对合同权利义务的调整。

合同法律关系的客体（标的）是给付。如果标的发生实质变化，等于成立了新的法律关系、成立了新的合同，这不属于合同变更。

合同变更，是针对已经成立的合同或生效的合同。无效合同不存在变更的问题。

合同变更分为合意变更和单方变更，单方变更权，须有法律的专门规定。

法律、行政法规规定变更合同应当办理批准、登记等手续的，依照其规定。应当办理申请批准等手续的当事人未履行该义务的，对方可以请求其承担违反该义务的责任。

（二）合同的变更与合同主体的变更

广义的合同变更，除包括合同内容的变更以外，还包括合同主体的变更，即由新的主体取代原合同的某一主体，这实质上是合同的转让。

合同内容的变更，是当事人权利义务关系的某种变化，它是本质意义上的变更。而合同主体的变更，则是合同某一主体与新的主体建立权利义务关系。因此，它不是本质意义上的变更。合同变更，是合同部分权利义务的变化，未变更的部分继续有效。如无特约，变更只向将来发生效力，已经履行的部分继续保持效力。

（三）合同的变更与更新不同

合同变更，是原合同双方当事人就合同法律关系的内容作局部调整，债的同一性不发生变化。更新也称为更改，是原双方当事人设定新的法律关系，取代旧的法律关系。更新，主体虽然没有发生变化，但债的同一性发生了变化，内容自然发生了变化。比如，甲欠乙货款 100 万元，到期甲未能清偿，双方协商一致，将货款转为借贷，即乙变成贷款人（出借人），甲变成借款人。

例：（1）第一年 3 月 1 日，甲（自然人）与乙公司签订《借款协议》，约定由甲借给乙公司 1 亿元，并约定了借款利率为“合同成立时一年期贷款市场报价利率的四倍”。

（2）第二年 4 月 1 日，甲与乙公司签订了《债权转股权协议书》，约定甲对乙公司的全部债权本息转为对丙公司（乙的子公司）的投资，甲按比例持有对丙公司的股权（“债转股”），乙相应减少对丙公司的股权。

(3) 第三年5月1日，甲与乙公司签订了《股权转债权协议书》，约定甲对丙公司的股权转为对乙公司的借款债权，但对利息没有约定。

(4) 第四年，甲向乙公司请求归还借款1亿元并请求按照“合同成立时一年期贷款市场报价利率的四倍”支付利息。

解：本案不发生合同变更和解除问题，而是有数次更新。

(1) 第一年3月1日，甲与乙公司成立的是民间借贷法律关系。

(2) 第二年4月1日的《债权转股权协议书》是第一次更新，原借款本金（主权利）与利息（从权利）包括对利息的约定一同消灭，产生股权。

(3) 第三年5月1日的《股权转债权协议书》不是对第二年4月1日的《债权转股权协议书》的解除，而是使股权再次更新为债权，原股权消灭。

(4) 甲对乙公司按照“合同成立时一年期贷款市场报价利率的四倍”支付利息的请求，人民法院不应予以支持，因为，该约定在第一次更新后失去效力，第二次更新又没有就该利率进行约定。

二、合意变更与变更权

(一) 合意变更

1. “当事人协商一致，可以变更合同”（第543条）。协商一致变更是合意变更。合意变更，是当事人以新的合同变更原合同。合意变更，适用要约和承诺的程序。[①]

例：甲打电话给乙，提出要约，要把自己的“百寿图”以1 000元的价格出卖给乙。乙当即同意，此为承诺。双方成立了买卖合同。第二天，乙给甲打电话，请求将价格变更至800元，这是要约，甲当即同意，这是承诺。双方以第二个合同变更了第一个合同。

例：张甲借给李乙100万元，借期为一年，双方约定为无息借款。到期李乙还给张甲100万元，并主动按银行的年利率支付了利息。后李乙以张甲严重侵害自己的近亲属为由，起诉请求撤销利息的给付，理由是：该利息的性质属于赠与。

解：双方的行为基于在前的借款合同，不是赠与。李乙主动支付利息是要约，张甲受领是承诺，双方以新的合意，变更了原无偿借贷的法律关系（变更为有息合同）。

2. “当事人对合同变更的内容约定不明确的，推定为未变更”（第544条）。这是为保护交易安全所作的规定。

3. 从保护交易安全的要求看，对要式合同的合意变更，该合意（第二个合同）也应当是要式合同，比如，对书面合同的变更合意，也应当采用书面形式。

(二) 变更权

变更权是指一方依法享有的单方通知对方变更合同的权利。《民法典》对变更权作出了规定，如第829条规定：“在承运人将货物交付收货人之前，托运人可以要求承运人中止运输、返还货物、变更到达地或者将货物交给其他收货人，但是应当赔偿承运人因此受到的损失。”单方变更权是简单形成权，变更的意思表示送达相对人时，合同即发生变更，不依赖于相对人的意思表示。

当事人也可以根据特殊需要，约定合同的单方变更权。

---

① 可以比较的是合意解除。《民法典》第562条第1款规定：“当事人协商一致，可以解除合同。”合意解除是当事人以新的合同解除原合同，合意解除，适用要约和承诺的程序。

三、补充协议与合同的变更

当事人签订合同后，经常签订补充协议，补充协议是合同的一部分，不是从合同。补充协议名义上是合同内容的补充，但实务中补充协议经常用来变更合同。应区别两种情况：其一，补充协议对合同中的漏洞进行填补，但补充协议设定的特殊条款与合同中的其他一般条款出现冲突时，应当认定特殊条款优先于一般条款。上述情况不属于合同的变更；其二，当事人合意变更了原条款，即补充协议的条款取代（而不是补充）原条款，比如买卖合同的单价由500元一吨改为550元一吨，就不是补充而是变更。

第二节　合同的转让

一、合同转让的含义

合同转让，即合同债权、债务的转让，在习惯上又称为合同主体的变更，是以新的债权人取代原合同的债权人，或新的债务人取代原合同的债务人，或者新的当事人既承受债权，又承受债务。上述三种情况，第一种是债权转让，第二种是债务转移，第三种是概括转让。

法律、行政法规规定转让其权利或者转移义务应当办理批准、登记等手续的，依照其规定。

不仅合同的债权可以转让、债务可以转移，其他非合同债权、债务也可以转让、转移。非合同债权、债务的转让、转移也可适用《民法典》对合同转让的规定。例如，张甲对李乙有1万元不当得利的债权，他可以将债权转让给李丙，有争议时，可适用《民法典》对合同债权转让的规定。

二、债权转让

（一）债权转让的含义和类型

1. 债权转让的含义

债权转让，是债权人将合同的债权全部或者部分转让给第三人。债权人是让与人（转让人），第三人被称为受让人。债权人作为转让人与受让人（第三人）之间的合同称为债权转让合同，也称为债权让与合同。债权让与合同是诺成合同。

债权是一种财产权，债权的转让，是财产的流通。债权可以有偿转让，也可以无偿转让，无偿转让债权的合同是赠与合同。

例： 张男支付了首付款12万元与房地产开发公司签订一份商品房买卖合同。房地产开发公司为张男出具了首付款收据。后来，张男与李女协商约定，将收据的付款人的名字和商品房买卖合同买受人的名字均改为张男与李女二人，以便将来取得不动产产权证时写两个人的名字（各占50%）。张男与李女共同到房地产开发公司办理了首付款收据与商品房买卖合同变更手续。在办理不动产登记之前，张男起诉李女要求撤销房屋赠与，理由是根据《民法典》第658条第1款的规定："赠与人在赠与财产的权利转移之前可以撤销赠与。"

解： 本案张男赠与李女的既不是房屋，也不是房屋所有权份额，而是对房地产开发公司的债权。该赠与是无偿转让债权的行为，使张男和李女成为房地产公司的共同债权人，请求权的内容是请求交付标的房屋并办理所有权转移登记手续。在张男和李女内部，对共同债权各有

50%的份额，对该无偿转让的50%的份额，李女是既得权，故张男没有《民法典》第658条第1款规定的任意撤销权。

2. 债权转让的类型

（1）金钱债权的转让和非金钱债权的转让

比如，转让请求支付货款的债权是金钱债权的转让，转让请求交货的债权是非金钱债权的转让。金钱债权的流通性比非金钱债权的流通性强。

（2）到期债权的转让和未到期债权的转让

比如，甲欠乙100万元货款，应当在当年6月1日至7月1日支付，债权人乙若在6月1日前将债权转让，是未到期债权的转让，若在6月1日至7月1日以及7月1日后转让，是到期债权的转让。

（3）证券化的债权的转让与非证券化的债权的转让

证券，是格式化的书面凭证。证券化的债权，具有高度的流通性，根据其性质及为节约成本，该转让不需要通知债务人。证券化的债权，以证券表明拥有债权，即持有者为债权人。证券化债权的转让采用向受让人交付证券的方式。比如，张某有一张电影票，要将其转让给李某，并不需要通知电影院（债务人），持票者即为债权人。没有采取证券形式的债权，就是非证券化的债权，以合同确定的债权一般是非证券化债权，这种债权的转让采通知方式。

（二）不得转让的债权

债权自由转让是一般原则，但有除外规定。"债权人可以将债权的全部或者部分转让给第三人，但是有下列情形之一的除外：（一）根据债权性质不得转让；（二）按照当事人约定不得转让；（三）依照法律规定不得转让"（第545条第1款）。

1. 根据性质不得转让的债权

根据性质不得转让的债权，是不得由债权人单方决定向第三人转让的债权。债权分为金钱债权和非金钱债权，按性质不得转让的债权多为非金钱债权。

例：甲与乙签订了一份承揽合同，由甲（承揽人）为乙（定作人）装修某小区某楼201室。

解：乙的债权是请求装修房屋，是非金钱债权。乙的债权按性质是不得转让的债权，因为要装修的物（201室），是特定物、独一无二的物。甲的债权是收取报酬，是金钱债权，是可以转让的。

根据特殊信任关系而发生的债权按性质不得转让，这种债权转让会侵害债务人的利益。如雇佣合同中雇主的债权、租赁合同中承租人的租赁权（债权）等，非经对方同意不得转让。

2. 按照当事人约定不得转让的债权

"当事人约定非金钱债权不得转让的，不得对抗善意第三人。当事人约定金钱债权不得转让的，不得对抗第三人"（第545条第2款）。善意第三人是知情的第三人。例如，甲与乙签订买卖合同，将100万元的水泥卖给乙，双方约定买受人乙的债权（非金钱债权）不得转让。之后，乙擅自将其债权转让给第三人丙，丙去甲处提货时，遭到拒绝。如果丙不知道甲、乙的约定（善意）则债权转让有效，甲应当交货，若丙知道双方的约定（非善意），则转让对甲不发生效力。

3. 法律规定禁止转让的债权

例如，《民法典》第445条规定："以应收账款出质的，质权自办理出质登记时设立。应收账款出质后，不得转让，但是经出质人与质权人协商同意的除外。出质人转让应收账款所得的价款，应当向质权人提前清偿债务或者提存。"应收账款是一种债权。

（三）转让通知及撤销通知的禁止

1. 债权转让的通知

"债权人转让债权，未通知债务人的，该转让对债务人不发生效力"（第546条第1款）。

债权转让采通知原则而不采取得债务人同意原则，这增加了合同债权的流通性，符合市场经济的交易规律。

（1）一般情况下，债权人负担向债务人发出债权转让通知的义务

《民法典》没有规定债权人通知债务人的义务①，这是因为在特殊情况下可以不通知。如有的债权转让人和受让人约定先不通知债务人，约定的条件成就后再通知（如保理合同中的暗保理），此种约定自当允许。

一般情况下，债权人承担向债务人发出债权转让通知的义务。让与人和受让人可以约定这项义务，没有明确约定的，也可以通过意思表示的解释确定这项义务。

对转让债权，债权人可以亲自通知，也可以委托他人（包括债权受让人）通知。

（2）通知债务人后，对其发生效力

债权转让合同是诺成合同，成立生效后，不按约定通知债务人是违约行为，但不影响债权转让合同的效力。债权人转让债权，不以债务人的同意为必要，但未经通知，债务人对债权受让人不负担债务。

债权转让通知于送达时生效。债权转让通知送达后，新的债权产生，原债务人对新债权人负有义务。通知送达之前债务人向债权人履行的，债权人不得以债权已经转让为由拒绝受领。

债权转让通知的送达，实质是对债务人主张权利的行为，故发生中断诉讼时效的效果。《诉讼时效规定》第17条第1款规定："债权转让的，应当认定诉讼时效从债权转让通知到达债务人之日起中断。"

2. 撤销通知的禁止

"债权转让的通知不得撤销，但是经受让人同意的除外"（第546条第2款）。债权人转让债权的通知送达后，其债务人转成受让人的债务人，故其通知不得撤销，但经债权受让人同意的除外。这是为了保护受让人利益作出的规定。债权人将债权转让给受让人之后，又通知债务人撤销转让，要求债务人向自己履行的，债务人可以提出权利已消灭的抗辩。

例：债权人甲通知债务人乙，债权已经转让给第三人丙，让乙向丙履行，第二天，甲又自食其言，要求乙向自己履行。问：乙有无向甲履行的义务？

解：甲没有撤销转让通知的权利，乙已没有向甲履行的义务，乙可向甲提出权利已消灭的抗辩。如果乙向甲履行，受让人丙仍有权请求乙履行。

债权让与通知可以撤回，撤回是在债权让与通知尚未生效的情况下，取消通知。因此，撤回通知应当在债权让与通知到达债务人之前到达，或与债权让与通知同时到达。

3. 三方协议转让债权的，无须再行通知

实务中，经常有债权人、受让人、债务人三家签订债权转让协议，此种情形债务人已经参与到协议之中，了解债权转让的事实，自不发生通知的问题，在协议生效时债务人对受让人负担履行义务。

债权、债务移转的三家协议，有的地方称为"磨账"。

（四）债权转让的效力

1. 债权转让的内部效力

债权转让在让与人和受让人之间的效力，为债权转让的内部效力。内部效力即债权人与受让人之间债权转让合同的效力。

① 原《合同法》第80条规定："债权人转让权利的，应当通知债务人。未经通知，该转让对债务人不发生效力。债权人转让权利的通知不得撤销，但经受让人同意的除外。"《民法典》去掉了"应当通知债务人"6字。

（1）受让人取得债权人的地位

在受让人取得转让的标的债权后，让与人脱离与债务人的关系，受让人取代债权人的地位，有权要求债务人向自己履行义务。在债权部分转让的场合，原债权人就转让的部分丧失债权（就该部分脱离债权），与受让人一起，就各自的部分，独立享有债权。这种债权，并不是连带债权。

（2）从权利转移

“债权人转让债权的，受让人取得与债权有关的从权利，但是该从权利专属于债权人自身的除外。受让人取得从权利不因该从权利未办理转移登记手续或者未转移占有而受到影响”（第547条）。

其一，从权利随同主债权的转移与限制。

从权利是从属于主债权的权利，有担保权（保证债权、担保物权）、利息债权、违约金债权、请求赔偿权等。“从随主”，主权利转移，从权利随同转移，但与转让人有专属关系（不可分离关系）的从权利除外。与自然人的身份、人身有特定联系的债权，是专属于债权人自身的从权利，不随同主债权人转移。这种专属性也可以产生于约定。如《民法典》第696条第2款规定：“保证人与债权人约定禁止债权转让，债权人未经保证人书面同意转让债权的，保证人对受让人不再承担保证责任。”条文中特别约定的保证债权（从权利），就与转让人有不可分离的关系。另外，法律对“从随主”作限制规定的，自应遵循其规定。①

有些债权是可分债权（如金钱债权），可以被分割或者部分转让。《担保制度解释》第39条第1款规定：“主债权被分割或者部分转让，各债权人主张就其享有的债权份额行使担保物权的，人民法院应予支持，但是法律另有规定或者当事人另有约定的除外。”

其二，从权利的转移不受“未转移登记”“未转移占有”的影响。

登记担保物权（从物权）有抵押权、权利质权。不动产抵押权的设立，采登记生效主义②，动产抵押权的设立，采登记对抗主义。③权利质权有的采登记生效主义，有的采交付生效主义。④

例：甲对乙有1000万元的债权，由丙提供一套房屋作抵押担保并办理了抵押登记，登记的抵押权人是甲，后甲将债权转让给丁，尽管未将抵押权人转移登记为丁，丁仍然享有对丙的抵押权。⑤

---

① 如《民法典》第407条第2句规定：“债权转让的，担保该债权的抵押权一并转让，但是法律另有规定或者当事人另有约定的除外。”第421条规定：“最高额抵押担保的债权确定前，部分债权转让的，最高额抵押权不得转让，但是当事人另有约定的除外。”

② 《民法典》第395条第1款规定：“债务人或者第三人有权处分的下列财产可以抵押：（一）建筑物和其他土地附着物；（二）建设用地使用权；（三）海域使用权；（四）生产设备、原材料、半成品、产品；（五）正在建造的建筑物、船舶、航空器；（六）交通运输工具；（七）法律、行政法规未禁止抵押的其他财产。”第402条规定：“以本法第三百九十五条第一款第一项至第三项规定的财产或者第五项规定的正在建造的建筑物抵押的，应当办理抵押登记。抵押权自登记时设立。”

③ 《民法典》第403条规定：“以动产抵押的，抵押权自抵押合同生效时设立；未经登记，不得对抗善意第三人。”

④ 《民法典》第441条规定：“以汇票、本票、支票、债券、存款单、仓单、提单出质的，质权自权利凭证交付质权人时设立；没有权利凭证的，质权自办理出质登记时设立。法律另有规定的，依照其规定。”第443条第1款规定：“以基金份额、股权出质的，质权自办理出质登记时设立。”第444条规定：“以注册商标专用权、专利权、著作权等知识产权中的财产权出质的，质权自办理出质登记时设立。”第445条第1款规定：“以应收账款出质的，质权自办理出质登记时设立。”

⑤ 《不动产登记暂行条例实施细则》第69条规定：“因主债权转让导致抵押权转让的，当事人可以持不动产权属证书、不动产登记证明、被担保主债权的转让协议、债权人已经通知债务人的材料等相关材料，申请抵押权的转移登记。”

动产占有担保物权（从物权）有质权、留置权。有些权利质权，质权人须取得占有（见第441条）。

质权、留置权是动产担保物权，以占有为成立和存续的要件。“质权自出质人交付质押财产时设立”（第429条）。交付，是指交付占有，即质权人（必为债权人）取得占有时质权设立，不是质押合同成立时设立。留置权成立时必先取得占有。① 不过，债权转让时，债权受让人尽管未取得占有，仍可取得债权或留置权。

例：张甲对李乙有70万元的债权，李乙将一匹赛马交付给张甲作为质押担保，后张甲将债权转让给王丙，在张甲将赛马交付给王丙占有之前，王丙即享有质权。

例：甲对乙有100万元的债务，到期未履行，债权人乙留置了甲的一台车床，在占有这台机器期间，乙将债权转让给了第三人丙，但乙仍然占有这台机器。丙是否享有留置权？

解：丙享有留置权。乙、丙之间形成占有媒介法律关系，在该法律关系中，丙是间接占有人，乙是直接占有人，丙有权要求乙向自己交付占有。

2. 债权转让的外部效力

债权让与的外部效力，是指债权转让合同之外有关法律关系的效力，包括让与人和债务人之间的效力、受让人与债务人之间的效力。

(1) 在让与人和债务人之间的效力

标的债权转让给受让人之后，让与人与债务人就标的债权脱离关系。债权部分转让的，让与人就转让的部分和债务人脱离关系。

“因债权转让增加的履行费用，由让与人负担”（第550条）。比如，甲将对乙请求交付货物的债权转让给丙，乙向丙发货增加的3万元运输费，其有权向甲请求支付。

(2) 在受让人与债务人之间的效力

受让人取得债权之后，债务人是受让人的债务人，受让人有权要求债务人履行债务。受让人取得的债权，是诉讼时效因中断而重新计算诉讼时效的债权，即诉讼时效从债权转让通知到达债务人之日起中断。

为保护债务人，《民法典》规定了债务人的抗辩的权利和抵销权。

其一，负担抗辩权利的债权被转让，债务人可向受让人主张抗辩。

“债务人接到债权转让通知后，债务人对让与人的抗辩，可以向受让人主张”（第548条）。债权的转让可分为负担抗辩权利的债权的转让和不负担抗辩权利的债权的转让。

所谓负担抗辩权利的债权，也称为附抗辩权利的债权，是债务人在接到债权转让通知前，由于债权人的原因而成立债务人抗辩权利的债权。比如出卖人发的货有重大瑕疵，买受人对货款债权享有履行抗辩权，出卖人将货款债权转让给第三人，就是负担抗辩权利的债权的转让，买受人有权对第三人（受让人）行使履行抗辩权，即有权向拒绝向第三人支付货款。债务人的抗辩权利不因转让而消灭，自可对受让人行使，否则就会陷债务人于随时被“坑”的境地。

所谓不负担抗辩权利的债权，是在接到转让通知前，债务人对债权人不享有抗辩权利的债权，这种债权没有权利负担。

债务人对受让人的抗辩，可以是行使履行抗辩权、诉讼时效抗辩权等，也可以是主张其他抗辩事由，如主张已经向让与人履行了全部或部分债务（权利已消灭或部分消灭的抗辩）。

例：甲对乙的10万元借款的债权已经超过了诉讼时效，甲又将债权转让给了丙，受让人

① 《民法典》第447条规定：“债务人不履行到期债务，债权人可以留置已经合法占有的债务人的动产，并有权就该动产优先受偿。前款规定的债权人为留置权人，占有的动产为留置财产。”第457条规定：“留置权人对留置财产丧失占有或者留置权人接受债务人另行提供担保的，留置权消灭。”

丙要求乙履行10万元的债务，则乙对甲的诉讼时效抗辩权，可以向丙行使，即乙可以拒绝向丙履行债务。

例：甲方卖给乙方价值10万元的电器，乙方收货后，发现该批货物没有安全认证标志，即以甲方违反国家强制性规定为由拒绝付款，并准备退货，而甲方已将货款债权转让给丙方。

解：在这种情况下，乙方对甲方的履行抗辩权，可以对丙方主张，即可拒绝向丙交付货款。如果乙方退货的话，是向甲方退货；丙方受让的只是货款债权，甲方并非将权利义务一并转让给了丙方。

其二，负担抵销权的债权被转让及与转让债权基于同一合同产生的债务人债权，债务人可向受让人主张抵销。

“有下列情形之一的，债务人可以向受让人主张抵销：（一）债务人接到债权转让通知时，债务人对让与人享有债权，且债务人的债权先于转让的债权到期或者同时到期；（二）债务人的债权与转让的债权是基于同一合同产生”（第549条）。这里所说的抵销，是单方有权抵销，不是合意抵销。

A. 债权的转让可分为负担抵销权的债权的转让和不负担抵销权的债权的转让。所谓负担抵销权的债权，也称为附抵销权的债权，是债权让与人的可被债务人抵销的债权；债务人没有抵销权就是不负担抵销权的债权。

债务人对债权人也享有债权，并且债务人的债权先到期或者同时到期的，债务人本来是可向债权人抵销的，债权人却把负担抵销权的债权转让给第三人（受让人），则债务人可以掉转炮口，通知债权受让人抵销。债务人的债权是在接到债权转让通知之前发生的，接到通知时仍然存在。

例：甲方4月份卖给乙方一批茶叶，乙方应于当年10月1日支付100万元茶叶款。甲方曾欠乙方50万元蔬菜款，应于当年9月1日付款。至当年9月20日，甲方将100万元的债权转让给丙方，丙方受让该债权后，于当年10月1日要求乙方偿付。

解：乙方可以甲方尚欠自己50万元蔬菜款为由主张抵销权，不考虑利息的话，乙方付给丙方50万元即可。

B. 债务人的债权与转让的债权是基于同一合同产生时，债务人可以成立抵销权，该抵销权得对受让人行使。

例：施工人甲在与发包人乙的施工合同中，对乙享有1 000万元施工费的债权，但由于甲逾期交付工程，应当按约定向乙交付90万元迟延履行的违约金。债权人甲通知债务人乙，1 000万元债权已经转让给了第三人丙，通知于当年3月1日送达，当受让人丙向乙主张1 000万元债权时，乙有权主张抵销90万元。道理在于，乙的抵销权本来是可以向甲行使的，不能因甲转让债权而消灭。

上述90万元迟延履行的违约金，若发生在3月1日债务人乙接到债权转让通知以前，因为债务人乙基于同一合同产生的债权，而甲的转让债权，亦为负担抵销权的债权；若90万元发生在3月1日债务人乙接到债权转让通知以后，乙也有权对受让人丙行使。

需注意的问题有，一是基于同一合同产生的两个可以抵销的债权，须给付种类相同；二是同一双务合同的两个对价式的债务，不可抵销，一方转让债权时，对方也不得向受让人抵销。

例：甲与乙签订18万元的买卖合同，约定买受人乙3月1日付款及出卖人甲同年6月1日前发货。合同签订后，甲将货款债权转让给丙，乙不能以请求发货的债权抵销丙的货款债权，因为，两个债权的给付种类不同。顺便指出，对价性的两个债权，不但不能通知抵销，也不能合意抵销。

三、狭义的债务转移

（一）债务转移的含义

债务转移包括狭义的债务转移和债务加入。

狭义的债务转移又称为免责的债务承担，是指债务人将合同的全部债务或者部分债务转移给第三人。

债务加入，又称为并存的债务承担，是在原债务人不变的情况下，加入了新的债务人，新债务人与原债务人承担连带债务。债务加入，属于广义的债务承担。

例：债务人乙经债权人甲同意，将10万元债务中的5万元债务转移给丙承担。这是免责的债务承担，还是并存的债务承担？丙不履行该5万元，乙有无担保责任？

解：本案是免责的债务承担，不是并存的债务承担。乙就该5万元免责，乙对丙的5万元债务，没有担保责任。

债务转移分为金钱债务的转移和非金钱债务的转移。例如，甲欠乙3万元货款，经乙同意，甲将全部金钱债务转移给丙，那么丙即为乙的债务人，承担清偿债务的责任。再如，甲收乙货款10万元，经乙的同意，甲将发货的义务转移给丙，这是非金钱债务的债务转移。

合同债务之外的其他债务的转移，适用合同债务转移的规定。

（二）狭义债务转移的条件

（1）须存在合同债务或者其他债务。没有债务，债务人与第三人的债务承担合同（债务转移合同）不能产生效力。

（2）被转移的债务具有可转移性。债务的可转移性，是指按性质可以转移以及法律没有禁止转移。为了维护社会某种利益，法律也会禁止某种债务的转移。如为防止不正当竞争，《招标投标法》第48条第1款规定："中标人应当按照合同约定履行义务，完成中标项目。中标人不得向他人转让中标项目，也不得将中标项目肢解后分别向他人转让。"转让中标项目（包括肢解后转让），是转让非金钱债务的行为，即便债权人同意，也不得转让。

（3）第三人与债务人达成协议。第三人是债务受让人，也称为债务承担人。第三人与债务人达成的协议是债务承担合同（债务转移合同），该合同应当符合《民法典》对合同的一般要求。

（4）"债务人将债务的全部或者部分转移给第三人的，应当经债权人同意"（第551条第1款）。未经同意的，不发生债务转移的后果。与债权转让不同，前者是"通知"对方，后者是经对方"同意"。对债权转让和债务转移采取不同的态度，是因为债务转移涉及债务受让人履行能力的问题，而债权转让债务人没有发生变化，对履行能力没有影响。

"债务人或者第三人可以催告债权人在合理期限内予以同意，债权人未作表示的，视为不同意"（第551条第2款）。债权人拒绝债务转移的，可以是明示拒绝，也可以是默示拒绝。

对于催告，债权人可以明示拒绝，债权人在合理期限内保持沉默（未表态）的，视为不同意。合理期限的长度，应结合个案具体情况依据诚实信用原则予以判断，比如，甲公司将对乙公司的巨额债务转让给第三人丙公司，催告债权人乙公司在一天内予以同意，由于是巨额债务，乙公司需要通过董事会作出决议，一天的时间过短，显然不是合理期限。如果时间过长，也可能不是合理期限。

债务人转移债务征求债权人同意的，本质上是同意履行债务的意思表示，故引起诉讼时效的中断。《诉讼时效规定》第17条第2款规定："债务承担情形下，构成原债务人对债务承认的，应当认定诉讼时效从债务承担意思表示到达债权人之日起中断。"

（三）债务转移的效力

1. 原债务人免责、新债务人产生

对于原债务人全部免责或者部分免责，由新债务人承担全部或者部分债务。原债务人对新债务人没有担保责任。

2. 抗辩权利的转移及抵销的禁止

“债务人转移债务的，新债务人可以主张原债务人对债权人的抗辩；原债务人对债权人享有债权的，新债务人不得向债权人主张抵销”（第 553 条）。

(1) 债务人向第三人转移债务，债务人的抗辩权和其他抗辩的权利，随同转移给第三人（新债务人），新债务人可以主张原债务人对债权人的抗辩。

例：甲、乙双方订立承揽合同，约定承揽人甲方 4 月 1 日交付工作成果，乙方同年 5 月 5 日付款 7 万元。甲方履行义务、乙方接受工作成果后，乙方经甲方同意在 4 月 2 日将 7 万元债务转让给丙方，乙方在 4 月 3 日将检验结果通知丙方，说明接受的工作成果基本不符合要求。

解：丙方可以行使原债务人乙方对债权人甲方的履行抗辩权，在甲方修理或重作之前，拒绝支付 7 万元。

(2) 新债务人不能用“原债务人的债权”向债权人主张抵销。“原债务人的债权”源于另外的法律关系，抵销权，是以自己的债权冲抵自己的债务的权利，债务转移是债务本体转移，可以用来抵销的债权并没有转让，如果允许新债务人抵销，就等于允许其处分原债务人的权利，结果侵害债权人的利益。毫无疑问，新债务人可以用“自己的债权”向债权人主张抵销。

3. 从债务的转移

“债务人转移债务的，新债务人应当承担与主债务有关的从债务，但是该从债务专属于原债务人自身的除外”（第 554 条）。与主债务有关的从债务，包括利息债务、“从给付义务”等。“从给付义务”是相对于“主给付义务”而言的，例如，甲给乙发货应当附产地证明书，“发货”是主给付义务，交付产地证明书是从给付义务。

例：甲、乙双方约定，甲方借给乙方（著名画家）100 万元人民币，乙方除到期返还 100 万元本金外，还要给甲方画一幅肖像充抵利息，因为乙方是著名画家。当 100 万元本金债务转移时，乙方给甲方画一幅肖像的从债务不发生转移。

4. 债务转移对人的担保和物的担保的影响

(1) 人的担保是指保证，主债务人向第三人转移债务，未取得主债权人同意，主债务人不发生转移，保证也没有变化；若取得主债权人同意但未取得保证人书面同意，则保证人免责（见第 696 条第 2 款）。即有保证时，需要“双同意”，而且保证人的同意须采用书面形式。

(2) 物的担保有债务人自己提供的物保和第三人提供的物保。债权人同意债务人向第三人转移债务，债务人自己提供的担保仍担保第三人对债务的履行。《民法典》第 391 条规定：“第三人提供担保，未经其书面同意，债权人允许债务人转移全部或者部分债务的，担保人不再承担相应的担保责任。”即有第三人物保时，需要“双同意”，而且该第三人的同意须采用书面形式。

主债务可能被分割或者部分转移。《担保制度解释》第 39 条第 2 款规定：“主债务被分割或者部分转移，债务人自己提供物的担保，债权人请求以该担保财产担保全部债务履行的，人民法院应予支持；第三人提供物的担保，主张对未经其书面同意转移的债务不再承担担保责任的，人民法院应予支持。”

四、债务加入

(一) 债务加入的含义

债务加入，也称为并存的债务承担，是第三人加入既存的债的关系，成为并列的债务人，第三人与原债务人构成连带债务。债务加入属于广义的债务转让。“第三人与债务人约定加入债务并通知债权人，或者第三人向债权人表示愿意加入债务，债权人未在合理期限内明确拒绝的，债权人可以请求第三人在其愿意承担的债务范围内和债务人承担连带债务”(第552条)。[①]

例：甲对乙有60万元债务，甲、乙、丙三人约定：“其中10万元由丙偿还”，因多了一个丙，有人就认为是债务加入。丙不是债务加入，而是对10万元的免责的债务承担（狭义的债务转让），乙的债务由于转让，变成了50万元。如果甲、乙、丙三人约定：“其中10万元丙也承担偿还责任”，则丙是10万元的债务加入，即是说，对60万元中的10万元，乙、丙承担连带债务。

例：张甲找到王丙说，你儿子李乙（已满18周岁）借我3万元，到现在不还，再不还我就不客气了。王丙当即拿出3万元还给张甲。因多了一个王丙，有人就认为是债务加入。本案没有形成连带债务，王丙不是债务加入，而是第三人代为履行。

被加入的原债务，可以是法定之债，也可以是意定之债，可以是单独债务，也可以是连带债务（连带责任）。单独债务的加入，变成连带债务；连带债务的加入，多了连带债务人。

(二) 第三人债务加入的方式

第三人债务加入有两种方式。

其一，第三人与债务人“约定”并通知债权人，该“约定”与狭义的债务承担（债务转移）不同，其本质上是委托合同，债务人是委托人，第三人是受托人。

其二，第三人与债务人没有约定，直接向债权人表示愿意加入债务，而债权人未在合理期限内明确拒绝，此种情形，第三人与债务人是无因管理关系。例如，张甲借给李乙1万元。债务人李乙到期不还，债权人张甲找到居间人王丙，说，看你的面子，我才借给李乙钱的，你看怎么办吧？王丙内心愧疚，就给张甲写了一张1万元的欠条。王丙是债务加入，与李乙一起承担连带债务。王丙是无因管理人。

第三人向债权出具承诺函等文书，表明由其偿还债务从而免除债务人责任，这种表示是免责债务承担的表述，除非债权人明确表示接受，不能发生免责债务承担的效力，也不发生债务加入的效力，因为这类承诺函只能构成要约。第三人出具承诺函等文书表明自己承担债务，但未表明债务人免责的，可以构成债务加入（并存的债务承担）。

(三) 加入人与债务人的原因法律关系

加入人与债务人的原因法律关系，有两种：一是委托关系，即加入人受债务人的委托加入债的关系；二是无因管理关系，即加入人未受委托而管理债务人的事务。

例：甲公司是施工合同的施工人，工程竣工后，发包方乙公司总是拖着不验收，丙公司出面给甲公司写了一个函件，说我司来主持验收，验收合格的话，我司承担支付工程款的债务。丙公司验收合格后拒不付款。经查，乙公司和丙公司的法定代表人是同一个人，乙公司是丙公司是全资子公司。律师A欲代理甲公司起诉。律师A的担心是：起诉乙公司，怕乙公司说是

---

① 《担保制度解释》第12条规定：“法定代表人依照民法典第五百五十二条的规定以公司名义加入债务的，人民法院在认定该行为的效力时，可以参照本解释关于公司为他人提供担保的有关规则处理。”关于公司为他人提供担保的有关规则见该解释的第7条至第11条。

债务已经转让给丙公司了，你甲公司也已经同意了；起诉丙公司，又担心丙公司说是乙公司的债务。

解：乙公司和丙公司的法定代表人是同一个人，乙公司从一开始就知道丙公司的行为，应认为两个公司之间有合意，即两个公司有两个意思表示的合致[①]，故应排除无因管理，唯一的可能，是两个公司间有委托关系。本案是由委托产生的债务加入（并存的债务承担），如果发包人乙公司免责，须甲公司的明示同意。乙公司和丙公司承担连带责任，可列为共同被告起诉。

法定代表人不像代理人那样有自己独立的意思表示，因此不会发生双方代理或类似双方代理的情形。

（四）债务加入与自始连带债务、连带保证、第三人履行的区别

1. 债务加入与自始连带债务的区别

（1）发生的时间不同。债务加入是嗣后连带债务，自始连带债务，顾名思义，从一开始就是连带债务，也就是说两种连带债务发生的时间不同。原来有一个连带债务（连带责任），后来第三人加入债务，多了一个连带债务人，这是一个新债。[②]

（2）发生的原因不同。债务加入行为，是意思表示行为，债务加入人承担债务都是因自己的意思表示，因自己的许诺。自始连带债务，可以是法定之债，如因共同侵权产生的连带债务；也可以是意定之债，如因合伙产生的债务。

至于为什么要债务加入，那是动机，不是法律关系发生的原因。

2. 债务加入与连带保证债务的区别

（1）债务加入人的债务，是与原债务并存并立的自己债务，没有主从关系，不适用保证期间（除斥期间）。保证人的债务则为保证他人的债务，是从属于主债务的债务，存在主从关系，适用保证期间（除斥期间）。

《担保制度解释》第 36 第 1 款规定："第三人向债权人提供差额补足、流动性支持等类似承诺文件作为增信措施，具有提供担保的意思表示，债权人请求第三人承担保证责任的，人民法院应当依照保证的有关规定处理。"第 2 款规定："第三人向债权人提供的承诺文件，具有加入债务或者与债务人共同承担债务等意思表示的，人民法院应当认定为民法典第五百五十二条规定的债务加入。"第 3 款规定："前两款中第三人提供的承诺文件难以确定是保证还是债务加入的，人民法院应当将其认定为保证。"第 4 款规定："第三人向债权人提供的承诺文件不符合前三款规定的情形，债权人请求第三人承担保证责任或者连带责任的，人民法院不予支持，但是不影响其依据承诺文件请求第三人履行约定的义务或者承担相应的民事责任。"

其一，对第三人向债权人提供差额补足、流动性支持等，有人认为是债务加入，有人认为是保证，依上述第 1 款，一般应认定为保证。

其二，依照上述第 2 款，第三人可以承诺加入主债务。

其三，依照上述第 3 款，对第三人难以区分是保证还是债务加入的，则推定为保证。这对第三人有利，因为，保证适用保证期间，保证人有"脱保"的机会。

其四，依照上述第 4 款，第三人的承诺，可能既不是保证，也不是债务加入，此时第三人仍应履行保证、债务加入以外的义务。

（2）债务加入，不以原债务人到期不履行为条件。保证，是当债务人不履行到期债务或

① 对"一手托两家"，可以参考《民法典》第 168 条第 2 款对双方代理的规定："代理人不得以被代理人的名义与自己同时代理的其他人实施民事法律行为，但是被代理的双方同意或者追认的除外。"

② 更多的情形，是原来有一个单独债务，后来第三人加入债务，变成了连带债务。

者发生当事人约定的情形时，保证人为给付的债务。即是说，保证债务是附条件的给付（不是附条件的合同）。连带保证和一般保证的条件不同，一般保证所附条件是债务人客观履行不能。

例：甲对乙有100万元的债权。（1）丙对甲发函说："乙到期（履行期限届满）不能履行我来履行。"（2）丁对甲发函说："乙到期（履行期限届满）未履行我来履行。"（3）戊对甲发函说："乙的债务就是我的债务，到期你可直接找我履行。"（4）己对甲发函说："乙的债务就是我的债务，到期他不履行我承担连带责任。"

解：（1）是一般保证。（2）是一般保证。（3）是债务加入，到期前和到期后都可以债务加入。（4）是连带保证。

（3）实务中，提供保证多因主债务人的委托，极少因无因管理发生；债务加入也多因债务人的委托，但无因管理的债务加入比保证相对多些。

3. 债务加入与第三人履行的区别

第三人履行，有三种情况。

第一种是第三人代为履行（第523条），此第三人不是债务人，而加入人是债务人。

第二种是狭义的涉他合同中，第三人是债务人，这是自始设定的债务，而且签订合同的债务人与第三人不是连带债务（如商品房买卖合同中物业服务的约定）；债务加入是嗣后加入，且是连带债务。

第三种是第三人行使代为履行权（第524条），第三人虽然履行了债务人的债务，但是为了自己的利益，不是为债务人的利益，而债务加入是为了债务人的利益。

（五）加入人行使原债务人抗辩的权利及以原债务人债权抵销的禁止

债务加入也适用《民法典》第553条。其一，原债务人"原地不动"还是债务人，新债务人（加入人）作为连带债务人也可以主张原债务人对债权人的抗辩。其二，加入人不得行使原债务人的抵销权。因为，抵销权是以自己的债权抵销自己的债务的权利，债务加入只是承担债务，加入人无权行使原债务人的债权，无权用其债权抵销自己的债务。

五、概括转让

（一）概括转让的含义和条件

概括转让，是指合同一方当事人将自己在合同中的权利和义务一并转让给第三人。

这里所说的概括转让是意定概括转让。当事人一方将自己在合同中的权利义务一并转让给第三人的条件，是取得对方当事人的同意（见第555条）。例如，买卖合同的出卖人甲将收款的权利和发货的义务转让给第三人丙，应当取得买受人乙的同意；转让之后丙成为该合同的出卖人，甲退出合同法律关系。

（二）概括转让的法律适用

"合同的权利和义务一并转让的，适用债权转让、债务转移的有关规定"（第556条）。其中，涉及从权利的转让（第547条）、从债务的转移（第554条）、抗辩权利的转移（第553条）等。

在概括转让的情况下，新的合同当事人取得与债权有关的从权利，但该从权利专属于债权人自身的除外；新的合同当事人应当承担与主债务有关的从债务，但该从债务专属于原债务人自身的除外。

在概括转让的情况下，债务人对让与人抗辩的权利（抗辩权和其他抗辩的权利），可以向受让人主张。

思考题

1. 简述合同变更的含义和分类。
2. 简述合同转让的含义和分类。
3. 论债权转让。
4. 结合实例说明债权不得转让的情形。
5. 论债务转移。
6. 论债务加入。
7. 区分债务加入与保证的意义是什么？
8. 简述合同权利义务的概括转让。

第七章
合同权利、义务的终止

第一节　合同权利义务终止概述

一、合同权利义务终止的含义

合同权利义务的终止，是指由于一定的法律事实的发生，使合同设定的权利义务归于消灭的法律现象。例如，李某买了一部电话机，发现质量不好，遂到商店退货，收回自己已经支付的价款。这就是通过解除的方式终止其与商店建立的买卖合同关系。

有开始就有结束。合同是有期限的民事法律关系，不可能永久存续。合同是一个运动过程，因订立而产生，因履行、解除、抵销、免除、混同等事由而消灭。

"合同的权利义务关系终止，不影响合同中结算和清理条款的效力"（第567条）。结算和清理条款，是指当事人在合同中约定的关于经济往来或财务的结算以及合同终止后处理遗留财产问题的条款。可以说，结算和清理条款是为合同终止而事先约定的，具有相对独立的效力，不因合同的终止而失去效力。这种条款，实际上是解决遗留问题的条款。

合同权利义务的终止，也不影响合同中有关解决争议方法的条款的效力。

二、合同权利义务终止的原因

"有下列情形之一的，债权债务终止：（一）债务已经履行；（二）债务相互抵销；（三）债务人依法将标的物提存；（四）债权人免除债务；（五）债权债务同归于一人；（六）法律规定或者当事人约定终止的其他情形。合同解除的，该合同的权利义务关系终止"（第557条）。

在以上导致合同权利义务终止的诸原因中，债务已经按约定履行，是合同终止最正常、最主要的原因。如李某买一部电话机，交钱收货，双方无争议，则双方的买卖合同因得到正常履行而终止。从满足债权的角度而言，履行又称为清偿。按约、全面履行合同，使债权人实现了债权，从而使债权、债务同时消灭，合同不复存在。

法律规定或者当事人约定合同终止的其他情形包括：合同当事人死亡、破产而债务无人继受，约定的终止期限届满，等等。

合同约定的终止期届满与合同约定的履行期届满不同。如买卖合同约定"出卖人10月以前发货"，到了10月份出卖人没有发货，合同并没有终止，买受人可以解除合同。有时履行期届满就是终止期届满，如租赁合同的履行期就是合同持续的期限，履行期届满，合同终止，不发生解除的问题。

三、后合同义务

“债权债务终止后，当事人应当遵循诚信等原则，根据交易习惯履行通知、协助、保密、旧物回收等义务”（第558条）。此为后合同义务的规定。后合同义务也称为合同后义务，是合同终止后当事人应当履行的义务。甲公司与乙公司签订使用其技术秘密三年的合同，至三年期满，合同终止，甲公司不能继续使用该技术秘密。但甲公司仍然掌握这种技术秘密。不向外泄露技术秘密就是甲公司的后合同义务。

后合同义务可以是作为方式，如通知、协助等；也可以是不作为方式，如不泄露他人的商业秘密等。

后合同义务是基于诚实信用原则和交易习惯而产生的法定义务。对后合同义务，当事人也可以在合同中特殊约定。法律规定及当事人约定后合同义务，是为了维护履行效果或者妥善处理合同终止事宜。

一方违反后合同义务，受损害方有权请求赔偿实际损失。

四、从权利的消灭

“债权债务终止时，债权的从权利同时消灭，但是法律另有规定或者当事人另有约定的除外”（第559条）。例如，贷款人的债权终止，其请求利息的从权利随同消灭。再如，解除是终止的一种原因，甲违约，乙在解除合同后，请求甲方支付违约金的从权利并不消灭。

第二节　清偿充抵

一、数项债务的清偿充抵

清偿是满足债权的给付行为。清偿充抵，是指对同一债权人负担两项以上相同种类的债务，债务人的给付不足清偿全部债务时，决定应当充偿何项债务的规则。

清偿充抵分为约定充抵、指定充抵和法定充抵。约定优于指定，指定优于法定。

（一）约定充抵与指定充抵

约定充抵是指由双方当事人约定债务人的给付充偿何笔债务。指定充抵是指由债务人指定其给付充偿何笔债务。

“债务人对同一债权人负担的数个债务种类相同，债务人的给付不足以清偿全部债务的，除当事人另有约定外，由债务人在清偿时指定其履行的债务”（第560条第1款）。

例：张某（女）与李某（男）在离婚协议中约定，李某补偿张某10万元钱，在离婚后3个月支付，到期不支付，李某个人的房屋归张某所有。李某另欠张某12万元，早已到期。离婚后2个月，李某向张某的卡上拨付了12万元，拨款时发短信告诉张某，该12万元是清偿离婚协议中所确定的债务，多出来的2万元是赠与性质。后张某起诉李某，称李某清偿的12万元为清偿婚前债务的本息，请求法院判决李某个人的房屋为自己所有。

解：应认定李某为指定充抵，即李某在约定的时间内清偿了自己在离婚协议中所确定的债务。

（二）法定充抵

法定充抵是指债务人的给付不足清偿数项同种类债务时，由法律直接规定债务人充抵的标准。“债务人未作指定的，应当优先履行已经到期的债务；数项债务均到期的，优先履行对债权人缺乏担保或者担保最少的债务；均无担保或者担保相等的，优先履行债务人负担较重的债务；负担相同的，按照债务到期的先后顺序履行；到期时间相同的，按照债务比例履行”（第560条第2款）。

1. 数项债务有的到期有的没有到期，应当优先履行已到期的债务

例如：甲欠乙货款8万元、承揽费10万元，货款尚未到期，承揽费已经到期。甲向乙的账户打款8万元，应认为偿还了10万元承揽费中的8万元。

法定充抵，首先要考察数项债务是否到期的情况。要以债务人完成给付的时间节点作为界限，来区分已经到期的债务和尚未到期债务。

例：甲的第一项100万元债权2月1日到期（有担保），第二项200万元债权同年4月1日到期（无担保）。债务人乙当年3月1日交付了120万元。至当年12月甲起诉到法院，此时两项债务均已到期，如何充抵？

解：决定充抵（清偿），应以3月1日为基准，此时乙的第一项债务到期，第二项债务未到期（还差一个月）。因此应当先充抵第一项债务100万元，再充抵第二项债务20万元。不能因为第一项有担保、第二项无担保而判决先抵充第二项100万元再抵充第一项20万元。

例：(1) 第一年1月26日，甲公司与乙公司签订一份《矿石采购合同》，约定当年9月底之前甲公司向乙公司发矿石7 000吨，价款700万元，付款时间为当年10月10日前。

(2) 第二年1月15日，双方又签订一份《矿石采购合同》，约定当年8月底前甲公司向乙公司发矿石2 000吨，价款212万元，付款时间为当年9月10日前。第二份合同价格有所提高。

(3) 第一年9月至第二年6月，买受人乙公司付款6次，第二年10月12日，双方结算，乙公司共付款500万元，尚欠412万元，乙公司在结算单上签了字。

(4) 第三年出卖人甲公司提起诉讼，请求被告乙公司支付余款及迟延利息。一审判决指出：第二年10月12日乙公司与甲公司结算了500万元。第一年和第一年的矿石款都是到期需要结算的矿石款。本院认为，支付的500万元应当充抵债务负担较重的第二年的矿石款，余额再充抵第一年的矿石款，不足部分乙公司承担继续履行的责任。

解：(1) 结算与支付不同。结算是对过去的财务往来算账的行为，第二年10月12日的结算行为，不是付款行为；支付是履行合同债务的行为。乙公司在第一年9月至第二年6月，支付（付款）6次，以此为时间节点判断，第一年乙的债务已经到期，第二年的债务尚未到期，因此500万元只能是对第一年债务的履行，与第二年尚未发生的债务不沾边。

(2) 另外，第二年矿石的价格提高了，但这并不属于债务负担较重的情形。

2. 数项债务均到期的，优先履行对债权人缺乏担保或者担保最少的债务

此为保护债权人利益的规定。例如：甲欠乙货款8万元、承揽费10万元，均已到期，但货款有抵押担保，承揽费无担保。甲向乙的账户打款8万元，应认为偿还了10万元承揽费中的8万元。

3. 数项债务均已到期，均无担保或者担保相等的，优先履行债务人负担较重的债务

此为保护债务人利益的规定。例如：甲欠乙货款8万元、承揽费10万元，均已到期，均设定了担保，两个担保的数额都是8万元（承揽费不是全额担保）。货款的迟延利息是每日万分之三，承揽费的迟延利息是每日万分之四。甲向乙的账户打款8万元，应认为偿还了10万元承揽费中的8万元。

债务负担的轻重，不能以债务数额的多少来认定，比如第一笔债务是100万元，第二笔债务是15万元，利息都是每日万分之三，不能认为第一笔比第二笔的负担重。100万元是可分之

债，其中的15万元与第二笔的15万元负担是一样的。

4. 数项债务负担相同的，按照债务到期的先后顺序履行

例如：甲欠乙货款8万元、承揽费10万元，均已到期且迟延违约金的比例相同，但货款先到期。甲向乙的账户打款8万元，应认为偿还了8万元货款。

5. 几项债务到期时间相同，其他条件也相同的，按照债务比例履行

例如：甲对乙欠货款5万元、承揽费10万元，同时到期，其他条件也相同。甲向乙的账户打款3万元，应认为偿还了货款1万元、承揽费2万元。

二、主债务、利息债务、费用债务的清偿充抵

当主债务、利息债务及费用债务（实现债权的有关费用）同时存在，债务人的给付不足以清偿全部债务时，按法定顺序抵充。“债务人在履行主债务外还应当支付利息和实现债权的有关费用，其给付不足以清偿全部债务的，除当事人另有约定外，应当按照下列顺序履行：（一）实现债权的有关费用；（二）利息；（三）主债务”（第561条）。

例：甲向乙借款10 000元，将自己的白骆驼质押给乙，到期甲未向乙清偿，乙委托拍卖公司将白骆驼拍卖了10 000元。该10 000元借款有1 000元的利息和300元的拍卖费。10 000元拍卖款先充抵实现债权的费用300元；次充抵利息1 000元；最后充抵本金8 700元，甲尚欠款1 300元。

在利息与本金之间，为什么要先充抵利息？为什么实现债权的费用要排在利息、本金之前？这是因为先充抵本金就会降低产生利息的基数，造成不公平的结果。如果把实现债权的费用排在后面，会不合理地减轻债务人对迟延支付利息和本金的违约责任。

债务人单方指定或者确定清偿先后顺序债务的，对债权人不发生效力。

例：甲公司欠乙公司货款100万元，双方在买卖合同中约定迟延履行的违约金是每日千分之一。违约金累计至10万元时，甲公司转账给乙50万元，随后甲公司向乙公司发出一份通知，表示该50万元充抵本金。乙公司表示反对，主张应先充抵迟延履行的利息，其余部分充抵本金。应当支持谁的主张，依据是什么？

解：应当支持乙公司的主张。金钱之债的迟延履行的违约金，其性质相当于或最接近迟延履行的利息。本案对《民法典》第561条不是适用，是参照适用。

以抵销的方式清偿自己的债务时，也应当按照法定顺序充抵。

例：甲欠乙货款（主债务）100万元，占用资金的利息损失10万元。乙过去向甲借款已经到期，本息合计100万元，甲通知抵销主债务100万元。

解：甲的抵销顺序不对，应抵销利息10万元、主债务90万元。

第三节　合同的解除

一、合同解除概述

（一）合同解除的含义

合同解除是指在合同成立之后，没有履行或没有依约履行之前，当事人双方通过协议或者一方行使法定或约定解除权的方式，使当事人设定的权利义务关系终止的行为。双方当事人以协议方式解除合同称为合意解除；一方行使法定解除权或者约定的解除权而解除合同称为单方解除，如甲方严重违约，乙方通知甲方解除合同就是单方解除的一种情况。

合同解除不是自动解除，必须有当事人的解除行为。这种解除行为表现为双方协商一致或者在双方协商一致的基础上一方行使约定的解除权以及一方依据法定条件通知对方解除。当事人一方行使法定或者约定解除权而解除合同，对方有异议的，可以请求人民法院或者仲裁机构确认解除合同的效力。

法律、行政法规规定解除合同应当办理批准、登记等手续的，依照其规定。

（二）合同解除适用于依法成立的合同

合同解除是消灭合同权利义务关系的行为，只能适用于依法成立的合同。

1. 未成立的合同不存在解除的问题。

2. 合同依法成立时生效，有些合同成立尚未生效（如附生效条件的合同条件尚未成就）可以解除。

3. 对于无效合同，因其自始不发生履行效力，不能也无须适用解除的规则。比如，买卖走私物品的合同，它本身就是无效的，不需要双方协商一致解除，也不存在一方通知另一方解除的问题。

4. 对于效力待定的合同，采用追认的方式使其生效，或者采用拒绝追认的方式使其自始终确定地不发生效力。也就是说，对于处于效力待定状态的合同，不存在解除的问题。效力待定的合同生效以后，可以解除。

5. 可撤销的合同在被撤销之前是产生形式拘束力和实质拘束力（履行效力）的合同。对于可撤销的合同，是撤销权人请求人民法院或者仲裁机构予以撤销，但这并不排除对可撤销的合同进行解除的可能性。比如，在当事人放弃撤销权或者超过除斥期间的情况下，当事人还可以协商解除合同或者在符合条件的情况下，一方通知另一方解除合同。

（三）解除与撤销的区别

1. 适用的范围不同。解除与撤销的功能，都使法律行为失去效力，解除适用于合同（双方、多方法律行为），撤销除适用于合同外，还适用于单方法律行为。

2. 事由不同。解除的事由，多为违约；撤销的事由，多为意思表示有瑕疵。

3. 事由的新旧不同。解除的事由，发生在合同成立之后，为新发生的事实；撤销的事由，发生在法律行为成立时，为固有之事实（本身之事实）。

4. 类型不同。解除权分为法定解除权和意定解除权，撤销权只有法定一种。

5. 对法律行为作用的机制不同。解除权为简单形成权（单纯形成权），以通知的方式行使，通知解除后若请求法院确认，提起的诉为确认之诉；撤销权为形成诉权，提起的诉为形成之诉，作出的判决为形成判决。

6. 后果不同。我国的解除，包括溯及既往的解除和面向将来的解除（传统民法的终止）；撤销后都是法律行为自始无效。

二、合意解除与一方行使约定的解除权

（一）合意解除

“当事人协商一致，可以解除合同”（第 562 条第 1 款）。合意解除又称为双方解除、协商解除。合意解除是当事人协商一致，以成立合同的方式解除原有的合同。

1. 合意解除是当事人“以第二个合同解除第一个合同”，适用要约和承诺的规则。协商解除的合同（解除协议）一旦有效成立，即发生解除原合同的效果。

例： 甲公司向乙公司购买 1 000 辆 Y 牌自行车，双方签订了书面合同。合同规定，乙公司分四次发货，每批货到后甲公司即付款。第一批 250 辆自行车到货后，甲公司即上架销售，但购买者寥寥无几。甲公司以书面形式向乙公司提出解除后三批的订货，乙公司以书面形式表示

同意。

解：甲公司要求解除后三批的订货，这是要约；乙公司表示同意，这是承诺。双方意思表示一致，第二个合同成立，第一个合同遂告解除。也就是说，甲、乙双方以第二个合同终止了第一个合同设定的权利和义务。本案是“部分解除”了原合同。“部分解除”的本质是变更。因已经履行了一部分，“部分解除”导致了合同终止。

2. 合意解除是当事人“以第二个合同解除第一个合同”，故如果第一个合同是要式合同的，第二个合同（解除协议）亦应是要式合同。

（二）一方行使基于约定产生的解除权

“当事人可以约定一方解除合同的事由。解除合同的事由发生时，解除权人可以解除合同”（第562条第2款）。当事人在订立合同时预先约定一方解除合同的事由，事由发生时，成立解除权，解除权人可以单方通知对方解除合同。

如果解除合同的事由发生，而有解除权的一方不通知对方解除，则合同并不自然解除。这就不同于附解除条件的合同。附解除条件的合同在条件成就时自动失去效力，而事先约定解除权的合同在解除合同的条件成就时，并不当然解除，须由有解除权的一方通知对方解除（行使解除权），合同才能解除。如果有解除权的一方不行使或者抛弃了解除权，则合同继续有效。

三、法定单方解除

（一）法定单方解除的含义

法定单方解除简称为法定解除，是指在符合法定条件时，当事人一方有权通知另一方解除合同。法定解除不同于合意解除，合意解除须当事人协商一致才能解除（以第二个合同解除第一个合同）。法定解除与一方行使基于约定产生的解除权，当事人都享有单方解除合同的权利，但前者是依据法律规定产生的权利，后者的产生需要当事人事先协商一致，本质上属于意定解除权。

法定解除权是一种单方解除权，但不是指一方独享解除权，而是指在符合法定条件时一方当事人将解除合同的意思表示通知对方，即可产生解除的效果。法定解除权可以是一方所独享的，比如，一方根本性违约或重大违约，被违约方享有解除权；法定解除权也可能双方都享有，比如因不可抗力导致合同目的不能实现，此时双方都可能享有法定解除权。法定解除权是根据法律规定产生的解除权，法定解除又可分为法定事由解除和法定任意解除。所谓法定事由解除，是指必须有法定的事由出现，一方或双方才能享有单方解除权；所谓法定任意解除，是指对于特定的合同，无须法定事由，一方或双方即有解除权。

（二）法定解除事由

“有下列情形之一的，当事人可以解除合同：（一）因不可抗力致使不能实现合同目的；（二）在履行期限届满前，当事人一方明确表示或者以自己的行为表明不履行主要债务；（三）当事人一方迟延履行主要债务，经催告后在合理期限内仍未履行；（四）当事人一方迟延履行债务或者有其他违约行为致使不能实现合同目的；（五）法律规定的其他情形”（第563条第1款）。

1. 因不可抗力致使不能实现合同目的

“不可抗力是不能预见、不能避免且不能克服的客观情况”（第180条第2款）。不可抗力可能导致的后果是：（1）合同不能履行；（2）不能完全履行；（3）不能按时履行。

不可抗力导致合同不能履行时，合同目的不能实现。部分履行或迟延履行时，合同目的有可能实现或者部分实现，对当事人仍有履行利益，此时合同可继续履行。不可抗力致使合同只能部分履行或者迟延履行，当这种履行对当事人没有意义，不能实现合同目的时，合同应当解除。因不可抗力导致合同目的不能实现，解除权原则上属于直接承受不可抗力的一方，但也不能排除相对方的解除权。比如，不可抗力致使合同只能部分履行或迟延履行的情况下，直接承受不可抗力的一方主张履行，而相对方可以不能实现合同目的为由单方解除合同。

2. 在履行期限届满以前，当事人一方明确表示或者以自己的行为表明不履行主要债务

(1) 履行期尚未届满，债务人即明示或默示毁约，这种行为被称为预期违约。所谓明示预期违约，即债务人以通知或声明的方式表示到期将不履行合同（毁约的意思表示）。所谓默示预期违约，是债务人以行为表明其到期将不履行合同。比如，债务人将唯一的标的物出卖给第三人，第三人善意地取得了标的物的所有权。此时，预期违约人到期不可能履行合同，这就是默示毁约。

(2) 预期违约，可能是在后履行一方违约，也可能是负在先履行义务一方违约。

(3) 在履行期限届满以前明示或默示表示不履行主要债务的，构成重大预期违约，债权人的合同目的不能实现，从而获得了单方解除权。权利与义务不同，权利可以行使，也可以不行使。对明示预期违约，债权人还可以要求对方撤回毁约的意思表示，到期如约履行合同；对默示预期违约，债权人也可以等待对方履行。

例：甲方（买受人）与乙方（出卖人）签订了买卖铝材的合同，合同约定甲方付款后乙方10日内提货。在付款到期前，甲方向乙方发出通知表示因市场行情的变化，不再需要铝材，如果乙方不同意解除合同，到期将不付款。

解：甲方为明示预期重大毁约。乙方在接到甲方的通知后，乙方一方面可要求甲方收回毁约的意思表示，另一方面可暂停组织货源、租用仓库等准备行为。如甲方到期履行了付款义务，乙方顺延交货时间为行使先履行抗辩权的行为，其就合理的迟延不负违约责任。如甲方仍拒绝履行合同，合同最终归于解除，则乙方因行使先履行抗辩权减少了损失，甲方的违约成本随之减少。可见，先履行抗辩权对双方可能是有利的。

3. 当事人一方迟延履行主要债务，经催告后在合理期限内仍未履行

迟延履行是指债务人在履行期届满后仍未履行债务。当事人一方迟延履行主要债务，如果继续履行仍能实现合同目的或者债权人的履行利益仍然能够实现的情况下，债权人不能径直通知债务人解除合同，而应催告债务人履行合同义务。经催告后，债务人在合理的时间内仍未履行，此时债权人产生单方解除权，可以通知债务人解除合同。

催告是债权人向债务人发出的请求履行的通知，称为“履行之催告”。催告是不要式行为，可以是书面形式，也可以是口头形式。

合理期限，是指给予债务人的必要的履行准备时间。合理期限的长短，应当根据合同的具体情况确定。

例：甲方在乙方处订购了1万台电扇，要求4月份到货。甲方订购的这1万台电扇准备在6月初上架零售。乙方到期未交货。

解：此种情况下，依诚实信用原则，甲方不能直接通知乙方解除合同而应先催告，要求其在5月底以前交货（这样不影响6月初上架销售）。至5月底乙方仍不交货，甲方可通知乙方解除合同。

4. 当事人一方迟延履行债务或者有其他违约行为致使不能实现合同目的

当事人迟延履行合同（到期未履行）或者有其他违约行为致使合同的目的不能实现，就已经构成了根本违约，此时无须经催告程序，可直接通知对方解除合同。

例：甲定于5月4日举办中学生运动会，其与乙订立承揽合同，要求乙将特制的在运动会开幕式上使用的大钟于5月3日前送到。至5月3日，乙没有送货。甲了解到乙还没有将钟组装完毕，根本不能保证5月4日的使用，遂通知乙解除合同，并要求赔偿损失。

解：乙的行为已经构成根本性违约，事先催告已无意义，甲有权直接通知乙解除合同。

债务人不履行从给付义务致使债权人不能实现合同目的的，债权人也有权解除合同。[①] 例如，甲公司出卖给乙公司一台高精仪器，交付后甲公司既不对乙公司操作人员进行培训，也不交付使用说明书等资料，导致乙公司不能使用该仪器，因此，乙公司有权通知甲公司解除合同。交付仪器是主给付义务，交付辅助单证、培训、提供有关条件等属于从给付义务。

5. 法律规定的其他情形

属于法定解除的情况是很多的，因而法律设立了未尽条款。“法律规定的其他情形”，不仅指《民法典》的有关规定，还包括其他法律的有关规定。

（三）法定任意解除权

任意解除是指无须具体的法定事由，依一方的意思表示即可产生解除效力。这种随时解除合同的权利，因不需要具体法定事由，因而称为任意解除权。任意解除权只产生于法律明文规定的情形，在这个意义上，任意解除也是法定解除。只不过对于一般的法定解除，法律规定了解除的具体原因，而对于任意解除，法律针对特定的合同性质、合同种类作出了一方或双方享有解除权的规定。

1. 不定期持续性合同的任意解除权

“以持续履行的债务为内容的不定期合同，当事人可以随时解除合同，但是应当在合理期限之前通知对方”（第 563 条第 2 款）。持续履行债务的合同，也称为持续性合同、继续性合同，如租赁合同出租人的债务，是持续履行的债务，因而租赁合同被归入持续性合同。不定期合同是没有约定履行期限的合同。不定期的持续性合同，双方都有任意解除权，“任意”，是指不需要理由。比如，不定期租赁合同的出租人和承租人都可以单方通知对方解除合同。

不定期的持续性合同的任意解除，也要给对方必要的准备时间，即应合理期限之前通知，比如房屋出租人解除租赁合同，应当给予承租人用来搬家的时间。法律规定期限的，自应遵照执行。例如《民法典》第 948 条第 2 款规定：“当事人可以随时解除不定期物业服务合同，但是应当提前六十日书面通知对方。”

2. 特定合同的任意解除权

比如，《民法典》第 787 条规定：“定作人在承揽人完成工作前可以随时解除合同，造成承揽人损失的，应当赔偿损失。”在第 933 条中规定：“委托人或者受托人可以随时解除委托合同。”

四、解除权的行使期限及解除权行使的方式

（一）解除权的行使的期限及解除之催告

“法律规定或者当事人约定解除权行使期限，期限届满当事人不行使的，该权利消灭。法律没有规定或者当事人没有约定解除权行使期限，自解除权人知道或者应当知道解除事由之日起一年内不行使，或者经对方催告后在合理期限内不行使的，该权利消灭”（第 564 条）。这种解除权消灭的规定，不适用于享有任意解除权的当事人（见第 563 条第 2 款、第 787 条、第 933 条等）。

1. 行使解除权的除斥期间及解除之催告

有法定或者约定解除合同的期限，性质分别属于法定除斥期间和意定除斥期间，解除权人

① 《买卖合同解释》第 19 条规定：“出卖人没有履行或者不当履行从给付义务，致使买受人不能实现合同目的，买受人主张解除合同的，人民法院应当根据民法典第五百六十三条第一款第四项的规定，予以支持。”其他有偿合同，也可以参照适用本条。

在期限内不解除合同，解除权消灭。[①] 没有上述解除期限，则解除的期限分为两种情况：其一，对方没有催告的，法定除斥期间为一年，该一年的起算标准是主观标准，即从权利人知道或者应当知道解除事由之日起计算。其二，对方催告的，解除的期限为合理期限。即经对方催告，解除权人在合理期限内不解除合同的，解除权消灭。此处对解除权人的催告，称为"解除之催告"。

2. 解除权消灭后，可成立新的解除权

一个合同不能解除两次，但可能成立两个以上解除权。两个以上的解除权，可能同时成立，也可能先后成立。同时成立，即两个以上解除事由同时存在。先后成立，可能是一个法律事实导致当事人产生了解除权，经过除斥期间该解除权消灭后，可因新的法律事实再产生解除权。比如，承租人到期没有支付租金，出租人催告后承租人仍未支付，则出租人的解除权成立（见第722条），出租人没有行使解除权经过除斥期间该解除权消灭，后来承租人擅自转租，出租人再次成立解除权（见第716条第2款）。

例： 甲将房屋出租给乙20年，每个租赁年度的年末交付一年的租金。第一年到期乙没有交付租金，甲催告其在三个月内补交，乙逾期未补交，甲的解除权成立（见第722条），甲没有及时行使解除权，经过一年除斥期间该权利消灭。第二年年末乙交付一年的租金，强调是第二年的租金。第三年年末乙又未交租金，经甲催告后乙逾期未补交第三年的租金，甲再次成立解除权。

（二）解除权行使的方式

解除权是实体法上的权利，可以采用通知的方式行使，也可以通过诉讼或者仲裁的方式行使。

1. 以通知的方式行使解除权（解除之通知）及对解除之异议的处理方式

"当事人一方依法主张解除合同的，应当通知对方。合同自通知到达对方时解除；通知载明债务人在一定期限内不履行债务则合同自动解除，债务人在该期限内未履行债务的，合同自通知载明的期限届满时解除。对方对解除合同有异议的，任何一方当事人均可以请求人民法院或者仲裁机构确认解除行为的效力"（第565条第1款）。

（1）解除权行使的方式，是通知方式。解除通知送达到对方时发生解除的效力。

（2）解除通知是有相对人的意思表示，须送达给合同的对方当事人。甲公司与乙公司之间有一份合同，甲公司将对乙公司的解除通知，送达到丙公司（丙公司是乙公司的母公司，使用同一个网站，甲公司发生误解），这不能发生解除的效力。

（3）解除通知可以附加解除条件，在条件成就时合同自动解除。这个条件是随意条件，就是债务人在债权人规定的期限内仍未履行债务时发生解除的效力。甲通知已经陷入迟延的乙，"30天不付货款合同解除"，30天届满乙还不履行，则合同自动解除。

应注意的是：在"履行之催告"中仅给对方宽限期而未表示解除的，或者只是威胁宽限期届满不履行将解除合同的，债务人到期不履行，合同不能自动解除，债权人还需另行发一次解除通知。

（4）对方（被通知解除的一方）对解除合同有异议的，解除权人和被解除人都可以请求人民法院或者仲裁机构确认解除行为的效力。此种异议称为"解除之异议"，此种请求称为"确认之诉"或者"确认仲裁"。

---

① 《民法典》第199条规定："法律规定或者当事人约定的撤销权、解除权等权利的存续期间，除法律另有规定外，自权利人知道或者应当知道权利产生之日起计算，不适用有关诉讼时效中止、中断和延长的规定。存续期间届满，撤销权、解除权等权利消灭。"

2. 以提起诉讼或者申请仲裁的方式行使解除权

“当事人一方未通知对方，直接以提起诉讼或者申请仲裁的方式依法主张解除合同，人民法院或者仲裁机构确认该主张的，合同自起诉状副本或者仲裁申请书副本送达对方时解除”（第565条第2款）。当事人有解除权，可以不采用通知的方式解除，而直接请求法院判决解除或者依据仲裁协议的请求仲裁机构裁决解除。当事人在要求解除的同时还可以主张对方的违约责任，这样，“胜诉”以后即可以对违约责任申请强制执行，解除本身是“确认之诉”，本身不存在强制执行的问题。

按《民事诉讼法》和《仲裁法》的规定，法院、仲裁机构应当将起诉状副本或者仲裁申请书副本在法定期限内送达给对方。当事人“胜诉”的，在一方解除的意思表示“送达”时合同解除，即法院解除的判决、仲裁机构解除的裁决，发生溯及既往的效力。

《民法典》规定了履行之催告（第563条第1款第3项）、解除之催告（第564条）、解除之通知（第565条第1款）、解除之异议（第565条第1款），这是四种不同的行为，应注意把握行使的主体、条件和效力。

五、合同解除的效力

合同解除，终止了当事人合同约定的权利义务关系，但同时可发生法定法律关系。

（一）终止履行及解除是否溯及既往

“合同解除后，尚未履行的，终止履行；已经履行的，根据履行情况和合同性质，当事人可以请求恢复原状或者采取其他补救措施，并有权请求赔偿损失”（第566条第1款）。

1. 终止履行

合同解除，约定的给付不复存在，履行效力丧失。尚未履行的，终止履行。

2. 解除后，应区分合同自始失去效力和面向将来失去效力

（1）一次性给付合同的解除，合同一般自始失去效力

一次性给付合同解除，合同效力一般溯及既往地消灭。比如，买卖合同的退货（解除），合同自始失去效力。

自始失去效力，才可恢复原状，因为当事人受领的给付成为不当得利。

（2）持续性给付合同的解除，合同一般面向将来失去效力

持续性给付合同的解除，一般面向将来发生解除效力，已经履行的部分保留。比如，对于租赁等持续性的合同，自解除合同的通知送达后失去效力，合同并不自始失去效力。

（3）循环给付合同的解除，合同一般面向将来失去效力

循环给付是种类物的给付分次、分批履行。比如，一份种类物买卖合同双方约定分四批发货，在出卖人履行了第一批货物的交货义务后，当事人解除了合同，合同失去效力，但并不溯及既往，已经履行的第一批货物保持效力。

（二）合同解除不影响违约责任的承担

1. “合同因违约解除的，解除权人可以请求违约方承担违约责任，但是当事人另有约定的除外”（第566条第2款）。合同解除不影响解除权人（债权人）要求对方承担赔偿损失等违约责任。解除权人可以要求违约一方赔偿可得利益，非如此，不足以保护被违约人的利益。也就是说，合同解除后的赔偿范围仍适用《民法典》第584条关于赔偿范围的规定。

2. 合同解除不影响违约金的适用。合同解除之后不再发生迟延履行的问题，只能适用“不履行的违约金”（针对不履行约定的违约金）。

例： 甲公司采用欺诈手段与乙公司签订了一份买卖合同。双方在合同中约定不履行合同的一方要按合同标的额（100万元）的30%向对方支付违约金。后甲公司不履行合同，乙公司可

如何选择救济方式？

解：乙公司有两种选择。其一，依据《民法典》第 148 条的规定，请求人民法院撤销合同，追究甲方的缔约责任，但乙方须就自己的损害大小承担举证责任。其二，乙公司依据《民法典》第 563 条第 1 款的规定，通知对方解除合同。合同解除，不影响要求赔偿损失的权利；当然，也不影响以违约金弥补损失的权利（违约金是预先约定的赔偿金）。有了 30%违约金的约定，乙公司无须就损害的大小承担举证责任。两种方案进行比较，第二种方案对乙方更为有利。

3. 定金合同是对双方的担保，合同解除致使合同不再履行，不影响定金的适用。“留置金”“担保金”“保证金”“订约金”“押金”“订金”这“六金”，是通过预先交付而起担保作用的货币，总称为担保金，它们具有“单方担保”的性质，合同解除时，也可以适用。

（三）合同解除后担保责任

“主合同解除后，担保人对债务人应当承担的民事责任仍应当承担担保责任，但是担保合同另有约定的除外”（第 566 条第 3 款）。主合同解除后，债务人应当承担的民事责任包括恢复原状、赔偿损失、支付违约金等责任。责任是违反义务的后果，是二次给付，对这二次给付，担保人也应当承担担保责任。即是说，主债务在，担保责任亦在。上述条文所说的担保人是第三人，包括抵押人、质押人和保证人。

第四节　抵销

一、抵销的含义

抵销是双方当事人互负债务时，一方通知对方将自己的债务与对方的债务折抵以代替清偿或者双方协商将双方的债务折抵以代替清偿的行为。

我国《民法典》是从“债务与债务”相抵的角度作出规定的，作出抵销行为的债务人，必然同时又是债权人，因此可以说，抵销是以自己的债权冲抵自己的债务。

抵销分为法定抵销与合意抵销。法定抵销是通知对方抵销，合意抵销是以成立合同的方式抵销。

抵销，简化了履行债务的过程，有利于提高交易的效率。抵销也是维护交易安全的一种措施。

二、法定抵销（一方行使法定抵销权）

（一）法定抵销

抵销是一种法律行为，抵销不会自动发生，所谓法定抵销是指一方行使法定抵销权。一方行使法定抵销权也称为单方抵销。行使法定抵销权的人，是主动债权人，对方是被动债权人。

法定抵销权是债权人向债务人表示以自己的债权充抵自己债务的权利。法定抵销权是简单形成权，行使的方式是向债务人发出抵销通知。在民事诉讼中，抵销权的行使不限于通知方式。[①]

---

① 《全国法院民商事审判工作会议纪要》（法〔2019〕254 号）第 43 条规定：“抵销权既可以通知的方式行使，也可以提出抗辩或者提起反诉的方式行使。抵销的意思表示自到达对方时生效，抵销一经生效，其效力溯及自抵销条件成就之时，双方互负的债务在同等数额内消灭。双方互负的债务数额，是截至抵销条件成就之时各自负有的包括主债务、利息、违约金、赔偿金等在内的全部债务数额。行使抵销权一方享有的债权不足以抵销全部债务数额，当事人对抵销顺序又没有特别约定的，应当根据实现债权的费用、利息、主债务的顺序进行抵销。”

（二）法定抵销的要件

“当事人互负债务，该债务的标的物种类、品质相同的，任何一方可以将自己的债务与对方的到期债务抵销；但是，根据债务性质、按照当事人约定或者依照法律规定不得抵销的除外。当事人主张抵销的，应当通知对方。通知自到达对方时生效。抵销不得附条件或者附期限”①（第568条）。法定抵销的要件有四项。

1. 当事人互负债务，对方的债务到期

当事人互负债权、债务，说明当事人之间存在两个债权债务关系。如果一方只有债务，而无债权，则无从抵销。

对方的债务尚未到期，即是自己的债权没有到期，债权人无法强求对方提前履行，也不能将自己未到期的债权对自己的债务充抵，也就是说，不能产生抵销权。如果双方的债务均未到期，也不能抵销，道理相同。

主动债权人是发出抵销通知的一方，自己的债务未到期，则不影响其抵销。双方的债权到期的，都可以作为主动债权人通知对方抵销。

例：主动债权人甲对乙9万元的货款债权于2月1日到期（对方的债务到期），其欠乙的10万元的无息借款尚未到期（同年12月1日才到期），2月1日甲通知乙抵销9万元后，甲还欠乙1万元。甲的抵销，等于提前10个月还了9万元借款。此案乙的10万元债权未到期时（12月1日前），其不能作为主动债权人通知甲抵销。

2. 债务的标的物种类、品质相同

依此要件，抵销适用于货币及同种类之债。如果债务的标的物种类、品质不相同，说明履行的要求、目的不同，依一方的意思无法确定可供抵销的债务数额，因此不能采用法定抵销的方式。如需抵销，只能双方协商一致才能达到抵销的效果。比如，甲对乙有交付一吨A号涂料的债务，乙对甲有一吨B号涂料的债务，双方都没有单方通知对方抵销的权利。

例：甲公司应当向乙公司交付2万吨铝锭，甲公司向丙公司（仓库）求援，于是丙公司向乙公司交付了2万吨铝锭。后甲公司在丙公司储存了10万吨铝锭，该10万吨铝锭与之前丙公司的2万吨铝锭完全相同。后甲公司到丙公司提取货物，丙公司只同意交付8万吨。丙公司的做法是否于法有据？

解：依据《民法典》第568条的规定，丙公司享有法定抵销权，其“扣留”2万吨铝锭的行为，是行使法定抵销权的行为。

3. 当事人所负债务不属于按性质不得抵销的债务，也不属于依法、依约不得抵销的债务

（1）按性质不得抵销的债务，如因故意侵害人身产生的债务，侵权人不得抵销，否则有违公序良俗；再如支付劳动报酬债务、抚恤金债务不得抵销，否则有违善良风俗。

（2）法律规定不得抵销的债务，自不得抵销。②

---

① 《全国法院民商事审判工作会议纪要》（法〔2019〕254号）第43条指出：“抵销权既可以通知的方式行使，也可以提出抗辩或者提起反诉的方式行使。抵销的意思表示自到达对方时生效，抵销一经生效，其效力溯及自抵销条件成就之时，双方互负的债务在同等数额内消灭。双方互负的债务数额，是截至抵销条件成就之时各自负有的包括主债务、利息、违约金、赔偿金等在内的全部债务数额。行使抵销权一方享有的债权不足以抵销全部债务数额，当事人对抵销顺序又没有特别约定的，应当根据实现债权的费用、利息、主债务的顺序进行抵销。”

② 如我国《企业破产法》第40条规定：“债权人在破产申请受理前对债务人负有债务的，可以向管理人主张抵销。但是，有下列情形之一的，不得抵销：（一）债务人的债务人在破产申请受理后取得他人对债务人的债权的；（二）债权人已知债务人有不能清偿到期债务或者破产申请的事实，对债务人负担债务的；但是，债权人因为法律规定或者有破产申请一年前所发生的原因而负担债务的除外；（三）债务人的债务人已知债务人有不能清偿到期债务或者破产申请的事实，对债务人取得债权的；但是，债务人的债务人因为法律规定或者有破产申请一年前所发生的原因而取得债权的除外。”

(3) 为满足某种特殊需要，当事人约定不得抵销债务，此时采“约定优于法定的规则”，认定当事人通过合意排除了抵销权。

4. 抵销权人须将抵销的意思表示通知对方

抵销不能自动发生，须由抵销权人将抵销的意思表示通知对方。法定抵销权是简单形成权，抵销权人只要将抵销的意思表示通知对方，抵销即可生效，不须借助对方的意思表示。

因抵销在性质上为形成权，故抵销不得附条件或者附期限。附条件或者附期限，使抵销的效力处于不确定的状态，并不能达到抵销的效果，与抵销的本义相悖。附条件、附期限的抵销无效。

例：甲方向乙方提出，如乙方能借给甲方 200 万元，甲方就将工程发包给乙方。乙方借给甲方 200 万元，甲方将工程发包给乙方。乙方迟延交付工程 3 个月，按约定要支付 60 万元迟延履行的违约金。问：甲方能否在还欠款时，扣除 60 万元的违约金？

解：本案扣除 60 万元违约金的行为是抵销行为，符合抵销的条件。

(三) 行使法定抵销权的效力

1. 抵销通知是单方法律行为，该行为自到达对方时生效，但抵销的效力回溯至可以抵销时（抵销权成立时）。

例：甲在 1 月 1 日就可以通知乙抵销（抵销权成立之日），但其同年 10 月 10 日才发出抵销通知，通知第 2 日（11 日）到达乙，则通知 10 月 11 日生效，通知的效力是使甲、乙的相应债务在 1 月 1 日抵销。

2. 抵销使双方互负的债务在数额相等的范围内消灭。双方债务额相等时，全部债务消灭；双方债务额不相等时，债务数额大的一方就超出的债务仍负清偿之责。当抵销生效后，就消灭的债务不再发生支付利息的债务，抵销权发生后给付迟延责任归于消灭。

例：6 月 1 日，甲某向乙某借得人民币 5 万元，约定同年 9 月 1 日前还款。至 9 月 1 日，甲某称同年 4 月乙某欠其 5 000 元粮食款至今尚未归还，因此只还给乙某 4.5 万元。乙某的律师认为，粮食款与所欠借款是两个法律关系，不能混为一谈。

解：本案中甲某只还 4.5 万元应当被允许，甲的抵销权依法成立。抵销制度，使两个相互独立法律关系产生的债权债务能够充抵，才有意义。而同一合同，即同一法律关系产生的作为对价关系的债务，是不能抵销的，否则合同就不可能有约束力。

三、合意抵销

“当事人互负债务，标的物种类、品质不相同的，经协商一致，也可以抵销”（第 569 条）。合意抵销是双方当事人协商一致将各自的债务抵销。合意抵销，实际上是当事人订立以抵销债务为内容的合同（抵销合同），故合意抵销适用合同成立、生效的一般条件。当符合法定抵销条件时，当事人一方可以行使抵销权，当事人互负债务，但标的物种类、品质不同时，当事人可以协商一致抵销。

须注意的是，双务合同对价式的两项债务，不但不能通知抵销，也不得合意抵销，否则，合同的效力就得不到应有的保护。比如，买受人给付货款的债务与出卖人发货的债务，不能抵销，双方不欲履行可以合意解除合同，或者成立解除权时，解除权人通知对方解除合同。

合意抵销的效力与行使法定抵销权的效力基本相同，但由于合意抵销是双方协商一致的产物，当事人得特别约定抵销的效力。合意抵销可以附条件、附期限。

例：甲公司向乙商业银行借款 100 万元，甲、乙双方在合同中约定：甲公司到期不能偿还借款，而甲公司在乙银行开立的账户有款项时，可以扣划款项。后甲公司未能按期还本付息。

乙银行发现甲公司的账户上有100万元，就划到自己的账户上。甲公司对银行扣划的行为一无所知，以致给他人开出了空白支票。对乙银行的行为有两种观点，一种观点认为乙银行有权扣划，另一种观点认为乙银行的行为是侵权行为。

解：本案中乙银行有权扣划。乙银行是在合意的基础上行使抵销权，即以自己的100万元债权，充抵自己的100万元债务。如果甲公司的账户上还有钱，乙银行还可以扣划约定的利息。乙银行实施扣划行为，有通知甲公司的附随义务。未履行通知义务造成甲公司损失的应当给予赔偿。

第五节　提存

一、提存的概念

提存是债务人在无法履行债务或者难以履行债务的情况下，将标的物交由提存机关保存，以终止合同权利义务关系的行为。设立提存制度的目的，主要在于保护债务人，同时也兼顾了债权人的利益。

提存涉及三个方面的当事人：一是提存人，提存人是合同债务人；二是提存受领人，提存受领人是合同债权人；三是提存机关，我国目前的提存机关是公证机关。[①] 标的物提存后，债务人从原有的债权债务关系中解脱出来。

二、提存的要件

（一）提存的主体适格

提存是一种特殊的履行行为。提存人是对提存受领人负有履行义务的人，即债务人。未构成债务人的第三人不能作为提存人。

（二）有合法的提存原因

“有下列情形之一，难以履行债务的，债务人可以将标的物提存：（一）债权人无正当理由拒绝受领；（二）债权人下落不明；（三）债权人死亡未确定继承人、遗产管理人，或者丧失民事行为能力未确定监护人；（四）法律规定的其他情形”（第570条第1款）。

1. 债权人无正当理由拒绝受领

债权人无正当理由拒绝受领往往是为了追究债务人的违约责任。例如，房屋出租人拒绝承租人交付的房租，达到一定的期限后，再以逾期不交为由单方通知承租人解除合同。如承租人不能对自己的履行举证，将陷于被动状态。在这种情况下，承租人可以将租金提存。

2. 债权人下落不明

债权人下落不明是指债权人处于“失踪”状态，此时债务人欲履行而不能或难以履行，因而可将标的物提存。债权人下落不明，可以指债权人作为自然人下落不明，也可以指债权人作为法人、非法人组织下落不明。如《民法典》第529条规定：“债权人分立、合并或者变更住所没有通知债务人，致使履行债务发生困难的，债务人可以中止履行或者将标的物提存。”这里的分立、合并就是指法人和非法人组织的分立、合并。

---

① 《最高人民法院关于执行和解若干问题的规定》第7条规定：“执行和解协议履行过程中，符合民法典第五百七十条规定情形的，债务人可以依法向有关机构申请提存；执行和解协议约定给付金钱的，债务人也可以向执行法院申请提存。”

3. 债权人死亡未确定继承人、遗产管理人或者丧失民事行为能力未确定监护人

债权人死亡，债权由继承人继承，由继承人受领债务人的给付，没有确定继承人又没有确定遗产管理人的[①]，履行受领人不明确，因此可以提存。

债权人丧失行为能力应由其监护人代管财产。监护人未确定，债务人无法履行义务，因此可以将标的物提存。

4. 法律规定的其他情形

当出现法律规定的债务人难以履行债务的其他情形时，其可以将标的物提存。

（三）提存的标的物符合要求

提存的标的物可以是货币、有价证券、票据、提单、权利证书、货物等，动产和不动产都可以提存。除不适于提存或者提存费用过高的以外，提存的标的物应当与合同约定的标的物相符。

“标的物不适于提存或者提存费用过高的，债务人依法可以拍卖或者变卖标的物，提存所得的价款”（第570条第2款）。不适于提存的标的物主要是指不适宜长期保存的物品，如鲜活类的产品，这类产品如果提存会使标的物的价值降低。提存费用过高的标的物包括保管技术要求高、保管支出费用大的物品。因提存费用由债权人承担，费用过高的结果，可能使债权人得不偿失。

三、提存的成立及通知义务

（一）提存的成立

“债务人将标的物或者将标的物依法拍卖、变卖所得价款交付提存部门时，提存成立”（第571条第1款）。提存成立，也是提存合同成立。债务人（提存人）与提存部门之间的提存合同，须交付标的物或变卖价款才成立，提存合同是涉他的保管合同，是实践合同。

提存变价款的，称为变价提存。比如，10头牛不方便原物提存，可以变价提存。

（二）通知义务

“标的物提存后，债务人应当及时通知债权人或者债权人的继承人、遗产管理人、监护人、财产代管人”（第572条）。通知义务人是债务人（提存人）而非提存机关。“及时”，是最短的合理期间。

四、提存的效力

提存涉及三个方面的当事人，故应区分债务人与债权人之间、提存人（债务人）与提存部门之间和债权人与提存机关之间的效力。

（一）债务人与债权人之间的效力

1. “提存成立的，视为债务人在其提存范围内已经交付标的物”（第571条第2款）。即视为向债权人履行了交付义务，发生与履行相同的效力。自提存之日起，债务人与债权人之间的合同权利义务终止，债权人不得再向债务人请求履行合同。

2. “标的物提存后，毁损、灭失的风险由债权人承担。提存期间，标的物的孳息归债权人所有。提存费用由债权人负担”（第573条）。(1) 风险由债权人承担，是相对于债务人（提存人）而言的，是在此二者之间风险的分配。在提存人与债权人之间，应按《民法典》对有偿保

① 《民法典》第1145条规定：“继承开始后，遗嘱执行人为遗产管理人；没有遗嘱执行人的，继承人应当及时推选遗产管理人；继承人未推选的，由继承人共同担任遗产管理人；没有继承人或者继承人均放弃继承的，由被继承人生前住所地的民政部门或者村民委员会担任遗产管理人。”

管的规定确定责任，比如提存机关保管不善造成提存物毁损，债权人有权请求赔偿。[①]（2）此处孳息包括天然孳息和法定孳息。（3）提存合同等于替债权人保管标的物，故提存费用由债权人负担。

（二）提存人（债务人）与提存部门之间的效力

提存人（债务人）与提存部门之间成立提存合同，该提存合同在性质上是保管合同、有偿合同、第三人取得债权的合同。提存，在提存人（债务人）与提存机关之间的效力，也就是提存合同在二者之间的效力。

双方按提存合同的约定享有权利、承担义务。债权人也是提存合同的债权人，因此提存物由债权人领取。符合法定条件的，债务人可以取回（见第 574 条第 2 款）。

（三）债权人与提存部门之间的效力

1. “债权人可以随时领取提存物。但是，债权人对债务人负有到期债务的，在债权人未履行债务或者提供担保之前，提存部门根据债务人的要求应当拒绝其领取提存物”（第 574 条第 1 款）。

2. “债权人领取提存物的权利，自提存之日起五年内不行使而消灭，提存物扣除提存费用后归国家所有。但是，债权人未履行对债务人的到期债务，或者债权人向提存部门书面表示放弃领取提存物权利的，债务人负担提存费用后有权取回提存物”（第 574 条第 2 款）。

（1）此处所言“五年”，是除斥期间（不变期间），不是诉讼时效。此“五年”从提存之日开始计算，而不是从债权人知道提存之日起开始计算。

（2）债务人取回提存物的情形有两种：其一，债权人和债务人之间的合同是双务合同，在债务人先履行债务的情况下其办理提存后还要等待债权人的履行，债权人到期不履行的，提存部门应当拒绝交付而待债务人取回。其二，债权人以书面形式向提存部门表示抛弃提存受领权的，提存人得取回提存物。

债务人取回提存物的，因提存和取消提存产生的费用应由其负担。

3. 提存机关有妥善保管提存物的义务。因提存机关的过错致使提存标的物毁损、灭失的，提存部门应当向债权人承担赔偿责任。

第六节　免除与混同

一、免除

（一）免除的概念

免除是指债权人免除债务人的债务，是债权人以消灭债务人的债务为目的的抛弃债权的意思表示。

免除是一种民事法律行为，须债权人有抛弃债权的意思表示。免除债务由债权人单方为意思表示即可生效，故免除一般是单方法律行为。免除虽可由一方为意思表示而生效，但也不排除债权人与债务人订立免除合同，从而免除债务人的债务，免除合同是双方法律行为。

（二）免除的成立

1. 免除须有债权人抛弃债权的意思表示。免除的意思表示应当告知债务人或者告知其代

---

① 《民法典》第 897 条规定：“保管期内，因保管人保管不善造成保管物毁损、灭失的，保管人应当承担赔偿责任。但是，无偿保管人证明自己没有故意或者重大过失的，不承担赔偿责任。”

理人，如果向第三人为免除的意思表示，则债的关系并不消灭。

2. 免除是处分债权的行为，故债权人须有相应的行为能力。如限制行为能力人免除他人债务是否须法定代理人的同意应当视具体情况而定。无处分权人不得免除他人债务，例如债权人被他人申请宣告破产时，不得免除对自己债务人的债权。

3. 免除本身是无偿行为。免除债务人的债务无须债务人为此支付对价。

（三）免除的效力

1. 免除发生消灭债的效果

“债权人免除债务人部分或者全部债务的，债权债务部分或者全部终止，但是债务人在合理期限内拒绝的除外”（第 575 条）。(1) 债权人单方免除债务人的债务，债务人可能不愿意吃“嗟来之食”而予以拒绝，债务人在合理期限拒绝的，不发生免除的效力。(2) 对可分之债，可以免除部分债务。比如甲对乙有 10 万元债权，他可以免除其中的 5 万元债权或者免除利息。

2. 主债务消灭时，从债务随同消灭

主债务消灭时，担保债务、利息债务等从债务随同消灭。

例：甲对乙有 80 万元债权，由丙提供抵押担保（已经登记）、丁提供保证担保，甲书面通知乙免除其 10 万元债务，乙欣然接受，但甲未通知丙和丁，丙的抵押也没有办理注销登记。过了 6 个月，甲、乙又约定恢复原债权债务关系，到期乙未履行债务，甲通知丙，欲行使抵押权。

解：因免除，甲、乙之间的债权、债务关系已经消灭，甲对丙的抵押权、对丁丁保证债权随同消灭，抵押未办理注销登记，不影响抵押权的消灭。甲、乙又约定恢复原债权债务关系，这实际是建立新的债权债务关系，与丙、丁无关。

实务中应注意：债权人特别表明免除“主债务”保留“从债务”时，视为部分免除。例如，贷款人免除借款人 50 万元本金的债务，要求借款人归还 5 万元的利息，这实际上是部分免除债务。债权人仅免除从债务时，主债务并不消灭。

二、混同

（一）混同的含义

合同关系及其他债的关系的主体是对立的双方，当债权与债务同归于一人时，不存在债权人和债务人，由此导致债权债务关系终止的，称为混同。

“混同”与“混合”是不同的概念，不可混用。“混同”，解决债权债务的消灭问题，“混合”，是添附的一种，是物的形态的变化，解决物的归属问题。①

混同与抵销都是债消灭的原因，但混同消灭债，是由于主体“合二为一”的法律事实，抵销则主体本身不发生变动，由主体实施单方法律行为（通知抵销）或者实施双方法律行为（合意抵销）而消灭债。

（二）混同的成立

债权、债务的混同，由债权或债务的承受而产生。承受包括概括承受和特定承受两种。概括承受是发生混同的主要原因。如两个企业法人之间发生合并，债权、债务因同归于同一个企业而消灭。特定承受是债权人承受债务人的债务或债务人承受债权人的债权，此时债权、债务也因混同而消灭。

① 添附包括加工、附合、混合。《民法典》第 322 条规定：“因加工、附合、混合而产生的物的归属，有约定的，按照约定；没有约定或者约定不明确的，依照法律规定；法律没有规定的，按照充分发挥物的效用以及保护无过错当事人的原则确定。因一方当事人的过错或者确定物的归属造成另一方当事人损害的，应当给予赔偿或者补偿。”

例：张男欠李女30万元钱，后二人结婚，债权债务关系是否因混同而消灭？

解：张男与李女结婚，不影响各自独立的人格，不发生债权或债务的概括承受，也没有特定承受的事实，不存在混同的问题。

（三）混同的效力

混同是债的消灭的独立原因。"债权和债务同归于一人的，债权债务终止，但是损害第三人利益的除外"（第576条）。混同导致债的绝对消灭，主债及从债均不复存在。当债权、债务同归于一人，又涉及第三人利益时，对第三人的合法利益自应给予保护。①

例：债权人甲公司对乙公司有100万元的货款债权，之后甲公司又从第三人丙公司处借款80万元，将对乙公司的债权质押给丙公司作为还款的担保，再后，甲公司、乙公司合并为丁公司。

解：甲公司、乙公司合并为丁公司，双方的债权债务因混同而消灭，丙的80万元债权和权利质权不受影响，但借款人、出质人变为丁公司。

思考题

1. 合同权利义务终止的含义是什么？
2. 概述合同权利义务终止的原因。
3. 清偿充抵的类型有哪些？
4. 简析法定清偿充抵。
5. 论法定解除。
6. 法定抵销的条件是什么？
7. 提存的条件是什么？
8. 简论债务的免除。
9. 简述债的混同。

① 《民法典》第520条第3款规定了部分债权债务混同的效力："部分连带债务人的债务与债权人的债权同归于一人的，在扣除该债务人应当承担的份额后，债权人对其他债务人的债权继续存在。"详见第四章第三节第六大点"按份之债与连带之债"。

第八章
违约责任

第一节　违约责任概述

一、违约责任的概念和特征

（一）违约责任的概念

责任是违反义务的后果，违约责任是违反有效合同义务的法律后果。这种后果，是一种财产责任，是一种给付，也有人称为“二次给付”。二次给付包括继续履行、采取补救措施、赔偿损失或者支付违约金等。违约责任的承担，是为了弥补对被违约人造成的损害。

狭义的违约，是债务人违约，广义的违约还包括债权人违约。

（二）违约责任的特征

1. 违约责任是违反有效合同构成的责任。未成立的合同、无效合同、被撤销的合同以及效力未定的合同，未被追认时均不产生违约责任。因为上述“合同”不产生合同义务，不具有履行效力，当事人的约定不被法律所承认。

2. 违约责任是当事人约定义务的转化形式，是一种给付。当事人约定的合同义务是第一次给付；违约责任是第二次给付。对债权人来说，要求相对人为给付，是原权利；要求相对人承担违约责任是救济权。

解除是对违约的一种补救措施，但解除本身不是违约责任的形式，违约责任是一种给付，解除是终止合同效力的行为，不是给付。

3. 违约责任是财产给付，是财产责任，不是人身责任。

4. 违约责任制度是公力救济的体现。违约责任具有强行性。

5. 违约责任可以约定（如约定违约金、约定定金），也可以直接适用法律的规定（如支付赔偿金、强制实际履行等）。

二、违约责任与缔约责任的区别

1. 违约责任是违反合同义务的结果；缔约责任是违反先合同义务的结果。违约责任违反的是意定义务；缔约责任违法的是法定义务。违约责任产生于有效合同；缔约责任的产生是因为当事人实施了过错缔结合同行为，导致合同未成立、不生效、无效或者被撤销。

2. 违约责任可以是法定责任（如赔偿责任），也可以是意定责任（如约定的违约金）；缔约责任都是法定责任。违约责任是对违约的救济，责任的形式多样化，如继续履行、支付违约金、适用定金罚则等；缔约责任形式单一，即是赔偿责任。

3. 违约责任体现了对履行利益的保护，缔约责任体现了对信赖利益的保护，因而赔偿的性质不一样。违约责任的赔偿，是对履行利益的赔偿，包括可得利益损失的赔偿；缔约责任的赔偿，因不发生直接的履行利益的损失，不能按可得利益计算损失。

4. 违约责任的归责原则是多元的，包括严格责任原则、过错责任原则；缔约责任的归责原则是一元化的，即过错责任原则。

三、因第三人原因违约

“当事人一方因第三人的原因造成违约的，应当依法向对方承担违约责任。当事人一方和第三人之间的纠纷，依照法律规定或者按照约定处理”（第593条）。因第三人原因违约，债务人可能是没有过错的，严格责任是违约责任的一般归责原则，在适用严格责任时债务人没有过错也要承担违约责任。

第三人包括债务人的上级机关、与债务人有合同关系的人、侵权人等。例如，出卖人甲未能按期向买受人乙发货，是因为其上游合同供货人丙未按期供货，则甲仍应对乙承担违约责任；甲可要求丙对其承担违约责任。

“依法”向对方承担违约责任，主要指依照《民法典》第577条的规定，承担继续履行、采取补救措施或者赔偿损失等违约责任。“依法”还有另外一层含义：虽因第三人违约，但法律另有规定时，应依照其规定。很明显，因第三人原因违约，债务人并不是绝对责任。例如，债务人仓库失火以致对债权人不能如期发货，而仓库失火是由于第三人过失造成的，这对债务人来说构成了不可抗力，债务人对债权人可以免除迟延的责任。

四、债权人违约

狭义的违约，是债务人不履行债务或履行债务，广义的违约除债务人违约外，还包括债权人违约。债权人违约的主要表现，是受领迟延。

《民法典》第589条规定：“债务人按照约定履行债务，债权人无正当理由拒绝受领的，债务人可以请求债权人赔偿增加的费用。在债权人受领迟延期间，债务人无须支付利息。”债权人受领迟延的责任须满足以下要件。

其一，债务人按照约定履行债务。此处履行债务，实际是提出履行（提出给付），提出履行是债务人作出履行的各项准备，只要债权人受领债务履行即完成的状态。比如，债务人按照约定的时间将货物送到债权人门口，就是提出履行。

其二，债权人拒绝受领没有正当理由。此处拒绝受领，应作扩大解释，包括不能受领。债权人拒绝受领有正当理由的，当然不构成受领迟延。正当的理由如：标的物有重大瑕疵、交付的时间迟延以致影响合同目的实现等，依照诚实信用原则，对轻微违约债权人不能拒绝受领。①

债权人迟延责任的起点，是自债务人提出履行时。迟延的效果是：(1) 债权人赔偿增加的费用。债务人增加的费用包括保管费、重新提出履行的费用等。(2) 在迟延期间，债务人不支付利息，不管是金钱给付和非金钱给付，利息损失由债权人承担。(3) 对于买卖合同，迟延期间标的物毁损、灭失的风险由买受人（债权人）承担（参见第605条）。(4) 债权人迟延，并不发生消灭给付义务的效果。

---

① 有关规定见《民法典》第510条、第530条第1款、第610条、第629条、第740条第1款等。

第二节　预期违约

一、预期违约的含义和成立

（一）预期违约的含义

履行期尚未届至或者届满，债务人明示或默示毁约，这种行为被称为预期违约。“当事人一方明确表示或者以自己的行为表明不履行合同义务的，对方可以在履行期限届满前请求其承担违约责任”（第578条）。条文中的“届满前”，应当作扩大解释，应认为包括“届至前”。届至前，是指起始时间尚未届至，比如，约定甲在6月1日开始履行合同，甲在5月份就表示将不履行合同。届满前，是指已经开始的时间尚未届满，比如约定甲在7月1日前履行完毕，甲在6月份就表示不再履行合同。

（二）预期违约的成立

预期违约的成立，不能基于主观上的判断。一方当事人以书面形式明确表示拒绝履行合同时，预期违约的成立当无问题。对于书面合同，一方当事人以口头方式或默示方式毁约时，另一方当事人不能立即认定其预期违约，应要求其书面确认。在合理的期间内没有得到确认的，即足以认定其构成预期违约。

从我国的合同实践来看，毁约的声明经常表现为解约的通知。当合同一方无合同解除权而单方通知对方解除合同时，可视为毁约的表示，此时预期违约成立，债权人可获得法律救济。

预期违约人可以撤回毁约的表示，重新承诺履行合同。撤回毁约，并不需要提供担保。

二、预期违约与届期违约、不安抗辩权

（一）预期违约与届期违约的区别

届期违约，是指履行期届至或者届满后，当事人不履行合同或者履行合同不符合约定的行为。届期违约又被称为实际违约，但实际违约作为预期违约的对称，会误导人们的思维：以为预期违约尚未构成实际违约。实际上，预期违约也会导致履行成为不可能，比如承揽人在履行期届至或届满之前转产，就使其履行在事实上成为不可能。所以，还是使用届期违约的概念比较好。

1. 最关键的区别是违约的时间不同。届期违约是合同履行期已经届至或届满时，当事人不履行合同义务或不按合同约定履行合同义务；预期违约是合同履行期未届至或未届满时，当事人表示将不履行合同。

2. 届期违约的违约形态有不履行、迟延履行、不完全履行等，预期违约则一般表现为对整个合同的毁弃。

3. 届期违约已经是一种现实，预期违约可以视为一种违约的现实危险：它可能发展为届期违约，也可能由于违约人撤回毁约的意思表示而消失。即便它只是一种现实危险，当事人也可以采取相应的救济措施。

例：王副教授在某年1月将一部专著交给某出版社出版，双方约定，于同年7月前出书。在4月份，该出版社由于有违法经营行为，被管理部门责令“无限期整顿”。“无限期整顿”是指停业整顿的时间不确定，整顿达到效果，就可以恢复营业；没有达到效果，就继续整顿或者取消出版资格。王副教授得知此消息后，即通知出版社解除合同，理由是怕耽误了7月份评职称。有一本专著是评正高职称的必要条件。出版社拒不退稿，称：“无限期整顿，即可以随时

结束整顿，这本书很可能在7月份出版，且该书已经列入出版计划。”

解：专著的出版，是王副教授评正高职称的必要条件，出版社有不能如期出版的危险情况，已经构成重大预期违约，王副教授享有单方解除权。

有时，预期违约并不仅仅是一种危险，比如作为合同标的的特定物已经转卖，此种情况下的预期违约与届期违约除了时间上不同外，已经没有什么差异了。

（二）预期违约与不安抗辩权的区别和联系

不安抗辩权与预期违约是不同的制度，但二者有相似的功能，应了解二者的区别和联系。

1. 预期违约是对当事人特定违约行为的表述，不安抗辩权是对可能丧失对待给付时，一方行使的权利，可以表述为救济权。两者在救济这一点上才可以对比。

2. 不安抗辩权是负担在先履行义务的一方当事人依法享有的权利。当在先履行的一方的给付存在不能获得回报的现实危险时，法律赋予其暂时停止履行的权利。不安抗辩权的行使，要受履行先后顺序的限制，在后履行的一方不能产生不安抗辩权。预期违约是当事人一方在合同履行期届至以前明示或默示毁约。不论是在先履行的一方还是在后履行的一方，都有可能构成预期违约。

例：甲、乙两公司在签订的买卖合同中约定，甲公司在6月1日履行合同，乙公司在7月1日履行合同。乙公司在5月1日通知甲：“因转产，到期将不能履行合同，特通知贵司解除合同。”甲公司在5月10日通知乙公司，对其解除表示反对，声明合同仍然有效。至6月1日履行期届至，甲公司未履行合同。

解：在6月1日之前，甲是没有不安抗辩权的，届期不履行是中止履行，不是终止履行，是针对乙公司预期重大违约行使不安抗辩权的行为，其就中止履行应及时通知乙公司（见第528条）。

3. 不安抗辩权的产生原因，是对方财产急剧减少或丧失信用，有不能为对待给付的可能。预期违约的原因是多方面的，仅由于主观上的原因就可能毁约。

4. 不安抗辩权的行使，表现为保留自己的给付。对预期违约的救济，可以是立即起诉，追究违约人的责任；也可以是通知对方解除合同；还可以是消极地等待履行期届至、届满，再提起诉讼，给对方收回毁约意思表示的机会。

三、预期违约的类型

（一）明示预期违约和默示预期违约

预期违约可以是明示毁约，也可以是以行为默示毁约。明示预期违约和默示预期违约的表现是不相同的。

1. 明示预期违约，是指违约人向相对人明确为将不履行合同的意思表示，一般以通知的方式向债权人表示。这种通知是明确毁约的意思表示，不是要求解除合同的要约。

2. 默示预期违约，是债务人以行为表明其到期将不履行合同。例如，对约定工作进度的合同（承揽合同、施工合同、技术合同等），负责完成工作的一方前期未按约定的进度完成工作，剩下的时间不足以弥补，则可认定默示预期违约。再如，对交付特定物（独一无二的物）的合同（买卖合同、租赁合同等），债务人在交付之前对该物作事实或者法律上的处分，以致到期不可能交付，则可构成默示预期违约。

（二）重大预期违约和轻微预期违约

1. 重大预期违约（或称为根本预期违约）是完全撕毁合同或表示不履行主要债务的违约行为，重大预期违约致债权人的合同目的不能实现。对重大预期违约，被违约的一方获得单方解除权，其有权通知对方解除合同。

2. 如果没有构成根本预期违约，则为轻微预期违约（也称为非根本预期违约），比如对债权人并不急需的标的物表示迟延几天交货，不影响债权人合同目的的实现，则债权人没有单方解除权，但也可以追究债务人的违约责任。

四、预期违约的救济

对预期违约，债权人可以根据情况选择或寻求救济措施。总体来看，对预期违约的救济方法可以是立即起诉，请求法院保护自己的权利；也可以接受预期违约，通知对方解除合同；还可以与第三人订立替代合同，以防止损失的扩大。债权人还可以要求债务人撤回毁约的意思表示，等待合同的履行。被违约人是无辜的受害人，因此，在公平、合理的前提下，为维护自己的利益，他可以选择救济手段和方式。

（一）立即起诉

当债务人预期违约时，债权人可立即起诉，要求其承担违约责任。预期违约已经构成了对另一方合同利益的侵害。另一方基于预期违约提起诉讼，请求法律救济，追究其违约责任，自应当允许。允许立即起诉对双方都是有利的：对预期违约方来说，可以减少违约成本；对另一方来讲，也是防止损失扩大的措施。不论是预期重大违约还是预期轻微违约，也不论是默示预期违约或明示预期违约，债权人均可立即起诉。

（二）接受预期违约，立即解除合同

预期违约是对诺言的违反，但预期违约本身并不具有解除合同的效力。根据《民法典》第563条第1款第2项的规定，只有一方重大预期违约，被违约人才获得单方解除权。解除合同不影响要求赔偿损失的权利。接受预期违约，并不等于免除违约方的责任，而只是承认预期违约的既成事实。

（三）坚持合同的效力，等待对方的履行

债权人有合理的理由，可以坚持合同的效力，要求违约的债务人到期继续履行合同。若属于不能强制执行的合同，依照诚实信用原则，债权人应当主动要求违约方撤回毁约的意思表示，而不应坐等履行期的到来，否则，容易造成损失的扩大。

（四）采取自助措施

为保护自己的利益，债权人可以采取相应的自助措施。其一，在违约方没有撤回毁约的意思表示之前，债权人可以中止履行合同或中止履行准备。此种自助措施是行使履行抗辩权的行为。其二，债权人可以签订替代合同。比如，A方与B方签订买卖粮食的合同，在A方毁约的情况下，B方可以同第三方以合理的价格签订粮食买卖合同，以保证自己的需求。差价损失，可以要求违约人赔偿。

（五）预期违约与定金罚则的适用

当事人交付定金的，在预期违约成立、合同解除后，应适用定金罚则。若预期违约方为交付定金的一方，其无权要求返还定金；若预期违约方为收受定金的一方，其应当双倍返还定金。定金应当视为最低限额的赔偿金，定金不足以弥补损失时，被违约方可以再要求支付赔偿金。

第三节 违约责任的构成要件

一、违约责任的归责原则

不同的归责原则之下，责任的构成有不同的要件。“归责”的文字含义是将责任归属于某人，是确定责任的意思。违约责任的归责原则，是确定违约责任依据的原则，包括严格责任原则和过错责任原则。

《民法典》在违约责任这一章（合同编第八章）开宗第一条（第577条）中规定："当事人一方不履行合同义务或者履行合同义务不符合约定的，应当承担继续履行、采取补救措施或者赔偿损失等违约责任。"据此，承担违约责任，不以违约人有过错为必要，亦即违约责任的构成，不以违约人有过错（故意、过失）为要件。依据上述规定，违约责任的一般归责原则不是过错责任原则。

对违约责任的一般归责原则，专家学者有不同表述，有的表述为无过错责任原则，有的表示为严格责任原则，在构成违约责任的要件上，两种表述并没有什么区别，本书采严格责任原则的表述。理由主要在于，严格责任原则更注重债务人的行为（不履行合同或者履行合同不符合约定），适用该原则时，不以有无过错为判断标准，违约人可能有过错，也可能无过错。严格责任原则虽然"严格"，但配合了免责事由。比如不可抗力是法定免责事由，此种情况债务人并无过错；当债务人因第三人原因违约，此不是免责事由，尽管债务人可能并无过错。

严格责任原则是违约责任的一般归责原则，除此之外，还有一个特殊归责原则，过错责任原则，适用该原则的违反合同的行为，须法律对过错要件加以规定。

严格责任原则的内容是：违约即构成违约责任，有免责事由的除外。适用该原则，只是违约责任的构成不以违约人有过错为前提条件，无过错的，有时也可以构成违约责任。原告提起民事诉讼追究对方违约责任的，不必举证证明被告有过错，而被告主张免责的，应当对免责事由的存在承担举证证明责任。

免责事由是翻译过来的术语，是个习惯用法，它并不是"构成违约责任但免于承担"的意思，在《民法典》的语境下，它的意思应是"不构成责任的事由"。

过错责任原则的内容是：违约且有过错的行为构成违约责任。原告提起民事诉讼追究对方违约责任的，须举证证明被告有过错。

从以上所述可以看出归责原则的一个重要功能：对举证证明责任的分配。

二、适用严格责任原则时违约责任的构成要件

严格责任原则是一般归责原则，其内容是：违约即构成违约责任，有免责事由的除外。上述"违约"包含三个要件：一是不履行合同或者履行不符合约定；二是有损害结果；三是违约行为与损害有因果关系；再加上无免责事由，共四个要件。

（一）不履行合同或者履行合同不符合约定

1. 不履行合同义务

这里所说的"不履行"，包括明示拒绝履行、默示拒绝履行、嗣后履行不能以及债务人陷入迟延。

（1）明示拒绝履行，是债务人以通知方式向债权人表示不履行合同。有时履行期尚未届至，债务人向债权人表示拒绝履行（将不履行合同义务）的，构成明示预期违约。此是以积极行为违约，债权人以此为由起诉债务人的，由原告承担举证证明责任。

（2）默示拒绝履行是以行为表示不履行合同，比如将唯一无法替代的标的物的所有权转移给第三人，对债权人就是默示拒绝履行，默示拒绝履行也可以构成预期违约。

（3）嗣后履行不能是指订立合同以后的履行不能。嗣后履行不能包括嗣后事实不能和嗣后法律不能。比如，不可替代标的物灭失，导致嗣后履行事实不能；再如，唯一无法替代的标的物的所有权转移给第三人，既是默示拒绝履行，也是嗣后履行法律不能。到期不履行是消极行为（不作为），被违约人起诉违约人，要求其承担违约责任的，由被告违约人承担举证证明

责任。

自始履行不能是订立合同时就履行不能。自始法律不能导致合同无效，比如以禁止流通物为标的物的买卖合同属于自始法律不能的合同，合同无效。自始履行事实不能的，尽管双方达成了合意，仍应认定合同不成立。

一物多卖不属于自始不能，因为合同成立时，各买受人都有机会得到标的物，出卖人向一个买受人转移了标的物的所有权，对其他买受人是履行的嗣后法律不能。

(4) 债务人陷入迟延，是债务人到期未履行的事实状态，债务人仍可能履行。到期未履行，是消极行为，债权人起诉债务人的，原告就到期承担举证证明责任，对被告的不履行不承担证明责任，被告主张履行的，应当承担举证证明责任。

未到履行期而未履行合同义务，自不是不履行合同的违约行为。行使履行抗辩权而不履行合同的行为，不是违约行为。合同未规定履行期限，双方应同时履行的，一方因对方未履行而自己不履行行使同时履行抗辩权的行为，不是违约行为。

2. 履行合同义务不符合约定

履行不符合约定可以分为迟延履行、瑕疵履行等。

(1) 迟延履行

这里所说的迟延履行，不是指陷入迟延，而是指虽然履行，但是晚于约定的履行时间。当事人约定迟延履行违约金的，违约人应当向对方支付违约金。迟延履行的违约金与其他违约金一样，可以根据《民法典》第585条第2款的规定予以调整。

(2) 瑕疵履行

瑕疵履行主要指标的物的质量不符合要求，也可以指履行的数量、规格、方法、地点、时间等不符合要求。

瑕疵履行也包括给付的财产上有权利负担，比如，债务人交付的动产上负担债权人订立合同时不知的抵押权。

(二) 对方有损害结果

无损害则无责任。债权人有损害，才能要求对方承担违约责任。可得利益损失也是一种损害。债权人就损害的存在和大小，承担证明责任。

(三) 不履行或者履行不符合约定与损害结果有因果关系

违约行为造成了损失，即违约行为与损害结果有因果关系时，债权人才有权要求债务人承担违约责任。违约责任是一种财产给付，是为了弥补债权人的损害，没有因果关系的损害，不是债务人造成的损害，他当然没有义务负担这种给付。

(四) 无免责事由

1. 概述

严格责任不是绝对责任。未按合同履行，但有免责事由的，则不承担违约责任；未按合同履行，无免责事由的，则要承担违约责任。存在免责事由，由违约人承担证明责任。

免责事由是个词不达意的习惯用法，免责事由应解释为：不履行合同或者履行合同不符合约定，但有导致不构成违约责任原因。免责事由分为法定的免责事由和约定的免责事由。

2. 不可抗力

(1) 不可抗力的概念

“不可抗力是不能预见、不能避免且不能克服的客观情况”(第180条第2款)。简言之，不可抗力是当事人不可抗拒的外来力量，是不受当事人意志左右、支配的自然现象和社会现象。不可抗力是主要的法定免责事由。发生不可抗力导致合同不能履行或者不能按约履行的，违约人并无过错。

（2）不可抗力的特点

1）不可抗力是当事人不能预见的事件

当事人订立合同时对不可抗力事件不能预见。这是构成不可抗力的主观要件。不能预见要求当事人在尽了善良人的注意义务的基础上，按通常的标准去衡量。只有尽到了应有的注意义务而仍不能预见，才能具备不可抗力主观要件。如果当事人能够预见，而由于疏忽大意或其他原因没有预见，则不能构成不可抗力。

2）不可抗力是当事人不能控制的事件

除了不可预见以外，不可抗力还必须是合同当事人不能避免并且不能克服的阻碍合同履行的事件，也就是说，当事人对事件的发生和结果，不能进行人为的控制。事件的发生，不为当事人的意志所左右。如果事件的发生能够避免或者虽然不能避免但能克服，那么就不存在履行合同的不可克服的障碍了。比如，甲方为乙方运送货物，道路被洪水冲毁，甲方应当改换运输路线或改变运输方式，一般不能以不可抗力为由要求免除履行义务。因为，甲方可以克服洪水冲垮道路带来的履行障碍。

3）不可抗力是独立于当事人意志和行为以外的事件

当事人可以约定不可抗力的范围，但不可抗力本身是当事人意志和行为以外的客观事件，或者说，不可抗力具有客观性、外在性。不可抗力作为一种事件，包括自然灾害和社会原因引起的事件。

4）不可抗力是阻碍合同履行的客观事件

合同法理论中的不可抗力是与合同履行密切相关的。如果事件的发生与合同的履行无关，就无所谓不可抗力。不可抗力对合同履行的阻碍有三种情况：其一，导致合同全部不能履行；其二，导致合同部分不能履行；其三，导致合同不能如期履行。不可抗力作为一种外来事件，对合同的履行效力发生了直接影响。

（3）不可抗力事件的范围

构成不可抗力的事件繁多，法律对不可抗力的范围难以列举。当事人可以在合同中订立不可抗力条款，将法律对不可抗力的规定具体化。当事人没有在合同中规定不可抗力条款的，法院仍可根据事实认定不可抗力的存在。

总而言之，不可抗力事件的范围，包括自然灾害和社会事件。自然灾害有火灾、水灾、旱灾、风灾、地震等。我国法理上承认社会事件可以构成不可抗力。但究竟哪些事件可以构成不可抗力，并没有定论。

（4）不可抗力免责及通知义务、举证责任

“当事人一方因不可抗力不能履行合同的，根据不可抗力的影响，部分或者全部免除责任，但是法律另有规定的除外。因不可抗力不能履行合同的，应当及时通知对方，以减轻可能给对方造成的损失，并应当在合理期限内提供证明”（第 590 条第 1 款）。

不可抗力导致合同全部不能履行的，全部免责；导致合同部分不能履行的，就该部分不能履行免责；导致合同不能如期履行的，就迟延免责。

“当事人迟延履行后发生不可抗力的，不免除其违约责任”（第 590 条第 2 款）。比如，甲公司应当在 3 月 20 日以前给乙公司发货，其到期没有发货，甲公司在 5 月份遭遇不可抗力以致不能履行合同，甲公司应当承担不履行合同的违约责任。

遭受不可抗力的一方，具有及时通知义务和举证责任。没有及时通知造成对方损失扩大的，就扩大的损失应当承担责任。

3. 相对人的过错行为或其他行为与造成损害有因果关系

相对人有过错，是指相对人对损害的发生有故意或者过失，即损害与相对人的过错行为有因果关系。如《民法典》第823条第1款规定："承运人应当对运输过程中旅客的伤亡承担赔偿责任；但是，伤亡是旅客自身健康原因造成的或者承运人证明伤亡是旅客故意、重大过失造成的除外。"再如，第832条规定："承运人对运输过程中货物的毁损、灭失承担赔偿责任。但是，承运人证明货物的毁损、灭失是因不可抗力、货物本身的自然性质或者合理损耗以及托运人、收货人的过错造成的，不承担赔偿责任。"还有，第893条规定："寄存人交付的保管物有瑕疵或者根据保管物的性质需要采取特殊保管措施的，寄存人应当将有关情况告知保管人。寄存人未告知，致使保管物受损失的，保管人不承担赔偿责任；保管人因此受损失的，除保管人知道或者应当知道且未采取补救措施外，寄存人应当承担赔偿责任。"寄存人未告知，一般是有过错的，但也有可能没有过错。

4. 免责条款

免责条款，是当事人在合同中预先确定的免除违约责任（不承担违约责任）的条款。约定免责事由属于当事人意思自治范畴。但免责的条款应当根据《民法典》的专门规定判断是否有效（见第497条、第506条）；判断其作为格式条款时是否进入合同（见第496条），例如，马戏团招募演员的时候，在雇佣合同中注明，演员在演出时负伤，马戏团不承担赔偿责任。这种约定当然是无效的。

例：甲、乙约定，甲方在履行合同中由于过失造成乙方损失时，乙方同意甲方免责。这种约定的效力如何，要看甲方是由于重大过失违约，还是由于一般过失违约，前者不能免责，后者可以免责。

三、适用过错责任原则时违约责任的构成要件

过错责任原则是特殊归责原则，其内容是：违约且有过错的行为构成违约责任。上述"违约"包含三个要件：一是不履行合同或者履行不符合约定；二是有损害结果；三是行为与损害有因果关系；再加上行为人有过错，共四个要件。

前三个要件与严格责任原则下的违约责任构成要件相同，两者区别在第四个要件，即违约人须有过错，没有过错不构成违约责任（免责）。过错包括故意和过失，有时法律要求故意和重大过失才构成违约责任。这里简要介绍《民法典》有关条文。

（1）第527条第2款："当事人没有确切证据中止履行的，应当承担违约责任。"契约应当严守，当事人没有确切证据就中止履行，其主观上是有过错的，即该违约责任是过错责任。

（2）第660条规定："经过公证的赠与合同或者依法不得撤销的具有救灾、扶贫、助残等公益、道德义务性质的赠与合同，赠与人不交付赠与财产的，受赠人可以请求交付。依据前款规定应当交付的赠与财产因赠与人故意或者重大过失致使毁损、灭失的，赠与人应当承担赔偿责任。"即赠与人有故意和重大过失的过错的，应当承担责任。

（3）第824条第1款规定："在运输过程中旅客随身携带物品毁损、灭失，承运人有过错的，应当承担赔偿责任。"

（4）第897条规定："保管期内，因保管人保管不善造成保管物毁损、灭失的，保管人应当承担赔偿责任。但是，无偿保管人证明自己没有故意或者重大过失的，不承担赔偿责任。"保管不善的责任是过错责任。

（5）第929条第1款规定："有偿的委托合同，因受托人的过错造成委托人损失的，委托人可以请求赔偿损失。无偿的委托合同，因受托人的故意或者重大过失造成委托人损失的，委托人可以请求赔偿损失。"有偿委托合同中受托人是过错责任；无偿委托合同中受托人虽然是过错责任，但不是所有过错其都承担责任，《民法典》排除了一般过失。

（6）《民法典》规定的"不可归责于"当事人的事由或原因（见第433条、第729条、第

756 条、第 820 条、第 928 条、第 930 条、第 933 条、第 946 条、第 1022 条)，在内涵上是指无过错，而“可归责”是有过错，有过错造成损害的，应当承担责任。

第四节　违约责任的形式

一、概说

违约责任是给付，承担违约责任的形式是违约人对被违约人以给付作为补救（救济）的具体方式。

违约责任与违约救济不同，比如，债权人通知债务人解除合同，是违约救济的方式，因不是给付，故不是违约人承担违约责任的方式。

违约责任的形式，包括继续履行、采取补救措施、赔偿损失、支付违约金、适用定金罚则等。《民法典》第 179 条第 1 款规定：“承担民事责任的方式主要有：(一) 停止侵害；(二) 排除妨碍；(三) 消除危险；(四) 返还财产；(五) 恢复原状；(六) 修理、重作、更换；(七) 继续履行；(八) 赔偿损失；(九) 支付违约金；(十) 消除影响、恢复名誉；(十一) 赔礼道歉。”第 3 款规定：“本条规定的承担民事责任的方式，可以单独适用，也可以合并适用。”疑问是，上述列举的方式中没有“采取补救措施”，该方式能否与其他方式合并适用？采取补救措施是指采取修理、重作、更换、退货、减少价款或者报酬等措施，对前三项第 179 条作了规定，总体来说，补救措施（包括第 179 条未规定的补救措施）可以与其他承担民事责任的方式并用。

《民法典》第 577 条规定：“当事人一方不履行合同义务或者履行合同义务不符合约定的，应当承担继续履行、采取补救措施或者赔偿损失等违约责任。”疑问是，条文使用了“顿号”和“或者”，是否意味着这是第 179 条第 3 款的特别规定，是选择关系不能合并适用？——第 577 条不是特别规定，第 577 条的任务是表明承担违约责任不以过错为条件，它只是将违约责任形式作了不完全的列举。

各违约责任形式，可以单独适用，也可以合并适用。合并适用的原则是不能发生重复请求。比如，债务人的承担继续履行的违约责任，使债权人的可得利益得到实现，债权人就不能再要求赔偿可得利益；如果债务人继续履行后债权人还有损失，他当然有权请求赔偿。

二、继续履行

（一）继续履行的含义

继续履行有时也称为实际履行、强制实际履行，是债务人未履行合同或履行合同不符合约定时，债权人依法请求其按合同的规定继续履行合同义务。继续履行，最终使债权人实现原合同的履行利益。对继续履行，债权人可以请求法院强制执行。

继续履行，原给付形态不变，如原来是发货义务，继续履行是继续履行发货义务，原来是给付租金，继续履行仍是给付租金。履行后还有其他损失的，债权人可以请求赔偿损失。

实际履行不宜解释为实物履行。实物，应指有形财产，而合同的标的财产不以有形财产为限，还可以是行为、无形财产（无体财产）。当合同的标的物是有形财产时，实际履行也可以称为实物履行。

（二）继续履行的适用

1. 概述

违约的效力既表现为违约人应当承担的责任，也表现为被违约人请求救济的权利。当事人应当有选择救济方式的权利。当债权人要求继续履行且符合条件时，才可令债务人继续履行。除非为了公共利益，法院不能强制债权人接受继续履行。

继续履行作为承担违约责任的一种形式，与合同期限届满以前的合同义务的履行有着本质的区别：继续履行具有强制性，不以债务人同意履行为条件。否则，就无所谓“强制”了。继续履行既可以适用全部合同义务未履行的情况，也可以适用部分合同义务未履行的情况。

合同的履行可以是积极的行为（作为），也可以是消极的行为（不作为），继续履行一般是针对前者而言，但对不作为的债务，有时也可以强制继续履行。当债务人承担不作为的义务而不履行这种义务时，法院可以禁止他的行为。这是保障合同继续履行的一种方式。

继续履行分为金钱债务的继续履行和非金钱债务的继续履行。

债务人承担继续履行的责任，根据债务的性质不得强制履行的，可以由第三人替代履行。

2. 金钱债务的继续履行

“当事人一方未支付价款、报酬、租金、利息，或者不履行其他金钱债务的，对方可以请求其支付（第579条）。”已经发生的金钱债务，不存在因不可抗力而履行不能的问题。

例：甲公司（银行）借给乙公司500万元，用于设备改造。乙公司拿到钱后，积极进行并完成了设备改造。乙公司原打算用新设备生产产品，以产品价款偿还借贷。但因不可抗力，设备毁损。

解：乙公司不能以不可抗力要求免除还款义务。已经发生的金钱债务不发生履行不能的问题。乙公司如果迟延还款，则不免除迟延还款的利息。因为，利息是对价，不可抗力不免除对价，否则就等于法律允许一方剥夺另一方的财产。

3. 非金钱债务的继续履行及合同僵局的打破

（1）非金钱债务的继续履行

《民法典》第580条第1款规定：“当事人一方不履行非金钱债务或者履行非金钱债务不符合约定的，对方可以请求履行，但是有下列情形之一的除外：（一）法律上或者事实上不能履行；（二）债务的标的不适于强制履行或者履行费用过高；（三）债权人在合理期限内未请求履行。”该款规定了继续履行的三种除外情形。应考察、注意以下几个问题。

1）法律不能

法律上不能履行主要有以下几种情况。

其一，特定的标的物已经由第三人取得所有权。比如，出卖人一物二卖，标的物已经由一买受人取得所有权，此时要求出卖人向另一买受人继续履行合同就会侵犯前一买受人的合法权益，实际履行属法律上不能。

其二，强制实际履行侵害债务人的人身自由。当继续履行涉及当事人的人身自由时，法院不能判决合同继续履行。如对雇佣合同中的被雇佣人、演出合同中的演员、技术合同中的开发人员等，均不得强制实际履行。

其三，债务人破产。当债务人进入破产程序，若强制债务人实际履行，则等于授予债权人以优先权。这对于债务人的其他债权人是不公平的，也违反了《企业破产法》的相关规定。

其四，债务为自然债务。比如诉讼时效届满，债务人的债务转化为自然债务，该自然债务是不能强制执行的债务。

其五，实践合同约定的债务。对于实践合同约定的债务，一方当事人要求强制实际履行的要求不能获得支持。因为法律给实践合同的债务人以反悔权。这种反悔权是通过不交付标的物或不履行合同约定的其他义务体现的。在交付标的物或履行合同约定的其他义务之前，实践合同还没有成立，约定的义务自然还没有发生履行效力，因此不能强制实际履行。否则，就等于否定了法律赋予当事人的反悔权。

例：5月1日黄某答应在同年5月6日借给李某一辆汽车。至5月6日，黄某并没有提供汽车，李某向法院提起诉讼，要求黄某提供汽车。对李某的诉讼请求，法院不能予以支持。因为借用合同是实践合同，黄某有反悔权。

其六，预约约定的债务。预约约定的债务不是给付财产，而是签订合同，如果强制实际履行（强制成立本约），就构成了对人之自由的侵犯。

其七，债务人享有反悔权的无偿合同债务。无偿合同如赠与合同，赠与人（债务人）有任意撤销权（反悔权），因此也不能强制实际履行。但是根据《民法典》第658条的规定，经过公证的赠与合同或者依法不得撤销的具有救灾、扶贫、助残等公益、道德义务性质的赠与合同，赠与人（债务人）没有任意撤销权，可以强制实际履行。

2）事实不能

事实不能主要是基于自然法则的不能。比如一幅古画已经被火烧成灰烬或已经丢失，这幅古画是特定物，是独一无二的、无法替代的。因而，强制实际履行在事实上不能。

3）债务的标的不适于强制履行

比如合伙合同的履行，不仅需要合伙人的投资，还需要合伙人的主观努力，因而合伙合同不适于强制实际履行。再如，履行期限过长的合同，也是不适于强制实际履行的合同。

4）履行费用过高

继续履行费用过高，不合理、不必要地加大了违约成本。违约成本是因违约而付出的代价。实际履行应当着眼于对债权人的救济，而不能把它当成对违约的惩罚手段。如果继续履行只是为了惩罚债务人，此时继续履行属于不合理。如果可以选择数种方法弥补债权人的损失，而继续履行的成本最大，此时不宜采取继续履行的方法。当标的物为种类物，很容易在市场上买到或可以替代时，一般不宜采用实际履行的救济方法。

履行费用过高应当如何衡量？如履行费用比赔偿金、违约金还高，则可以认为是履行费用过高。

例：甲应当卖给乙普通红砖5 000块，甲违约，乙向法院要求强制甲履行。但甲已经拆炉停止烧砖，若甲对乙赔偿，则赔偿50万元（包括了可得利益），如甲实际履行，重新开炉烧砖，则需花费150万元。普通红砖在市场上很容易买到，此时应当判决赔偿，而不应当判决强制实际履行。这种情况下，也不宜判决甲买来普通红砖送给乙，因为这样仍然会增加费用。

5）债权人在合理的时间内没有要求实际履行

债权人在合理的时间内没有要求履行，视为放弃了要求继续履行的权利。“合理的时间”，要根据诚实信用原则结合具体情况来判断。例如，债权人（买受人）甲在债务人（出卖人）乙（果园主）到期不交付10吨苹果后，请求法院强制履行，但甲提出实际履行的要求时，苹果采摘季节已过，甲此时的要求不合理，不应当给予其支持。

“合理的时间”是对实际履行是否现实的衡量，不能把“合理的时间”理解为诉讼时效。

（2）非金钱债务合同僵局的打破

具有《民法典》第580条第1款继续履行的任何一种除外情形，债权人就不能请求实际履行，若其不采取或不能采取替代履行措施又不解除合同，就造成了合同僵局。为打破这种僵局，第580条第2款规定：“有前款规定的除外情形之一，致使不能实现合同目的的，人民法院或者仲裁机构可以根据当事人的请求终止合同权利义务关系，但是不影响违约责任的承担。”

第2款中的“请求终止”，实质是“请求解除”。请求终止不是简单形成权（单纯形成权），不能以通知对方的方式行使，而只能请人民法院判决终止，有仲裁协议的，只能请求仲裁机构裁决终止。“当事人”，包括债权人和债务人。债务人违约符合法定情形的，债权人可以通知其解除（见第563条、第565条第1款），债权人的解除权是简单形成权，其不必适用本款规定。债务人可以适用本款以打破合同僵局，摆脱不死不活的局面。

债务人（违约人）请求终止合同的条件有二：其一，有《民法典》第580条第1款规定的除外情形之一，例如，发生了嗣后履行不能的事实，导致实际履行不能。其二，合同目的不能实现，此情况再维持合同效力没有实质意义。

4. 第三人替代履行

第三人替代履行即由第三人替代债务人继续履行。“当事人一方不履行债务或者履行债务不符合约定，根据债务的性质不得强制履行的，对方可以请求其负担由第三人替代履行的费用”（第581条）。由第三人替代履行是债权人自我救济的一种方式。

例：1月1日，甲演艺公司与张乙签订了演出合同，约定张乙6月1日到南京某剧场独唱。5月1日，张乙通知甲演艺公司其将出国深造，不能参加6月1日的演出。故甲演艺公司请了李丙救场。

解：张乙构成预期违约，对财物之债可以请求强制实际履行；对劳务之债，不能请求强制实际履行，否则就会构成对人权的侵犯。本案采用了由第三人替代履行的方式进行救济。给李丙的费用，甲演艺公司有权请求张乙负担。

三、采取补救措施

采取补救措施是指采取修理、重作、更换、退货、减少价款或者报酬等措施。

履行不符合约定的，应当按照当事人的约定承担违约责任。对违约责任没有约定或者约定不明确，依据本法第510条补缺规定仍不能确定的，受损害方根据标的的性质以及损失的大小，可以合理选择请求对方承担修理、重作、更换、退货、减少价款或者报酬等违约责任（见第582条）。上述规定有递进关系：第一，按约定确定承担违约责任的形式；第二，按《民法典》510的规定补缺（补充性解释）；第三，由受害人在诸种违约责任形式中合理选择（选择之债）。

（一）修理、更换、重作

修理，是消除标的物缺陷或瑕疵的行为；更换，是以合格物品调换不合格物品；重作，是重新制作定作物。修理、更换或重作，并不当然免除违约人赔偿损失的责任，视具体情况，被违约人在要求修理、更换或重作时，得主张损害赔偿。

（二）退货

退货与换货不同，退货是解除合同的必然结果。

（三）减少价款或者报酬

当标的物质量或者服务质量不符合约定时，则不能构成原约定价款或者报酬的充分对价，受损害方有权利要求将价款或者报酬减少相应数额，以求对价大体相当。[①]

四、赔偿损失

（一）赔偿损失的概念

赔偿损失，是指违约方不履行或不按合同约定履行时，以金钱或实物弥补被违约人损失的责任。赔偿，可以是金钱赔偿，也可以是实物赔偿。我国法律所言赔偿，主要是指金钱赔偿，但也不排除以物、劳务或其他形式的赔偿。如果当事人没有特约，赔偿就是指金钱赔偿。

对违约后赔偿损失责任的适用，有两种情形：其一，在继续履行义务或者采取补救措施后进行赔偿。“当事人一方不履行合同义务或者履行合同义务不符合约定的，在履行义务或者采

① 《买卖合同解释》第17条规定：“标的物质量不符合约定，买受人依照民法典第五百八十二条的规定要求减少价款的，人民法院应予支持。当事人主张以符合约定的标的物和实际交付的标的物按交付时的市场价值计算差价的，人民法院应予支持。价款已经支付，买受人主张返还减价后多出部分价款的，人民法院应予支持。”

取补救措施后，对方还有其他损失的，应当赔偿损失”（第583条）。其二，不继续履行或者采取其他补救措施，而采用赔偿损失等方法填补被违约人的所有损害，比如，解除合同后的赔偿就是如此。

（二）赔偿损失的范围

“当事人一方不履行合同义务或者履行合同义务不符合约定，造成对方损失的，损失赔偿额应当相当于因违约所造成的损失，包括合同履行后可以获得的利益；但是，不得超过违约一方订立合同时预见到或者应当预见到的因违约可能造成的损失”（第584条）。

1. 完全赔偿原则

完全赔偿原则要求赔偿范围包括被违约人两个部分的损失：其一，现有财产的减少；其二，失去的可得利益。

（1）现有财产的减少

对被违约人现有的财产的减少，有的专家称为直接损失，有的称为实际损失①，有的立法采实际损失的概念。②《民法典》通篇没有使用实际损失的概念，但在第933条中使用了直接损失的概念，该直接损失实际是指被违约人现有财产的减少，有关专家还把可得利益的损失称为间接损失。③ 为与《民法典》的规定取得一致，本书采用“直接损失”的概念，并认为，实际损失与直接损失一样，都指现有财产的减少。

直接损失是既存财产因对方违约而减少等情形，学理上称为积极损失。直接损失可以包括缔约费用损失；准备履行或履行产生的损失；处理争议和善后（财产返还等）发生的费用损失。其中，缔约费用一般是在因对方重大违约致使合同解除时，而转化为损失。双务合同中，一方准备履行或者履行，也会因对方的违约而产生损失。

违约方所承担的赔偿责任，在一般情况下是完全赔偿责任，即赔偿范围包括可得利益损失。当事人如果有约定，只赔偿直接损失（实际损失），自当允许。如果法律、法规对赔偿范围有特别规定的，应当按规定办理。从我国现行的一些法律、行政法规来看，为体现对某些经营风险比较大的公用、公共企业的保护，限制了这些企业的赔偿范围。比如按照《铁路法》第17条第1款的规定，对承运的货物的灭失、短少、变质、污染或者损坏，赔偿是不超过实际损失（直接损失）的。④

例：河北农民李某向北京贩运土豆，由于车站的疏忽，未将装载土豆的车皮挂车，结果土豆全部冻坏。李某向法院起诉，要求铁路承运人赔偿实际损失和可得利益，按北京的土豆销售价赔偿。请问：是否应支持李某的诉讼请求？

解：法院除应判决退回运费外，还应判决被告按该车站当地的土豆的收购价格赔偿；即是说，该赔偿是不应包括可得利益的。

（2）可得利益损失

可得利益损失在学理上又称为消极损失，是在正常履行合同情况下必然实现的利益。可得

---

① 参见黄薇主编：《中华人民共和国民法典合同编解读》（上册），中国法制出版社2020年7月版，第432页。

② 如《铁路法》第17条第1款规定：“铁路运输企业应当对承运的货物、包裹、行李自接受承运时起到交付时止发生的灭失、短少、变质、污染或者损坏，承担赔偿责任：（一）托运人或者旅客根据自愿申请办理保价运输的，按照实际损失赔偿，但最高不超过保价额。（二）未按保价运输承运的，按照实际损失赔偿，但最高不超过国务院铁路主管部门规定的赔偿限额；如果损失是由于铁路运输企业的故意或者重大过失造成的，不适用赔偿限额的规定，按照实际损失赔偿。”

③ 参见黄薇主编：《中华人民共和国民法典合同编解读》（下册），中国法制出版社2020年7月版，第1348、1349页。

④ 同注②。

利益损失是违约的必然后果。纯利润的损失，是可得利益的损失。

2. 可预见规则

违约人在订立合同时的相应的预见能力，是确定赔偿范围的一个重要因素。换言之，违约人的赔偿范围，是其在订立合同时已经预见或可能预见到的违约所造成的后果。可预见规则，是对完全赔偿规则的一个限制。

如果不是当事人能够合理预见的损失，那么，这种损失就不在合意的效力范围之内。合同正义体现在利益的分配和风险的分配上。风险的分配又包括标的物意外毁损、灭失风险的分配和违约风险的分配。可预见规则，是违约风险分配规则。合同的订立，是以当事人当时了解的情况为基础的，而且是在这种基础上通过讨价还价确定了风险的分配（承担）。如果当事人预见到这种风险，就会提高价格，以提高自己应付风险的能力，或者通过免责条款限制自己的责任；可能承担风险的一方，也可能以承担风险为条件来降低对方的要价。如果当事人没有预见到，从当时的环境来说，也不能合理地预见，此时要违约人承担责任，可能会有显失公平的后果。

应当注意：预见的主体，是违约人；预见的时间，是在合同订立时。可预见规则是对不可预见违约风险的分配，因此只能适用于过失违约，不能适用于故意违约。

（三）损益相抵的规则

所谓损益相抵，是指违约人因违约的赔偿额应当减去被违约人因违约而减少的支出或获得的利益。《买卖合同解释》第23条规定："买卖合同当事人一方因对方违约而获有利益，违约方主张从损失赔偿额中扣除该部分利益的，人民法院应予支持。"

例：买卖合同的甲方（出卖人）违约，乙方提出赔偿请求：若合同履行，应赚钱100万元。甲方有证据表明，乙方所称赚钱100万元只是毛收入，标的物尚须库存10天，花去保管费4万元，自己只能赔偿96万元。

解：甲方的主张正确。按损益相抵的规则，甲方在赔偿的时候应当扣除4万元。

（四）减损义务

减损义务，是指被违约人应当及时采取适当措施防止损失扩大的法定义务。减损义务也是对赔偿的限制，是公平原则的体现。

"当事人一方违约后，对方应当采取适当措施防止损失的扩大；没有采取适当措施致使损失扩大的，不得就扩大的损失请求赔偿。当事人因防止损失扩大而支出的合理费用，由违约方负担"（第591条）。

履行减损义务有时需要支出费用。如果费用的支出是合理与必要的，那么，不管是否起到了减损的效果，费用都应当由违约人承担。是否必要与合理，应依诚实信用原则进行判断。

被违约人没有履行减损义务而致使损失扩大，扩大的这一部分与另一方违约无直接因果关系，受损害方无权要求赔偿。因为，这些损失本来是可以避免的，不是违约的必然产物。只要被违约人出于善意，即使减损无效果，也应认定其完成了减损义务。

（五）双方违约与过错相抵规则

1. 双方违约

"当事人都违反合同的，应当各自承担相应的责任"（第592条第1款）。双方违约是两个违约行为、两个违约结果，且两个违约之间没有因果关系。一方违约，另一方行使抗辩权不是双方违约。比如，甲、乙签订了施工合同，发包人甲的"三通一平"晚了一个月，导致施工人乙进场施工晚了一个月，造成了误工误料的损失。乙施工技术不到位，造成楼顶大面积开裂，构成明显的质量瑕疵。本案甲有一个违约行为，乙有一个违约行为，各造成一个违约结果，两个违约之间没有因果关系，甲违约在先，乙施工质量有问题，并非行使履行抗辩权。双方应承担各自的违约责任。

例： 甲、乙签订出资人协议，约定成立公司，各出资1 000万元。公司成立后，甲起诉乙，说乙只出资200万元，要求追究乙的违约责任。乙抗辩说，甲只出资600万元，也违约了，双方应互不追究，各自承担自己的损失，法院应驳回甲的诉讼请求。乙的观点对不对？

解： 乙的观点不正确。双方违约是各自追究对方的责任，双方的责任不能“对冲”，不能成为互相抗辩的理由，要互相追究、互相担责，并非“各自承担自己的损失”。

2. 过错相抵规则

“当事人一方违约造成对方损失，对方对损失的发生有过错的，可以减少相应的损失赔偿额”（第592条第2款）。过错相抵规则也称为混合过错规则，是指对同一损害，双方都有过错。过错相抵不同于双方违约，双方违约是两个损害。例如，甲将汽车交给乙保管，甲违约未交付保管费，乙有过错致保管汽车毁损，双方应当各自承担相应的责任。过错相抵是对一个损害的相抵。

例： 黄老太乘坐公共汽车，对司机说：“你开的车太颠簸，我要下车。”司机说：“此地无法停车，再往前有停车站，我在那儿给你停车。”司机一边说一边放慢了车速。但是黄老太性如烈火，自己伸手将车门打开，纵身跳了下去，摔死在公路上。

解： 此案中，承运人有过错，因为客运合同的承运人提供了不安全的服务。汽车在行驶过程中，车门应当不能被乘客轻易打开，如果车门容易打开，则应由售票员进行管理，以防止不测之事故。承运人赔偿责任的成立，自不成问题。黄老太跳车，也有过错，所以应当减轻承运人的责任。

五、支付违约金

（一）违约金的概念

违约金是合同当事人预定的，一方不履行合同或履行合同不符合约定条件时，应给付另一方当事人一定数额的货币。“当事人可以约定一方违约时应当根据违约情况向对方支付一定数额的违约金，也可以约定因违约产生的损失赔偿额的计算方法”（第585条第1款）。

违约金的基本性质是预定的赔偿金。“预定”是事先约定，违约金的比例或者数额是当事人在违约事实发生前确定的，一般是在订立合同时确定。

对同一损害，当事人没有约定违约金时，才适用赔偿金，否则会造成重复赔偿。

（二）违约金的调整

“约定的违约金低于造成的损失的，人民法院或者仲裁机构可以根据当事人的请求予以增加；约定的违约金过分高于造成的损失的，人民法院或者仲裁机构可以根据当事人的请求予以适当减少”（第585条第2款）。

在承认违约金的基本性质是补偿性的基础上，我国《民法典》授予法院、仲裁机构提高或降低违约金的权力。变动违约金数额，是使违约金与违约产生的损失大体相当。当违约金过低时，提高违约金，有利于保护被违约人的利益，使其能够得到适当的补偿。当违约金过高时，降低违约金，减弱了它的惩罚性，降低了违约人的成本。

（三）违约金的种类

根据违约金针对的违约类型，可以有不同分类，主要有以下三种。

1. 不履行合同的违约金

不履行合同的违约金，是指当事人没有给付主债务时应当支付的违约金，这种违约金一般是按合同标的额的一定比例计算。当合同部分未履行又为可分之债时，按未履行的部分计算、适用违约金。

2. 逾期履行的违约金

逾期履行，是指当事人迟延给付主债务。逾期履行的违约金一般是按迟延的日期（天数等）计算的违约金。逾期履行有逾期付款和逾期交付标的物、逾期交付工作成果等。逾期交付标的物应当支付的违约金，按逾期付款的违约金执行。

“当事人就迟延履行约定违约金的，违约方支付违约金后，还应当履行债务”（第585条第3款）。即是说，迟延履行的违约金可以与继续履行的责任并用。

逾期履行也是履行，因此，不履行违约金与逾期履行违约金不能并用。

3. 瑕疵履行的违约金

瑕疵履行的违约金，是指当事人履行的质量不符合要求而约定支付的违约金。瑕疵履行的违约金不能与重新履行并用，因为被违约人接受了原履行，并从违约金中得到了损失的补偿。

六、适用定金罚则

（一）定金的含义

定金是指订立合同时，为了担保主合同的履行，约定由当事人一方先行给付另一方的货币。合同履行后，定金应当收回或抵作价款。定金罚则的基本内容是：给付定金的一方违约，就丧失了定金，无权要求返还；接受定金的一方违约，根据对等原则，应当双倍返还定金。

定金的标的是货币，此处所说的货币，是以货币衡量的金钱给付，不一定是交付现金，可以约定交付现金，也可以约定交付票据、转账等。当事人约定货币以外其他种类物充当定金的，自当有效，但货币以外的定金是非常罕见的。实务中的诚意金一般是订金（单方担保），若将诚意金约定为双方担保，它实际就成了定金。

（二）定金合同的性质和定金的适用

1. 定金合同的性质

“当事人可以约定一方向对方给付定金作为债权的担保。定金合同自实际交付定金时成立。定金的数额由当事人约定；但是，不得超过主合同标的额的百分之二十，超过部分不产生定金的效力。实际交付的定金数额多于或者少于约定数额的，视为变更约定的定金数额”（第586条）。

（1）定金合同是实践合同，定金合同自实际交付定金时成立，是交付现金，还是转账等方式等交付，由当事人在定金合同中约定。

因为定金合同是实践合同，因而实际交付的定金数额多于或者少于约定数额的，视为变更约定的定金数额。变更定金的数额，即变更定金合同，变更合同，需要当事人达成合意。实务中，应注意考察双方是否达成了合意。

（2）定金合同是担保合同。定金的数额不得超过主合同标的额的20%，是不充分担保。超过部分不产生定金的效力，可以按预付款处理。

（3）定金合同是从合同，从属于被担保的主合同，主合同无效的，定金合同也无效。

（4）定金合同是不要式合同，可以是口头形式，也可以是书面。书面形式的定金合同，可以是一份独立的合同书，也可以表现为主合同中的条款。

2. 定金的适用

定金的适用，也称为定金罚则的适用。“债务人履行债务的，定金应当抵作价款或者收回。给付定金的一方不履行债务或者履行债务不符合约定，致使不能实现合同目的的，无权请求返还定金；收受定金的一方不履行债务或者履行债务不符合约定，致使不能实现合同目的的，应当双倍返还定金”（第587条）。

定金罚则适用于两种违约的情况：其一，不履行（未履行）。其二，相当于不履行，即履行债务不符合约定，致使不能实现合同目的。

合同解除的效力溯及至订立时的（即视其自始失去效力的），法律效果是不履行（未履行），可以适用定金罚则。

定金之债是可分之债，当定金担保的给付也是可分之债而义务人只履行给付之一部分时，应当按给付比例适用定金罚则。

例：甲与乙签订了买卖1 000万元煤炭的合同，乙按约交付了100万元定金。甲发了60%的货物，就因“转业”不愿继续履行合同。甲、乙协商一致解除了合同，但未就定金的处理作出约定。之后，出卖人甲要求买受人乙支付600万元货款并要求按比例适用定金罚则，乙要求甲双倍返还200万元。

解：乙应当按发货比例向甲支付600万元货款，定金罚则也应当按比例适用。甲收取的100万元定金按发货的比例分为两个部分：第一部分是60万元，这一部分不适用定金罚则，用来折抵价款（600万元－60万元＝540万元）；第二部分40万元适用定金罚则，即应双倍返还80万元，但不用实际返还给乙，可用来折抵价款（540万元－80万元＝460万元）。因此，乙应当再支付给甲460万元货款。即货款总额为600万元，但被违约人乙方总共应支付的金额是560万元（460万元＋100万元定金折抵）。

定金是预交的、具有担保性质的违约金，定金是双方担保。上例中，甲为部分不履行付出的代价，是40万元定金形式的违约金。

（三）定金与违约金、赔偿金在适用上的关系

1. 定金与违约金在适用上的关系

“当事人既约定违约金，又约定定金的，一方违约时，对方可以选择适用违约金或者定金条款”（第588条第1款）。当事人既约定违约金，且定金合同又生效的，构成选择之债，在一方违约时，对方可以选择适用。

定金具有预交的违约金的性质，但对定金的数额法律有限制（不得超过标的额的20%），因此定金又不具备违约金完全弥补损失的功能。定金若与违约金并用，使违约人同时承担两种性质相同的违约责任，会发生重复请求，造成不公平的后果，因此不能并用，而由被违约人择其一适用。被违约人可以选择对自己有利的责任形式。

例：A公司与B公司签订买卖合同，由A公司卖给B公司一套价款为200万元的设备。B公司按照约定给了A公司10万元定金。双方当事人在合同中还约定，任何一方不履行合同都要给对方15万元违约金。如果A公司不履行合同，B公司是要求其支付违约金，还是要求适用定金罚则？如果B公司撕毁合同，A公司是要求其支付违约金，还是要求适用定金罚则？

解：如果A公司不履行合同，B公司应当选择适用违约金，因为违约金的金额是15万元。如果选择适用定金罚则，A公司双倍返还定金20万元，其中10万元是B公司自己的，B公司只能得到10万元的补偿。B公司选择违约金，不影响其向A公司要求退还10万元定金。

如果B公司撕毁合同，A公司也应当选择适用违约金，因为违约金有15万元。如果选择定金罚则，其只能没收B公司交付的10万元定金。A公司选择适用违约金，但应当返还已收的10万元定金。A公司依主动债权与被动债权相抵销，即实际上不需要返还10万元定金，B公司应再向A公司交付5万元，等于向A公司交付15万元的违约金。

2. 定金与赔偿金在适用上的关系

“定金不足以弥补一方违约造成的损失的，对方可以请求赔偿超过定金数额的损失”（第588条第2款）。合同的定金与赔偿金可以合并适用，不会发生重复请求。赔偿金数额应是损失减去定金的余数。被违约人就损失额承担举证责任。

例：甲与乙订立了一份买卖合同，甲向乙支付定金2万元。合同订立后，甲无理拒绝履

行，给乙造成损失3万元，此时，甲无权要求乙返还定金，而且还应再支付乙1万元的赔偿金。甲实际支出3万元。如果在这份合同中，乙无理由拒绝履行合同，给甲造成损失3万元，则乙应按定金罚则双倍返还定金，即返还4万元，而且还应支付给甲赔偿金1万元，乙实际支出3万元。

定金与赔偿金合并适用的规则是：先计算（适用）定金，不足部分再适用赔偿金。这样就避免了定金和损失赔偿的数额总和高于因违约造成的损失。

（四）定金的类型

按照设定定金的具体目的，定金可作以下分类。

1. 违约定金

《民法典》在合同编第8章“违约责任”一章规定了定金，说明违约定金，是我国定金的基本性质，即所有定金，都有违约定金的性质，定金适用的前提，就是一方不履行合同（违约）。

2. 证约定金

《民法典》规定的定金，兼有证约性质，即把证约定金看作为证明主合同成立而交付的款项。合同有书面形式和口头形式。对采用书面形式的合同来说，定金证明合同成立的作用不明显。因为，合同各项条款以文字明示，可以充分反映双方当事人的意思表示是否一致。如果一份书面合同缺少必要条款，则应以意思表示不一致认定合同不成立。这时，即使有给付和收取定金的法律事实存在，也不能证明合同的成立。对口头合同来说，定金的给付和收取，证约作用比较明显，可以证明合同的成立。

3. 立约定金

所谓立约定金，是指双方当事人为保证以后正式签订合同而设立的定金。仅从《民法典》的规定来看，定金并不具有立约的性质。但当事人可以特约“以交付定金作为订立合同担保”，即可以特约立约定金。对于立约定金，给付定金的一方拒绝订立合同的，无权要求返还定金；收受定金的一方拒绝订立合同的，应当双倍返还定金。立约定金产生于预约，将要订立的合同是本约，即对预约的履行是订立本约。本约与预约不是主从关系，本约并不是定金的主合同，预约才是定金的主合同。

例：某房地产开发公司起草的《商品房认购协议书》规定，商品房买受人缴纳定金（5万元）后若不在指定时间内签订正式《商品房买卖合同》，则其无权请求返还定金。

解：本例《商品房买卖合同》是本约；《商品房认购协议书》是预约①，其中约定的定金是立约定金，立约定金与其他定金一样是双方担保，即出卖人不履行预约，也要适用定金罚则（双倍返还定金）。须注意的是，《商品房认购协议书》有时会被认定为正式的商品房屋买卖合同。②

4. 成约定金

所谓成约定金，是指把定金的交付作为主合同生效的条件。③ 定金合同本身是实践合同因

---

① 《商品房买卖合同解释》第4条规定：“出卖人通过认购、订购、预订等方式向买受人收受定金作为订立商品房买卖合同担保的，如果因当事人一方原因未能订立商品房买卖合同，应当按照法律关于定金的规定处理；因不可归责于当事人双方的事由，导致商品房买卖合同未能订立的，出卖人应当将定金返还买受人。”本条是对当事人在预约中约定立约定金的规定。

② 《商品房买卖合同解释》第5条规定：“商品房的认购、订购、预订等协议具备《商品房销售管理办法》第十六条规定的商品房买卖合同的主要内容，并且出卖人已经按照约定收受购房款的，该协议应当认定为商品房买卖合同。”也就是说，有预约之名的，不一定是预约，要按实际认定。

③ 《民法典》区分成立和生效，把成约定金约定为主合同“成立”的要件，并无不可，但这种约定使法律关系复杂化了。这里仅从“生效”的角度介绍立约定金。

定金之交付，定金合同成立，主合同同时生效。成约定金以外的定金未交付，只是定金合同本身不成立。

成约定金的交付不仅是主合同生效的条件，也是履约的双方担保，交付定金的一方不履行合同的，无权请求返还定金，收受定金的一方不履行合同的，应当双倍返还定金。

成约定金，不是定金的固有性质，须当事人特约。当事人约定了成约定金，给付定金的一方尚未支付定金，而主合同已经履行或者已经履行主要部分的，不影响主合同的生效，此为当事人以合意取消了成约定金。

例：甲卖给乙100吨水泥，双方约定，买受人乙交付定金时买卖合同生效。后乙未交付定金。请问：当事人能否适用定金罚则？

解：本案当事人约定的是成约定金，由于定金未交付，买卖合同未生效。任何性质的定金，都须有交付定金的事实，才能适用定金罚则。乙未交付定金，当然无从适用定金罚则。

5. 解约定金

解约定金又称反悔定金，是指以丧失定金或双倍返还定金为条件，当事人取得单方解除合同的权利。此种权利也可以称为反悔权。解约定金不是我国定金一般具有的性质，但当事人可以特别约定定金具有解约的性质。允许一方以丧失或双倍返还定金为代价单方解除合同，实际上是订立合同时，双方意思表示一致，允许一方或双方保留的权利。解约定金兼有惩罚和补偿作用，当解约定金不足以弥补损失时，违约方还应当支付赔偿金。从实践中看，规定解约定金的情况并不多见，但随着商品交易的活跃和发展，这种定金会越来越多地出现在合同之中。

第五节 违约责任与侵权责任的竞合及责任聚合、加害给付

一、违约责任与侵权责任的竞合

（一）违约责任与侵权责任竞合的含义

当事人实施某一行为，构成多种具有冲突性的责任形式的现象，称为责任竞合。竞合制度的重要功能，是防止对同一损害重复请求，即受害人只能择一主张请求权。实体法上的重复请求，在程序法上就表现为重复起诉。①

违约责任与侵权责任的竞合，是指当事人的违约行为同时又构成侵权行为，从而就同一损害既构成违约责任又构成侵权责任时，受害人可以择一主张行为人承担的责任。“因当事人一方的违约行为，损害对方人身权益、财产权益的，受损害方有权选择请求其承担违约责任或者侵权责任”（第186条）。

例：甲租给乙一套房屋，租期届满，乙拒绝归还。甲请求返还原物。

解：甲请求返还原物，实际是请求乙返还对原物的占有。此例在实务中，不会出现什么问题，但有思辨的价值。乙拒绝归还是违约行为，同时又是侵害甲的所有权的侵权行为。乙对甲的同一损害的责任，既是违约责任，又是侵权责任，一物不能有两个返还，甲不能重复请求，甲只能择一主张。

---

① 《最高人民法院关于适用〈中华人民共和国民事诉讼法〉的解释》第247条规定：“当事人就已经提起诉讼的事项在诉讼过程中或者裁判生效后再次起诉，同时符合下列条件的，构成重复起诉：（一）后诉与前诉的当事人相同；（二）后诉与前诉的诉讼标的相同；（三）后诉与前诉的诉讼请求相同，或者后诉的诉讼请求实质上否定前诉裁判结果。当事人重复起诉的，裁定不予受理；已经受理的，裁定驳回起诉，但法律、司法解释另有规定的除外。”对于可分之债（如金钱之债），对未提出诉讼请求、未经法院审理那一部分起诉的，不为重复请求，亦不为重复起诉。

例： 张某购买了一箱啤酒，其中一瓶发生爆炸。除了该箱啤酒全部破损以外，张某家的窗户玻璃也被击碎。张某提起侵权之诉，要求商家赔偿。有人认为，对一箱啤酒的赔偿应当另行提起违约之诉。

解： 对一箱啤酒造成的损害，既是违约责任，又是侵权责任，对此，商家的责任是竞合的。只要不为重复请求，就不必另行提起违约之诉。即张某可以提起侵权之诉，请求赔偿窗户玻璃和啤酒这两部分损失。

（二）违约责任与侵权责任竞合的条件和表现

1. 违约责任与侵权责任竞合，当事人之间须有合同关系存在

很明显，没有合同关系存在，就无从产生违约责任。没有违约责任，也就不会发生与其他责任竞合的问题。除此之外，还要有侵权的事实和后果。合同中的侵权可以是对财产的侵犯，也可以是对人身的侵犯。侵权的事实常发生于买卖、建设工程承包、加工承揽、货物运输、租赁等合同关系中。如在买卖合同中，货物不符合国家规定和合同约定的要求，存在质量瑕疵和不合理危险，给买方的财产造成损害；在建设工程承包合同中，工程质量低劣，给发包方的财产造成损害；在货物运输合同中，由于货物灭失、短少给托运人造成的损害；在租赁合同中，由于租赁物的毁损，给出租人造成的损害等。

2. 违约责任与侵权责任的竞合，责任人一般有过错

在合同关系中，成立侵权责任一般需要过错这个主观要件。在竞合的情况下，违约责任的过错与侵权责任的过错是同一的。不过在举证责任方面并不相同。

3. 违约责任与侵权责任的竞合，表现为受损害人请求权的竞合

同一法律事实符合两种法律构成要件，就必然同时产生两种请求权。受害人可以根据维护自己利益的需要，选择最有利于自己的方式请求侵害人承担责任。如受损害人可以违约为由请求赔偿，也可以侵权为由请求赔偿，但受损害人不得就同一损害双重请求赔偿。

4. 违约责任与侵权责任的竞合，要求有同一损害结果

就违约与侵权的结果来看，两者要求不同。构成违约责任，不一定要求损害结果；构成侵权责任，则要求损害结果。在两者发生竞合的情况下，则必然存在损害结果。

特别要强调的是，违约责任与侵权责任的竞合，是对“同一损害”的责任竞合。如果不是同一损害，权利人自可分别主张请求权。

例： 甲卖给乙一头白骆驼，约定买受人乙三天后上门取货。三天后乙上门说，骆驼棚还没有盖好，请甲保管一周，甲同意。一周后乙来牵该骆驼，甲说白骆驼已经卖给第三人丙了（已经交付）。

解：（1）甲不是一物双卖，一物双卖是一物成立两个买卖合同时，出卖人尚有所有权，出卖人不属于无权处分。本案是在占有改定的情况下，保管人、占有人甲将乙享有所有权的标的物出卖给第三人丙。

（2）若第三人丙尚未善意取得，在实体法上乙有权请求甲回复占有（通常称为请求返还原物），甲还可以请求第三人丙返还原物，以完成对乙的返还义务。甲对乙返还原物的责任，是违约责任（违反保管合同）和侵权责任（侵犯所有权）的竞合。乙应择一行使权利。顺便指出，在实务上，乙单独起诉甲请求返还原物是不能强制执行的，不如直接起诉第三人丙，请求回复占有（返还原物）。第三人是无权占有，乙享有本权（所有权）。所有权具有对世性，乙起诉丙没有问题。

（3）若第三人丙善意取得了标的物，甲对乙的赔偿责任，是违约责任与侵权责任的竞合。

（三）违约责任与造成严重精神损害的赔偿责任

“因当事人一方的违约行为，损害对方人格权并造成严重精神损害，受损害方选择请求其

承担违约责任的，不影响受损害方请求精神损害赔偿”[①]（第996条）。条文中的“对方”，是自然人，只有自然人有精神损害。精神损害达到严重的程度，才能成立赔偿责任。

违约责任是合同责任，但合同的履行利益对债权人不仅具有财产利益，而且具有人格意义时，债务人的违约行为就会造成两种不同“领域”的损害。例如，承揽合同的承揽人由于过失将定作人具有人格纪念意义的物品损害，就给定作人造成财产上和精神上的双重损害。受损害人（债权人）在起诉要求违约人承担对财产造成损害的违约责任时，可一并请求精神损害赔偿，因为同时请求赔偿两种损害并不发生重复请求，不必拘泥于违约责任与侵权责任择一请求的限制。受损害人（债权人）也可以仅就精神损害请求赔偿。

财产利益被侵害请求赔偿及侵害人格权请求赔偿均受诉讼时效的限制。[②]

二、责任竞合与责任聚合、加害给付

（一）责任竞合与责任聚合

责任竞合是对同一损害结果构成的多种责任，责任之间具有冲突性，责任人承担责任形式，须由权利人作出选择，不得重复请求。对同一损害构成的违约责任和侵权责任，是责任竞合的一种，其他如其侵权责任与返还不当得利责任的竞合等。

责任聚合是对多个损害结果的多种责任“聚集”在一起，有几个损害结果，就有几个责任。责任之间，不发生冲突，责任人对多种责任均须承担，受害人可以一并提起诉讼，也可以分别提起诉讼。一并请求的，不发生重复请求。

（二）加害给付

违约人的加害给付，是其违约行为侵害了对方的合同利益（履行利益），又侵害了对方合同利益以外的利益，即侵害了对方两个以上的利益。对加害给付，学界多认为构成了违约责任和侵权责任的竞合。实际上，违约人加害给付造成的两个以上的后果，构成的是责任的聚合，对其中的一个后果可以是违约责任与侵权责任的竞合。

例：婚庆公司承办张甲与李女的婚礼，在婚礼现场却突然响起大段哀乐，原来是婚庆公司的工作人员操作失误，张甲与李女心灵极度受创。二人提起诉讼，一是请求精神损害赔偿，二是请求归还承办婚礼的费用。

解：婚庆公司的加害给付造成的精神损害（A损害），是合同利益以外的利益，婚庆公司的行为构成违约责任与侵权责任的竞合。婚庆公司对承办婚礼费用损失（B损害）的责任，是违约责任（对侵害合同利益，已经从侵权责任区别出来，不宜再认定为侵权责任）。对A损害的责任和对B损害的责任是责任的聚合。

例：甲在一饭店吃8元一份的“盖浇饭”，因下午要讲课，甲吃的很急，吃了快三分之一，才发现浇的豆腐是臭的。老板娘还给甲8元钱，并将饭菜倒掉。第二天，甲在洗手间严重腹泻，到医院花去医疗费5 000元。老板娘拒赔，她的律师说，违约责任与侵权责任竞合时，只能择一适用。何解？

---

① 《民法典》第1183条第1款规定：“侵害自然人人身权益造成严重精神损害的，被侵权人有权请求精神损害赔偿。”第2款规定：“因故意或者重大过失侵害自然人具有人身意义的特定物造成严重精神损害的，被侵权人有权请求精神损害赔偿。”该条第1款是关于侵害自然人人身权益的精神损害赔偿责任的一般规定。第996条是在违约责任领域，侵害人格权（人身权益之一种）的特别规定。依据第1183条第2款，侵害自然人具有人身意义的特定物造成严重精神损害的，主观要件是故意或者重大过失，第996条没有设定这个要件，即没有故意或重大过失也可以成立精神损害赔偿责任。

② 《民法典》第995条规定：“人格权受到侵害的，受害人有权依照本法和其他法律的规定请求行为人承担民事责任。受害人的停止侵害、排除妨碍、消除危险、消除影响、恢复名誉、赔礼道歉请求权，不适用诉讼时效的规定。”

解：(1) 本案饭店的行为构成加害给付。腐败食品不仅侵害了甲的合同利益，还侵害了甲的健康权。加害给付造成的5 000元医疗费的损失，为违约责任与侵权责任的竞合。(2) 8元"盖浇饭"钱与5 000元医疗费不是同一损害结果，因而不是责任的竞合，是聚合。

思考题

1. 简述违约责任的概念和特征。
2. 简述不可抗力免责。
3. 预期违约的特征有哪些?
4. 举例分析违约责任与侵权责任竞合时，受害人可如何主张请求权。
5. 简论违约金。
6. 试述定金罚则。
7. 确定违约赔偿额可能适用到哪些规则?
8. 过错相抵规则与双方违约规则的区别是什么？请举例说明。
9. 简述承担违约责任的方式及相互之间的关系。
10. 简述不适用强制实际履行的情形。
11. 在形成合同僵局后，违约人起诉请求终止合同权利义务关系的，应如何处理?

第九章
买卖合同

第一节　买卖合同概述

一、买卖合同的概念

"买卖合同是出卖人转移标的物的所有权于买受人，买受人支付价款的合同"（第 595 条）。本条所说的"买卖"是指实物买卖，因为，所有权的客体是物，是有体物（实物）。但《民法典》在"买卖合同"这一章（第三编第九章）中，将非实物买卖也纳入其中。从经济实质上看，买卖是社会必要劳动时间的交换。从法律的角度看，买卖以物与货币互为对价。买卖的一般形式是以钱换物，或者以物换钱，买卖对象（买卖的标的物）的价值须通过货币来衡量。

"买卖合同的内容一般包括标的物的名称、数量、质量、价款、履行期限、履行地点和方式、包装方式、检验标准和方法、结算方式、合同使用的文字及其效力等条款"（第 596 条）。

二、买卖合同的特征

（一）买卖合同是最典型的有偿合同

买卖是最典型的交易，买卖合同是最典型的有偿合同。标的物与货币互为对价。买卖合同的这一特征，区别于没有对价的赠与合同。因买卖合同是最典型的有偿合同，所以其他有偿合同准用买卖合同的规定。"法律对其他有偿合同有规定的，依照其规定；没有规定的，参照适用买卖合同的有关规定"（第 646 条）。

法律对债权转让、股权转让等权利转让合同有规定的，依照其规定；没有规定的，有偿转让可以参照适用买卖合同的有关规定；无偿转让债权、股权等权利的，性质上为赠与。

（二）买卖合同是最典型的双务合同

此特征实际上是有偿合同在特定角度上的表述方法。买卖合同双方互负义务，双方都履行自己应当承担的义务，才能完成交换。买卖合同的双务性，对买卖双方的履行顺序具有重要的意义。在对买卖合同履行顺序没有规定或者没有约定，按照交易习惯也不能确定时，双方应当同时履行。

（三）买卖合同是诺成合同

买卖合同是诺成合同，只要双方意思表示一致即可成立。动产买卖合同和不动产买卖合同，依法成立时生效，不以交付标的物或登记为合同成立的法定要件。[1] 这与实践合同有重大

---

① 《民法典》第 215 条规定："当事人之间订立有关设立、变更、转让和消灭不动产物权的合同，除法律另有规定或者当事人另有约定外，自合同成立时生效；未办理物权登记的，不影响合同效力。"

区别，对于实践合同，当事人交付标的物或者开始履行合同，合同才能成立。把买卖合同规定为诺成合同，是为了方便商品的流转。买卖合同作为诺成合同，也可以理解为两个诺言的交换。

（四）买卖合同是不要式合同

因买卖是商品交换最普遍的方式，为方便商品流转，法律原则上对买卖合同的形式不作硬性要求，因此买卖合同是不要式合同。除非另有规定，买卖合同可以采用口头方式。

三、买卖合同与相关合同的区别

（一）买卖合同不同于易货合同

买卖合同是钱物交换，易货合同是物物交换，对价的表现形式不一样。买卖合同的出卖人承担瑕疵担保义务，易货合同的双方都承担瑕疵担保义务。

易货合同规定在买卖合同一章且参照适用买卖合同的有关规定，是因为它最接近买卖合同又不宜独立成章。

（二）买卖合同不同于租赁合同

买卖合同以转移标的物的所有权为目的，是一次性给付的合同；租赁合同以转移使用权、收益权为目的，是持续性给付的合同。

（三）买卖合同不同于承揽合同

在动态意义上，买卖合同以实物给付为标的，在静态意义上，买卖合同以实物为标的物，以完成标的物所有权的转移为对价；承揽合同以完成约定的行为为对价，尽管承揽合同也有交付标的物的行为，但作为其对价的，实质上是物化的劳动成果。这种劳动成果，一般是将劳动结合于财产之上，这样才能实现有形的交付。应当指出：承揽合同中的定作合同，具有买卖和承揽双重性质。

四、出卖人对标的物的无权处分

（一）无权处分订立的买卖合同如无其他违法事由是有效合同

出卖人对标的物没有处分权，有的是因为没有所有权，有的是虽然有所有权，但处分受到法定或者约定的限制。“因出卖人未取得处分权致使标的物所有权不能转移的，买受人可以解除合同并请求出卖人承担违约责任。法律、行政法规禁止或者限制转让的标的物，依照其规定”（第 597 条）。出卖人对标的物负有交付并转移所有权的义务，因此，出卖人对标的物应当有处分权。但是，没有处分权也不导致债权合同无效。或者说，虽没有处分权但没有法定无效事由的，合同有效。合同虽然有效但最终由于出卖人没有取得处分权导致买受人不能取得所有权，买受人可以解除合同并请求出卖人承担违约责任。例如，张甲擅自将其与妻子李乙共同共有的一套房屋出卖给王丙，双方约定了不履行合同的违约金，后由于李乙的反对，该房屋不能转移登记到买受人王丙的名下①，则王丙有权通知张甲解除合同并有权要求张甲支付违约金。

如果出卖人出卖的是法律、行政法规禁止转让的标的物，或者是没有相应资格而出卖限制转让的标的物，合同应为无效，而不应按无权处分处理。例如，甲向乙出卖偷窃的一条高档香烟，因盗赃物是禁止流转的物且买卖盗赃物违反公序良俗，甲与乙的买卖合同当然无效。再如，甲将其父（猎人）的枪支出卖给乙，因猎枪不能按一般的民事方式流转，则甲、乙之间的

---

① 《民法典》第 301 条规定：“处分共有的不动产或者动产以及对共有的不动产或者动产作重大修缮、变更性质或者用途的，应当经占份额三分之二以上的按份共有人或者全体共同共有人同意，但是共有人之间另有约定的除外。”

买卖合同无效。

（二）无权处分人订立买卖合同，是债权性无权处分，是负担行为

广义上的无权处分除狭义的无权处分外，还包括债权性无权处分。无权处分订立买卖合同本身并不使买卖的标的物发生物权变动，合同只是使买受人获得了债权，因此称为债权性无权处分。从出卖人的角度，无权处分使其负担了债务，因而也称为负担行为。

买卖的动产交付、不动产办理转移登记，是直接使物权发生变动的行为，因而是物权行为。狭义的无权处分，是指无权处分的物权行为。

在买卖合同订立后，无权处分的出卖人的物权行为（动产交付、不动产转移登记）如果没有获得权利人追认，则买受人不能取得标的物的所有权（善意取得除外），按照《民法典》第311条第1款前半句“无处分权人将不动产或者动产转让给受让人的，所有权人有权追回”。

要点在于，出卖人对物的无权处分行为处在两个层面：一个在债权行为层面，另一个在物权行为（动产交付、不动产转移登记）层面。在债权层面，合同可以有效；在物权层面，买受人可以善意取得。

分两个层面的制度设计的意义，是对市场的维护。主要表现在以下三点：其一，促进、保障交易便捷。出卖人占有动产或者对不动产保有登记，买受人就会产生信赖，这种信赖是基于对动产的占有权利推定和不动产的登记权利推定。基于权利推定，合同就可以有效，尽管有无权处分的事由也不影响合同的效力。这促进、保障了交易便捷，买受人在签订合同时不必再追根究底出卖人是不是真正的所有权人。其二，保护了买受人的信赖利益。使其可受有效合同的保护，在不能得到标的物时可追究出卖人的违约责任而不必追究其缔约责任，违约责任保护可得利益，缔约责任的赔偿不包括可得利益。其三，与善意取得制度相衔接。在保护所有权人的利益和善意买受人之间，侧重保护买受人的利益，即动的安全（交易安全）优先于静的安全（所有权）的安全。

（三）出卖人无权处分时买受人对标的物的取得及不能取得

1. 经追认，买受人正常取得

出卖人签订了无权处分的买卖合同后，权利人予以追认的，权利瑕疵消灭，出卖人对买受人交付动产或者对不动产转移登记的，买受人对所有权是正常取得（一般取得），不是善意取得。

2. 未经追认，符合条件的，买受人善意取得

未经追认，即出卖人债权行为和物权行为两个层面都是无权处分。善意取得包括动产的善意取得和不动产的善意取得。善意取得对应无权处分。善意取得，在第一个层面，债权性无权处分行为须有效，即买卖合同须有效；在第二个层面，在物权变动上买受人须为善意。[①] 当然，善意取得，须满足法律规定的所有条件。从第二个层面可以看出，善意取得是原始取得、依法取得，不是按所有权人的意思传来取得。

3. 买受人不能取得时的救济

未获追认不能取得，也未能善意取得的，买受人可以解除合同并请求出卖人承担违约责任。

无权处分订立的买卖合同经常伴随着欺诈，因为出卖人一般是将标的物假冒成自己享有所有权的物。欺诈是合同撤销事由，买受人一般不需要请求撤销合同，因为行使解除权更加方便。

---

① 见《民法典》第311条、第312条、第313条。《物权编解释（一）》第14条至第20条。

（四）一物多卖不是无权处分

严格意义上的一物多卖，是出卖人对特定物尚有处分权时的一物多卖，是就一物签订两个以上买卖合同。一物多卖是债权行为，不是处分行为。比如甲有一冰壶（特定物），3月1日与乙签订买卖合同，在交付之前，所有权未发生转移。甲又与丙就此物签订买卖合同，此是债权性行为，但不为债权性的无权处分，甲将冰壶交付给丙，也不为物权性的无权处分，丙取得所有权。

如果出卖人已经向买受人转移了出卖物的所有权，又卖给第三人，则是无权处分，但不是严格意义上的无权处分。例如，甲卖给乙一匹马，到取货之日，买受人乙又提出让甲保管一周，甲同意。在保管期间，甲又对第三人丙说："这是我的马，1万元卖给你。"丙同意，双方又签订了买卖合同。第二份买卖合同中，甲是无权处分，因为通过占有改定，乙已经取得了这匹马的所有权。

五、一物多卖时合同的效力

债具有相容性，是指同一特定给付，可以成立两个以上的债的关系。在债的相容性中，一物多卖具有典型性。出卖人就同一标的物订立多重买卖合同，合同均不具有《民法典》规定的无效情形，买受人因不能按照合同约定取得标的物所有权的，可以请求追究出卖人的违约责任。

（一）普通动产的一物多卖

《买卖合同解释》第6条规定："出卖人就同一普通动产订立多重买卖合同，在买卖合同均有效的情况下，买受人均要求实际履行合同的，应当按照以下情形分别处理：（一）先行受领交付的买受人请求确认所有权已经转移的，人民法院应予支持；（二）均未受领交付，先行支付价款的买受人请求出卖人履行交付标的物等合同义务的，人民法院应予支持；（三）均未受领交付，也未支付价款，依法成立在先合同的买受人请求出卖人履行交付标的物等合同义务的，人民法院应予支持。"

1. 本条所说的买卖，是特定物的买卖，种类物的买卖不存在多重买卖的问题。就同一特定物买受人均要求实际履行合同时，应当作出抉择，确定应当谁优先，应当支持谁。

2. 普通动产是指机动交通运输工具以外的动产。普通动产不涉及登记的问题，而以交付为物权变动的公示方法，或曰以交付为物权变动的要件。①

（1）先行受领交付（取得占有）的买受人就已经取得了该动产的所有权。该物权足以对抗其他买受人的债权。

（2）各买受人均未受领交付的，均未取得所有权，此时不能用债权平等的原则解决均有权请求交付的争议②，而应考虑其他因素。从公平原则出发，司法解释规定此时已经交付价款的买受人的债权优先于其他买受人的债权；均未受领交付，也未支付价款，依法成立在先合同的买受人的债权，优先于成立在后的债权。

3. 本条适用的一个前提是，一物多卖的各个合同均有效。认定合同有效便于保护买受人的利益，未得到实际履行的买受人得向出卖人主张违约责任。定金罚则、违约金都可以适用。

例：出卖人张三以一面雕刻龙凤的翡翠分别与A、B、C签订买卖合同。

① 《民法典》第224条规定："动产物权的设立和转让，自交付时发生效力，但是法律另有规定的除外。"

② 债权平等原则的内容：一是，对同一给付，各债权可以同时存在，都没有否认其他债权存在的排他性；二是，各债权人都有权就债务人的责任财产受偿，在债务人资不抵债的时候，各债权人有权就债务人的责任财产按比例受偿。

其一：

张三3月1日与A签订买卖合同。

张三4月1日与B签订买卖合同。

张三5月1日与C签订买卖合同。

在对A、B、C均未交付的前提下，张三可以任意清偿，也就是说，他可以效益违约。交付给谁，都有效。

其二：

假设张三交付给C，C取得所有权。A、B起诉，请求实际履行合同，不应予以支持（法律不能），即使A、B先付款或者先签订合同。

占有（受领交付即取得占有）＞付款；占有＞合同成立在先。

其三：

在张三对A、B、C均未交付的前提下，买受人起诉，请求实际履行，则：

占有＞付款＞合同成立在先；先行付款＞后付款。

其四：

张三3月1日与A签订买卖合同并交付之后，又就同一标的物与他人签订买卖合同，不属于一物多卖，属于无权处分，已经不存在任意清偿的可能。

（二）特殊动产的一物多卖

机动交通运输工具是特殊动产。《买卖合同解释》第7条规定："出卖人就同一船舶、航空器、机动车等特殊动产订立多重买卖合同，在买卖合同均有效的情况下，买受人均要求实际履行合同的，应当按照以下情形分别处理：（一）先行受领交付的买受人请求出卖人履行办理所有权转移登记手续等合同义务的，人民法院应予支持；（二）均未受领交付，先行办理所有权转移登记手续的买受人请求出卖人履行交付标的物等合同义务的，人民法院应予支持；（三）均未受领交付，也未办理所有权转移登记手续，依法成立在先合同的买受人请求出卖人履行交付标的物和办理所有权转移登记手续等合同义务的，人民法院应予支持；（四）出卖人将标的物交付给买受人之一，又为其他买受人办理所有权转移登记，已受领交付的买受人请求将标的物所有权登记在自己名下的，人民法院应予支持。"本条所说的机动交通运输工具的买卖，是指特定物的买卖，种类物的买卖不存在多重买卖的问题。

1. 特殊动产一物多卖规则的法律基础，是"登记对抗主义"

司法解释规定特殊动产一物多卖的法律基础，是《民法典》第225条的规定："船舶、航空器和机动车等的物权的设立、变更、转让和消灭，未经登记，不得对抗善意第三人。"机动交通运输工具作为特殊动产，其物权的变动，采"交付＋登记对抗主义"。即是说，特殊动产以交付为物权变动要件，"登记对抗主义"，是指物权因交付而发生变动，但未经登记，不得对抗善意第三人。

第225条规定在物权编的第二章（物权的设立、变更、转让和消灭）的第二节（动产交付）之下，第224条对动产交付一般效力的规定之后。① 按照体系解释，特殊动产仍以交付为物权变动的要件，第225条应为第224条的特别规定，第224条规定动产物权的"设立""转让"自交付时发生效力，该动产与第208条的动产物权一样②，包括普通动产和特殊动产。但第225条包含"设立"、"变更"、"转让"和"消灭"四项物权变动事项，另两种"变更"和

① 《民法典》第224条规定："动产物权的设立和转让，自交付时发生效力，但是法律另有规定的除外。"

② 《民法典》第208条就物权变动的公示原则规定："不动产物权的设立、变更、转让和消灭，应当依照法律规定登记。动产物权的设立和转让，应当依照法律规定交付。"

"消灭"，是由登记来变动的，"变更"和"消灭"无法用交付的方法公示。也就是说，对特殊动产物权的"设立""转让"，以交付为生效要件，不以登记为生效要件，也不是"双要件"，"设立""转让"的登记，不是物权变动登记，而是宣示登记。理解了这一点，对特殊动产的多重买卖的规则，就容易理解了。

交付而未登记，不影响设立和转让特殊动产物权。具体到买卖合同，出卖人将特殊动产交付给买受人，则所有权转移给买受人。

不得对抗善意第三人，一般发生在与登记有关的"变更""消灭"事项中。动产的设立（指质权的设立）和转让（所有权转让给受让人），受让人因取得占有，足以对抗第三人，不管第三人是善意还是恶意，但总有一些特殊情况。例如：甲把一辆汽车出卖给乙，又约定出租给甲10天，此案是以占有改定的方式完成交付的，乙取得了所有权（本权）但没有取得占有。在甲占有期间，其又以所有权人的名义将汽车卖给善意的第三人丙（甲为无权处分），由于没有办理所有权转移登记，乙的所有权不能对抗善意的丙，乙丧失所有权而丙取得这辆汽车的所有权。

2. 特殊动产一物多卖的具体规则

上述《买卖合同解释》第7条，将特殊动产一物多卖区分为四种情况。

（1）先行受领交付的买受人，尽管没有办理所有权转移登记，但满足了物权变动的要件，取得了该特殊动产的所有权。其依据所有权，得请求出卖人履行办理所有权转移登记手续等合同义务，其物权请求权自然优于其他买受人的债权请求权。该所有权转移登记是所有权宣示登记，不是物权变动登记。

（2）各买受人均未受领交付，先行办理所有权转移登记手续的买受人，并不是所有权人，但考虑到其已经办理了登记，认定其请求出卖人履行交付标的物等合同义务的债权请求权优先于其他买受人的债权请求权。

（3）各买受人均未受领交付，也未办理所有权转移登记手续，认定依法成立在先合同的买受人的债权请求权优先。

（4）出卖人将标的物交付给买受人之一，又为其他买受人办理所有权转移登记，已受领交付的买受人是所有权人，而只办理所有权登记的买受人只是债权人，故已受领交付的买受人有权请求将标的物所有权登记在自己名下。

综上：占有＞办理登记手续＞合同成立在先＞合同成立在后。

第二节　买卖合同当事人的权利和义务

一、出卖人的权利和义务

出卖人的主要权利是获取价金。其义务可以被分解为多项。

（一）交付标的物并转移标的物所有权的义务

1. 交付的意义

交付，是指交付占有。"出卖人应当履行向买受人交付标的物或者交付提取标的物的单证，并转移标的物所有权的义务"（第598条）。这是出卖人的基本义务。交付标的物并转移标的物的所有权是完成给付的两个要素。

2. 动产的交付

对买卖一般动产而言，交付行为完成时，所有权实现转移，此时给付完成。例如买卖一本书，出卖人将这本书交付给买受人，买受人取得占有的同时取得所有权。在法律另有规定或者当事人另有约定的情况下，交付行为完成，所有权不发生转移。比如，当事人约定动产所有权保留，尽管买受人占有了标的物，但在其未全部履行付款义务或者约定的其他义务时，所有权不发生转移。

需登记的特殊动产（机动交通运输工具），除了交付，在办理“过户登记”后，出卖人的给付才算全部完成。①

动产也可以通过观念交付转移所有权（见第四章第一节第四大点）。

3. 不动产的交付

不动产的交付与不动产的转移登记是不同的行为，它们的意义各有不同，前者转移不动产的占有，后者转移不动产的所有权。出卖人完成买卖合同的给付，涵盖交付、转移登记两种行为。出卖人将不动产所有权转移登记（过户登记）给买受人②，是其主给付之一。出卖人交付不动产，也是主给付。将标的物交付给买受人，买受人才能使用、收益。在买卖合同中，对所有权转移登记和交付可以分别约定违约金。

观念交付针对动产，不动产不存在观念交付的问题。甲将房屋在借给乙居住期间卖给了丙，“指示”乙直接将房屋交付给丙，此举不是观念交付，是乙代甲向买受人丙现实交付。

4. 从物的交付

“主物转让的，从物随主物转让，但是当事人另有约定的除外”（第320条）。该规定适用于买卖合同，也适用于其他转让的情形。物的转让，需要交付。交付主物，也要随同交付从物。例如，出卖房屋，也要交付作为从物的车库。

从物可以是动产，也可以是不动产。从物是独立于主物之物，一物一个所有权，一物一个占有，一物一交付，如果一个主物三个从物，都交付给受让人，则是四个交付。

例：甲卖给乙一辆吉普车，交付汽车时，买受人乙问：“签订合同时我看有备用轮胎，现在为什么没有了？”甲说：“签订合同时备用轮胎没有作价，我有权不给你，我卖给别人了。”

解：备用轮胎是从物，从物不单独作价是交易习惯，双方的买卖合同中未提到备用轮胎，也未为其单独作价，不妨碍它成为合同标的物，甲交付汽车时仍应将备用轮胎一并交付。

5. 所有权转移与出卖物的知识产权归属

随着现代科学技术的发展，负载知识产权的商品越来越多地出现，成为买卖合同的标的物。标的物的买卖中，其负载的知识产权是否同时发生转移，需要法律的明确规范。“出卖具有知识产权的标的物的，除法律另有规定或者当事人另有约定外，该标的物的知识产权不属于买受人”（第600条）。比如甲买一本书，书的所有权属于甲，而这本书蕴涵的著作权、商标专用权、外观设计专利权等并不发生转移。这样也符合买卖合同的目的，买受人的着眼点是物本身，而不是物所负载的知识产权。如果法律规定知识产权随同标的物转移，或者对知识产权有处分权的出卖人与买受人特别约定，知识产权转移于买受人，自不成问题。

（二）交付辅助单证的义务

“出卖人应当按照约定或者交易习惯向买受人交付提取标的物单证以外的有关单证和资料”（第599条）。单证分为两类：一类是提取标的物的单证，另一类是辅助单证和有关资料。提取标的物的单证以外的有关单证和资料，主要包括保险单、保修单、普通发票、增值税专用发票、产品合格证、质量保证书、质量鉴定书、品质检验证书、产品进出口检疫书、原产地证明

① 《民法典》第225条规定：“船舶、航空器和机动车等的物权的设立、变更、转让和消灭，未经登记，不得对抗善意第三人。”

② 《民法典》第209条规定：“不动产物权的设立、变更、转让和消灭，经依法登记，发生效力；未经登记，不发生效力，但是法律另有规定的除外。”比如，甲方将一间旧房卖给乙方，甲方将该房屋交给乙方占有使用，但房屋的所有权在办理过户登记手续后才发生转移。

书、使用说明书、装箱单等。

交付提取标的物的单证的意义与交付辅助单证和有关资料的意义并不相同。前者的交付是标的物的观念交付，是完成主给付义务的行为；后者的交付是为了保证给付效果，是为了主给付义务的完美，属于从给付义务。

（三）按约定的时间、地点、方式交付标的物的义务

时间、地点和方式是交付三要素。出卖人按照约定的时间、地点和方式交付才能保证给付效果。

1. 交付时间

“出卖人应当按照约定的时间交付标的物。约定交付期限的，出卖人可以在该交付期限内的任何时间交付”（第 601 条）。出卖人交付标的物的时间，可以是一个确定的时点，也可以是一个确定的时段。前者是期日，是指不可分或视为不可分的特定时间，例如某日、某月等，无持续观念；后者是期间，是指从起点到终点所经过的时间，是一个持续的时间段。比如，当事人可以约定出卖人 6 月 1 日前交付，也可以约定出卖人 5 月 1 日至 6 月 1 日交付，在 5 月 1 日至 6 月 1 日中的任何一天交付都符合约定。

《民法典》第 602 条规定：“当事人没有约定标的物的交付期限或者约定不明确的，适用本法第五百一十条、第五百一十一条第四项的规定。”《民法典》第 510 条是关于合同补缺（补充性解释）的规定。第 511 条第 4 项规定：“履行期限不明确的，债务人可以随时履行，债权人也可以随时请求履行，但是应当给对方必要的准备时间。”应当注意，对《民法典》第 510 条、第 511 条的适用有一个递进关系，在适用第 510 条不能确定履行期限时，才能适用第 511 条第 4 项的规定。

出卖人提前交货的，买受人接货后，仍可按照合同约定的时间付款。

2. 交付地点

出卖人应当按照约定的地点交付标的物。动产交付地是履行地，是所有权转移的地点。

当事人没有约定交付地点或者约定不明确，依据本法第 510 条补缺的规定仍不能确定的，适用下列规定：(1) 标的物需要运输的，出卖人应当将标的物交付给第一承运人以运交给买受人；(2) 标的物不需要运输，出卖人和买受人订立合同时知道标的物在某一地点的，出卖人应当在该地点交付标的物；不知道标的物在某一地点的，应当在出卖人订立合同时的营业地交付标的物（见第 603 条）。

(1) 标的物需要运输，但不能确定交付地点的，交付给第一承运人就视为对买受人的交付。“标的物需要运输”，是指标的物由出卖人负责办理托运，承运人系独立于买卖合同当事人之外的运输业者的情形。

(2) 标的物不需要运输时：第一，以标的物所在地为交付地，即出卖人和买受人订立合同时知道标的物在某一地点的，出卖人应当在该地点交付标的物；第二，以营业地为交付地，即出卖人没有告诉买受人标的物在何地点时，出卖人应当在订立合同时的营业地交付标的物。

例：甲方买乙方的一台小型电机，在乙方位于北京市海淀区的商店里签订了合同。但乙方没有告诉甲方货物放在北京市昌平区的仓库里。三天后甲方前来提货，请问是到海淀区的商店取货，还是到昌平区的仓库取货？

解：依据《民法典》第 603 条，甲方应当到乙方在北京市海淀区的商店取货。

3. 交付方式

交付方式按约定进行，可以是现实交付，动产也可以是观念交付。[①] 现实交付当事人也可

① 观念交付是动产的物权变动方式，不动产不能观念交付。

以约定交付的具体“标准”。例如，有的机器出卖商与用户约定，以安装完毕为交付。

（四）按照约定的包装方式交付标的物的义务

出卖人应当按照约定的包装方式交付标的物。对包装方式没有约定或者约定不明确，依据本法第510条补缺的规定仍不能确定的，应当按照通用的方式包装；没有通用方式的，应当采取足以保护标的物且有利于节约资源、保护生态环境的包装方式（见第619条）。这个条文有递进的四个层次：第一，按照约定；第二，按照第510条补缺规则确定；第三，按照通用方式；第四，按照足以保护标的物和贯彻绿色原则（见第9条）的方式。绿色包装是对绿色原则的贯彻，包括对包装减量、提高包装材料品质、循环回收等内容。

（五）权利瑕疵担保义务

1. 权利瑕疵的含义

当事人订立合同，出卖人必须对作为合同标的的物享有所有权、处分权或者标的物上没有买受人所不知的权利负担。欠缺所有权、处分权或者有买受人所不知的权利负担，则可称合同有权利瑕疵。权利负担，包括第三人在标的物上的担保物权、用益物权、用益债权（如承租权）等。

权利瑕疵，最早是针对买卖合同而言的。在现代法律上，权利瑕疵理论和规则可适用于其他有偿合同。

2. 权利瑕疵担保义务

权利瑕疵担保义务，是指出卖人就标的物有担保第三人不向买受人追夺或主张其他权利的法定义务。权利瑕疵担保义务起源于罗马法，称为追夺担保。但追夺担保适用于现代法律时，在包含的内容上已嫌不足。因为，有权利瑕疵不仅仅是追夺的问题。《民法典》第612条规定：“出卖人就交付的标的物，负有保证第三人对该标的物不享有任何权利的义务，但是法律另有规定的除外。”“不享有任何权利”，就已经超越了“追夺”本身的意义。

买受人订立合同时知道或者应当知道第三人对买卖的标的物享有权利的，出卖人不承担《民法典》第612条规定的权利瑕疵担保义务（见第613条）。例如，出卖人就已经抵押给他人的物与买受人签订买卖合同，若买受人知道标的物是抵押物，则其不能再追究出卖人的权利瑕疵担保责任。

3. 针对权利瑕疵的抗辩

“买受人有确切证据证明第三人对标的物享有权利的，可以中止支付相应的价款，但是出卖人提供适当担保的除外”（第614条）。在传统理论中，针对权利瑕疵的抗辩，是一种履行抗辩权。

中止，是暂时停止。若出卖人事先有适当的担保，则买受人不能中止支付。买受人中止支付后，出卖人提供了适当担保的，买受人应当恢复履行。中止支付的是“相应的价款”，可能是全部价款，也可能是部分价款，应就个案的具体情况而定。

4. 买受人对权利负担的涤除

权利负担是权利瑕疵的一种，买受人可以涤除标的物上的权利负担而获得没有法律风险的所有权。涤除的方法是行使《民法典》第524条规定的第三人代为履行权。

例： 甲将一台仪器抵押给乙（办理了抵押登记），以担保欠乙的300万元货款，后又将这台仪器卖给不知情的丙。买受人丙很需要这台仪器，得知真实情况后，有权代甲（乙的债务人）向乙清偿债务，涤除抵押权。

（六）物的瑕疵担保义务

1. 物的瑕疵担保义务的含义

物的瑕疵担保义务，是指出卖人担保其所交付的标的物符合买卖合同约定或者法律规定的品质、价值和效用的义务。“出卖人应当按照约定的质量要求交付标的物。出卖人提供有关标的物质量说明的，交付的标的物应当符合该说明的质量要求”（第615条）。

当事人对标的物的质量要求没有约定或者约定不明确，依据《民法典》第510条补缺的规定仍不能确定的，适用《民法典》第511条第1项的规定（见第616条）。该项规定：质量要求不明确的，按照强制性国家标准履行；没有强制性国家标准的，按照推荐性国家标准履行；没有推荐性国家标准的，按照行业标准履行；没有国家标准、行业标准的，按照通常标准或者符合合同目的的特定标准履行。

2. 违反物的瑕疵担保义务的责任

出卖人交付的标的物不符合质量要求的，买受人根据标的物的性质以及损失的大小，可以合理选择请求对方承担修理、重作、更换、退货、减少价款或者报酬等违约责任。

在出卖人履行义务或者采取补救措施后，买受人还有其他损失的，有权请求对方赔偿损失。

出卖人构成重大违约的，买受人可以解除合同并要求赔偿全部损失。

3. 瑕疵担保责任减免的特约

“当事人约定减轻或者免除出卖人对标的物瑕疵承担的责任，因出卖人故意或者重大过失不告知买受人标的物瑕疵的，出卖人无权主张减轻或者免除责任”（第618条）。例如，甲卖给乙一头藏犬，约定乙养殖期间该藏犬若死亡，甲不承担责任。交付后不久，该藏犬死亡，经解剖，发现甲为使藏犬面相好（为卖高价），在藏犬脸部植入大量硅胶，这是导致藏犬死亡的原因。乙尽管与甲有免责的约定，仍可追究甲的责任。

4. 买受人知道或者应当知道物的瑕疵时责任的认定

《买卖合同解释》第24条规定：“买受人在缔约时知道或者应当知道标的物质量存在瑕疵，主张出卖人承担瑕疵担保责任的，人民法院不予支持，但买受人在缔约时不知道该瑕疵会导致标的物的基本效用显著降低的除外。”例如，甲向乙出卖成年人衣服，乙知道这种衣服会一定程度上“缩水”，但该衣服被水洗之后，竟缩小到根本不能穿的地步，乙仍有权请求甲承担违约责任。

（七）标的物回收义务

标的物回收，也称为产品回收，是由出卖人（生产经营者等）收回使用期限届满、有害环境的废旧产品或者具有再利用价值的废旧产品。收回以后予以销毁或者再加利用。“依照法律、行政法规的规定或者按照当事人的约定，标的物在有效使用年限届满后应予回收的，出卖人负有自行或者委托第三人对标的物予以回收的义务”（第625条）。本条是对绿色原则（见第9条）的贯彻。

回收义务一产生于法定①，二产生于约定。经营者与消费者约定的“以旧换新”（购买同类产品时将回收的同类废旧产品折价），也是一种标的物回收的方法。

二、买受人的权利和义务

买受人的主要权利是受领标的物，取得所有权。其义务可以作多项分解。

---

① 《中华人民共和国清洁生产促进法》第20条规定：“产品和包装物的设计，应当考虑其在生命周期中对人类健康和环境的影响，优先选择无毒、无害、易于降解或者便于回收利用的方案。企业对产品的包装应当合理，包装的材质、结构和成本应当与内装产品的质量、规格和成本相适应，减少包装性废物的产生，不得进行过度包装。”《中华人民共和国固体废物污染环境防治法》第68条第3款规定：“生产、销售、进口依法被列入强制回收目录的产品和包装物的企业，应当按照国家有关规定对该产品和包装物进行回收。”

（一）付款义务

1. 价款的数额和支付方式

买受人应当按照约定的数额和支付方式支付价款。对价款的数额和支付方式没有约定或者约定不明确的，适用《民法典》第510条补缺的规定，依据补缺的规定仍不能确定的，适用下列规定：其一，价款或者报酬不明确的，按照订立合同时履行地的市场价格履行；依法应当执行政府定价或者政府指导价的，依照规定履行。其二，履行方式不明确的，按照有利于实现合同目的的方式履行（见第626条）。

2. 支付价款的地点

买受人应当按照约定的地点支付价款。对支付地点没有约定或者约定不明确，依据《民法典》第510条补缺规定仍不能确定的，买受人应当在出卖人的营业地支付；但是，约定支付价款以交付标的物或者交付提取标的物单证为条件的，在交付标的物或者交付提取标的物单证的所在地支付（见第627条）。支付价款的地点有四种情况：（1）按照约定的地点支付价款；（2）按照补缺规定确定的地点支付价款（主要是按交易习惯确定，但也可以按合同其他条款确定）；（3）在出卖人的营业地支付；（4）在交付地（履行地）支付。

3. 支付价款的时间

买受人应当按照约定的时间支付价款。对支付时间没有约定或者约定不明确，依据《民法典》第510条补缺规定仍不能确定的，买受人应当在收到标的物或者提取标的物单证的同时支付（见第628条）。

4. 对多交部分的付款义务及拒收时的保管

"出卖人多交标的物的，买受人可以接收或者拒绝接收多交的部分。买受人接收多交部分的，按照约定的价格支付价款；买受人拒绝接收多交部分的，应当及时通知出卖人"（第629条）。

买受人拒绝接收多交部分的标的物的，可以代为保管多交部分。买受人对多交部分取得占有，但拒绝作为买卖的标的物受领，此意图需及时在给出卖人的通知上载明。

买受人可以要求出卖人负担代为保管期间的合理费用，还可以主张出卖人承担代为保管期间非因买受人故意或者重大过失造成的损失。例如，甲向乙发货，乙从车站拉回后，打开包装时发现多了一台机器，对多出来的机器乙不欲购买，应及时向出卖人甲发出拒绝接收的通知，发生的保管费用由出卖人甲承担，因乙故意或重大过失造成这台机器的毁损由乙承担。

（二）及时受领的义务

受领是权利，及时受领也是义务。买受人不及时受领，称为受领迟延，应当承担相应的责任（见第589条）。

（三）检验和通知义务

1. 按照约定的时间检验和及时检验

检验是买受人对标的物数量、质量进行的检查。检验是买受人的权利，按照约定的时间及时检验则是买受人的义务。"买受人收到标的物时应当在约定的检验期限内检验。没有约定检验期限的，应当及时检验"（第620条）。对"及时"的理解，可参照《联合国国际货物销售合同公约》第38条第1款的规定："买方必须在按情况实际可行的最短时间内检验货物或由他人检验货物。"

2. 在检验期内发出异议通知

"当事人约定检验期限的，买受人应当在检验期限内将标的物的数量或者质量不符合约定的情形通知出卖人。买受人怠于通知的，视为标的物的数量或者质量符合约定。当事人没有约定检验期限的，买受人应当在发现或者应当发现标的物的数量或者质量不符合约定的合理期限内通知出卖人。买受人在合理期限内未通知或者自收到标的物之日起二年内未通知出卖人的，视为标的物的数量或者质量符合约定；但是，对标的物有质量保证期的，适用质量保证期，不适用该二年的规定。出卖人知道或者应当知道提供的标的物不符合约定的，买受人不受前两款规定的通知时间的限制”（第621条）。

（1）约定检验期限的，买受人应在检验期限内发出异议通知，即应在检验期限内对数量或者质量以通知的方式提出异议，否则后果极为严重，视为符合约定。例如，买受人收货后未在约定的检验期内提出质量异议，嗣后又以质量不符合约定为由主张先履行抗辩权而拒绝付款，应认定其抗辩权不成立，拒绝付款构成违约行为。

（2）没有约定检验期限的，在合理的期限内通知或自标的物收到两年内通知。首先要确定合理的期限，不能确定的，以两年为合理的期限，有质保期的除外。

该“两年”是最长的合理期间。该期间为不变期间，不适用诉讼时效中止、中断或者延长的规定。合理期限或两年期限经过后，买受人主张标的物的数量或者质量不符合约定的，不应予以支持。

（3）出卖人知道或者应当知道提供的标的物不符合约定的，买受人不受前两种规定的通知时间的限制。

例：甲方（饲料公司）卖给乙方1 000千克猪饲料，有效成分严重不足。约定的检验时间是收到货物的15天内。在15天内，乙方未提出异议，在第30天提起诉讼，能否胜诉？

解：甲方是饲料公司，知道或者应当知道标的物有瑕疵，因此乙方不受该15天的限制。

（4）买受人在约定的期限或法定的期限内没有提出数量异议或者质量异议，出卖人自愿承担违约责任后，又以上述期限已经超过为由反悔的，不应予以支持。

3. 检验期间或质量保证期间过短

（1）异议期间分为对外观瑕疵（表面瑕疵）的异议期间和对隐蔽瑕疵（内在质量瑕疵）的异议期间。“当事人约定的检验期限过短，根据标的物的性质和交易习惯，买受人在检验期限内难以完成全面检验的，该期限仅视为买受人对标的物的外观瑕疵提出异议的期限”（第622条第1款）。认定“对外观瑕疵提出异议的期限”后，还应确定对隐蔽瑕疵提出异议的合理期限。

（2）“约定的检验期限或者质量保证期短于法律、行政法规规定期限的，应当以法律、行政法规规定的期限为准”（第622条第2款）。即采取“法定大于约定”的规则。

例：甲买了一套木器，在三个月内（由于季节的变化）开裂。而约定的异议期只有10天。该10天应当认为是“对外观瑕疵提出异议的期间”，要查看有无质保期，没有质保期的，由法院依据法律确定对隐蔽瑕疵提出异议的合理期间。

4. 检验的事项和标准

（1）检验的事项包括数量和质量。对质量的检验，又分为对外观瑕疵的检验和隐蔽瑕疵的检验。“当事人对检验期限未作约定，买受人签收的送货单、确认单等载明标的物数量、型号、规格的，推定买受人已经对数量和外观瑕疵进行检验，但是有相关证据足以推翻的除外”（第623条）。买受人签收的送货单、确认单等载明标的物数量、型号、规格的，可认定为对标的物数量和外观瑕疵进行了检验，尚不能认为是对隐蔽瑕疵进行了检验。比如，出卖人将一套沙发送到买受人家中，买受人在送货单上签了字。后发现沙发弹簧坏了，此为隐蔽瑕疵，买受人仍可提出异议，请求出卖人承担违约责任。

（2）“出卖人依照买受人的指示向第三人交付标的物，出卖人和买受人约定的检验标准与买受人和第三人约定的检验标准不一致的，以出卖人和买受人约定的检验标准为准”（第624条）。这是基于债的相对性作出的规定。

5. 不影响数量异议、质量异议的情形

《买卖合同解释》第 13 条规定："买受人在合理期限内提出异议，出卖人以买受人已经支付价款、确认欠款数额、使用标的物等为由，主张买受人放弃异议的，人民法院不予支持，但当事人另有约定的除外。"

(1) 以下行为不影响异议的效力：其一，买受人履行合同的行为（支付全部或者部分价款）；其二，对账、写欠条等确认出卖人债权的行为；其三，使用标的物的行为；其四，其他有关行为。

(2) 消费物在消费一部分后，不妨碍提出异议，因为剩余的部分仍可证明商品质量。全部消费之后，从理论上看，仍可提出异议，但需要有关的证据。

(3) 当事人可能有特约，例如，可以约定消费物消费后，异议无效。

6. 检验费用

买受人对收到的标的物可以亲自检验，也可以委托商检机构或其他有检验能力的机构、单位进行检验。委托他人进行检验，会产生检验费用。检验费用的承担，由买卖双方约定。如果没有约定，原则上应按检验结果确定费用的承担：如果标的物经检验合格，则检验费用应当由买受人承担；如果标的物经检验不合格，则检验费用应当作为损失由出卖人赔偿。

7. 合理费用的负担

《买卖合同解释》第 16 条规定："买受人在检验期限、质量保证期、合理期限内提出质量异议，出卖人未按要求予以修理或者因情况紧急，买受人自行或者通过第三人修理标的物后，主张出卖人负担因此发生的合理费用的，人民法院应予支持。"本条的合理费用（修理费）是指必要费用，请求合理费用的前提是提出质量异议。有质量保证金的，可以从中扣除修理费。

第三节　风险承担及孳息归属

一、标的物风险的承担

（一）风险的含义

关于风险有两种表述：一种是狭义的，是指不可归责于当事人的事由，致使标的物毁损、灭失所造成的损失；另一种是广义的，除了指不可归责于当事人的事由造成损失的以外，还包括与当事人过失有关的损失。比如标的物被盗窃，则当事人可能就有保管上的过失。我国《民法典》所规定的风险，有的是因不可归责于当事人的事由（如不可抗力）造成；有的与当事人的过失有关。

（二）风险发生的时间

风险发生的时间，以合同成立和标的物的交付来区分。

(1) 风险一般发生在买卖合同成立以后，但也可能发生在买卖合同成立之前。如《民法典》第 606 条关于路货风险负担的规定，就是以合同成立为界限的。路货可能在合同成立前毁损、灭失，也可能在合同成立后毁损、灭失。

(2) 风险可以发生在标的物交付之前，也可能发生在标的物交付之后。前者如在出卖人送货的路上，货物被雷击毁；后者如买受人提货后货物被洪水冲走。

（三）风险承担的基本分配原则

"标的物毁损、灭失的风险，在标的物交付之前由出卖人承担，交付之后由买受人承担，但是法律另有规定或者当事人另有约定的除外"（第 604 条）。这是风险承担最基本的分配原则。

1. 买卖合同风险承担的“交付主义”

交付是指交付占有，故交付主义实际是占有主义，是由占有人承担风险。占有人承担风险的理由主要有两个：第一，占有人是对标的物实际控制的人，出卖人或者买受人作为占有人时，才有规避风险的机会和采取措施防范风险的可能。第二，出卖人要承担给付义务和质量担保义务，因此在交付之前（占有时）由其承担风险，买受人才能实现权利。

买卖合同风险的承担不是“所有权人主义”①，即风险承担的标准，不是谁是所有权人就由谁承担风险。比如，所有权保留买卖，标的物交付给买受人后，是买受人（占有人）承担风险，而不是出卖人（所有权人）承担风险。再如，不动产交付之后，办理所有权转移手续之前，是买受人（占有人）承担风险，而不是所有权人承担风险。

因动产所有权一般是交付后转移，因而动产的占有人绝大多数情况下是所有权人，这是很多人误以为买卖合同风险承担是所有权人主义的主要原因。

买卖合同的风险承担制度，是以交付主义为基础，结合违约人承担后果的理念展开的。例如，受领迟延导致未交付的，由受领人（买受人）承担风险（见第605条、第608条）；拒绝受领或者解除合同而去除受领义务的，由出卖人承担风险（见第610条）；需要运输的动产，交付承运人后由买受人承担风险（第607条）。

2. 买卖合同导致风险转移的交付，既包括动产的交付，也包括不动产的交付

买卖合同标的物的交付，既包括动产的交付，也包括不动产的交付。对风险承担而言，动产和不动产都是交付后转移。②

例：张甲卖给李乙一套二手房，张甲考虑清理房内几十年积累的资料需要耗费很长时间，就与李乙约定：“先给李乙办理房屋所有权转移登记，办完手续后25天内交付房屋。”在办完过户登记的第2天，邻居王丙用火不慎，烧了自己的房屋，还殃及池鱼，将李乙所有、张甲占有的这套房屋的一部分烧毁。

解：（1）邻居王丙侵害了买受人李乙的房屋所有权，李乙有权请求王丙赔偿。（2）本案房屋未交付，李乙也可以根据买卖合同交付风险承担的规则，要求出卖人张甲承担价值减损的风险。就本案来说，张甲尽管没有过错，其仍然要承担标的物毁损的风险。换一个角度而言，张甲要承担质量担保义务，其主给付义务有两个：一个是转移房屋所有权；另一个是交付合乎要求的标的物。

3. 交付主义的例外

关于风险的承担，法律另有规定的除外，当事人另有约定的除外。比如，当事人可以约定，在合同订立之后、标的物交付之前，由买受人承担风险。再如，当事人可以约定，在标的物交付之后的一段时间，风险由出卖人承担。

（四）因买受人的原因未按期交付时的风险负担

交付而转移风险是一般规则，但是由于买受人的原因不能按期交付，则风险仍应由出卖人承担就有失公平。对此，《民法典》第605条规定：“因买受人的原因致使标的物未按照约定的期限交付的，买受人应当自违反约定时起承担标的物毁损、灭失的风险。”买受人的原因导致不能按期交付主要有以下几种情况：（1）买受人未做好受领的准备，以致不能按期交付。

① 与买卖合同相比，租赁合同的风险承担采所有权人主义，即由出租人承担风险（见第729条）。

② 商品房是不动产之一种，《商品房买卖合同解释》第8条规定：“对房屋的转移占有，视为房屋的交付使用，但当事人另有约定的除外。房屋毁损、灭失的风险，在交付使用前由出卖人承担，交付使用后由买受人承担；买受人接到出卖人的书面交房通知，无正当理由拒绝接收的，房屋毁损、灭失的风险自书面交房通知确定的交付使用之日起由买受人承担，但法律另有规定或者当事人另有约定的除外。”

（2）买受人无合法的理由拒不受领标的物。（3）买受人应先支付价款而未支付，出卖人行使《民法典》第526条规定的先履行抗辩权。行使同时履行抗辩权与行使先履行抗辩权的效果不同：买卖双方同时履行时，由于行使同时履行抗辩权而导致货物未交付的，风险并不转移至买受人。

（五）路货风险的转移

“出卖人出卖交由承运人运输的在途标的物，除当事人另有约定外，毁损、灭失的风险自合同成立时起由买受人承担”（第606条）。因为风险负担转移至买受人，故买受人不因风险的发生而免除支付货款的义务。《买卖合同解释》第10条规定：“出卖人出卖交由承运人运输的在途标的物，在合同成立时知道或者应当知道标的物已经毁损、灭失却未告知买受人，买受人主张出卖人负担标的物毁损、灭失的风险的，人民法院应予支持。”

出售正在运输途中的标的物，其特殊性在于：第一，在买卖合同订立时，标的物已经交给承运人（第三人），由承运人占有，脱离了出卖人的实际控制。比如，甲买的一批货物正由承运人用轮船在海上运输，其就将该批货物卖给了丙，买卖合同成立时出卖人甲和买受人丙都不占有货物，风险在合同成立时转移给丙，便于及时向承运人索赔。丙收货后通过验收能及时发现货损等，而甲一般不知情。出卖人甲和买受人丙也可以约定，自甲向承运人交付时起，风险就由丙承担。[①]

第二，路货买卖，合同成立并不能产生交付的效果，须通过交付提单等代替现实交付。货物的保险单一般同时转让，出现货损等买受人可以向保险公司索赔。[②]

第三，基于以上两个特点，买卖双方可能对标的物最近的状况不了解，出卖人可以把标的物和风险一并转移给买受人。

（六）运送交付给承运人时，风险的转移

1. 交付地点明确，运送交付给承运人后，风险转移

“出卖人按照约定将标的物运送至买受人指定地点并交付给承运人后，标的物毁损、灭失的风险由买受人承担”（第607条第1款）。当事人另有约定的，依其约定。[③]

承运人是独立于买卖合同当事人的第三人。可以由买受人直接委托承运人代为受领（由买受人与承运人签订运输合同）。出卖人交付标的物给买受人委托的人（承运人），就完成了交付义务。

合同当事人也可以代办托运。代办托运是出卖人代买受人与承运人签订运输合同，以买受人为收货人。代办托运由买受人承担运费。承运人（第三人）代买受人受领，出卖人运送标的物到指定地点交给承运人即为交付。

例：河北的甲从北京的乙处买了一批货，按买卖合同约定由乙代办托运，运费由买受人甲承担。出卖人乙按买卖合同的约定与天津的汽车运输公司丙签订了运输合同，将货物交付给了丙。

解：货物交付给承运人丙以后，在甲、乙之间，风险是由甲承担的。该交付致使所有权与

① 《联合国国际货物销售合同公约》第68条规定：“对于在运输途中销售的货物，从订立合同时起，风险就移转到买方承担。但是，如果情况表明有此需要，从货物交付给签发载有运输合同单据的承运人时起，风险就由买方承担。尽管如此，如果卖方在订立合同时已知道或理应知道货物已经遗失或损坏，而他又不将这一事实告之买方，则这种遗失或损坏应由卖方负责。”

② 《保险法》第49条第1款、第2款规定：“保险标的转让的，保险标的的受让人承继被保险人的权利和义务。保险标的转让的，被保险人或者受让人应当及时通知保险人，但货物运输保险合同和另有约定的合同除外。”

③ 《买卖合同解释》第9条规定：“出卖人根据合同约定将标的物运送至买受人指定地点并交付给承运人后，标的物毁损、灭失的风险由买受人负担，但当事人另有约定的除外。”该条与《民法典》第607条相比，增加了约定优先的规定。

风险一并转移给买受人甲。丙运输的货物是买受人甲的货物故而运费由甲承担。

2. 交付地点不明，运送交付给第一承运人时，风险转移

当事人没有约定交付地点或者约定不明确，依据《民法典》第510条补缺的规定仍不能确定地点而标的物需要运输的，出卖人应当将标的物交付给第一承运人以运交给买受人；出卖人将标的物交付给第一承运人后，标的物毁损、灭失的风险由买受人承担（见第607条第2款）。

“标的物需要运输的”，是指标的物由出卖人负责办理托运，承运人系独立于买卖合同当事人之外的运输业者的情形。“第一承运人”，就意味着有多个承运人接力运输，这里主要是指“联运”。联运，分为单式联运和多式联运。①单式联运和多式联运的第一承运人就是最先接收货物的区段承运人。

交付给第一承运人，则出卖人完成了交付义务，按照风险承担的一般规则，交付后，风险转移给买受人。

（七）买受人未在约定地点受领或不需要运输时未在法定地点受领时的风险负担

出卖人按照约定将标的物置于交付地点，或者依据《民法典》第603条第2款第2项的规定将标的物置于交付地点，买受人违反约定没有收取的，标的物毁损、灭失的风险自违反约定时起由买受人承担（见第608条）。买受人受领迟延，在迟延期间发生的风险，由买受人承担。依据以上规定，买受人迟延以致承担风险有三种情况。

其一，出卖人按照约定将标的物置于交付地点，买受人到期没有受领。

其二，交付地点不能确定，标的物不需要运输，出卖人和买受人订立合同时知道标的物在某一地点的，出卖人将标的物置于该地点，买受人到期没有受领。

其三，交付地点不能确定，标的物不需要运输，出卖人和买受人订立合同时不知道标的物在某一地点的，出卖人将标的物置于订立合同时的营业地，买受人到期没有受领。

例：7月1日，甲、乙订立买卖合同，甲卖给乙1万箱啤酒。甲的发货大厅里有5个库房，每个库房的装货量是1万箱啤酒。因当时啤酒供不应求，应买受人乙的要求，甲在一号库房的大门上加贴“封条”，注明一号库房的1万箱啤酒“专供”给买受人乙。合同约定乙上门提货，提货时间是7月25日至8月1日。8月3日，乙去提货，但由于不可抗力，甲的库房8月2日起火，5个库房的啤酒全部灭失。请问：一号库房的损失应由谁承担风险？

解：《买卖合同解释》第11条规定：“当事人对风险负担没有约定，标的物为种类物，出卖人未以装运单据、加盖标记、通知买受人等可识别的方式清楚地将标的物特定于买卖合同，买受人主张不负担标的物毁损、灭失的风险的，人民法院应予支持。”一号库房的1万箱啤酒已经成为“主观特定物”，出卖人甲按照约定将标的物置于交付地点，买受人乙未在规定的期限内提取，应当承担货物灭失的风险。如果没有将一号仓库的货物特定化，即使5个仓库的货物全部毁损、灭失，受领迟延的乙也不承担风险。

（八）辅助单证和资料的交付与风险的负担

“出卖人按照约定未交付有关标的物的单证和资料的，不影响标的物毁损、灭失风险的转移”（第609条）。交付辅助单证和资料是从给付义务，未交付的，对标的物本身的交付事实没有影响，故不影响风险的转移。比如，出卖人交付给买受人一台仪器，但没有交付说明书和发票，标的物因风险毁损、灭失的，损失由占有仪器的买受人承担。

① 《民法典》第834条就单式联运规定：“两个以上承运人以同一运输方式联运的，与托运人订立合同的承运人应当对全程运输承担责任；损失发生在某一运输区段的，与托运人订立合同的承运人和该区段的承运人承担连带责任。”第838条就多式联运的经营人规定：“多式联运经营人负责履行或者组织履行多式联运合同，对全程运输享有承运人的权利，承担承运人的义务。”

（九）买受人因出卖人根本性违约而拒收时的风险负担

“因标的物不符合质量要求，致使不能实现合同目的的，买受人可以拒绝接受标的物或者解除合同。买受人拒绝接受标的物或者解除合同的，标的物毁损、灭失的风险由出卖人承担”（第 610 条）。出卖人提供的标的物质量不符合质量要求，致使买受人不能实现合同目的，构成了重大违约或者根本性违约。此种情况下，买受人可以拒收，要求重新发货，也可以通知出卖人解除合同。

（1）拒绝收货是由于出卖人重大违约造成的，对标的物毁损、灭失的风险自当由违约人负担。如果出卖人尚未构成重大违约，即标的物虽有瑕疵，但尚未影响买受人合同目的的实现，依照诚实信用原则，买受人不得拒收。买受人拒收的，应当承担标的物毁损、灭失的风险。

（2）买受人之解除，是在未收货前解除，还是在收货后解除，本条语焉不详。因出卖人构成重大违约，买受人在未收货前解除合同，风险自当由出卖人承担。买受人在收货后即取得占有后才解除合同的，因出卖人质量上的重大违约使受领货物、占有货物的意义丧失，故应由违约的出卖人承担风险，此是交付主义的例外，并非“买受人代出卖人占有”。这种风险的分配是在出卖人与买受人二者之间，在买受人占有期间标的物由于第三人原因毁损、灭失的，买受人自可追究第三人的责任。

买受人受领标的后，因标的物不符合质量要求，致使其不能实现合同目的的，买受人解除合同的，不适用《民法典》第 611 条（对第 611 条的解释见下述）。

（十）买受人负担风险不影响要求出卖人承担违约责任

“标的物毁损、灭失的风险由买受人承担的，不影响因出卖人履行义务不符合约定，买受人请求其承担违约责任的权利”（第 611 条）。出卖人虽然履行了义务，但履行义务不符合约定，而买受人又受领了标的物，受领标的物以后标的物毁损、灭失的，不影响买受人要求出卖人承担违约责任的权利。

例：甲方卖给乙方一套设备，该设备的附属仪表在交付时就已经损坏，甲方应当就附属仪表的损坏向乙方赔偿。在乙方提出索赔之前或者之后，该设备连同仪表意外灭失，不影响乙方向甲方就仪表的损坏求偿的权利，甲方的违约责任仍然存在。

二、买卖合同的孳息取得权

（一）买卖合同孳息取得权的“交付主义”

“标的物在交付之前产生的孳息，归出卖人所有；交付之后产生的孳息，归买受人所有。但是，当事人另有约定的除外”（第 630 条）。本条体现了买卖合同孳息取得权的“交付主义”[①]。买卖双方可以特约排除交付主义。比如，约定孳息取得权归所有权人。本条所规定的“孳息”，在解释上，应认为包括天然孳息和法定孳息。[②] 天然孳息是依自然规律产生的物，如牛之牛奶、牛之小牛。法定孳息是拟制的孳息，是根据法律规定产生的物，如存款之利息、入股之股息、出租房屋之租金等。

---

① 在《民法典》的语境中，“取得”与“收取”是有区别的。取得，是取得所有；收取，是收取占有。例如，《民法典》第 430 条规定：“质权人有权收取质押财产的孳息，但是合同另有约定的除外。前款规定的孳息应当先充抵收取孳息的费用。”第 452 条规定：“留置权人有权收取留置财产的孳息。前款规定的孳息应当先充抵收取孳息的费用。”

② 《民法典》第 321 条规定：“天然孳息，由所有权人取得；既有所有权人又有用益物权人的，由用益物权人取得。当事人另有约定的，按照其约定。法定孳息，当事人有约定的，按照约定取得；没有约定或者约定不明确的，按照交易习惯取得。”该条规定在“物权编”，是孳息归属的一般规定，第 630 条是对买卖合同孳息归属的特别规定，特别规定优于一般规定。

（二）“占有”与“所有”的分离

“占有”与“所有”的分离，是常见的现象。在采交付主义的前提下，有权取得孳息所有权的买受人，可能是标的物的所有人，也可能仅是标的物的占有人。比如，买卖合同中，不动产交付后，办理所有权转移登记手续之前，取得孳息所有权的买受人并不是标的物的所有权人。

应当注意，在所有权保留的情况下，孳息同样处于所有权保留的法律状态，在交付之后不能归买受人所有，否则，就会产生不公平的结果。在意思表示的解释上，应认为对所有权保留的约定及于孳息。

例：张三卖给李四一头怀孕的母牛，价款为1万元，约定交付后一个月内付清价款，否则所有权仍归张三。李四收到牛后，该牛早产，生下小牛。双方对小牛的归属发生争议。

解：小牛的所有权人是张三。小牛处于所有权保留的状态之下。如果认为小牛属于李四，则会出现显失公平的情况：李四不付款，却取得了小牛所有权。

第四节　买卖合同的解除

一、主、从物的解除

根据两个独立存在的物在用途上客观存在的主从关系，物可以分成主物和从物。一物一权，主物和从物是不同的所有权客体，比如一个主物有三个从物，一共有四个所有权。“因标的物的主物不符合约定而解除合同的，解除合同的效力及于从物。因标的物的从物不符合约定被解除的，解除的效力不及于主物”（第631条）。解除主物，从物没有单独存在的价值，因此随同解除。解除从物，买受人的合同目的还可以实现，因此主物的给付效力仍然保留。

二、数物解除

数物，是指两个以上各自独立的物，物与物之间没有主从物关系，但可能有配合使用关系。“标的物为数物，其中一物不符合约定的，买受人可以就该物解除。但是，该物与他物分离使标的物的价值显受损害的，买受人可以就数物解除合同”（第632条）。本条规定了买受人的解除权，但是有所限制。

如当买受人买了一台冲床、一台机床，二者没有配合使用关系，冲床有重大质量瑕疵，买受人有权单独解除冲床买卖合同。若数物是作为整体出卖的，各物有配合使用关系，有瑕疵的物与他物分离将显受损害，买受人仅解除有瑕疵的物的，出卖人得主张全部解除而反对部分解除。

例：王某在家具店购买了床、柜等四件家具。后王某发现床不能承重，就要求退货。家具店指出，该四件家具风格一致，用料一致，是作为一套家具出售的，是互相配合发挥美化作用的，该套家具在任何时候都是整套出售就证明了这一点，如果要退，四件必须一起退。家具店的说法是否正确？

解：家具店反对部分解除是正确的，即如果要退，四件必须一起退。

三、分批交付时的解除

（一）就其中的一批解除

“出卖人分批交付标的物的，出卖人对其中一批标的物不交付或者交付不符合约定，致使该批标的物不能实现合同目的的，买受人可以就该批标的物解除”（第 633 条第 1 款）。例如，甲方卖给乙方 10 批煤，第八批煤不符合质量要求，因煤是可替代物，乙方可单就第八批解除。

（二）就某批和今后各批的解除

“出卖人不交付其中一批标的物或者交付不符合约定，致使之后其他各批标的物的交付不能实现合同目的的，买受人可以就该批以及之后其他各批标的物解除”（第 633 条第 2 款）。例如，甲方卖给乙方 10 批添加剂用于锅炉的燃烧，该添加剂是甲方研制的，别的地方买不到。第八批添加剂质量不合格，乙方解除第八批就被迫停止锅炉的燃烧。第九、十批即使质量符合要求，但重新燃烧锅炉成本巨大，得不偿失。此时，乙方可将第八、九、十批一并解除。前七批继续有效。

（三）全部解除

“买受人如果就其中一批标的物解除，该批标的物与其他各批标的物相互依存的，可以就已经交付和未交付的各批标的物解除”（第 633 条第 3 款）。例如，甲方卖给乙方积木，分三批发货，第一批符合要求，第二批不符合要求，第三批是否符合要求尚不知。因三批货是组合使用的，乙方可以将三批全部解除。

第五节 特种买卖合同、互易合同

特殊形态的买卖、具有特殊要件的买卖被称为特种买卖。特种买卖虽有其特殊性，但与一般买卖没有本质区别。我国《民法典》规定的特种买卖有分期付款买卖、凭样品买卖、试用买卖、竞争性买卖（招标投标买卖和拍卖）。互易合同不是买卖合同，但与买卖合同很接近，这里一并介绍。

一、分期付款买卖

（一）分期付款买卖的含义

分期付款买卖，是指按照约定，买受人应按照一定期限分批向出卖人支付价款的买卖。其根本特征是：买受人按照约定在受领标的物后分期、分批（至少分三次）向出卖人付清总价款。分期付款是赊销的一种买卖形式，分期付款买卖也可以特约所有权保留。分期付款也是一种信用买卖，买受人支付部分价款就可获得标的物的所有权或取得对标的物的占有。

分期付款一般适用于标的额较大的买卖合同，在不动产和高档耐用消费品的买卖中较为常见。

（二）分期付款合同的解除与加速到期

“分期付款的买受人未支付到期价款的数额达到全部价款的五分之一，经催告后在合理期限内仍未支付到期价款的，出卖人可以请求买受人支付全部价款或者解除合同”（第 634 条第 1 款）。《买卖合同解释》第 27 条第 2 款规定：“分期付款买卖合同的约定违反民法典第六百三十四条第一款的规定，损害买受人利益，买受人主张该约定无效的，人民法院应予支持。”例如，出卖人与买受人约定，买受人未支付到期价款的数额达到全部价款的十分之一的，出卖人可以通知买受人解除合同。买受人可以主张该“十分之一”的约定无效。

“出卖人解除合同的，可以向买受人请求支付该标的物的使用费”[①]（第 634 条第 2 款）。请

① 《买卖合同解释》第 28 条规定：“分期付款买卖合同约定出卖人在解除合同时可以扣留已受领价金，出卖人扣留的金额超过标的物使用费以及标的物受损赔偿额，买受人请求返还超过部分的，人民法院应予支持。当事人对标的物的使用费没有约定的，人民法院可以参照当地同类标的物的租金标准确定。”

求支付全部价款，包括尚未到期的价款，即尚未到期的价款加速到期。请求支付全部价款或解除合同，都有一个前置程序：履行之催告。

例：甲方（出卖人）与买受人（乙方）约定，在甲方交付标的物之后的10个月内，乙方每一个月向甲方支付1万元的货款。如果乙方第一个月和第二个月都没有交款，此时，出卖人的权利应当如何行使？

解：乙方应交而未交的金额达到了1/5，此时甲应先催告，经催告后在合理期限内仍未支付到期价款的，甲方或者要求乙方支付全部10万元货款，或者通知乙方解除合同。当甲方选择了解除合同，而乙方又实际占有、使用了标的物两个月，此时乙方应当支付两个月的使用费，其数额相当于两个月的租金。

（三）分期付款买卖风险的负担和孳息的归属

(1) 分期付款买卖无论是否转移了标的物的所有权，标的物在交付后发生毁损、灭失，风险都由买受人承担。

(2) 分期付款买卖在出卖人交付标的物以后，孳息由买受人收取，并归其所有。如果买受人没有履行合同义务，合同被解除，则合同自始失去效力，孳息应归所有权人即出卖人所有。

例：甲方卖给乙方一匹马，约定于次年1月1日交付。价款2万元，约定分期付款，从1月起每月交付2 000元，10个月付清。该马交付后，乙方连续3个月没有付款，并将该马租给丙方1个月，获利80元，在租赁期间，该马生了一匹小马。甲方有无单方解除权？解除合同后应当如何处理财产后果？

解：出卖人甲方有单方解除权，解除合同的通知送达后，合同自始失去效力，乙方取得大、小马和80元丧失法律依据，甲方有权请求返还。

二、凭样品买卖

（一）凭样品买卖的含义

凭样品买卖，是指出卖人交付的标的物须与当事人保留的样品具有同一品质的买卖。样品，是指当事人选定的用以决定标的物品质的实物。样品的确定，反映了当事人双方对质量的确认或合意。可以说，样品是合同的“质量条款”。

当事人可以用样品全面表示标的物的品质，也可以用样品表示标的物某一方面的品质。如用样品来表示款式，或用样品来表示颜色等。用样品来表示款式的，称为“款式样”；用样品来表示颜色的，称为“花色样”。

（二）样品的封存

“凭样品买卖的当事人应当封存样品，并可以对样品质量予以说明。出卖人交付的标的物应当与样品及其说明的质量相同”（第635条）。样品具有证据作用，因此应当封存。封存，可以是双方当事人各执一份封存的货样，也可以交第三人（如公证部门）保存货样。

如果出卖人交付的标的物与样品品质及说明的品质不符，出卖人应当承担违约责任。

（三）样品的隐蔽瑕疵

隐蔽瑕疵，是指采用通常的检查手段不能发现的品质瑕疵。“凭样品买卖的买受人不知道样品有隐蔽瑕疵的，即使交付的标的物与样品相同，出卖人交付的标的物的质量仍然应当符合同种物的通常标准”（第636条）。

例：甲方向乙方（纺织公司）购买了1万米色布，封存了样品。在使用过程中，发现色布掉色严重，而甲方在购买时并不知情。乙方主张，样品掉色，成批的货物也可以掉色，因而拒绝承担违约责任。

解：掉色是隐蔽瑕疵，买受人在订立合同时并不知情，出卖人应当承担违约责任。

如果买受人通过检测知道样品有隐蔽瑕疵，或者出卖人告知其样品有隐蔽瑕疵，则应当认为买受人接受了这种瑕疵，双方就产品质量达成了一致意见。如果买受人不知道样品有隐蔽瑕疵，则出卖人交付的标的物不允许有隐蔽瑕疵。出卖人交付的标的物的质量应当符合通常的标准。所谓通常的标准，是指与价款相对应的、符合一般使用要求的该种标的物的平均质量。

（四）样品质量与文字说明不一致的处理

《买卖合同解释》第29条规定："合同约定的样品质量与文字说明不一致且发生纠纷时当事人不能达成合意，样品封存后外观和内在品质没有发生变化的，人民法院应当以样品为准；外观和内在品质发生变化，或者当事人对是否发生变化有争议而又无法查明的，人民法院应当以文字说明为准。"

（1）样品质量与文字说明不一致，样品无变化的以样品为准。

（2）样品质量与文字说明不一致，样品有变化的以文字为准。

三、试用买卖

（一）试用买卖的含义

试用买卖又称为实验买卖，是指双方当事人约定由买受人试用标的物，以买受人认可标的物为条件的买卖。

试用买卖是附生效条件的买卖，该条件是随意条件，决定于买受人。附加不完全决定于买受人的条件或者约定可以换货、退货的买卖，则为一般的买卖，不为试用买卖。

《买卖合同解释》第30条规定："买卖合同存在下列约定内容之一的，不属于试用买卖。买受人主张属于试用买卖的，人民法院不予支持：（一）约定标的物经过试用或者检验符合一定要求时，买受人应当购买标的物；（二）约定第三人经试验对标的物认可时，买受人应当购买标的物；（三）约定买受人在一定期限内可以调换标的物；（四）约定买受人在一定期限内可以退还标的物。"上述第一项是试用标准买卖，第二项是第三人试验买卖。在这两种情形中，买受人都没有单方决定交易是否成功的权利。第三项是保留换货买卖，第四项是保留退货买卖，都是已经生效的合同，所有权已经转移给买受人，不属于所有权尚未转移的试用买卖。

（二）试用期限

试用期是一个时间段，其长短对当事人的利益至关重要。试用买卖的当事人可以约定标的物的试用期限。对试用期限没有约定或者约定不明确，依据《民法典》第510条补缺的规定仍不能确定的，由出卖人确定（见第637条）。据此，试用期限的确定有递进的三种方法：第一，由当事人约定。第二，当事人没有约定或者约定不明确的，根据已有的条款或者交易习惯确定。第三，仍不能确定的，由出卖人确定。出卖人确定时间后，应当向买受人发出通知，如果买受人不欲购买又来不及退回的，应在出卖人确定的时间内发出拒绝购买的通知。

（三）对买受人购买意思的推定

"试用买卖的买受人在试用期内可以购买标的物，也可以拒绝购买。试用期限届满，买受人对是否购买标的物未作表示的，视为购买。试用买卖的买受人在试用期内已经支付部分价款或者对标的物实施出卖、出租、设立担保物权等行为的，视为同意购买"（第638条）。

（1）对于试用买卖，买受人无必须购买的义务，但为平衡出卖人和买受人的利益，超过期限买受人未作表示的，视为购买。此为默示方式中的消极行为。

（2）在试用期内，买受人对标的物实施了出卖、出租、设定担保物权等非试用行为的，视为同意购买，此为默示方式中的积极行为。

例：甲与乙签订了试用买卖合同，将一头牛交给乙试用（试耕）三天。在试用的第二天，乙以自己的名义将牛卖给了不知情的丙。（1）此案是否适用善意取得制度？（2）如果乙杀牛，向甲支付价金还是赔偿金？

解：（1）不能适用善意取得制度，丙是正常取得（一般取得），而不是善意取得。乙的出卖行为，是以所有权人自居，相对于甲，推定为购买，即乙为有权处分，不为无权处分。（2）如果乙杀牛，是以所有权人自居，相对于甲，推定为购买，因而是支付价金，而不是支付赔偿金。

（四）买受人的试用，是无偿试用

“试用买卖的当事人对标的物使用费没有约定或者约定不明确的，出卖人无权请求买受人支付”（第639条）。按交易习惯，出卖人要承担试用人不购买的风险，因此，对标的物使用费没有约定或者约定不明确的，应为无偿试用。有偿试用，需要当事人作出特别约定。

（五）试用买卖的风险负担

“标的物在试用期内毁损、灭失的风险由出卖人承担”（第640条）。标的物在试用期内因不可归责于当事人的事由毁损、灭失的风险，由出卖人承担。如果是试用人的过错造成标的物的毁损、灭失，就不能适用本条，而应由试用人承担过错责任。

例：张甲在汽车展销大厅看中了一辆汽车，就提出试开一圈，销售商派李乙陪同张甲试开。张甲将汽车开上三环路，被前后两辆汽车挤在中间，造成试开的汽车外漆破损。交警认定各方均无责任。销售商依据《民法典》第604条提出，汽车是张甲驾驶，即已经交付，应当由其承担风险，张甲认为李乙在副驾驶位子上监督驾驶，汽车并未交付，依据第604条，应当由销售商承担风险。

解：第604条是对买卖合同风险交付主义的规定，是一般规定，第640条对试用买卖由出卖人承担风险的规定，是特别规定。本案应当适用第640条的规定，即应当由销售商承担汽车价值减损的风险。

四、所有权保留买卖

（一）所有权保留买卖概述

1. 所有权保留买卖的含义

所有权保留买卖，是指当事人约定，买卖的动产在交付给买受人后所有权不发生移转，仍归出卖人，买受人履行支付价款或者约定的其他义务后，所有权转归买受人。

“当事人可以在买卖合同中约定买受人未履行支付价款或者其他义务的，标的物的所有权属于出卖人”（第641条第1款）。例如，甲将一辆有收藏价值的古典自行车卖给乙，交付后所有权本应转移给乙，但双方约定乙分期支付价款，支付完毕后所有权转移，甲、乙之间的买卖，就是所有权保留的买卖。在分期付款买卖中，当事人约定所有权保留的较为常见。

所有权保留买卖是赊销的形式，出卖人保留所有权的目的，是担保赊销货款债权的实现，因此出卖人保留的所有权被认为是一种非典型担保物权，所有权保留买卖合同是具有担保功能的合同。[1]

动产以交付作为物权变动（设立、转让）的法定要件（见第224条），本权随同占有一并转移，当事人特约所有权保留突破了法定公示方法，在交付占有后保留了本权，在买受人履行

---

① 《民法典》第388条第1款规定：“设立担保物权，应当依照本法和其他法律的规定订立担保合同。担保合同包括抵押合同、质押合同和其他具有担保功能的合同。担保合同是主债权债务合同的从合同。主债权债务合同无效的，担保合同无效，但是法律另有规定的除外。”条文中的“其他具有担保功能的合同”，根据《关于〈中华人民共和国民法典（草案）〉说明》，是指“融资租赁、保理、所有权保留等非典型担保合同”。

了约定的义务后，本权（所有权）转移至买受人。

以登记作为物权变动要件的不动产，不适用所有权保留。[①]

2. 所有权保留买卖与试用买卖的区别

（1）所有权保留买卖适用于动产，不动产不能约定所有权保留。试用买卖的标的物可以是动产，也可以是不动产。比如一辆汽车或一套房屋，都可先交给买受人试用。

（2）所有权保留买卖在双方达成合意后，买卖合同成立并生效，在标的物交付后，所有权（本权）不转移，买受人履行支付价款或者约定义务的，标的物的所有权才转移给买受人，交付占有和转移本权都是出卖人的主给付义务，所有权保留买卖是给付附条件，不是整个合同附条件。试用买卖达成试用的合意，买卖合同成立但尚未生效，即试用买卖是附生效条件的合同，是整个合同附条件，条件成就合同生效后，买受人可取得占有的动产的所有权，对占有的不动产须办理移转登记才能取得所有权。

（3）所有权保留买卖，在所有权转移之前，出卖人享有物权请求权，在一定条件下可以请求返还原物，也可以就保留物变价受偿，故所有权保留有担保价款的作用，属于非典型性担保。试用买卖生效后，不存在出卖人取回保留物的问题，没有担保作用。

（4）善意取得对应无权处分。所有权保留买卖的买受人将保留物以自己的名义出卖给第三人，第三人可以善意取得。试用买卖的买受人将试用的动产出卖给第三人，视为其认可试用物（同意购买），因此其不为无权处分，第三人的取得是正常取得（一般取得），不是善意取得；买受人试用不动产而出卖给第三人的，因没有取得登记，第三人无法取得对登记的信赖及取得登记，也不发生善意取得的问题。

（二）所有权保留对第三人的效力

“出卖人对标的物保留的所有权，未经登记，不得对抗善意第三人”[②]（第641条第2款）。未经登记的所有权保留，是一种隐性担保。善意第三人，包括取得占有的善意买受人、善意承租人等。善意是不知道也不应知道所有权保留的主观状态。

（1）未经登记，在所有权保留期间买受人将标的物卖给善意的第三人，第三人可以善意取得。

例：甲卖给乙一台仪器，价款10万元。双方约定：仪器先交付，四个月内分期付清款项，10万元付清之前，买受人乙不能取得所有权。乙付款3万元之后，将该仪器出卖给该第三人丙。丙并不知道实情且已经取得占有。

解：甲与乙虽然约定了所有权保留，但没有采取所有权保留公示的手段，因此不能对抗善意第三人丙。丙不知实情，是善意的第三人且已经取得占有，善意取得了该仪器的所有权。[③]

（2）未经登记，不得对抗取得占有的善意的承租人。例如，动产所有权保留的买受人将标的物出租给善意的第三人并移转占有，出卖人行使担保物权（所有权保留是非典型担保物权）

---

① 《买卖合同解释》第25条规定：“买卖合同当事人主张民法典第六百四十一条关于标的物所有权保留的规定适用于不动产的，人民法院不予支持。”

② 按照《国务院关于实施动产和权利担保统一登记的决定》，纳入动产和权利担保统一登记范围的担保类型包括所有权保留，由当事人通过中国人民银行征信中心动产融资统一登记公示系统自主办理登记。

③ 《民法典》第311条规定：“无处分权人将不动产或者动产转让给受让人的，所有权人有权追回；除法律另有规定外，符合下列情形的，受让人取得该不动产或者动产的所有权：（一）受让人受让该不动产或者动产时是善意；（二）以合理的价格转让；（三）转让的不动产或者动产依照法律规定应当登记的已经登记，不需要登记的已经交付给受让人。受让人依据前款规定取得不动产或者动产的所有权的，原所有权人有权向无处分权人请求损害赔偿。当事人善意取得其他物权的，参照适用前两款规定。”

的，租赁关系不受影响。

（三）出卖人对保留物的取回

1. 取回的事由

在买受人不履行义务的情况下，出卖人有取回标的物的权利，请求取回时，须标的物所有权尚未发生转移。“当事人约定出卖人保留合同标的物的所有权，在标的物所有权转移前，买受人有下列情形之一，造成出卖人损害的，除当事人另有约定外，出卖人有权取回标的物：（一）未按照约定支付价款，经催告后在合理期限内仍未支付；（二）未按照约定完成特定条件；（三）将标的物出卖、出质或者作出其他不当处分”（第 642 条第 1 款）。

《买卖合同解释》第 26 条第 1 款规定：“买受人已经支付标的物总价款的百分之七十五以上，出卖人主张取回标的物的，人民法院不予支持。”例如，甲以 100 万元价格出卖给乙一匹赛马，约定在交付后所有权不发生转移，乙支付全部价款后才发生转移。乙在受领赛马后，分期支付了 75 万元。此时虽然所有权不发生转移，但甲丧失了取回权，只能要求乙履行剩余的部分。

2. 取回的程序

“出卖人可以与买受人协商取回标的物；协商不成的，可以参照适用担保物权的实现程序”（第 642 条第 2 款）。按照文义解释，《民法典》第 642 条第 2 款参照适用担保物权实现程序的目的，是取回标的物，参与立法的有关专家也是这样解释的。① 担保物权的实现程序是民事诉讼法规定的特别程序，特别程序是非讼程序，一审终审，这有利于出卖人减少诉累。②

不过，《担保制度解释》第 64 条规定了两条取回的路径：该条第 1 款规定：“在所有权保留买卖中，出卖人依法有权取回标的物，但是与买受人协商不成，当事人请求参照民事诉讼法‘实现担保物权案件’的有关规定，拍卖、变卖标的物的，人民法院应予准许。”第 2 款规定：“出卖人请求取回标的物，符合民法典第六百四十二条规定的，人民法院应予支持；买受人以抗辩或者反诉的方式主张拍卖、变卖标的物，并在扣除买受人未支付的价款以及必要费用后返还剩余款项的，人民法院应当一并处理。”第一条路径是非讼路径，当事人（出卖人或者买受人）请求参照民事诉讼法“实现担保物权案件”的有关规定，拍卖、变卖标的物，即这条路径是解决标的物变价的问题，出卖人可以就变价款主张优先受偿权。第二条路径是诉讼路径，出卖人可以起诉请求取回标的物。该条第 2 款提到“反诉”，只有诉讼程序中才有反诉的问题。即是说，按上述司法解释的规定，出卖人行使担保物权，通过非讼程序；请求取回标的物，通过诉讼程序。实务中，法院会按司法解释的规定处理，此点要予以注意。

---

① “在符合上述出卖人可以行使取回权条件的前提下，出卖人应当以何种程序取回，将影响到出卖人取回标的物的效率。因此本条第 2 款规定，出卖人可以与出卖人协商取回标的物；协商不成的，可以参照适用担保物权的实现程序。表明取回的程序首先尊重当事人之间的协商结果，在协商不成的前提下，为提高出卖人行使取回权的效率，出卖人也不必必须循诉讼途径，而是可以参照《民事诉讼法》特别程序第七节‘实现担保物权案件’的规定行使取回权。”黄薇主编：《中华人民共和国民法典合同编解读》（上册），中国法制出版社 2020 年 7 月版，第 622 页。

② 《民事诉讼法》第 177 条规定：“人民法院审理选民资格案件、宣告失踪或者宣告死亡案件、认定公民无民事行为能力或者限制民事行为能力案件、认定财产无主案件、确认调解协议案件和实现担保物权案件，适用本章规定。本章没有规定的，适用本法和其他法律的有关规定。”第 178 条规定：“依照本章程序审理的案件，实行一审终审。选民资格案件或者重大、疑难的案件，由审判员组成合议庭审理；其他案件由审判员一人独任审理。”条文中等“本章”是该法第十五章特别程序。该章第 196 条规定：“申请实现担保物权，由担保物权人以及其他有权请求实现担保物权的人依照物权法等法律，向担保财产所在地或者担保物权登记地基层人民法院提出。”第 197 条规定：“人民法院受理申请后，经审查，符合法律规定的，裁定拍卖、变卖担保财产，当事人依据该裁定可以向人民法院申请执行；不符合法律规定的，裁定驳回申请，当事人可以向人民法院提起诉讼。”

（四）买受人对取回物的回赎

1. 买受人回赎的条件

出卖人依据《民法典》第 642 条第 1 款的规定取回标的物后，买受人在双方约定或者出卖人指定的合理回赎期限内，消除出卖人取回标的物的事由的，可以请求回赎标的物（见第 643 条第 1 款）。回赎权是意定的（约定或单方指定），不是法定的。回赎期限由双方约定，双方没有约定的，回赎期限由出卖人指定，但其指定的期限应当合理。回赎不是任意回赎，条件是“消除出卖人取回标的物的事由”。比如，因买受人未按照约定支付价款，经催告后在合理期限内仍未支付，出卖人取回了标的物，在回赎期买受人补交了价款，其有权请求回赎。

2. 买受人没有回赎时，标的物的处理

“买受人在回赎期限内没有回赎标的物，出卖人可以以合理价格将标的物出卖给第三人，出卖所得价款扣除买受人未支付的价款以及必要费用后仍有剩余的，应当返还买受人；不足部分由买受人清偿”（第 643 条第 2 款）。买受人到期没有回赎，出卖人另行出卖标的物的，出卖所得价款依次扣除取回和保管费用、再交易费用、利息、未清偿的价金后仍有剩余的，应返还买受人；如有不足，出卖人有权要求买受人清偿，但买受人有证据证明出卖人另行出卖的价格不合理的除外。

例：甲（出卖人）、乙（买受人）1 月 1 日订立一头羊驼的所有权保留买卖合同，羊驼售价 9 000 元，并约定自 1 月 1 日起，买受人每月支付 3 000 元，三个月付清（构成分期付款买卖）。合同还约定乙到期不履行，甲有权取回羊驼，乙的回赎期为一个月。

解：在签订合同后，甲将羊驼交付给乙，但乙三期均未付款。甲将羊驼收回，但还不能转卖给他人，因为自收回之日起一个月内，乙还有回赎权（形成权）。到期乙未回赎，甲将该羊驼出售给丙，得市价 10 000 元。取回的运输费用、行纪费用等共 500 元，甲应当向乙支付 500 元。违约的乙得到了意外之财。

若甲将该羊驼出售给丙，得市价 9 000 元，取回的运输费用、行纪费用等共 500 元。甲实得 8 500 元，乙还应给甲 500 元。

五、竞争性买卖

竞争性买卖，是指通过竞争性缔约程序缔结买卖合同。法定的竞争性缔结合同的程序有招标投标买卖和拍卖。招标投标买卖是投标人之间进行竞争，拍卖是竞买人之间竞争。

“招标投标买卖的当事人的权利和义务以及招标投标程序等，依照有关法律、行政法规的规定”（第 644 条）。《中华人民共和国招标投标法》确立了我国招投标制度。

“拍卖的当事人的权利和义务以及拍卖程序等，依照有关法律、行政法规的规定”（第 645 条）。《中华人民共和国拍卖法》确立了我国拍卖制度。

六、互易合同

（一）互易合同的概念

互易合同，是指当事人约定相互交换金钱以外标的物所有权的合同。互易又称为易货交易，习惯上将互易合同称为以物易物的合同。

互易是商品交换的原始方式。货币产生后，货币与标的物的交换方式成为商品交易的常态，但互易仍然有存在的价值。在边境的小额贸易中，互易的方式仍然存在。

互易合同是诺成合同、双务合同、有偿合同、非要式合同。互易可以是动产的互易，也可以是不动产与动产的互易，还可以是不动产与不动产的互易。涉及不动产产权转移的，应当办理相应的登记手续。

（二）互易的分类

互易可以分为一般互易和补足价金的互易。

一般互易又分为单纯互易和价值互易。单纯互易是指当事人以一物换取另一物，不以价值相当为条件。比如，张某以价值500元的自行车换取李某价值100元的电动玩具。这种情形类似于赠与性买卖。价值互易是指当事人将价值大体相当的物交换，这是两个买卖合同的结合，其价款相互抵销。比如，张某以价值500元的自行车换取李某价值500元的电动玩具。应当指出的是，价值互易，是两个标的物的价值大体相当，不需要绝对等值。

补足价金的互易，是指双方约定易货的同时，由一方向另一方支付一定的金钱，以补足两物的差价。比如，张某以价值500元的自行车换取李某价值100元的电动玩具，由李某补给张某400元。

（三）互易的法律适用

互易是转移财产所有权的合同，可以认为是两个买卖合同的结合。《民法典》第647条规定："当事人约定易货交易，转移标的物的所有权的，参照适用买卖合同的有关规定。"

思考题

1. 简述买卖合同的概念和特征。
2. 论出卖人无权处分时合同的效力。
3. 简述出卖人一物多卖时合同的效力。
4. 简述买卖合同标的物所有权转移的规则。
5. 简述买卖标的物风险承担的规则。
6. 分期付款买卖的出卖人有哪些权利?
7. 论所有权保留买卖。
8. 简述试用买卖合同的成立。
9. 样品对买卖合同的意义是什么?
10. 简述互易合同的概念和特征。

第十章
供用电等合同

第一节　供用电、水、气、热力合同概述

一、供用电、水、气、热力合同的概念和法律特征

（一）供用电、水、气、热力合同的含义

供用电、水、气、热力合同是转移财产所有权的买卖合同，而且本质上属于连续供给的买卖合同，可以参照适用买卖合同的有关规定。

《民法典》仅对供用电合同的概念作出了规定："供用电合同是供电人向用电人供电，用电人支付电费的合同"（第648条第1款）。

（二）供用电、水、气、热力合同的法律特征

1. 提供财产的一方主体具有社会性（公用企业）和特定性（垄断企业），因而其提供的产品是公益性产品和垄断产品。这类合同因涉及社会公共利益，不仅要受《民法典》的调整，还要受《反垄断法》的规制。

2. 标的财产不仅提供给经营者，还提供给社会的各个方面。标的物具有必需性和依赖性。"向社会公众供电的供电人，不得拒绝用电人合理的订立合同要求"（第648条第2款）。供水、气、热力人与供电人一样，也有强制缔约义务。

3. 这类合同本质上是一种财产买卖合同。因此，这类合同与买卖合同一样是诺成、双务、有偿合同。这类合同也是不要式合同。

4. 这类合同是持续性合同。因此，合同解除，仅面向将来发生效力，已经履行的部分继续有效。

5. 这类合同一般是通过采用格式条款合同方式达成协议。格式条款合同是以格式条款为基础的合同。这类合同的内容也比较固定。如《民法典》第649条规定："供用电合同的内容一般包括供电的方式、质量、时间，用电容量、地址、性质，计量方式，电价、电费的结算方式，供用电设施的维护责任等条款。"

6. 这类合同履行一般借助线路、管道进行，因而履行地点也不同一般。如《民法典》第650条规定："供用电合同的履行地点，按照当事人约定；当事人没有约定或者约定不明确的，供电设施的产权分界处为履行地点。"

规定履行地点的意义有二：一是确定履行地点，以确定财产的归属和诉讼的管辖，等等。如漏电，要以"分界处"来确定漏电的区域。履行地点，是"电力"所有权转移的地点。二是明确侵权责任的承担。在"分界处"用电人一侧漏电，致人死亡或造成其他损失，供电人不承

担责任，供电人有义务检查、检修的除外。

二、供用水、气、热力合同的法律适用

“供用水、供用气、供用热力合同，参照适用供用电合同的有关规定”（第 656 条）。《民法典》未对这三类合同作出具体规定，上述三类合同与供用电合同具有相同的性质，因此参照适用供用电合同的规定。

第二节　供用电合同当事人的权利和义务

一、供电方的权利和义务

（一）安全供电的义务

安全供电是最基本的义务。“供电人应当按照国家规定的供电质量标准和约定安全供电。供电人未按照国家规定的供电质量标准和约定安全供电，造成用电人损失的，应当承担赔偿责任”（第 651 条）。如电压、频率、输电线路及设备的安全性等应当符合国家标准，造成用电人人身、财产损失的，可构成违约责任和侵权责任的竞合。

（二）中断供电的通知义务

“供电人因供电设施计划检修、临时检修、依法限电或者用电人违法用电等原因，需要中断供电时，应当按照国家有关规定事先通知用电人；未事先通知用电人中断供电，造成用电人损失的，应当承担赔偿责任”（第 652 条）。《电力法》第 29 条第 1 款规定：“供电企业在发电、供电系统正常的情况下，应当连续向用户供电，不得中断。因供电设施检修、依法限电或者用户违法用电等原因，需要中断供电时，供电企业应当按照国家有关规定事先通知用户。”供电人依法中止供电时，应当事先通知用电人，以便用电人及时采取措施防止损失或者防止损失的扩大。提前通知了，供电人就可以免责。

（三）断电时的及时抢修义务

“因自然灾害等原因断电，供电人应当按照国家有关规定及时抢修；未及时抢修，造成用电人损失的，应当承担赔偿责任”（第 653 条）。及时抢修是供电人的义务，履行了该义务，供电人可以免责。

例：张某放牛时，牛将电线杆撞倒，造成断电，致使李某的养鸡通风设备停机。李某找到供电部门，供电部门说很快修复（从当地情况来看，2 个小时即可修复），李某苦等 6 个小时后才通电。尽管李某采取了必要的措施，其养鸡场仍有 200 只鸡因通风不足而闷死。李某起诉，要求供电部门赔偿。供电部门主张，损害是第三人的原因造成的，自己并无赔偿责任。请问：供电部门有无赔偿责任？

解：本案中，供电部门有赔偿责任。6 个小时才恢复供电，说明供电部门未及时抢修，构成违约责任与侵权责任的竞合。如果供电部门及时抢修，则可免责。

（四）履行抗辩权

“用电人应当按照国家有关规定和当事人的约定及时支付电费。用电人逾期不支付电费的，应当按照约定支付违约金。经催告用电人在合理期限内仍不支付电费和违约金的，供电人可以按照国家规定的程序中止供电。供电人依据前款规定中止供电的，应当事先通知用电人”（第 654 条）。此处的“中止供电”，是暂时停止供电，是行使履行抗辩权的行为。

有两点要注意：第一，行使履行抗辩权之前要分别经过催告程序和通知程序；第二，对国

家机关、公益单位不得行使履行抗辩权，因为这将危及国家利益和社会公共利益。

二、用电方的权利和义务

（一）交付电费的义务

交付电费是用电人最基本的义务。电费是购买电力的对价。《电力法》第 33 条第 3 款规定："用户应当按照国家核准的电价和用电计量装置的记录，按时交纳电费；对供电企业查电人员和抄表收费人员依法履行职责，应当提供方便。"

（二）安全用电等义务

"用电人应当按照国家有关规定和当事人的约定安全、节约和计划用电。用电人未按照国家有关规定和当事人的约定用电，造成供电人损失的，应当承担赔偿责任"（第 655 条）。例如，用电人安装了超过约定"标准"（如"超容"）的设备，造成供电人设备的损坏，其应当予以赔偿。

（三）安全获得电力的权利

用电人最主要的权利就是安全获得电力。

思考题

1. 供用电、水、气、热力合同的法律特征是什么？
2. 简述供电人的义务。
3. 简述用电方的权利和义务。

第十一章
赠与合同

第一节　赠与合同概述

一、赠与合同的概念

“赠与合同是赠与人将自己的财产无偿给予受赠人，受赠人表示接受赠与的合同”（第657条）。将自己的财产无偿给予受赠人的一方，为赠与人；接受赠与的一方为受赠人。赠与合同与其他合同一样，是双方法律行为。只有赠与的意思表示，没有接受赠与的意思表示，不能成立赠与合同。应注意以下几点。

1. 赠与人是将自己的财产无偿给予受赠人，监护人不能将被监护人的财产赠送给他人，如父亲不能将未成年子女的财产赠送给他人。赠与人是无偿付出的一方，因此要求具备相应的意思能力。

2. 赠与人一般是完全行为能力人，限制行为能力人对赠与后果有明确认识的，也可以成为赠与人。限制行为能力人为赠与行为，一般是赠与小额财产。

3. 受赠人因为是纯获利益的一方，因此其行为能力（意思能力）无关紧要，受赠人可以是无行为能力人和限制行为能力人。

例：张甲对李乙说：“我要出国，现住的房子送给你肚子里的孩子。”李乙欣然接受。

解：张甲是赠与人，李乙是受赠人，李乙肚子里的胎儿视为受益人，赠与合同是为第三人设定债权的合同。《民法典》第16条规定：“涉及遗产继承、接受赠与等胎儿利益保护的，胎儿视为具有民事权利能力。但是，胎儿娩出时为死体的，其民事权利能力自始不存在。”李乙肚子里的胎儿出生是活体，则赠与生效，发生给付效力，反之，不生效。

4. 一般认为，赠与合同是转移财产所有权的合同，但从《民法典》的规定来看，除了财产所有权以外，其他财产权利也可以被赠与。例如，技术秘密（因不具有独占性，不称为所有权），是一种无形财产，可以被赠与。再如，当事人还可以将债权作为赠与的财产。

例：张某对李某享有1万元的金钱债权，张某与王某达成协议，将对李某的1万元债权无偿地给予王某（债权的赠与）。在张某通知李某后，李某应当向债权人王某清偿。

5. “赠与的财产依法需要办理登记或者其他手续的，应当办理有关手续”（第659条）。房屋等财产的赠与，办理所有权转移登记（过户登记），才能完成给付。一些无形财产的赠与，也要办理相应的手续。比如，赠与专利权，当事人应当订立书面合同，并向国务院专利行政部门登记，由国务院专利行政部门予以公告。

二、赠与合同的法律特征

（一）成立赠与合同的行为是双方法律行为

从成立债的原因（法律事实）的角度讲，赠与合同是双方法律行为，单方法律行为无法成立赠与合同。

赠与与捐助行为不同，设立捐助法人的捐助行为是单方法律行为。捐助可以为生前行为，也可以为死因行为（遗嘱捐助）。捐助法人设立后，他人对捐助法人无偿给予财产，无论以什么名义，都是赠与，都是双方法律行为。①

赠与与遗赠不同：赠与是双方法律行为，遗赠是单方法律行为；赠与是生前行为，遗赠是死因行为。②

（二）赠与合同是诺成合同

赠与合同是诺成合同，在要约与承诺取得一致后即成立。一般赠与合同是附有任意撤销权的诺成合同；经过公证的赠与合同及具有救灾、扶贫等社会公益、道德义务性质的赠与合同是没有任意撤销权的诺成合同。

（三）赠与合同是不要式合同

法律对赠与合同的形式没有专门提出要求，可以采用口头形式、书面形式等形式订立。

（四）赠与合同是无偿合同、单务合同

1. 赠与合同是转移财产权利的合同，且该转移是一种单向转移。赠与人无偿给付财产，受赠人不负担相应对价，赠与合同是典型的无偿、单务合同。受赠人是债权人，赠与人是债务人，受赠人享有债权请求权。

例：甲与乙签订了《存量房买卖合同》，约定将甲的一所房屋出卖给乙，该房屋按整套出售并计价，房款总额为1元。在过户登记前，甲反悔，通知乙撤销合同。乙表示，买卖合同的当事人没有反悔权，不能撤销。

解：“名义上的对价不是对价”，甲、乙之间的合同名为买卖合同，实际是赠与合同，不能按买卖合同处理。在英美法，无偿转让财产的一方往往要一美元或者其他名义上的对价，以取得强制执行力（即放弃反悔权）。我国没有类似制度，设定名义对价的赠与人是否能反悔（行使任意撤销权），需要就个案对当事人的真实意思表示进行解释。

例：张甲是A公司大股东，也是A公司法定代表人。张甲主持制定A公司股权奖励方案，经股东会决议通过后以公司名义公布。后经考察，认为李乙符合条件，遂由张甲与李乙签订股权转让协议，协议约定将张甲股权的1%转让给李乙。在办理过户登记前，张甲又通知李乙解除该股权转让合同，理由是该股权是无偿转让的，性质上是赠与，其作为赠与人有权主张任意撤销权。

解：“奖励可以构成对价。”张甲是受A公司委托与李乙签订股权转让合同的，该股权转让合同直接约束A公司与李乙。③ 无偿转让股权的合同是股权赠与合同，但本案股权是A公司对李乙在工资薪酬以外的奖励性报酬，构成了对价，即本案中的合同不是赠与合同，A公司没

① 捐赠与捐助不同，捐赠是赠予行为（双方法律行为）。如《慈善法》第34条规定：“本法所称慈善捐赠，是指自然人、法人和其他组织基于慈善目的，自愿、无偿赠与财产的活动。”

② 《民法典》第1133条第3款规定：“自然人可以立遗嘱将个人财产赠与国家、集体或者法定继承人以外的组织、个人。”条文中的赠与，是以遗嘱确定的，为遗赠，在立遗嘱人死亡时发生效力。

③ 《民法典》第925条规定：“受托人以自己的名义，在委托人的授权范围内与第三人订立的合同，第三人在订立合同时知道受托人与委托人之间的代理关系的，该合同直接约束委托人和第三人；但是，有确切证据证明该合同只约束受托人和第三人的除外。”

有任意撤销权，因此，受托人张甲也没有任意撤销权。

2. 附义务的赠与未将所附义务视为对价，因此附义务的赠与未改变赠与的无偿性质。因为双方所附义务不是对价关系，因此在性质上不是真正的双务合同，而是不真正双务合同。

3. 赠与合同不同于遗赠扶养协议，遗赠扶养协议是有偿合同、双务合同。[①]

第二节　赠与合同当事人的权利和义务

一、赠与人的义务

（一）给付赠与财产的义务及相应的责任

赠与合同依法成立后，赠与人有向受赠人给付财产的义务。“经过公证的赠与合同或者依法不得撤销的具有救灾、扶贫、助残等公益、道德义务性质的赠与合同，赠与人不交付赠与财产的，受赠人可以请求交付。依据前款规定应当交付的赠与财产因赠与人故意或者重大过失致使毁损、灭失的，赠与人应当承担赔偿责任”（第660条）。

1. 对没有任意撤销权的赠与，受赠人可以请求交付，可以请求法院强制执行。为什么《民法典》不针对一般赠与规定请求交付呢？因为对于一般赠与，赠与人对受赠人的请求交付可以用任意撤销权进行对抗，该规定对一般赠与的请求实际履行没有实际的意义。

2. 对没有任意撤销权、应当交付的赠与，标的财产因赠与人故意或者重大过失致使毁损、灭失的，赠与人应当承担赔偿责任。换言之，赠与人一般过失免责。一般赠与，在财产权利转移之前，赠与人可以以任意撤销权对抗交付请求，从而不能产生损害赔偿责任。赠与的财产毁损、灭失，是针对交付前的毁损、灭失。因为，交付之后保管的责任随之转移。

（二）瑕疵担保责任

买卖合同的出卖人，承担标的物的瑕疵担保责任。与出卖人相比，赠与人因是无偿付出，所以原则上不承担财产本身的瑕疵担保责任。“赠与的财产有瑕疵的，赠与人不承担责任。附义务的赠与，赠与的财产有瑕疵的，赠与人在附义务的限度内承担与出卖人相同的责任”（第662条第1款）。本条所说的瑕疵，包括质量瑕疵和其他瑕疵。

附义务的赠与，因受赠人按照约定向赠与人或者第三人有所付出，此时赠与人若不承担瑕疵担保责任，则有违公平原则。但赠与人的瑕疵担保责任与受赠人所附义务不对称，也不符合诚信原则的要求。

例：甲方送乙方一台声称价值10 000元的仪器，乙方为履行所附义务须付出5 000元，乙方收到仪器后，发现仪器仅价值4 000元。乙方有权要求甲方交付1 000元，否则其有权拒绝履行所附的相应义务。

（三）加害给付的责任

加害给付是指赠与人交付的财产有瑕疵，使受赠人人身或者原有财产遭受到损失。“赠与人故意不告知瑕疵或者保证无瑕疵，造成受赠人损失的，应当承担赔偿责任”（第662条第2款）。加害给付造成受赠人的损害，导致了违约责任和侵权责任竞合。受赠人可以要求赠与人承担侵权责任，也可以要求赠与人承担违约责任。但从实务操作来看，受赠人一般是要求赠与人承担侵权责任。

---

① 《民法典》第1158条规定：“自然人可以与继承人以外的组织或者个人签订遗赠扶养协议。按照协议，该组织或者个人承担该自然人生养死葬的义务，享有受遗赠的权利。”

构成加害给付的条件是：第一，交付的财产有瑕疵。例如，交付的耕牛有传染病。第二，赠与人故意不告知瑕疵或者保证无瑕疵。例如，赠与人明知产品存在不符合国家安全标准的危险，还让受赠人放心地使用，导致受赠人的其他财产受到损失。再如，赠与人故意不告诉受赠人交付的耕牛有传染病。第三，造成受赠人的损失。这里所说的损失不是赠与财产本身的损失，而是指赠与财产以外的损失。例如，受赠的产品爆炸，将受赠人炸伤。又如，赠与的耕牛有传染病，使受赠人原有的耕牛患此传染病等。

二、受赠人的权利和义务

（一）无偿取得赠与标的财产的权利

受赠人最基本的权利，是无偿取得赠与的财产。即便是附义务的赠与，也没有改变赠与的无偿合同性质。

（二）对附义务的赠与完成所附义务

附义务的赠与，也称为附负担的赠与。“赠与可以附义务。赠与附义务的，受赠人应当按照约定履行义务”（第 661 条）。附义务的赠与合同，不是“纯获利益的合同”，但受赠人所负担的义务，尚未构成双务合同的对价。限制行为能力人订立的纯获利益的合同，不因行为能力欠缺影响合同效力。①

附义务的赠与合同与附生效条件的赠与合同不同：对附义务的赠与而言，赠与合同已经生效，而附生效条件的赠与合同，在条件成就前赠与合同尚未生效；附义务的赠与合同，是合同生效后的受赠人履行问题，而附生效条件的赠与合同，是以条件控制合同的生效。

例： 赠与人甲与受赠与人乙约定，甲送给乙一套打井设备，乙无偿给第三人丙打一眼机井，这是附义务的赠与。如果甲、乙约定，乙无偿给第三人丙打一眼机井后，甲送给乙一套打井设备，这就是附生效条件的赠与与附义务的赠与的竞合。

附条件的赠与，是赠与人为给付的单一法律关系。附义务的赠与合同，是复合法律关系，包括两个单一法律关系，一个是赠与人为给付的单一法律关系，还有一个是受赠人为给付的单一法律关系，两个给付的方向不同。

附义务的赠与，当事人可以约定赠与人先履行义务，也可以约定受赠人先履行义务。比如，张甲与李乙约定，李乙到某老年公寓做十天义工后，张甲送李乙一辆宝马汽车，这是受赠人先履行义务。

第三节 赠与合同的撤销与提前终止

一、赠与合同的任意撤销权

（一）任意撤销权的含义

任意撤销权，是指以赠与人的主观愿望即可通知受赠人撤销赠与合同的权利。任意撤销权的成立不以撤销的法定事由的存在为条件。任意撤销权是法律赋予赠与人的反悔权，是简单形成权。

“赠与人在赠与财产的权利转移之前可以撤销赠与”（第 658 条第 1 款）。赠与人可以通知

① 《民法典》第 145 条第 1 款规定：“限制民事行为能力人实施的纯获利益的民事法律行为或者与其年龄、智力、精神健康状况相适应的民事法律行为有效；实施的其他民事法律行为经法定代理人同意或者追认后有效。”

受赠人撤销赠与，取消自己债务人的地位。

任意撤销权是债务人（赠与人）的从权利，这个从权利是附随于债务的。赠与人死亡后或者终止后，承受赠与合同债务的人（如继承人、合并后的企业）仍然享有撤销权。

例：张甲（赠与人）与李乙（受赠与人）签订了房屋赠与合同，该赠与不是公证、公益等不享有任意撤销权的赠与。在办理产权转移登记之前，张甲病故，该房屋被张甲之子张丙继承，张丙成为该赠与合同的赠与人，他在承继赠与合同的债务的同时，也承继了撤销权。他可以撤销赠与合同，也可以继续履行赠与合同。

（二）任意撤销权行使的前提

任意撤销权行使的一个前提是：必须在财产权利转移之前。财产权利转移与交付不能等同看待。因为，一般情况下，交付时财产权利转移，如动产就是在交付时转移所有权。但有些情况下（如房屋），交付并不产生财产权利转移的后果。

例：乔某送给赵某一间旧房，虽然已经交付给赵某使用，但尚未办理产权过户手续，乔某是否可以行使任意撤销权？

解：该房屋交付后，财产所有权并不发生转移，须办理过户手续后才转移。因此乔某可以行使任意撤销权。

（三）任意撤销权的行使方法

任意撤销权是简单形成权。所谓简单形成权，是无须经过法院、仲裁机构就可以发生效力的权利。赠与人向受赠人为撤销的意思表示即可发生撤销的效力。当事人也可起诉到法院，由法院确认任意撤销权。

（四）没有任意撤销权的赠与

经过公证的赠与合同或者依法不得撤销的具有救灾、扶贫、助残等公益、道德义务性质的赠与合同，不能任意撤销（见第658条第2款）。不能任意撤销，即没有任意撤销权。

1. 经过公证的赠与没有任意撤销权

经过公证的赠与，是当事人经过深思熟虑决定的赠与，等于赠与人预先放弃了反悔权，即等于赠与人预先放弃了任意撤销权。

2. 具有救灾、扶贫、助残等公益性质的赠与没有任意撤销权

学说上多将具有救灾、扶贫、助残等社会公益性质的赠与和道德义务性质的赠与看作同一性质的赠与，这种观点忽视了具有道德义务性质赠与的独立价值。其实两种赠与是有很大差别的：(1) 具有社会公益性质的赠与，受益人一般情况下是不特定的多数人，且受赠人与受益人一般相分离。具有社会公益性质的赠与不允许任意撤销，是因为这种赠与一般涉及不特定多数人的利益，涉及整个社会的道德风尚。(2) 具有道德义务性质的赠与，受益人就是受赠人。(3) 道德义务的赠与，可以是扶危济困的赠与，也可以是其他道德原因的赠与。

3. 具有道德义务性质的赠与没有任意撤销权

道德赠与作为单独类型存在，具有积极的意义和作用。具有道德义务性质的赠与，主要有三类。

其一，救灾、扶贫、助残等赠与的对象如果是个别自然人、单位或特定的少数人、单位，则为道德义务性质的赠与。

例：某市有一个地下通道，一位断腿的老人躺在那里7天，没有人理睬他，最后一个过路人把他送到了医院，答应给医院1万元作为治疗费。这是针对老人的具有道德义务性质的赠与，是不允许任意撤销的赠与。

其二，虽无扶养义务，对其亲属为扶养给付。例如，无扶养义务的兄弟姐妹之间的给付、被送养子女对亲生父母的给付等。这种情况下，受益人是特定的人，且受益人与受赠人是同

一人。

其三，回报性赠与。比如，基于对过去的恩情而给予的赠与。

二、赠与合同的法定撤销权

（一）法定撤销权的含义

所谓法定撤销权，是指具备法定事由时，赠与人或者其他撤销权人通知受赠人撤销赠与合同的权利。法定撤销权的成立，并不受财产权利是否转移的限制。财产权利转移之前和转移之后均可撤销。

经公证的赠与合同、道德义务性质的赠与不能任意撤销，但可以依法定事由撤销。公益性质的赠与不能任意撤销，但受赠人构成重大违约的，赠与人可以成立法定撤销权。比如受赠人不按合同将财产用于公益事业，赠与人可以行使通知受赠与人撤销合同的法定撤销权。

法定撤销权与任意撤销权的不同之处在于：前者是针对受赠人忘恩负义或者重大违约行为的一种救济措施；后者是法律赋予赠与人的一种反悔权。

法定撤销权与任意撤销权一样，也是简单形成权，以通知的方式行使，也可以请求法院认定法定撤销权，即可以以诉讼的方式行使法定撤销权。

（二）法定撤销权成立的事由

法定撤销权的成立是因为受赠人有忘恩负义或者重大违约行为。“受赠人有下列情形之一的，赠与人可以撤销赠与：（一）严重侵害赠与人或者赠与人近亲属的合法权益；（二）对赠与人有扶养义务而不履行；（三）不履行赠与合同约定的义务”（第 663 条第 1 款）。

1. 严重侵害赠与人或者赠与人近亲属的合法权益[①]

第一，被侵害的是赠与人或者赠与人的近亲属的人身或者财产。

第二，这种侵害，可以是故意侵害，也可以是过失侵害。

第三，这种侵害须达到严重程度。比如，致使赠与人残疾、房屋被烧毁等。再如，受赠人对赠与人恶毒辱骂、诽谤，使赠与人的感情被严重伤害。

第四，这种侵害须是违法侵害。比如，因正当防卫、紧急避险使赠与人的身体受到伤害，赠与人并没有法定撤销权。

2. 对赠与人有扶养义务而不履行

第一，一般认为，这种扶养义务，既包括法定扶养义务，又包括约定扶养义务。本书认为，此处不履行扶养义务，是指不履行法定扶养义务。如果以约定的扶养义务为对价的话，赠与就已经失去了无偿性质。

第二，须受赠人有扶养能力。如果受赠人无扶养能力而不扶养，赠与人不能成立法定撤销权。

3. 不履行赠与合同约定的义务

赠与合同可以附义务，受赠人不履行赠与合同所附义务的，赠与人可以撤销赠与合同。受赠人的轻微违约，并不导致赠与人法定撤销权的成立。

（三）撤销权人

撤销权人有三类：赠与人、赠与人的继承人及赠与人的法定代理人。一般情况下，即赠与人有意思能力的情况下，由赠与人为撤销的意思表示。

---

① 《民法典》第 1045 条第 2 款规定：“配偶、父母、子女、兄弟姐妹、祖父母、外祖父母、孙子女、外孙子女为近亲属。”

“因受赠人的违法行为致使赠与人死亡或者丧失民事行为能力的，赠与人的继承人或者法定代理人可以撤销赠与”（第664条第1款）。赠与人死亡，由其继承人（法定继承人或者遗嘱继承人）依法撤销赠与；赠与人丧失意思能力（成为无行为能力人或限制行为能力人），则由其法定代理人依法代理撤销赠与。

（四）行使法定撤销权的除斥期间

1．“赠与人的撤销权，自知道或者应当知道撤销事由之日起一年内行使”（第663条第2款）。本条规定的一年是除斥期间。

2．“赠与人的继承人或者法定代理人的撤销权，自知道或者应当知道撤销事由之日起六个月内行使”（第664条第2款）。如果法定代理人在知道或者应当知道撤销事由之日起6个月内不行使撤销权，赠与人在恢复行为能力后，无权撤销。因为经过6个月的除斥期间后，撤销权已经永久地被消灭了。但被监护人可以要求监护人承担相应的责任。①

（五）赠与被撤销后财产后果的处理

“撤销权人撤销赠与的，可以向受赠人请求返还赠与的财产”（第665条）。赠与撤销，溯及既往。撤销权人有权要求受赠人返还赠与的财产，如果赠与的财产已经被受赠人消费，不复存在，则法定撤销权人有权要求返还不当得利，折合成金钱返还。

三、赠与合同的提前终止

（一）提前终止的含义

“赠与人的经济状况显著恶化，严重影响其生产经营或者家庭生活的，可以不再履行赠与义务”（第666条）。由于赠与合同的无偿性，法律允许赠与人在经济状况显著恶化、妨碍赠与的履行时，提前终止赠与合同。提前终止，也可以称为解除，是在赠与合同尚未履行或者尚未完全履行时的解除。解除的效力不溯及已经履行的部分。赠与人提前终止合同的，应负担举证义务。

（二）提前终止的条件

赠与合同的提前终止，应当符合一定的条件：一是在订立合同之后、全部履行之前，赠与人的经济状况显著恶化。如果交付或者转移财产权利时的经济状况尽管困难，但与订立时的财产状况相同，赠与人并无提前终止权。经济状况显著恶化的原因，可能是结婚、收养子女、认领非婚生子女、市场行情变化、产品滞销等。导致经济状况恶化的原因并不重要，关键是要有经济状况恶化的事实。二是经济状况的恶化，妨碍了赠与合同的履行，也就是说，继续履行赠与合同会使赠与人陷于经济上的困境。

即使是经过公证的赠与、公益性质的赠与、道德义务性质的赠与，也可以依据《民法典》第666条的规定提前终止。

例：张某答应赠与某希望小学10万元，分次给付，每次给付2万元。在赠与2万元后，张某因事故造成残疾，家庭生活艰难，其可以不再继续履行合同。

第四节　特种赠与

特种赠与（特别赠与），是具有特殊要件的赠与。本书择常见者作简要介绍。

---

① 《民法典》第34条第3款规定：“监护人不履行监护职责或者侵害被监护人合法权益的，应当承担法律责任。”

一、《公益事业捐赠法》上的捐赠

（一）捐赠的含义

1999年6月28日，第九届全国人民代表大会常务委员会第十次会议通过了《中华人民共和国公益事业捐赠法》，该法自1999年9月1日起施行。该法规定的捐赠，性质上属于公益性质的赠与，是《民法典》所说的赠与之一。捐赠协议就是赠与合同。经过要约、承诺程序的捐赠，都是双方法律行为。捐赠不同于捐助，如前所述，捐助是单方法律行为。

例：甲与乙（国家核拨事业经费的大学）签订捐助协议，捐资1个亿用于该大学建造教学楼，签订合同后，甲又向乙表示要按《民法典》第958条第1款规定的撤销赠与。

解：因是公益事业的赠与，甲没有第958条第1款规定的任意撤销权，乙有权请求交付捐款。

捐赠多表现为附义务的赠与（指定财产的用途），也经常表现为涉他赠与（规定特定的受益人）。性质上类似于委托，但与委托有明显区别。

（二）《公益事业捐赠法》对捐赠适用的规定

《公益事业捐赠法》第2条规定："自然人、法人或者其他组织自愿无偿向依法成立的公益性社会团体和公益性非营利的事业单位捐赠财产，用于公益事业的，适用本法。"第3条规定："本法所称公益事业是指非营利的下列事项：（一）救助灾害、救济贫困、扶助残疾人等困难的社会群体和个人的活动；（二）教育、科学、文化、卫生、体育事业；（三）环境保护、社会公共设施建设；（四）促进社会发展和进步的其他社会公共和福利事业。"

二、死因赠与

（一）死因赠与的含义

死因赠与是指以赠与人死亡为条件的赠与。赠与人是自然人。

死因赠与，是赠与人生前与受赠人订立的赠与合同，一般认为赠与人死亡是死因赠与合同的生效条件，实际上是给付决定于条件（赠与合同条款附条件、给付附条件）。死因赠与合同是诺成合同，在赠与人死亡之前就生效。正因为如此，死因赠与的赠与人也享有《民法典》第658条规定的任意撤销权。

只要赠与人死亡，就发生给付赠与财产的效力，但死因赠与也可以以"特殊情况下的死亡"作为生效条件。比如，赠与人与受赠人在合同中约定："如果我在此次出国中死亡，这所房屋归你。"如果赠与人安然归来，在出国过程中并未死亡，则赠与合同终止。

（二）死因赠与不同于遗赠、遗赠扶养协议

1. 遗赠是单方法律行为，以遗嘱的形式表现；死因赠与须双方达成合意，是双方法律行为，以合同的形式表现。

2. 其一，死因赠与是无偿合同，无对价关系；遗赠扶养协议是有偿合同，存在对价关系，因而不宜把遗赠扶养协议看作附义务（负担）的赠与。其二，死因赠与不是射幸合同，遗赠扶养协议具有射幸性质，扶养人获得的给付的多少，要看被扶养人寿命的长短等因素。

（三）附义务的死因赠与

死因赠与也可以附义务。

（1）一般是赠与人死亡，受赠人获得赠与的财产后再履行所附义务。如果受赠人不履行义务构成重大违约，则赠与人的继承人可以依照《民法典》第664条的规定撤销赠与。

（2）当事人也可以约定受赠人在赠与人死亡前先履行义务，如果规定受赠人先履行义务而其未履行，赠与人可以依据《民法典》第663条第1款第3项行使法定撤销权。

三、定期赠与

（一）定期赠与的含义

定期给付赠与，简称为定期赠与，是指每隔一段时间连续无偿给予财产的赠与。例如，张某与李某约定，张某每月给李某1 000元。

定期给付赠与，以人格信赖关系为基础，受赠人的债权具有专属性，性质上为不得转让，受赠人擅自转让的，不发生效力。

定期赠与一般是给付货币，是有固定时间间隔的连续给付合同，是多次一次性给付的结合，故而是循环给付的合同。

（二）定期赠与的终止

定期，是指每一次给付定期。定期赠与中，当事人可以约定存续期限，也可以不约定存续期限，即定期赠与分为约定终止期限和未约定终止期限两种。前者如约定10年内每年或每月赠与货币若干；后者如约定每年或每月赠与货币若干（赠与到什么时间截止没有具体约定）。

约定终止期限的定期赠与，期限届满时赠与合同终止，终止期未至而受赠人死亡则合同提前终止。未约定终止期限的定期赠与，在受赠人或赠与人死亡时终止，但另有约定者除外。未约定终止期限的定期赠与，是终身定期赠与，具有射幸性质，因为赠与人和受赠人生存时间不能确定，给付多少也就不能确定。

终身定期赠与，多为无法定扶养义务的人，对被扶养人为扶养给付，往往具有道德义务性质。

四、涉他赠与

涉他赠与，是涉及第三人的赠与，第三人可以是受益人（债权人），也可以是代为受领人。

（一）第三人为受益人的涉他赠与

受赠人与受益人可以分离，赠与合同的赠与人和受赠与人可以约定第三人为受益人。一般情况下，受赠人就是受益人，对于公益事业的赠与，受赠人与受益人的分离比较常见。[①] 第三人为受益人的，其也是债权人，可以作为原告提起诉讼，请求赠与人履行。

（二）第三人作为代为受领人的涉他赠与

第三人也可以是代为受领人，“代为受领”说明其不是债权人。

例：张甲春节请李乙吃饭，宴毕，张甲给李乙打了一辆出租车，估计车费30元左右，就交给司机王丙一张50元的钞票。李乙到达目的地，一看车费32元，就说：“请开票、找钱。”司机王丙说：“多余的钱我以为是给我的小费呢!”

解：(1) 帮朋友、亲戚打车代掏车费钱，怕受赠人不好意思接受，往往直接把钱给了司机。本案应解释为张甲赠送给李乙50元，而不应解释为剩余车款为司机王丙的小费。(2) 司机是赠与款的代为受领的第三人，将50元钞票交付给司机王丙，赠与合同就履行完毕了。就该50元李乙与司机王丙之间是消费保管合同，司机王丙归还的时候抵销（扣下）32元，剩下18元应当归还给李乙。

① 如《公益事业捐赠法》第11条规定：“在发生自然灾害时或者境外捐赠人要求县级以上人民政府及其部门作为受赠人时，县级以上人民政府及其部门可以接受捐赠，并依照本法的有关规定对捐赠财产进行管理。县级以上人民政府及其部门可以将受赠财产转交公益性社会团体或者公益性非营利的事业单位；也可以按照捐赠人的意愿分发或者兴办公益事业，但是不得以本机关为受益对象。”

五、混合赠与

（一）混合赠与的含义

同时包含有偿给付的赠与，是混合赠与。混合赠与，应当由赠与人与受赠人共同认可。最典型的混合赠与是“半卖半送”。

例：张甲有两套房屋，一套小一点的自己居住，另一套大一点的准备用来养老（正在出租，准备以后出卖变现），张甲的独生女儿张乙结婚时，张甲想把大的一套送给张乙，但有顾虑自己缺少养老的钱，就与女儿商量半卖半送，这套房屋600万元很容易卖出去，张甲卖给张乙仅收300万元。

解：这是混合赠与，可适用赠与的规则。例如，张乙有重大忘恩负义行为，张甲可撤销赠与部分，请求其返还相应部分的财产。

应注意区分以交易为目的的折扣行为与以感情为基础的混合赠与。经营者向消费者折价销售，即便折扣较大，也是买卖行为，不宜认定为赠与，不能适用赠与的规则（比如不能任意撤销，不能适用赠与人一般过失免责的规则等），只能适用买卖的规则。

经营者的附赠式有奖销售是一种营销方法，不是混合赠与。

（二）混合赠与的法律适用

混合赠与，原则上参照适用该合同包含的两种典型合同的规定。以“半卖半送”的混合赠与为例，若有物的瑕疵，可参照适用买卖合同的规定；若受赠人有忘恩负义行为则可以参照赠与合同的规定处理。解决混合赠与合同争议，应以诚信原则为指导，衡平双方的利益关系。

思考题

1. 简述赠与合同的特征。
2. 论赠与人的任意撤销权。
3. 附生效条件的赠与与附义务的赠与的区别是什么？
4. 赠与人的法定撤销权成立事由有哪些？行使的主体有哪些？
5. 在哪些情况下，赠与人可不再履行赠与义务？
6. 简述特种赠与。

第十二章
借款合同

第一节　借款合同概述

一、借款合同的概念和特征

（一）借款合同的概念

“借款合同是借款人向贷款人借款，到期返还借款并支付利息的合同”（第 667 条）。提供借款的一方，称为贷款人，也称为出借人。

1. 原始意义上的借款合同以货币为给付物

原始的借款合同的标的物仅限于货币，因此把借款合同归入消费借贷合同。消费借贷合同是指出借人将一定数量货币或者其他消费物借给借用人处分，借用人依照约定返还同种货币、实物的合同。也就是说，消费借贷合同的标的物除了货币以外，还包括其他消费物。借用人返还的货币或者实物，已经不是原物了，而是同种物。

消费借贷与使用借贷（借用）不同。消费借贷的标的财产是消费物（如蔬果、货币等），交付后所有权发生转移。使用借贷（借用）的标的财产是非消费物（如桌椅板凳、房屋等），交付后所有权不发生转移。租赁的标的财产也是非消费物，使用借贷都是无偿的，有偿的是租赁。

2. 现代意义上的借款合同所给付的财产是货币和用货币衡量的债权

现代意义上的借款合同，仍然可以以货币为给付的标的物，但大量的借款给付的是用货币衡量的债权。比如，甲公司与乙银行签订借款合同，约定：乙银行贷款给甲 100 万元人民币，在抵押登记（甲提供了抵押物）后的 7 个工作日内乙将贷款打入甲在乙银行开立的账户。约定的是提供债权，实际给付的也是债权。贷款打入甲的账户后，即为甲设立了一个债权，虽然甲从未占有过货币，但视为甲的钱存入乙银行。甲用来支付工程款、职工工资等，是用转账等方式支付，一般不提取现金（货币），归还本息的时候，也是转账给乙银行。

交付，是移转对物的占有，出借人向借款人交付现金，就是物的交付、动产的交付。出借人向借款人提供债权，可以以银行转账、网上电子汇款、微信转账等形式支付，可以以票据交付，还可以是其他形式的支付。由于债权是一种无形的财产权，因而这种支付转移的不是占有，而是准占有。

现代意义上的借款合同所给付的财产是货币和用货币衡量的债权，形成的是金钱之债。货币和债权都可以消费，返还的货币是替代物，返还的债权也不是原来的债权，因而现代意义上的借款合同仍然应归入消费借贷。

(二) 借款合同的法律特征

1. 借款合同是出借人给付货币或者债权，借款人归还替代的货币、替代的债权的合同

前已述及，现代意义上的借款合同，出借人给付的是货币或者债权。

(1) 货币（现金）是一种动产，给付货币（现金），转移的是货币的所有权。出借人并不是依据所有权要求返还货币和利息，而是依据债权要求返还货币和利息。因此，交付货币的借款合同在法律形式上是转移所有权的合同，但在经济意义上是借款人对出借人财产的用益。借款人返还的货币不是原物，是替代的货币。

(2) 现金的流通越来越少，借款合同中，更多的不是给付货币，而是给付债权，包括出借人给借款人"设立"一个债权和出借人将对第三人的债权"转让"给借款人。

设立一个债权，如作为出借人（贷款人）的银行，将100万元借款划入借款人在该银行的开立的账户，即为借款人设立了100万元的债权，债务人是银行自己。借款人对"借"的这个100万元债权是原始取得。

出借人对借款人给付债权，更多的是转让一个既有的对第三人的债权。例如，张甲向李乙借款3万元，张甲向李乙要了一个工商银行的卡号，几分钟后，李乙看到手机上的信息，告知他3万元已经转到该卡上。这是张甲将对工商银行的3万元债权转让给了李乙，李乙对这个"借"的3万元债权是传来取得。李乙可以提现，也可以通过银行转账向他人支付。"借"的债权又与一般的债权转让不同，一般的债权不存在归还的问题，"借的债权"是借款的一种形式，需要归还。归还，是以替代的财产归还，比如李乙可以用现金归还上述3万元，也可以用微信转账（另外一个债权）归还借款。

债权是财产权。出借人依照借款合同给借款人设立一个债权或者将对第三人的债权转让给借款人，在法律形式上借款人获得了该债权，但在经济上是借款人对出借人财产的用益。

2. 借款合同是诺成合同，自然人之间的借款合同是实践合同

借款合同是诺成合同，在借、贷双方意思表示一致时合同成立。但自然人之间的借款合同是实践合同。由于自然人之间的借款合同经常具有互助性质，多为无息借贷，所以《民法典》第679条规定："自然人之间的借款合同，自贷款人提供借款时成立。"也就是说，贷款人与借款人双方都是自然人时，合同自提供借款时成立，自成立时生效。对于实践合同，负担义务的一方实际上享有反悔权，贷款人可以通过不交付借款来行使反悔权。当借款人有不能偿还债务的现实可能时，贷款人不提供借款即可保护自己。但反悔权不是不安抗辩权，即使借款人有偿还借款的能力，贷款人仍然可以反悔。

二、借款合同的分类

(一) 以金融机构为贷款人的借款合同和以非金融机构为贷款人的借款合同

借款合同按照主体的不同，可以分为以金融机构为贷款人的借款合同和以非金融机构为贷款人的借款合同。

1. 以金融机构为贷款人的借款合同

以金融机构为贷款人的借款合同又称为信贷合同，或称为金融借款合同。金融机构包括商业银行、城市信用合作社、农村信用合作社等。法律、法规对信贷合同要求比较严格。

金融借款合同是有偿合同、诺成合同、要式合同。"借款合同应当采用书面形式，但是自然人之间借款另有约定的除外。借款合同的内容一般包括借款种类、币种、用途、数额、利率、期限和还款方式等条款"（第668条）。

2. 以非金融机构为贷款人的借款合同

非金融机构的贷款人，有自然人、非金融企业等。这种借款合同，称为民间借贷合同。

（二）有偿借款合同与无偿借款合同

借款合同还可分为有偿借款合同（有息）和无偿借款合同（无息）。对于有偿借款合同来说，贷款方要提供借款，这是义务。借款人除了偿还本金是义务以外，支付利息也是毫无疑问的义务，因为支付利息是贷款人的对价。双方的义务构成对价关系，因而借款合同同时又是双务合同。

对于无息借款合同来说，借款人归还贷款的义务不是对价。因此，无息借款合同是不真正双务合同（不典型双务合同）。

第二节　借款合同当事人的权利和义务

一、贷款人的权利和义务

（一）足额、按期提供贷款的义务

1. 不得预先扣除利息

"借款的利息不得预先在本金中扣除。利息预先在本金中扣除的，应当按照实际借款数额返还借款并计算利息"（第670条）。预扣的利息在实务中也称为"砍头息"，它导致实际提供的借款低于约定的本金，这是实务中常见的一个纠纷点。

利息是以本金数额为基数，乘以借款利率来计算并收取的。如果允许贷款人预先在本金中扣除利息，则等于允许其多收借款人的利息。对于借款人来说，则等于少收了借款，多付了利息。为体现公平原则，贷款人将利息在本金中预先扣除的，借款人应按照实际借款数额返还借款，以实际借款为基数计算利息。应当注意：贷款人预先扣除利息，等于没有按约定的数额提供借款，因此借款人还可追究贷款人的违约责任。

例： 刘某向某商业银行借款20万元用于购买新房，提供了自己的旧房（经评估价值为30万元）作为抵押物，办理了抵押登记。按照商业银行的格式条款合同，商业银行扣下了贷款的20%，以借款人的名义存入本行，以存款单作为质押。刘某只拿到了16万元。后刘某起诉到法院，要求按16万元还本付息。

解： 按《民法典》第670条，应当支持刘某的诉讼请求，按照实际借款支付本息。

2. 按期、足额地提供借款

"贷款人未按照约定的日期、数额提供借款，造成借款人损失的，应当赔偿损失"（第671条第1款）。对诺成性的借款合同，未按期、足额地提供借款自然要承担违约责任。对实践性的借款合同（自然人间的借款合同），因交付后合同才成立，不能直接适用本条。

（二）保密的义务

贷款人有机会了解到借款人的商业秘密。如在合同订立时，贷款人要了解借款人的资力、信用。这就很可能涉及借款人的商业秘密。再如，《民法典》第672条规定："贷款人按照约定可以检查、监督借款的使用情况。借款人应当按照约定向贷款人定期提供有关财务会计报表或者其他资料。"这种检查、监督也很难回避借款人的商业秘密。贷款人自应保密，否则构成侵权责任，也可构成违约责任。

（三）请求返还本息及解除权、抗辩权

贷款人最基本的权利是请求返还本息。除此之外，还享有解除权、抗辩权等。

1. 解除权

这是贷款人在借款人不按用途使用借款时采取的一项救济手段。是否按照约定的借款用途使用借款，关系到借款的安全。借款用途不同，借款人的偿付能力会受到影响。“借款人未按照约定的借款用途使用借款的，贷款人可以停止发放借款、提前收回借款或者解除合同”（第673条）。据此，借款人将贷款挪作他用时，如果是分期发放贷款，则贷款人可停止发放尚未发放的贷款；或者对已经发放的部分或全部贷款要求提前收回；或者通知借款人解除合同。停止发放贷款与解除合同有所不同：停止发放贷款是行使履行抗辩权的行为，当条件具备时，贷款人还可以恢复发放贷款。解除合同是消灭借款合同的履行效力。合同归于解除时，借款人除应返还本金外，还应当按照实际使用借款的期限偿付利息。

另外，如果甲、乙双方变更了借款用途，而又没取得保证人书面同意的话，可以导致保证人免责。

实践中，有的银行提供小额无用途（不规定用途）的借款，自然不发生上述问题。

2. 抗辩权

借款合同也可以适用履行抗辩的规则。比如，银行在信用贷款（无担保贷款）中，发现借款人丧失或可能丧失履行能力，或者丧失了信用，可以行使不安抗辩权，中止发放贷款。

二、借款人的权利和义务

（一）借款人在订立合同时的告知义务

“订立借款合同，借款人应当按照贷款人的要求提供与借款有关的业务活动和财务状况的真实情况”（第669条）。不履行告知义务，可以构成欺诈。

（二）按照约定的用途使用借款的义务

一般地说，是否按约定的用途使用借款，涉及交易安全。如将流动资金贷款用于倒卖股票，就会危及贷款人的利益。当前出现了无用途借款，亦即在签订借款合同时不规定特定的借款用途，这适用于小额借款，不宜用于大额借款。以非金融机构为贷款人的借款合同，也可以不约定借款用途。

（三）按期、足额支付利息

1. 一般情况下利息的支付

借款人应当按照约定的期限支付利息。对支付利息的期限没有约定或者约定不明确，依据本法第510条补缺的规定仍不能确定，借款期间不满一年的，应当在返还借款时一并支付；借款期间一年以上的，应当在每届满一年时支付，剩余期间不满一年的，应当在返还借款时一并支付（见第674条）。关于利息的支付期限，有几个递进的层次：第一，有约定的，按照约定的期限支付利息。第二，当事人对支付利息的期限没有约定或者约定不明确，依照《民法典》第510条予以确定。第三，按照《民法典》第510条不能确定的，以一年作为计算支付利息的时间段。比如，借款期限是六个月，则在借款到期时返还本金并同时支付利息；借款时间是一年零六个月，则在届满一年时支付一次利息，在一年零六个月返还本金的同时再支付一次利息。

2. 借款人受领迟延、受领数额不足，应足额支付利息

“借款人未按照约定的日期、数额收取借款的，应当按照约定的日期、数额支付利息”（第671条第2款）。给付是双方行为，须一方提出给付，另一方受领交付，才能完成给付。借款人在受领上的违约属于广义的违约，该违约的后果不能转嫁到贷款人身上，即借款人应按约足额支付利息。

例1： 甲公司与乙公司签订借款合同，约定甲借给乙10万元人民币，借期为一年，双方约定了利率和乙公司收取借款的时间。因借款人乙公司未能按约受领，交付借款的时间晚了一个月。到期乙公司主张按实际使用借款时间（11个月）支付利息。

解： 甲公司与乙公司签订的借款合同是诺成合同，在达成合意的时候成立并生效。乙公司

未及时受领，应当按12个月支付利息。

例2： 张甲与李乙是好朋友，双方签订了一份借款合同，约定张甲借给李乙10万元人民币现金，满足李乙的急需，借期为一年，双方约定了李乙收取借款的时间，借款的利率与在银行定期存款的利率相同。出借人张甲从银行提前取出10万元定期存款（现金），到了交付日期，找不到李乙，想到李乙急用钱，张甲就一直等他。过了一个月，李乙突然出现，取走了借款。到期李乙归还本金，只支付了11个月的利息，张甲则要求支付12个月的利息。

对此案主要有两种观点：(1) 张甲与李乙签订的借款合同是实践合同，因此不能适用《民法典》第671条第2款的规定，李乙只有支付11个月利息的义务。(2) 因张甲与李乙签订的借款合同是实践合同，因此不能直接适用《民法典》第671条第2款的规定，但可以参照适用该规定，李乙负担支付12个月利息的义务。

解： 张甲与李乙是自然人，他们签订的借款合同是实践合同，在提供借款的时候合同成立，因此应当支付11个月的利息，对张甲一个月利息的损失，李乙应当赔偿，故实际应当支付12月的利息。

3. 逾期利息的支付

“借款人未按照约定的期限返还借款的，应当按照约定或者国家有关规定支付逾期利息”（第676条）。无息借款，也应当支付逾期利息。如果当事人未约定借款期限，贷款人可以随时要求返还，但是应当给借款人以必要的准备时间。在准备期间届满后还未返还的，应当支付逾期利息。

4. 提前偿还借款的利息

“借款人提前返还借款的，除当事人另有约定外，应当按照实际借款的期间计算利息”（第677条）。借款人提前返还借款的，依据《民法典》第530条第1款的规定，债权人可以拒绝债务人提前履行债务，但提前履行不损害债权人利益的除外。据此，对于有利息的借款，借款人提前返还借款的，贷款人可以拒绝提前偿还，因为提前偿还就意味着少收利息。拒绝提前履行是一项权利，当事人可以放弃行使这项权利。实践中，有的金融机构与借款人约定，提前还款要支付违约金，这种约定是有效的。

(四) 按期返还本金

借款人应当按照约定的期限返还借款。对借款期限没有约定或者约定不明确，依据本法第510条补缺的规定仍不能确定的，借款人可以随时返还；贷款人可以催告借款人在合理期限内返还（见第675条）。定期借款，按约定的期限返还借款。不定期借款，借款人可以随时返还；贷款人催告还款的，应预留合理期限。

三、利率和利息的确定

(一) 利率的确定

“禁止高利放贷，借款的利率不得违反国家有关规定”（第680条第1款）。利率高于国家限制利率规定的，为高利贷。金融借款和民间借贷都不得违反国家限制利率的规定。

(二) 利息的确定

1. 没有约定利息的，视为没有利息

利息由当事人约定。“借款合同对支付利息没有约定的，视为没有利息”（第680条第2款）。与《合同法》不同，自然人之间的借款和其他借款合同对支付利息没有约定的，都视为没有利息。①

① 原《合同法》第211条第1款规定：“自然人之间的借款合同对支付利息没有约定或者约定不明确的，视为不支付利息。”其他借款合同不适用此规定。

需要强调的是，“对支付利息没有约定”，是指对“是否”支付利息没有约定，不包括对利率没有约定。约定支付利息但对利率没有约定的，不能视为没有利息。

例：张甲向李乙借款10万元炒股，拿到10万元借款时，张甲给李乙写了一个收条，全文是：“收到借款现金10万元。”一年后，张甲用微信按月给李乙转账1 285元，7个月后停止转账。李乙起诉请求还本付息。张甲只同意归还本金，称：“本金属实，双方未约定利息，转账7个月是归还本金。”李乙主张转账7个月是支付利息。有人认为，收条没有约定利息，就证明合同没有约定利息，不能支持李乙对利息的请求。

解：张甲与李乙之间成立的是口头借款合同。张甲写的收条是收款凭证，也是合同凭证。收条、合同书等本身不是合同（实务中经常把合同书简称为合同），是合同法律关系成立及其内容的书证。张甲与李乙之间的口头借款合同是否约定了利息，不能只看收条。本案约定利息的证据是张甲连续七个月给李乙转账（每个月1 285元）的微信记录。① 按生活经验法则，这种数额上有零有整，时间上有连续性的转账，不能认为是支付本金，而只能认为是支付利息。也就是说，本案是约定了利息的借款合同。

2. 对支付利息约定不明确时的处理

“没有约定”与“约定不明”的后果不同，没有约定利息就视为没有利息，而约定不明则视具体情况而定。“借款合同对支付利息约定不明确，当事人不能达成补充协议的，按照当地或者当事人的交易方式、交易习惯、市场利率等因素确定利息；自然人之间借款的，视为没有利息”（第680条第3款）。

（1）约定不明，首先是对“是否”支付利息约定不明；其次，“是否”支付利息约定不明，利率多少（利息多少）也随之不明。

（2）自然人之间的借款合同之外的借款合同（诺成合同，比如只有一方是自然人的借款合同）对“是否”支付利息约定不明确，以及对利率多少（利息多少）当事人不能达成补充协议的，按照法定因素确定利息。②

（3）自然人之间的借款合同（实践合同）对支付利息约定不明确的，视为没有利息。结合《民法典》第680条第2款，自然人之间的借款合同对支付利息“没有约定”或者“约定不明确”的，都视为没有利息。这是因为，自然人之间的借款，一般而言具有无偿互助性质。

第三节　民间借贷

一、民间借贷概述

（一）民间借贷是借款合同的一种

民间借贷不是严格的法律术语，是指贷款人（出借人）为非金融机构的借贷。贷款人为金

---

① 微信是电子数据，电子数据是证据的一种。《最高人民法院关于民事诉讼证据的若干规定》第14条规定：“电子数据包括下列信息、电子文件：（一）网页、博客、微博客等网络平台发布的信息；（二）手机短信、电子邮件、即时通信、通讯群组等网络应用服务的通信信息；（三）用户注册信息、身份认证信息、电子交易记录、通信记录、登录日志等信息；（四）文档、图片、音频、视频、数字证书、计算机程序等电子文件；（五）其他以数字化形式存储、处理、传输的能够证明案件事实的信息。”

② 《民间借贷规定》第24条规定：“借贷双方没有约定利息，出借人主张支付利息的，人民法院不予支持。自然人之间借贷对利息约定不明，出借人主张支付利息的，人民法院不予支持。除自然人之间借贷的外，借贷双方对借贷利息约定不明，出借人主张利息的，人民法院应当结合民间借贷合同的内容，并根据当地或者当事人的交易方式、交易习惯、市场报价利率等因素确定利息。”

融机构的，称为金融借款合同。民间借贷合同（简称为民间借贷），是借款合同的一种。

《民间借贷规定》第 1 条规定："本规定所称的民间借贷，是指自然人、法人和非法人组织之间进行资金融通的行为。经金融监管部门批准设立的从事贷款业务的金融机构及其分支机构，因发放贷款等相关金融业务引发的纠纷，不适用本规定。"① 也就是说，民间借贷与非民间借贷，是从主体来区分的。

民间借贷的主体，可以是以下情形：(1) 法人对法人（如甲公司与乙公司之间的借款）。(2) 法人对自然人（如甲公司与张三之间的借款）。(3) 自然人对自然人（如张三与李四之间的借款）。(4) 法人对非法人组织（甲公司与乙合伙企业之间的借款）。(5) 非法人组织对非法人组织（如合伙企业之间的借款）。(6) 非法人组织对自然人（如甲合伙企业与张三之间的借款）。

例： 甲公司（非金融企业）借给乙公司 1 000 万元救急，根据已知条件，借款合同是否无效？

解： 本案并不存在无效事由。提供借款的是非金融企业，若其以资金融通为常业，才构成对国家金融管制强制性规定的违反。非金融企业之间的借款合同（民间借贷）一般应按有效处理。

（二）民间借贷法律关系存在的举证

《民间借贷规定》第 2 条规定："出借人向人民法院提起民间借贷诉讼时，应当提供借据、收据、欠条等债权凭证以及其他能够证明借贷法律关系存在的证据。当事人持有的借据、收据、欠条等债权凭证没有载明债权人，持有债权凭证的当事人提起民间借贷诉讼的，人民法院应予受理。被告对原告的债权人资格提出有事实依据的抗辩，人民法院经审查认为原告不具有债权人资格的，裁定驳回起诉。"

例： 出借人甲与借款人乙于 5 月 1 日签订了借款合同，6 月 1 日甲向乙提供了借款。后甲提起诉讼，请求乙归还借款。

解： 借款有两个法律事实：一是达成了借款的合意（成立借款合同）；二是提供了借款。甲若要胜诉，不仅要证明借款法律关系的存在，还要证明自己提供了借款。

（三）借款合同的履行地及诉讼管辖

《民事诉讼法》第 23 条规定："因合同纠纷提起的诉讼，由被告住所地或者合同履行地人民法院管辖。"《民间借贷规定》第 3 条规定："借贷双方就合同履行地未约定或者约定不明确，事后未达成补充协议，按照合同相关条款或者交易习惯仍不能确定的，以接受货币一方所在地为合同履行地。"因提供借款有多种方式，故对"接受货币"应作扩大解释，即应解释为"受领借款"。

民间借贷，不论是有息还是无息，都有两个履行地，一个是出借人的履行地，另一个是借款人的履行地；都有两个接受货币的人，一个是借款人（提供借款时），另一个是出借人（归还借款时）。依据《民间借贷规定》第 3 条的规定，出借人和借款人都可以"打主场"。

例： 家在北京市西城区的张甲借给李乙 1 万元（无息），1 月 1 日在北京市怀柔区李乙的家中交付，双方约定同年 12 月 1 日前归还，但没有约定李乙在什么地方还款。贷款到期李乙未还款。

解： 张甲可在北京市西城区人民法院起诉（接受归还货币一方所在地法院），也可以在北

① 《最高人民法院关于新民间借贷司法解释适用范围问题的批复》（法释〔2020〕27 号）第 1 条指出："关于适用范围问题。经征求金融监管部门意见，由地方金融监管部门监管的小额贷款公司、融资担保公司、区域性股权市场、典当行、融资租赁公司、商业保理公司、地方资产管理公司等七类地方金融组织，属于经金融监管部门批准设立的金融机构，其因从事相关金融业务引发的纠纷，不适用新民间借贷司法解释。"

京市怀柔区人民法院起诉（被告住所地法院）。

（四）借款合同的成立要件

1. 自然人之间借款合同的成立要件

自然人之间的借款合同，出借人与借款人双方都是自然人。这种合同是实践合同，自出借人提供借款时成立。依法成立的借款合同，在成立时生效。

民间借贷是金钱之债，即是以金钱给付为内容的债。现代社会的金钱之债，不以给付货币（现金）为唯一形式。《民间借贷规定》第9条列举了五种提供借款致合同成立的情形：“自然人之间的借款合同具有下列情形之一的，可以视为合同成立：（一）以现金支付的，自借款人收到借款时；（二）以银行转账、网上电子汇款等形式支付的，自资金到达借款人账户时；（三）以票据交付的，自借款人依法取得票据权利时；（四）出借人将特定资金账户支配权授权给借款人的，自借款人取得对该账户实际支配权时；（五）出借人以与借款人约定的其他方式提供借款并实际履行完成时。”

（1）现金是一种特殊的种类物，交付占有后，现金的所有权转移，交付完成合同成立。

（2）上述第2、3、4项提供借款的方式，实际是转让债权的方式。

例：张甲与李乙约定，张甲借给李乙5万元钱。张甲将5万元现金存在某银行的ATM机里，即向银行交付了5万元存款，与银行成立了5万元的储蓄合同，对该银行享有5万元的债权。张甲向李乙的银行卡转账5万元，即将对银行的5万元债权转让给了李乙，李乙对银行有5万元债权，可以提取现金，转账成功时借款合同成立。

例：张丙与李丁约定，张丙借给李丁1万元钱。张丙通过手机微信转账（提出给付），李丁看到微信转来1万元时，借款合同并不成立，点击收款（受领给付）后，合同才成立。

2. 非自然人之间借款合同的成立要件

非自然人之间的借款合同是诺成合同，自达成合意时成立，不以提供借款为成立要件。这类民间借贷，也是依法成立时生效。例如，出借人张甲与借款人乙公司于5月1日签订了借款合同，6月1日张甲提供了借款。该借款合同是诺成合同，在5月1日成立。

二、民间借贷合同的无效

（一）确认无效的依据

《民法典》第153条是确认民间借贷无效的依据。另外《民间借贷规定》第13条又具体规定：“具有下列情形之一的，人民法院应当认定民间借贷合同无效：（一）套取金融机构贷款转贷的；（二）以向其他营利法人借贷、向本单位职工集资，或者以向公众非法吸收存款等方式取得的资金转贷的；（三）未依法取得放贷资格的出借人，以营利为目的向社会不特定对象提供借款的；（四）出借人事先知道或者应当知道借款人借款用于违法犯罪活动仍然提供借款的；（五）违反法律、行政法规强制性规定的；（六）违背公序良俗的。”

未依法取得放贷资格的以民间借贷为业的法人，以及以民间借贷为业的非法人组织、自然人，是职业放贷人。职业放贷人作为出借人的民间借贷合同无效。①

（二）一般应认定为有效的情形

1. 法人之间、其他组织之间以及它们相互之间为生产、经营需要订立的民间借贷合同，

① 《全国法院民商事审判工作会议纪要》（法〔2019〕254号）第53条规定：“未依法取得放贷资格的以民间借贷为业的法人，以及以民间借贷为业的非法人组织或者自然人从事的民间借贷行为，应当依法认定无效。同一出借人在一定期间内多次反复从事有偿民间借贷行为的，一般可以认定为是职业放贷人。民间借贷比较活跃的地方的高级人民法院或者经其授权的中级人民法院，可以根据本地区的实际情况制定具体的认定标准。”

一般是有效的。

2. 非金融机构提供借款的合同（民间借贷合同）一般是有效的，不能以出借人是非金融机构为由确认合同无效。

3. 单位在内部通过借款形式向职工筹集资金，用于本单位生产、经营，一般是有效的。

4. 借贷行为涉嫌犯罪，或者已经生效的判决认定构成犯罪，民间借贷合同并不当然无效。

例：张甲以借款方式非法集资，与多人分别签订借款合同，其中与不知情的李乙（出借人）签订的借款合同，是由王丙担任保证人的。张甲被立案侦查，逃跑在外。李乙起诉王丙，要求王丙代为偿还借款。王丙抗辩的理由是：第一，应当先刑后民；第二，张甲非法集资，借款合同为无效合同，主合同无效的，从合同也无效。从合同无效，自己就没有担保责任。

解：（1）刑事、民事可以分案审理，即法院可以审理当事人的民事争议。（2）根据已知条件，本案借款合同和保证合同应按有效合同处理，应当判决王丙承担保证责任。

三、民间借贷的基础法律关系

所谓基础法律关系，是指民间借贷的原因法律关系。《民间借贷规定》第 14 条第 1 款规定："原告以借据、收据、欠条等债权凭证为依据提起民间借贷诉讼，被告依据基础法律关系提出抗辩或者反诉，并提供证据证明债权纠纷非民间借贷行为引起的，人民法院应当依据查明的案件事实，按照基础法律关系审理。"

例：甲公司（钢材销售企业）卖给乙公司（施工企业）100 万元的钢材。钢材交付后，双方将该 100 万元约定为乙公司的借款，同时还约定了借款的年利率为 30%。到双方约定的还款期限，乙公司没有还款，甲公司以借贷纠纷为由提起诉讼，请求乙公司归还借款。

解：（1）如果对基础法律关系（钢材买卖合同）没有争议，应以民间借贷为由进行审理。（2）如果乙公司以钢材质量不合格为由行使履行抗辩权，应对基础法律关系进行审理。

四、民间借贷诉讼的有关问题

（一）民间借贷举证责任的有关问题

《民间借贷规定》第 15 条规定："原告仅依据借据、收据、欠条等债权凭证提起民间借贷诉讼，被告抗辩已经偿还借款的，被告应当对其主张提供证据证明。被告提供相应证据证明其主张后，原告仍应就借贷关系的存续承担举证责任。被告抗辩借贷行为尚未实际发生并能作出合理说明的，人民法院应当结合借贷金额、款项交付、当事人的经济能力、当地或者当事人之间的交易方式、交易习惯、当事人财产变动情况以及证人证言等事实和因素，综合判断查证借贷事实是否发生。"第 16 条规定："原告仅依据金融机构的转账凭证提起民间借贷诉讼，被告抗辩转账系偿还双方之前借款或者其他债务的，被告应当对其主张提供证据证明。被告提供相应证据证明其主张后，原告仍应就借贷关系的成立承担举证责任。"

例：甲（原告）起诉乙（被告），说乙欠其 1 万元。甲向法院提交了通过银行转给乙 1 万元的凭证。乙抗辩说，这 1 万元是甲还自己的货款。乙拿出双方签订的买卖合同和交货凭证。举证责任的分配如何？

解：乙拿出双方签订的买卖合同和交货凭证后，甲仍应就借贷关系的成立承担举证责任。

例：张甲起诉李乙，说他借给李乙 10 万元，李乙至今未归还，请求法院判决李乙归还借款。张甲仅有通过银行汇款的凭证。李乙反对，称："这 10 万元是张三赠送给我的。"但李乙对自己主张的事实（提出的事实）没有提出证据证明。

解：李乙对收到 10 万元没有异议，但其提出了一个新的待证事实：自己接受的是赠与。

李乙若对这个新的事实提交证据，不是反证，是本证。但其没有提交证据，不应认定。张甲对自己提出的事实的证据，是本证，其本证符合证明标准，应当判决李乙归还借款。①

（二）民间借贷的虚假诉讼

民间借贷的虚假诉讼，是指没有真实的民间借贷关系而按照民间借贷起诉，以达到非法的目的。例如，甲、乙没有借贷关系，二人恶意串通，乙给甲写了一张借据，甲持借据起诉乙，请求乙偿还巨额借款。甲胜诉后，请求强制执行。其实，乙是欠第三人丙巨额款项，通过虚假诉讼，造成乙对丙无法偿还的局面。

实务中，虚假诉讼经常通过调解结案，避开了实体审理。

五、“公借私用”与“私借公用”

（一）“公借私用”

“公借私用”是指企业法定代表人或负责人以企业名义借款，自己使用。为加强对债权人的保护，《民间借贷规定》第22条第1款规定：“法人的法定代表人或者非法人组织的负责人以单位名义与出借人签订民间借贷合同，有证据证明所借款项系法定代表人或者负责人个人使用，出借人请求将法定代表人或者负责人列为共同被告或者第三人的，人民法院应予准许。”

例：张甲是A公司的董事长（法定代表人），以A公司的名义向李乙借款100万元。张甲要求把款打到自己个人账户上，并特意说明，这是为A公司使用上的方便，李乙照办。后张甲个人使用了这笔资金。借款到期后A公司未归还欠款，李乙起诉A公司。A公司新的董事长王丙在法庭上辩称：“李乙明知是张甲的个人账户，还打款，我公司免责。”A公司向法庭提交了张甲个人使用的证据。请问：李乙能否请求追加张甲为共同被告?

解：应当追加张甲为共同被告，并判令张甲与A公司承担连带偿还借款本息的责任。

（二）“私借公用”

“私借公用”是指企业法定代表人或负责人以个人名义借款，供企业使用。为加强对债权人的保护，《民间借贷规定》第22条第2款规定：“法人的法定代表人或者非法人组织的负责人以个人名义与出借人订立民间借贷合同，所借款项用于单位生产经营，出借人请求单位与个人共同承担责任的，人民法院应予支持。”

例：张甲是A公司的总经理（法定代表人）。A公司现金流断裂，张甲以个人名义向李乙借款100万元，用于A公司。借款到期后张甲未还款，让李乙起诉A公司。请问：李乙能否将A公司和张甲列为共同被告，请求他们承担连带偿还责任?

解：可以将A公司和张甲列为共同被告，A公司和张甲应当承担连带偿还责任。

六、民间借贷的利率、利息

（一）民间借贷的利率标准

《民间借贷规定》第25条规定：“出借人请求借款人按照合同约定利率支付利息的，人民法院应予支持，但是双方约定的利率超过合同成立时一年期贷款市场报价利率四倍的除外。前款所称‘一年期贷款市场报价利率’，是指中国人民银行授权全国银行间同业拆借中心自2019年8月20日起每月发布的一年期贷款市场报价利率。”

---

① 本证与反证是证据的一种分类。证明自己主张的事实的证据，是本证。对自己主张的事实，有责任证明它。反证是否定对方主张的事实的证据。本证与反证，针对的是同一待证事实。本证是证明一个事实（A），反证是否认这个事实（A）。本证人可以是原告，也可以是被告。原告提出本证（A），被告不提出反证，而提出本证（B），是“讲述另外一个故事”，绕圈反驳原告的诉讼请求。

全国银行间同业拆借中心是中国人民银行直属的事业单位（另一块牌子是中国外汇交易中心）。目前，贷款市场报价利率（Loan Prime Rate，LPR）包括1年期和5年期以上两个品种，司法解释采取“合同成立时”的1年期。

（二）本金与利息的认定

《民间借贷规定》第26条规定：“借据、收据、欠条等债权凭证载明的借款金额，一般认定为本金。预先在本金中扣除利息的，人民法院应当将实际出借的金额认定为本金。”

例：甲借给乙200万元，双方约定借期一年、年利率为40%。在收据中，乙写道“借到200万元”，实际上甲扣除了80万元利息，只给了乙120万元。

解：此案中，80万元是“砍头息”，应当认定借款的本金为120万元，并按120万元计算利息。年利率为40%明显为高利贷，超过合同成立时一年期贷款市场报价利率四倍的部分无效。

（三）民间借贷的复利

复利，就是“驴打滚”，是将利息计入本金计算，有受保护和不受保护两种情况。

《民间借贷规定》第27条规定：“借贷双方对前期借款本息结算后将利息计入后期借款本金并重新出具债权凭证，如果前期利率没有超过合同成立时一年期贷款市场报价利率四倍，重新出具的债权凭证载明的金额可认定为后期借款本金。超过部分的利息，不应认定为后期借款本金。按前款计算，借款人在借款期间届满后应当支付的本息之和，超过以最初借款本金与以最初借款本金为基数、以合同成立时一年期贷款市场报价利率四倍计算的整个借款期间的利息之和的，人民法院不予支持。”这就是说，未超过合同成立时一年期贷款市场报价利率四倍的利息，是可以计入后期借款本金的。

（四）逾期利率

《民间借贷规定》第28条规定：“借贷双方对逾期利率有约定的，从其约定，但是以不超过合同成立时一年期贷款市场报价利率四倍为限。未约定逾期利率或者约定不明的，人民法院可以区分不同情况处理：（一）既未约定借期内利率，也未约定逾期利率，出借人主张借款人自逾期还款之日起承担逾期还款违约责任的，人民法院应予支持；（二）约定了借期内利率但是未约定逾期利率，出借人主张借款人自逾期还款之日起按照借期内利率支付资金占用期间利息的，人民法院应予支持。”

1. 逾期利率与借期利率一样，都不得超过合同成立时一年期贷款市场报价利率的四倍。

2. “既未约定借期内利率，也未约定逾期利率”的，借款人归还迟延的，也应支付迟延利息（逾期利息、罚息）。无息借款合同还款逾期的，出借人也有权请求支付逾期利息。

3. 有借期内的利率而无逾期利率的，借期利率“延续”为逾期利率。比如借期利率是年利率为15.4%，借款人迟延了一年，对这一年也应按15.4%支付利息。

（五）逾期利息与违约金的合并计算

《民间借贷规定》第29条规定：“出借人与借款人既约定了逾期利率，又约定了违约金或者其他费用，出借人可以选择主张逾期利息、违约金或者其他费用，也可以一并主张，但是总计超过合同成立时一年期贷款市场报价利率四倍的部分，人民法院不予支持。”即合并计算也不得超过“合同成立时一年期贷款市场报价利率四倍”的红线。

思考题

1. 借款合同的概念是什么？
2. 借款合同未约定利息或者对利息约定不明，当事人发生争议后应如何处理？

3. 金融借款合同和民间借贷合同的借款人能否提前还款并按实际借款日期支付利息？
4. 简述民间借贷合同无效的事由。
5. 浅析民间借贷合同的诺成性和实践性。
6. 司法解释对民间借贷的利率是如何规定的？

第十三章 保证合同

第一节 保证合同的概念、特征和种类

一、保证合同的概念

“保证合同是为保障债权的实现，保证人和债权人约定，当债务人不履行到期债务或者发生当事人约定的情形时，保证人履行债务或者承担责任的合同”（第681条）。保证合同也简称为“保证”。

（一）保证与物保、金钱担保

《民法典》规定的担保方式包括保证、抵押、质押、留置、定金及建设工程优先受偿权。学理上，一般将担保分为人的担保、物的担保和金钱担保。保证合同是人的担保。

保证，是第三人以自己的一般财产（责任财产）作为债务人履行债务的担保，学理上称为人的担保。

人的担保，是无限责任，以担保人的所有财产作为责任财产。物的担保，是以特定物作为履行债务的担保，抵押、质押、留置及建设工程优先受偿权是物的担保，担保人仅以担保物作为责任财产，承担的是物上有限责任。物的担保与担保物权，作同义使用。

例：张甲对李乙有180万元债权，由王丙作为保证人。李乙债务尚未到期，王丙就因意外事故去世，其遗产共有500万元，被王丁继承。债务到期，张甲找王丁承担保证责任。王丁说，保证是人保，人死债烂，与我没有关系。

解：“人保”只是一个习惯的说法，保证并没有人身属性。王丙的500万元财产都是承担保证债务的责任财产，现在这些责任财产归王丁，王丁应当在500万元范围内承担责任。①

保证，不同于金钱担保。金钱担保，狭义上是指定金担保，广义上还包括保证金、押金、订金等。金钱担保与人的担保一样反映债权关系，但它不同于人的担保，人的担保是第三人以自己的一般财产，作为债务人履行债务的保证。金钱担保，是债务人自己将一定数额的金钱预先交付给债权人，以此担保债的履行。

（二）保证合同与相关的法律关系

保证合同是保证人和债权人之间的法律关系，保证合同的主体（当事人）是保证人和债权人。

① 《民法典》第1161条规定：“继承人以所得遗产实际价值为限清偿被继承人依法应当缴纳的税款和债务。超过遗产实际价值部分，继承人自愿偿还的不在此限。继承人放弃继承的，对被继承人依法应当缴纳的税款和债务可以不负清偿责任。”

与保证合同密切相关的，还有两层法律关系：一是主债权人与主债务人之间的主债权债务关系；二是保证人受主债务人的委托，为主债务人的债务提供担保形成的委托关系。未受委托提供担保或者担保责任消除后（如保证期间经过），保证人仍承担保证责任，债务人与保证人为无因管理关系。

如下图所示，甲、乙是主债权债务法律关系。乙与丙是委托法律关系或无因管理法律关系。甲和丙是保证合同关系，是从法律关系。

（三）保证债务

当主债务人不履行到期债务或者发生当事人约定的情形时，保证人代主债务人履行债务或者承担保证责任的债务，是从合同债务，是保证债务。

1. 保证债务的两种表现

其一，当主债务人不履行到期“非金钱主债务”或者发生当事人约定的情形时，保证人代为履行“非金钱主债务”，即由保证人承担继续履行非金钱债务的责任。比如，保证人保证主债务人供应100立方某种型号的木材，债务到期，主债务人不履行或者履行有重大瑕疵，则由保证人承担继续履行供应100立方某种型号木材的债务。保证合同中约定保证人代为履行非金钱债务的，保证人不能实际代为履行的，对债权人因此造成的损失，保证人应当承担赔偿责任。这种情况属于保证责任的转换。

主合同债务是非金钱债务，当主合同解除，债务人应当承担的非金钱主债务转换为金钱形式的违约债务（违约金、赔偿金等）时，非金钱债务的履行保证可随之转换为金钱保证责任。①

其二，当主债务人不履行到期“金钱主债务”或者发生当事人约定的情形时，保证人承担责任。实务中，保证债务多为金钱债务，比如，为借款、货款、租金等主债务提供的保证。

2. 夫或妻一方承诺保证债务的，一般不是夫妻共同债务

夫或妻一方承诺保证债务，在保证合同书上签名或者在有保证条款的合同书上以保证的名义签名，或者出具保函，是不是夫妻共同债务，是实务中的一个争议点，有必要予以说明。

“夫妻双方共同签名或者夫妻一方事后追认等共同意思表示所负的债务，以及夫妻一方在婚姻关系存续期间以个人名义为家庭日常生活需要所负的债务，属于夫妻共同债务。夫妻一方在婚姻关系存续期间以个人名义超出家庭日常生活需要所负的债务，不属于夫妻共同债务；但是，债权人能够证明该债务用于夫妻共同生活、共同生产经营或者基于夫妻双方共同意思表示的除外”（第1064条）。负担保证债务，不是家庭日常生活需要所负的债务，因而不是夫妻共同债务。保证债务是无限连带债务（无限连带责任），不应是家庭日常生活的内容，也不能就保证债务构成家事代理。

夫或妻一方承诺保证债务的，一般不是夫妻共同债务，但也有可能出现例外。保证合同是无偿合同，保证人不能从保证合同的相对人（主合同债权人）那里获得对价。保证人与主债务人的委托合同，可以是有偿的。主合同债权人能够证明该保证债务是基于夫妻的共同经营而发

① 《民法典》第566条第3款规定：“主合同解除后，担保人对债务人应当承担的民事责任仍应当承担担保责任，但是担保合同另有约定的除外。”

生，则夫妻共同债务可以成立。这种情况比较少见。

（四）保证合同的内容

“保证合同的内容一般包括被保证的主债权的种类、数额，债务人履行债务的期限，保证的方式、范围和期间等条款”（第 684 条）。签订、审查保证合同，在内容上，一是要注意保证方式，确定是一般保证还是连带保证；二是要注意保证期间的长短，时间过短，保证人容易“脱保”，时间过长，保证人容易被“拖住”，特别是最高额保证，一定要把保证期间写清楚；三是要看主合同对主债务履行期限的规定，因为保证期间从主债务履行期限届满之日起开始计算，如果主债务是不定期债务，则保证人可能被“拖”很久；四是要对担保的债权作出界定。另外，还要重点审查保证人的担保资格。

二、保证合同的特征

（一）保证合同是要式合同

保证合同是要式合同，应当以书面形式成立合同。“保证合同可以是单独订立的书面合同，也可以是主债权债务合同中的保证条款”（第 685 条第 1 款）。主合同中虽然没有保证条款，但是，他人在主合同上以保证人的身份签名或者盖章的，保证合同成立。他人在主合同上签名或者盖章，但未表明其保证人身份或未表明承担保证责任，或者通过其他事实不能推定其为保证人的，不能令其承担保证责任，其可能是中介人、见证人等。

“第三人单方以书面形式向债权人作出保证，债权人接收且未提出异议的，保证合同成立”（第 685 条第 2 款）。第三人的这种为保证意思表示的书面形式，可称为保函。上述规定的意义，在于债权人可以以默示的方式对第三人保证要约进行承诺，从而成立保证合同。

当事人口头达成的保证合同不发生效力，但保证人履行主债务的，方式上的欠缺消灭。例如，甲（保证人）为乙（主债务人）提供担保，与丙（主债权人）口头成立了保证合同，当乙届期未履行债务时，甲代为履行后，不得以未采取法定形式为由主张保证合同未成立或无效（见第 490 条第 2 款）。

（二）保证合同是诺成合同

保证合同是诺成合同，在主债权人和保证人达成合意时成立。保证合同的成立、生效，不需要保证人现实交付、实际履行。

保证合同成立、生效，并不等于发生保证债务的现实履行义务，当主债务人不履行主债务或者发生当事人约定的情形时，保证人才产生给付义务，即保证债务才现实产生。

（三）保证合同是单务合同、无偿合同

保证合同是保证人与主债权人之间的法律关系。在保证合同中，只有保证人负担债务，因而保证合同是单务合同。在保证合同中，保证人负担债务，债权人并不提供对价，因而保证合同是无偿合同。

例： 甲贸易公司向乙商业银行借款 2 000 万元，甲请丙担保公司提供了保证担保。丙担保公司除承诺承担保证责任以外，还向乙银行交付了 500 万元保证金。

解： 甲与乙是主合同关系。乙是主债权人，甲是主债务人。甲与丙是委托合同关系（可以是有偿合同，也可以是无偿合同）。丙与乙是单务、无偿保证合同关系。

（四）保证合同是从合同

保证合同从属于主债权人和主债务人之间的主合同，或者说保证债务从属于主债务。这种从属性表现在以下几方面。

1. 保证债务以主债务的成立为前提，主债务不成立，保证债务亦不成立。

2. 除另有约定外，保证债务的大小、范围按主债务确定。（1）由于主债务人的违约导致主债务扩大（如迟延产生违约金），则保证债务随之扩大。(2) 主债务由于债务人的履行等原因缩小，则保证债务随之缩小。(3) 保证债务为担保主债务的履行而设，故保证债务不得大于主债务，超过主债务的保证，应缩减至主债务的范围。

3. 主债权移转（转让、继承等）时，因主债务仍然存在，除另有约定，保证债务不得免除，即主债权移转，保证债务作为从债务随同移转。与主债权转让不同，主债务转让给第三人时，如未经保证人同意，保证债务消灭。

4. 主债务消灭，保证债务随之消灭。

5. 主债权债务合同无效，保证合同无效，但是法律另有规定的除外。

（五）保证合同具有相对独立性

保证合同以主合同存在为前提，或者说，保证债务是以主债务的存在为前提，但其并不是主债务的一部分，有相对独立性。主合同为主债权人与主债务人之间的法律关系，而保证合同为主债权人与保证人之间的法律关系。正因为此，保证合同的相对独立性表现在以下几个方面。

1. 当事人可以就全部主债成立保证，也可以就部分主债成立保证。

2. 当事人可以成立一般保证，也可以成立连带责任保证。

3. 保证无效，不影响主债的效力。

4. 保证有自己独立的变更、消灭的原因。比如保证期间届满，保证责任消灭。

5. 经债权人同意，保证债务可以单独转让。比如，债权人甲同意保证债务人乙把保证债务转让给第三人丙，也就是说可以换一个保证人。

6. 主合同与保证合同是不同的法律关系，主体也不相同，故主合同约定的仲裁条款对从合同不发生效力，从合同约定的仲裁条款对主合同不发生效力。[①]

三、保证的种类

（一）一般保证与连带责任保证

“保证的方式包括一般保证和连带责任保证”（第 686 条第 1 款）。这是讲保证人担保主债务履行的方式。

1. 一般保证

“当事人在保证合同中约定，债务人不能履行债务时，由保证人承担保证责任的，为一般保证”（第 687 条第 1 款）。一般保证责任是补充性责任，一般保证人享有先诉抗辩权（见本章第五节）。

2. 连带责任保证

“当事人在保证合同中约定保证人和债务人对债务承担连带责任的，为连带责任保证。连带责任保证的债务人不履行到期债务或者发生当事人约定的情形时，债权人可以请求债务人履行债务，也可以请求保证人在其保证范围内承担保证责任”（第 688 条）。连带责任保证的保证人，不享有先诉抗辩权。

一般而言，连带责任保证债务的范围与主债务的范围是一致的，但主债权人与保证人也可以约定保证范围小于主债务的范围。

从诉讼的角度看，债权人提起诉讼，既可以以主债务人为被告，也可以以连带保证人为被告，也可以以主债务人和连带保证人为共同被告。

---

① 《担保制度解释》第 21 条规定：“主合同或者担保合同约定了仲裁条款的，人民法院对约定仲裁条款的合同当事人之间的纠纷无管辖权。”

3. 一般保证与连带保证的认定

“当事人在保证合同中对保证方式没有约定或者约定不明确的，按照一般保证承担保证责任”（第686条第2款）。连带责任保证负担沉重，优先认定一般保证，合理分配了风险，具有鼓励人们提供保证的作用。防止争议的最好办法，是在合同上注明“一般保证”或者“连带保证”的字样。

（1）对保证方式没有约定的，认定为一般保证

例如，甲乙签订一份借款合同，丙作为借款人乙的保证人在借款合同书上签了名，此外就保证事项没有任何表述，应认定丙承担的是一般保证责任。

（2）没有直接规定保证方式时的认定

没有直接规定保证方式，但有保证责任的描述，对承担何种保证应当进行意思表示解释，可作一般保证和连带责任保证两种解释时，应采一般保证的解释。《担保制度解释》第25条规定：“当事人在保证合同中约定了保证人在债务人不能履行债务或者无力偿还债务时才承担保证责任等类似内容，具有债务人应当先承担责任的意思表示的，人民法院应当将其认定为一般保证。当事人在保证合同中约定了保证人在债务人不履行债务或者未偿还债务时即承担保证责任、无条件承担保证责任等类似内容，不具有债务人应当先承担责任的意思表示的，人民法院应当将其认定为连带责任保证。”

例：张甲（女）的弟弟向张甲的男朋友李乙借款7万元，李乙对张甲说：“你要担保我就借！”张甲就在弟弟写的借条上加了句话：“我弟弟无力还钱，由我承担责任。”有人认为，张甲是连带保证，因为她没有写“才”由我承担责任。

解：《民法典》第687条第1款的“不能履行”是客观不能，结合第686条第2款，应认定张甲是一般保证。“才”表明前提条件，没有“才”字，有这样的“意思”，也应认为前提条件成立。

例：甲与乙签订了技术转让合同，丙作为受让人乙支付转让费的保证人。

（1）甲与丙约定，乙到期不付转让费，由丙支付。

（2）甲与丙约定，乙到期因欠缺资力未能支付转让费，由丙承担保证责任。

（3）甲与丙约定，乙不付转让费，由丙无条件支付。

解：（1）是连带责任保证。“到期”是关键词。（2）是一般保证。虽然也有“到期”二字，但注明未支付的原因是欠缺资力。（3）是连带责任保证。

（二）单独保证与共同保证

1. 单独保证与共同保证的区分

按保证人的人数，分为单独保证和共同保证。单独保证，是一个人作为保证人。共同保证，又称为数人保证，是指两个或两个以上的保证人为同一债务提供担保。

共同保证又分为按份共同保证和连带共同保证。“同一债务有两个以上保证人的，保证人应当按照保证合同约定的保证份额，承担保证责任；没有约定保证份额的，债权人可以请求任何一个保证人在其保证范围内承担保证责任”（第699条）。按份共同保证与连带共同保证区分的关键点在于，保证人与债权人是否约定了保证份额，约定了就是按份共同保证，没有约定，就是连带共同保证。

要注意约定的主体，保证人相互之间约定的份额以及保证人与被担保的债务人约定的份额，不能对抗债权人。

2. 按份共同保证

按份保证，保证人仅以保证份额为限承担保证责任。按份共同保证的保证人按照保证合同约定的保证份额承担保证责任后，在其履行保证责任的范围内对债务人行使追偿权或者代位

权。按份共同保证的保证人之间不享有追偿权。

按份保证的每个保证人，都要对债权人作出保证的允诺。按份保证，可以由保证人与债权人签订一个保证合同，也可以由保证人分别与债权人签订保证合同。不在同一时间分别签订保证合同的，不影响按份保证的成立，以一个保证合同确立按份保证，保证人之间有意思沟通；保证人分别与债权人签订保证合同，保证人之间没有合意或意思沟通，这不影响保证合同的成立。

按份保证，是数人分别承担保证债务，是由若干个保证组合而成的共同保证。债权人只能要求保证人在各自的保证份额内承担保证责任。保证人相互之间不承担连带责任。

保证合同成立后，若债权人免除某一保证人的保证责任，其他保证人的保证责任并不因此免除。

3. 连带共同保证

连带共同保证，是指保证人相互之间对保证债务承担连带责任。债权人可以要求任何一个保证人对全部保证债务承担责任，或者说任何一个保证人都负有担保全部债权实现的义务。

两个以上保证人对同一债务同时或者分别提供保证时，各保证人与债权人没有约定保证份额的，应当认定为连带共同保证。按份保证须得到债权人的认可，否则应当认定为连带共同保证。

连带共同保证的保证人相互之间约定各自承担的份额，不具有对抗债权人的效力。但这种“内部”约定，可以成为保证人相互之间清偿的依据。

连带共同保证的保证人承担保证责任后，向债务人不能追偿的部分，由各连带保证人按其内部约定的比例分担。没有约定的，平均分担。

4. 按份共同保证、连带共同保证与先诉抗辩权

对债权人而言，共同保证（按份共同保证与连带共同保证）可以是一般保证，也可以是连带责任保证。共同保证为一般保证的，保证人可以行使先诉抗辩权。

连带共同保证之连带，是指保证人之间互相连带。对债权人而言，连带共同保证人仍可以是一般保证，可以行使先诉抗辩权。

例：甲对乙有 100 万元债权，由丙和丁提供保证。甲作为债权人一方与作为保证人一方的丙、丁约定：“乙不能履行债务时，由丙、丁承担保证责任。”

解：丙、丁是一般保证（见第 687 条）。甲未与丙、丁约定保证份额，丙、丁之间是连带共同保证（见第 699 条）。

（三）单个合同的保证和最高额保证

针对一个主合同订立保证合同，或在有若干主合同的情况下，就单个主合同分别订立保证合同，是单个合同的保证。

对一定期间连续发生的、分别成立的多个主债权，当事人可订立一个最高额保证合同，即订立一个总的保证合同。“最高额”是指担保的最高债权额。① 连续发生的债权，在性质上一般应当相同。最高额保证合同的不特定债权确定后，保证人应当对该确定的债权额（在最高债权额限度内就一定期间连续发生的债权余额）承担保证责任。“保证人与债权人可以协商订立最高额保证的合同，约定在最高债权额限度内就一定期间连续发生的债权提供保证。最高额保证合同除适用本章规定外，参照适用本法第二编最高额抵押权的有关规定”（第 690 条）。最高

① 《担保制度解释》第 15 条第 1 款规定：“最高额担保中的最高债权额，是指包括主债权及其利息、违约金、损害赔偿金、保管担保财产的费用、实现债权或者实现担保物权的费用等在内的全部债权，但是当事人另有约定的除外。”

额保证简化了保证合同的缔结程序，减少了缔约的麻烦，提高了交易效率。

例：啤酒公司每年都要借款买煤，每次借款100万元，一年要借款几次，每次都得找担保人。银行与啤酒公司都嫌麻烦，双方在当年3月1日约定：啤酒公司在当年4月1日至次年4月1日之间，分批向银行借款，每次100万元，还款最后期限为取得最后一批借款后的6个月，可提前还款，扣除归还部分，债权最高额可达500万元。银行与啤酒公司委托的保证人钢铁公司签订了保证合同，约定保证人钢铁公司对银行在当年4月1日至次年4月1日之间发生的债权，在500万元内承担保证责任。

解：如果啤酒公司向银行借了6批款，共600万元，归还过一次100万元，尚有500万元没有归还。最高额保证人就这500万元承担保证责任。

例：买受人甲与出卖人乙在1月1日达成协议，约定当年甲分次向乙购买1 000万元的原料，每次购买由甲向乙发出买方订单，乙见单发货。甲委托丙提供担保，丙与债权人乙签订了保证合同，丙承诺在1 000万元以下承担保证责任。签订保证合同后（当年内）甲向乙分5次购入1 500万元的货物。因合同规定的支付货款期限较短，甲已付款500万元，尚欠1 000万元。保证人丙以货款总额超过500万元进行抗辩，拒绝承担保证责任。

解：（1）买受人甲与出卖人乙达成协议，约定当年甲分次向乙购买1 000万元的原料，该协议是预约合同，后又成立5个本约（本合同）。（2）本案保证人提供的是最高额保证。虽然买卖合同的总额为1 500万元，但在规定的期限内担保最高债权额未超过约定，未加重保证人的负担和风险，保证人仍应承担保证责任。

（四）本保证和反保证

依据保证的债权不同，保证分为本保证和反保证。本保证，是保证债权人债权的实现；反保证，是第二个保证人保证第一个保证人对债务人追偿权（当然也是债权）的实现。

"保证人可以要求债务人提供反担保"（第689条）。反担保是债务人对为自己向债权人提供担保的保证人和物上保证人（抵押人、质押人）提供的担保。① 反担保的方式包括保证、抵押、质押，反保证只是反担保的一种。

例：甲公司欲向乙公司借款500万元，委托张丙充当保证人。张丙说："我替你承担保证责任后向你追偿，你没有钱怎么办？你要给我找个保证人，否则我不干。"于是甲又委托李丁作为张丙的保证人。甲与乙签订了借款合同，张丙与乙签订了连带责任保证合同，李丁又与张丙签订了连带责任保证合同。

解：

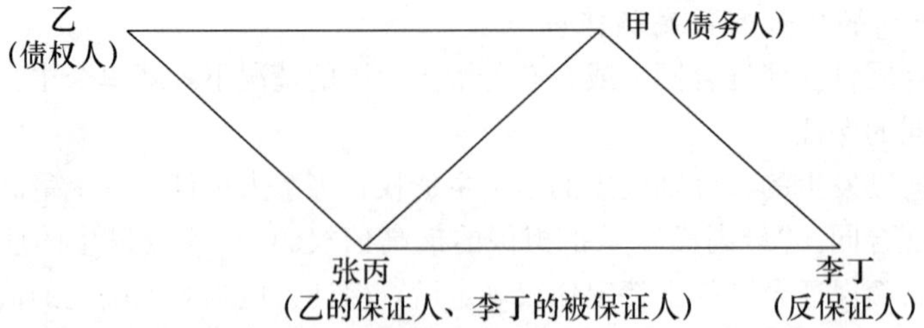

本案法律关系图

（1）乙（债权人）和甲（债务人）的借款合同是主合同。

① 《民法典》第387条第2款规定："第三人为债务人向债权人提供担保的，可以要求债务人提供反担保。反担保适用本法和其他法律的规定。"

(2) 乙和张丙(保证人)的合同是保证合同(借款合同的从合同)。

(3) 张丙和李丁的合同是反保证合同。张丙是李丁的被保证人、债权人。李丁担保的是张丙向甲的追偿权。甲与张丙之间的委托合同是反保证合同的主合同,也就说乙与张丙的保证合同不是反保证合同的主合同。

(4) 假设甲到期无力还钱,由张丙代替其向乙清偿。之后张丙向甲追偿,甲无力清偿,则反保证人李丁与甲对张丙承担连带责任。

第二节 保证合同与主合同的效力关系及保证合同的无效、可撤销

一、保证合同与主合同的效力关系

保证合同与主合同的效力关系,即主从效力关系。主合同与从合同是相对应的概念。主合同是由主债权和主债务构成的法律关系。如果没有从合同存在,合同的"主"字就无从谈起。

(一) 主合同无效,从合同随之无效

"保证合同是主债权债务合同的从合同。主债权债务合同无效的,保证合同无效,但是法律另有规定的除外"(第682条第1款)。《担保制度解释》第2条第1款规定:"当事人在担保合同中约定担保合同的效力独立于主合同,或者约定担保人对主合同无效的法律后果承担担保责任,该有关担保独立性的约定无效。主合同有效的,有关担保独立性的约定无效不影响担保合同的效力;主合同无效的,人民法院应当认定担保合同无效,但是法律另有规定的除外。"可能主合同无效导致保证合同无效,也可能主合同有效而保证合同由于自己的原因而无效。基于从合同的从属性,当事人不能约定:"主合同无效的,从合同效力不受影响",此种效力关系只能由法律规定。

主合同被撤销的,与无效合同一样,自始无效,保证合同作为从合同随之失去效力。

(二) 独立保函不具有效力上的从属性

由银行或者非银行金融机构开立的独立保函不具有效力上的从属性,主合同无效等不影响独立保函的效力。独立保函纠纷案件依据《最高人民法院关于审理独立保函纠纷案件若干问题的规定》处理。①

二、无效保证合同

保证合同是双方法律行为,认定其无效,适用《民法典》对法律行为无效的一般规定。实践中,保证人主体不适格导致保证合同无效的情形较为常见。另外,司法解释对保证合同无效的责任作了专门规定。

(一) 主体不适格的保证合同无效

没有保证资格而提供保证属于主体不适格(不合格)。为保护国家利益、社会公共利益,为使第三人利益免受不测之损害,《民法典》对担保人的资格作了限制。

---

① 《最高人民法院关于审理独立保函纠纷案件若干问题的规定》第1条规定:"本规定所称的独立保函,是指银行或非银行金融机构作为开立人,以书面形式向受益人出具的,同意在受益人请求付款并提交符合保函要求的单据时,向其支付特定款项或在保函最高金额内付款的承诺。前款所称的单据,是指独立保函载明的受益人应提交的付款请求书、违约声明、第三方签发的文件、法院判决、仲裁裁决、汇票、发票等表明发生付款到期事件的书面文件。独立保函可以依保函申请人的申请而开立,也可以依另一金融机构的指示而开立。开立人依指示开立独立保函的,可以要求指示人向其开立用以保障追偿权的独立保函。"

1. 国家机关提供保证的，保证合同一般无效

“机关法人不得为保证人，但是经国务院批准为使用外国政府或者国际经济组织贷款进行转贷的除外”（第683条第1款）。国家机关提供保证的，保证合同无效，但是有例外。比如，将某国际经济组织提供的“造林固沙”贷款转贷给某地的专业机构，地方政府可以为该专业机构的还款提供保证担保。

2. 非营利法人提供保证的，区分公益、互益目的分别确认保证合同的效力

“以公益为目的的非营利法人、非法人组织不得为保证人”[①]（第683条第2款）。非营利法人包括公益法人和互益法人。公益法人是以公益事业（谋取公共利益、公众利益）为目的而设立的法人，如基金会法人。互益法人是以社员（会员）互益、互助为目的而设立的法人，如行业协会。为公益目的的非营利法人不得为保证人，否则保证合同无效；以互益为目的的非营利法人可以为保证人。

以公益为目的的非营利性学校、幼儿园、医疗机构、养老机构等作为保证人为他人提供保证，应当认定保证合同无效；登记为营利法人的学校、幼儿园、医疗机构、养老机构等可以为他人提供保证，签订保证合同。

3. 非法人组织提供保证的，区分公益、互益目的分别确认保证合同的效力

《民法典》第683条第2款规定的“以公益为目的的非营利法人、非法人组织不得为保证人”，其“以公益为目的的”不仅修饰非营利法人，也修饰非法人组织，即以公益为目的的非法人组织也不得为保证人，不能得出“非法人组织不得为保证人”的结论。

“非法人组织是不具有法人资格，但是能够依法以自己的名义从事民事活动的组织。非法人组织包括个人独资企业、合伙企业、不具有法人资格的专业服务机构等”（第102条）。非法人组织分为公益和私益（营利）两类，个人独资企业、合伙企业是私益非法人组织，可以为保证人。社会救助、环境保护等公益非法人组织，不得为保证人，提供保证的，保证合同无效。

4. “两委会”提供保证的，保证合同一般无效

“两委会”（居民委员会、村民委员会）是特别法人。[②]《担保制度解释》第5条第2款规定：“居民委员会、村民委员会提供担保的，人民法院应当认定担保合同无效，但是依法代行村集体经济组织职能的村民委员会，依照村民委员会组织法规定的讨论决定程序对外提供担保的除外。”“居民委员会、村民委员会具有基层群众性自治组织法人资格，可以从事为履行职能所需要的民事活动。未设立村集体经济组织的，村民委员会可以依法代行村集体经济组织的职能”（第101条）。村民委员会可以依法代行村集体经济组织的职能的，以该组织的责任财产作为对外经济活动的责任财产，也可以作为担保的责任财产，经过法定决定程序后，可以作为担保人（含保证人）。

5. 关于内部机构、分支机构签订的保证合同的效力

单位内部机构不能独立对外为意思表示，其作为保证人订立的保证合同无效。内部机构获得授权签订保证合同或构成表见代理的，应认定该单位为保证人。

分支机构不是非法人组织，不是独立的民事主体。分支机构对外提供担保，也须获得授权，否则保证合同无效。公司的分公司是公司的分支机构，其对外提供担保（含保证）的，适

---

① 《民法典》第87条规定：“为公益目的或者其他非营利目的成立，不向出资人、设立人或者会员分配所取得利润的法人，为非营利法人。非营利法人包括事业单位、社会团体、基金会、社会服务机构等。”

② 《民法典》第96条规定：“本节规定的机关法人、农村集体经济组织法人、城镇农村的合作经济组织法人、基层群众性自治组织法人，为特别法人。”

用《公司法》对公司的有关规定和《担保制度解释》的有关规定。①

（二）保证合同无效时的过错责任

1. 概述

“保证合同被确认无效后，债务人、保证人、债权人有过错的，应当根据其过错各自承担相应的民事责任”（第682条第2款）。保证合同（从合同）无效，在法律上应认定其不产生担保的效力，保证人不承担担保责任。但从合同无效，并不一了百了，根据过错，当事人还要承担相应的民事责任。这种民事责任，是担保责任以外的民事责任。承担这种民事责任的主体，包括有过错的债务人、保证人、债权人，没有过错的当事人不承担责任。

《担保制度解释》第18条第1款规定：“承担了担保责任或者赔偿责任的担保人，在其承担责任的范围内向债务人追偿的，人民法院应予支持。”也就是说，担保人不但可就承担的担保责任（含保证责任）向主债务人追偿，就承担的赔偿责任（过错责任）也可向主债务人追偿。

2. 主合同有效、保证合同无效的责任

《担保制度解释》第17条第1款规定：“主合同有效而第三人提供的担保合同无效，人民法院应当区分不同情形确定担保人的赔偿责任：（一）债权人与担保人均有过错的，担保人承担的赔偿责任不应超过债务人不能清偿部分的二分之一；（二）担保人有过错而债权人无过错的，担保人对债务人不能清偿的部分承担赔偿责任；（三）债权人有过错而担保人无过错的，担保人不承担赔偿责任。”保证属于第三人提供担保的合同。

（1）主合同有效，而担保合同的双方（债权人与担保人）对担保合同的无效均有过错的，担保人（含保证人）承担的赔偿责任不应超过债务人不能清偿部分的1/2。比如主债务人欠款500万元，不能清偿部分有300万元，作为过错人之一的保证人，在150万元以下承担赔偿责任，具体数额可由法官根据具体情况确定。

（2）主合同有效，而担保合同的双方（债权人与担保人）中，只有担保人对保证合同无效有过错而债权人无过错的，担保人（含保证人）对债务人不能清偿的部分承担赔偿责任，即对主债务人不能清偿的部分承担全责。

（3）主合同有效，而担保合同的双方（债权人与担保人）中，仅债权人对担保合同无效有过错而担保人无过错的，担保人（含保证人）不承担赔偿责任。

3. 主合同无效导致保证合同无效的责任

《担保制度解释》第17条第2款规定：“主合同无效导致第三人提供的担保合同无效，担

① 《公司法》第16条规定：“公司向其他企业投资或者为他人提供担保，依照公司章程的规定，由董事会或者股东会、股东大会决议；公司章程对投资或者担保的总额及单项投资或者担保的数额有限额规定的，不得超过规定的限额。公司为公司股东或者实际控制人提供担保的，必须经股东会或者股东大会决议。前款规定的股东或者受前款规定的实际控制人支配的股东，不得参加前款规定事项的表决。该项表决由出席会议的其他股东所持表决权的过半数通过。”《担保制度解释》第11条规定：“公司的分支机构未经公司股东（大）会或者董事会决议以自己的名义对外提供担保，相对人请求公司或者其分支机构承担担保责任的，人民法院不予支持，但是相对人不知道且不应当知道分支机构对外提供担保未经公司决议程序的除外。金融机构的分支机构在其营业执照记载的经营范围内开立保函，或者经有权从事担保业务的上级机构授权开立保函，金融机构或者其分支机构以违反公司法关于公司对外担保决议程序的规定为由主张不承担担保责任的，人民法院不予支持。金融机构的分支机构未经金融机构授权提供保函之外的担保，金融机构或者其分支机构主张不承担担保责任的，人民法院应予支持，但是相对人不知道且不应当知道分支机构对外提供担保未经金融机构授权的除外。担保公司的分支机构未经担保公司授权对外提供担保，担保公司或者其分支机构主张不承担担保责任的，人民法院应予支持，但是相对人不知道且不应当知道分支机构对外提供担保未经担保公司授权的除外。公司的分支机构对外提供担保，相对人非善意，请求公司承担赔偿责任的，参照本解释第十七条的有关规定处理。”

保人无过错的，不承担赔偿责任；担保人有过错的，其承担的赔偿责任不应超过债务人不能清偿部分的三分之一。”

主合同无效，第三人提供的担保合同（含保证合同）作为从合同随之无效，担保人责任（含保证人）的归责原则是过错责任，无过错的，不承担责任；有过错的，其承担的赔偿责任是补充责任，上限是债务人不能清偿部分的1/3，具体多少应结合过错程度而定。

（三）保证合同无效与反担保的效力

《担保制度解释》第19条规定：“担保合同无效，承担了赔偿责任的担保人按照反担保合同的约定，在其承担赔偿责任的范围内请求反担保人承担担保责任的，人民法院应予支持。反担保合同无效的，依照本解释第十七条的有关规定处理。当事人仅以担保合同无效为由主张反担保合同无效的，人民法院不予支持。”

主合同无效，从合同也无效，但是，担保合同（包括保证合同），不是反担保合同的主合同（见第一节三中“本保证和反保证”图示及解说），故而，担保合同无效并不导致反担保合同无效，承担担保合同无效责任的担保人，仍可主张在反担保合同中的权利。

三、可撤销的保证合同

保证合同是双方法律行为，保证人请求撤销的，适用《民法典》对可撤销法律行为的一般规定。可撤销的事由包括重大误解、欺诈、胁迫和自始显失公平（第147条至第151条）。因保证合同是单务、无偿合同，不会成为自始显失公平的合同，一般也不会构成重大误解。这里仅就欺诈和胁迫作简要介绍。

（一）因欺诈订立的可撤销保证合同

对于合同来说，欺诈分为相对人的欺诈和第三人的欺诈。保证合同保证人的相对人是债权人，债务人是第三人。

债权人对保证人欺诈成立保证合同，保证人可以请求撤销该合同。“第三人实施欺诈行为，使一方在违背真实意思的情况下实施的民事法律行为，对方知道或者应当知道该欺诈行为的，受欺诈方有权请求人民法院或者仲裁机构予以撤销”（第149条）。债务人委托保证人为自己提供担保，采用了欺诈手段，促使保证人与债权人签订合同，当债权人是恶意时，保证合同才可构成可撤销的合同。如果债务人欺诈保证人，对此债权人不知道也不应知道（善意），则保证合同不能撤销。

为使保证人签订保证合同，债权人与第三人合谋对保证人实施欺诈的，应以恶意串通为由确认保证合同无效。无效事由与可撤销事由竞合的，应认定合同无效。合谋（恶意串通）欺诈与第三人欺诈不同，第三人欺诈是被欺诈人的相对人知道欺诈而有意利用了该欺诈，但没有合谋行为。

（二）因胁迫而订立的可撤销保证合同

因胁迫而订立的保证合同，可以是债权人对保证人的胁迫，也可以是债务人（第三人）对保证人的胁迫。[①] 第三人的胁迫，被胁迫人的相对人不知情（不知道或者不应当知道），不影响被胁迫人成立撤销权，这与第三人欺诈不同（见第149条）。从生活常识来看，债权人胁迫保证人与自己订立保证合同的“必要性”不大，一般是债务人（第三人）有胁迫保证人订立保证合同的动因。

---

① 《民法典》第150条规定：“一方或者第三人以胁迫手段，使对方在违背真实意思的情况下实施的民事法律行为，受胁迫方有权请求人民法院或者仲裁机构予以撤销。”

第三节　保证期间与保证人的诉讼时效抗辩权

一、保证期间

（一）保证期间的性质和意义

1．“保证期间是保证人承担保证责任的期间，不发生中止、中断和延长”（第692条第1款）。保证期间是一个“时间段”，也称为保证责任期间，是根据法律规定或者债权人与保证人的约定，债权人对保证人主张权利的期间。在此期间内，债权人若不主张权利，则期间届满后保证人的保证责任消灭。

保证期间是除斥期间的一种。[①] 除斥期间一般用来限制形成权，但保证期间用来限制主债权人对保证人的债权请求权。保证责任负担很重，法律设立保证期间，是给保证人一个“逃跑”（脱保）的机会；保证期间促使债权人及时主张债权，对防止法律关系长期处于不稳定的状态具有明显的作用。

2．保证期间是债权人对保证人保证债权的存续期间，或者说保证期间是对保证责任的限制期间，故其适用的前提本应是保证合同有效。但《担保制度解释》第33条作了特别规定：“保证合同无效，债权人未在约定或者法定的保证期间内依法行使权利，保证人主张不承担赔偿责任的，人民法院应予支持。”

3．诉讼时效可以中止、中断和延长。保证期间作为除斥期间是不变期间，不能中止、中断和延长。

例： 甲对乙有100万元的债权，由保证人丙提供连带保证。主债务为2月1日到期，保证期间为2月1日至8月1日共计6个月。至2月1日，主债务人乙未履行债务。3月1日，甲把主债权转让给丁，保证债权随同转让。3月2日，甲把转让情况通知了丙。8月2日，丁通知保证人丙承担保证责任，丙认为保证期间已于8月1日届满，丁认为保证期间应当从3月1日或者3月2日起算，尚未届满。

解： 保证期间在3月1日、2日不能中断，仍从2月1日开始（当日不计入在内），至8月1日6个月届满，丙的保证责任已经消灭。

（二）保证期间的“长度”及没有约定和约定不明时的适用

保证期间，分为法定和约定两种。法定保证期间为6个月。约定保证期间由债权人与保证人在保证合同中约定。“债权人与保证人可以约定保证期间，但是约定的保证期间早于主债务履行期限或者与主债务履行期限同时届满的，视为没有约定；没有约定或者约定不明确的，保证期间为主债务履行期限届满之日起六个月”（第692条第2款）。

（1）因保证期间的起算时间为主债务履行期限届满之日，故约定的保证期间早于主债务履行期限或者与主债务履行期限同时届满的，视为没有约定。此种情况适用6个月的保证期间。比如，主债务履行期限届满的时间是5月1日，约定的保证期间是2月1日至4月1日或者2月1日至5月1日，则适用法定保证期间，该保证期间应从5月1日起至11月1日止。

---

① 另有观点认为：“除斥期间作为法定期间，不允许当事人约定，且除斥期间届满后消灭的是形成权，故除斥期间和保证期间亦存在本质区别。”林文学等：《“关于保证合同”部分重点条文解读》，载《人民法院报》，2021-02-11，第7版。本书作者认为，保证期间是权利存续期间，因此它的性质是除斥期间。除斥期间一般限制形成权，但也不排除它限制其他权利。除斥期间一般是法定的，但法律允许约定的，自可约定，且这种约定是处分权利的行为，在法理上并无障碍。

（2）约定不明的，也适用6个月的法定保证期间。《担保制度解释》第32条规定："保证合同约定保证人承担保证责任直至主债务本息还清时为止等类似内容的，视为约定不明，保证期间为主债务履行期限届满之日起六个月。"这是约定不明的一种典型情况。

（三）保证期间的计算

保证期间的计算，应遵循期间计算的一般规定。《民法典》第201条第1款规定："按照年、月、日计算期间的，开始的当日不计入，自下一日开始计算。"期间的计算，应当区分"期间开始的当日"和"期间开始计入日"。"开始的当日"，是法律事实发生的当天。例如，债务人甲到期（2月1日）未履行债务是一项法律事实，到期日（2月1日）就是发生法律事实的当日。再如，乙通知连带保证人丙履行债务，通知3月1日送达，送达日（3月1日）就是发生法律事实的当日。法律事实发生的当日，要么在该日结束的时候事实确定（如上述2月1日要等到工作时间结束或24点才能确定甲逾期），要么当日不足一天（如上述乙的通知送达，不论在3月1日的哪个节点都不足一日），故而，期间开始的当日不能计入在内。期间开始的第二天应当计入在内，称为"期间开始计入日"。《民法典》所说的从"某日"期间开始（如涉及保证的第692条第2、3款）和从"某日"开始计算（如涉及保证的第694条），开始的当日（法律事实发生之日）不计入在内。

1. 一般保证和连带责任保证保证期间的计算

一般保证和连带责任保证保证期间的计算标准是相同的（两种保证方式诉讼时效的计算不同）。

（1）保证期间自主债务履行期限届满之日起开始计算。例如，主债务履行期限届满是3月1日，开始的当天（3月1日）不计入在内，适用法定保证期间（6个月）时，保证期间作为一个时间段实际是3月2日至9月1日。在3月2日至9月1日期间，若主债权人未按法定方式主张权利，保证人免责。

同一债务分期履行的，应从最后一期债务履行期限届满之日开始计算保证期间。

（2）"债权人与债务人对主债务履行期限没有约定或者约定不明确的，保证期间自债权人请求债务人履行债务的宽限期届满之日起计算"（第692条第3款）。主合同对主债务履行期限没有约定或者约定不明确的，为不定期债权，债权人得随时主张债权，但一般要给债务人一定的宽限期，该宽限期届满之日，就是保证期间的计算之日。

2. 最高额保证保证期间的计算

《担保制度解释》第30条规定："最高额保证合同对保证期间的计算方式、起算时间等有约定的，按照其约定。最高额保证合同对保证期间的计算方式、起算时间等没有约定或者约定不明，被担保债权的履行期限均已届满的，保证期间自债权确定之日起开始计算；被担保债权的履行期限尚未届满的，保证期间自最后到期债权的履行期限届满之日起开始计算。前款所称债权确定之日，依照民法典第四百二十三条的规定认定。"① 有约定的按约定，没有约定或者约定不明的，不是根据被担保的每个（笔）债权分别计算保证期间，而是统一适用一个保证期间。采用方式是：以不特定的债权确定时被担保债权的履行期限是否已经届满来确定起算点。

（1）债权确定时，被担保的各个债权的履行期限均已届满的，保证期间自债权确定之日起开始计算。

---

① 《民法典》第423条规定："有下列情形之一的，抵押权人的债权确定：（一）约定的债权确定期间届满；（二）没有约定债权确定期间或者约定不明确，抵押权人或者抵押人自最高额抵押权设立之日起满二年后请求确定债权；（三）新的债权不可能发生；（四）抵押权人知道或者应当知道抵押财产被查封、扣押；（五）债务人、抵押人被宣告破产或者解散；（六）法律规定债权确定的其他情形。"

(2) 债权确定时，被担保的各个（笔）债权中，有的债权履行期限尚未届满，保证期间自最后到期的债权的履行期限届满之日起开始计算。

以上两种起算方法，哪一个时间靠后采用哪一种，这显然是有利于债权人的。

例： 甲受丙之托与乙签订最高额保证合同，约定甲对乙向丙连续提供的借款在6 000万元限额内承担连带保证责任，甲乙约定债权确定期间为二年，自最高额保证合同签订之日起计算，双方没有约定保证期间。在最高额保证合同签订后，债权人乙在一年半内分别与债务人丙签订了三份借款合同。保证期间何时届满？

解： 甲、乙约定债权确定期间届满，债权数额自动确定，保证人甲在6 000万元限额内承担保证责任。甲、乙未约定保证期间，适用6个月的法定保证期间。债权确定时，三笔借款归还期限都已经届满，则保证期间自债权确定时开始计算；如还有一笔借款归还期限没有届满，从该笔借款届满之日起开始计算。

（四）保证期间届满的效力

1. 保证期间届满，一般保证责任消灭

(1) “一般保证的债权人未在保证期间对债务人提起诉讼或者申请仲裁的，保证人不再承担保证责任”（第693条第1款）。上述规定遗漏了债权人取得被赋予强制执行效力的公证债权文书的情形。《担保制度解释》第27条予以补充：“一般保证的债权人取得对债务人赋予强制执行效力的公证债权文书后，在保证期间内向人民法院申请强制执行，保证人以债权人未在保证期间内对债务人提起诉讼或者申请仲裁为由主张不承担保证责任的，人民法院不予支持。”①

由于一般保证人享有先诉抗辩权和后诉利益，债权人实现自己的债权，应首先针对债务人提出要求。在约定或法定保证期间，债权人未对债务人提起诉讼或申请仲裁，或者有公证债权文书而未向人民法院申请强制执行，则一般保证人的保证责任消灭。保证责任的消灭，即债权人的保证债权（从权利）消灭。

(2)《担保制度解释》第31条第1款规定：“一般保证的债权人在保证期间内对债务人提起诉讼或者申请仲裁后，又撤回起诉或者仲裁申请，债权人在保证期间届满前未再行提起诉讼或者申请仲裁，保证人主张不再承担保证责任的，人民法院应予支持。”即是说，一般保证期间的进行，不受撤诉、撤裁的影响，保证期间不能中断。

例： 甲对乙有100万元的债权，由丙提供一般保证，债务人乙的债务履行期至2月1日届满，债权人甲与保证人丙约定的保证期间是10个月，至同年12月1日届满。2月1日，债务履行期届满，乙未履行债务，甲于3月1日起诉乙，乙表示尽快履行。甲听信乙言，在4月1日撤诉，但乙自食其言，仍未履行。

解： 4月1日甲撤诉后，其保证期间已经进行了2个月，还有8个月，即仍至12月1日届满。在12月1日前，甲对乙若没有再次起诉，丙的保证责任消灭。

2. 保证期间届满，连带保证责任消灭

“连带责任保证的债权人未在保证期间请求保证人承担保证责任的，保证人不再承担保证责任”（第693条第2款）。连带保证责任消灭，即债权人的保证债权消灭。

《担保制度解释》第31条第2款规定：“连带责任保证的债权人在保证期间内对保证人提起诉讼或者申请仲裁后，又撤回起诉或者仲裁申请，起诉状副本或者仲裁申请书副本已经送

① 《民事诉讼法》第238条规定：“对公证机关依法赋予强制执行效力的债权文书，一方当事人不履行的，对方当事人可以向有管辖权的人民法院申请执行，受申请的人民法院应当执行。公证债权文书确有错误的，人民法院裁定不予执行，并将裁定书送达双方当事人和公证机关。”

达保证人的，人民法院应当认定债权人已经在保证期间内向保证人行使了权利。”因不要求债权人以起诉或仲裁的方式对连带保证人主张权利，故其撤诉或撤裁也无关紧要。关键是债权人要在保证期间内起诉或者申请仲裁，副本送达就算其主张了权利，保证责任因而不消灭。

一般保证和连带保证责任的消灭，就是实务中所说的“脱保”。

3. 一般保证与连带责任保证对保证期间适用的区别

（1）在保证期间内，一般保证的债权人要针对债务人主张权利；连带责任保证的债权人要针对保证人主张权利。

（2）一般保证的债权人对债务人主张权利的方式是提起诉讼或者申请仲裁，以通知的方式催告履行不发生法定效果。连带保证的债权人对保证人主张权利，可以提起诉讼或者申请仲裁，也可以通知的方式催告履行。

例：甲对乙有10万元的货款债权，乙应当在当年3月1日前清偿，丙为一般保证人。甲、丙没有约定保证期间，请问：保证期间到什么时候届满？甲在保证期间内曾经通知一般保证人丙，要求其承担保证责任，在保证期间届满后，丙还承担责任吗？

解：（1）甲、丙没有约定保证期间，保证期间在当年9月1日届满（6个月）。甲在9月1日前（含9月1日）未起诉主债务人乙，或与乙有仲裁约定未对乙提起仲裁，则一般保证人丙实现“胜利大逃亡”，不再承担任何责任。甲在保证期间内通知丙承担责任，并不发生效力。（2）如果甲在保证期间内单独起诉了一般保证人丙，被法院驳回起诉[①]，甲在剩余的保证期间内（9月1日前）没有起诉主债务人乙或者对其提起仲裁，则丙也实现“胜利大逃亡”，不承担任何责任。

4. 保证期间对共同保证人的分别适用

《担保制度解释》第29条规定：“同一债务有两个以上保证人，债权人以其已经在保证期间内依法向部分保证人行使权利为由，主张已经在保证期间内向其他保证人行使权利的，人民法院不予支持。同一债务有两个以上保证人，保证人之间相互有追偿权，债权人未在保证期间内依法向部分保证人行使权利，导致其他保证人在承担保证责任后丧失追偿权，其他保证人主张在其不能追偿的范围内免除保证责任的，人民法院应予支持。”即是说，对共同保证人，保证期间要分别适用，有几个保证人，就有几个保证期间。此条适用于连带责任保证，因为对一般保证而言，债权人是在保证期间内对主债务人主张权利，即在保证期间内对主债务人采用起诉或者仲裁的方式主张权利，就“拴住”了一般保证人，对两个以上的保证人发生同样的“拴住”效果。

5. 保证期间届满后，保证人的签字等行为不发生效力

《担保制度解释》第34条第2款规定：“债权人在保证期间内未依法行使权利的，保证责任消灭。保证责任消灭后，债权人书面通知保证人要求承担保证责任，保证人在通知书上签字、盖章或者按指印，债权人请求保证人继续承担保证责任的，人民法院不予支持，但是债权人有证据证明成立了新的保证合同的除外。”保证期间是除斥期间，在届满后保证合同自动终止，保证责任自动终止。但很多保证人不了解这一点，在接到债权人履行保证责任的催告通知书后，就在通知书回执上签字、盖章或者按指印，此种行为在债权人与保证人之间不产生新的保证合同的效力。但是，债权人举证证明保证人知道保证期间已经届满仍签字、盖章、按指印的，说明其同意重新成立保证合同，愿意再次承担保证责任。

---

① 《担保制度解释》第26条第1款规定：“一般保证中，债权人以债务人为被告提起诉讼的，人民法院应予受理。债权人未就主合同纠纷提起诉讼或者申请仲裁，仅起诉一般保证人的，人民法院应当驳回起诉。”

二、保证人的诉讼时效抗辩权

(一) 一般保证人的诉讼时效的起算

“一般保证的债权人在保证期间届满前对债务人提起诉讼或者申请仲裁的，从保证人拒绝承担保证责任的权利消灭之日起，开始计算保证债务的诉讼时效”（第 694 条第 1 款）。据此，从一般保证人的先诉抗辩权消灭之日（应当履行保证债务之日）起，对其开始计算诉讼时效。①

(二) 连带保证人的诉讼时效的起算

“连带责任保证的债权人在保证期间届满前请求保证人承担保证责任的，从债权人请求保证人承担保证责任之日起，开始计算保证债务的诉讼时效”（第 694 条第 2 款）。诉讼时效的起算是在保证期限届满前，如果保证期限届满，保证责任已经消灭，就不存在起算的问题了。起算须有针对保证人主张权利的行为，债权人仅对债务人主张权利的，对保证人的诉讼时效不起算。

(三) 诉讼时效抗辩权的行使与放弃

1. 对一般保证人和连带保证人三年的诉讼时效届满②，保证人有权拒绝履行保证责任。这种拒绝行为，就是行使诉讼时效抗辩权的行为。

保证人对已经超过诉讼时效期间的债务承担保证责任或者提供保证的，是放弃诉讼时效抗辩权的行为。放弃以后又以超过诉讼时效为由抗辩的，不应得到支持。

2. 诉讼时效届满与保证期间届满的效果不同。

例：(1) 甲银行在保证期间届满后，才向保证人 A 发出催款通知书，A 不知自己的保证责任已消灭，在催款通知书上签了字。(2) 乙信用社在诉讼时效超过后，才向保证人 B 发出催款通知单，B 不知诉讼时效已经超过，在催款通知单上签字。请问：A 与 B 是否继续承担责任?

解：保证人 A 不再承担责任；保证人 B 继续承担责任。保证期间经过后，债权人对保证人的债权消灭，保证人签字不发生效力。诉讼时效超过后，债权人对保证人的债权不消灭，但保证人得行使诉讼时效抗辩权，其签字客观上产生放弃行使诉讼时效抗辩权的效果。

第四节　保证担保的范围、主合同“变动”后的保证责任

一、保证担保的范围

“保证的范围包括主债权及其利息、违约金、损害赔偿金和实现债权的费用。当事人另有约定的，按照其约定”（第 691 条）。保证担保的范围，采用约定优于法定的规则。当事人对保

① 《担保制度解释》第 28 条规定：“一般保证中，债权人依据生效法律文书对债务人的财产依法申请强制执行，保证债务诉讼时效的起算时间按照下列规则确定：（一）人民法院作出终结本次执行程序裁定，或者依照民事诉讼法第二百五十七条第三项、第五项的规定作出终结执行裁定的，自裁定送达债权人之日起开始计算；（二）人民法院自收到申请执行书之日起一年内未作出前项裁定的，自人民法院收到申请执行书满一年之日起开始计算，但是保证人有证据证明债务人仍有财产可供执行的除外。一般保证的债权人在保证期间届满前对债务人提起诉讼或者申请仲裁，债权人举证证明存在民法典第六百八十七条第二款但书规定情形的，保证债务的诉讼时效自债权人知道或者应当知道该情形之日起开始计算。”

② 一般保证和连带保证的保证债权都适用三年普通诉讼时效的规定。《民法典》第 188 条第 1 款规定：“向人民法院请求保护民事权利的诉讼时效期间为三年。法律另有规定的，依照其规定。”

证担保的范围没有约定或者约定不明确的，保证人应当对全部债务承担责任。

《担保制度解释》第3条规定："当事人对担保责任的承担约定专门的违约责任，或者约定的担保责任范围超出债务人应当承担的责任范围，担保人主张仅在债务人应当承担的责任范围内承担责任的，人民法院应予支持。担保人承担的责任超出债务人应当承担的责任范围，担保人向债务人追偿，债务人主张仅在其应当承担的责任范围内承担责任的，人民法院应予支持；担保人请求债权人返还超出部分的，人民法院依法予以支持。"依此，对超出主债务的部分，保证人有权拒绝向债权人支付，已经支付的有权请求债权人返还；对超出主债务的部分，保证人向债权人支付后向债务人追偿的，债务人有权拒绝支付。

1. 专门约定的担保人（含保证人）的违约责任，不属于主债务，与主债务没有从属性，向主债务人追偿没有依据，因而担保人可以对主债权人抗辩，主张仅在债务人应当承担的责任范围内承担责任，担保人已经向主债权人履行的，对超额部分有权请求返还。

2. 担保人承担的担保责任范围大于主债务的部分（如担保责任的数额高于主债务、担保责任约定的利息高于主债务利息等），超越了从属性，无法向债务人追偿，因而担保人可以对主债权人抗辩或者请求返还超额的部分。

例：甲对乙有100万元货款债权，约定："买受人乙应在6月1日前支付，到期不支付按日万分之三支付迟延履行的违约金。"甲与第三人丙签订保证合同，约定："保证人丙对乙的债务承担连带责任，并自6月1日起按日万分之五承担迟延履行保证债务的违约金"。

解：主债权人甲与保证人丙约定的丙的违约责任超过日万分之三的部分，是保证人丙的"专门的违约责任"，大于主债务，超过的部分无效。

(1) 当乙到期未履行主债务，甲要求丙支付货款本金并要求其按日万分之五支付违约金，丙有权对超过日万分之三的部分主张权利不成立抗辩。比如，丙在6月1日起60天后才履行保证债务，其要按迟延的天数支付日万分之三的违约金。该金额实际是债务人乙的违约金。

(2) 丙若向甲按日万分之五交付了违约金，对超过日万分之三的部分，有权以不当得利为由请求甲返还。

(3) 丙若向甲按日万分之五交付了违约金，又向主债务人乙追偿，对超过日万分之三的部分，乙得主张权利不成立的抗辩，拒绝支付。

二、主合同内容变更后的保证责任

（一）主合同内容变更的含义

主合同内容变更，是在主合同债权人、债务人不发生变化的前提下，对合同内容的修改。内容的变更，实质上是当事人权利义务关系的部分调整。这里所说的变更，是主债权人和主债务人合意变更，须有主债权人的意思表示参与其中。例如，甲借给乙100万元，合同约定用途为技术改造，乙擅自将借款挪用于炒股，到期无法向甲归还。债权人甲要求保证人丙承担保证责任，丙以主合同变更为由进行抗辩。丙的抗辩不能成立，因为将借款挪用，是乙的单方违约行为，甲并没有同意，丙不能免责。

（二）主合同内容变更后的保证责任

"债权人和债务人未经保证人书面同意，协商变更主债权债务合同内容，减轻债务的，保证人仍对变更后的债务承担保证责任；加重债务的，保证人对加重的部分不承担保证责任。债权人和债务人变更主债权债务合同的履行期限，未经保证人书面同意的，保证期间不受影响"（第695条）。主合同变更有三种情况：减轻主债务；加重主债务；延期履行或者提前履行。

1. 合意变更后减轻债务人债务的，保证债务作为从债务随之减轻。例如，保证人担保80万元的货款，主合同的出卖人与买受人协商一致将货款改为70万元，则保证债务变成70

万元。

2. 合意变更后加重债务人债务的，对加重部分，未经保证人书面同意，保证人不增加责任。例如，保证人担保80万元的货款，主合同的出卖人与买受人协商一致将货款改为100万元，则保证债务仍为80万元。

对可分之债，才能区分出“加重部分”；对不可分之债，变更后债务增加，应认为成立了新的法律关系，保证人的保证责任全部消灭。

3. 主合同履行期限的合意变更，分为提前履行和延期履行两种情况。未经保证人书面同意的，保证期间的截止时间不受影响。

主债权人同意主债务人提前履行，到期主债务人不履行，主债权人要求保证人履行的，保证人可以主张抗辩权。债权人同意债务人延期履行，就要承担向保证人主张权利期间“实际缩短”的风险。

例：甲对乙有10万元债权，双方约定债务人乙在当年3月1日前清偿。甲、丙在保证合同中约定，乙到期未履行即由保证人丙履行，双方没有约定保证期间。没有约定保证期间的，适用6个月的保证期间，保证期间在当年9月1日截止（9月1日减去3月1日等于6个月，3月1日不计入在内，3月2日计入）。

（1）设主债权人甲与主债务人乙合意将3月1日前清偿改为2月1日前清偿，未取得连带保证人丙的书面同意。

解：乙到2月1日未履行合同，甲向丙请求履行，则丙为保护自己的期限利益，得以“我的义务从3月1日开始”为由主张抗辩权（拒绝履行）。保证期间仍于当年3月1日起算、9月1日截止。若在此期间，甲没有依照法定方式向丙主张权利，丙的保证责任消灭。

（2）设主债权人甲与主债务人乙合意将3月1日前清偿改为5月1日前清偿，未取得连带保证人丙的书面同意。

解：保证期间仍在当年9月1日截止，乙到5月1日未履行合同，若甲到9月1日（含该日）还没有依照法定方式主张权利，丙的保证责任消灭。甲实际可向丙主张权利的期间只有4个月。

三、债权、债务转让时的保证责任

在保证期间内，债权人将主债权转让给第三人，或者债权人同意债务人将债务转让给第三人，主体发生变动，就随之发生保证责任的继续与免除的问题。

（一）债权转让时的保证责任

1. 债权转让对保证人的效力

“债权人转让全部或者部分债权，未通知保证人的，该转让对保证人不发生效力”（第696条第1款）。[①]“从随主”，主债权转让给第三人，保证债权随同转让给第三人，但须通知保证人，否则该转让对保证人不发生效力。债权人（转让人）是通知义务人。

2. 须取得保证人书面同意的债权转让

“保证人与债权人约定禁止债权转让，债权人未经保证人书面同意转让债权的，保证人对受让人不再承担保证责任”（第696条第2款）。此处保证人的同意，是要式行为，须采用书面方式。

例：保证人甲与债权人乙在保证合同中订明：“保证人担保的主债权不得转让。”乙想：

① 《民法典》第546条规定：“债权人转让债权，未通知债务人的，该转让对债务人不发生效力。债权转让的通知不得撤销，但是经受让人同意的除外。”保证人是从债务人。

"我的债权我做主"，就把债权转让给了第三人丙并通知了保证人甲，则甲"全身而退"，不再承担保证责任，丙拿到的债权是"裸体债权"（没有担保的债权）。

例：甲对乙有 80 万元货款债权，由丙提供连带保证，债权人甲与保证人丙约定："禁止债权转让"。后来，甲将债权转让给知情的丁并通知了丙，受让人丁要求丙履行保证债务，丙依据《民法典》第 692 条第 2 款的规定主张权利已消灭的抗辩。丁则提出："《民法典》第 545 条第 2 款规定：'当事人约定非金钱债权不得转让的，不得对抗善意第三人。当事人约定金钱债权不得转让的，不得对抗第三人。' 80 万元货款债权是金钱债权，是保证债权，保证债权也适用上述规定，你们（甲、丙）的约定对我不发生效力，你丙现在是我丁的保证人。"

解：丙的保证责任依法消灭，丁的主张错误。《民法典》第 696 条第 2 款是特别规定，第 545 条是一般规定，应当优先适用特别规定。保证债务多为金钱债务，非金钱债务很少见，如果认为第 696 条第 2 款只适用于非金钱债务，则不符合立法的本旨。

（二）债务转移与保证责任

1. 未经书面同意的债务转移，保证人免责

"债权人未经保证人书面同意，允许债务人转移全部或者部分债务，保证人对未经其同意转移的债务不再承担保证责任，但是债权人和保证人另有约定的除外"（第 697 条第 1 款）。这是为保障保证人免受不测之损害的规定。此处保证人同意，是要式行为，应当采用书面形式。

债务转移，须经债权人同意，债权人对债务受让人（承担人）的清偿能力有所认识，但保证人并不清楚或者认可债务受让人的清偿能力，故对未经保证人书面同意的债务转让，保证人免责，债权变成了"裸体债权"。如果债权人和保证人事先约定，债权人同意债务人向他人转让债务，不必再取得保证人的同意，该约定说明保证人事先同意转让。

过程是：第一步，债务人转移债务取得债权人的同意；第二步，债权人取得保证人的书面同意（按照约定事先同意的除外）；第三步，债权人向债务人为同意债务转移的意思表示。

2. 加入主债务的，保证责任不受影响

"第三人加入债务的，保证人的保证责任不受影响"（第 697 条第 2 款）。债务加入，又称为并存的债务承担，加入人与债务人一起承担连带责任（见第 552 条）。

（1）上述"加入债务"，是指加入主债务。例如，甲借给乙 50 万元，丙是保证人，甲将款项交给乙后不放心，又找到乙的父亲丁诉说此事，丁表示自己也作为这 50 万元的借款人，给甲写了一张借条。丁是主债务的加入人，丙的保证责任不受影响。如果丁表示自己也作为这 50 万元的保证人，则为保证债务的加入人，丙、丁构成连带责任保证人。

区分主债务的加入与承诺保证，以及区分主债务的加入与保证债务的加入，是很重要的。因为主债务人无所谓保证期间和先诉抗辩权的问题，而保证人经过保证期间，保证债务消灭。如果承诺为一般保证人，则承诺人享有先诉抗辩权。承诺保证是没有保证人时，第三人承诺为保证人；保证债务的加入，是已有保证人再增加新的保证人。

（2）在保证期间内，债权人按法定方式主张权利致保证期间提前终止后，第三人也可加入债务。例如，甲对乙有 90 万元债权，由丙提供连带保证。甲对乙的债权 3 月 1 日到期，丙的保证期间于同年 9 月 1 日到期。债务人乙到期不履行债务，甲同年 6 月 1 日要求连带保证人丙履行，则丙的保证期间不再继续进行，即保证期间终止。此后，第三人可以加入主债务，也可以作为新的保证人。

四、主合同解除后的保证责任

"主合同解除后，担保人对债务人应当承担的民事责任仍应当承担担保责任，但是担保合

同另有约定的除外”（第566条第3款）。保证人是担保人的一种，此规定自可适用于保证。例如，甲借给乙500万元用于设备改造，由丙提供保证担保。甲发现乙将应专款专用的该500万元挪用，就依据借款合同的约定通知乙解除了合同，对乙解除后返还本息的义务，丙不能免责，仍应承担保证责任。

五、以新贷偿还旧贷时的保证责任

对于借款合同，借款人到期没有偿还，贷款人（债权人）又与借款人（债务人）签订新的借款合同，借款人以新合同项下的借款，偿还旧合同项下的借款，称为“以新贷偿还旧贷”，简称为“以新还旧”。主合同当事人之间有前后两个借款合同，第二个借款合同并不发生款项的实际交付。“以新还旧”涉及担保人（含保证人）的担保责任的存废问题。《担保制度解释》第16条第1款规定：“主合同当事人协议以新贷偿还旧贷，债权人请求旧贷的担保人承担担保责任的，人民法院不予支持；债权人请求新贷的担保人承担担保责任的，按照下列情形处理：（一）新贷与旧贷的担保人相同的，人民法院应予支持；（二）新贷与旧贷的担保人不同，或者旧贷无担保新贷有担保的，人民法院不予支持，但是债权人有证据证明新贷的担保人提供担保时对以新贷偿还旧贷的事实知道或者应当知道的除外。”

“以新还旧”，主合同当事人之间成立了新合同（即成立了新的法律关系），旧合同的借款债务已经偿还，主合同债权人要求旧合同担保的第三人（含保证人）承担新合同担保责任的，担保人有权拒绝，理由是，其担保的旧合同债务已经偿还，对新合同债务没有责任。

对于新贷的担保人应否承担担保责任，区分以下具体情况。

其一，新贷与旧贷两个借款合同的担保人相同，担保人对新贷应当承担担保责任。例如，甲在旧合同中以保证人身份签名，又在新合同上以保证人的身份签名，对第二个合同甲应当承担保证责任。此种情况下，其知道或者应当知道第二个合同是以新还旧的。

其二，新贷与旧贷前后两个借款合同的担保人不同，或者旧借款合同无担保而新借款合同有担保的，新贷的担保人不承担担保责任，但是债权人有证据证明新贷的担保人提供担保时对以新贷偿还旧贷的事实知道或者应当知道的除外。例如，甲在旧借款合同中以保证人身份签名，乙在新借款合同上以保证人的身份签名，对第二个借款合同乙不承担保证责任，理由是他不知道或不应知道主合同债务人在第二个借款合同中并没有实际拿到借款，这样的担保风险更大。如果乙知道或者应当知道第二个合同是以新还旧的，那他是自愿或者应当承担这种额外的风险，其就应当承担担保责任。

第五节　保证人对债权人的抗辩和对债务人的追偿权、代位权

一、保证人对债权人的抗辩

（一）一般保证人享有先诉抗辩权（先执行抗辩权）

1. 先诉抗辩权的含义

债权人和保证人在保证合同中约定，债务人不能履行债务时，由保证人承担保证责任的，为一般保证。一般保证债务具有补充性，因而一般保证人享有先诉抗辩权。这种抗辩权的内容是：“一般保证的保证人在主合同纠纷未经审判或者仲裁，并就债务人财产依法强制执行仍不能履行债务前，有权拒绝向债权人承担保证责任。”也就是说，经过法定程序，被担保的债务

人客观不能履行债务时，才由保证人承担保证责任。[①]

2. 先诉抗辩权的消灭

保证人的先诉抗辩权消灭，债权人可以直接向一般保证人要求清偿。

“一般保证的保证人在主合同纠纷未经审判或者仲裁，并就债务人财产依法强制执行仍不能履行债务前，有权拒绝向债权人承担保证责任，但是有下列情形之一的除外：（一）债务人下落不明，且无财产可供执行；（二）人民法院已经受理债务人破产案件；（三）债权人有证据证明债务人的财产不足以履行全部债务或者丧失履行债务能力；（四）保证人书面表示放弃本款规定的权利”（第687条第2款）。出现上述情形之一，一般保证人的先诉抗辩权消灭。

其一，债务人下落不明，且无财产可供执行。债务人虽然下落不明，但有财产可供执行的，则一般保证人的先诉抗辩权不消灭。

其二，人民法院受理债务人破产案件，中止执行程序。此种情况下，债权人不能依照主合同从债务人处获得清偿，若允许保证人行使先诉抗辩权，则有违保证的宗旨。此时保证人无先诉抗辩权。《最高人民法院关于适用〈中华人民共和国企业破产法〉若干问题的规定（三）》第4条规定：“保证人被裁定进入破产程序的，债权人有权申报其对保证人的保证债权。主债务未到期的，保证债权在保证人破产申请受理时视为到期。一般保证的保证人主张行使先诉抗辩权的，人民法院不予支持，但债权人在一般保证人破产程序中的分配额应予提存，待一般保证人应承担的保证责任确定后再按照破产清偿比例予以分配。保证人被确定应当承担保证责任的，保证人的管理人可以就保证人实际承担的清偿额向主债务人或其他债务人行使求偿权。”

其三，债权人有证据证明债务人的财产不足以履行全部债务或者丧失履行债务能力。比如，债权人甲证明债务人乙被他人申请强制执行，只保留生活的必需财产，丧失了履行债务的能力，则可直接要求一般保证人清偿。

其四，保证人书面表示放弃先诉抗辩权。一般保证人既可以行使先诉抗辩权，也可以放弃它。放弃应当采用书面形式，口头声明放弃的，不产生丧失先诉抗辩权的法律效果。保证人以书面形式放弃先诉抗辩权，实质上是将一般保证变更为连带保证。

3. 先诉抗辩权的预先行使

先诉抗辩权的预先行使，是先诉抗辩权的特别行使方式。“一般保证的保证人在主债务履行期限届满后，向债权人提供债务人可供执行财产的真实情况，债权人放弃或者怠于行使权利致使该财产不能被执行的，保证人在其提供可供执行财产的价值范围内不再承担保证责任”（第698条）。比如，张甲向李乙借款2 000万元到期不还，为防止家产被强制执行，把值钱的东西变卖1 500万元后存在王丙处。一般保证人赵丁得知信息后告诉了债权人李乙，李乙觉得反正有赵丁兜底，就没有及时采取法律措施。后来李乙起诉张甲，发现存在王丙处的1 500万元已无法查清去向，不能强制执行，则一般保证人赵丁在1 500万元的范围内免责。

（二）一般保证人和连带责任保证人可以行使债务人抗辩的权利

“保证人可以主张债务人对债权人的抗辩。债务人放弃抗辩的，保证人仍有权向债权人主张抗辩”（第701条）。条文中表述是“抗辩”，而非“抗辩权”。这里的“抗辩”，包括主债务人的履行抗辩权、诉讼时效抗辩权、抵销权（广义的抗辩权）和其他“抗辩的权利”。

---

① 为保护一般保证人的先诉抗辩权利益，《担保制度解释》第26条规定：“一般保证中，债权人以债务人为被告提起诉讼的，人民法院应予受理。债权人未就主合同纠纷提起诉讼或者申请仲裁，仅起诉一般保证人的，人民法院应当驳回起诉。一般保证中，债权人一并起诉债务人和保证人的，人民法院可以受理，但是在作出判决时，除有民法典第六百八十七条第二款但书规定的情形外，应当在判决书主文中明确，保证人仅对债务人财产依法强制执行后仍不能履行的部分承担保证责任。债权人未对债务人的财产申请保全，或者保全的债务人的财产足以清偿债务，债权人申请对一般保证人的财产进行保全的，人民法院不予准许。”此规定是为了保护一般保证人的先诉抗辩权利益。

保证人享有债务人的抗辩权和其他抗辩的权利，对保护保证人和债务人的合法权益都具有重要意义。保证人担保债务人的债务，亦应享有债务人的权利。保证人以自己的名义行使抗辩的权利而非以债务人的名义行使。因而，主债务人抛弃抗辩权利的，保证人仍然可以行使。

1. 保证人可以行使主债务人的履行抗辩权

债务人的履行抗辩权是指债权人行使债权时，债务人根据法定事由，对抗债权人行使请求权的权利。履行抗辩权有同时履行抗辩权（见第525条）、先履行抗辩权（见第526条）和不安抗辩权（见第527条、第528条）。这三种抗辩权保证人是否都能行使？——结论是明确的：在有保证人的情况下，债务人是主合同的后履行义务人，而不安抗辩权是先履行义务人的权利，所以债务人没有不安抗辩权。债务人既然没有不安抗辩权，保证人就无从行使。

例： A给B公司发货，标的额为100万元，由C公司提供支付货款的保证担保。标的物质量有重大瑕疵，B公司收货后拒付货款。A公司找保证人C公司支付。C公司拒付，理由何在？

解： 在主合同中，B公司是后履行义务人，A公司是先履行义务人，B公司有先履行抗辩权，因此，C公司行使的是B公司的先履行抗辩权。

2. 保证人可以行使主债务人的诉讼时效抗辩权

债权人对主债务人的诉讼时效届满，主债务人可以行使诉讼时效抗辩权，拒绝履行主债务。保证人可以主张主债务人的诉讼时效抗辩权，拒绝履行保证债务（拒绝承担保证责任）。①

《担保制度解释》第35条规定："保证人知道或者应当知道主债权诉讼时效期间届满仍然提供保证或者承担保证责任，又以诉讼时效期间届满为由拒绝承担保证责任或者请求返还财产的，人民法院不予支持；保证人承担保证责任后向债务人追偿的，人民法院不予支持，但是债务人放弃诉讼时效抗辩的除外。"主债权诉讼时效期间届满，变成了自然之债，保证人以下两种行为有效，不得反悔，除非其不知道或者不应知道债权已经超过了诉讼时效：第一，保证人仍然提供保证（与债权人签订保证合同）；第二，保证人仍然履行已经签订的保证合同（承担保证责任）。在以上第一或者第二种情况下，保证人承担保证责任后不得向主债务人追偿，否则就侵害了主债务人的诉讼时效利益，主债务人放弃诉讼时效利益的除外。

例： 甲对乙10万元的债权超过了诉讼时效，甲又要求保证人丙履行。

（1）保证人丙有权拒绝履行。

（2）保证人丙有权拒绝履行，但其不知诉讼时效已经超过，对不知没有重大过失（不属于不知但应知），其向债权人甲履行后有权请求返还，请求返还的理由是甲构成了不当得利。

（3）主债务人乙通知保证人丙："我的债务已经超过了诉讼时效，我不打算履行了。"丙仍然履行，则其不得向乙追偿。丙的履行不构成无因管理，因为其行为不符合乙的真实意思。

（4）主债务人乙通知保证人丙："我的债务已经超过了诉讼时效，我打算继续履行，但目前欠缺资力。"丙向债权人甲履行，有权向乙追偿，因为乙向丙表示放弃诉讼时效利益，引起了丙的信赖。

3. 保证人可以行使主债务人的抵销权

抵销权是广义上的抗辩权，保证人可以以主债务人对于债权人之债权，主张抵销。

例： 出卖人甲对买受人乙有100万元货款债权，由丙承担保证责任。后乙承揽甲的装修工作，对甲产生了60万元的承揽费债权。甲对乙100万元的货款到期，乙未偿还也未通知甲抵

---

① 《诉讼时效规定》第18条规定："主债务诉讼时效期间届满，保证人享有主债务人的诉讼时效抗辩权。保证人未主张前述诉讼时效抗辩权，承担保证责任后向主债务人行使追偿权的，人民法院不予支持，但主债务人同意给付的情形除外。"

销 60 万元，甲又向保证人丙要求支付 100 万元。

解：丙有权主张主债务人乙 60 万元的抵销权，只承担 40 万元的保证责任。

4. 保证人可以行使主债务人其他“抗辩的权利”

其他“抗辩的权利”，不能称为抗辩权。比如，甲是主合同的债权人，乙是主合同的债务人，丙是保证人，甲、乙约定的债务是附生效条件的债务，在条件成就前，甲要求乙履行，乙以条件未成就为由拒绝履行。抗辩权是对应请求权的，二者同时存在，甲的请求权没有成立，乙也就没有抗辩权。乙拒绝履行，称为“权利不成立的抗辩”。该抗辩可以由丙行使。

（三）债务人不主张抵销权或者撤销权的，保证人有拒绝履行保证责任的权利

“债务人对债权人享有抵销权或者撤销权的，保证人可以在相应范围内拒绝承担保证责任”（第 702 条）。此权利也简称为拒绝履行权。这是由于债务人有危及保证人利益的消极行为，保证人对债权人拒绝履行的权利。

例：甲卖给乙 1 000 万元的钢管，由第三人丙为乙的 1 000 万元货款提供保证担保，到期乙不支付货款，甲请求丙支付。丙发现乙借给甲的 1 200 万元早已到期，乙可以通知甲抵销其中的 1 000 万元，但乙不行使抵销权，此种情况下丙有权拒绝履行保证债务。再如，A 对 B 有 50 万元债权，到期 B 没有清偿，A 以胁迫手段命 B 签订还款协议书并提供担保，B 无奈在还款协议书上签名，并请求 C 当保证人。C 写了保函、由 B 交给了 A。后来 A 请求 C 履行保证债务、C 可以以 B 不行使撤销权为由拒绝对 A 履行。

（四）先实行债务人物保的抗辩

保证是人保。就人保与物保的关系，《民法典》第 392 条规定：“被担保的债权既有物的担保又有人的担保的，债务人不履行到期债务或者发生当事人约定的实现担保物权的情形，债权人应当按照约定实现债权；没有约定或者约定不明确，债务人自己提供物的担保的，债权人应当先就该物的担保实现债权；第三人提供物的担保的，债权人可以就物的担保实现债权，也可以请求保证人承担保证责任。提供担保的第三人承担担保责任后，有权向债务人追偿。”如果债务人自己提供了物的担保（抵押或者质押），而债权人要求保证人承担保证责任的，保证人可以主张先实行债务人物保的抗辩，拒绝履行保证责任。先实行债务人物保仍不能满足债权的，债权人有权主张人保。

二、保证人的追偿权、代位权

“保证人承担保证责任后，除当事人另有约定外，有权在其承担保证责任的范围内向债务人追偿，享有债权人对债务人的权利，但是不得损害债权人的利益”（第 700 条）。本条规定了保证人的追偿权和代位权。

（一）追偿权

1. 追偿权的含义、范围

保证人承担保证责任后，有权向债务人追偿，此即保证人的追偿权。承担保证责任是清偿债务的行为，保证人对债权人抵销、以物抵债或者提存发生与清偿同等的效果。

一般保证和连带责任保证的追偿权在法律上并无区别。提供一般保证的保证人放弃先诉抗辩权而主动代为清偿的，属于无因管理行为，对其追偿权的成立不产生影响。

（1）承担保证责任的范围，决定了追偿的范围，不过追偿的范围还要包括保证人为清偿主债务所支出的必要费用。

（2）保证人自行履行保证责任时，其实际清偿额大于主债权范围的，保证人只能在主债权范围内对债务人行使追偿权。例如，甲对乙有 100 万元（本息在内）的债权，由丙作为保证人。乙到期不履行债务，甲向丙请求履行，丙向甲清偿 110 万元（多了 10 万元），清偿必要费

用1 000元，丙只能向乙追偿100万元再加1 000元。

(3)《担保制度解释》第18条第1款规定："承担了担保责任或者赔偿责任的担保人，在其承担责任的范围内向债务人追偿的，人民法院应予支持。"本条明确将"赔偿责任"纳入追偿请求权的范围，即当担保合同无效时，担保人（含保证人）承担赔偿责任的，可以向主债务人追偿。

2. 行使追偿权的诉讼时效

保证人对债务人行使追偿权，适用普通诉讼时效（3年），自保证人向债权人清偿之日起开始计算。

（二）保证人的代位权

1. 保证人承担保证责任后，还可享有主债权人对债务人的权利，这种权利称为保证人的代位权，性质为债权的法定移转，即视主债权人对债务人的权利不消灭而移转给保证人。保证人不但享有债权人的主权利，还享有债权人的从权利。

《担保制度解释》第18条第2款规定："同一债权既有债务人自己提供的物的担保，又有第三人提供的担保，承担了担保责任或者赔偿责任的第三人，主张行使债权人对债务人享有的担保物权的，人民法院应予支持。"本来主债务人到期未清偿时要先实行主债务人提供的物保（见第392条），但先实行了第三人提供的担保（含保证）或第三人因担保合同无效承担赔偿责任的，该第三人可以代位行使主债权人对主债务人所享有的担保物权。

2. 保证人行使主债权人对主债务人的权利时，不得损害主债权人的利益。例如，主债权人对主债务的人债权是可分之债，保证人履行其中一部分时，取得该部分债权的权利，该保证人不得免除其他担保人的担保债务，使主债权人失去担保。

思考题

1. 保证合同的概念、特征是什么？
2. 一般保证与连带责任保证的主要区别是什么？请举例说明。
3. 共同保证和连带责任保证的含义有何不同？
4. 共同保证人的保证责任范围如何确定？
5. 保证期间届满的效力是什么？
6. 一般保证人的债权人和连带保证的债权人在保证期间内应采用何种方式主张权利？
7. 论主合同变更对保证责任的影响。
8. 简析主债权转让、主债务转移对保证责任的影响。
9. 主合同当事人协议以新贷偿还旧贷的，对保证责任有何影响？
10. 保证人承担保证责任或者赔偿责任后，对债务人享有哪些权利？

第十四章
租赁合同

第一节　租赁合同概述

一、租赁合同的概念、法律特征和内容

（一）租赁合同的概念

“租赁合同是出租人将租赁物交付承租人使用、收益，承租人支付租金的合同”（第 703 条）。承租权是使用、收益他人之物的用益债权。租赁可以区分为使用租赁和用益租赁，仅以使用为目的的，称为使用租赁；以使用及收益为目的的，称为用益租赁。用益租赁的承租人，有权收取天然孳息或者法定孳息。例如，承租人租了一头奶牛，是为了获取牛奶（天然孳息之一种），是用益租赁。

例：承租人转租的，是用益租赁吗？

解：转租涉及两个合同，例如，甲把房屋出租给乙，乙经过甲的同意，转租给丙。甲、乙之间是用益租赁，因为乙可以收取租金（法定孳息之一种）。若丙不得转租，只能自己使用，则乙、丙之间是使用租赁。

租赁标的物可以是动产，也可以是不动产，但租赁物须是有体物、不消耗物、特定物。租赁物须为有体物，无形财产的拥有者将无形财产授权给他人使用，他人使用期限届满，只能停止使用，而“无法奉还”。以技术的授权使用为例，受让人“无法奉还”，是因为他已经掌握了这种技术。因此，将技术有偿地交给他人使用，只能是技术转让合同，不能是租赁合同。从租赁物需要返还的要求来看，租赁物须是不消耗物，否则无法返还原物；租赁物须是特定物，如果是种类物，则返还时可以用相同的物替代，这就成为消费借贷了。

（二）租赁合同的法律特征

1. 租赁合同是转移使用权、收益权的合同

租赁合同是转移租赁物一定期限内的使用权、收益权的合同。租赁物是用益物，可以是动产，也可以是不动产。租赁物的所有权不发生转移，租赁期届满后，承租人须将原物交还。

租赁物须交付给承租人占有，承租人才能使用、收益，而且占有具有特殊效力，比如在承租人占有期间，所有权变动不破租赁。租赁合同之成立，在双方之间建立租赁合同法律关系，依照租赁合同，出租人将租赁物交付给承租人占有后，双方建立占有媒介法律关系，在这个法律关系中，出租人是间接占有人，承租人是直接占有人。租赁合同是占有媒介关系的基础法律关系。实施订立租赁合同的双方法律行为和交付占有，是两个不同的法律事实。

例：艺术学院四层楼顶的巨型学生立体作品需要拆除，负责此事的张甲乘坐出租车到乙公

司租了一辆汽车塔吊，汽车的侧面还注明了出租电话。乙公司派了两个司机和几个工人，带一辆汽车塔吊到学院，拆除了学生立体作品。

解：(1) 乘坐出租车，不是对他人汽车的用益，也没有对他人汽车取得占有，虽然有"租"字，但不是租赁合同。张甲与出租汽车公司之间成立的是运输合同中的客运合同，运输合同是以自己的运输工具提供劳务的合同。(2) 租一个汽车塔吊，不是对汽车塔吊的用益，也没有对汽车塔吊取得占有，虽然有"租"字，但不是租赁合同。艺术学院与乙公司之间成立的是承揽合同，乙公司完成的是物化劳动成果。

2. 租赁合同是持续性合同

租赁合同的给付具有持续性，因此，租赁合同属于持续性合同。租赁物的用益价值，持续地转让给承租人。持续性合同如果被解除，不溯及既往，仅面向将来发生解除的效力。例如租期10年的合同，履行至七年时解除，不影响前七年的效力，后三年失去效力。

3. 租赁合同是诺成合同、双务合同、有偿合同

租赁合同在当事人达成合意时成立，不受是否交付租赁物的影响，是诺成合同。租赁合同中，出租人以转移标的物一定期限内的使用权、收益权为对价，承租人以支付租金为对价，租赁合同是双务、有偿合同。

(三) 租赁合同的内容

"租赁合同的内容一般包括租赁物的名称、数量、用途、租赁期限、租金及其支付期限和方式、租赁物维修等条款"(第704条)。另外还有几点值得注意：(1) 租赁合同应当规定租赁物的交付期限和返还期限。(2) 如果租赁物的附属物、相关的物较多，应在合同中注明，最好附一个财产清单。比如，带着家具出租房屋，可以将家具清单作为租赁合同的附件。(3) 水费、电费、燃气费如果合同没有特约，应由承租人承担。

二、定期租赁与不定期租赁

根据租赁期限是否固定，租赁可以分为定期租赁和不定期租赁。

(一) 定期租赁

定期租赁，是当事人约定了租赁期限的租赁。

租赁期限如果过长，物价变动难以预期，合同基础可能丧失，不利于平衡当事人之间的利益，故法律对最长租期作了限制。"租赁期限不得超过二十年。超过二十年的，超过部分无效。租赁期限届满，当事人可以续订租赁合同；但是，约定的租赁期限自续订之日起不得超过二十年"① (第705条)。有的当事人在租赁合同中约定："租期为20年，到期自动续展20年。"这种约定是规避法律的行为，等于约定了40年，该自动续展的约定无效。

20年是对定期租赁的限制，不定期租赁的实际履行期可以超过20年，因为不定期租赁当事人有随时解除权，无合同基础丧失之虞。

(二) 不定期租赁

1. 不定期租赁的含义及双方当事人的任意解除权

不定期租赁，是当事人没有约定租赁期限的租赁。不定期租赁的特点是双方当事人都有随时(任意)解除权。当事人对租赁期限没有约定或者约定不明确，依据本法第510条补缺的规

① 《土地管理法》第63条第4款规定："集体经营性建设用地的出租，集体建设用地使用权的出让及其最高年限、转让、互换、出资、赠与、抵押等，参照同类用途的国有建设用地执行。具体办法由国务院制定。"再结合其他有关规定，集体经营性建设用地的出租，对需要进行地上建筑物、构筑物建设后长期使用对土地，租期是可以超过20年的。

定仍不能确定的，视为不定期租赁；当事人可以随时解除合同，但是应当在合理期限之前通知对方（见第730条）。出租人给予承租人一定的宽限期特别重要，因为承租人有许多善后事宜要处理，比如另行租赁、搬家等。

2. 不定期租赁的认定

不定期租赁的产生，一是由于当事人的明确约定，二是基于推定。推定的不定期租赁又有三种。

(1) 对租赁期限没有约定或者约定不明确，依照第510条补缺的规定不能确定的，视为不定期租赁。

例：甲、乙签订了一份书面房屋租赁合同，但是没有约定租期，合同签订后，承租人甲按照出租人乙的要求支付了六个月的租金。履行至第三个月时，乙通知甲解除合同，理由是双方没有约定租期，合同为不定期租赁，其有随时解除权。甲则主张双方口头约定了一年的租期，但其无证据证明达成过租期一年的口头协议。

解：依照《民法典》第510条，本案应“按照合同相关条款”确定期限，即应确定当事人之间成立了6个月的定期租赁合同，出租人乙没有任意解除权。

(2)“租赁期限六个月以上的，应当采用书面形式。当事人未采用书面形式，无法确定租赁期限的，视为不定期租赁”（第707条）。也就是说，6个月以上的租赁，为要式合同。虽然未采用书面形式，但依照其他证据能够确定租赁期限的，应认定为定期租赁。

例：甲乙双方订立了房屋口头租赁合同，住到半年，出租人甲以不定期租赁享有任意解除权为由通知承租人乙解除合同，要将乙扫地出门。乙在法庭上说，口头约定了租期为5年，租期尚未届满。甲反驳说，口头约定的是一年，现在无法确定租赁期限，应视为不定期租赁。

解：甲对租期一年构成了自认[①]，即本案租赁合同不属于“对租赁期限没有约定或者约定不明确”的情形，应认定为一年的定期租赁，租期尚未届满。

(3)“租赁期限届满，承租人继续使用租赁物，出租人没有提出异议的，原租赁合同继续有效，但是租赁期限为不定期”（第734条第1款）。在租赁期限届满后，当事人的行为表明其租赁关系继续存在的，应为不定期租赁。

三、不动产租赁合同与地役权合同

当事人订立不动产的使用、利用合同，有时在不动产租赁与地役权之间有选择的余地。

(一) 不动产租赁合同与地役权合同的区别

1. 设立的权利不同。不动产租赁合同设立的租赁权（承租权），是对他人不动产用益的一种债权（债权性用益权或称用益债权）；地役权合同设立的地役权，是五大用益物权之一[②]，属于他物权。

2. 不论是不动产租赁还是动产租赁，都有租期20年的期间限制，地役权合同没有20年的期间限制。[③]

3. 不动产租赁合同一般不涉及两个不动产之间的关系，比如甲承租乙的一座房子，就是单纯地使用乙的这座房屋，与甲的房屋、其他不动产没有关系。地役权合同涉及合同双方的不

---

① 《最高人民法院关于民事诉讼证据的若干规定》第3条第1款规定：“在诉讼过程中，一方当事人陈述的于己不利的事实，或者对于己不利的事实明确表示承认的，另一方当事人无需举证证明。”

② 《民法典》规定的五大用益物权是土地承包经营权、建设用地使用权、宅基地使用权、居住权和地役权。

③ 《民法典》第377条规定：“地役权期限由当事人约定；但是，不得超过土地承包经营权、建设用地使用权等用益物权的剩余期限。”

动产，发生地役权人为需役地的效益对供役地利用的关系。[1]

4. 不动产租赁合同与地役权合同还有其他一些区别。比如：租赁合同都是有偿合同，地役权合同可以是有偿合同，也可以是无偿合同，等等。

（二）不动产租赁合同与地役权合同的竞合

有两处不动产的时候，才可发生地役权关系，而涉及两处不动产的租赁则可能与地役权发生竞合。需要指出的是，我国《民法典》规定的地役权，实为不动产役权，其客体不限于土地，也可以是建筑物等不动产。

例：甲公司在自己的主楼上安装铁架信号主发射塔，需要在50公里外的乙的楼顶安装信号分交换塔，配合主信号发射塔的使用。甲欲租用乙的楼顶，但租赁合同的期限只能是20年，甲公司需要使用30年至50年。如果到期再续签，一怕乙拒绝，二怕乙提价，三怕第三人抢租。

解：本案涉及两处不动产的使用，甲公司可与乙签订地役权合同，对租赁期限作合法的“规避”，以上“三个担心”可迎刃而解。

四、房屋承租人居住的权利与作为用益物权的居住权

租赁分为动产租赁和不动产租赁。不动产租赁中，房屋租赁最为常见。房屋承租人居住的权利与作为用益物权的居住权，都是对他人房屋用益的权利，但二者有明显区别。

（一）性质不同、设立方式不同

《民法典》第366条规定：“居住权人有权按照合同约定，对他人的住宅享有占有、使用的用益物权，以满足生活居住的需要。”即是说，居住权是物权，是物权中的他物权，是他物权中的用益物权。房屋承租人居住的权利是一种债权（债权性用益权或称用益债权）。房屋承租权虽然是债权，但房屋承租人通过对租赁物的占有，获得“对世”的保护。其他财产的承租人，也通过占有获得“对世”的保护。

因为性质不同，设立的方式也不同。房屋租赁是合同设立；居住权是登记设立或者遗嘱设立。[2]

（二）权利的客体不同、主体不同

1. 房屋租赁包括住宅租赁和非住宅房屋租赁。住宅租赁是为了满足生活居住的需要，非住宅房屋租赁一般是为了满足经营活动的需要，也有一些是为了满足公益等活动等需要。居住权的客体是住宅，是为了满足特定的生活需要。比如，夫妻离婚时，共同住房是丈夫婚前所购房屋（男方个人所有），女方无处可住，此时双方就可以签订居住权合同，让女方居住一段时间。

2. 房屋租赁的承租人可以是自然人、法人和非法人组织。居住只能是自然人居住，居住权人只能是自然人，不宜作扩大解释。居住权的设立人（为他人设立居住权的人），不限于自然人。居住权的设立人一般是住宅的所有人，非住宅所有人，但对住宅有处分权的人，也可以作为设立人。例如，单位可与职工签订居住权合同，待其死亡后再收回房屋。

（三）对价的有无不同

租赁合同是交易的一种形式，是有偿合同，房屋承租人居住的权利以支付租金作为对价。

---

① 《民法典》第372条规定：“地役权人有权按照合同约定，利用他人的不动产，以提高自己的不动产的效益。前款所称他人的不动产为供役地，自己的不动产为需役地。”

② 《民法典》第368条规定：“居住权无偿设立，但是当事人另有约定的除外。设立居住权的，应当向登记机构申请居住权登记。居住权自登记时设立。”第371条规定：“以遗嘱方式设立居住权的，参照适用本章的有关规定。”

居住权的设立是设立人为满足自己、亲属或者其他有密切联系的人生活居住的特殊需要，一般是无偿的，具有用益赠与的性质，居住权一般带有伦理的色彩。《民法典》也允许居住权有偿设立（见第368条），以满足复杂的社会生活需要。

（四）流通性、期限不同

1. 房屋租赁权与其他租赁权一样，可以转让，具有流通性。居住权不具有流通性，不得转让、继承，居住权人一般也不得将房屋出租。①

2. 租赁期限最长不得超过20年。居住权没有这样的限制，居住权有期限的按期限，没有约定期限的，直至居住权人死亡才终止。②

第二节　租赁合同当事人的权利和义务

一、出租人的权利和义务

（一）收取租金及请求返还原物的权利

收取租金，是出租人基本的权利。租金是用益的对价，也是租赁合同区别于借用合同的根本性标志。租赁只是一时地转移租赁物的使用、收益权能。因此，租赁合同终止时，出租人有权请求返还原物。

（二）租赁物的交付及保持义务

“出租人应当按照约定将租赁物交付承租人，并在租赁期限内保持租赁物符合约定的用途”（第708条）。交付，是指交付占有。对租赁物的使用、收益，以交付为必要，所以出租人应当按照约定地点、时间、方式、数量等交付租赁物，并应于租赁关系的存续过程中，使租赁物处于适合使用、收益的状态，即保持租赁物符合约定的用途。比如，出租住宿房屋，出租人应当保持房屋安全，没有不合理的危险。

（三）维修义务

出租人的维修义务实为其保持义务的具体表现。“出租人应当履行租赁物的维修义务，但是当事人另有约定的除外”（第712条）。维修义务也可以由当事人特约由承租人承担。

“承租人在租赁物需要维修时可以请求出租人在合理期限内维修。出租人未履行维修义务的，承租人可以自行维修，维修费用由出租人负担。因维修租赁物影响承租人使用的，应当相应减少租金或者延长租期。因承租人的过错致使租赁物需要维修的，出租人不承担前款规定的维修义务”（第713条）。维修通常发生于租赁物破损、老化的情况下，如果是因为承租人的正常使用使租赁物破损、老化（包括磨损）的，出租人有维修义务，如果由于承租人的故意或者过失，致使租赁物破损，则当由承租人承担责任，由承租人自负维修费用。

例：雨季将至，租赁的房屋存在重大危险，双方当事人没有约定维修义务，而出租人又拒绝维修。为保证安全，承租人出资维修，在维修的一个月中，承租人住旅店花去3 000元，能否要求出租人支付？

解：不能请求出租人支付，只能减少一个月的租金或者延长一个月的租期。

---

① 《民法典》第369条规定：“居住权不得转让、继承。设立居住权的住宅不得出租，但是当事人另有约定的除外。”

② 《民法典》第370条：“居住权期限届满或者居住权人死亡的，居住权消灭。居住权消灭的，应当及时办理注销登记。”

（四）权利瑕疵担保义务

权利瑕疵担保义务，是指出租人应当担保不因第三人对租赁物主张权利，而影响承租人对租赁物的使用、收益。权利瑕疵担保义务是法定义务。权利瑕疵担保责任，是违反权利瑕疵担保义务的后果。“因第三人主张权利，致使承租人不能对租赁物使用、收益的，承租人可以请求减少租金或者不支付租金。第三人主张权利的，承租人应当及时通知出租人”（第 723 条）。第三人主张的权利可以是所有权、担保物权和用益物权。

例： 3 月 1 日，张甲把房屋一间租给李乙，租期为一年，李乙 3 月 2 日入住，住了一段时间，第三人王丙起诉张甲，人民法院通过司法拍卖将该房屋拍卖给赵丁。赵丁将出租人李乙“赶”出了这间出租房，李乙刚好住了半年。原来，张甲从王丙处借了 40 万元人民币，将房屋抵押给了王丙，在同年 2 月 1 日办理了抵押登记（早于承租人李乙取得占有的时间）。张甲并没有把抵押的事实告诉承租人李乙。

解： (1)《民法典》第 405 条就“抵押不破租赁”规定：“抵押权设立前抵押财产已出租并转移占有的，原租赁关系不受该抵押权的影响。”本案相反，属于“租赁不破抵押”（抵押“击破”租赁）的情形。因为是承租人李乙是在房屋抵押登记后才取得占有的，不能对抗抵押权人。通俗地说，“后边的不能击破前边的”。赵丁作为所有权人，有权将出租人李乙“赶”出这间出租房，取得对房屋的占有。

(2) 张甲对李乙应当承担权利瑕疵担保责任。李乙有权只支付半年的租金，若有其他损失，李乙还可以请求赔偿。

权利瑕疵担保责任的一个条件是：第三人就租赁物主张权利，致使承租人不能对租赁物使用、收益。权利瑕疵是一个事实，不论第三人是否实际主张权利，对它的存在不产生影响。对于租赁合同来说，因为其是一个持续的履行过程，仅有权利瑕疵，但没有影响到承租人使用、收益的情况下，尚不构成权利瑕疵担保责任。这不同于买卖合同，买受人受领货物之后，发现有权利瑕疵，标的物可能被第三人追夺，即使第三人尚未主张权利，买受人亦可行使履行抗辩权，拒绝支付货款。而租赁合同的承租人如果对于租赁物已经使用、收益，则应当支付相应对价，不得行使抗辩权。

出租人违反瑕疵担保义务，承租人享有相应的权利：第一，减少租金或者不支付租金。如果承租人根本没有使用，租赁物就被他人追夺，或者虽使用但由于使用的过程被割断不能达到使用、收益的效果，则有权拒绝支付全部租金。第二，出租人违反瑕疵担保义务，承租人还可以要求出租人赔偿损失。

如果出租人在订立租赁合同的时候就租赁物权利瑕疵已尽告知义务，则他人抵押权等权利的实现造成承租人的损失，由承租人自己承担，因为其自愿承担风险。在订立租赁合同的时候，承租人可以针对风险提出自己的条件（减少租金等），如果其知道风险而不提出相应的条件，法律不予保护。

二、承租人的权利和义务

（一）按约定使用与按性质使用

承租人应当按照约定的方法使用租赁物。对租赁物的使用方法没有约定或者约定不明确，依据本法第 510 条补缺的规定仍不能确定的，应当根据租赁物的性质使用（见第 709 条），如何使用租赁物，涉及双方当事人的利益。首先，承租人应当按照约定的方法使用租赁物；如果没有约定或者约定不明确，则应按照《民法典》第 510 条补缺的规定确定对租赁物如何使用，即按合同已有的条款或者交易习惯确定应当如何使用；如果还不能确定，则按租赁物的性质使用。使用方法与租赁物的用途有关。

例：甲出租给乙一套住宅房，在出租前，该套房屋一直作为生活用房，甲、乙在租赁合同中未约定用途，按《民法典》第510条也不能确定。

解：乙只能按租赁物的性质使用，即只能用于生活居住，不能用于经营（作为商店、工厂车间、货物仓库等）。

“承租人按照约定的方法或者根据租赁物的性质使用租赁物，致使租赁物受到损耗的，不承担赔偿责任”（第710条）。不承担损害赔偿责任的理由是：对这种合理的损耗，承租人已经支付了对价，这种对价已经包含在租金之中了。

“承租人未按照约定的方法或者未根据租赁物的性质使用租赁物，致使租赁物受到损失的，出租人可以解除合同并请求赔偿损失”（第711条）。未按约定的方法或者租赁物的性质使用租赁物，致使租赁物受到损失的，这种损失不属于合理的损耗，承租人对此应当付出代价，即承担损害赔偿责任。赔偿与解除不发生冲突，无论出租人是否通知对方解除合同，都可以要求对方赔偿损失。

（二）妥善保管的义务

“承租人应当妥善保管租赁物，因保管不善造成租赁物毁损、灭失的，应当承担赔偿责任”（第714条）。承租人对租赁物的保管，应尽善良管理人的注意义务。“保管不善”，是过错的体现，保管不善所体现的过错，包括故意和过失，且未排除一般过失。从法理上看，无偿合同无偿付出的一方，一般过失才能免责。因租赁合同是双务、有偿合同，若租赁物毁损、灭失，承租人一般过失不能免责。

（三）不任意改善、增设的义务

“承租人经出租人同意，可以对租赁物进行改善或者增设他物。承租人未经出租人同意，对租赁物进行改善或者增设他物的，出租人可以请求承租人恢复原状或者赔偿损失”（第715条）。这里涉及有益费用的偿还的问题。

有益费用，是指承租人支出的，使租赁物价值增加的费用。承租人对租赁物进行改善或者增设他物，使租赁物价值增加的费用，在租赁关系终止时，出租人应当偿还。这是出租人的义务。返还的依据，在于不当得利。所谓不当得利，是指没有合法根据取得利益，并给他人造成损失。偿还的要件是：第一，出租人同意承租人对租赁物改善、增设，为之支付费用，或者知道而不表示反对。第二，租赁物所增加的价值，于租赁关系终止时继续存在。偿还的时间，是租赁合同终止时。

（四）租金支付义务

租金的支付，是承租人的主要义务。承租人应当按照约定的时间、数额和方式交付租金。

承租人应当按照约定的期限支付租金。对支付租金的期限没有约定或者约定不明确，依据本法第510条补缺的规定仍不能确定，租赁期限不满一年的，应当在租赁期限届满时支付；租赁期限一年以上的，应当在每届满一年时支付，剩余期限不满一年的，应当在租赁期限届满时支付（见第721条）。按该条规定，对租金支付期限的确定有三个递进的层次：第一，按照约定；第二，没有约定或者约定不明确，按照《民法典》第510条关于补缺的规定确定；第三，按《民法典》第510条不能确定的，以“年”为时间单位确定租金的交付期限，此时的租金支付体现了“后付主义”。

“承租人无正当理由未支付或者迟延支付租金的，出租人可以请求承租人在合理期限内支付；承租人逾期不支付的，出租人可以解除合同”（第722条）。按照该条规定，出租人应当先催告，在催告无效果时，才能通知承租人解除合同。

（五）收益权

“在租赁期限内因占有、使用租赁物获得的收益，归承租人所有，但是当事人另有约定的除外”（第720条）。这里要注意因果关系。该条的关键词是“因”字。“因”表示了目的性，也表示收益与占有、使用有直接因果关系。

例：张甲把一头耕牛租给李乙，用于耕地。这头牛生了一头小牛，张甲说，老牛是我的，故小牛应是我的。李乙说，老牛在我占有期间生了小牛，所以小牛是我的。

解：因为租赁的牛是用于耕地的，而不是用来繁殖的，即为使用租赁，不为用益租赁，因此小牛（天然孳息）追随原物，归出租人张甲所有。

（六）承租人的法定事由解除权

1. 非因承租人原因致使租赁物无法使用，承租人可以解除合同

“有下列情形之一，非因承租人原因致使租赁物无法使用的，承租人可以解除合同：（一）租赁物被司法机关或者行政机关依法查封、扣押；（二）租赁物权属有争议；（三）租赁物具有违反法律、行政法规关于使用条件的强制性规定情形”（第724条）。

（1）实务中对查封分为“活封”和“死封”，“活封”只是限制物主对物的处分权，而不影响对物对使用。比如，张甲将房屋出租给李乙，李乙刚入住，房屋就因张甲欠他人之债未还而被法院查封，该查封是“活封”，不影响李乙的使用，李乙无解除权。在租赁期间，该房屋被司法拍卖，由王丙购得，此种情况，李乙也不成立解除权（买卖不破租赁）。

“死封”和扣押，处分权和使用权均受到限制，承租人自可解除。

（2）租赁物权属有争议，致使租赁物无法使用的，承租人可以解除合同。租赁物权属有争议但不影响承租人的使用，承租人就没有这项解除权。

（3）租赁物具有违反法律、行政法规关于使用条件的强制性规定情形，比如违反消防法、建筑法的规定，有法定的风险，承租人可以解除合同。

2. 租赁物部分或者全部毁损、灭失，致使不能实现合同目的，承租人可以解除合同

“因不可归责于承租人的事由，致使租赁物部分或者全部毁损、灭失的，承租人可以请求减少租金或者不支付租金；因租赁物部分或者全部毁损、灭失，致使不能实现合同目的的，承租人可以解除合同”（第729条）。

（1）因不可归责于承租人的事由（不可抗力、意外事件、房屋拆迁、出租人的过错行为等），致使租赁物的毁损、灭失的，导致给付期限缩短或给付价值减缩的，承租人可以请求减少租金或者不支付租金。

“可以请求”不等于“有权请求”，是否有权请求，还要看案件的具体情况。比如，张甲出租给李乙一套别墅十年，第九年夏季的一场罕见的飓风将别墅的屋顶卷走，已经不适宜居住，李乙可以解除合同，但已经居住九年，对该九年的租金不能免除，也不能减少。再如，由于出租人的过错致使租赁物的使用价值降低，承租人有权请求降低租金标准。

（2）租赁物全部毁损、灭失，承租人不能使用，又不能在合理时间恢复的，应认定承租人不能实现合同目的。租赁物部分毁损、灭失，有时也致使合同目的不能实现。比如，出租的两台仪器是配套使用的，其中一台灭失，另一台就丧失了使用价值，则承租人可以解除合同。

3. 租赁物存在危及承租人安全或者健康的现实危险，承租人可以随时解除合同

“租赁物危及承租人的安全或者健康的，即使承租人订立合同时明知该租赁物质量不合格，承租人仍然可以随时解除合同”（第731条）。

例：张甲明知李乙的房屋是不能住人的危房仍然承租3年，到了第一年雨季，张甲心中不安，便通知出租人李乙解除合同，该解除有效。

例：王丙和房东赵丁签订了房屋租赁合同，入住后不久王丙就头疼恶心有痰，经检测发现房屋空气中甲醛的浓度为0.3毫克/立方米，王丙有权解除合同。

（七）返还租赁物义务

“租赁期限届满，承租人应当返还租赁物。返还的租赁物应当符合按照约定或者根据租赁物的性质使用后的状态”（第733条）。租赁期间届满或者租赁合同因解除终止，承租人应当返还原物，但返还原物并不等同于原状返还。因为即使是正常使用，租赁物也会有磨损、老化等损耗，导致价值降低。因此，返还的租赁物符合约定的状态即可，如果对返还的租赁物的状态没有约定，返还的租赁物应符合按租赁物的性质使用后的状态。

第三节　租赁合同的特殊效力

一、转租的效力

（一）转租的含义

1. 转租，是指承租人以自己的名义将租赁物出租给第三人（次承租人）使用、收益。对于转租可以这样描述：“一个租赁物，两个连环租赁法律关系”，第二个租赁合同称为转租合同或次承租合同。“承租人经出租人同意，可以将租赁物转租给第三人。承租人转租的，承租人与出租人之间的租赁合同继续有效；第三人造成租赁物损失的，承租人应当赔偿损失。承租人未经出租人同意转租的，出租人可以解除合同”（第716条）。

转租是权利还是义务，要看从哪个角度审视。经出租人同意后承租人可以转租，在这个角度讲是承租人的权利；未经出租人同意不得转租，从这个角度讲是承租人的义务。

2. 转租不同于租赁权（承租权）的转让。比如，甲将房屋出租给乙，承租人乙经过甲的同意，将承租权转让给丙，乙退出了租赁合同，丙成了该房屋的承租人，合同在甲与丙之间继续履行。租赁权的转让是合同债权的转让，没有像转租那样发生连环租赁法律关系。

例：甲把一间商铺出租给乙五年，每年租金10万元，乙经营一年后亏损就找第三人丙接盘，乙与丙约定：租期四年，到期丙将每年租金10万元直接转账给甲，丙另给乙商铺转让费1万元。两年后，丙因亏损未向甲转账，甲要求乙支付租金，乙说：承租权已经转让给丙了，你甲收了两年的租金，是同意转让的，你应当直接向丙要求支付租金，与我无关。

解：本案甲没有同意转让租赁权的意思表示，因而是转租，不能认定是转让租赁权。丙将每年租金10万元直接转账给甲，是第三人代为履行。

（二）转租的条件及转租合同的效力

承租人转租的条件，是取得出租人的同意。这是由租赁关系是特殊信任关系的性质决定的。

1. 出租人同意或追认转租，转租合同有效

出租人同意承租人转租，可以是明示同意，也可以是默示同意，可以是事前的同意，也可以是事后的追认。“出租人知道或者应当知道承租人转租，但是在六个月内未提出异议的，视为出租人同意转租”（第718条）。例如，甲（出租人）将一台机器出租给乙（承租人），乙又将这台机器转租给丙（次承租人），丙害怕乙未取得甲的同意，主动将转租的情况告诉甲，甲在6个月内没有表示反对，应当视为其对转租以默示的方式进行了追认。

例：甲将一座仓库房出租给乙，租金为一年30万元。乙将租赁物交给下级单位丙（法人）有偿使用达三年之久。丙分两次将20万元直接交给甲，甲照单全收，而且与丙签订了“防火协议”。后甲向丙催要10万元租金，丙又以自己的名义写了欠款10万元的“欠条”。请分析本案的法律关系。

解：(1) 乙与丙是转租关系，甲方已经默示同意，转租合同有效。本案不是承租权的转让，因为甲没有使乙从债的关系中解脱的意思，乙也没有脱离债的关系的意思。转租是承租人以自己的名义向次承租人出租；转让是承租人退出租赁关系，出租人与第三人发生租赁关系。

(2) 丙直接把20万元租金交给甲，就甲、乙的租赁合同而言，属于《民法典》第523条规定的"由第三人履行"。如果丙不交，则应当由乙向甲承担责任。丙以自己的名义给甲写了10万元欠条，属于债务加入（并存的债务承担）。丙与乙就10万元向甲承担连带责任。

(3) 甲与丙之间的"防火协议"，是关于附随义务（属于安全保障义务）的约定，因此不影响本案转租的事实，不能以此认定是承租权的转让。

2. 出租人不同意或不追认转租，转租合同确定地不发生效力

承租人未经同意擅自转租的，转租合同在一定期间内处于效力待定的状态。出租人反对转租合同的，有两个权利可以选择行使。

(1) 出租人可以通知承租人解除双方之间的租赁合同。出租人通知承租人解除租赁合同以后，承租人与次承租人之间的转租合同因失去了前提而确定地不能发生效力。有人认为，出租人解除合同后，承租人与次承租人的转租合同可以继续有效，这种观点是不能成立的。

(2) 出租人可以主张承租人与次承租人的转租合同不生效，这样，租赁合同保留了效力，转租合同确定地不发生效力。

例：甲把一套房屋出租给乙，乙使用几天后擅自将房屋转租给第三人丙，丙交付了12个月的租金。丙使用5个月后，出租人甲表示反对，丙将房屋退给转租人乙，以转租合同自始无效为由，要求退还12月的租金及利息。

解：出租人甲对转租表示反对后，该转租合同从效力待定转化为确定地不生效，自始不发生效力（与自始无效的表述没有本质差别），双方应当返还财产。《城镇房屋租赁合同解释》第5条第1款规定："房屋租赁合同无效，当事人请求参照合同约定的租金标准支付房屋占有使用费的，人民法院一般应予支持。"本案转租人乙应返还7个月的租金及相应利息，5个月的占有使用费不为不当得利。

（三）转租的期限

转租合同的期限应当在租赁合同的期限之内，不能超过。"承租人经出租人同意将租赁物转租给第三人，转租期限超过承租人剩余租赁期限的，超过部分的约定对出租人不具有法律约束力，但是出租人与承租人另有约定的除外"（第717条）。租赁合同是转租合同的基础法律关系，因而转租期限不能超过承租人剩余租赁期限。如果出租人同意承租人超期转租，应认为租赁合同也已延长了期限。

（四）转租产生的损失

次承租人对租赁物造成损失的，应当对转租人（承租人）承担责任，承租人应当对出租人承担责任。不论转租是否经过出租人同意，都是如此。如次承租人的行为导致租赁物的损害，出租人追究违约责任，只能追究承租人的违约责任，而不能追究次承租人的违约责任，也不能追究承租人和次承租人的连带责任。如以侵权为由，则有可能追究承租人和次承租人的连带责任。

（五）次承租人的代为履行权

代为履行权也称为代位清偿权。"承租人拖欠租金的，次承租人可以代承租人支付其欠付的租金和违约金，但是转租合同对出租人不具有法律约束力的除外。次承租人代为支付的租金和违约金，可以充抵次承租人应当向承租人支付的租金；超出其应付的租金数额的，可以向承租人追偿"（第719条）。

例：甲将房屋出租给乙10年，租到第3年时，乙经甲同意把房屋转租给第三人丙7年。本来，是次承租人丙向承租人乙交付租金，乙向出租人甲交付租金，但乙拒不向甲交付租金，

甲威胁乙要解除合同，甲、乙的租赁合同若解除后，乙、丙的转租合同就丧失了基础不能继续存在。

解：丙为了自己的利益，有权代乙之位，将乙欠付的租金交付给甲。等乙向丙要求支付租金的时候，丙就可以“充抵”，丙若多交，可以向乙追偿。

次承租人的代为履行权是一项权利，当转租合同不生效力时，这项权利也不存在。甲将物出租给乙，乙擅自转租给丙，转租合同尚未生效时丙向甲代交乙欠付的租金并非行使权利；甲知道转租的事实和丙代交款项的性质而受领的，应视为对转租合同的追认。

次承租人对承租人的充抵，在性质上是抵销。《民法典》第524条第1款规定：“债务人不履行债务，第三人对履行该债务具有合法利益的，第三人有权向债权人代为履行；但是，根据债务性质、按照当事人约定或者依照法律规定只能由债务人履行的除外。”第2款规定：“债权人接受第三人履行后，其对债务人的债权转让给第三人，但是债务人和第三人另有约定的除外。”《民法典》第719条规定的次承租人的代为履行权，是第524条代为履行权的一种情况，在次承租人代承租人履行后，取得对承租人的债权，次承租人得以此债权通知承租人抵销自己次承租合同的债务。

二、所有权变动不破在先租赁的规则

（一）所有权变动不破在先租赁的含义

1. 所有权变动不破租赁，是不破“在先”的租赁，具体而言，是不破在先取得占有的租赁。“租赁物在承租人按照租赁合同占有期限内发生所有权变动的，不影响租赁合同的效力”（第725条）。对此规则，理论上多称为“买卖不破租赁”，实际上，租赁物所有权变动的原因，还有赠与、继承、合并、分立等。这些原因致使租赁物在租赁期间发生所有权变动的，同样不影响租赁合同的效力。

2. 租赁物在承租人占有租赁期间所有权发生变动，归属第三人时，承租人可以其租赁权对抗新的所有权人。也就是新的所有权人与承租人应继续原租赁合同，直至租期届满。换一个角度说，新的所有权人取代了原出租人的地位。

3. 无论租赁物是动产还是不动产，都不影响“所有权变动不破在先租赁”规则的适用。

（二）所有权变动不破租赁是占有的效力

所有权变动不能击破租赁，须是承租人依据合同占有租赁物期间发生所有权变动。[①] 此是占有效力的体现：如果签订了租赁合同但尚未交付租赁物，所有权变动后，新的所有权人的物权得对抗承租人的债权。

例：甲将房屋卖给乙，在房屋买卖合同签订之后、办理所有权转移登记之前，甲又把房屋出租了给了丙（已交付），后来房子又转移登记给买受人乙。这种情况是否适用所有权变动不破租赁的规则？

解：在承租人丙占有期间，所有权登记给买受人乙，应适用所有权变动不破租赁的规则，乙能证明甲与丙恶意串通的除外。买卖合同的订立在先，不影响该规则的适用。

三、抵押权设立与租赁的效力关系

（一）抵押权设立不破在先租赁

抵押权设立不破租赁，是不破“在先”的租赁，具体而言，是不破承租人在先取得占有的

① 原《合同法》第229条规定：“租赁物在租赁期间发生所有权变动的，不影响租赁合同的效力。”此条没有规定占有的效力，与此相比，《民法典》第725条的规定是立法的进步。

租赁。《民法典》第405条规定："抵押权设立前抵押财产已出租并转移占有的，原租赁关系不受该抵押权的影响。"[①] 抵押权设立不破租赁也属于所有权不破租赁规则的范畴，因为，抵押权实行的结果，也导致租赁物（抵押物）的所有权变动。

抵押权设立不以占有为要件。不动产抵押设立以登记为要件（登记设立），称为登记生效主义。动产抵押则于合同成立时设立。动产抵押设立不登记也生效但不能对抗善意第三人，称为登记对抗主义。[②]

例：出租人甲2月1日与承租人乙签订A号房屋租赁合同，3月1日将A号房屋交付给乙占有。甲向丙借款，将该房屋给其办理了抵押登记（不动产抵押权设立），2月15日办理抵押登记与3月15日办理抵押登记有何不同效果？

解：（1）如果甲2月15日给丙办理抵押登记（不动产抵押权设立），则不存在抵押设立不破租赁的问题。到期甲不履行对丙的债务，丙实行抵押权，房屋被丁通过拍卖程序取得，丁得以抵押权设立在先为由"赶走"承租人乙，租赁关系被"截断"（提前终止）。（2）如果甲3月15日给丙办理抵押登记，则抵押设立不破租赁。到期甲不履行对丙的债务，丙实行抵押权，房屋被丁通过拍卖程序取得，丁不能动摇甲、乙的租赁关系，待承租人乙使用到租期届满，丁才可以收回。

（二）没有登记的动产抵押权不能对抗在后的善意第三人（含出租人）

登记的动产抵押权与登记的不动产抵押权的效力相同，都可以对抗在后的第三人（含出租人），不论其是善意还是非善意。

没有登记的动产抵押权不能对抗善意第三人（见第403条）。这是为保护交易安全所作的制度设计。由于没有公示，第三人善意是常态，非善意是非常态。《担保制度解释》第54条第2项规定："动产抵押合同订立后未办理抵押登记，动产抵押权的效力按照下列情形分别处理：……（二）抵押人将抵押财产出租给他人并移转占有，抵押权人行使抵押权的，租赁关系不受影响，但是抵押权人能够举证证明承租人知道或者应当知道已经订立抵押合同的除外；……"

例：甲将一枚祖传的玉镯抵押给乙，1月1日订立的抵押合同，没有办理抵押登记。1月3日甲将玉镯出租给丙用于展览，时间长达一年。丙不知道也不应知道抵押的事情。

解：本案中，抵押权设立在先，应当适用《民法典》第403条，乙的未登记的抵押权不能对抗在后的善意的丙的承租权，即本案租赁关系不受在先抵押权的影响。

四、房屋共同居住人、共同经营人的继续承租权

（一）概述

"承租人在房屋租赁期限内死亡的，与其生前共同居住的人或者共同经营人可以按照原租

① 《城镇房屋租赁合同解释》第14条规定："租赁房屋在承租人按照租赁合同占有期限内发生所有权变动，承租人请求房屋受让人继续履行原租赁合同的，人民法院应予支持。但租赁房屋具有下列情形或者当事人另有约定的除外：（一）房屋在出租前已设立抵押权，因抵押权人实现抵押权发生所有权变动的；（二）房屋在出租前已被人民法院依法查封的。"

② 《民法典》第395条规定："债务人或者第三人有权处分的下列财产可以抵押：（一）建筑物和其他土地附着物；（二）建设用地使用权；（三）海域使用权；（四）生产设备、原材料、半成品、产品；（五）正在建造的建筑物、船舶、航空器；（六）交通运输工具；（七）法律、行政法规未禁止抵押的其他财产。抵押人可以将前款所列财产一并抵押。"第402条规定："以本法第三百九十五条第一款第一项至第三项规定的财产或者第五项规定的正在建造的建筑物抵押的，应当办理抵押登记。抵押权自登记时设立。"第403条规定："以动产抵押的，抵押权自抵押合同生效时设立；未经登记，不得对抗善意第三人。"

赁合同租赁该房屋”（第732条）。如一份房屋租赁合同的期限是十年，当承租人于第五年死亡，其共同居住人或者共同经营人在剩余的时间内有权继续租赁该房屋。有的学者把这种权利称为优先承租权。共同居住的人、共同经营人对承租房屋享有法益，有的共同居住人、共同经营人本来就是事实上的共同承租人，故称为优先承租权不妥。而且，优先承租权是同等条件下的优先承租权，假如房屋共同居住人、共同经营人以优先承租权主张继续承租的话，第三人就可以用较高租金把承租权夺走。

（二）共同居住人

与出租人签订房屋租赁合同的，通常是“户主”，与户主共同居住的人通常不写入合同之中。但共同居住的人也依法享有居住的权利。

共同居住人的继续承租权只有一个条件，即与承租人生前共同居住。是否另有住房在所不问。共同居住，须持续较长时间，临时住在一起，不是严格意义上的“共同居住”。

（三）共同经营人

《合同法》只保护共同居住人的继续承租权，《民法典》将共同经营人也纳入保护的范围。但两者的指导思想不同，前者租赁的房屋是住宅，是为了保护共同居住人的生活性居住的权利，是为了社会的安宁；后者租赁的房屋主要是用来经营的房屋，是为了保护交易效率，体现了物尽其用的思想。

这里的共同经营人，常见的是个人合伙的合伙人及个体工商户、农村承包经营户等，比如，甲、乙、丙、丁四个自然人合伙开一个小店，以甲的名义租了一间商铺，租期为10年，在租到第五年时，甲染病而亡，应当由乙、丙、丁继续承租5年。

五、房屋承租人的优先购买权和优先承租权

（一）房屋承租人的优先购买权

“出租人出卖租赁房屋的，应当在出卖之前的合理期限内通知承租人，承租人享有以同等条件优先购买的权利；但是，房屋按份共有人行使优先购买权或者出租人将房屋出卖给近亲属的除外”（第726条第1款）。[①]

1. 只有“房屋”的承租人才享有优先购买权，其他不动产的承租人以及动产的承租人都没有这项权利。

例：张甲建一烧制红砖的砖窑，交给李乙使用。约定：使用期2年，李乙每年交给张甲红砖4万块。张甲与李乙之间是什么合同？如果张甲在李乙占有使用期间出卖砖窑，李乙有无优先购买权？

解：（1）张甲与李乙之间订立的是租赁合同。因为本案的“红砖”，实际上是对价，是租金的特殊表现。（2）李乙并无优先购买权，因为只有房屋的承租人才有优先购买权。砖窑并非房屋。

2. “同等条件”是指交易条件，主要是指价款的多少，也包括价款的支付期限和履行方式等因素。例如，3天内付款优于30日内付款；再如，一次性付款优于分期付款，有担保的付款优于无担保的付款。

3. 房屋承租人不享有优先购买权的两种情形：其一，房屋按份共有人行使优先购买权的。共有人的优先购买权是物权的效力，承租人的优先购买权是债权的效力，故共有人的优先购买

① 对房屋承租人的优先购买权，有人认为是请求权，有人认为是形成权，本书作者认为是形成权。

权优于承租人的优先购买权。如果承租人优先，就会侵夺按份共有人对份额的法定优先购买权。[①] 其二，出租人将房屋出卖给近亲属的。[②]

4. 出租人出卖租赁房屋的，应当在出卖之前的合理期限内通知承租人。“合理期限”应当结合个案的情况确定。《城镇房屋租赁合同解释》第15条规定：“出租人与抵押权人协议折价、变卖租赁房屋偿还债务，应当在合理期限内通知承租人。承租人请求以同等条件优先购买房屋的，人民法院应予支持。”条文中的“协议折价”等于出卖，应当通知承租人。

（1）“出租人履行通知义务后，承租人在十五日内未明确表示购买的，视为承租人放弃优先购买权”（第726条第2款）。这是推定的默示放弃。

（2）“出租人委托拍卖人拍卖租赁房屋的，应当在拍卖五日前通知承租人。承租人未参加拍卖的，视为放弃优先购买权”（第727条）。出租人是通知义务人。出租人采用拍卖程序出卖，承租人的优先购买权也就必须通过拍卖这种程序行使。

例：张某把自有房屋出租给李某居住，租期两年。不久两人发生口角，张某欲将该房出卖。李某声称自己有优先购买权。张某用短信告诉李某5天后将由某拍卖公司拍卖。李某恰在此时出差，回来后发现房屋已经被第三人王某竞价购得。遂起诉到法院，要求张某以和王某相同的价格，把房卖给自己。他还提出自己不能参加拍卖是因为出差。

解：应认为李某已经放弃了对承租房屋的优先购买权。如果法院判决房屋卖给李某，则张某和王某先前为拍卖、竞买房屋的支出，都成了无益损失。李某欲购买房屋，应当参加拍卖。[③] 李某出差，并不是他不能参加拍卖的理由，他完全可以委托他人参加拍卖。

5. “出租人未通知承租人或者有其他妨害承租人行使优先购买权情形的，承租人可以请求出租人承担赔偿责任。但是，出租人与第三人订立的房屋买卖合同的效力不受影响”（第728条）。

（1）出租人与第三人的买卖合同作为债权合同可以是有效合同，可以发生债的效力。基于债的相对性，承租人不得主张出租人与第三人的买卖合同无效。

（2）第三人依据有效的买卖合同可以取得房屋所有权，承租人因此不能实现优先购买权的，可以请求出租人承担赔偿责任

（二）房屋承租人的优先承租权

“租赁期限届满，房屋承租人享有以同等条件优先承租的权利”（734条2款）。优先承租权只针对“房屋”，租赁物是其他不动产和动产的，承租人没有优先承租权。承租的房屋，常有添附，由于特定人的使用、经营还会使房屋形成“人气”，比如在某地开餐馆形成了口碑（人气），这种口碑是与特定的地址联系在一起的，这种人气是一种无形财产，有了优先承租权，就可以保护这种无形财产。房屋承租人的优先承租权体现了“物尽其用”的思想。优先承租权也有利于“租房族”的生活稳定。

出租人侵害房屋承租人优先承租权造成损失的，应当予以赔偿。出租人可以事先与承租人在租赁合同中约定排除优先承租权。

---

① 《民法典》第305条规定：“按份共有人可以转让其享有的共有的不动产或者动产份额。其他共有人在同等条件下享有优先购买的权利。”第306条规定：“按份共有人转让其享有的共有的不动产或者动产份额的，应当将转让条件及时通知其他共有人。其他共有人应当在合理期限内行使优先购买权。两个以上其他共有人主张行使优先购买权的，协商确定各自的购买比例；协商不成的，按照转让时各自的共有份额比例行使优先购买权。”

② 《民法典》第1045条第2款规定：“配偶、父母、子女、兄弟姐妹、祖父母、外祖父母、孙子女、外孙子女为近亲属。”

③ 《最高人民法院关于人民法院民事执行中拍卖、变卖财产的规定》第13条第1款规定：“拍卖过程中，有最高应价时，优先购买权人可以表示以该最高价买受，如无更高应价，则拍归优先购买权人；如有更高应价，而优先购买权人不作表示的，则拍归该应价最高的竞买人。”

思考题

1. 租赁合同与买卖合同有何区别?
2. 浅论转租的效力。
3. 试述转租与租赁权转让的区别。
4. 试述次承租人的代为履行权。
5. 简述所有权变动不破租赁的规则。
6. 简述房屋共同居住人及共同经营人的继续承租权。
7. 论房屋承租人的优先购买权。
8. 论房屋承租人的优先承租权。

第十五章
融资租赁合同

第一节 融资租赁概述

一、融资租赁合同的概念、种类和内容

（一）融资租赁合同的概念

“融资租赁合同是出租人根据承租人对出卖人、租赁物的选择，向出卖人购买租赁物，提供给承租人使用，承租人支付租金的合同”（735 条）。“融”，是指流通；“资”是指货币资金。“融资”，是指借贷、借钱。

融资租赁合同是通过“融物”而“融资”的合同，所以，它可称为金融合同。承租人是“缺钱”的、需要融资的一方。融资租赁出租人将资金转化为自己享有所有权的物提供给承租人使用，该租赁物对出租人的资金安全有担保作用。[①]

（二）融资租赁合同的种类

融资租赁包括直租、售后回租、杠杆租赁、转租赁等。直租是典型的融资租赁形式，其他是特殊融资租赁形式。直租最常见，售后回租也比较常见，这里仅介绍这两种。

1. 直租

直租法律关系如下图所示。

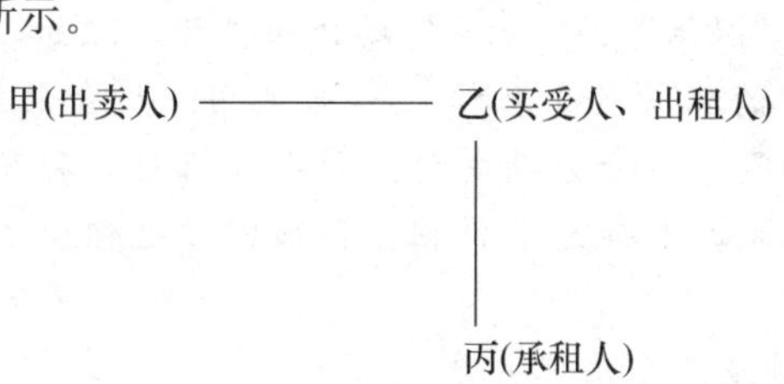

直租（直接租赁），是“购进租出”，直租的出租人又是买受人。至于出卖人是谁，买的是什么商品，这是由承租人选择的。比如，某省航空公司（上图中丙）需要五架飞机，它就和融资租赁机构（上图中租赁公司乙）商量，由融资租赁公司（乙）来购买，再出租给航空公司（丙）。出卖人甲是由丙选择的。

2. 售后回租

售后回租简称为回租，是指承租人将其自有物出卖给出租人，再通过融资租赁合同将租赁

---

① 《关于〈中华人民共和国民法典（草案）〉说明》称融资租赁、保理、所有权保留为“非典型担保合同”。

物从出租人处租回。

回租法律关系如下图所示。

甲（出卖人）———乙（买受人）
甲（承租人）———乙（出租人）

（三）融资租赁合同的内容

“融资租赁合同的内容一般包括租赁物的名称、数量、规格、技术性能、检验方法，租赁期限，租金构成及其支付期限和方式、币种，租赁期限届满租赁物的归属等条款”（第736条第1款）。合同首先应对租赁物进行界定。一般由出卖人运输到承租人指定的地点，由承租人亲自验收。租赁期限一般较长，一般占租赁物使用寿命的75%以上。不能像传统租赁那样订立不定期租赁合同，须在合同中明确租赁的期限。租金的构成与租赁物购买价格（实质是融资本金）、融资利润租、赁期限届满后租赁物残值的多少及租赁物的归属具有密切关系。在国内，融资租赁的租金一般按月平均计收。当事人可以就租金的给付约定担保。

二、融资租赁合同的法律特征

（一）通过“融物”来“融资”

融资租赁合同的经济功能是通过出租来融资。这就是一般著述上所说的通过融物（以出租作为媒介）来达到融资的目的。应当指出，这里所说的“融资的目的”，是从经济角度而言的。在经济上，租金也是对出租人提供融资的回报。在严格的法律意义上，融资租赁合同的目的有两个：一个是出租人的目的，即通过出租标的物而换取租金；另一个是承租人的目的，通过交付租金而取得对标的物的使用、收益权。

例：甲融资租赁公司与乙公司签订了融资租赁合同，约定：由甲公司向乙公司选定的出卖人（第三人）购进租赁物，出租给乙公司使用。租金包括租赁物购买价款和租赁费两项，一亿元的租金分期支付。租赁期限为36个月，租期届满后，租赁物归乙公司所有。

解：（1）当事人约定，租金的构成是“购买价款＋租赁费”，由承租人分期支付，甲公司对乙公司“实际”提供了一亿元的融资（通过“融物”而“融资”）。（2）本例是直租，如果是回租，也体现通过“融物”而“融资”的合同性质。比如，合同约定：“由甲公司以一亿元的价格购买乙公司的租赁物出租给乙公司使用。租金总额的基本构成是（甲支付的）购买价款额加使用费等，租金分期支付。租期届满后，租赁物归乙公司所有。”合同签订后，甲支付给乙一亿元，乙分期支付租金，该回租也体现了通过“融物”而“融资”的性质。

（二）融资租赁合同涉及两个法律关系

融资租赁合同是出租人（买受人）与承租人之间的租赁法律关系，但它还涉及出卖人与买受人的买卖合同法律关系。两个法律关系的权利义务有交织，关系较为复杂。

（三）出租人须具备特定的资格

融资租赁合同的出租人是具有融资租赁业务经营资格的企业法人，一般为租赁公司。融资租赁经营属于特许经营，出租人要有金融业务的经营许可。

（四）购买的租赁物是由承租人选定或者确定的

融资租赁合同的标的物一般是由出租人按照承租人的要求购买的。承租人的要求，一是表现为对出卖人的选择，二是表现为对租赁物的选择。出租人购买标的物，是为了满足承租人对标的物的特殊要求。

（五）融资租赁物一般是价值较高的动产

融资租赁物一般是设备、交通运输工具等价值较高的动产。这里的“价值较高”，可以是单一的设备价值较高，也可以是因租赁物总量较大而价值较高。例如，某公司向租赁公司承租叉车，每一辆叉车的价值并不高，但承租人的需要量比较大。这样，总体来看价值就比较大了。“量小”，承租人获得的融资就少，采取融资租赁方式的意义不大。

《民法典》对融资租赁合同的租赁物未作限制性的规定，融资租赁物也可以是不动产。比如，有的当事人以矿山及其附属的道路作为融资租赁物。不动产作为融资租赁物，不会影响融资租赁合同的性质。

关于权利能否作为融资租赁物则存在争议。融资租赁是通过“融物”来“融资”的，即承租人有融资的需要，出租人本质上是通过融资获利，但毕竟要借助物的媒介，承租人有对物持续使用、收益的需要，如果以权利作为融资标的物，则失去了“融物”的特性，即在性质上失去了“租赁”的一面，实质上这就不是融资租赁合同了。

（六）融资租赁合同是要式、诺成、有偿合同

融资租赁合同由于比较复杂，标的额比较大，因此应当采用书面形式（见第736条第2款），也就是说，融资租赁合同是要式合同。融资租赁合同是诺成合同，当事人只要达成一致意见，合同就成立，就要受合同的约束。融资租赁是一种交易形式，存在对价，故而融资租赁合同是有偿合同。

三、融资租赁合同与租赁合同的区别

1. 在传统租赁中，出租人的租赁物一般是出租人在订立合同前就拥有的，并不是根据特定承租人的特殊需要专门购买的。而在融资租赁合同中，出租人要按承租人的特殊需要购买或者向承租人指定的出卖人购买，出租人购买标的物的行为与其出租标的物的行为是紧密联系在一起的。由此产生两个有关联的法律关系，一是买卖，二是融资租赁，买卖是为融资租赁服务的。

2. 传统租赁没有融资的性质，融资租赁带有承租人向出租人融资的性质，即通过“融物”而“融资”。正因为如此，融资租赁的出租人须具备经营金融业务的资质。

3. 传统租赁的租金，是物的用益的对价，租金的多少，要根据租赁物的用益价值确定。融资租赁的租金，一般根据购买租赁物的大部分或者全部成本以及出租人的合理利润确定。融资租赁的承租人支付的对价，虽然取得了租金的法律形式，在经济上却类似于归还借款的本金和利息。

4. 传统的租赁，租赁物交付后因不可归责于当事人的事由毁损、灭失的，由出租人承担风险。由于融资租赁“融资”性质，在租期内租赁物毁损、灭失的，除另有规定或另有约定的以外，承租人以继续支付租金的方式承担风险（见第751条）；因租赁物交付承租人后意外毁损、灭失等不可归责于当事人的原因解除的，承租人按照租赁物折价补偿的方式承担部分风险（见第756条）；租期届满因租赁物毁损、灭失不能返还的，由承租人以补偿的方式承担风险（见第758条第2款）。

5. 在传统的租赁中，出租人承担维修义务、维修费用，另有约定的除外。在融资租赁中，维修义务、维修费用由承租人承担。

6. 在传统的租赁中，租期届满，出租人收回租赁物。而融资租赁，则依照约定有三种情况：一是返还租赁物；二是续租；三是租赁物归承租人。

7. 传统租赁，租赁期限不得超过20年，超过部分无效。融资租赁合同对租期未作限制性的规定。

四、影响租赁合同效力的两种情况

（一）虚构租赁物的，合同无效

为防止规避法律进行金融投机，租赁物应现实存在并交付给承租人使用。“当事人以虚构租赁物方式订立的融资租赁合同无效”（第737条）。虚构租赁物签订融资租赁合同，是为了掩盖其他的交易，通常是为了掩盖借款行为。

例： 甲取得乙的借款，有诸多限制，双方协商一致签订了一个融资租赁合同（回租），双方约定：甲（出租人、买受人）以8 000万元的价格购买乙的某不动产，并将该不动产出租给乙（出卖人、承租人）。双方还约定乙分期交付租金。合同签订后，甲提供给乙8 000万元。该合同的租赁物是虚构的，当事人之间并没有租赁行为。

解：《民法典》第146条规定：“行为人与相对人以虚假的意思表示实施的民事法律行为无效。以虚假的意思表示隐藏的民事法律行为的效力，依照有关法律规定处理。”当事人订立的融资租赁合同是虚假合同，是无效合同，约定乙分期支付的租金，实际是分期归还借款。隐藏的借款合同是否有效，要按照借款合同的要件确定。

（二）对租赁物的经营使用，行政许可区分对待的规则

“依照法律、行政法规的规定，对于租赁物的经营使用应当取得行政许可的，出租人未取得行政许可不影响融资租赁合同的效力”（第738条）。例如，承租人有经营防爆器材的经营许可，出租人没有这项经营许可，不妨碍双方就防爆器材成立融资租赁合同。

实务中经常涉及的是医疗器械经营的行政许可。如医疗器械的出卖人、承租人都已取得了相应的行政许可，但出租人却没有取得行政许可，这不会影响融资租赁合同的效力。

第二节　融资租赁合同当事人的权利和义务

一、买卖当事人的权利和义务及承租人的相关权利

（一）出租人按约向承租人交付标的物的义务及承租人与受领有关的权利

“出租人根据承租人对出卖人、租赁物的选择订立的买卖合同，出卖人应当按照约定向承租人交付标的物，承租人享有与受领标的物有关的买受人的权利”（第739条）。买受人（出租人）可以指定承租人代为受领（实务中多为承租人代为受领），以避免多环节交付，支出无谓的费用。

“出卖人违反向承租人交付标的物的义务，有下列情形之一的，承租人可以拒绝受领出卖人向其交付的标的物：（一）标的物严重不符合约定；（二）未按照约定交付标的物，经承租人或者出租人催告后在合理期限内仍未交付。承租人拒绝受领标的物的，应当及时通知出租人”（第740条）。对符合上述条件的拒绝受领而导致的损失，承租人不承担责任，承租人不能按期使用的，还可以追究出租人的责任，或者按约定向出卖人行使索赔权。

（二）承租人按约向出卖人索赔的权利

1. 出卖人与买受人建立买卖合同关系，依法承担瑕疵担保义务。出卖人不履行瑕疵担保义务或者履行有瑕疵的，买受人享有索赔权，但可以三方约定，由承租人享有、行使索赔权。“出租人、出卖人、承租人可以约定，出卖人不履行买卖合同义务的，由承租人行使索赔的权利。承租人行使索赔权利的，出租人应当协助”（第741条）。

2. “承租人对出卖人行使索赔权利，不影响其履行支付租金的义务。但是，承租人依赖出

租人的技能确定租赁物或者出租人干预选择租赁物的，承租人可以请求减免相应租金”（第742条）。出卖人不履行买卖合同义务与出租人有选择上的因果关系的，出租人应承担相应责任。

3.“出租人有下列情形之一，致使承租人对出卖人行使索赔权利失败的，承租人有权请求出租人承担相应的责任：（一）明知租赁物有质量瑕疵而不告知承租人；（二）承租人行使索赔权利时，未及时提供必要协助”（第743条第1款）。融资租赁合同中，约定由承租人对出卖人行使索赔权利，但由于出租人的原因导致索赔失败，自可“杀回马枪”，要求出租人承担相应的责任。

4.“出租人怠于行使只能由其对出卖人行使的索赔权利，造成承租人损失的，承租人有权请求出租人承担赔偿责任”（第743条第2款）。如果没有约定承租人向出卖人索赔，按合同的相对性只能由买受人（出租人）向出卖人索赔，其怠于索赔的事实造成承租人损失的，承租人自可请求出租人承担赔偿责任。

（三）买受人支付价金的义务

出租人（买受人）应当向出卖人支付价金。出租人相对于出卖人，就是买受人。如果约定承租人直接将款项打入出卖人的账号，也是第三人（承租人）代买受人履行。

（四）买受人不得变更承租人选择、认可的买卖合同的内容

“出租人根据承租人对出卖人、租赁物的选择订立的买卖合同，未经承租人同意，出租人不得变更与承租人有关的合同内容”（第744条）。擅自变更买卖合同的内容，会损害承租人的利益，影响到其合同目的的实现。

二、出租人对租赁物的相关权利和义务

（一）出租人保证承租人对租赁物的占有和使用的义务

“出租人应当保证承租人对租赁物的占有和使用。出租人有下列情形之一的，承租人有权请求其赔偿损失：（一）无正当理由收回租赁物；（二）无正当理由妨碍、干扰承租人对租赁物的占有和使用；（三）因出租人的原因致使第三人对租赁物主张权利；（四）不当影响承租人对租赁物占有和使用的其他情形”（第748条）。其中第3项是关于权利瑕疵担保义务的规定，即出租人担保租赁物不被第三人（出卖人、抵押权人等）所追夺，不被第三人所主张任何权利（包括不被第三人主张知识产权）。

（二）租赁物不符合租赁合同目的时出租人的免责

“租赁物不符合约定或者不符合使用目的的，出租人不承担责任。但是，承租人依赖出租人的技能确定租赁物或者出租人干预选择租赁物的除外”（第747条）。例如，承租人要改产上马一条生产口罩的流水线，设备的选购、型号、生产能力、技术指标、安装等全部依赖于出租人的介绍、宣传和指导，结果购买、承租的流水线不符合使用目的，造成较大损失，对此出租人不能免责。

例：承租人要求出租人购买一批机场用的汽车租给自己，承租人指定了汽车的型号和厂家。出租人将汽车交付给承租人使用后，承租人发现该批汽车只能作普通用途，不宜在机场使用。承租人要求出租人承担责任。

解：汽车不符合使用目的，承租人对自己的行为（选择）承担不利后果，出租人不应承担责任。

（三）对第三人造成侵害的免责

“承租人占有租赁物期间，租赁物造成第三人人身损害或者财产损失的，出租人不承担责任”（第749条）。该条主要是指租赁物瑕疵对第三人造成损害时出租人的免责。例如，某公司请客人参观生产流程，融资租赁的设备因瑕疵泄漏有害气体使客人受到伤害，这应当由承租人承担责任，而不应追及出租人。

如果是由于承租人对租赁物操作不当造成第三人损害，这与租赁物的瑕疵没有关系，承租

人自然要承担责任。

三、承租人的义务

（一）保管、使用和维修义务

“承租人应当妥善保管、使用租赁物。承租人应当履行占有租赁物期间的维修义务”（第750条）。融资租赁是谁占有，谁保管；谁使用，谁维修。此点与传统租赁不同。融资租赁期间较长且取得租赁物后，视为承租人已经获得融资，因此法律规定由承租人承担维修义务。

（二）支付租金义务

支付租金是承租人的主要义务。

1. 考虑到融资租赁合同融资的经济功能，“融资租赁合同的租金，除当事人另有约定外，应当根据购买租赁物的大部分或者全部成本以及出租人的合理利润确定”（第746条）。融资租赁合同的租金的构成是：购买成本（实质是融资本金）＋合理融资利润。标准高于传统租赁合同的租金标准。折算成贷款，融资租赁的利率（利息收入）一般要高于银行同期贷款利率。

2. “承租人占有租赁物期间，租赁物毁损、灭失的，出租人有权请求承租人继续支付租金，但是法律另有规定或者当事人另有约定的除外”（第751条）。本条说明，租赁物毁损、灭失的风险由承租人承担。融资租赁带有融资的性质，因此在租期内融资物灭失或者毁损不能使用的，合同可以不解除，即出租人可以继续请求支付租金。

第三节　融资租赁合同的解除、租赁物的归属

一、融资租赁合同的解除事由及解除的后果

融资租赁合同的解除，是解除出租人与承租人之间的法律关系，不包括对买卖合同的解除。

（一）融资租赁合同的解除事由

1. 承租人未按约定支付租金时的加速到期和出租人的解除权

“承租人应当按照约定支付租金。承租人经催告后在合理期限内仍不支付租金的，出租人可以请求支付全部租金；也可以解除合同，收回租赁物”（第752条）。①

（1）承租人未按约定支付租金，即陷于迟延时，出租人可以在请求支付全部租金和解除合同之间进行选择，选择的前置性程序是催告。

（2）出租人要求支付全部租金，该全部租金包括已经到期的租金和尚未到期的租金。尚未到期的租金加速到期，就消灭了承租人分期付款的期限利益。②

① 《融资租赁合同解释》第5条规定：“有下列情形之一，出租人请求解除融资租赁合同的，人民法院应予支持：（一）承租人未按照合同约定的期限和数额支付租金，符合合同约定的解除条件，经出租人催告后在合理期限内仍不支付的；（二）合同对于欠付租金解除合同的情形没有明确约定，但承租人欠付租金达到两期以上，或者数额达到全部租金百分之十五以上，经出租人催告后在合理期限内仍不支付的；（三）承租人违反合同约定，致使合同目的不能实现的其他情形。”第10条第1款规定：“出租人既请求承租人支付合同约定的全部未付租金又请求解除融资租赁合同的，人民法院应告知其依照民法典第七百五十二条的规定作出选择。”

② 《担保制度解释》第65条第1款规定：“在融资租赁合同中，承租人未按照约定支付租金，经催告后在合理期限内仍不支付，出租人请求承租人支付全部剩余租金，并以拍卖、变卖租赁物所得的价款受偿的，人民法院应予支持；当事人请求参照民事诉讼法‘实现担保物权案件’的有关规定，以拍卖、变卖租赁物所得价款支付租金的，人民法院应予准许。”

传统租赁的租金，是租赁物纯用益的对价，对尚未到期的部分，不能作加速到期的制度性规定，而融资租赁的对价的本质，是融资的对价（见第746条），因此，加速到期制度具有合理性。

（3）出租人可以先选择请求支付全部租金，承租人未履行支付全部租金债务的，出租人可再行使解除权。[①] 如果选择解除合同，在解除通知送达后发生解除效力，就不能再请求加速到期。

（4）因融资租赁合同是持续性合同，已经履行的部分继续有效，对解除后已经发生尚未支付的租金，出租人仍有权请求支付。

（5）出租人解除融资租赁合同的，同时有权请求返还租赁物。[②]

2. 承租人擅自处分租赁物时，出租人的解除权

"承租人未经出租人同意，将租赁物转让、抵押、质押、投资入股或者以其他方式处分的，出租人可以解除融资租赁合同"（第753条）。本条的"转让、抵押、质押、投资入股"的处分行为，是导致物权变动的物权行为，故对"其他方式"应作限制解释，即"其他方式"应是导致物权变动的物权行为，比如，承租人擅自转租，没有导致物权变动，不属于本条所说的处分方式，不能适用本条。

擅自处分行为（无权处分）是重大违约行为，且租赁物是出租人收回融资的非典型担保，因而，出租人有上述转让、抵押等物权性处分行为时，出租人有权解除租赁合同。

3. 合同基础丧失时，出租人或者承租人的解除权

"有下列情形之一的，出租人或者承租人可以解除融资租赁合同：（一）出租人与出卖人订立的买卖合同解除、被确认无效或者被撤销，且未能重新订立买卖合同；（二）租赁物因不可归责于当事人的原因毁损、灭失，且不能修复或者确定替代物；（三）因出卖人的原因致使融资租赁合同的目的不能实现"（第754条）。

（1）承租人占有、使用标的物，是融资租赁合同的履行方式，当买卖合同丧失效力或者自始没有效力，承租人占有、使用标的物就没有法律基础，如不能重新签订买卖合同予以补救，应当允许当事人解除合同。

（2）租赁物毁损、灭失，且不能修复或者确定替代物，造成客观履行不能，自应允许当事人解除合同。

（3）因出卖人的原因致使融资租赁合同的目的不能实现，比如租赁物具有重大质量瑕疵又没有合理补救方式的，应当允许当事人解除融资租赁合同。

（4）《融资租赁合同解释》第6条规定："因出租人的原因致使承租人无法占有、使用租赁物，承租人请求解除融资租赁合同的，人民法院应予支持。"

（二）融资租赁合同解除的效果

1. 因买卖合同的原因，融资租赁合同解除的效果

"融资租赁合同因买卖合同解除、被确认无效或者被撤销而解除，出卖人、租赁物系由承

---

① 《融资租赁合同解释》第10条第2款规定："出租人请求承租人支付合同约定的全部未付租金，人民法院判决后承租人未予履行，出租人再行起诉请求解除融资租赁合同、收回租赁物的，人民法院应予受理。"

② 《担保制度解释》第65条第2款规定："出租人请求解除融资租赁合同并收回租赁物，承租人以抗辩或者反诉的方式主张返还租赁物价值超过欠付租金以及其他费用的，人民法院应当一并处理。当事人对租赁物的价值有争议的，应当按照下列规则确定租赁物的价值：（一）融资租赁合同有约定的，按照其约定；（二）融资租赁合同未约定或者约定不明的，根据约定的租赁物折旧以及合同到期后租赁物的残值来确定；（三）根据前两项规定的方法仍然难以确定，或者当事人认为根据前两项规定的方法确定的价值严重偏离租赁物实际价值的，根据当事人的申请委托有资质的机构评估。"

租人选择的，出租人有权请求承租人赔偿相应损失；但是，因出租人原因致使买卖合同解除、被确认无效或者被撤销的除外。出租人的损失已经在买卖合同解除、被确认无效或者被撤销时获得赔偿的，承租人不再承担相应的赔偿责任”（第 755 条）。

（1）承租人对选择后果负责。承租人选择了出卖人、租赁物，而买卖合同解除、被确认无效或者被撤销，接着又导致融资租赁合同解除，承租人应对出租人的相应损失承担责任。

（2）承租人对选择后果负责有两个例外：其一，是出租人原因致使买卖合同解除、被确认无效或者被撤销，出租人的损失与承租人的选择没有直接因果关系。其二，出租人已经在买卖合同争议中获得赔偿，其就同一损失不能再请求承租人赔偿，即不能就同一损失获得双重赔偿。

2. 因租赁物毁损、灭失等不可归责于当事人的原因导致融资租赁合同解除的后果

“融资租赁合同因租赁物交付承租人后意外毁损、灭失等不可归责于当事人的原因解除的，出租人可以请求承租人按照租赁物折旧情况给予补偿”（第 756 条）。本条规定了解除与风险承担的关系。这里的“毁损、灭失”，是因不可归责于当事人的“意外”事由，其他规定租赁物“毁损、灭失”的条文（第 751 条、第 758 条第 2 款），都没有“意外”这个界定。

融资租赁合同是持续性合同，解除后，已经履行的部分仍有效，即解除向后发生效力。解除后，不适用第 751 条继续支付租金的规定，而租金包含了出租人的成本和利润。

融资租赁的租金一般包括购买租赁物的大部分或者全部成本（见第 746 条），这是“融资”性质的体现，为保护出租人的“融资”成本，在合同解除后出租人可以请求承租人按照租赁物折旧情况给予补偿。这与一般租赁不同，一般租赁的租赁物因不可归责于当事人的原因毁损、灭失的，由出租人（所有权人）承担风险，承租人不承担此风险；而融资租赁的承租人的“给予补偿”，是承担风险的表现，但解除后风险的承担，与不解除时风险（第 751 条）的承担并不相同，前者主要是承租人承担出租人保本的风险，后者因继续支付租金，出租人实现利润的风险，也是由承租人承担的。

二、租赁物所有权的归属

（一）租赁期间，出租人享有租赁物的所有权

租赁物可以是出租人自有的物，也可以是出租人购买交付给承租人的物。租赁期间，出租人享有租赁物的所有权。融资租赁物是出租人债权人的非典型担保。

“出租人对租赁物享有的所有权，未经登记，不得对抗善意第三人”（第 745 条）。例如，承租人擅自将承租物出卖给不知情的第三人，第三人可以善意取得该物的所有权。当事人可以以登记的方法公示[①]，以防止第三人善意取得租赁物的所有权。

（二）对租赁期限届满租赁物归属的约定和确定

出租人和承租人可以约定租赁期限届满租赁物的归属。对租赁物的归属没有约定或者约定不明确，依据本法第 510 条补缺的规定仍不能确定的，租赁物的所有权归出租人（见第 757 条）。出租人与出租人可以约定租赁期限届满后租赁物归承租人所有。“没有约定”或者“约定不明确”的，要依据《民法典》第 510 条补缺规定来确定归属。这里的特殊性在于，双方“没有约定”所有权归属的物并非当然地直接认定归出租人所有，也同“约定不明确”一样，要经过《民法典》第 510 条的补缺的过程，依据补缺的规定不能确定的，才认定租赁物归出租人所有。

---

① 按照《国务院关于实施动产和权利担保统一登记的决定》纳入动产和权利担保统一登记范围的担保类型包括融资租赁，由当事人通过中国人民银行征信中心动产融资统一登记公示系统自主办理登记。

（三）对租赁期限届满租赁物归属约定的相关后果

1.“当事人约定租赁期限届满租赁物归承租人所有，承租人已经支付大部分租金，但是无力支付剩余租金，出租人因此解除合同收回租赁物的，收回的租赁物的价值超过承租人欠付的租金以及其他费用的，承租人可以请求相应返还”（第758条第1款）。约定租赁期限届满租赁物归承租人所有，租金的构成中必然包括出租人购买租赁物的成本。承租人已经支付大部分租金，即已经支付了其中包含的大部分购买租赁物的费用，但是其无力支付剩余租金而不能取得所有权时，出租人不作相应的返还，就会产生显失公平的后果。

2.“当事人约定租赁期限届满租赁物归出租人所有，因租赁物毁损、灭失或者附合、混合于他物致使承租人不能返还的，出租人有权请求承租人给予合理补偿”（第758条第2款）。当事人约定租期届满租赁物归出租人所有，到期出租人自然有权请求返还对原物的占有，但因客观原因不能返还的，需要补偿，补偿区别于赔偿。租赁物因“灭失”而不能返还，属于事实不能；而“毁损”实际上是视为事实上的“不能返还”。租赁物附合、混合于他人之物，他人取得附合物或者混合物所有权的①，承租人对出租人的返还属于法律不能。

3.“当事人约定租赁期限届满，承租人仅需向出租人支付象征性价款的，视为约定的租金义务履行完毕后租赁物的所有权归承租人”（第759条）。本条对支付象征性价款的法律后果予以明确化。

（1）“价款”，是承租人向出租人购买租赁物的“价款”。虽然双方没有明确约定租期届满租赁物的归属，但约定了租赁期限届满，承租人仅需向出租人支付象征性价款的“义务”，就应解释为双方有“先租后卖”的合意。承租人支付象征性价款而取得租赁物所有权实际是一项合同权利。

（2）租期届满支付象征性价款后租赁物归承租人所有，前提是“约定的租金义务履行完毕”，该租金就已经包含了出租人全部或者大部购买租赁物的成本。

（四）融资租赁合同无效时租赁物的归属

“融资租赁合同无效，当事人就该情形下租赁物的归属有约定的，按照其约定；没有约定或者约定不明确的，租赁物应当返还出租人。但是，因承租人原因致使合同无效，出租人不请求返还或者返还后会显著降低租赁物效用的，租赁物的所有权归承租人，由承租人给予出租人合理补偿”（第760条）。

（1）融资租赁合同无效，当事人就该情形下（无效的情形下）租赁物的归属有特别约定的，按照其约定。这与一般合同的无效不同，充分考虑了融资合同的“融资”性质。

例：（1）融资租赁合同约定，如果租赁合同无效，租赁物归出租人所有。后合同被确认无效。（2）融资租赁合同约定租赁合同期限届满，租赁物归出租人所有。后合同被确认无效。

解：依照第（1）项约定，租赁物归出租人所有。依照第（2）项约定不能归出租人所有，因为它不属于无效后租赁物归属的特别约定。

（2）当事人在融资租赁无效的情形下就租赁物的归属没有约定或者约定不明的，租赁物仍可归承租人，这或是因为出租人不请求返还，或是为了物尽其用。前提是：因承租人原因致使合同无效。租赁物的所有权归承租人的，自应由承租人给予出租人合理补偿。

① 《民法典》第322条规定：“因加工、附合、混合而产生的物的归属，有约定的，按照约定；没有约定或者约定不明确的，依照法律规定；法律没有规定的，按照充分发挥物的效用以及保护无过错当事人的原则确定。因一方当事人的过错或者确定物的归属造成另一方当事人损害的，应当给予赔偿或者补偿。”

思考题

1. 融资租赁合同的概念是什么？特征有哪些？

2. 试举例说明融资租赁的“融资”性质。

3. 传统租赁与融资租赁的区别有哪些？

4. 简述融资租赁租金的构成。

5. 简述融资租赁当事人的解除权。

6. 简述融资租赁物的归属。

7. 融资租赁物交付后毁损、灭失的风险由谁承担，如何承担？

8. 融资租赁物交付后，因不可归责于当事人的事由毁损、灭失，当事人解除合同的后果如何？

9. 融资租赁合同的第三人（出卖人）不履行义务，如何索赔？

第十六章
保理合同

第一节　保理合同概述

一、保理合同的概念

“保理合同是应收账款债权人将现有的或者将有的应收账款转让给保理人，保理人提供资金融通、应收账款管理或者催收、应收账款债务人付款担保等服务的合同”（第761条）。保理（Factoring）的“保”，是指保付，“理”是指代理，全称保付代理，又称托收保付。这里的“代理”，是代理的泛用，不是严格法律意义上的代理，保理人是以自己名义开展保理活动的。保理也可以作为保理合同的简称。

例：我国A公司（出口商）销售给国外B公司一批货物，担心不能收回货款，就与我国一家外汇指定银行（出口保理商），签订了一份合同，约定：货款转到银行名下，由银行向B公司收款。银行为A公司提供一笔贷款以应急需，待银行从境外为A公司收回货款后，银行有权扣除融资资金及利息。请问：当事人订立的是什么合同？A公司的货款债权转到银行名下，在法律上归谁享有，其以谁的名义向B公司主张债权？

解：当事人订立的是保理合同，该货款是应收账款，A公司是应收账款债权人，B公司是应收账款债务人，银行是保理人。A公司的货款债权转到银行名下，在法律上归银行享有，银行以自己的名义向B公司主张债权。

1. 保理人提供资金融通、应收账款管理或者催收、应收账款债务人付款担保等服务。保理人为债权人提供的是金融服务、综合性服务。国际保理商联合会（Factoring Chain International，简称FCI）则将保理业务界定为：保理是融合了资金融通、账务管理、应收账款收取和坏账担保四项业务的综合性金融服务。债权人可通过将应收账款转让给保理人而获得融资，改善自己的财务状况。保理，是从债权转让衍生出来的一种商事交易形式，是现代商事制度中重要的融资手段，但它毕竟不是融资的单一性服务，应当综合发展。

2. 保理合同的一方，是应收账款的债权人，另一方是保理人（保理商）。保理人是商业银行和商业保理公司。保理合同涉及的第三人是应收账款债务人。

3. 保理是一项以债权人转让其应收账款为前提的金融业务。转让标的是债权人的应收账款。应收账款是源于基础交易合同发生的债权人对债务人享有的付款请求权，性质上属于金钱之债，包括债权人因提供商品、服务或者出租资产而形成的金钱债权，但不包括因票据或其他有价证券而产生的付款请求权。以应收账款为质押的贷款，不属于保理业务范围。应收账款，包括已经发生的应收账款债权和将来发生的应收账款债权。

例：甲公司与乙公司签订买卖1 000万元矿石的合同，甲公司先发货（赊销），乙公司6个月后付款。签订合同后，甲公司与银行丙签订保理合同，将1 000万元的应收账款债权转让给丙，丙按约定的应收账款的比例向甲提供融资。该买卖矿石的合同就是基础交易合同，该1 000万元就是已经发生的应收账款。

4. “保理合同的内容一般包括业务类型、服务范围、服务期限、基础交易合同情况、应收账款信息、保理融资款或者服务报酬及其支付方式等条款”（第762条第1款）。保理合同的内容，一是债权人将应收账款的债权转让给保理人；二是保理人提供约定的服务。

保理合同的核心是应收账款债权的转让，伴有保理融资等业务，除保理人、债权人双方外，还涉及基础交易合同的债务人。因而，它不是单纯的债权转让，也不能视为借款合同。

5. 按照债权人、债务人所在地，保理分为国际保理和国内保理。债权人和债务人均在境内的，称为国内保理。债权人和债务人中至少有一方在境外或者在保税区、自贸区、境内关外等区域的，称为国际保理。

6. 保理合同是要式合同。“保理合同应当采用书面形式”（第762条第2款）。

二、保理合同对债权转让规定的适用及明保理和暗保理

（一）概述

《民法典》保理合同章没有规定的，适用合同编第六章债权转让的有关规定。保理合同的核心内容，是债权人将应收账款的债权转让给保理人，因而保理合同可以适用债权转让的有关规定。与债权转让比较密切的事项包括以下几点。

1. 保理人在承揽保理业务时，应注意审查作为标的财产的应收账款债权是否允许转让。[①]

2. “当事人约定非金钱债权不得转让的，不得对抗善意第三人。当事人约定金钱债权不得转让的，不得对抗第三人”（第545条第2款）。应收账款是金钱债权，如果保理基础交易合同债权人和债务人约定应收账款债权不得转让，保理人知情仍然受让债权的，保理合同的效力不受影响，保理人仍然取得该受让的债权。“不得对抗第三人”，即该第三人不论是否知情，都不受影响。

3. 债务人收到债权转让通知后，应当向新的债权人（保理人）支付应收账款。债务人依据基础交易合同对原债权人的抗辩和抵销权，可以对保理人行使。[②]

（二）明保理和暗保理

1. 按照是否将应收账款转让的事实通知债务人，可分为明保理（公开型保理）和暗保理（隐蔽型保理）。

明保理通过受让债权和通知债务人，保理人取得对债务人的请求权。保理融资的第一还款来源为债务人对应收账款的支付。

暗保理，应收账款转让的事实暂不通知债务人，但保理人保留一定条件下通知的权利。作为一种应收账款融资方式，暗保理因适应交易的特殊需要而产生。

---

① 《民法典》第545条第1款规定：“债权人可以将债权的全部或者部分转让给第三人，但是有下列情形之一的除外：（一）根据债权性质不得转让；（二）按照当事人约定不得转让；（三）依照法律规定不得转让。”第445条规定：“以应收账款出质的，质权自办理出质登记时设立。应收账款出质后，不得转让，但是出质人与质权人协商同意的除外。出质人转让应收账款所得的价款，应当向质权人提前清偿债务或者提存。”

② 《民法典》第548条规定：“债务人接到债权转让通知后，债务人对让与人的抗辩，可以向受让人主张。”第549条规定：“有下列情形之一的，债务人可以向受让人主张抵销：（一）债务人接到债权转让通知时，债务人对让与人享有债权，且债务人的债权先于转让的债权到期或者同时到期；（二）债务人的债权与转让的债权是基于同一合同产生。”

2. “债权人转让债权，未通知债务人的，该转让对债务人不发生效力”（第 546 条第 1 款）。明保理因将债权转让通知了债务人而对债务人发生效力；暗保理因未将债权转让通知债务人而对其未发生效力。暗保理不影响保理人与债权人之间保理合同的效力。

3. 对于明保理，债务人向保理人清偿。对于暗保理，债务人仍然向债权人清偿，保理人通过与债权人共同开立共管或监管账户控制债权人对应收账款的回款，以保证保理人向债权人融资的安全性。

第二节　保理规则

一、虚构应收账款不能对抗善意保理人

虚构应收账款的保理也称为假保理。基础交易合同是成立保理合同的基础，而应收账款的转让，是保理人履行保理合同的基础。实务中，有的债权人与第三人（债务人）虚构基础交易合同（即虚构应收账款）而与保理人签订保理合同，以图获得借款（融资）；有的就是债权人与债务人合谋，骗取保理融资款。“应收账款债权人与债务人虚构应收账款作为转让标的，与保理人订立保理合同的，应收账款债务人不得以应收账款不存在为由对抗保理人，但是保理人明知虚构的除外”（第 763 条）。虚构应收账款不能对抗善意的保理人，保理人仍可主张约定的权利。应收账款债务人参与虚构、伪造债权的，仍应当按照保理合同约定，向善意的保理人支付应收账款。保理人的“非明知”构成善意，即便保理人有过失（比如未审慎审查），仍不妨碍其构成善意。

保理人明知虚构甚至参与虚构，以保理之名行借贷之实的，应当按照借款合同的要件考察，确定当事人之间的权利义务关系。

二、应收账款的转让通知

“保理人向应收账款债务人发出应收账款转让通知的，应当表明保理人身份并附有必要凭证”（764 条）。依照本条，应收账款的转让可以由保理人（债权的受让人）通知。《民法典》对债权转让的一般规定中，没有明确规定由谁通知债务人。[①] 依法理，通知人应当是债权人（让与人），其也可以委托债权受让人通知债务人。对于保理，应收账款的转让可以由债权人（让与人）通知债务人，也可以由保理人通知，保理人通知的依据可以是债权人的委托，也可以是上述《民法典》第 764 条的规定。不过，保理人与债权人最好在保理合同中就通知债务人的事项作出具体约定，以避免、减少争议。保理人通知的，应当表明保理人身份，即应当表明自己是作为保理人受让债权的，口说无凭，还要附有必要的凭证。

规定保理人通知，是为了满足现实需要。例如，国际保理，应收账款债权人和债务人一般分属不同国家和地区，由于法律、语言、资信、业务联系等因素，保理人通知更为可靠、便捷，有利于提高交易效率，也有利于对保理人的保护。

三、基础交易合同变动不能对抗保理人的规则

“应收账款债务人接到应收账款转让通知后，应收账款债权人与债务人无正当理由协商变

---

① 《民法典》第 546 条规定：“债权人转让债权，未通知债务人的，该转让对债务人不发生效力。债权转让的通知不得撤销，但是经受让人同意的除外。”

更或者终止基础交易合同，对保理人产生不利影响的，对保理人不发生效力”（第765条）。这是对基础交易合同变动不能对抗保理人规则的规定。该规则的要点是：

其一，保理人向应收账款债务人发出的应收账款转让通知已经送达。送达后，保理人与应受账款债务人建立债权债务关系，该债务人有向保理人清偿的义务。① 应收账款债权产生于基础交易合同，转让通知送达后，基础交易合同的变动不能损害保理人的利益。例如，甲与乙签订矿石买卖合同，买受人乙按该买卖合同应当向出卖人甲交付5 000万元货款，甲将该5 000万元应收账款债权转让给保理人，转让通知送达债务人乙后，乙应当向保理人履行，甲无权免除该债权或者变更币种使其价值减损。

其二，债权人与债务人变更或者终止基础交易合同。变更基础交易合同是变更交易条件，比如变更价款、债务履行期限等，终止主要指解除合同。

其三，基础交易合同变更、终止等对保理人产生不利影响。产生不利影响才发生不得对抗保理人的问题。比如，应收账款债权人与债务人约定的买卖合同的货款债务推迟一个月支付，这种行为不影响保理人要求债务人按原定期限支付款项。

债权人变更、终止基础交易合同导致保理人不能实现保理合同目的，保理人有权解除保理合同，并有权请求债权人承担违约责任。

四、有追索权保理和无追索权保理

（一）有追索权保理

追索权是追偿权，有追索权保理，是指依照保理合同的约定保理人因债权转让向债权人融通资金（提供资金）后，享有对债权人追索的权利。无论应收账款因何种原因不能收回，保理人都有权向债权人索回已付融资款并拒付尚未收回的差额款。债权人仍承担应收账款债务人拒绝付款或无力付款的风险。

有追索权的保理，也是有追索权的应收账款转让。将该应收账款转让给保理公司，是保理公司向债权人融资的担保手段，类似于让与担保中的“让与”。

有追索权的保理，应收账款虽然已经转让给保理人，但其目的在于担保保理人收回对应收账款债权人保理融资款的本息。

实务中，有追索权保理又称为回购型保理。实际上保理人在债务人拖欠或无法偿付应收账款时，采取的措施不仅仅是回购。“当事人约定有追索权保理的，保理人可以向应收账款债权人主张返还保理融资款本息或者回购应收账款债权，也可以向应收账款债务人主张应收账款债权。保理人向应收账款债务人主张应收账款债权，在扣除保理融资款本息和相关费用后有剩余的，剩余部分应当返还给应收账款债权人”（第766条）。保理人有下列选择的权限。

1. 保理人可以向应收账款债权人主张返还保理融资款本息。

2. 保理人可以向应收账款债权人主张回购应收账款债权，支付回购款。回购就是把债权再转让给债权人，通过收取回购款，来实现融资款的回笼。

3. 保理人可以向应收账款债务人主张应收账款债权。应收账款债权数额一般超过融资额，保理人实现应收账款债权后，在扣除保理融资款本息和相关费用后有剩余的，剩余部分应当返还给应收账款债权人。

有追索权保理人的上述多项权利的具体行使方法，取决于当事人的约定。

（二）无追索权保理

在当前国际保理业务中，占主流地位的是无追索权保理业务。无追索权保理，是指依照保

① 《民法典》第546条第1款规定：“债权人转让债权，未通知债务人的，该转让对债务人不发生效力。”

理合同的约定，保理人受让债权并向债权转让人融通资金（提供资金）后，无对债权转让人追索的权利，保理人独自承担应受账款债务人拒绝付款或无力付款的风险。“当事人约定无追索权保理的，保理人应当向应收账款债务人主张应收账款债权，保理人取得超过保理融资款本息和相关费用的部分，无需向应收账款债权人返还”（第767条）。无追索权保理，又称买断型保理，并无担保功能。因为它是保理人为赚取应收账款与保理融资款之间的差价而受让的应收账款债权。在债务人拒绝付款或无力付款（破产、清盘、财产被保全等）情况下，保理人“不得杀回马枪”，也不发生债权人回购债权的问题，保理人自己承担回款的风险。与风险相对应，保理人自得“多收”，无义务返还。

五、应收账款重复转让时保理人的受偿顺序

就同一应收账款订立多个保理合同，是“一债多转”（也称为“一债多卖”）的现象。“应收账款债权人就同一应收账款订立多个保理合同，致使多个保理人主张权利的，已经登记的先于未登记的取得应收账款；均已经登记的，按照登记时间的先后顺序取得应收账款；均未登记的，由最先到达应收账款债务人的转让通知中载明的保理人取得应收账款；既未登记也未通知的，按照保理融资款或者服务报酬的比例取得应收账款”[①]（第768条）。即一债多转中，优先保护登记的保理人；其次保护在先登记（公示在先，顺位在先）的保理人；再次保护最先到达的转让通知中载明的保理人；最后是按比例受偿。为保护自己的利益，保理人应尽快完成登记，也要尽快通知债务人。

在有追索权的保理中，保理人以应收账款债权人或者应收账款债务人为被告提起诉讼，人民法院应予受理；保理人一并起诉应收账款债权人和应收账款债务人的，人民法院可以受理。

应收账款债权人向保理人返还保理融资款本息或者回购应收账款债权后，请求应收账款债务人向其履行应收账款债务的，人民法院应予支持。

思考题

1. 保理合同的概念是什么？
2. 保理合同与应收账款的联系是什么？
3. 简述基础交易合同无正当理由变动的效果。
4. 有追索权保理与无追索权保理的区别是什么？
5. 简述应收账款重复转让时保理人的受偿顺序。
6. 保理、所有权保留、融资租赁的担保功能体现在何处？请举例说明。

---

① 按照《国务院关于实施动产和权利担保统一登记的决定》，纳入动产和权利担保统一登记范围的担保类型包括保理，由当事人通过中国人民银行征信中心动产融资统一登记公示系统自主办理登记。《担保制度解释》第66条规定：“同一应收账款同时存在保理、应收账款质押和债权转让，当事人主张参照民法典第七百六十八条的规定确定优先顺序的，人民法院应予支持。在有追索权的保理中，保理人以应收账款债权人或者应收账款债务人为被告提起诉讼，人民法院应予受理；保理人一并起诉应收账款债权人和应收账款债务人的，人民法院可以受理。应收账款债权人向保理人返还保理融资款本息或者回购应收账款债权后，请求应收账款债务人向其履行应收账款债务的，人民法院应予支持。”

第十七章
承揽合同

第一节　承揽合同概述

一、承揽合同的概念和法律特征

（一）承揽合同的概念

“承揽合同是承揽人按照定作人的要求完成工作，交付工作成果，定作人支付报酬的合同”（第770条第1款）。承揽合同是承揽人按照定作人的要求完成工作，交付工作成果，定作人给付报酬的合同。完成并交付工作成果的人称为承揽人，接受工作成果并支付报酬的人称为定作人。

（二）承揽合同的法律特征

1. 承揽合同是以完成特定工作成果为目的的合同

承揽合同的定作人的合同目的在于获得特定的工作成果，承揽人的合同目的则是通过完成工作成果获得报酬。由于工作成果的特定性，承揽人须以自己的技术、设备和劳力，完成主要工作。

2. 承揽合同强调履行的协作性

对于承揽合同，法律要求的协作义务比较严格。如定作人提供材料的，定作人应当按照约定提供材料。承揽人对定作人提供的材料应当及时检验，发现不符合约定时，应当及时通知定作人更换、补齐或者采取其他补救措施。再如，承揽人在工作期间，应当接受定作人必要的监督检查。

3. 承揽合同是诺成合同、有偿合同、双务合同

承揽合同是诺成合同，在达成合意时成立，不以交付标的物为合同成立的要件。承揽合同又是有偿合同、双务合同，以工作成果和报酬作为相互的交换条件。

二、承揽合同的种类

承揽涉及生活、生产的各个方面，承揽合同的种类繁多。“承揽包括加工、定作、修理、复制、测试、检验等工作”（第770条第2款）。与此相应，承揽合同有加工合同、定作合同、修理合同、复制合同、测试合同、检验合同等。

（一）加工合同

加工合同是指由定作人提供原材料，由承揽人将原材料加工成为成品，定作人接受成品并给付报酬的合同。这里所说的报酬，实际上是加工费。如张某将一块布料交由商店做成西服，

双方之间成立的合同就是加工合同。

（二）定作合同

定作合同是指承揽人自备原材料，应定作人的特殊要求制作成品，定作人接受工作成果并支付报酬的合同。如李某到某服装店做西服，服装店用自己的衣料为其制作，双方之间成立的合同就是定作合同。定作合同兼有买卖合同的性质。定作合同完成的工作成果是特定物。

1. 定作合同的原材料由承揽人提供；加工合同的原材料由定作人提供。定作合同的标的物制作出来后所有权归承揽人，交付后所有权才转归定作人；加工合同的标的物，所有权归定作人。

2. 定作合同的工作成果是按定作人的要求制作的特定物，定作合同与特定物的买卖合同可以发生竞合。

例：A地的甲与B地的乙签订合同，约定：由甲用自己准备的材料按乙设计、提供的图纸制作一个雕像，制作完成后甲送货上门，乙按约支付报酬。后因甲制作的雕像与图纸不符，双方产生争议。乙认为签订的是买卖合同，交付地是履行地，故应在B地法院起诉。甲认为双方的合同是承揽合同中的定作合同，承揽人所在地为履行地，故在A地的法院起诉。

解：（1）该雕像是甲按乙设计、提供的图纸特别制作的，使用的是承揽人甲的原材料制作，该雕像是特定物。甲、乙签订的是承揽合同中的定作合同，甲是承揽人，乙是定作人。该合同符合买卖合同的特征，兼有买卖合同的性质（竞合）。

（2）动产买卖合同的交付地是履行地，定作合同的承揽人交付工作成果才是完成合同义务的行为，其制作雕像的行为只是履行的准备工作，其所在地并不是履行地。故本案合同不论从买卖合同的角度看还是定作合同的角度看，履行地都是在B地，应由B地的人民法院管辖。

（三）修理合同以及属于承揽合同的装修合同

修理合同是指承揽人为定作人修理功能不良或者被损坏的物品，使其恢复原状或者价值，定作人支付报酬的合同。如王某将自己的汽车交给汽车修理厂大修，双方之间就成立了修理合同。

这里所说的装修合同是指对建筑物的装修合同，也称为装修装饰合同。装修合同有的属于承揽合同，有的属于建设工程合同中的施工合同，两者的区分是实务中的一个争议点。[①] 涉及建筑主体和承重结构变动的装修合同，应认定为建设工程合同中的施工合同，反之应当认定为属于承揽合同中的装修合同。

（四）复制合同

复制合同是指承揽人根据定作人提供的样品，制作与样品相同的成品，定作人接受成品并支付报酬的合同。复制，可以是对文稿的复印、对相片的翻拍，也可以是对画稿的临摹、对塑像的模仿塑造，等等。

（五）测试合同

测试合同是指承揽人依定作人的要求，为定作人指定的项目或者工程进行测试，取得测验、实验指标等结果，并将测试结果交付给定作人，定作人接受其成果并支付报酬的合同。

（六）检验合同

检验合同是指承揽人按照定作人的要求，对定作人提供的检验品进行检测、化验、分析等

---

① 发生争议的动因，往往是当事人争取有利于自己诉讼管辖。装修合同作为承揽合同，适用合同纠纷的一般管辖，施工合同纠纷属于不动产纠纷，适用专属管辖。《民事诉讼法》第23条规定：“因合同纠纷提起的诉讼，由被告住所地或者合同履行地人民法院管辖。”第33条规定：“下列案件，由本条规定的人民法院专属管辖：（一）因不动产纠纷提起的诉讼，由不动产所在地人民法院管辖；（二）因港口作业中发生纠纷提起的诉讼，由港口所在地人民法院管辖；（三）因继承遗产纠纷提起的诉讼，由被继承人死亡时住所地或者主要遗产所在地人民法院管辖。”

工作，并就检验品的品质、成分、结构、性能等方面作出报告或者结论，定作人接受报告或者结论并支付报酬的合同。如甲与乙约定，由甲方提供某种白酒的样品，乙方为甲方检验白酒的成分，双方之间的合同就是检验合同。

三、承揽合同的内容

“承揽合同的内容一般包括承揽的标的、数量、质量、报酬，承揽方式，材料的提供，履行期限，验收标准和方法等条款”（第771条）。

承揽的标的（给付），是承揽人应交付的工作成果或者应完成的工作，如加工、定作、修理等。确定承揽的标的，等于确定了承揽合同的具体种类。

数量，是以数字和计量单位来衡量定作物的尺度。如制作家具十件，粉刷房屋五间等。

质量，是指工作成果和完成的工作适合一定用途、满足一定需要的特性。如加工家具的坚固程度、形状、外观、色彩等。

报酬，是定作人为获取工作成果或者接受完成的工作而给付承揽人的对价。报酬一般用货币表示。

承揽方式，是完成工作的方式，包括承揽人以何种技术手段、工作方法，何种设备，采取哪些步骤来完成承揽工作。承揽方式也指承揽人是亲自完成全部工作，还是将部分工作交由次承揽人完成。

材料的提供，是指材料由定作方提供，还是由承揽方提供，以及材料数量、质量的情况等。

履行期限，是指完成工作、交付工作成果的时间限制。

验收标准和方法，是指定作人接受工作成果时应采用的标准和方法。比如，当事人可以采取国家质量标准，也可以约定质量标准；验收的方法可以由第三人鉴定，也可以由定作人鉴定；可以抽查，也可以全部检验等。具体的验收标准和方法要根据需要由当事人约定。

四、承揽合同与雇佣合同的区别

承揽合同与雇佣合同的区别，是实务中的一个争议点。正确区分这两种合同，对确定当事人的责任十分重要。

（一）合同标的不同

合同的标的是给付。承揽是完成工作成果的合同，即承揽人以交付物化劳动成果作为给付。雇佣是提供劳务的合同，即雇员一方提供劳务作为给付。提供劳务的合同，有时表面上很像是给付工作成果，这是发生争议的一个原因。比如，请人刷墙，仅从合同的履行结果上很难判别是承揽合同还是雇佣合同。

由于工作成果的特定性，也由于定作人对承揽人的特殊信任（着重于承揽人的特殊技能），要求承揽人须以自己的技术、设备和劳力，完成主要工作。承揽人须自备设备、工具等。雇佣重在提供劳务，也有对雇员个人技能的特殊信任，需雇员亲自完成工作，然而雇员无须自备工具，但自带简单工具（铁锹、十字镐、吸尘器等）时，不影响雇佣的性质。

（二）计酬标准不同

承揽合同以工作成果为对价，自然以形成工作成果的要素（材料、技术、时间等）作为确定报酬的依据。雇佣合同主要以劳动时间（如钟点工）和个人技能作为报酬的依据，一般是按期支付，也有“按件计酬”的情形。

（三）对资质的要求不同、主体不同

承揽人多需要具备相应的经营资质（比如，房屋装修需要承揽人具备法定资质）。雇佣合同重在提供劳务，对雇员不要求其具备经营资质，对其技能一般要求不高。

承揽人可以是法人、非法人组织、自然人。雇员都是自然人。法人、非法人组织、自然人都可以充当雇主。雇员和雇主，不一定都是个人和个人之间的关系。有的自然人是非全日制用工的劳动者，与单位是劳动关系①，有的自然人是雇员，与单位是债权合同关系。非全日制用工虽然被称为“小时工”，但具有一定的持续性，单位临时找人帮忙，要求其提供劳务的，是雇佣。

（四）定作人对承揽人无管理之责，没有指挥之权，雇主对雇员既有管理之责，又有指挥之权

承揽合同的定作人与承揽人是相互独立的、平等的民事主体，在工作中没有管理和被管理的关系。虽然定作人对工作成果有要求，但对承揽人的工作没有直接指挥、安排之权，承揽人独立地完成工作。雇佣合同的双方，虽然是平等的民事主体，没有人身依附关系、隶属关系，但在工作中有管理和被管理（包括安全的监督管理）的关系，雇主对雇员提供劳务有直接指挥、安排之权，“指东打东，指西打西”。指挥、安排之权不是民法上的一种独立的权利，而是合同中的一种权限。

有无管理关系，有无指挥、安排的权限，是决定定作人与雇主不同责任的关键性因素。

例：甲公司（楼主）给乙公司（清洁公司）一笔钱，让乙公司擦洗楼外墙面。乙公司的10个清洁工人吊在楼外。有一个工人安全带未系牢，一阵强风刮过，掉了下来，砸在一个过路人身上，造成一伤一死的结果。应当由谁来承担责任？

解：（1）甲、乙公司之间的合同是承揽合同，甲、乙公司之间没有安全上的监督管理关系，乙独立完成工作，应由乙公司来承担责任。（2）如果楼主不请清洁公司，而临时从劳务市场找了10个农民工来擦洗外楼面，那么楼主应自己承担责任，因为楼主是雇主，双方之间形成的是雇佣合同。楼主与农民工之间有安全上的监督管理关系。即使楼主与农民工约定为承揽合同，仍应按雇佣合同处理。

（五）责任不同

《民法典》第1192条规定：“个人之间形成劳务关系，提供劳务一方因劳务造成他人损害的，由接受劳务一方承担侵权责任。接受劳务一方承担侵权责任后，可以向有故意或者重大过失的提供劳务一方追偿。提供劳务一方因劳务受到损害的，根据双方各自的过错承担相应的责任。提供劳务期间，因第三人的行为造成提供劳务一方损害的，提供劳务一方有权请求第三人承担侵权责任，也有权请求接受劳务一方给予补偿。接受劳务一方补偿后，可以向第三人追偿。”第1193条规定：“承揽人在完成工作过程中造成第三人损害或者自己损害的，定作人不承担侵权责任。但是，定作人对定作、指示或者选任有过错的，应当承担相应的责任。”

以上规定，分别确定了雇主对第三人的替代责任、无过错责任，雇主对雇员的过错责任以及定作人的自己责任、过错责任。

（1）个人之间形成劳务关系，包括雇佣关系、（无偿）帮工关系，不过，雇佣关系的雇主，不限于个人。提供劳务一方（雇员、帮工人）因劳务造成第三人损害的，由接受劳务一方（雇主、被帮工人）承担侵权责任，这是对第三人侵权的替代责任、无过错责任。提供劳务一方因劳务受到损害的，根据双方各自的过错承担相应的责任，雇主、被帮工人是过错责任。

① 《劳动合同法》第68条规定：“非全日制用工，是指以小时计酬为主，劳动者在同一用人单位一般平均每日工作时间不超过四小时，每周工作时间累计不超过二十四小时的用工形式。”第69条规定：“非全日制用工双方当事人可以订立口头协议。从事非全日制用工的劳动者可以与一个或者一个以上用人单位订立劳动合同；但是，后订立的劳动合同不得影响先订立的劳动合同的履行。”

（2）相反，承揽人对第三人造成的损害及对承揽人自己造成的损害的，定作人有过错才承担责任，承揽人对第三人侵权，定作人不承担替代责任，承担的是自己责任（对自己的过错承担责任）。

例：张甲装修房屋，找了李乙“包活”，连工带料总共20万元。在装修房屋过程中李乙因操作不当而受伤，其提起诉讼，请求张甲赔偿。李乙主张张甲与其订立的是雇佣合同，张甲认为是承揽合同。李乙是个人出来揽活的农村木匠，没有装修房屋的资质。

解：（1）张甲与李乙签订合同的标的，是物化的劳动成果，是承揽合同。但李乙没有资质，承揽合同无效。按《民法典》第1193条，张甲有过错，应当承担相应的责任。李乙操作不当也有过错，故本案应适用过错相抵的规则确定张甲的具体责任。

（2）本案的难点是张甲的选任过错与李乙受伤有无法律上的因果关系。张甲如与有资质的主体订立合同，则承揽人对工人将有安全管理要求及措施等，张甲与无资质个人订立承揽合同，导致缺乏这种管理，无安全管理行为（措施）与李乙受伤有法律上的因果关系。

第二节　承揽合同当事人的权利和义务

一、承揽人的权利、义务

（一）亲自完成主要工作的义务

承揽合同建立在定作人对承揽人的特定工作能力的信任基础之上。“承揽人应当以自己的设备、技术和劳力，完成主要工作，但是当事人另有约定的除外。承揽人将其承揽的主要工作交由第三人完成的，应当就该第三人完成的工作成果向定作人负责；未经定作人同意的，定作人也可以解除合同”（第772条）。承揽人擅自将主要工作交给第三人（次承揽人）完成的，定作人对承揽人成立解除权，解除权可以行使，也可以不行使。

“承揽人可以将其承揽的辅助工作交由第三人完成。承揽人将其承揽的辅助工作交由第三人完成的，应当就该第三人完成的工作成果向定作人负责”（第773条）。将辅助工作交给第三人（次承揽人）完成的，次承揽人向承揽人负责，承揽人向定作人负责。

（二）按约定提供材料的义务

使用谁的材料，由当事人约定。“承揽人提供材料的，应当按照约定选用材料，并接受定作人检验”（第774条）。材料的规格、好坏，关系到成品或者工作质量的好坏，因此承揽人对选用的材料，不得以次充好；未经对方同意，不得更换。

（三）及时检验的义务及不得随意更换的义务

“定作人提供材料的，应当按照约定提供材料。承揽人对定作人提供的材料应当及时检验，发现不符合约定时，应当及时通知定作人更换、补齐或者采取其他补救措施。承揽人不得擅自更换定作人提供的材料，不得更换不需要修理的零部件”（第775条）。如，在来料加工桌椅的合同中，承揽人擅自更换木料，在修理手表的合同中，利用定作人知识的欠缺，更换不需要修理的手表零件等，都是违法的行为。

（四）及时通知的义务

“承揽人发现定作人提供的图纸或者技术要求不合理的，应当及时通知定作人。因定作人怠于答复等原因造成承揽人损失的，应当赔偿损失”（第776条）。此通知义务是法定附随义务。

（五）履行抗辩权和解除权

“承揽工作需要定作人协助的，定作人有协助的义务。定作人不履行协助义务致使承揽工作不能完成的，承揽人可以催告定作人在合理期限内履行义务，并可以顺延履行期限；定作人逾期不履行的，承揽人可以解除合同”（第778条）。这里的“顺延履行期限”是承揽人行使履行抗辩权的行为。承揽人解除合同有一个前置程序：催告。

（六）接受监督的义务

“承揽人在工作期间，应当接受定作人必要的监督检验。定作人不得因监督检验妨碍承揽人的正常工作”（第779条）。这种接受监督的义务，在学理上又被称为“容忍义务”。

（七）交付工作成果的义务

“承揽人完成工作的，应当向定作人交付工作成果，并提交必要的技术资料和有关质量证明。定作人应当验收该工作成果”（第780条）。交付工作成果是主给付义务，提交必要的技术资料和有关质量证明是从给付义务，不是附随义务。

（八）留置权和拒绝交付权

“定作人未向承揽人支付报酬或者材料费等价款的，承揽人对完成的工作成果享有留置权或者有权拒绝交付，但是当事人另有约定的除外”（第783条）。本条规定了承揽人的两种权利，一是留置权；二是拒绝交付权。

1. 占有定作人动产的承揽人可以成立留置权，未占有的不能成立留置权

例：王某将汽车交给汽车修理厂大修，约定4月1日交钱提车，4月1日王某没有交钱。汽车修理厂如何保护自己的利益？

解：汽车修理厂有权拒绝交付修理的汽车，但可以给王某60日以上的宽展期，经过宽展期后，王某还不交修理费，则汽车修理厂可以与债务人协议以留置物折价，也可以依法拍卖、变卖留置物，就所得的价款优先受偿。

留置权是他物权，是对占有他人之物的担保物权，并非所有承揽合同都可以成立留置权，占有定作人动产的承揽人可以成立留置权，未占有的不能成立留置权。承揽合同中的定作合同是承揽人自己提供原材料，标的物制作完成后所有权归承揽人，其不能留置自己的财产，按《民法典》第783条，定作合同的承揽人没有留置权，只有拒绝交付权。

对建筑物的装修，构成承揽合同的①，因为建筑物为不动产，承揽人没有留置权（留置权是对动产的留置）；因承揽人未取得占有，其也没有拒绝交付权。

2. 承揽人对工作成果的拒绝交付权

定作人未向承揽人支付报酬或者材料费等价款，工作成果所有权属于承揽人的，其拒绝交付权性质上是履行抗辩权，是保留自己的给付；工作成果所有权属于定作人的，承揽人拒绝交付的权利性质上是占有抗辩权，因交付工作成果是承揽人自己的给付，故拒绝交付又有履行抗辩权的性质，即是占有抗辩权与履行抗辩权的竞合。②

例：甲提供图纸并提出具体要求：由乙为其雕刻一尊石麒麟。因甲到期未支付价款，乙拒绝交付麒麟。

解：（1）如果乙自备石材，双方之间的合同是定作合同，麒麟所有权归乙，乙行使的是履行抗辩权。

（2）如果是甲提供石材，双方之间的合同是加工合同，麒麟所有权归甲，乙行使的是占有抗辩权（与履行抗辩权竞合）。留置权是由占有抗辩权、变价权和优先受偿权组成的复合性权利，即乙的占有抗辩权实际是留置权中的一项具体权利，其可以给甲60日以上的宽展期。经过宽展期后，甲还不交付价款，则乙可以与甲协议以留置物折价，也可以依法拍卖、变卖留置

---

① 对建筑物的装修，构成建设工程合同的，可成立《民法典》第807条规定的不动产优先受偿权。

② 初学者理解为履行抗辩权即可。

物，就所得的价款优先受偿。

（九）妥善保管的义务

“承揽人应当妥善保管定作人提供的材料以及完成的工作成果，因保管不善造成毁损、灭失的，应当承担赔偿责任”（第784条）。保管不善是过错行为，可以构成违约责任与侵权责任的竞合。例如，甲将一块价值较高的玉石交给乙古玩店加工，乙搁置玉石的架子倒塌将加工好的玉石摔裂。双方成立的是加工合同，加工物的所有权归甲，乙既构成违约责任，又构成侵权责任。

（十）保密的义务

“承揽人应当按照定作人的要求保守秘密，未经定作人许可，不得留存复制品或者技术资料”（第785条）。这是为保护定作人的知识产权作出的规定。比如，甲设计了新型组柜，准备申请实用新型专利，甲让承揽人乙按照图纸制造样品，乙不得擅自复制、带走图纸，更不得将甲的实用新型秘密（在申请专利的文件公开之前属于技术秘密）扩散，若乙违反保密义务造成甲的损失，应当予以赔偿。

（十一）共同承揽人的连带责任

所谓共同承揽人，是指对同一承揽事务负共同完成工作义务的两个和两个以上的多数人。“共同承揽人对定作人承担连带责任，但是当事人另有约定的除外”（第786条）。共同承揽人负连带责任，是指各承揽人对全部债务（完成工作并交付工作成果）负责，定作人可以向某一承揽人或全部承揽人要求履行债务。

例：甲（定作人）与乙、丙约定，由乙、丙共同完成仿古瓷瓦的烧制工作，乙、丙为共同承揽人。到期甲可以要求乙交付，也可以要求丙交付。不能交付时，甲可以向乙要求赔偿，也可以向丙要求赔偿。如果定作人甲与承揽人乙订立承揽合同，乙将部分工作转交丙完成，丙与乙并不是共同承揽人，对于甲而言，只有乙是承揽人。

二、定作人的权利、义务

（一）按照约定提供材料的义务

定作人提供材料的，定作人应当按照约定提供材料。按照约定提供，包括按约定的时间、数量和质量提供。

（二）因变更而产生的赔偿责任

“定作人中途变更承揽工作的要求，造成承揽人损失的，应当赔偿损失”（第777条）。从承揽合同的性质来看，应当赋予定作人以单方变更权，但定作人行使单方变更权给承揽人造成损失的，并不能免责，应当予以赔偿。

（三）验收工作成果，合理选择违约责任形式

对承揽人提交的工作成果，定作人应当验收。“承揽人交付的工作成果不符合质量要求的，定作人可以合理选择请求承揽人承担修理、重作、减少报酬、赔偿损失等违约责任”（第781条）。在诸项违约责任形式中，是“合理选择”，不是任意选择。

（四）支付报酬

定作人应当按照约定的期限支付报酬。对支付报酬的期限没有约定或者约定不明确，依据本法第510条补缺的规定仍不能确定的，定作人应当在承揽人交付工作成果时支付；工作成果部分交付的，定作人应当相应支付（见第782条）。支付报酬是定作人的主要义务，是定作人取得工作成果的对价。

（五）随时解除权

“定作人在承揽人完成工作前可以随时解除合同，造成承揽人损失的，应当赔偿损失”（第

787 条)。定作人享有的随时解除权实际上是一种“法定任意解除权”。所谓“法定”，是指必须为法律直接规定的合同种类（如承揽合同）；所谓“任意”，是指解除合同时，不需要特定的理由。这种任意解除权的行使导致承揽人损失的，定作人不能免责，应当予以赔偿。该随时解除权专属于定作人，承揽人不享有。

行使随时解除权应在完成工作之前，否则会无谓地扩大损失。

事先排除随时解除权的约定无效。可对行使随时解除权约定违约金。违约金具有预定赔偿金的性质，而行使随时解除权是以损害赔偿为代价的。

思考题

1. 如何区分承揽合同与雇佣合同？定作人与雇主的责任有何不同？
2. 承揽人的主要义务是什么？
3. 定作人的主要义务是什么？
4. 简述定作人的随时解除权、变更权。
5. 简述承揽人的留置权和拒绝交付权。

第十八章
建设工程合同

第一节　建设工程合同概述

一、建设工程合同的概念和特征

（一）建设工程合同的概念

“建设工程合同是承包人进行工程建设，发包人支付价款的合同”（第 788 条第 1 款）。

建设单位（或建设人）称为发包人，勘察、设计或者施工单位称为承包人。

建设工程合同包括勘察合同、设计合同和施工合同。“勘察、设计合同的内容一般包括提交有关基础资料和概预算等文件的期限、质量要求、费用以及其他协作条件等条款”（第 794 条）。“施工合同的内容一般包括工程范围、建设工期、中间交工工程的开工和竣工时间、工程质量、工程造价、技术资料交付时间、材料和设备供应责任、拨款和结算、竣工验收、质量保修范围和质量保证期、相互协作等条款”（第 795 条）。实务中，施工合同的工程造价、工程价款的多少是常见的争议点。

（二）建设工程合同的法律特征

1. 建设工程合同是一种特殊承揽合同

建设工程合同是一种特殊的承揽合同。因此，对建设工程合同没有规定的，适用承揽合同的有关规定（见第 808 条）。

它的特殊性，在于它是完成一定工程项目，完成的工作成果是不动产或者与不动产紧密相连。而一般承揽合同完成的工作成果是动产。有些承揽工作也与不动产紧密相连。如修理合同，不仅包括对动产（如汽车）的修理，也可以包括对不动产的修理（如对房屋的装修也是修理，装饰装修也可以是个工程）。

2. 建设工程合同的标的是完成建设工程的行为

《民法典》所说的建设工程与《中华人民共和国建筑法》（以下简称《建筑法》）所说的建筑工程不同。《建筑法》第 2 条第 2 款指出：“本法所称建筑活动，是指各类房屋建筑及其附属设施的建造和与其配套的线路、管道、设备的安装活动。”从上述条文对“建筑活动”的规定可以看出，建筑工程只是建设工程的一类，建设工程的范围大于建筑工程。建设工程包括土木工程、建筑工程、线路管道和设备安装工程及装修工程。

有人认为，建设工程合同的标的是基本建设工程，如比较复杂的木工建筑，包括房屋、桥梁涵洞、水利工程、道路工程等。对于一些结构简单、价值较小的工程项目，如居民建筑的住宅、企业建造的一些附属房屋，并不属于建设工程，因而不适用《民法典》关于建设工程的规定。上述观点只是一种理论观点，是没有法律根据的。作为建设工程合同标的的工程，并不一定是“基本建设工程”，居民兴建房屋等，也可以作为建设工程合同的标的，同样受《民法典》关于建设工程合同的有关规定的调整。

对建设工程合同的发包人，法律并未限制为法人、非法人组织，自然人也可以作为发包人。例如，一位村民要盖一座小楼，他就可以与施工公司订立建设工程合同。

3. 建设工程合同的订立和履行，受到国家的严格管理和调控

建设工程承包合同所要完成的建设工程，具有投资大、周期长、质量要求高等特点。从整体上看，建设工程还会影响到国计民生。因此，建设工程合同的订立和履行，受到国家的严格管理和调控。

4. 建设工程合同是要式、诺成、有偿、双务合同

基于建设工程合同的特殊性，“建设工程合同应当采用书面形式”（第 789 条）。也就是说，建设工程合同是要式合同。该种合同还是诺成、有偿、双务合同。

二、建设工程合同的订立

（一）对建设工程合同订立方式的特别要求

1. 建设工程合同的订立，可以采取一般协商方式，也可采用招标投标方式。符合《中华人民共和国招标投标法》（以下简称《招标投标法》）规定的，必须采取招标方式。[①]

“建设工程的招标投标活动，应当依照有关法律的规定公开、公平、公正进行”（第 790 条）。这里所说的有关法律，主要是指《招标投标法》和《反不正当竞争法》。在招标投标中恶意串通中标的，市场监督管理等机关有权确认中标无效。

2. “国家重大建设工程合同，应当按照国家规定的程序和国家批准的投资计划、可行性研究报告等文件订立”（第 792 条）。

（二）发包、分包与转包

1. 总包、按类型分别承包、支解发包

勘察是设计的基础，设计是施工的前提。“发包人可以与总承包人订立建设工程合同，也可以分别与勘察人、设计人、施工人订立勘察、设计、施工承包合同。发包人不得将应当由一个承包人完成的建设工程支解成若干部分发包给数个承包人”（第 791 条第 1 款）。

总承包是将勘察、设计和施工“打包承包”，将勘查合同、设计合同和施工合同合并为一个建设工程合同，承包人称为“总承包人”。

按类型分别承包，是发包人分别与勘察人、设计人、施工人订立勘查合同、设计合同、施工合同。

支解发包，是指发包人将应当由一个承包人完成的建设工程分解成若干部分发包给不同的承包人的行为。禁止支解发包是效力性强行性规定，违反该规定的合同无效。

2. 建设工程的分包以及转包、支解分包的禁止

“总承包人或者勘察、设计、施工承包人经发包人同意，可以将自己承包的部分工作交由第三人完成。第三人就其完成的工作成果与总承包人或者勘察、设计、施工承包人向发包人承

① 《招标投标法》第 3 条规定：“在中华人民共和国境内进行下列工程建设项目包括项目的勘察、设计、施工、监理以及与工程建设有关的重要设备、材料等的采购，必须进行招标：（一）大型基础设施、公用事业等关系社会公共利益、公众安全的项目；（二）全部或者部分使用国有资金投资或者国家融资的项目；（三）使用国际组织或者外国政府贷款、援助资金的项目。前款所列项目的具体范围和规模标准，由国务院发展计划部门会同国务院有关部门制订，报国务院批准。法律或者国务院对必须进行招标的其他项目的范围有规定的，依照其规定。”

担连带责任。承包人不得将其承包的全部建设工程转包给第三人或者将其承包的全部建设工程支解以后以分包的名义分别转包给第三人”（第 791 条第 2 款）。

（1）分包是将部分建设工程转包给第三人。第三人称为分包人，承包人与分包人的合同称为分承包合同或分包合同。分包人就其完成的工作成果与转包人向发包人承担连带责任。

承包人与分包人的分包合同要经过发包人的同意，事先未经同意的分包合同效力待定。

建设工程合同关系图示可见下图。

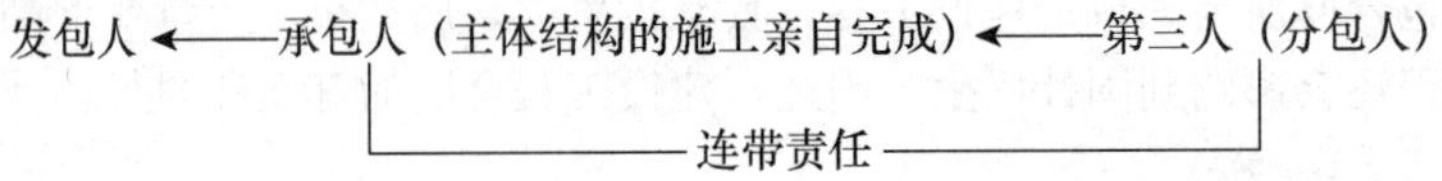

（2）建设工程禁止转包。转包，是指承包单位承包建设工程后，不履行合同约定的责任和义务，将其承包的全部建设工程转给他人或者将其承包的全部建设工程肢解以后以分包的名义分别转给其他单位承包的行为。转包合同，不管发包人是否同意，都无效。

3. 主体不适格分包、再分包、主体结构工程施工分包的禁止

建设工程允许分包，但不允许违法分包。所谓违法分包，是指下列行为：第一，总承包人将建设工程分包给不具备相应资质条件的单位；第二，分包单位将其承包的建设工程再分包；第三，承包人将建设工程主体结构的施工分包给其他单位（见第 791 条第 3 款）。

三、无效施工合同

建设工程合同包括设计合同、勘查合同和施工合同，这里仅介绍无效施工合同。

（一）施工合同无效的原因

1. 施工合同无效的一般原因

（1）承包人未取得建筑业企业资质或者超越资质等级；（2）没有资质的实际施工人借用有资质的建筑施工企业名义；（3）建设工程必须进行招标而未招标或者中标无效；（4）非法转包建设工程、违法分包建设工程（见《施工合同解释（一）》第 1 条）。

其中，承包人超越资质等级许可的业务范围签订建设工程施工合同的，该合同可以有条件地成为有效的合同，即在建设工程竣工前取得相应资质等级的，该合同有效（见《施工合同解释（一）》第 4 条）。

2. 阴阳合同的效力

采用招投标方式订立的施工合同，中标合同是“阳合同”（明面上的合同），就同一工程双方有私下订立的与中标合同实质不同的合同，称为“阴合同”。签订阴阳合同是不正当竞争行为。《施工合同解释（一）》第 2 条规定：“招标人和中标人另行签订的建设工程施工合同约定的工程范围、建设工期、工程质量、工程价款等实质性内容，与中标合同不一致，一方当事人请求按照中标合同确定权利义务的，人民法院应予支持。招标人和中标人在中标合同之外就明显高于市场价格购买承建房产、无偿建设住房配套设施、让利、向建设单位捐赠财物等另行签订合同，变相降低工程价款，一方当事人以该合同背离中标合同实质性内容为由请求确认无效的，人民法院应予支持。”

其一，存在阴阳合同的，以阳合同（中标合同）为准，阴合同与阳合同实质不一致的部分无效。应注意的是，因工程设计的合理变动而对中标合同的合理变更，不构成阴合同。

其二，变相降低工程价款的合同无效，这种合同实质上也是阴合同。

3. 发包人未取得建设工程规划许可证等规划审批手续，施工合同一般无效

《施工合同解释（一）》第 3 条第 1 款规定：“当事人以发包人未取得建设工程规划许可证

等规划审批手续为由，请求确认建设工程施工合同无效的，人民法院应予支持，但发包人在起诉前取得建设工程规划许可证等规划审批手续的除外。”即是说，未取得审批手续的，施工合同无效，但在“起诉前”取得的除外。另外，“发包人能够办理审批手续而未办理，并以未办理审批手续为由请求确认建设工程施工合同无效的，人民法院不予支持”（同条第2款）。这是为防止发包人逃避或转嫁责任、尽量保护交易关系作出的规定。

（二）施工合同无效的后果

1. 合同无效但工程合格

“建设工程施工合同无效，但是建设工程经验收合格的，可以参照合同关于工程价款的约定折价补偿承包人”（第793条第1款）。此时约定的工程款是折价补偿的参照基准。此折价补偿是法定之债，是《民法典》第157条“折价补偿”的一种具体情况。①

2. 合同无效且工程不合格

建设工程施工合同无效，且建设工程经验收不合格的，按照以下情形处理：其一，修复后的建设工程经验收合格的，发包人可以请求承包人承担修复费用，承包人可以请求折价补偿；其二，修复后的建设工程经验收不合格的，承包人无权请求参照合同关于工程价款的约定折价补偿（见第793条第2款）。

3. 合同无效且当事人对工程不合格有过错

应注意的是，对合同无效有过错与对工程不合格有过错是两个不同的过错。对合同无效的过错是缔约过错。比如，发包人明知承包人无资质仍与其订立承包合同，是对合同无效的过错。欠缺资质同时也可以是工程不合格的过错。工程不合格，也可能是缔约过错以外的过错所导致。

“发包人对因建设工程不合格造成的损失有过错的，应当承担相应的责任”（第793条第3款）。如果双方对工程不合格均有过错，适用过错相抵的规则。

4. 举证责任及损失大小的认定

《施工合同解释（一）》第6条规定：“建设工程施工合同无效，一方当事人请求对方赔偿损失的，应当就对方过错、损失大小、过错与损失之间的因果关系承担举证责任。损失大小无法确定，一方当事人请求参照合同约定的质量标准、建设工期、工程价款支付时间等内容确定损失大小的，人民法院可以结合双方过错程度、过错与损失之间的因果关系等因素作出裁判。”

5. 出借方与借用方对出借资质导致工程质量不合格等的连带责任

借用资质签订的施工合同无效，借用的单位或者个人属于实际施工人。《施工合同解释（一）》第7条规定：“缺乏资质的单位或者个人借用有资质的建筑施工企业名义签订建设工程施工合同，发包人请求出借方与借用方对建设工程质量不合格等因出借资质造成的损失承担连带赔偿责任的，人民法院应予支持。”

（三）无效合同中的实际施工人

1. 无效建设施工合同中，实际施工人是具体施工、实际完成全部工程或者部分工程的建设单位或者个人。包括挂靠承包方、不具有相应资质的承包方、转包合同的承包方、违法分包的承包方等。个人挂靠有资质的单位承包工程的情形，在实务中常见。

2. 实际施工人虽然不是有效的施工合同的主体，但有独立的诉讼主体资格，可作为原告

① 《民法典》第157条规定：“民事法律行为无效、被撤销或者确定不发生效力后，行为人因该行为取得的财产，应当予以返还；不能返还或者没有必要返还的，应当折价补偿。有过错的一方应当赔偿对方由此所受到的损失；各方都有过错的，应当各自承担相应的责任。法律另有规定的，依照其规定。”

以转包人、违法分包人为被告提起民事诉讼。《施工合同解释（一）》第43条第2款规定："实际施工人以发包人为被告主张权利的，人民法院应当追加转包人或者违法分包人为本案第三人，在查明发包人欠付转包人或者违法分包人建设工程价款的数额后，判决发包人在欠付建设工程价款范围内对实际施工人承担责任。"判决发包人直接对施工人承担责任，突破了债的相对性，这是为了保护工人们的利益（工人、工人班组不是实际施工人）。

3. 实际施工人可以行使债权人代位权。《施工合同解释（一）》第44条规定："实际施工人依据民法典第五百三十五条规定，以转包人或者违法分包人怠于向发包人行使到期债权或者与该债权有关的从权利，影响其到期债权实现，提起代位权诉讼的，人民法院应予支持。"实际施工人提起代位权诉讼，以发包人（次债务人）为被告，以转包人或者违法分包人（债务人）为第三人。

第二节　建设工程合同当事人的权利和义务

一、承包人的权利和义务

承包人的基本权利是取得价款（工程款）。其义务则可以作多项分解。

（一）容忍义务

承包人应当接受监理人的监理和发包人的监督检查，这被称为容忍义务。

1. "建设工程实行监理的，发包人应当与监理人采用书面形式订立委托监理合同。发包人与监理人的权利和义务以及法律责任，应当依照本编委托合同以及其他有关法律、行政法规的规定"（第796条）。

（1）监理人。在我国，监理人是指具有相应资格的监理单位。工程监理单位应当依法取得相应等级的资质证书，并在其资质等级许可的范围内承担工程监理业务。

（2）监理业务。监理责任重大，技术监理业务必须由监理单位亲自完成。工程监理单位不得允许其他单位或者个人以本单位的名义承接工程监理业务。工程监理单位不得转让工程监理业务。

2. "发包人在不妨碍承包人正常作业的情况下，可以随时对作业进度、质量进行检查"（第797条）。

（二）隐蔽工程的通知义务

被后续施工所覆盖、遮掩的工程，称为隐蔽工程。"隐蔽工程在隐蔽以前，承包人应当通知发包人检查。发包人没有及时检查的，承包人可以顺延工程日期，并有权请求赔偿停工、窝工等损失"（第798条）。通知义务是一种附随义务，发包人的及时检查也是一项附随义务。

（三）依法、按约交付工作成果

承包人应当依法、按约交付工作成果。工作成果包括施工成果、勘察成果和设计成果。就施工合同而言，承包人应当依法施工，应当严格按照操作规程施工，按时、按质交付工作成果。因施工人的原因致使建设工程质量不符合约定的，发包人有权要求施工人在合理期限内无偿修理返工或者改建。由于修理返工或者改建，造成逾期交付的，施工人应当承担违约责任。施工人拒绝修理、返工或者改建的，发包人可请求减少支付工程价款。

（四）"终身责任制"

"因承包人的原因致使建设工程在合理使用期限内造成人身损害和财产损失的，承包人应当承担赔偿责任”[①]（第802条）。本书把此项规定称为“终身责任制”，这是为了加强承包人的责任心、保护被害人利益的重要规定。承包人在建设工程漫长的合理使用期间（终身）内，都要承担质量瑕疵担保责任，不能因建设工程已经竣工验收而免责。

（五）承包人对建设工程的优先受偿权

承包人的优先受偿权也称为工程优先受偿权、不动产优先受偿权。“发包人未按照约定支付价款的，承包人可以催告发包人在合理期限内支付价款。发包人逾期不支付的，除根据建设工程的性质不宜折价、拍卖外，承包人可以与发包人协议将该工程折价，也可以请求人民法院将该工程依法拍卖。建设工程的价款就该工程折价或者拍卖的价款优先受偿”（第807条）。

1.《民法典》第807条中有“除外规定”：“除根据建设工程的性质不宜折价、拍卖外”。这些不宜变价的建设工程主要包括涉及公共利益的公路建设工程、水利工程、图书馆等。

2.《施工合同解释（一）》第35条规定：“与发包人订立建设工程施工合同的承包人，依据民法典第八百零七条的规定请求其承建工程的价款就工程折价或者拍卖的价款优先受偿的，人民法院应予支持。”享有优先受偿权的主体，是与发包人订立施工合同的承包人，实际施工人等没有优先受偿权。

3. 承包人优先受偿权性质上是不动产担保物权。《施工合同解释（一）》第36条规定：“承包人根据民法典第八百零七条规定享有的建设工程价款优先受偿权优于抵押权和其他债权。”

4.《施工合同解释（一）》第40条规定：“承包人建设工程价款优先受偿的范围依照国务院有关行政主管部门关于建设工程价款范围的规定确定。承包人就逾期支付建设工程价款的利息、违约金、损害赔偿金等主张优先受偿的，人民法院不予支持。”

5.《施工合同解释（一）》第41条规定：“承包人应当在合理期限内行使建设工程价款优先受偿权，但最长不得超过十八个月，自发包人应当给付建设工程价款之日起算。”

6. 权利（私权）可以放弃，但发包人不能利用优势地位强制承包人放弃优先受偿权，也不得损害建筑工人的利益。《施工合同解释（一）》第42条规定：“发包人与承包人约定放弃或者限制建设工程价款优先受偿权，损害建筑工人的利益，发包人根据该约定主张承包人不享有建设工程价款优先受偿权的，人民法院不予支持。”如果发包人与承包人约定放弃或者限制优先受偿权，并未损害建筑工人的利益（如按承包人的实力不会影响支付建筑工人的工资），则该约定可以发生效力。

7. 行使优先受偿权，不一定将整个建设工程变价，应视具体情况而定，防止损失的扩大。

例： 甲房地产开发公司与乙建筑公司签订建设工程合同，由乙公司为甲公司建造两栋商品楼。在商品楼竣工并对质量进行验收后，乙公司仍占有其中一栋商品楼，理由是甲公司欠其工程款项3 000万元。乙公司主张该楼为自己所有，要把该楼房整体出卖，以收回款项。该楼在设计上是分单元出卖的，整栋楼的市值达一亿元。商品楼所有权的归属如何？乙公司可以行使何种权利？

解：（1）商品楼竣工后，即使是由施工人乙公司占有，仍由甲公司取得所有权。尽管没有办理登记手续，不妨碍甲公司对该楼所有权的取得。（2）乙公司可以请求法院拍卖若干单元，实现自己的优先受偿权。

① 《民法典》第1252条规定：“建筑物、构筑物或者其他设施倒塌、塌陷造成他人损害的，由建设单位与施工单位承担连带责任，但是建设单位与施工单位能够证明不存在质量缺陷的除外。建设单位、施工单位赔偿后，有其他责任人的，有权向其他责任人追偿。因所有人、管理人、使用人或者第三人的原因，建筑物、构筑物或者其他设施倒塌、塌陷造成他人损害的，由所有人、管理人、使用人或者第三人承担侵权责任。”条文中的“建设单位”是发包人，“施工单位”是承包人。

二、发包人的权利和义务

发包人的主要权利是取得工作成果。其义务可以作多项分解。

（一）协助义务

发包人有协助义务。“发包人未按照约定的时间和要求提供原材料、设备、场地、资金、技术资料的，承包人可以顺延工程日期，并有权请求赔偿停工、窝工等损失”（第803条）。顺延工期实质上是行使先履行抗辩权的行为，行使抗辩权之外，还可以追究对方的违约责任。

（二）及时验收义务

“建设工程竣工后，发包人应当根据施工图纸及说明书、国家颁发的施工验收规范和质量检验标准及时进行验收。验收合格的，发包人应当按照约定支付价款，并接收该建设工程。建设工程竣工经验收合格后，方可交付使用；未经验收或者验收不合格的，不得交付使用”（第799条）。验收是权利，及时验收也是义务。

发包人没有履行验收义务就接受了工程、而后又主张工程质量不合格的纠纷在实践中经常发生。《施工合同解释（一）》第14条规定：“建设工程未经竣工验收，发包人擅自使用后，又以使用部分质量不符合约定为由主张权利的，人民法院不予支持；但是承包人应当在建设工程的合理使用寿命内对地基基础工程和主体结构质量承担民事责任。”

例：甲建筑公司负责乙房地产开发公司的一项商业居民楼建设施工工程，双方签订了施工合同，工程完成后，甲公司通知乙公司验收，乙公司迟迟不验收，径行出售该居民楼，不久一买主丙被塌陷的天花板砸伤。(1) 乙房地产公司是否可以依天花板塌陷向甲建筑公司主张违约或者侵权责任？(2) 丙应向谁追究责任？

解：(1) 显然，天花板塌陷不属于地基基础工程和主体结构质量瑕疵，因为乙未尽验收义务径行出售该楼，故不得以质量不合格为由向甲主张违约责任。乙也不是被侵权人，不可以向甲主张侵权责任。(2) 丙被砸伤，依《民法典》第802条“终身责任制”的规定，丙可直接主张甲侵权；而且，丙可以依据与乙的买卖合同主张乙承担违约责任；不仅如此，由于乙应当预见到未经验收合格的房屋可能造成他人损害，而它仍然将该房出售给丙，因此乙对丙的受害存在过错，故丙可以主张乙承担侵权责任。

（三）支付价款的义务

支付价款是发包人最主要的义务，是发包人一方负担的对价。发包人应当按照约定的数量、时间支付价款。

思考题

1. 简述法律对建设工程发包、分包的要求。
2. 简述施工合同无效的原因。
3. 建设工程合同无效，承包人有无权利请求支付工程款？
4. 承包人的优先受偿权的含义和性质是什么？
5. 实际施工人的含义是什么？

第十九章
运输合同

第一节 运输合同概述

一、运输合同的概念和法律特征

（一）运输合同的概念

“运输合同是承运人将旅客或者货物从起运地点运输到约定地点，旅客、托运人或者收货人支付票款或者运输费用的合同”（第809条）。运输合同是承运人利用交通运输工具提供劳务的合同。运输合同分为客运合同和货运合同。

（二）运输合同的法律特征

运输合同属于提供劳务一类的合同。劳务是一种行为，因此运输合同的标的是行为，具体而言，是利用交通运输工具提供运送劳务的行为。出租车提供旅客运输服务的，在当事人之间成立的是客运合同，“出租”只是一个习惯的说法，成立的并不是租赁合同。

1．从事公共运输的承运人有强制缔约义务

“从事公共运输的承运人不得拒绝旅客、托运人通常、合理的运输要求”（第810条）。这是社会公共利益的体现，从事公共运输的货运承运人和客运承运人都负担此项强制缔约义务。此规定也可以类推适用于其他提供公共服务的企业。例如，超市不得拒绝消费者购买商品。

2．运输合同是双务、有偿合同

货运合同是双务、有偿合同。客运合同也是双务、有偿合同。在客运合同中，有儿童免票的规定，但这不影响客运合同为有偿合同的基本性质。无偿的货、客运输是委托合同，好意搭乘也不构成客运合同，造成损害按侵权责任的有关规定处理。①

3．运输合同一般是诺成合同

货运合同是诺成合同，在当事人达成合意时成立。

客运合同比较复杂。“客运合同自承运人向旅客出具客票时成立，但是当事人另有约定或者另有交易习惯的除外”（第814条）。

（1）客票是合同凭证，出具客票的行为不是履行合同的行为，因而客运合同自承运人向旅客出具客票时成立，不能表明其是实践合同，而只能表明其是诺成合同。

（2）“另有约定或者另有交易习惯”，是指客运合同并不都以交付客票的方式成立。有的时

---

① 《民法典》第1217条规定：“非营运机动车发生交通事故造成无偿搭乘人损害，属于该机动车一方责任的，应当减轻其赔偿责任，但是机动车使用人有故意或者重大过失的除外。”

候没有客票，有时候成立在交付客票之前，如半路拦截长途公共汽车，在旅客上车的时候合同成立，不以交付客票为成立的要件，这种特殊的成立方式表示其有实践性。旅客乘坐出租车，下车的时候开票，显然不是开票时合同成立，而是上车的时候合同成立。

(3) 一般情况下，客运合同在成立时生效，但附有条件的除外。例如，火车客运合同在检票的时候生效；飞机客运合同在办理乘机手续的时候生效；公路客运合同在旅客上车的时候生效。

4. 公共运输合同经常表现为格式合同

公共运输的货运和客运合同经常表现为格式合同。客运合同的客票是合同凭证，如航空客运合同，格式条款记载在飞机票上。

二、承运人、旅客、托运人、收货人的基本义务

(一) 承运人的基本义务

1. 按时、按地、安全运输的义务

“承运人应当在约定期限或者合理期限内将旅客、货物安全运输到约定地点”(第 811 条)。这里有三个要素：“按时”“按地”“安全”。这三个要素的要求，是承运人最基本的义务。

2. 按约定或者通常路线运输的义务

“承运人应当按照约定的或者通常的运输路线将旅客、货物运输到约定地点”(第 812 条)。例如，有的出租车司机故意绕道，多收乘客的运输费，就违反了上述法定义务和诚实信用原则。通常路线是合理的路线。

(二) 旅客、托运人、收货人的基本义务

旅客、托运人和收货人的基本义务是支付对价款项。“旅客、托运人或者收货人应当支付票款或者运输费用。承运人未按照约定路线或者通常路线运输增加票款或者运输费用的，旅客、托运人或者收货人可以拒绝支付增加部分的票款或者运输费用”(第 813 条)。拒绝支付增加的部分，是主张“权利不成立的抗辩”，不是主张履行抗辩权。

第二节　客运合同

一、客运合同的概念

客运合同是承运人使用运输工具，将旅客运送到约定的目的地，旅客支付费用的协议。费用，一般表现为票款。

客运合同一般使用客票。客票包括车票、船票和机票。客票是客运合同的凭证，也可以说客票是旅客与承运人之间存在运输法律关系的凭证。

二、客运合同当事人的权利和义务

(一) 旅客的权利和义务

1. 旅客的基本权利，是获得约定的、安全的运输服务；基本义务是支付票款。

2. “旅客应当按照有效客票记载的时间、班次和座位号乘坐。旅客无票乘坐、超程乘坐、越级乘坐或者持不符合减价条件的优惠客票乘坐的，应当补交票款，承运人可以按照规定加收票款；旅客不支付票款的，承运人可以拒绝运输”(第 815 条第 1 款)。“持不符合减价条件的优

惠客票”的乘坐行为，包括持不符合减价条件的儿童、学生、残疾军人优惠客票的乘坐行为。

旅客应当按照客票的记载乘坐，也就是应当按合同条款接受运输服务。旅客违约，接受了额外或者超额服务，应当补交票款。

3. “实名制客运合同的旅客丢失客票的，可以请求承运人挂失补办，承运人不得再次收取票款和其他不合理费用”（第815条第2款）。客票有实名和非实名两种。实名客票丢失的，不影响合同法律关系的存在。旅客可以请求承运人挂失补办，承运人不得再次收取票款和其他不合理费用。客票是客运合同凭证。非实名客票丢失的，难以证明合同法律关系的存在，且他人有可能转让客票或者利用捡到、盗窃的客票搭乘交通运输工具，故非实名客票丢失后不能无偿补办。需要搭乘的，须重新购票或者补票。

旅客退票（单方解除客运合同）或者变更客运事项（单方变更客运合同）也要按规定进行。

旅客携带行李应当符合要求。旅客有不携带违禁品的义务，这项义务不仅是民法上的义务，也是公法上的义务。在机场等地进行安全检查，于法有据。

（二）承运人的权利和义务

承运人的基本权利为收取票款，义务可以分解为多项。

1. 告知义务

“承运人应当严格履行安全运输义务，及时告知旅客安全运输应当注意的事项。旅客对承运人为安全运输所作的合理安排应当积极协助和配合”（第819条）。告知义务，是一种附随义务。在晚点、停飞等情况下，旅客有权了解真实情况。

2. 按约运输的义务

客票记载的义务，就是合同义务。“承运人应当按照有效客票记载的时间、班次和座位号运输旅客。承运人迟延运输或者有其他不能正常运输情形的，应当及时告知和提醒旅客，采取必要的安置措施，并根据旅客的要求安排改乘其他班次或者退票；由此造成旅客损失的，承运人应当承担赔偿责任，但是不可归责于承运人的除外”（第820条）。承运人对迟延运输有过错的，应当承担赔偿责任。赔偿的范围要受可预见规则的限制。飞机晚点时间较长的，承运人安排食宿等可认为是赔偿的一种形式。

3. 按约定的服务标准运输的义务

“承运人擅自降低服务标准的，应当根据旅客的请求退票或者减收票款；提高服务标准的，不得加收票款”（第821条）。服务质量，降低不行，提高可以。“降低要退费，提高不加钱。”

4. 尽力救助义务

“承运人在运输过程中，应当尽力救助患有急病、分娩、遇险的旅客”（第822条）。“尽力”，是指根据承运人的条件和所处环境，尽最大努力。因承运人毕竟不是救护机构，所以只要“尽力”，即使未达到救助的目的，也不因此承担赔偿责任。

例：赵某乘坐火车，在上层硬卧上发病掉在地板上，口吐白沫，神志不清。乘务员以为是乞丐未加理睬。后其他乘客在到站后呼叫救护车予以抢救，赵某到医院后死亡，死亡原因是癫痫发作，并非摔死。赵某之子向铁路承运人索赔。承运人指出：伤亡是旅客自身健康原因造成的，自己没有赔偿责任。请问，承运人的观点是否正确？

解：很明显，承运人没有尽救助义务，负有赔偿责任。即便是乞丐，其获得救助的权利也与其他乘客相同。

5. 安全运送义务

这是承运人的基本义务之一。“承运人应当对运输过程中旅客的伤亡承担赔偿责任；但是，伤亡是旅客自身健康原因造成的或者承运人证明伤亡是旅客故意、重大过失造成的除外。前款规定适用于按照规定免票、持优待票或者经承运人许可搭乘的无票旅客”（第823条）。承运人对旅客人身损害即便无过错也应当承担责任，但有法定免责事由的当然免责。免责事由有三个：一是旅客自身的健康原因；二是旅客的故意；三是旅客的重大过失。对旅客的故意或者重大过失，由承运人承担举证证明责任。

6. 物品、行李毁损、灭失的过错赔偿责任

在旅客乘坐交通运输工具旅行的过程中，发生物品、行李毁损、灭失的情况，承运人是否承担赔偿责任，其归责原则是不同的。“在运输过程中旅客随身携带物品毁损、灭失，承运人有过错的，应当承担赔偿责任。旅客托运的行李毁损、灭失的，适用货物运输的有关规定”（第 824 条）。也就是说，对于旅客自带物品的毁损、灭失，承运人是过错责任，有过错要赔偿，无过错不赔偿。之所以如此规定，是因为旅客随身携带的物品，是在旅客的直接控制之下，是由旅客保管的。旅客托运的行李在运输过程中毁损、灭失的，适用货物运输的有关规定（见第 832 条）。

第三节　货运合同

一、货运合同的概念

货运合同是指承运人将托运人交付的货物运送到约定的地点，托运人支付运费的合同。货运合同是诺成合同，托运人与承运人意思表示一致，合同即可成立、生效。货运合同是双务、有偿合同。货运合同的收货人有时是托运人，有时是第三人。

二、货运合同当事人的权利和义务

（一）托运人的权利和义务

1. 托运人的义务

（1）准确、如实申报的义务

托运人办理货物运输，应当向承运人准确、如实表明收货人必要信息和货物的必要情况。托运人准确、如实申报，是承运人正确安排运输的一个条件。货物运输需要办理审批、检验等手续的，托运人还应当将办理完有关手续的文件提交给承运人。

（2）妥善包装的义务

托运人应当按照约定的方式包装货物。对包装方式没有约定或者约定不明确的，据本法第 510 条补缺的规定仍不能确定的，应当按照通用的方式包装；没有通用方式的，应当采取足以保护标的物且有利于节约资源、保护生态环境的包装方式。托运人未能妥善包装的，承运人可以拒绝运输。包装是安全运输的前提，主要是为了运输货物本身的安全。货物包装是否符合运输的要求，也关系到运输工具的安全和运输工具上其他货物的安全。

（3）托运危险物品时的义务

“托运人托运易燃、易爆、有毒、有腐蚀性、有放射性等危险物品的，应当按照国家有关危险物品运输的规定对危险物品妥善包装，做出危险物品标志和标签，并将有关危险物品的名称、性质和防范措施的书面材料提交承运人。托运人违反前款规定的，承运人可以拒绝运输，也可以采取相应措施以避免损失的发生，因此产生的费用由托运人负担”（第 828 条）。具体采取何种措施，承运人可以根据实际情况进行选择。

2. 托运人的权利

托运人的基本权利为获得约定的运输服务，基本权利即对价性权利。

为满足生活的实际需要，《民法典》第829条还赋予托运人以法定解除权、变更权："在承运人将货物交付收货人之前，托运人可以要求承运人中止运输、返还货物、变更到达地或者将货物交给其他收货人，但是应当赔偿承运人因此受到的损失。"其中。返还货物是合同的解除，变更到达地或者变更收货人属于合同的变更。这里有三点要注意：其一，法定变更权、解除权的行使，须在货物交付收货人之前；其二，法定变更权、解除权的行使，无须提出理由和证明理由；其三，法定变更权、解除权的行使，是以损害赔偿为代价的。

（二）承运人的权利和义务

1. 运送义务

承运人应当按时、按地、安全地完成运输任务。运送义务是承运人的基本义务，即是其对价性义务。

2. 及时通知义务

"货物运输到达后，承运人知道收货人的，应当及时通知收货人，收货人应当及时提货。收货人逾期提货的，应当向承运人支付保管费等费用"（第830条）。及时通知是附随义务，也是基于诚实信用原则产生的义务。

3. 货物毁损、灭失的责任

"承运人对运输过程中货物的毁损、灭失承担赔偿责任。但是，承运人证明货物的毁损、灭失是因不可抗力、货物本身的自然性质或者合理损耗以及托运人、收货人的过错造成的，不承担赔偿责任"（第832条）。免责的事由有三项：其一，不可抗力；其二，货物本身的自然性质或者合理损耗；其三，托运人、收货人的过错造成的。要求免责的举证责任在承运人。

例：张某在山东收购5吨新鲜蔬菜，欲运到北京销售。其与某货运公司达成了口头运输合同。货运公司派出一辆卡车，经两天跋涉到达北京，途中由张某押车。到达北京后，张某发现大部分蔬菜已经腐烂，遂起诉货运公司要求赔偿。经查，在交付装运前，该批蔬菜突遭雨淋，这是蔬菜腐烂的原因，运输公司并无迟延等过错。请问：法院应否支持张某的诉讼请求？

解：不应支持张某的诉讼请求。托运人张某交付被雨淋的蔬菜及由其在途押车，是货运公司免责的理由。"被雨淋的蔬菜"有部分损害是出于货物本身的自然性质，张某押车即应承担管理之责，这就排除了承运人的过错。

货物的毁损、灭失的赔偿额，当事人有约定的，按照其约定；没有约定或者约定不明确，依据本法第510条补缺的规定仍不能确定的，按照交付或者应当交付时货物到达地的市场价格计算。法律、行政法规对赔偿额的计算方法和赔偿限额另有规定的，依照其规定（见第833条）。按照货物到达地的市场价格计算，包括了可得利益。

4. 单式联运承运人之间的连带责任

"两个以上承运人以同一运输方式联运的，与托运人订立合同的承运人应当对全程运输承担责任；损失发生在某一运输区段的，与托运人订立合同的承运人和该区段的承运人承担连带责任"（第834条）。"单式"，即单一的运输方式，是使用同一种运输工具。单式联运，是数个承运人使用同一种运输工具联合运输。如铁路承运人与铁路承运人的联运、公路承运人与公路承运人的联运、海上承运人与海上承运人的联运等。

例：甲是托运人，乙、丙是区段承运人，乙负责A至B区段的铁路运输，丙负责B至C区段的铁路运输。乙与甲签订货物运输合同。如果货物在A至B区段毁损、灭失，由乙单独向甲承担责任；如果货物在B至C区段毁损、灭失，由乙、丙向甲承担连带责任。

5. 不可抗力损失的分担

"货物在运输过程中因不可抗力灭失，未收取运费的，承运人不得请求支付运费；已经收取运费的，托运人可以请求返还。法律另有规定的，依照其规定"（第835条）。

例： 托运人甲将2万吨优质煤炭交乙铁路承运人运输2000公里。运输至1000公里时，因罕见且没有预报的洪水冲击铁路，该2万吨煤炭灭失。承运人已经运输了1000公里，能否要求甲承担1000公里的运费？

解： 货物在运输过程中因不可抗力灭失，损失由双方当事人分担，托运人承担货物的损失，承运人承担运费的损失，因此承运人不能要求甲方承担1000公里的运费。

6. 承运人的留置权、提存权

"托运人或者收货人不支付运费、保管费或者其他费用的，承运人对相应的运输货物享有留置权，但是当事人另有约定的除外"（第836条）。承运人对占有的货物行使留置权，还要遵守《民法典》物权编对留置的具体规定。

"收货人不明或者收货人无正当理由拒绝受领货物的，承运人依法可以提存货物"（第837条）。货物不适于提存的，可以变卖后提存价款。提存之后，就视为承运人履行了债务。

（三）收货人的主要义务

1. 收货人对货物的检验

收货人提货时应当按照约定的期限检验货物。对检验货物的期限没有约定或者约定不明确，依据本法第510条补缺的规定仍不能确定的，应当在合理期限内检验货物。收货人在约定的期限或者合理期限内对货物的数量、毁损等未提出异议的，视为承运人已经按照运输单证的记载交付的初步证据（见第831条）。"合理期限"有多长，要具体问题具体分析，如鲜活产品，可能只有几天的时间，机器设备的时间就要长一些。

2. 受领货物与支付费用

受领货物是权利，及时受领是义务。约定由收货人支付费用的，收货人应当按约定支付。

三、多式联运合同

（一）多式联运合同的概念

多式联运合同是指多式联运经营人与托运人订立的，约定用两种以上运输方式，将货物运送到约定地点的运输合同。多式联运合同是一种使用两种以上不同运输方式的连贯运输的合同。运输方式包括铁路、公路、航空、海运等方式。联运可以是水陆联运，也可以是水陆空联运等。在多式联运中，托运人一次交费并使用同一运输凭证。

多式联运是在集装箱运输的基础上产生和发展起来的。多式联运提供的是"一次托运、一次收费、一票到底、一次保险、全程负责"的"一条龙"服务。多式联运，把海上运输、铁路运输、公路运输、航空运输等传统的、单一的、分阶段的运输方式和过程结合起来，形成连贯运输，提高了运输效率。

（二）多式联运合同经营人的地位及与区段承运人的关系

"多式联运经营人负责履行或者组织履行多式联运合同，对全程运输享有承运人的权利，承担承运人的义务"（第838条）。多式联运合同的一方是托运人，一方是多式联运经营人。多式联运经营人与区段承运人不同，区段承运人与多式联运经营人存在合同关系，区段承运人只对自己负责运送的区段承担责任。

思考题

1. 简论客运合同承运人对旅客伤亡的责任。
2. 简述货运合同承运人对货物毁损、灭失的责任。

第二十章 技术合同

第一节 技术合同概述

一、技术合同的概念、法律特征和内容

（一）技术合同的概念

“技术合同是当事人就技术开发、转让、许可、咨询或者服务订立的确立相互之间权利和义务的合同”（第 843 条）。

技术合同包括：（1）技术开发合同；（2）技术转让合同；（3）技术许可合同；（4）技术咨询合同；（5）技术服务合同。

（二）技术合同的法律特征

1. 技术合同是给付技术成果或者提供技术性劳务的合同

技术合同作为给付技术成果的合同①，有三种给付形式：第一种是给付新开发技术成果，受托开发或者合作开发是给付技术成果的履行过程或者准备阶段。新开发的技术成果，可以是尚未面世的技术成果，也可以是已有但当事人不掌握的技术成果。第二种是转让既有的技术成果。第三种是提供既有的技术成果供对方使用、收益，这种给付，不转移技术成果的本体。

技术合同还可以是提供技术劳务的合同，提供技术性劳务也是给付的一种方式。提供的一方，是技术服务合同或者技术咨询合同的受托人，其提供技术性劳务，可以利用专有技术，也可以利用公知公用的技术。

技术成果是人类智力成果中的一大类，属于无形财产。对技术成果进行调整的法律，还有专利法、著作权法、反不正当竞争法等。即对给付技术成果、提供技术性劳务的技术合同，虽是由《民法典》调整，但也会同时受知识产权法律、法规的调整。

2. 技术合同是诺成合同，一般是有偿、双务合同，有的是要式合同，有的是不要式合同

技术合同在达成合意时成立，是诺成合同。《民法典》对技术合同、技术开发合同、技术转让合同和技术许可合同、技术咨询合同和技术服务合同的定义条款（第 843 条、第 851 条、第 862 条、第 878 条）中，没有关于对价（价款、报酬和使用费）的表述，但技术合同主要是技术交易的一种法律形式，交易合同是有偿合同，故可以认为，技术合同一般是有偿合同、双务合同。技术合同有的是要式合同（技术开发合同、技术转让合同、技术许可合同），有的是

---

① 《技术合同解释》第 1 条第 1 款规定：“技术成果，是指利用科学技术知识、信息和经验作出的涉及产品、工艺、材料及其改进等的技术方案，包括专利、专利申请、技术秘密、计算机软件、集成电路布图设计、植物新品种等。”

不要式合同（技术咨询合同、技术服务合同）。

（三）技术合同的内容

"技术合同的内容一般包括项目的名称，标的的内容、范围和要求，履行的计划、地点和方式，技术信息和资料的保密，技术成果的归属和收益的分配办法，验收标准和方法，名词和术语的解释等条款。与履行合同有关的技术背景资料、可行性论证和技术评价报告、项目任务书和计划书、技术标准、技术规范、原始设计和工艺文件，以及其他技术文档，按照当事人的约定可以作为合同的组成部分。技术合同涉及专利的，应当注明发明创造的名称、专利申请人和专利权人、申请日期、申请号、专利号以及专利权的有效期限"（第 845 条）。技术合同的内容设计和审查，由于其特殊性，应注意的问题较多，这里仅谈三点。

其一，对技术开发、转让、许可的标的技术应表述清楚，对技术标准等可以附件的形式说明；对技术咨询、服务的目的也要作具体表述。

其二，技术合同一般要提供后续服务，该后续服务是从给付义务（如进行技术指导、提供咨询等），对此也应在合同中作具体表述。有时，需要在合同中具体规定一方或双方当事人的附随义务（如保密义务、新情况发生时的通知义务等）。

其三，相对于其他合同，技术合同容易发生权属争议，事先在合同中把涉及对技术成果权属固定或者明确下来，是非常重要的。

二、职务技术成果与非职务技术成果

技术成果从权属上划分，可以分为职务技术成果和非职务技术成果。

（一）职务技术成果

1. 职务技术成果的界定

"职务技术成果是执行法人或者非法人组织的工作任务，或者主要是利用法人或者非法人组织的物质技术条件所完成的技术成果"（第 847 条第 2 款）。

"执行法人或者非法人组织的工作任务"，包括：(1) 履行法人或者其他组织的岗位职责或者承担其交付的其他技术开发任务；(2) 离职后一年内继续从事与其原所在法人或者其他组织的岗位职责或者交付的任务有关的技术开发工作，但法律、行政法规另有规定的除外。

"主要利用法人或者其他组织的物质技术条件"，包括职工在技术成果的研究开发过程中，全部或者大部分利用了法人或者其他组织的资金、设备、器材或者原材料等物质条件，并且这些物质条件对形成该技术成果具有实质性的影响。另外，还包括该技术成果实质性内容是在法人或者其他组织尚未公开的技术成果、阶段性技术成果基础上完成的情形。但下列情况除外：第一，对利用法人或者其他组织提供的物质技术条件，约定返还资金或者交纳使用费的；第二，在技术成果完成后利用法人或者其他组织的物质技术条件对技术方案进行验证、测试的。

例：某大学李教授、刘教授与四海公司签订了技术委托开发合同。合同约定，由四海公司提供实验条件、经费并向两位教授支付报酬，由两位教授研制开发可溶塑料制品。某大学曾给四海公司开出这样的证明："李××、刘××是我校××专业教授。"后技术研发成功，四海公司认为其出了钱，应当由其申请专利，大学校长认为两位教授是学校的教师，其成果是职务技术成果，申请专利的权利应当归学校。两位教授认为，开发的技术不是学校交付的任务，也没有利用学校的物质技术条件，不是职务技术成果；在与四海公司签订的合同中，没有规定申请专利的权利的归属。请问：专利申请权归谁？

解：从两位教授与某大学的关系来看，他们的研究成果，既不是接受本单位的工作任务，也没有利用本单位的物质技术条件，因此属于非职务技术成果。从两位教授与四海公司的关系看，他们在技术委托开发合同中没有约定专利申请权的归属，该技术的专利申请权依法归研究开发方。因此，两位教授享有专利申请权。

2. 职务技术成果享有人的使用权、转让权和完成人的优先受让权

“职务技术成果的使用权、转让权属于法人或者非法人组织的，法人或者非法人组织可以就该项职务技术成果订立技术合同。法人或者非法人组织订立技术合同转让职务技术成果时，职务技术成果的完成人享有以同等条件优先受让的权利”（第 847 条第 1 款）。例如，甲公司将研制新型除尘机器人的任务交给工程师李乙，李乙在职期间没有完成，辞职后半年内研究成功。该项成果是职务技术成果，甲公司享有使用权、转让权。后甲公司决定将该技术成果转让，则完成人李乙可以主张同等条件下的优先受让权。

优先受让权的制度设计，有利于技术创新、发展和利用。

（二）非职务技术成果

非职务技术成果，是职务技术成果以外的技术成果，享有者是自然人。“非职务技术成果的使用权、转让权属于完成技术成果的个人，完成技术成果的个人可以就该项非职务技术成果订立技术合同”（第 848 条）。

完成技术成果的“个人”，包括对技术成果单独或者共同作出创造性贡献的人，也即技术成果的发明人或者设计人。而只有提出实质性技术构成并由此实现技术方案的人，才是作出创造性贡献的人。那些仅提供资金、设备、材料、试验条件，进行组织管理，协助绘制图纸、整理资料、翻译文献等人员，不属于完成技术成果的个人。

“完成技术成果的个人享有在有关技术成果文件上写明自己是技术成果完成者的权利和取得荣誉证书、奖励的权利”（第 849 条）。这些权利包括人身性权利和财产性权利。

三、无效技术合同和可撤销的技术合同

（一）无效技术合同

具有《民法典》总则编规定的无效事由的技术合同应当确认为无效。《民法典》第 850 条还具体规定：“非法垄断技术或者侵害他人技术成果的技术合同无效。”

1. 非法垄断技术的技术合同无效

“下列情形，属于民法典第八百五十条所称的‘非法垄断技术’：（一）限制当事人一方在合同标的技术基础上进行新的研究开发或者限制其使用所改进的技术，或者双方交换改进技术的条件不对等，包括要求一方将其自行改进的技术无偿提供给对方、非互惠性转让给对方、无偿独占或者共享该改进技术的知识产权；（二）限制当事人一方从其他来源获得与技术提供方类似技术或者与其竞争的技术；（三）阻碍当事人一方根据市场需求，按照合理方式充分实施合同标的技术，包括明显不合理地限制技术接受方实施合同标的技术生产产品或者提供服务的数量、品种、价格、销售渠道和出口市场；（四）要求技术接受方接受并非实施技术必不可少的附带条件，包括购买非必需的技术、原材料、产品、设备、服务以及接收非必需的人员等；（五）不合理地限制技术接受方购买原材料、零部件、产品或者设备等的渠道或者来源；（六）禁止技术接受方对合同标的技术知识产权的有效性提出异议或者对提出异议附加条件”（《技术合同解释》第 10 条）。

2. 侵害他人技术成果的技术合同无效

侵害他人技术成果，包括侵害他人已经公开但受保护的技术（如专利技术）和他人的技术秘密。“技术秘密，是指不为公众所知悉、具有商业价值并经权利人采取相应保密措施的技术信息”（《技术合同解释》第 1 条第 2 款）。

侵害他人技术成果，可能是技术合同一方当事人的侵权，也可能是各方当事人共同侵权。

（二）可撤销的技术合同

对因欺诈成立的技术合同，受害人可依照《民法典》第148条的规定请求撤销。技术开发合同的订立，有两种欺诈的情况比较典型：第一种，当事人一方采取欺诈手段，就其现有技术成果作为研究开发标的与他人订立委托开发合同收取研究开发费用；第二种，当事人一方采用欺诈手段就同一研究开发课题“先后”与两个或者两个以上的委托人“分别”订立委托开发合同“重复”收取研究开发费用（见《技术合同解释》第9条）。

开发，是开发新技术。第一种是受托方将已经掌握的技术（不需要开发的技术）谎称为待开发的技术，订立技术委托开发合同，骗取开发费。就已经掌握的技术本来可以签订转让合同，但对方可能因不是新技术，不愿购买（受让），且购买的费用也较低。

上述第二种欺诈的关键词是“先后”“分别”“重复”。即就同一研发标的，在两个或者两个以上委托人不知情的情况下，分别订立合同，收双份或者多份的钱。如果委托人都知情，没有违背他们的真实意思，同意重复收取自不构成欺诈。

（三）无效、撤销的后果

无效技术合同、被撤销的技术合同，自始没有法律约束力。应按《民法典》第157条，采用返还、折价补偿或者赔偿的方式处理财产后果。

“技术合同无效或者被撤销后，技术开发合同研究开发人、技术转让合同让与人、技术许可合同许可人、技术咨询合同和技术服务合同的受托人已经履行或者部分履行了约定的义务，并且造成合同无效或者被撤销的过错在对方的，对其已履行部分应当收取的研究开发经费、技术使用费、提供咨询服务的报酬，人民法院可以认定为因对方原因导致合同无效或者被撤销给其造成的损失”（《技术合同解释》第11条第1款）。有些费用或者报酬在性质上可以认定为开发人、让与人、许可人、受托人因对方过错造成的损失，已经收取的不必返还，未收取可以请求支付。

技术成果谁完成谁享有的原则，也适用于无效和被撤销的合同。“技术合同无效或者被撤销后，因履行合同所完成新的技术成果或者在他人技术成果基础上完成后续改进技术成果的权利归属和利益分享，当事人不能重新协议确定的，人民法院可以判决由完成技术成果的一方享有”（《技术合同解释》第11条第2款）。

“根据民法典第八百五十条的规定，侵害他人技术秘密的技术合同被确认无效后，除法律、行政法规另有规定的以外，善意取得该技术秘密的一方当事人可以在其取得时的范围内继续使用该技术秘密，但应当向权利人支付合理的使用费并承担保密义务。当事人双方恶意串通或者一方知道或者应当知道另一方侵权仍与其订立或者履行合同的，属于共同侵权，人民法院应当判令侵权人承担连带赔偿责任和保密义务，因此取得技术秘密的当事人不得继续使用该技术秘密”（《技术合同解释》第12条）。技术秘密可以善意取得，但共同侵权人不能善意取得。例如，甲公司侵入乙公司的电子系统，窃取了乙公司一项技术秘密，冒充为自己的技术秘密有偿转让给丙公司，该技术转让合同无效，丙公司可以善意取得该项技术秘密，此时等于丙公司与乙公司都掌握该项技术秘密。丙公司一是在其“取得时”的范围内继续使用该技术秘密；二是应当向乙公司支付合理的使用费，如果丙公司已经按无效技术转让合同向甲公司支付了转让费，其仍应向乙公司支付使用费，丙公司可以不当得利为由请求甲公司返还转让费；其三，丙承担保密义务，不能向第三人泄露，也不能让该技术秘密成为公知公用的技术。

善意取得的一般规则是无权处分标的物的转让合同有效。[①]《民法典》对技术秘密的善意

① 《物权编解释（一）》第20条规定：“具有下列情形之一，受让人主张依据民法典第三百一十一条规定取得所有权的，不予支持：（一）转让合同被认定无效；（二）转让合同被撤销。”

取得作了特殊处理，因为对技术秘密没有有体物那样的独占性，对技术秘密的善意取得，是在对技术秘密准占用的范围内使用权、收益权的善意取得。

第二节　技术开发合同

一、技术开发合同的概念和种类

（一）技术开发合同的概念

“技术开发合同是当事人之间就新技术、新产品、新工艺、新品种或者新材料及其系统的研究开发所订立的合同”（第851条第1款）。技术开发的“新”具有相对性。技术开发的目标是当事人在订立合同时尚未掌握的技术方案，研究开发工作及其预期成果有相应的技术创新内容。技术开发是智力性投入。

技术开发合同是要式合同，应当采用书面形式。

当事人之间就具有实用价值的科技成果实施转化订立的合同，不是技术开发合同，但很类似，因而参照适用技术开发合同的有关规定。

（二）技术开发合同的种类

技术开发合同分为两大类：委托开发合同和合作开发合同。委托开发的受托人是开发人，合作开发的各方都是开发人。

委托开发合同是一方当事人委托另一方当事人进行研究开发所订立的合同。一方是委托人，另一方是开发人（受托人）。这种合同，开发人（受托人）进行智力性投入。“委托开发合同的委托人应当按照约定支付研究开发经费和报酬，提供技术资料，提出研究开发要求，完成协作事项，接受研究开发成果”（第852条）。

合作开发合同是当事人共同进行研究开发所订立的合同。这种合同，各方都是开发人，都进行智力性投入。“合作开发合同的当事人应当按照约定进行投资，包括以技术进行投资，分工参与研究开发工作，协作配合研究开发工作”（第855条）。

二、技术开发合同的解除

技术开发合同的解除，自当遵循《民法典》的一般规定。除此之外，《民法典》第857条还规定了技术开发合同解除的特殊原因：“作为技术开发合同标的的技术已经由他人公开，致使技术开发合同的履行没有意义的，当事人可以解除合同。”“已经由他人公开”，通常是指以下两种情况：其一，该技术已经由他人申请专利而公开；其二，该技术被他人向社会公开，成为公知公用的技术。前一种情况可能使技术开发合同的继续履行在经济上没有意义；后一种情况必然使技术开发合同的履行丧失意义，因为当事人可以从公开的渠道获取该技术。

三、研究开发失败的风险承担

技术开发合同履行过程中，因出现无法克服的技术困难，致使研究开发失败或者部分失败的，该风险由当事人约定；没有约定或者约定不明确，依据本法第510条补缺的规定仍不能确定的，风险由当事人合理分担。当事人一方发现前述规定的可能致使研究开发失败或者部分失败的情形时，应当及时通知另一方并采取适当措施减少损失；没有及时通知并采取适当措施，致使损失扩大的，应当就扩大的损失承担责任（见第858条第1款）。研究开发失败，可能是因为风险，也可能是因为违约。合理分担风险，应当是按公平原则分担风险。

例：A、B双方签订了合作开发合同，双方约定：开发成功，A对开发成果享有70%的利益，B对开发成果享有30%的利益。但双方对开发失败的风险负担没有约定。

解：若因不可克服的技术困难导致开发失败，则A应负担70%的损失，B应负担30%的损失。

例：甲公司对市面上流行的一款冰箱很有兴趣，就委托乙公司开发这种专有技术，约定3个月开发成功。但经过6个月，也没有开发成功。乙公司起诉，要求甲公司分担因不可克服的技术困难导致开发失败的费用。经调查，这种技术不是国际和国内尖端技术。乙公司的主张应否获得支持？

解：乙公司不能因自己开发失败，就把它归于风险，让甲公司分担。是不是不可克服的技术困难，不能以乙公司的标准衡量。该技术并非该领域的尖端技术。乙公司是“没有金刚钻，偏揽瓷器活”，应当承担违约责任。

四、研究开发成果的归属和分享

（一）申请专利权利的归属

1. 委托研究开发申请专利权利的归属

“委托开发完成的发明创造，除法律另有规定或者当事人另有约定外，申请专利的权利属于研究开发人。研究开发人取得专利权的，委托人可以依法实施该专利。研究开发人转让专利申请权的，委托人享有以同等条件优先受让的权利”（第859条）。发明创造包括发明、实用新型和外观设计。归属的原则是：谁开发完成，归谁。

2. 合作研究开发申请专利权利的归属

(1)“合作开发完成的发明创造，申请专利的权利属于合作开发的当事人共有；当事人一方转让其共有的专利申请权的，其他各方享有以同等条件优先受让的权利。但是，当事人另有约定的除外”（第860条第1款）。完成的发明创造只有一个专利申请权，对这一个申请权，因各方都是开发人而共有。当事人可以转让自己共有的专利申请权以获利。因只有一个申请权，故转让的标的实质上是共有的份额权益。

共有和优先受让权，都可以特约排除。

(2)“合作开发的当事人一方声明放弃其共有的专利申请权的，除当事人另有约定外，可以由另一方单独申请或者由其他各方共同申请。申请人取得专利权的，放弃专利申请权的一方可以免费实施该专利”（第860条第2款）。例如，甲、乙、丙三方合作开发了一项发动机技术，甲声明放弃其共有的专利申请权，乙、丙申请取得专利权后，甲实施该专利权不用给乙、丙交费。

(3)“合作开发的当事人一方不同意申请专利的，另一方或者其他各方不得申请专利”（第860条第3款）。这是单方否决权。

例：甲、乙、丙三方签订研究开发合同，甲、乙各出资40万元，丙出资20万元。甲、乙主张就研究的发明创造申请专利，丙反对，认为将发明创造作为技术秘密进行保护、使用可以带来更大的利益。甲、乙向法院起诉了丙，并详细论证了申请专利比不申请专利可以带来更大的经济利益，要求法院判决允许他们就合作开发的发明创造申请专利。

解：在本案中，丙不必证明作为技术秘密进行保护、使用可以给三方带来更大的利益，只要援引《民法典》第860条第3款的规定就可胜诉。法律规定单方否决权的原因在于，是否申请专利是涉及各方当事人利益的重大问题，需要取得合意。否则，就等于赋予了当事人处置他人财产的权利。

（二）技术秘密成果的使用权、转让权的归属和利益分配

委托开发或者合作开发完成的技术秘密成果的使用权、转让权以及收益的分配办法的确定，有以下几个层次：第一，约定优先。第二，没有约定或者约定不明确，依据《民法典》第510条补缺的规定确定。第三，适用补缺的规定仍不能确定的，在没有相同技术方案被授予专利权前，当事人均有使用和转让的权利。但是，委托开发的研究开发人不得在向委托人交付研究开发成果之前，将研究开发成果转让给第三人。例如，甲、乙两个公司合作开发了一种新的呼吸机制造技术，没有相同的技术被授予专利，对技术的归属甲、乙没有约定，按《民法典》第510条补缺的规定也不能确定，则甲、乙都有使用和转让的权利。如果相同的技术已经被授予了专利，则甲、乙开发的技术不是在先技术，使用和转让就会构成专利侵权。如果该例改为委托开发，乙是开发人，其他条件不变，则乙不得向委托人甲交付技术之前向第三人转让。

第三节　技术转让合同和技术许可合同

一、技术转让合同

（一）技术转让合同的概念

“技术转让合同是合法拥有技术的权利人，将现有特定的专利、专利申请、技术秘密的相关权利让与他人所订立的合同”（第862条第1款）。合同的一方是让与人（转让人），另一方是受让人。

技术转让合同是要式合同，应当采用书面形式。

（二）技术转让合同的类型

“技术转让合同包括专利权转让、专利申请权转让、技术秘密转让等合同”（第863条第1款）。

1. 专利权转让合同

专利权转让合同，是指专利权人将对发明创造享有的专利权让与受让人所订立的合同。专利权转让合同生效后，受让人成为新的专利权人，享受实施该项发明创造的排他性权利，原专利权人就失去了专利权。除合同另有约定的以外，转让人自己也不得再实施该项专利技术。

2. 专利申请权转让合同

专利申请权转让合同，是指转让人将其就特定的发明创造申请专利的权利移交受让人所订立的合同。

3. 技术秘密转让合同

技术秘密转让合同，是指让与人将拥有的技术秘密转让给受让人所订立的合同。技术秘密包括未申请专利的技术成果、未授予专利权的技术成果、不属于专利法保护范围的技术成果。公知公用的技术不是技术秘密。作为技术秘密转让的技术成果，应当实用可靠，并能够在合同约定的领域内应用。

例：甲工业公司设计了一种独一无二的新型注塑机，一共生产了两台。乙塑料制品公司得知消息后欲购买。双方约定：乙公司支付使用费550万元，甲公司交付新型注塑机一台和全套资料；乙公司可以仿造该新型注塑机并公开销售，但对生产新型注塑机的技术诀窍应当保密。后来双方发生争议。甲公司认为双方签订的是技术秘密转让合同，乙公司认为双方签订的是买卖合同。

解：甲、乙双方签订的合同本质上属于技术秘密转让合同，不属于买卖合同。因为独一无二的注塑机是技术秘密的载体，甲公司并没有将成批的货物卖给乙方，而是卖给其一台并允许其仿造，同时又向其提供全套资料，且又规定了保密条款。这些都说明甲公司出卖的是技术秘密。

（三）技术转让合同当事人的义务和责任

1. 技术转让合同让与人的义务与瑕疵担保责任

技术转让合同的让与人的基本义务，是将技术转移给受让人，因而让与人应当承担权利瑕疵担保责任和品质瑕疵担保责任。让与人应当保证自己是所提供的技术的合法拥有者，并保证所提供的技术完整、无误、有效，能够达到约定的目标。

2. 技术转让合同受让人的义务

技术转让合同的受让人的主要义务是按照约定支付转让费，并应当按照约定的范围和期限，对让与人提供的技术中尚未公开的秘密部分，承担保密义务。

二、技术许可合同

（一）技术许可合同概念和种类

“技术许可合同是合法拥有技术的权利人，将现有特定的专利、技术秘密的相关权利许可他人实施、使用所订立的合同”（第 862 条第 2 款）。合同的一方是许可人，另一方是被许可人。

技术许可合同是要式合同，应当采用书面形式。

技术转让合同是将权利的本体让与给对方，让与后转让人自己失去了这项权利；而技术许可合同是将用技术的使用收益权能转移给对方，许可人自己保留权利的本体。

（二）技术许可合同的类型

“技术许可合同包括专利实施许可、技术秘密使用许可等合同”（第 863 条第 2 款）。

1. 专利实施许可合同

专利实施许可合同，是指专利权人或者授权的人作为转让方许可受让方在约定的范围内实施专利所订立的合同。专利实施许可合同的标的是发明、实用新型和外观设计专利的使用权。“专利实施许可合同仅在该专利权的存续期限内有效。专利权有效期限届满或者专利权被宣告无效的，专利权人不得就该专利与他人订立专利实施许可合同”（第 865 条）。发明专利的有效期是 20 年，实用新型专利的有效期是 10 年，外观设计专利的有效期是 15 年，均自申请之日开始计算。专利实施许可合同许可人负有在合同有效期内维持专利权有效的义务，包括依法缴纳专利年费和积极应对他人提出宣告专利权无效的请求，但当事人另有约定的除外。

专利实施许可包括以下方式。

（1）独占实施许可。是指许可人在约定许可实施专利的范围内，仅将该专利许可给一个被许可人实施，许可人依约定不得实施该专利。即是被许可人“吃独食”。

（2）排他实施许可。是指许可人在约定许可实施专利的范围内，仅将该专利许可给一个被许可人实施，但许可人依约定可以自行实施该专利。即“让你用我可用，我不让第三人用”。

（3）普通实施许可。是指许可人在约定许可实施专利的范围内许可他人实施该专利，并且可以自行实施该专利。排他实施许可与普通实施许可，许可人都保留了自己实施的权利，但排他实施许可是“仅”许可一个被许可人实施，许可人不能再让第三人实施，而普通实施许可，许可人可以“一技多许”，被许可人可以是两人以上。

（4）再许可。是指专利实施许可合同约定被许可人可以再许可他人实施专利。再许可为普通实施许可，但当事人另有约定的除外。

有两点需要说明：其一，当事人对专利实施许可方式没有约定或者约定不明确的，认定为普通实施许可。其二，被许可人能否许可第三人实施（再许可），要看约定，即看是否取得了许可人的同意。“专利实施许可合同的被许可人应当按照约定实施专利，不得许可约定以外的第三人实施该专利，并按照约定支付使用费”（第 867 条）。

2. 技术秘密使用许可合同

技术秘密使用合同是许可人将拥有的技术秘密交给被许可人使用、收益而订立的合同。技术秘密的许可使用方式，参照专利实施许可的方式确定。

技术秘密依靠保密来维持，因此技术秘密许可合同的被许可人理所当然地承担保密义务。技术秘密许可合同的许可人也有保密义务，但该义务不限制许可人申请专利（专利是公开的技术）。当事人可以特约许可人不得申请专利，许可人违反约定申请的，构成违约责任。

例：（1）甲将一项技术秘密有偿交付给乙使用，在乙使用期间，甲因申请专利公开了这项技术，乙无权请求减少使用费。（2）丙将一项技术秘密有偿交付给丁使用，在丁使用期间，丙为宣传在电视上公开了这项技术秘密的诀窍，使这项技术成为公知公用的技术，丙有权请求降低使用费。

（三）技术许可合同当事人的义务和责任

1. 技术许可合同许可人的义务与瑕疵担保责任

技术许可合同许可人的基本义务，是保障被许可人对技术能够正常使用、收益。为保障这种基本义务的实现，许可人应当承担权利瑕疵担保责任和品质（质量）瑕疵担保责任。许可人应当保证自己是所提供的技术的合法拥有者，并保证所提供的技术完整、无误、有效，能够达到约定的目标。

2. 技术许可合同被许可人的义务

（1）被许可人的主要义务是按照约定支付使用费，并应当按照约定的范围和期限，对让与人、许可人提供的技术中尚未公开的秘密部分，承担保密义务。

（2）被许可人应当按照约定的方式使用标的技术。

三、后续改进技术成果的分享

技术转让合同和技术许可合同的当事人可以按照互利的原则，在合同中约定实施专利、使用技术秘密后续改进的技术成果的分享办法；没有约定或者约定不明确，依据本法第 510 条补缺的规定仍不能确定的，一方后续改进的技术成果，其他各方无权分享（见第 875 条）。基本规则是：谁改进谁享有，另有约定的除外。

四、其他知识产权的转让、许可的法律适用及技术合同的特别法律适用

1. “集成电路布图设计专有权、植物新品种权、计算机软件著作权等其他知识产权的转让和许可，参照适用本节的有关规定”（第 876 条）。

2. “法律、行政法规对技术进出口合同或者专利、专利申请合同另有规定的，依照其规定”（第 877 条）。即特别规定优于一般规定。

（1）技术进出口合同，还要适用《中华人民共和国对外贸易法》《中华人民共和国技术进出口管理条例》（以下简称《管理条例》）的规定。根据《管理条例》，技术分为禁止进出口的技术，限制进出口的技术、自由进出口的技术。

（2）专利、专利申请合同，包括专利权申请权转让合同、专利实施许可合同和专利权转让合同。订立这些合同，还要适用《中华人民共和国专利法》（以下简称《专利法》）等法律、

行政法规的规定。如《专利法》第 10 条规定："专利申请权和专利权可以转让。中国单位或者个人向外国人、外国企业或者外国其他组织转让专利申请权或者专利权的，应当依照有关法律、行政法规的规定办理手续。转让专利申请权或者专利权的，当事人应当订立书面合同，并向国务院专利行政部门登记，由国务院专利行政部门予以公告。专利申请权或者专利权的转让自登记之日起生效。"本条中的"生效"，不是合同生效，而是专利申请权或者专利权移转生效。

第四节　技术咨询合同和技术服务合同

一、技术咨询合同

"技术咨询合同是当事人一方以技术知识为对方就特定技术项目提供可行性论证、技术预测、专题技术调查、分析评价报告等所订立的合同"（第 878 条第 1 款）。上述"特定技术项目"，包括有关科学技术与经济社会协调发展的软科学研究项目，促进科技进步和管理现代化、提高经济效益和社会效益等运用科学知识和技术手段进行调查、分析、论证、评价、预测的专业性技术项目（见《技术合同解释》第 30 条）。

1. 技术咨询合同是不要式合同，可以采用书面形式，也可以采用口头形式。

2. 受托人完成合同基本义务的方式是提出书面咨询报告或者解答问题，解答问题可以是书面的，也可以是口头的。"技术咨询合同的受托人应当按照约定的期限完成咨询报告或者解答问题，提出的咨询报告应当达到约定的要求"（第 880 条）。

3. 受托人对委托人决策后果的免责。"技术咨询合同的委托人按照受托人符合约定要求的咨询报告和意见作出决策所造成的损失，由委托人承担，但是当事人另有约定的除外"（第 881 条第 3 款）。例如，甲公司要上马一个技术改造项目，请乙大学作了可行性论证报告，乙只对可行性报告本身的质量负责，对甲进行技术改造的后果并不负责。当然，法律允许当事人作出特别约定。

二、技术服务合同

"技术服务合同是当事人一方以技术知识为对方解决特定技术问题所订立的合同，不包括承揽合同和建设工程合同"（第 878 条第 2 款）。上述"特定技术问题"，包括需要运用专业技术知识、经验和信息解决的有关改进产品结构、改良工艺流程、提高产品质量、降低产品成本、节约资源能耗、保护资源环境、实现安全操作、提高经济效益和社会效益等专业技术问题（见《技术合同解释》第 33 条）。

1. 技术服务合同是不要式合同，可以采用书面形式，也可以采用口头形式。

2. 技术服务合同不同于承揽合同和建设工程合同。承揽合同和建设工程合同承揽人、承包人提供的是物化劳动成果，承揽人、承包人的工作主要体现在物上；而技术服务合同的受托人是按照约定完成服务项目，解决特定的技术问题并传授解决特定技术问题的知识，其提供的是技术性劳务，不是物化劳动成果。

3. 技术服务与技术咨询的受托人都提供技术性劳务，但技术服务是为"特定技术问题"的"解决"；技术咨询合同是为"特定技术项目"做的"咨询"。特定的技术问题是已经出现或已经被发现；特定的技术项目是将要实施或者可能实施的项目。技术服务成果的表现，是使特定的具体技术问题从有到无，消除了技术障碍；技术咨询的成果是为特定技术项目的决策提供了咨询报告（可行性论证、技术预测、专题技术调查、分析评价报告等）。例如，甲公司要改产生产融喷布，与乙大学签订合同，由乙为甲提供一个融喷布生产的国内外技术调查报告，这个合同就是技术咨询合同。后来，甲企业的生产流水线有技术故障，本企业技术人员解决不了，就请丙公司帮助排除故障，双方的合同就是技术服务合同。

三、技术咨询合同、技术服务合同的成果归属

技术成果归属的基本原则是："谁完成归谁，另有约定的除外"。"完成"，是智力投入的结果。"技术咨询合同、技术服务合同履行过程中，受托人利用委托人提供的技术资料和工作条件完成的新的技术成果，属于受托人。委托人利用受托人的工作成果完成的新的技术成果，属于委托人。当事人另有约定的，按照其约定"（第885条）。

思考题

1. 简述技术合同的概念、特征和种类。
2. 简论认定职务技术成果的标准。
3. 简述技术秘密使用许可合同当事人的保密义务。
4. 如何确定履行技术合同过程中研究开发成果的归属？
5. 如何区分技术咨询合同与技术服务合同？

第二十一章
保管合同

第一节　保管合同概述

一、保管合同的概念

“保管合同是保管人保管寄存人交付的保管物，并返还该物的合同”（第 888 条第 1 款）。保管合同又称为寄托合同、寄存合同。将标的物交付保管的人称为寄存人，为对方保管标的物的人是保管人。

保管物一般是特定物，但也可以是种类物。保管物可以是“活物”（如动物），也可以是“死物”。

“寄存人到保管人处从事购物、就餐、住宿等活动，将物品存放在指定场所的，视为保管，但是当事人另有约定或者另有交易习惯的除外”（第 888 条第 2 款）。例如，消费者到超市购买用品，将手提包放到超市的自动寄存柜中，就与超市成立了保管合同。

二、保管合同的法律特征

（一）保管合同是实践合同

1. 保管合同自保管物交付时成立

“保管合同自保管物交付时成立，但是当事人另有约定的除外”（第 890 条）。据此，保管合同是实践合同，仅有保管人和寄存人的合意，合同尚不能成立，须有标的物的交付合同才成立。当事人特约保管合同在签字、盖章时成立或者约定保管合同以其他方式成立，自当允许，因为“另有约定的除外”。保管合同自成立时生效。如旅客将行李交付火车站寄存处寄存，保管合同成立的同时生效，保管人接受保管物后即产生保管责任。

例：孙某驾驶汽车进入海内旅店的院内，按院内的“收费停车场”的指示牌进入收费停车场。将车泊放之后，到旅店办理住宿手续。第二天早上，孙某到停车场，发现汽车丢失，其向法院提起诉讼，要求旅店赔偿。法院判决旅店赔偿 9 万元人民币。后此案由检察院提起抗诉。抗诉理由是：其一，旅店所设的收费停车场管理人员不在场，双方之间的合同并未成立；其二，孙某没有交费。

解：孙某与旅店就汽车成立了保管合同，保管合同是实践合同，一是双方意思表示要取得一致，二是标的物要交付。孙某是按旅店的指示牌进入收费停车场的，尽管旅店的管理人员不在现场，但双方仍有意思表示，而且取得了合意。孙某将汽车开进旅店的停车场泊放，是交付占有的行为，旅店即产生保管责任。因为保管合同成立时生效。是否交费，不影响保管合同的成立、生效。孙某与旅店之间成立的是有偿保管合同。如果停车场注明是“免费停车场”，仍应视为有偿保管合同，因为保管费用已经计入住宿费之中了。

2. 保管人取得占有是履行保管义务的前提

交付是指交付占有，占有是对标的物的实际控制，交付不仅是保管合同成立的要件，也是保管人履行保管义务的前提。

保管不同于场地租赁。场地租赁，出租人不承担保管责任，承租人自己占有标的物，自己保管标的物，自己对标的物的丢失、毁损等承担风险。

（二）保管合同一般是无偿合同，也可以是有偿合同

寄存人应当按照约定向保管人支付保管费。当事人对保管费没有约定或者约定不明确，依据本法第 510 条补缺的规定仍不能确定的，视为无偿保管（见第 889 条）。按照本条规定，保管合同一般是无偿的，这是因为保管通常具有互助的性质。

例：黄某在饭店用餐，由饭店保安人员引导将汽车停放在饭店门口，没有办理停车手续，但门口有明显的停车位。在用餐期间汽车丢失，饭店是否应当承担赔偿责任？

解：黄某和饭店已经成立了保管合同关系，饭店对于黄某的汽车有保管义务，饭店保管不善，应当承担赔偿责任。另外，饭店虽未对黄某单独收取停车费，但黄某与饭店的保管合同应当视为有偿保管合同。

在无偿的保管合同中。寄存人也可能需要支付必要费用，这是指保管人为保管标的物实际支付的费用，不包括报酬。比如，无偿合同的保管人购买了 500 元的干燥剂为寄存人保管物品，尽管是无偿合同，寄存人仍然要支付给保管人 500 元。这 500 元不是作为对价存在的，纯粹是为自己利益产生的费用，因此仍然是无偿保管合同。

第二节　保管合同当事人的权利和义务

一、保管人的主要义务和权利

（一）出具保管凭证的义务

“寄存人向保管人交付保管物的，保管人应当出具保管凭证，但是另有交易习惯的除外”（第 891 条）。保管凭证是保管人开具的，证明收到保管物的单据。对口头保管合同来说，保管凭证也是证明当事人之间存在保管合同关系的单据。从习惯上看，具有互助性质的无偿、小额保管合同的保管人一般不给寄存人出具收条等保管凭证，这是正常现象。

（二）妥善保管的义务

“保管人应当妥善保管保管物。当事人可以约定保管场所或者方法。除紧急情况或者为维护寄存人利益外，不得擅自改变保管场所或者方法”（第 892 条）。例如，某种食品的保存，保质期是冷藏六个月，而保管人违反冷藏保管的约定，擅自采用常温保管，就损害了寄存人的利益。

例：在紧急情况下，保管人为了避免保管物受到损失，更换了保管地。但是更换后发生了不可抗力，导致保管物毁损或者灭失，责任应如何确定？

解：保管人是为了避免保管物受损失而更换保管地的，保管人没有过错（保管合同适用过错责任原则），因此，保管人不承担责任。

（三）亲自保管的义务

“保管人不得将保管物转交第三人保管，但是当事人另有约定的除外。保管人违反前款规

定，将保管物转交第三人保管，造成保管物损失的，应当承担赔偿责任”（第894条）。因为，保管合同存在特殊信任关系，是基于寄存人对保管人的特殊信任产生的法律关系，转交第三人保管就破坏了这种信任。对转交第三人造成的损害，保管人负赔偿责任。在第三人处因不可抗力造成的损害，保管人原则上不免责。

保管人丧失保管能力时，为保护寄存人的利益，可以交给第三人保管。

（四）不使用保管物的义务

“保管人不得使用或者许可第三人使用保管物，但是当事人另有约定的除外”（第895条）。使用不是保管目的，且使用容易造成保管物的磨损或者损害。但在消费寄托（见第901条）的情况下，保管人可以使用。

（五）权利危险时的返还和通知义务

“第三人对保管物主张权利的，除依法对保管物采取保全或者执行措施外，保管人应当履行向寄存人返还保管物的义务”（第896条第1款）。这里强调的是，保管人对主张权利的第三人并没有“返还”的义务，仍对寄存人承担返还义务。例如，张甲因出差将一宠物狗交给宠物店保管，保管期间第三人李乙要带走此狗，说是自己丢失的狗并提供了证据，尽管宠物店认为“证据确凿”，仍应当拒绝李乙的请求，其只对张甲负担返还义务。

保管物被依法采取扣押等措施的，保管人自不能履行对寄存人的返还义务。

“第三人对保管人提起诉讼或者对保管物申请扣押的，保管人应当及时通知寄存人”（第896条第2款）。这是保管人对寄存人的附随义务。

（六）返还原物、孳息的义务及消费保管的返还义务

1. 返还原物及孳息的义务

“保管期限届满或者寄存人提前领取保管物的，保管人应当将原物及其孳息归还寄存人”（第900条）。(1) 当事人约定了保管期限的，寄存人仍可提前领取保管物，这是为满足现实生活需要而作出的规定。提前领取保管物是一种行使任意解除权（随时解除权）的行为。(2) 所谓孳息，是指原物派生的物。如保管的母牛生了一头小牛，小牛就是天然孳息。

2. 消费保管的返还义务

保管人应当返还保管的原物，但消费保管例外。消费保管合同又称为消费寄托合同，是指保管人可以使用（消费）保管的物品，届期以替代物返还的保管合同。

“保管人保管货币的，可以返还相同种类、数量的货币；保管其他可替代物的，可以按照约定返还相同种类、品质、数量的物品”（第901条）。即消费保管虽然有返还的义务，但没有返还原物的义务，可以返还替代物。

(1) 货币保管可为消费保管

货币保管可为消费保管，货币（现金）是动产、种类物、消费物①，可替代性强。保管人可以使用保管的货币，寄存人请求返还时，保管人得以其他物替代返还。保管人使用了保管的货币，在发生争议时不必举证是否使用。

并非保管货币都是消费借贷。比如旅店客人在旅店寄存了一个包，声明里面有现金5 000元，该寄存就不是消费保管，而是一般的保管（参见《民法典》第898条）。张甲欠李乙10 000元，遍寻李乙不着，就将10 000元交给公证处，办理了提存公证。张甲与公证处之间成立的提存合同，是涉他的消费保管合同，公证处向第三人李乙归还的10 000元，并非原物，还可能是转账给付。

顺便指出，货币保管不同于储蓄和货币借贷，他们的合同目的不同。

---

① 消费物又称为消耗物，使用一次原物便被消耗，不能反复使用。如货币、手纸、面粉、饮料、蛋糕等。

（2）货币以外的可替代物，可以特约为消费保管

货币以外的可替代物约定为消费保管的，可以替代返还。该替代物须为动产，须为种类物。不动产都有固定空间位置，都是独一无二的特定物，没有可替代性。动产包括特定物和种类物，种类物具有可替代性。消费物和其他可替代物，都可以约定为消费保管的标的物。

（七）保管人的损害赔偿责任和法定的一般过失免责

责任也是一种义务。“保管期内，因保管人保管不善造成保管物毁损、灭失的，保管人应当承担赔偿责任。但是，无偿保管人证明自己没有故意或者重大过失的，不承担赔偿责任”（第897条）。应当注意以下两点：第一，保管不善是过错责任。不可抗力致使保管物毁损、灭失的，有偿保管人和无偿保管人都不承担责任。比如，甲将几个月后结婚用的糖果、烟酒等交给乙（一个商店）保管，由于洪灾溃堤，乙的商店被水淹，保管物毁损，乙没有过错，不承担责任，损失由寄存人甲承担。第二，无偿保管合同的保管人一般过失免责。无偿保管是助人行为，体现了良好的道德观念，为了鼓励这种行为，维护既有的道德观念，对无偿付出的人的责任，要宽松一些，要给予法律上的优惠。

例：某大学学生李某将价值一万元的手提电脑交给同宿舍的同学周某保管，并约定周某可以使用。一天，周某使用电脑后锁门外出，门被撬开，手提电脑被偷走。周某应否承担赔偿责任？

解：周某有权使用电脑，但不能视使用为报酬。周某与李某之间是无偿保管合同。周某没有重大过失，无偿保管合同，一般过失免责。如果周某使用后未锁门，则有重大过失，就应当赔偿。

（八）保管人的留置权及其排除

“寄存人未按照约定支付保管费或者其他费用的，保管人对保管物享有留置权，但是当事人另有约定的除外”（第903条）。“其他费用”，一般是指无偿保管合同中的费用。无偿保管合同也可以成立留置权。

例：某村民委员会让村民乔某保管500袋小麦（价值5万元），约定为无偿保管。在保管期间，逢连绵细雨天气，为了采取防潮措施，乔某花去300元。村民委员会取面粉的时候拒绝支付300元，理由是保管是无偿的。乔某遂扣留500袋小麦。请问：乔某能否成立留置权？

解：无偿保管合同也可以成立留置权。《民法典》第450条规定：“留置财产为可分物的，留置财产的价值应当相当于债务的金额。”因此，乔某把所有小麦都留置是错误的，应当留置相应的部分。

二、寄存人的义务和权利

（一）按期支付保管费的义务

有偿的保管合同，寄存人应当按照约定的期限向保管人支付保管费。当事人对支付期限没有约定或者约定不明确，依据本法第510条补缺的规定仍不能确定的，应当在领取保管物的同时（见第902条）。对于支付保管费的期限，由当事人约定，当事人对支付期限没有约定或者约定不明确的，依法应当同时履行。基于同时履行，可产生《民法典》第525条规定的同时履行抗辩权。

（二）告知义务

“寄存人交付的保管物有瑕疵或者根据保管物的性质需要采取特殊保管措施的，寄存人应当将有关情况告知保管人。寄存人未告知，致使保管物受损失的，保管人不承担赔偿责任；保管人因此受损失的，除保管人知道或者应当知道且未采取补救措施外，寄存人应当承担赔偿责

任”（第 893 条）。该条规定的告知义务是寄存人的预先告知义务，视具体情况，应当于交付保管物前告知或者交付保管物时告知。

保管物有瑕疵，是指保管物的隐蔽瑕疵。保管物有表面瑕疵但被包装物覆盖时，视为有隐蔽瑕疵。例如，交付保管的动物有传染病，交付保管的巨型广告钢铁支架的焊缝有肉眼难以发现的断裂，等等，都应当认为是有隐蔽瑕疵。有隐蔽瑕疵的保管物是需要采取特殊保管措施的物。按照保管物的性质需要采取特殊保管措施的物品，是指需冷藏、需通风的物品，易燃、易爆、易腐蚀的物品，等等。重要的文物、动物也是需要采取特殊保管措施的物品。

寄存人将有关情况告知保管人，体现了对自己利益的保护，同时也防止了对保管人利益的侵害。比如，寄存人将一头牛交给保管人（另一位养牛人）保管，如果不将牛患传染病的情况告知保管人，不但该牛得不到特殊照顾，还可能使保管人自己的牛也被传染患病。

寄存人未履行法定告知义务，致使保管物毁损、灭失的，保管人不承担损害赔偿责任。应当注意：未告知与毁损、灭失之间须有因果关系，保管人才不承担责任。

寄存人未履行法定告知义务，致使保管人受到损失的，寄存人应当承担损害赔偿责任。应当注意两点：第一，未告知与损失有因果关系，寄存人才承担责任；第二，保管人知道或者应当知道寄存人交付的保管物有瑕疵或者按照保管物的性质需要采取特殊保管措施而未采取补救措施的，寄存人免责。

（三）寄存贵重物品的声明义务

“寄存人寄存货币、有价证券或者其他贵重物品的，应当向保管人声明，由保管人验收或者封存；寄存人未声明的，该物品毁损、灭失后，保管人可以按照一般物品予以赔偿”（第 898 条）。有一女士到超市买东西，超市负责保管的员工不慎将该女士寄存的包搞错。该女士到法院起诉，要求超市赔偿 20 万元，说包里有现金、首饰等合计为 20 万元。法官认为该女士没有事先声明，因此判决赔偿 3 000 元。审判实践中，经常把手机当作贵重物品，实际上，手机现在已经相当普及，一般不能当作贵重物品对待。

“可以”按照一般物品予以赔偿，并非“只能”按照一般物品予以赔偿。寄存人对寄存贵重物品能够举证证明的，也可以按贵重物品予以赔偿。

例：张某与李某同时将汽车开进收费停车场。适逢停车场看门人去洗手间，李某未能交保管费。张某是按月交付保管费。一辆汽车自燃，停车场未及时采取措施，导致张某和李某的汽车被烧毁。后停车场对张某予以赔偿，对李某拒绝赔偿，理由是李某未交费。李某声称车内有贵重物品，价值一万余元。停车场是否必须按照贵重物品的价值予以赔偿？

解：（1）保管合同已经成立，因为保管物已经交付，保管合同成立的同时生效。李某未交费不影响保管合同的成立生效，因此停车场应当对李某进行赔偿。（2）停车场不是必须按照贵重物予以赔偿，因为属于“事先”未声明的情况。

（四）随时领取保管物的权利

“寄存人可以随时领取保管物。当事人对保管期限没有约定或者约定不明确的，保管人可以随时请求寄存人领取保管物；约定保管期限的，保管人无特别事由，不得请求寄存人提前领取保管物”（第 899 条）。（1）即便约定了保管期限，寄存人也有权随时领取保管物，对于约定保管期限的合同，保管人提前领取保管物是行使随时解除权的行为。（2）与寄存人的“待遇”不同。约定了保管期限，保管人无权请求寄存人提前领取保管物，有特别事由的除外，比如，在保管期限内保管场所被征用，保管人可请求寄存人提前领取，且寄存人是“领取”，保管人是“请求”。当事人对保管期间没有约定或者约定不明确的，保管人才可以随时“请求”寄存人领取保管物。

思考题

1. 保管合同成立的要件是什么?

2. 消费保管保管人与一般保管保管人的返还义务有何不同?

3. 有偿保管合同的保管人与无偿保管合同的保管人对保管物毁损、灭失的责任有什么区别?

4. 寄存贵重物品未声明，保管人对保管物的毁损、灭失应如何承担责任?

第二十二章
仓储合同

第一节　仓储合同概述

一、仓储合同的概念

“仓储合同是保管人储存存货人交付的仓储物，存货人支付仓储费的合同”（第 904 条）。当事人一方为存货人或者仓单持有人，为他人保管仓储物、收取仓储费的一方是保管人。

二、仓储合同的法律特征

1. 保管人是利用自己的仓储条件专事仓储保管营业的人

保管人是以仓储保管为业的人，是经营人，所以保管人又称为仓库营业人。正因如此，保管人也是拥有仓储保管条件的人，是商事主体。

2. 仓储合同的保管物是动产

保管人是利用自己的仓储条件提供保管服务的，仓储条件主要包括不能移动的仓库、场地，除此之外，还包括附属于仓库、场地的一些设备。这就决定了仓储物只能是动产，不能是不动产。

3. 仓储合同是诺成合同

“仓储合同自保管人和存货人意思表示一致时成立”（第 905 条）。仓储合同是诺成合同。①

4. 仓储合同是双务、有偿合同

仓储合同当事人互为给付，是双务、有偿合同。保管人的身份属性（商人），也决定了仓储合同双务、有偿性质。基于保管人的身份属性，仓储合同还是商事合同。

5. 仓储合同是一种具有保管性质的合同

仓储合同是独立的典型合同，仓储合同是一种具有保管性质的合同。关于保管合同的规定和关于仓储合同的规定，是一般规定和特殊规定的关系。故《民法典》第 918 条规定：“本章没有规定的，适用保管合同的有关规定。”

三、仓储合同与保管合同的联系和区别

1. 保管合同是实践合同；仓储合同是诺成合同。

---

① 合同在意思表示一致时成立是常态，即诺成合同是常态，一般只需要对合同的非常态作出规定，这里专门对仓储合同的诺成性作出规定，是为了与保管合同（实践合同）相区别。

2. 保管合同可以是有偿合同，也可以是无偿合同；仓储合同都是有偿合同。

3. 仓储合同的保管人是营业人，是商事主体；法律对保管合同的保管人没有此项要求，也就是说，保管合同的保管人是一般民事主体。

4. 保管合同是一般的民事合同；仓储合同是商事合同。

5. 保管合同是给付保管凭证；仓储合同是给付仓单。

6. 保管合同和仓储合同都有善良管理人的注意义务，但无偿保管有一般过失免责的规定，仓储合同都是有偿合同，一般过失不免责。

7. 寄存人和存货人或者仓单持有人都可以随时领取保管物、仓储物。但保管人要求对方提前提取的法律效果不同（见第 899 条、第 914 条）。

8. 保管合同、仓储合同的保管人都有留置权。

第二节　仓储合同当事人的权利和义务

一、保管人的权利和义务

保管人的基本权利是收取仓储费。其义务可以分解作多项。

（一）验收义务

“保管人应当按照约定对入库仓储物进行验收。保管人验收时发现入库仓储物与约定不符合的，应当及时通知存货人。保管人验收后，发生仓储物的品种、数量、质量不符合约定的，保管人应当承担赔偿责任”（第 907 条）。验收是明确责任的必要手段。

（二）出具仓单、入库单等凭证的义务

“存货人交付仓储物的，保管人应当出具仓单、入库单等凭证”（第 908 条）。

1. 仓单、入库单的含义

“仓单是提取仓储物的凭证。存货人或者仓单持有人在仓单上背书并经保管人签名或者盖章的，可以转让提取仓储物的权利”（第 910 条）。

仓单和入库单都是保管人收到仓储物后给存货人开出的提取仓储物的凭证，但二者有明显的区别。仓单是形式格式化、内容固定化的典型有价证券。仓单的流通性较强，存货人可以凭仓单提取储存的货物，也可以背书的方式并经保管人签名或者盖章将仓单上载明的仓储物所有权转移给他人。入库单是非典型化的有价证券，对形式的格式化、内容的固定化要求不高，流通性不强，不采用“背书”的法定方式和程序流通。

2. 仓单的内容

仓单是要式证券。“保管人应当在仓单上签名或者盖章。仓单包括下列事项：（一）存货人的姓名或者名称和住所；（二）仓储物的品种、数量、质量、包装及其件数和标记；（三）仓储物的损耗标准；（四）储存场所；（五）储存期限；（六）仓储费；（七）仓储物已经办理保险的，其保险金额、期间以及保险人的名称；（八）填发人、填发地和填发日期”（第 909 条）。

3. 仓单的转让

仓单可以转让，也可以质押（见第 440 条、第 441 条、第 442 条）。

4. 仓单的分割

一般认为，仓单的分割，是指仓单的持有人请求保管人将保管的货物分为数部分，分别填发各部分的仓单。仓单分割的，仓单持有人应将原仓单交还。实际上，不一定是已经持有仓单人要求对仓单进行分割，存货人在交付货物的时候，就可以要求保管人分别填发、交付仓单，以便于仓储物的处分（买卖、质押等）。

5. 仓单的丧失

仓单因毁损、遗失、被盗等原因而灭失。仓单是记名证券（记载了存货人的名称或者住所），灭失后只要有证据仍然能够领取货物。

（三）容忍义务

“保管人根据存货人或者仓单持有人的要求，应当同意其检查仓储物或者提取样品”（第911条）。因为，仓储合同是满足存货人需要的服务性合同，因此，保管人应当容忍存货人来检查、提取样品所造成的不便。

（四）损害、损害危险通知义务和紧急处置

1. 损害、损害危险通知义务

保管人有损害通知义务。“保管人发现入库仓储物有变质或者其他损坏的，应当及时通知存货人或者仓单持有人”（第912条）。依据诚实信用原则，保管人发现有变质或者其他损害的现实危险的，也有通知义务。

2. 催告处置与紧急处置

“保管人发现入库仓储物有变质或者其他损坏，危及其他仓储物的安全和正常保管的，应当催告存货人或者仓单持有人作出必要的处置。因情况紧急，保管人可以作出必要的处置；但是，事后应当将该情况及时通知存货人或者仓单持有人”（第913条）。必要的处置分为货主（存货人）的必要处置和保管人的必要处置。若由货主处置，保管人要催告。在紧急情况下，保管人也可以作出必要的处置。这种处置，既是权利，又是义务。这种处置，包括事实上的处分，如抛弃腐烂变质的食品。是否包括法律上的处分，条文没有明确。从诚信原则和减损义务来看，保管人可以对仓储物进行法律上的处分。例如，将发生损害的物品降价出售。为避免发生争议，保管人在处分标的物的时候，应当取得相应的证据。在发生争议的时候，举证责任在保管人一方。

（五）妥善保管义务

妥善保管，是保管人的基本义务。“储存期内，因保管不善造成仓储物毁损、灭失的，保管人应当承担赔偿责任。因仓储物本身的自然性质、包装不符合约定或者超过有效储存期造成仓储物变质、损坏的，保管人不承担赔偿责任”（第917条）。妥善保管义务，除要求保管人在保管过程中尽谨慎小心的义务以外，还要求其具有相应的保管条件。保管不善是过错责任。比如，保管的食物因过期而变质，不能归责于保管人。

例：甲公司在乙公司存储160吨布袋装面粉。甲公司提取面粉时，发现面粉已经受潮，遂要求乙公司赔偿。乙公司引用《民法典》第893条进行抗辩：“寄存人交付的保管物有瑕疵或者根据保管物的性质需要采取特殊保管措施的，寄存人应当将有关情况告知保管人。寄存人未告知，致使保管物受损失的，保管人不承担赔偿责任；保管人因此受损失的，除保管人知道或者应当知道且未采取补救措施外，寄存人应当承担赔偿责任。”乙公司的抗辩理由是否能够成立？

解：甲、乙之间成立的是仓储合同，依据《民法典》第918条，可以适用保管合同的有关规定。乙公司引用了《民法典》第893条对保管合同的规定，但按该条，乙公司仍应承担责任。因为布袋装面粉不能防潮，乃是仓储合同保管人（商事主体）应当具备的常识，无须寄存人特别告知。乙公司违反了妥善保管义务，应当承担赔偿责任。

（六）返还保管物的义务

应存货人或者仓单持有人的请求，保管人有随时返还的义务。对保管期限的约定，不影响随时返还义务的存在。

二、存货人的权利和义务

（一）说明义务

说明义务是针对危险物品、易变质物品。“储存易燃、易爆、有毒、有腐蚀性、有放射性等危险物品或者易变质物品的，存货人应当说明该物品的性质，提供有关资料。存货人违反前款规定的，保管人可以拒收仓储物，也可以采取相应措施以避免损失的发生，因此产生的费用由存货人负担。保管人储存易燃、易爆、有毒、有腐蚀性、有放射性等危险物品的，应当具备相应的保管条件”（第 906 条）。不履行说明义务，会对保管人的利益造成侵害（如破坏了保管设备和保管场所），导致存货人的侵权责任。保管人可以在拒收或采取相应的措施这两种方式之间选择，由此发生的费用在仓储费外单独计算（正常情况下，仓储支出的费用已经列入了成本）。如果保管人不拒收，而又未采取相应的措施，保管人的损失应当由保管人自行承担。

（二）提取仓储物的权利

提取仓储物是存货人的权利，约定储存期限的，到期提取也是义务。

1. 随时提取权

“当事人对储存期限没有约定或者约定不明确的，存货人或者仓单持有人可以随时提取仓储物，保管人也可以随时请求存货人或者仓单持有人提取仓储物，但是应当给予必要的准备时间”（第 914 条）。当事人对储存期间没有约定或者约定不明确的，存货人或者仓单持有人享有的是“随时提取权”，此是随时解除合同的权利。提取仓储物须为存货人或者仓单持有人的行为，因而保管人是“随时请求”提取，这也是随时解除合同的权利，只是要给对方以必要的准备时间。

2. 按期提取货物

提取货物是权利，“按期”提取同时也是义务。“储存期限届满，存货人或者仓单持有人应当凭仓单、入库单等提取仓储物。存货人或者仓单持有人逾期提取的，应当加收仓储费；提前提取的，不减收仓储费”（第 915 条）。仓库的安排有一定的计划性，提前提取未必能给当事人带来利益；如果逾期提取，则肯定要使仓库保管人的付出增加。如果存货人提前 10 天提取货物，则不能减少 10 天的仓储费；如果逾期 10 天提取，则应加收 10 天的仓储费。如果当事人特约逾期提货的应当支付违约金，其约定有效。

存货人逾期不提取货物，造成压库，保管人可以提存。“储存期限届满，存货人或者仓单持有人不提取仓储物的，保管人可以催告其在合理期限内提取；逾期不提取的，保管人可以提存仓储物”（第 916 条）。这里的提存有一个前置程序，就是催告。未经催告不得提存，否则要承担赔偿责任。

思考题

1. 仓储合同的概念和法律特征是什么。
2. 简述仓储合同保管人的义务。
3. 简述仓储合同存货人的义务。

第二十三章 委托合同

第一节 委托合同概述

一、委托合同的概念

“委托合同是委托人和受托人约定，由受托人处理委托人事务的合同”（第 919 条）。委托的事务包括法律事务和非法律事务。

受托人完成法律事务，是指受托人通过意思表示，代理委托人与第三人建立法律关系。如受托人接受委托人的委托，为委托人订立买卖、借贷、承揽等合同。再如，受托人接受委托人的委托，在报纸上发表悬赏广告等。并非一切法律事务都可以委托，委托人应当亲自处理的事务不得成为委托合同的标的。例如，办理结婚登记，不得委托。

委托代理是指受托完成法律事务。委托代理是通过委托合同的约定产生的，如甲公司委托李某代理签订购买 1 000 吨煤炭的合同。

受委托完成非法律事务，是指受托实施事实行为，如受托人接受委托，进行记账、算账、清点货物等单纯的事实行为。处理非法律事务，无须受托人对外为意思表示，也无须代理受托人与第三人发生法律关系。

换言之，委托合同中，受托人所完成的事务，包括法律行为和事实行为。完成事实行为的委托合同，与承揽合同不易区分。承揽合同中，承揽人完成的工作，表现为物化劳动成果；而委托合同中，受托人实施的事实行为，并不表现为物化劳动成果。

二、委托合同的法律特征

1. 委托合同的受托人替他人处理委托事务，根据需要和当事人作约定，可以自己的名义进行，也可以委托人的名义处理。例如：B 向 A 借钱，委托 C 来担保，B 和 C 是委托合同，C 和 A 是保证合同。保证人 C 是以自己的名义提供担保的，是以自己的名义与 A 订立保证合同的。

2. 当事人之间有特别信任关系。任何合同都存在信任关系，否则不会协商建立法律关系，但是委托合同存在特别信任关系。具体地说，这种特别信任关系主要是委托人对受托人的信任关系。

3. 委托合同可以是有偿的，也可以是无偿的。有偿或者无偿，由当事人约定。

4. 委托合同是诺成合同。委托人与受托人达成合意时，合同成立、生效。委托合同还是不要式合同。

三、委托的类型

（一）特别委托和概括委托

“委托人可以特别委托受托人处理一项或者数项事务，也可以概括委托受托人处理一切事务”（第 920 条）。委托按上述规定分为特别委托和概括委托。如委托张三买 500 斤煤、600 斤菜，这是特别委托。如委托张三处理营业上的一切事务，这是概括委托。

（二）直接委托和间接委托

直接委托和间接委托是对于法律事务委托的分类。直接委托，是受托人以委托人的名义完成法律事务。这种情形被称为代理或者直接代理。

间接委托，是受托人以自己的名义代委托人处理法律事务。这种情况被称为间接代理（隐名代理）、行纪和中介等（行纪合同和中介合同是特殊的委托合同）。间接委托的特征是受托人以自己的名义与第三人发生法律关系。

四、委托代持合同

（一）概述

委托代持合同是委托合同的一种，委托代持是生活中常见的现象，也是司法实务中最具有争议的问题之一。

常见的委托代持，是房屋代持和股权代持。两种代持都不宜按间接代理处理。因为如果按间接代理处理，就否定了代持关系，进而否认了代持人的独立权利享有者的地位，也会侵害或影响第三人的权益。

与委托代持相似的是让与担保，但两者具有不同的功能，不可混为一谈。让与担保是债务人或者第三人将财产（房屋、股权等）转移到债权人名下，债务人履行债务后，债权人归还财产的非典型担保。[①] 委托代持不具有担保的目的，让与担保是为担保主债权的实现而设的；委托代持是独立存在的法律关系，让与担保是从属于主债权的法律关系。

（二）房屋委托代持

房屋委托代持合同的基本内容是：委托人委托受托人将委托人的房屋登记在受托人的名下，按约定的时间或者委托人提出请求时再转移登记到委托人的名下。代持的原因多种多样，比如，有的城市对房屋有户籍限购，“外地人”就可以委托“本地人”购买并代持。也有人是为了隐瞒财产，还有人是为了隐名投资。

有学者认为，对同一房屋委托人享有事实上的所有权，受托人享有法律上的所有权，应优

---

① 《担保制度解释》68 条就让与担保规定：“债务人或者第三人与债权人约定将财产形式上转移至债权人名下，债务人不履行到期债务，债权人有权对财产折价或者以拍卖、变卖该财产所得价款偿还债务的，人民法院应当认定该约定有效。当事人已经完成财产权利变动的公示，债务人不履行到期债务，债权人请求参照民法典关于担保物权的有关规定就该财产优先受偿的，人民法院应予支持。债务人或者第三人与债权人约定将财产形式上转移至债权人名下，债务人不履行到期债务，财产归债权人所有的，人民法院应当认定该约定无效，但是不影响当事人有关提供担保的意思表示的效力。当事人已经完成财产权利变动的公示，债务人不履行到期债务，债权人请求对该财产享有所有权的，人民法院不予支持；债权人请求参照民法典关于担保物权的规定对财产折价或者以拍卖、变卖该财产所得的价款优先受偿的，人民法院应予支持；债务人履行债务后请求返还财产，或者请求对财产折价或者以拍卖、变卖所得的价款清偿债务的，人民法院应予支持。债务人与债权人约定将财产转移至债权人名下，在一定期间后再由债务人或者其指定的第三人以交易本金加上溢价款回购，债务人到期不履行回购义务，财产归债权人所有的，人民法院应当参照第二款规定处理。回购对象自始不存在的，人民法院应当依照民法典第一百四十六条第二款的规定，按照其实际构成的法律关系处理。”

先保护事实上的所有权。以上观点是不正确的。一物一权，不可能一座房屋有一个法律上的所有权，还有一个事实上的所有权。权利都是法律上的，没有法律外的、事实上的权利，所有权只能是法律上的所有权。我国《民法典》承认不动产与登记可以分离，即承认不动产所有人与登记人可以不是一个人的情形。不动产善意取得就是为解决“所有”与“登记”分离情况下交易安全问题的制度。司法解释也认为“所有”与“登记”可以分离。①

就房屋的委托代持而言，委托人享有（法律上的）所有权，受托人虽然取得了登记，但其并不享有所有权，仅具有权利的外观。

有人认为，房屋登记在受托人名下不能对抗第三人，而不是不能对抗善意第三人。受托人如果将房屋出卖给第三人，是有权处分，第三人是正常取得（一般取得）。这种观点是不正确的。比如，甲让乙代持房屋，房屋登记在乙的名下，乙把房屋卖给知情的亲属丙，并办理了所有权转移登记手续。尽管房屋登记在丙的名下，但丙不能善意取得。如果丙是善意的买受人，则可以善意取得，善意取得是终局取得。

例：张甲与李乙签订《合作协议》，约定：张甲出资购买商品房，李乙以自己名义代张甲签订商品房买卖合同和贷款合同，房屋登记在李乙的名下，张甲对购买的房屋享有所有权和占有、使用的权利。《合作协议》签订后，李乙依约分别与商品房开发商和商业银行签订了商品房买卖合同和贷款合同。张甲把首付款和月供款支付给李乙，李乙再支付给开发商和银行。开发商依据买卖合同，将商品房转移登记在李乙的名下。五年之后，张甲要求将房屋转移登记在自己名下。李乙主张，按《民法典》的规定，不动产登记在谁的名下，就是谁的，因此房屋是自己的，自己与张甲是民间借贷关系，向张甲还清借款就可以了。

解：本案的所谓《合作协议》实际是借名买房并代持的协议，在性质上是委托合同。使用李乙的名义买房，在登记到李乙名下后，张甲与李乙形成代持关系。双方不存在借贷法律关系，本案房屋所有权归张甲。其请求把房屋转移登记到自己的名下的请求权，是物权请求权。

（三）股权委托代持

股权代持合同的基本内容是：委托人委托受托人将其有限责任公司的股权登记、记载在受托人的名下；委托人出资并享有出资权益，受托人以自己的名义对公司直接享有权利承担义务。对委托代持的股权，委托人有权请求回复登记、记载在自己名下。委托人称为隐名股东、实际出资人，受托人称为名义股东、显名股东、名义出资人。股权登记是指在公司登记机关（市场监督管理机关）登记，记载是指在公司章程、股东名册、出资证明书上记载。自然人及职工持股会、企业工会等组织都可以作为代持人。

委托持股的原因，有的是因为有限责任公司的股东过多，突破了有限责任公司的上限②，需要有人代为持股。也有人是为了隐名投资而委托他人代为持股。

名义股东（代持人）对登记于其名下的股权没有处分权，其擅自对第三人转让、质押或者以其他方式处分的，第三人可以主张善意取得（参见《民法典》第 311 条善意取得的规定）。

第二节　委托合同当事人的权利和义务

一方的义务，即是另一方的权利。这里从义务的角度进行叙述。

① 《物权编解释（一）》第 2 条规定：“当事人有证据证明不动产登记簿的记载与真实权利状态不符、其为该不动产物权的真实权利人，请求确认其享有物权的，应予支持。”

② 《公司法》第 24 条规定：“有限责任公司由五十个以下股东出资设立。”

一、受托人的主要义务

（一）按委托人的指示处理委托事务

受人之托，忠人之事。“受托人应当按照委托人的指示处理委托事务。需要变更委托人指示的，应当经委托人同意；因情况紧急，难以和委托人取得联系的，受托人应当妥善处理委托事务，但是事后应当将该情况及时报告委托人”（第 922 条）。

（二）亲自处理委托事务

“受托人应当亲自处理委托事务。经委托人同意，受托人可以转委托。转委托经同意或者追认的，委托人可以就委托事务直接指示转委托的第三人，受托人仅就第三人的选任及其对第三人的指示承担责任。转委托未经同意或者追认的，受托人应当对转委托的第三人的行为承担责任；但是，在紧急情况下受托人为了维护委托人的利益需要转委托第三人的除外”（第 923 条）。因委托合同具有特殊信任关系，所以受托人应当亲自处理委托事务。但为了保护委托人的利益，不可太过拘泥，一定情况下也可以转委托。转委托也称为“委托之替代”。转委托有两种：一种是经过委托人同意，另一种是紧急情况下（如受托人生病、受托人力所不及等），受托人为了维护委托人的利益而进行的委托。在紧急情况下，未经同意的转委托在效果上等同于经同意的转委托。

例：张某委托李某在回家探亲之际买一棵野生人参。李某进山以后，才发现其对野生人参无法精确鉴别，就临时雇请王某代为购买，给王某报酬 100 元。李某为购买野参垫付了 3 万元。张某只同意给李某 3 万元，对该 3 万元的利息和 100 元的报酬却不同意支付。理由是：双方的合同是无偿合同，李某擅自转委托。问：（1）利息应否支付？根据是什么？（2）转委托的效果如何？100 元是否应当支付？

解：（1）根据《民法典》第 921 条的规定，利息应当支付。（2）转委托的效果应当由委托人张某承担，100 元应当支付。

（三）报告义务

“受托人应当按照委托人的要求，报告委托事务的处理情况。委托合同终止时，受托人应当报告委托事务的结果”（第 924 条）。报告义务分为过程报告义务和结果报告义务。受托人应当在委托合同终止时履行结果报告义务。

（四）财产转交义务

“受托人处理委托事务取得的财产，应当转交给委托人”（第 927 条）。如受托人替委托人出售货物，所取得的价金应当交给委托人。

例：张某有一棵野生人参，委托黄某按 1 万元的价格出售，约定给黄某 500 元报酬。黄某利用自己的经验，卖了 12 000 元。黄某交给张某 1 万元。后张某知道真相，起诉于法院，要求黄某再支付 2 000 元。请问此案应当如何处理？

解：根据《民法典》第 927 条，全部价金应归张某。参照《民法典》第 955 条第 2 款的规定，黄某有权要求增加报酬。本案报酬应按比例增加，即应增加 100 元。

（五）谨慎注意义务和赔偿责任

“有偿的委托合同，因受托人的过错造成委托人损失的，委托人可以请求赔偿损失。无偿的委托合同，因受托人的故意或者重大过失造成委托人损失的，委托人可以请求赔偿损失。受托人超越权限造成委托人损失的，应当赔偿损失”（第 929 条）。受托人处理委托事务，有谨慎注意义务。这种义务对有偿委托合同和无偿委托合同的要求不同。有偿的委托合同，受托人是过错责任，一般过失不免责。无偿的委托合同，受托人一般过失免责。

例：乔某买了 100 袋水泥，王某开拖拉机路过，提出无偿帮助乔某将 100 袋水泥运回家。

在运输途中，王某为了躲避迎面急速开来的卡车，不慎将拖拉机陷入路边的水沟，100 袋水泥全部毁损。乔某要求王某给予赔偿。

解：因运输合同是有偿合同，故乔某与王某之间的合同应认定为无偿委托合同。从已知的条件来看，王某不是故意，也没有重大过失，根据《民法典》第 929 条的规定，王某是属于一般过失，应免责，不构成赔偿责任。

二、委托人的主要义务

（一）支付费用的义务

“委托人应当预付处理委托事务的费用。受托人为处理委托事务垫付的必要费用，委托人应当偿还该费用并支付利息”（第 921 条）。费用和报酬不同。有费用而没有报酬，是无偿合同，因为费用是成本而不是对价。

（二）支付报酬的义务

“受托人完成委托事务的，委托人应当按照约定向其支付报酬。因不可归责于受托人的事由，委托合同解除或者委托事务不能完成的，委托人应当向受托人支付相应的报酬。当事人另有约定的，按照其约定”（第 928 条）。报酬，是有偿委托合同的标志。这里的关键词是“相应的报酬”。即使解除或者其他原因导致委托合同终止的，仍应考虑受托人工作的“量”及实际效果，给予适当的报酬。

（三）赔偿责任

1. “受托人处理委托事务时，因不可归责于自己的事由受到损失的，可以向委托人请求赔偿损失”（第 930 条）。例如，张甲请好朋友李乙帮忙到老家村里开一份证明，李乙进村就被恶狗咬伤，李乙就其损害有权请求张甲赔偿。

2. “委托人经受托人同意，可以在受托人之外委托第三人处理委托事务。因此造成受托人损失的，受托人可以向委托人请求赔偿损失”（第 931 条）。这是对同一事务又委托他人办理的规定。比如，甲委托乙办理事务，又另行委托丙办理该事务，搞“双保险”，结果丙完成了委托事务，乙为完成事务的花费“泡了汤”，则乙就该花费有权请求甲赔偿。

三、委托合同中受托人的连带责任

“两个以上的受托人共同处理委托事务的，对委托人承担连带责任”（第 932 条）。如李某委托王某、赵某代理自己办理独资企业登记事宜，王某和赵某对李某承担连带责任。

第三节　显名代理与隐名代理

一、显名代理

委托事务是法律行为，需要与第三人订立合同时，受托人可以委托人的名义，也可以自己的名义与第三人订立合同。前者是显名代理，后者是非显名代理。委托人授权受托人以委托人的名义对外签订合同，合同的后果由委托人即被代理人承受，这种代理被称为显名代理或直接代理。委托人与受委托人之间的关系即是被代理人与代理人之间的关系，双方之间的合同是委托合同。

“代理人在代理权限内，以被代理人名义实施的民事法律行为，对被代理人发生效力”（第

162条）。受托人作为代理人以委托人的名义与第三人建立的合同，是其他交易合同。比如，受托人以委托人的名义与第三人订立买卖合同、承揽合同等。合同的当事人是委托人（被代理人）与第三人。

二、隐名代理

委托事务是法律行为，需要与第三人订立合同时，根据委托事务的要求和内容，受托人在授权范围内可以自己的名义与第三人订立合同。这种代理，被称为隐名代理、非显名代理、间接代理。

（一）第三人知道委托人与受托人之间的代理关系时合同的效力

"受托人以自己的名义，在委托人的授权范围内与第三人订立的合同，第三人在订立合同时知道受托人与委托人之间的代理关系的，该合同直接约束委托人和第三人；但是，有确切证据证明该合同只约束受托人和第三人的除外"（第925条）。

隐名代理，是委托人与受托人通过委托合同建立起来的关系。受托人接受委托人的委托，在授权范围内与第三人订立的合同，是委托合同以外的合同。比如，受托人可以接受委托，以自己的名义与第三人订立买卖合同。第三人在订立合同时，知道委托人与受托人之间的代理关系，则该合同直接约束委托人和第三人。如果受托人以自己的名义与第三人订立了买卖合同，第三人就在订立买卖合同时，知道受托人是隐名代理委托人买卖，那么，第三人就可以向委托人主张自己在买卖合同中的权利；委托人也可以向第三人主张自己对买卖合同的权利。

如果有证据证明因隐名代理签订的合同只是约束受托人和第三人的，那么受托人以自己的名义与第三人签订合同，其效力不及于委托人。比如，受托人以自己的名义与第三人订立买卖合同。第三人在订立合同时声明，该买卖合同只约束买卖合同签名的双方当事人，对此受托人表示同意或接受，那么，这份买卖合同就不能直接约束委托人和第三人，只能直接约束受托人与第三人。

（二）第三人不知道受托人与委托人之间的代理关系时相关当事人的权利

"受托人以自己的名义与第三人订立合同时，第三人不知道受托人与委托人之间的代理关系的，受托人因第三人的原因对委托人不履行义务，受托人应当向委托人披露第三人，委托人因此可以行使受托人对第三人的权利。但是，第三人与受托人订立合同时如果知道该委托人就不会订立合同的除外。受托人因委托人的原因对第三人不履行义务，受托人应当向第三人披露委托人，第三人因此可以选择受托人或者委托人作为相对人主张其权利，但是第三人不得变更选定的相对人。委托人行使受托人对第三人的权利的，第三人可以向委托人主张其对受托人的抗辩。第三人选定委托人作为其相对人的，委托人可以向第三人主张其对受托人的抗辩以及受托人对第三人的抗辩"（第926条）。

1. 委托人的介入权

委托人的介入权，是指受托人因第三人的原因对委托人不履行义务时，在符合条件的情况下，委托人行使受托人对第三人的权利。委托人介入权的产生和行使，须注意以下几点。

（1）必须是受托人在以自己的名义与第三人订立合同时，第三人不知道委托人与受托人之间的代理关系。如果知道，则应适用《民法典》第925条的规定。

（2）必须是受托人因第三人的原因对委托人不履行义务。如果受托人因自己的原因对委托人不履行义务，委托人当然不能向第三人主张权利。

（3）必须是受托人向委托人披露第三人，指出其不履行合同的事实。如果不披露，委托人也无从主张权利。

（4）如果第三人与受托人订立合同时知道该委托人就不会订立合同的，委托人就不能产生介入权。在未披露委托人的隐名代理中，第三人是以受托人为交易对象的。如果第三人在订立合同时，知道委托人，就会基于对委托人的信誉或履约能力的不信任而拒绝订立合同的，委托人不能产生介入权。

(5) 委托人行使受托人对第三人的权利的，第三人可以向委托人主张其对受托人的抗辩。亦即委托人行使介入权时，委托人是作为第三人的交易对象出现的。第三人对受托人的抗辩权，自可对委托人行使。

2. 第三人的选择权

第三人的选择权，是指受托人因委托人的原因对第三人不履行义务，第三人可以选择向受托人或者委托人主张请求权的权利。对第三人的选择权的产生和行使，应当注意以下几点：(1) 受托人在以自己的名义与第三人订立合同时，第三人不知道委托人与受托人之间的代理关系。如果知道，则适用《民法典》第925条的规定。(2) 受托人应当向第三人披露委托人。如果不披露，第三人无从行使选择权。(3) 第三人只有一次选择的机会，一旦选定，不得变更。(4) 第三人选定受托人为相对人的，第三人与受托人按双方之间的合同行使权利，承担义务。(5) 第三人选定委托人为其相对人的，委托人可以向第三人主张其对受托人的抗辩以及受托人对第三人的抗辩。也就是说，委托人对受托人的抗辩权，可以向第三人行使；受托人对第三人的抗辩权也可由委托人对第三人行使。

第四节　委托合同的终止

委托合同终止有两个特殊的原因：一个是因解除而终止；另一个是因为主体资格丧失而终止。

一、因解除而终止

解除是终止的一种原因。委托合同解除适用《民法典》对解除的一般规定。《民法典》第933条还规定了随时解除权及相关责任的承担："委托人或者受托人可以随时解除委托合同。因解除合同造成对方损失的，除不可归责于该当事人的事由外，无偿委托合同的解除方应当赔偿因解除时间不当造成的直接损失，有偿委托合同的解除方应当赔偿对方的直接损失和合同履行后可以获得的利益。"

1. 随时解除权，也可称为任意解除权，当事人行使这种解除权，不需要陈述理由，也不需要对理由举证。解除权的行使主体是"委托人或者受托人"，这里的关键词是"或者"，因为如果受托人是一个对公众展开营业的企业，它就没有任意解除权，这样的企业有强制缔约义务。

2. 随时解除权设立的理由主要是两个：一是委托合同以特殊的信任为基础，当这种信任不存在或者发生动摇的时候，当事人可以解除合同；二是委托合同基于当事人的特殊需要，当这种需要不存在时，也应当允许随时解除。

3. 因行使解除权造成对方损失的，存在不可归责于该当事人事由的，解除人不承担赔偿责任。

4. 无偿委托合同的解除方应当赔偿因解除时间不当造成的直接损失。无偿委托合同的受托人是无对价完成委托人委托的事务，其自身没有可得利益，因而受托人解除不当只是赔偿受托人"直接损失"的问题。无偿委托合同的受托人有随时解除权且无报偿，故其解除不应承担责任，但解除时间不当属于有过错的情形，就此应当承担赔偿委托人直接损失的责任。

5. 有偿委托合同的当事人行使随时解除权是以损害赔偿为代价的，解除方（委托人或受托人）应当赔偿对方的直接损失和合同履行后可以获得的利益。有偿合同适用完全赔偿原则。

二、因主体资格丧失而终止

（一）关于主体资格丧失的基本规定

“委托人死亡、终止或者受托人死亡、丧失民事行为能力、终止的，委托合同终止；但是，当事人另有约定或者根据委托事务的性质不宜终止的除外”（第 934 条）。主体资格丧失的主要原因有：（1）当事人（自然人）死亡。（2）当事人（这里主要是指自然人）丧失民事行为能力。（3）委托人或者受托人终止。终止是指法人、非法人组织主体资格消灭，如企业办理了注销登记。

（二）委托人丧失主体资格

“因委托人死亡或者被宣告破产、解散，致使委托合同终止将损害委托人利益的，在委托人的继承人、遗产管理人或者清算人承受委托事务之前，受托人应当继续处理委托事务”（第 935 条）。例如，张甲委托李乙代卖 5 000 斤活鱼，在李乙卖到一半的时候，突然传来消息，张甲暴亡，这时，李乙要继续处理委托事务，其义务不因张甲的死亡而消灭。这是根据委托事务的性质不宜终止的情形。

（三）受托人丧失主体资格

“因受托人死亡、丧失民事行为能力或者被宣告破产、解散，致使委托合同终止的，受托人的继承人、遗产管理人、法定代理人或者清算人应当及时通知委托人。因委托合同终止将损害委托人利益的，在委托人作出善后处理之前，受托人的继承人、遗产管理人、法定代理人或者清算人应当采取必要措施”（第 936 条）。比如，张甲受托替李乙收集文物，张甲因意外事故死亡，张甲的继承人没有必要继续替李乙收集文物，而是妥善保管张甲已经收集的文物。妥善保管就是条文所说的“采取必要措施”。

思考题

1. 委托合同的概念和法律特征是什么？
2. 简论委托合同当事人的随时解除权。
3. 导致委托合同终止的原因有哪些？

第二十四章
物业服务合同

第一节　物业服务合同概述

一、物业服务合同的概念、特征和内容

（一）物业服务合同的概念

“物业服务合同是物业服务人在物业服务区域内，为业主提供建筑物及其附属设施的维修养护、环境卫生和相关秩序的管理维护等物业服务，业主支付物业费的合同”（第 937 条第 1 款）。物业服务合同的一方当事人是业主，另一方当事人是物业服务人。

1. 业主是指特定物业服务区域内对“物业”（建筑物及其附属设施）享有权利的人，包括对建筑物内的住宅、经营性用房等专有部分享有所有权，对专有部分以外的共有部分享有共有和共同管理权利的人。业主不限于自然人，也可以是法人、非法人组织。例如，某百货公司作为业主委托物业管理公司就百货大楼提供物业服务。[①]

物业服务围绕“物业”（建筑物及其附属设施）进行。物业服务不局限于传统的住宅小区，还包括商业物业、写字楼物业、公寓物业、学校物业、医院物业、园区物业、公共物业（如广场公园等）等。

2. “物业服务人包括物业服务企业和其他管理人”（第 937 条第 2 款）。物业管理人一般是物业管理公司，也可以是非法人组织、自然人。比如，一栋独立的居民楼没有与其他居民楼组合形成小区，该楼的业主可以聘请一个自然人来管理物业。应注意将物业管理人与雇佣合同的受雇人相区别。

（二）物业服务合同的法律特征

1. 物业服务合同是完成委托事务的独立典型合同。所谓“独立典型合同”，是指《民法典》将其从委托合同中独立出来，单独作为典型合同加以规定。[②] “业主可以自行管理建筑物及其附属设施，也可以委托物业服务企业或者其他管理人管理”（第 284 条第 1 款）。委托物业服务人管理而签订的合同，就是物业服务合同。物业服务人提供服务，就是完成委托事务，该服务具有综合性、管理性、长期性、稳定性的特点。物业服务人的“管理”，既不是行政权力，也不能称为行政权利，而是民法上的一种权限。这种权限源自业主的委托。

---

① 《物业服务纠纷解释》第 4 条规定：“因物业的承租人、借用人或者其他物业使用人实施违反物业服务合同，以及法律、法规或者管理规约的行为引起的物业服务纠纷，人民法院可以参照关于业主的规定处理。”

② 《民法典》只规定行纪合同、中介合同参照适用委托合同的有关规定（见第 960 条、第 966 条），而对排在委托合同之后，行纪合同、中介合同之前的物业服务合同没有作参照适用的规定，但物业服务合同仍可参照适用与委托合同最相类似的规定。

2．物业服务合同是要式合同。“物业服务合同应当采用书面形式”（第 938 条第 3 款）。

3．物业服务合同是双务、有偿合同，一方以提供物业服务为对价，一方以支付物业费为对价。

4．物业服务合同是诺成合同。物业服务人与业主达成合意时物业服务合同成立。前期物业服务合同是建设单位与物业服务人订立的，是诺成合同；该合同在业主接受时（签订房屋买卖合同时）对业主生效，而在业主和物业服务人之间成立的物业服务合同，也是诺成合同。

（三）物业服务合同的内容

“物业服务合同的内容一般包括服务事项、服务质量、服务费用的标准和收取办法、维修资金的使用、服务用房的管理和使用、服务期限、服务交接等条款。物业服务人公开作出的有利于业主的服务承诺，为物业服务合同的组成部分”（第 938 条第 1 款、第 2 款）。例如，物业管理公司在物业服务区域内发布的公告中承诺的服务事项，在原物业服务合同中并没有涉及，但这些服务事项自动进入物业服务合同之中，并不需要业主、业主委员会或者业主代表大会专门表示接受。

二、前期物业服务合同

（一）前期物业合同的含义

业主与物业服务人成立物业服务合同法律关系有三种方式：第一，建设单位依法与物业服务人订立前期物业服务合同；第二，业主委员会作为订立人与业主大会依法选聘的物业服务人订立合同；第三，业主直接选聘物业服务人并与之订立合同。《民法典》第 939 条规定：“建设单位依法与物业服务人订立的前期物业服务合同，以及业主委员会与业主大会依法选聘的物业服务人订立的物业服务合同，对业主具有法律约束力。”

前期物业服务合同是建设单位与物业服务人订立的，旨在为业主与物业服务人建立物业服务法律关系的合同。建设单位虽然是签订主体，但并不是物业服务法律关系的主体，服务的对象只能是业主。

前期物业服务合同不能自动对业主生效。建设单位与物业买受人签订的买卖合同应当包含前期物业服务合同约定的内容。这种合同是涉他合同，在买卖合同上签名或者盖章后，前期物业合同设定的权利义务由买受人承受。张甲买了一套房屋，在房屋买卖合同上签字后，即对出卖人（房地产公司）选定的物业公司享有权利、负担义务。

（二）前期物业合同的终止

“建设单位依法与物业服务人订立的前期物业服务合同约定的服务期限届满前，业主委员会或者业主与新物业服务人订立的物业服务合同生效的，前期物业服务合同终止”（第 940 条）。这是对提前终止的规定，即以物业服务合同取代前期物业服务合同。对建设单位聘请的物业服务企业或者其他管理人，业主有权依法更换。

例：甲房地产公司（建设单位）与乙物业服务公司签订前期物业服务合同，委托乙为 A 小区提供物业服务工作。前期物业服务合同尚未到期，甲就通知乙解除前期物业合同，理由是乙未按前期物业服务合同的约定向甲支付款项。甲另行与丙物业服务公司签订了前期物业服务合同，要求乙退出 A 小区，由丙进驻。甲将 A 小区的房屋持续出售，至与乙发生争议时，已经出售 90%以上。甲是否有权将前期物业服务人乙更换成丙？为什么？

解：尽管前期物业服务合同是由房地产公司甲与物业服务公司乙签订，但乙已经与业主建立了物业服务合同法律关系，解聘、另聘的权利归业主，即更换的权利归业主。[1] 甲无权解聘

[1] 《民法典》第 284 条第 2 款规定：“对建设单位聘请的物业服务企业或者其他管理人，业主有权依法更换。”

乙，无权将乙更换成丙。

第二节　物业服务人和业主的权利和义务

一方的义务，即是另一方的权利。本节首先从义务的角度进行叙述。

一、物业服务人的义务

(一) 亲自完成物业服务主要工作的义务

物业服务合同是带有特殊信任关系的合同，物业服务人应当亲自完成主要工作。“物业服务人将物业服务区域内的部分专项服务事项委托给专业性服务组织或者其他第三人的，应当就该部分专项服务事项向业主负责。物业服务人不得将其应当提供的全部物业服务转委托给第三人，或者将全部物业服务支解后分别转委托给第三人”(第 941 条)。物业服务人将物业服务区域内的全部物业服务业务一并委托他人而签订的委托合同是无效的。对专项工作，物业服务人可以委托给第三人完成。比如，物业公司可以把居民小区植物养护工作交给专业公司来完成。

(二) 维修、养护、安保及报告义务

“物业服务人应当按照约定和物业的使用性质，妥善维修、养护、清洁、绿化和经营管理物业服务区域内的业主共有部分，维护物业服务区域内的基本秩序，采取合理措施保护业主的人身、财产安全。对物业服务区域内违反有关治安、环保、消防等法律法规的行为，物业服务人应当及时采取合理措施制止、向有关行政主管部门报告并协助处理”(第 942 条)。

1. 物业服务人的维修、养护针对业主的共有部分。① 房屋的外墙面、楼顶平台、楼梯、电梯等属于业主共有，有些室内管道等也属于业主共有。

2. 物业服务人对业主的人身、财产有安全保卫义务。对于可能对业主人身、财产造成损害的物业服务区域的安全隐患，应当及时消除。②

3. 对物业服务区域内出现的违法行为，物业服务人应当予以制止；属于行政机关主管的，应当及时报告并协助处理。比如，居民在楼道里存放木柜等易燃品，物业管理人应当及时处理，处理不了的应当及时向主管部门报告。对业主利用建筑物的专有部分损害其他业主的公共利益的，物业服务人也应干涉、制止。

4. 物业服务人对业主承担责任是过错责任，例如，居民小区共用的车库业主停放的汽车被盗，物业服务人因失职（过错）而应承担责任。物业服务人的责任可以是违约责任与侵权责任的竞合。

(三) 公开和报告义务

“物业服务人应当定期将服务的事项、负责人员、质量要求、收费项目、收费标准、履行

---

① 《民法典》第 274 条规定：“建筑区划内的道路，属于业主共有，但是属于城镇公共道路的除外。建筑区划内的绿地，属于业主共有，但是属于城镇公共绿地或者明示属于个人的除外。建筑区划内的其他公共场所、公用设施和物业服务用房，属于业主共有。”第 275 条规定：“建筑区划内，规划用于停放汽车的车位、车库的归属，由当事人通过出售、附赠或者出租等方式约定。占用业主共有的道路或者其他场地用于停放汽车的车位，属于业主共有。”

② 高空抛物是城市之痛。物业服务人负担相应的安保义务。《民法典》第 1254 条规定：“禁止从建筑物中抛掷物品。从建筑物中抛掷物品或者从建筑物上坠落的物品造成他人损害的，由侵权人依法承担侵权责任；经调查难以确定具体侵权人的，除能够证明自己不是侵权人的外，由可能加害的建筑物使用人给予补偿。可能加害的建筑物使用人补偿后，有权向侵权人追偿。物业服务企业等建筑物管理人应当采取必要的安全保障措施防止前款规定情形的发生；未采取必要的安全保障措施的，应当依法承担未履行安全保障义务的侵权责任。发生本条第一款规定的情形的，公安等机关应当依法及时调查，查清责任人。”

情况，以及维修资金使用情况、业主共有部分的经营与收益情况等以合理方式向业主公开并向业主大会、业主委员会报告”（第943条）。物业服务企业或者其他管理人应当及时答复业主对物业服务情况提出的询问（见第285条第1款）。

例：某居民小区共有18部电梯，物业公司利用电梯做广告，收入多少不详。业主去问，物业公司说已经报告给业主委员会了。物业公司的做法正确吗?

解：电梯是业主共有的财产，在电梯上做广告的收入在扣除合理成本之后，属于业主共有。① 只报告给业主委员会是不够的，应当采用合理方式向业主们公开收入的数额及分配的原则或者处分情况。

二、业主的义务

（一）支付物业费的义务

物业费是业主承担的对价，是业主的主要义务。“业主应当按照约定向物业服务人支付物业费。物业服务人已经按照约定和有关规定提供服务的，业主不得以未接受或者无需接受相关物业服务为由拒绝支付物业费。业主违反约定逾期不支付物业费的，物业服务人可以催告其在合理期限内支付；合理期限届满仍不支付的，物业服务人可以提起诉讼或者申请仲裁。物业服务人不得采取停止供电、供水、供热、供燃气等方式催交物业费”（第944条）。

1. 依据诚实信用原则，物业服务人的服务工作只有轻微瑕疵时，业主不能成立履行抗辩权（拒绝交付物业费）。只有服务工作出现重大瑕疵时，业主才可成立、行使履行抗辩权。

2. 物业服务人提供的物业服务，具有特定范围的“公共性”，当特定的业主没有接受相应的、具体的服务，是其作为债权人没有受领服务，不构成物业服务人的违约。比如，业主张甲到国外进修一年，不能以未接受服务为由拒绝交付一年的物业费。

3. 业主违反约定逾期不支付物业费的，物业服务人没有停电、停水、停热、停气、锁门、断路等权利。物业服务人可以提起诉讼或者申请仲裁，但要履行一个前置程序：催告业主在合理期限内支付，逾期仍不支付的，才可以提起诉讼或者申请仲裁。

4.《物业服务纠纷解释》第2条规定：“物业服务人违反物业服务合同约定或者法律、法规、部门规章规定，擅自扩大收费范围、提高收费标准或者重复收费，业主以违规收费为由提出抗辩的，人民法院应予支持。业主请求物业服务人退还其已经收取的违规费用的，人民法院应予支持。”第3条规定：“物业服务合同的权利义务终止后，业主请求物业服务人退还已经预收，但尚未提供物业服务期间的物业费的，人民法院应予支持。”

（二）重大事项的告知义务

1. 装修涉及业主的共同利益对他人也可能造成生活的影响，也直接涉及物业服务人的管理工作，因而业主有预先告知义务和配合义务。“业主装饰装修房屋的，应当事先告知物业服务人，遵守物业服务人提示的合理注意事项，并配合其进行必要的现场检查”（第945条第1款）。

2. “业主转让、出租物业专有部分、设立居住权或者依法改变共有部分用途的，应当及时将相关情况告知物业服务人”（第945条第2款）。以上所述事项，涉及物业服务合同主体的变化、接受服务人的变化以及业主的公共利益，因而应当及时履行告知物业服务人的义务。

---

① 《民法典》第281条第1款规定：“建筑物及其附属设施的维修资金，属于业主共有。经业主共同决定，可以用于电梯、屋顶、外墙、无障碍设施等共有部分的维修、更新和改造。建筑物及其附属设施的维修资金的筹集、使用情况应当定期公布。”第282条规定：“建设单位、物业服务企业或者其他管理人等利用业主的共有部分产生的收入，在扣除合理成本之后，属于业主共有。”

（三）守法遵约，配合应急管理的义务

“业主应当遵守法律、法规以及管理规约，相关行为应当符合节约资源、保护生态环境的要求。对于物业服务企业或者其他管理人执行政府依法实施的应急处置措施和其他管理措施，业主应当依法予以配合”（第286条第1款）。比如，配合垃圾分类的要求；再如在防疫期间，业主应当配合物业服务人采取的查验体温、消毒等相关措施的工作。

三、业主对物业服务人的解聘、续聘及合同定期向不定期的转化

1. 解聘的共同法律行为和解除的单方法律行为

“业主依照法定程序共同决定解聘物业服务人的，可以解除物业服务合同。决定解聘的，应当提前六十日书面通知物业服务人，但是合同对通知期限另有约定的除外”（第946条第1款）。

（1）业主大会的解聘与续聘的决议是共同法律行为，对全体业主有约束力。业主委员会没有解聘与续聘的权利。业主委员会对外具有代表权，业主大会作出解聘的决议后，由业主委员会通知物业服务人解除物业服务合同。这种解除是单方法律行为。

（2）对于定期物业服务合同（规定了期限的物业服务合同），业主一方有单方解除权，可以在到期前解除；物业服务人一方没有单方解除权。这是因为物业服务合同是具有特殊信任关系的合同，对业主需要提供特殊保护。

（3）业主的单方解除权性质上是任意解除权，行使这项权利无须提出理由，也无须对理由举证。

（4）业主的单方解除并不免除责任。解除合同造成物业服务人损失的，除不可归责于业主的事由外，业主应当赔偿损失。

2. 续聘与续订

“物业服务期限届满前，业主依法共同决定续聘的，应当与原物业服务人在合同期限届满前续订物业服务合同”（第947条第1款）。提前续订才能实现前后两个合同的“无缝对接”。

“续聘”是业主们的共同法律行为；“续订”是订立新的物业服务合同的双方法律行为。续订的物业服务合同对全体业主发生效力，业主不得以自己不同意续聘、续订为由拒绝履行合同义务。

对续聘，物业服务人可以接受，也可以拒绝。“物业服务期限届满前，物业服务人不同意续聘的，应当在合同期限届满前九十日书面通知业主或者业主委员会，但是合同对通知期限另有约定的除外”（第947条第2款）。

3. 定期物业服务合同向不定期的转化及双方随时解除权

“物业服务期限届满后，业主没有依法作出续聘或者另聘物业服务人的决定，物业服务人继续提供物业服务的，原物业服务合同继续有效，但是服务期限为不定期”（第948条第1款）。就是说，定期物业服务合同届满后，双方以提供服务和受领服务的行为成立了不定期物业服务合同，原物业服务合同除期限条款外，其他条款继续有效。

“当事人可以随时解除不定期物业服务合同，但是应当提前六十日书面通知对方”（第948条第2款）。定期物业服务合同业主一方才有单方任意解除权，而不定期物业服务合同的双方都有任意解除权（随时解除权）。即使有权随时解除，一方也至少要给对方60日的准备时间。

四、物业服务合同终止后的义务

合同后义务也称为后合同义务，是合同终止后当事人应承担的法定义务。合同到期、解除

等是终止的原因。

（一）退出义务、配合义务

“物业服务合同终止的，原物业服务人应当在约定期限或者合理期限内退出物业服务区域，将物业服务用房、相关设施、物业服务所必需的相关资料等交还给业主委员会、决定自行管理的业主或者其指定的人，配合新物业服务人做好交接工作，并如实告知物业的使用和管理状况”（第 949 条第 1 款）。上述退出物业服务区域，交还用房、资料等义务，实质是返还占有的义务。占有依据的权利称为本权，业主是享有本权的人。原物业服务人到期拒不返还占有的，业主可以提起民事诉讼，请求法院强制执行。

除了退出义务，物业服务人还有配合义务（包括告知义务）。原物业服务人违反前述义务的，不得请求业主支付物业服务合同终止后的物业费；造成业主损失的，应当赔偿损失。

（二）被接管之前的继续服务义务

“物业服务合同终止后，在业主或者业主大会选聘的新物业服务人或者决定自行管理的业主接管之前，原物业服务人应当继续处理物业服务事项，并可以请求业主支付该期间的物业费”（第 950 条）。被接管之前的继续服务义务，虽是法定义务却仍存在对价（物业费）。

思考题

1. 简述前期物业服务合同的订立和效力。
2. 物业服务人的主要义务是什么？
3. 简述物业服务合同的随时解除权。
4. 物业服务合同终止，物业服务人还有什么义务？

第二十五章
行纪合同

第一节　行纪合同概述

一、行纪合同的概念

“行纪合同是行纪人以自己的名义为委托人从事贸易活动，委托人支付报酬的合同”（第951条）。行纪合同的一方是委托人，接受委托的另一方是行纪人。行纪人接受委托，以自己的名义与第三人签订买卖合同等贸易合同。行纪合同的本质，是一种特殊的委托合同。因此，行纪合同可以参照适用委托合同的规定（见第960条）。

二、行纪行为的种类

我国目前比较常见的行纪行为有以下几种：（1）代销、代购或者寄售合同行为，特别是代销比较常见。（2）证券经纪行为。（3）期货经纪行为。（4）委托拍卖行为。委托拍卖是拍卖公司（行纪人）与货主、物主（委托人）之间成立行纪合同，拍卖公司与竞买成功的人是买卖合同关系。

例：甲公司与乙公司约定，由乙公司在某地独家经销甲公司的产品。后乙公司积压了一部分商品，要求退回甲公司。甲公司是否有权拒绝？

解：甲、乙之间是经销合同（买卖合同），代销合同才是行纪合同。因不是行纪合同，乙公司不能退回商品。

三、行纪合同的法律特征

（一）行纪人要有特定的营业资格

行纪人是营业人，例如拍卖公司、证券公司等。自然人不能充当行纪人。自然人以自己的名义与第三人成立合同，为委托人办理买卖等贸易事务，应认定为委托合同。

（二）行纪人以自己的名义与第三人订立合同

行纪人是以自己的名义与第三人订立合同的，即其以自己的名义与第三人发生法律关系。“行纪人与第三人订立合同的，行纪人对该合同直接享有权利、承担义务。第三人不履行义务致使委托人受到损害的，行纪人应当承担赔偿责任，但是行纪人与委托人另有约定的除外”（第958条）。

1. 行纪人与第三人订立买卖等合同，为实行行为，见下页图。

$$\text{甲（委托人）}\xrightarrow[\text{行纪合同}]{}\text{乙（行纪人）}\xrightarrow[\text{买卖等合同}]{\text{实行行为}}\text{丙（第三人）}$$

2. 依据《民法典》第958条，行纪合同不能适用《民法典》第925、926条对间接代理的规定。[①] 例如，委托人甲是生产商，行纪人乙是甲的产品在某省的总经销商，乙与第三人丙签订了买卖合同且有违约行为，丙不能依据第925条追究甲的违约责任。

（三）行纪人完成的事务是法律事务

所谓行纪人完成的法律事务，是指以行纪人自己的名义与第三人签订买卖等交易合同。也就是说，行纪人的实行行为是法律行为。

（四）行纪合同是诺成合同，是双务、有偿合同

行纪合同于委托人与行纪人达成合意时成立，是诺成合同。行纪合同以报酬与完成委托事务互为对价，是双务、有偿合同。

第二节 行纪合同当事人的权利和义务

一、行纪人的权利和义务

（一）行纪人的主要权利

1. 报酬请求权

行纪合同是有偿合同，行纪人从事行纪经营活动就是为了获取报酬。行纪人完成了行纪工作，自然有权获得报酬。当然，报酬也可以约定先付。

2. 介入权

"行纪人卖出或者买入具有市场定价的商品，除委托人有相反的意思表示外，行纪人自己可以作为买受人或者出卖人"（第956条第1款）。这是关于行纪人介入权的规定。介入权的条件有两个：第一，买卖的商品必须是具有市场定价的商品，也就是说买卖的商品在市场上有公示的市场价格。第二，委托人没有相反的意思表示，即委托人在与行纪人订立合同时，或者在行纪人行使介入权前，没有禁止行纪人作为出卖人或者买受人的意思表示。

行纪人在符合法定条件介入的情况下仍然可以请求委托人支付报酬（见第956条第2款），因为行纪人的介入仍然属于履行行纪合同的一种方式。

行纪人行使介入权时的法律关系见下图。

委托人————————————行纪人
行纪合同
买卖合同

例： 委托人甲公司要求乙公司（行纪人）以50万元的价格购买一匹赛马。乙公司以60万元的价格从丙公司处购买了一匹。(1) 乙、丙之间的买卖合同是否有效，是否对甲公司直接发生效力，甲公司应当以多少价款受领标的物？(2) 乙公司有无介入权？在行使介入权时，报酬是否应支付？

解： (1) 乙、丙之间的买卖合同并无违法事由，有效。基于债的相对性，乙、丙之间的买卖行为对甲并不直接发生效力。甲公司应当以50万元受领标的物。(2) 乙公司并无介入权，

① 在传统民法理论中，行纪被称为间接代理，我国《民法典》在委托合同一章中专门规定了不同于行纪的间接代理，因此不宜再称行纪为间接代理。

因为该马是特定物，并无市场定价。

3. 提存权

“行纪人按照约定买入委托物，委托人应当及时受领。经行纪人催告，委托人无正当理由拒绝受领的，行纪人依法可以提存委托物。委托物不能卖出或者委托人撤回出卖，经行纪人催告，委托人不取回或者不处分该物的，行纪人依法可以提存委托物”（第957条）。行使提存权之前，应当催告，这是必经程序。

4. 留置权

“行纪人完成或者部分完成委托事务的，委托人应当向其支付相应的报酬。委托人逾期不支付报酬的，行纪人对委托物享有留置权，但是当事人另有约定的除外”（第959条）。可以留置的委托物，是委托人享有所有权并交付给行纪人占有的动产。行纪人行使留置权，还要依据本法物权编的有关具体规定。

（二）行纪人的主要义务

1. 依指示完成受托法律事务

依指示完成受托法律事务，是行纪人的基本义务。这个义务中包含着忠实价格指示的具体义务。

行纪人低于委托人指定的价格卖出或者高于委托人指定的价格买入的，应当经委托人同意；未经委托人同意，行纪人补偿其差额的，该买卖对委托人发生效力。行纪人高于委托人指定的价格卖出或者低于委托人指定的价格买入的，可以按照约定增加报酬；没有约定或者约定不明确，依据本法第510条补缺的规定仍不能确定的，该利益属于委托人。委托人对价格有特别指示的，行纪人不得违背该指示卖出或者买入（见第955条）。

如果委托人让行纪人以500万元的价格买入，行纪人却以600万元的价格买入，但是行纪人自己拿出100万元补偿差额，那么这个买卖对委托人是发生效力的。如果委托人让行纪人以500万元的价格卖出，行纪人却只卖了400万元，少卖了100万元，行纪人填补差额，那么这个买卖也对委托人发生效力。如果委托人让行纪人以500万元的价格卖出，行纪人卖了600万元。这时，行纪人可以要求委托人增加报酬，但是，多卖的100万元的利益应该归委托人。

2. 负担行纪费用的义务

因为行纪合同是一个经营合同、商事合同，所以费用（经营的一种成本）由行纪人承担。“行纪人处理委托事务支出的费用，由行纪人负担，但是当事人另有约定的除外”（第952条）。这与委托合同有所不同，委托合同的费用原则上是由委托人承担的。

3. 妥善保管委托物的义务

“行纪人占有委托物的，应当妥善保管委托物”（第953条）。谁占有谁保管，这是由自然规律决定的一个基本法律规则。

4. 合理处分委托物的义务

“委托物交付给行纪人时有瑕疵或者容易腐烂、变质的，经委托人同意，行纪人可以处分该物；不能与委托人及时取得联系的，行纪人可以合理处分”（第954条）。这是授权行纪人合理处分他人财产的规定。该义务人表面看是一个权利，从立法宗旨看，其实是诚信义务、减损义务的体现。

二、委托人的权利和义务

（一）受领的权利和及时受理的义务

行纪人按照约定买入标的物，委托人应当及时受领。受领是债权人的权利，及时受领是义务。

（二）支付报酬的义务

行纪合同与其他有偿合同一样，是一个交易关系，报酬是委托一方承担的对价。

（三）取回标的物的义务

在行纪人没能售出标的物时，委托人要取回标的物，这既是委托人的权利，也是委托人的义务。

思考题

1. 行纪合同的含义和特征是什么？
2. 行纪人与第三人的交易，是否对委托人直接发生效力？
3. 什么是行纪人的介入权？
4. 浅析行纪合同与委托合同的关系。

第二十六章
中介合同

第一节　中介合同概述

一、中介合同的概念

“中介合同是中介人向委托人报告订立合同的机会或者提供订立合同的媒介服务，委托人支付报酬的合同”（第 961 条）。中介合同也称为居间合同，一方为委托人，另一方为中介人。中介人也称为居间人、中介人、中间人。中介与经纪不同，经纪包括行纪、中介，也可以包括委托代理，中介人是经纪人的一种。

1. 中介分为报告中介（报告居间）和媒介中介（媒介居间）

所谓报告中介，是指中介人为委托人寻找、寻觅并指示可以与委托人建立合同关系的人，中介人是直接面向委托人的，并不在委托人与第三人之间牵线搭桥。中介人是以提供信息的方式促成委托人与第三人成立合同的，或者单纯通过向委托人提供信息来获取报酬的。对委托人是否与第三人成立合同，报告中介人并不负担义务。

所谓媒介中介，是指居间人在委托人和第三人之间斡旋、介绍和撮合，不仅报告订立合同的机会，还周旋于委托人和第三人之间，促使双方订立合同。所以媒介中介实为双方之中介人，否则他无法按照中介合同的规定从双方取得报酬。媒介中介的中介人，不但直接面向委托人，还直接面向第三人，是“一手托两家”的。例如，房屋中介机构在欲租房者（委托人）与欲出租者（第三人）之间撮合，促使二者订立租赁合同，这就属于媒介中介。

2. 中介人

中介人可以是法人、非法人组织，也可以是自然人，而且中介人无须以中介为业。

中介不同于代理。中介人或为报告中介，或为媒介中介，均以自己的名义进行，并非代理人。中介人可以兼任代理人，但是，中介合同并非代理的基础法律关系（对于委托代理，委托代理合同是代理的基础法律关系）。中介人还可以兼任保证人。复杂的法律关系，是现实生活在法律上的折射。

二、中介合同的法律特征

（一）中介合同是诺成合同，不要式合同，双务、有偿合同

1. 报告中介、媒介中介都是诺成合同。例如，中介人甲受自然人乙所托，提供媒介中介，促使乙与自然人丙订立了借款合同（实践合同），甲和乙的中介合同是诺成合同，在双方达成合意时成立，不能认为促成乙与丙订立合同后中介合同才成立。

2. 中介合同没有书面等形式要求，是不要式合同。

3. 中介合同以报酬和完成委托的中介事务为对价，是双务、有偿合同。穿针引线、介绍事项的无偿行为，不为中介合同，若构成合同关系的，为委托合同。

（二）中介合同是完成委托中介事务的合同

中介合同提供中介服务的合同，是独立的典型合同，在性质上是一种特殊的委托合同。因此，“本章没有规定的，参照适用委托合同的有关规定”（第 966 条）。

第二节　中介合同当事人的权利和义务

中介人的义务，即是委托人的权利；同理，委托人的义务，即是中介人的权利。义务或者权利，是“一体两面”。

一、中介人的义务

（一）提供约定的服务

报告中介人应当按照约定，报告订立合同的机会。这种机会就是一种信息。

媒介中介人应周旋于委托人与第三人之间提供中介服务（媒介服务），促使委托人与特定的第三人订立合同。

（二）忠实义务

忠实义务是诚实信用原则的要求和体现，受人之托，要忠人之事。“中介人应当就有关订立合同的事项向委托人如实报告。中介人故意隐瞒与订立合同有关的重要事实或者提供虚假情况，损害委托人利益的，不得请求支付报酬并应当承担赔偿责任”（第 962 条）。这里强调是中介人的“故意过错”。恶意串通是故意过错的一种，如果中介人和第三人恶意串通损害委托人的利益就应当对委托人承担连带责任。

（三）保密义务

中介人在中介活动中可能会接触到当事人的商业秘密、个人的隐私等，其应当负担保密义务，不得泄露。

二、委托人的义务

（一）委托人与第三人成立合同时支付报酬的义务

1. 中介人促成合同成立的，委托人应当按照约定支付报酬，即委托人与第三人之间的合同因中介人的报告或媒介而成立者，得按约定请求报酬。中介人与委托人若有约定或者按交易习惯，中介人只提供信息，不论委托人与第三人是否成立合同，照样可以获得报酬。实践中一些房屋中介机构向消费者（委托人）提供租房的信息以换取报酬，至于消费者能否与第三人建立租赁关系，中介机构在所不问。

2. 报告中介人促成合同成立的，对其报酬没有约定或者约定不明确的，依据《民法典》第 510 条补缺的规定仍不能确定的，根据中介人的劳务合理确定。

3. 在媒介中介中，中介人（受托人）实际为委托人和第三人双方的中介人，中介成功而又没有约定报酬的，应当由双方平均负担中介人的报酬。根据合同自由的原则，当事人自可对报酬作出约定。

4. 中介人促成合同成立的，有权取得报酬，同时要承担中介活动的费用，但报酬与费用不能并存。这种费用，是中介活动所要付出的成本，其本质是营业成本。

（二）委托人与第三人未成立合同时支付必要费用的义务

“中介人未促成合同成立的，不得请求支付报酬；但是，可以按照约定请求委托人支付从事中介活动支出的必要费用”（第964条）。费用包括交通费、通信费、误餐费、办公费等。

例：甲公司急于成为乙公司在A地的独家销售代理商，中介机构丙公司表示以甲公司代理人的身份与乙公司协商，甲、丙约定，甲、乙签订独家销售代理协议后，给付丙100万元的报酬。后由于斡旋没有成功，甲对丙拒绝支付任何费用。丙可以主张何种权利？

解：丙是媒介中介人兼代理人，因此可以适用中介合同的规定。丙虽然不能主张报酬，但可以主张费用。

含成立合同目的的报告中介和媒介中介，能否促成合同的成立，还取决于第三人的意志。因此，即便未成功，也有权获得必要费用。报酬和费用的关系是利润和成本的关系，费用包含在报酬之内。

（三）“跳单”不免除支付原定报酬的义务

委托人为“省钱”绕开媒介中介人与中介人指示的特定第三人签订合同，称为“跳单”。“委托人在接受中介人的服务后，利用中介人提供的交易机会或者媒介服务，绕开中介人直接订立合同的，应当向中介人支付报酬”（第965条）。“跳单”不符合诚实信用原则的要求，“跳单”人仍应向中介人支付原定的报酬。[①]

思考题

1. 中介合同的概念和法律特征是什么？
2. 报告中介与媒介中介的区别是什么？
3. 如何认定中介合同委托人的“跳单”？

① 最高人民法院指导案例1号（上海中原物业顾问有限公司诉陶德华居间合同纠纷案）的裁判要点是：“房屋买卖居间合同中关于禁止买方利用中介公司提供的房源信息却绕开该中介公司与卖方签订房屋买卖合同的约定合法有效。但是，当卖方将同一房屋通过多个中介公司挂牌出售时，买方通过其他公众可以获知的正当途径获得相同房源信息的，买方有权选择报价低、服务好的中介公司促成房屋买卖合同成立，其行为并没有利用先前与之签约中介公司的房源信息，故不构成违约。”即本案买受人没有构成“跳单”。

第二十七章 合伙合同

第一节 合伙合同概述

一、合伙合同的概念

“合伙合同是两个以上合伙人为了共同的事业目的，订立的共享利益、共担风险的协议”（第 967 条）。合伙合同也称为合伙协议、合伙契约。实务中，很多人把合伙合同写成合作协议，应注意甄别。合同名称与合同内容不符的，应根据合同内容（约定的权利义务），确定合同的性质。

合伙合同的当事人即合伙人。合伙人为二人以上（含二人），可以是自然人，也可以是法人、非法人组织。个人合伙合同只是合伙合同的一种。

法人对其债务，承担的是无限责任，作为合伙人没有法律上的障碍。比如有限责任公司和股份有限公司，公司对其债务承担连带责任，股东对其出资承担“量”上的有限责任。[①] A公司与B公司共同出资，租了一个码头进行经营，A与B有法人资格，不影响它们之间成立合伙合同。[②]

对合伙人的人数没有规定上限，但合伙就相互信任结合而成，一般人数不会太多。

二、合伙合同的特征

（一）当事人订立合伙合同，成立了债权债务关系

成立合伙合同的结果是在合伙人之间形成债权债务关系，也就是说，合伙合同是债权合同。

（二）当事人订立合伙合同，是为了共同的事业目的

共同的事业目的，即合伙的目的，可以是实现经济利益的经营活动，也可以是其他活动；可以是私益合伙，也可以是公益合伙。例如，张甲与李乙约定，一人出钱，一人出力，租一个池塘养鱼，获利平分，二人是合伙关系。再如，王丙与赵丁为救助小动物共同筹资，虽然不是经营活动，仍构成合伙关系。

---

① 《公司法》第 3 条规定：“公司是企业法人，有独立的法人财产，享有法人财产权。公司以其全部财产对公司的债务承担责任。有限责任公司的股东以其认缴的出资额为限对公司承担责任；股份有限公司的股东以其认购的股份为限对公司承担责任。”

② 《公司法》第 15 条规定：“公司可以向其他企业投资；但是，除法律另有规定外，不得成为对所投资企业的债务承担连带责任的出资人。”《合伙企业法》第 3 条规定：“国有独资公司、国有企业、上市公司以及公益性的事业单位、社会团体不得成为普通合伙人。”上述是对转投资的规定，但绝大多数合伙行为，并非转投资，除了法律禁止的行为，公司可以成为合伙人。

合伙从事的事业种类，经全体合伙人一致同意，才可变更，合伙合同另有规定的除外。

（三）合伙人共享利益、共担风险

共享利益，是全体合伙人都享有合伙的利益。如果合同约定，当事人中，只一人或者数人享有合伙利益，其余人不获合伙利益，则其余人不为合伙人。不获合伙利益的人可能是赠与人、贷款人、出租人、担保人等，这些主体不参与合伙的决策。

例：张甲与李乙合伙买了一辆卡车跑运输，因资金有缺口就邀请好朋友王丙出资参加合伙，王丙“出资”10万元，但明确表示，不管盈利多少，自己一分钱不要。该10万元也不用退给自己。后汽车销售商要求张甲、李乙、王丙就汽车尾款的偿还承担连带责任。

解：王丙不享有合伙权益，10万元名为出资，实为赠与。王丙是赠与人，不是合伙人，不应承担责任。

共担风险，指的是合伙人都要承担合伙带来的财产损失的风险。成立合伙，追求合伙事业，可能亏损、对外负担债务等。对合伙的亏损，各合伙人对内要按照约定分担，对外要承担无限连带责任。合伙合同约定合伙人一人或者数人对外免责的，对外不发生效力；除非法律另有规定，合伙合同约定合伙人一人或者数人对外承担有限责任的，对外不发生效力。

（四）合伙合同具有高度人合性

人合性是指当事人是因“人身”信任关系而结合在一起。比如，自然人合伙，经常是亲属、朋友之间的合伙。其他当事人的合伙，也相互注意信誉、信用、名誉等。“诚信”，是合伙的道义基础。

（五）合伙合同是不要式合同，另有规定的除外

一般合伙合同是不要式合同，可以采取口头形式，也可以采取书面形式。有专门规定的，从其规定。比如，成立合伙企业，应当签订书面合伙合同。

（六）合伙合同是诺成合同

各合伙人就成立合伙的意思取得一致，合伙合同即成立并生效，对各合伙人发生法律拘束力。

三、合伙的分类

因各类合伙是通过合伙合同成立的，故合伙的分类可以认为是合伙合同的分类，但两者表述的角度有所不同。

（一）营利性合伙与非营利性合伙

成立合伙合同是为了共同的事业目的，该事业目的可以是营利目的，也可以是非营利目的。即按成立合伙的目的，可以分为营利性合伙与非营利性合伙。非营利性合伙，如为了公益的目的的合伙，为了兴趣爱好的合伙。此种分类的意义，在于强调非营利的目的，照样可成立合伙，合伙人照样对合伙的债务承担无限连带责任。

（二）临时合伙与长期合伙

按约定存续的时间，合伙可以分为临时合伙与长期合伙。

临时合伙是合伙人为了完成某一特别事务或某一具体事务而成立的短期合伙。比如，张甲与李乙合伙购买彩票，约定中奖后按比例分配。再如，王丙与李丁每到麦收时就合伙帮老乡运输麦子，赚运费，季节一过就散伙。

长期合伙是合伙人为了完成长期目标（非某一特别事务或某一具体事务）而成立的，需要持续较长时间的合伙。临时合伙具有随机性，长期合伙内部组织、事务执行、分工合作等较为规范。这种分类的意义，在于帮助我们认定临时合伙的成立，有的合伙时间虽可能非常短暂，但不能因此否认合伙的存在而使合伙债权人的利益受损。比如，张甲和李乙在市场上看到小龙虾很便宜，临时起意合伙向王丙购买，则就货款（合伙债务）向王丙承担连带责任。

四、合伙事务的执行

（一）合伙事务的决定

各合伙人对合伙事务享有同等的权利，需要合伙人形成共同的意思表示。“合伙人就合伙事务作出决定的，除合伙合同另有约定外，应当经全体合伙人一致同意”（第970条第1款）。

（二）合伙事务执行的含义

合伙事务的执行是管理合伙事务的行为。执行合伙事务与合伙的代表权不是同一概念。合伙事务的执行分为对内执行（对内关系）和对外执行（对外关系）两种，两种执行有不同的效力。对内执行合伙事务，全体合伙人对管理结果均应予以承认、接受。对外执行合伙事务，应有使全体合伙人享有权利、负担义务的效力，这种执行人是合伙的代表人，不是代理人。

法人的代表人只有一个，合伙的代表人的人数没有限制。在合伙合同对合伙人的代表权没有限制，法律也没有特别规定限制的情况下，各合伙人均有代表合伙的权利。合伙合同对合伙人代表的权利有限制的，不能对抗善意第三人。

（三）合伙事务的共同执行和委托执行

“合伙事务由全体合伙人共同执行。按照合伙合同的约定或者全体合伙人的决定，可以委托一个或者数个合伙人执行合伙事务；其他合伙人不再执行合伙事务，但是有权监督执行情况”（第970条第2款）。如果委托一个合伙人执行，该合伙人就是合伙的负责人、代表人。委托数个合伙人执行，要看合伙人的对内对外的权限，可能都是代表人。受委托执行合伙事务但对外活动有限制的，不能对抗善意第三人。

合伙人“各管一摊”，就是分别执行。分别执行属于委托执行。“合伙人分别执行合伙事务的，执行事务合伙人可以对其他合伙人执行的事务提出异议；提出异议后，其他合伙人应当暂停该项事务的执行”（第970条第3款）。这是对内而言，合伙人应当暂停事务的执行而不暂停的，对外不能对抗善意第三人。

（四）执行人的报酬

“合伙人不得因执行合伙事务而请求支付报酬，但是合伙合同另有约定的除外”（第971条）。由于合伙的人合性，执行合伙事务原则上没有报酬，若确定支付报酬，因涉及全体合伙人的利益，必须在合伙合同中作出特别约定。

例：张甲与李乙签订《合作合同》约定双方出资成立跆拳道训练馆，盈利后按五五分成。还约定：张甲出资30万元，李乙以跆拳道技艺和管理经验出资，跆拳道训练馆成立后聘任李乙担任馆长，每月发工资8 000元。跆拳道训练馆成立一年后，张甲以该训练馆的名义给李乙出具了《解除聘任关系的函》，并停止给李乙发工资。李乙提起劳动争议仲裁，请求跆拳道训练馆因违法解除劳动合同支付赔偿金10万元。

解：张甲与李乙是合伙关系，不是劳动关系，不能按劳动关系处理，李乙不能请求张甲支付解除“劳动合同”的违约金。本案的“工资”，不是劳动法意义上的劳动者的工资，而是特约的给合伙人执行合伙事务的报酬。李乙可以提起民事诉讼，主张合伙人的权益。

第二节　合伙人的权利和义务

一、合伙人的出资义务及合伙财产

（一）合伙人的出资义务和出资方式

1. 合伙人的出资义务

成立合伙关系，须设定合伙各方的出资义务。出资，是形成合伙财产的基础。出资的财产，转化为合伙企业实物财产的共有或者非实物财产的准共有。

“合伙人应当按照约定的出资方式、数额和缴付期限，履行出资义务”（第968条）。出资的数额由当事人约定，没有明确约定的，可以推定当事人均等出资。实际出资的期限，可以在合伙成立时，也可以在约定的其他时间。没有约定具体出资期限的，可以按照事业的进程确定出资期限。

2. 合伙人的出资方式

(1) 合伙的出资方式灵活多样

合伙的对外债务，最终是由各合伙人承担无限连带责任的，因此，合伙的出资方式如何，不会影响到债权人的利益。合伙的出资灵活多样，不像《公司法》那样有严格限制。①

合伙人的出资，可以是货币，也可以是非货币财产（货币以外的实物、知识产权中的财产权、债权等）。还可以是劳务（技术性劳务和其他劳务）。

自己的姓名、名称、肖像等的使用权益可以对合伙出资。② 个人的信用也可以用以出资，有的人的名字就代表着信用、信誉。

(2) 移转出资和用益出资

财产出资，可以是移转出资，也可以用益出资。合伙人将自己的财产移转给合伙所有（合伙人共有），称为移转出资。例如，甲、乙、丙三人搞水果加工合伙，甲将当年自己生产的2万斤橘子作为出资交给合伙，作为合伙的共有财产。合伙人将自己的财产权益移转给合伙，称为用益出资。例如，甲、乙合伙搞餐饮，甲出劳务，乙将自己的一间临街的房屋的使用权作为用益出资。合伙人也可以用租赁来的房屋作为对合伙的用益出资，但要经出租人同意。

非消耗物（非消费物）可作用益出资；消耗物（消费物）不宜作用益出资。

（二）合伙财产

1. 合伙财产的构成

“合伙人的出资、因合伙事务依法取得的收益和其他财产，属于合伙财产”（第969条第1款）。合伙财产，实物属于合伙人共有，非实物的财产，为准共有。合伙财产的构成，一是来源于合伙人的出资；二是经营合伙“赚”的钱，三是经营合伙使合伙财产升值或者接受赠与等。

2. 合伙财产的分割

合伙财产是共同经营事业的物质基础，也是对外清偿债务的责任财产之一部分。“合伙合同终止前，合伙人不得请求分割合伙财产”（第969条第2款）。合伙财产的分割不是分红（利润分配），不是支付报酬或劳务费。合伙合同终止，自然可以分割、分配财产。

二、合伙的利润分配和亏损分担

“合伙的利润分配和亏损分担，按照合伙合同的约定办理；合伙合同没有约定或者约定不明确的，由合伙人协商决定；协商不成的，由合伙人按照实缴出资比例分配、分担；无法确定出资比例的，由合伙人平均分配、分担”（第972条）。据此，利润分配和亏损分担的确定，分

---

① 《公司法》第27条规定：“股东可以用货币出资，也可以用实物、知识产权、土地使用权等可以用货币估价并可以依法转让的非货币财产作价出资；但是，法律、行政法规规定不得作为出资的财产除外。对作为出资的非货币财产应当评估作价，核实财产，不得高估或者低估作价。法律、行政法规对评估作价有规定的，从其规定。”

② 《民法典》第993条规定：“民事主体可以将自己的姓名、名称、肖像等许可他人使用，但是依照法律规定或者根据其性质不得许可的除外。”

为以下四个递进的层次：首先，有约定，约定优先。其次，没有约定或者约定不明确的，由合伙人协商决定。再次，协商不成的，由合伙人按照实缴出资比例分配、分担。应注意的是，不是按“约定”的出资比例而是按“实缴”出资的比例。“实缴”的出资并不限于资金和实物，劳务出资等按照约定也应当计入出资。最后，无法确定出资比例的，由合伙人平均分配、分担。

例：甲、乙、丙、丁四人合伙开了一个扬州修脚店，合伙合同约定甲、乙、丙各出资 20 万元，合伙事务执行人丁出资 40 万元，还约定各合伙人按出资比例分配利润、分担亏损。因丁一直不分配利润，甲、乙、丙起诉丁要求按实际出资分配第一年的利润。甲、乙、丙已经出资到位，丁声称出资了 40 万元，但其提供的证据表明其只出资 30 万元。请问：应按实缴出资比例分配利润，还是按合伙合同约定的比例分配利润？

解：约定优先，本案应按合伙合同约定的比例分配利润、承担亏损。丁只能证明出资 30 万元，应补足出资，再缴 10 万元。

三、合伙人对合伙债务的责任和追偿权

“合伙人对合伙债务承担连带责任。清偿合伙债务超过自己应当承担份额的合伙人，有权向其他合伙人追偿”（第 973 条）。

（一）合伙人对合伙债务承担无限连带责任

1. 所谓合伙人的无限责任，是指合伙财产（合伙人共有的财产）与合伙人的其他财产，都是清偿合伙债务的责任财产。① 债权人可以请求以合伙财产作为责任财产清偿，也可以某个合伙人、部分合伙人或者全体合伙人的财产作为责任财产清偿。

2. 所谓连带责任，是每一个合伙人都对合伙的全部债务承担责任。债权人可以向全体合伙人主张债权，也可以向一个或者几个合伙人主张债权。可以以全体合伙人为被告提起民事诉讼，也可以向一个或者几个合伙人为被告提起民事诉讼。

例：甲、乙、丙三人各出资 2 万元，在某大学校内开了一个小卖部，没有到市场监督管理部门办理工商登记。三人的合同约定，甲负责进货，乙、丙负责盯摊销售，利润按比例分成。乙负责盯摊时出售了过期腐坏食品，造成十余名学生腹泻住院。经查，当时甲在国外旅游，丙因病住院。甲、乙、丙三人的合同是什么合同，三人对学生的侵权责任，是单独责任，还是连带责任？

解：甲、乙、丙三人的合同是共享利益、共担风险的合伙合同，三人对学生的侵权责任，是连带责任。

3. 新入伙的合伙人对已经发生的合伙债务，与其他合伙人一样，承担无限连带责任。退伙人对原合伙的债务，应当承担清偿责任，退伙人已分担合伙债务的，对其参加合伙期间的全部债务仍负无限连带责任。

4. 对合伙债务的承担，并不是首先以合伙的共有财产作为责任财产，除非法律另有规定，合伙的共有财产和其他财产，在清偿上没有顺序关系。②

5. 合伙终止前对债务未清偿的，终止后各合伙人仍然承担无限连带责任。

---

① 公司作为合伙人的，对合伙的债务同样承担无限责任。《公司法》第 3 条第 1 款规定：“公司是企业法人，有独立的法人财产，享有法人财产权。公司以其全部财产对公司的债务承担责任。”公司以全部财产作为责任财产，这是无限责任，不是有限责任。

② 《合伙企业法》第 38 条规定：“合伙企业对其债务，应先以其全部财产进行清偿。”第 39 条规定：“合伙企业财产不足清偿到期债务的，各合伙人应当承担无限连带清偿责任。”以上规定的清偿顺序关系，不能适用于其他合伙。

例： 张甲与李乙达成口头合伙协议，二人合伙经营鱼塘收费钓鱼项目，二人约定各出资15万元作为合伙经营资金并约定合伙盈利、亏损按照双方出资比例分配、分担。二人承租了一个鱼塘进行经营，前期盈利，后市场发生变化，现金流转难以为继。二人协商，由李乙借给鱼塘10万元用于合伙经营，于是李乙又拿出10万元用于修整鱼塘、购买饲料等。后鱼塘经营陷入困境，二人决定散伙，经清算，将合伙的全部共同财产交给鱼塘出租人抵债，合伙共亏损2万元。李乙起诉张甲要求偿还10万元，张甲则主张债务扣除亏损只有4万元。

解： 散伙（合伙终止）后，对原合伙的债务，原合伙人仍承担连带无限责任。李乙出借给合伙的10万元，本应由两个合伙人承担无限连带责任，内部按比例各承担5万元，但是应由李乙承担的内部的5万元，因为李乙的债权人身份与债务人身份混同而消灭[①]，故李乙起诉张甲只能要求偿还5万元债务。亏损的2万元是另一法律关系，不能改变张甲对借款负担5万元的责任。

（二）合伙人的追偿权

合伙人内部有份额。清偿合伙债务超过自己应当承担份额的合伙人，有权向其他合伙人追偿。

例： 甲公司与乙公司合伙经营一个码头，甲公司占60％的份额，乙公司占40％的份额，合伙欠丙公司的码头租金500万元。丙公司仅以甲公司为被告提起诉讼，要求清偿债务。甲公司向丙公司清偿500万元后，有权向乙公司追偿200万元。

四、合伙人份额的转让

合伙人的份额，是合伙人因出资而对合伙按比例或约定享有的财产权利，是一种财产权。可称为份额权。份额按出资比例确定，合伙合同另有约定的除外。

合伙份额的转让，分为对内转让和对外转让。合伙具有强烈的人合性，因而对合伙人份额的对外转让，需要作限制性规定。“除合伙合同另有约定外，合伙人向合伙人以外的人转让其全部或者部分财产份额的，须经其他合伙人一致同意”（第974条）。本条中的“一致同意”应为明示方式。[②]

例： 张甲、李乙、王丙三人合伙投资某小区房地产开发项目，三人借用某公司资质，成立项目部，开展相关经营活动。经营一年后，张甲将合伙份额作价转让给赵丁，张甲事先征求过李乙、王丙的意见，二人一直“不吭声”。后李乙、王丙拒绝承认赵丁的合伙人资格，不让其参加项目部的活动。一种观点认为，经过合理时间，李乙、王丙未表示反对，应推定他们同意张甲对外转让股份。

解： 一致同意，须采用明示方式。《民法典》第140条规定：“行为人可以明示或者默示作出意思表示。沉默只有在有法律规定、当事人约定或者符合当事人之间的交易习惯时，才可以视为意思表示。”依此，李乙、王丙二人一直“不吭声”（沉默），不能推定为同意的意思表示。本案张甲仍为合伙人，赵丁没有取得合伙人的资格。

---

① 《民法典》第520条第3款规定：“部分连带债务人的债务与债权人的债权同归于一人的，在扣除该债务人应当承担的份额后，债权人对其他债务人的债权继续存在。”

② 可以作为比较的是有限责任公司的股权转让。《公司法》第71条第2款规定：“股东向股东以外的人转让股权，应当经其他股东过半数同意。股东应就其股权转让事项书面通知其他股东征求同意，其他股东自接到书面通知之日起满三十日未答复的，视为同意转让。其他股东半数以上不同意转让的，不同意的股东应当购买该转让的股权；不购买的，视为同意转让。”有限责任公司的人合性不如合伙，故股权对外转让经权利人过半数同意即可，且可以以沉默的方式同意。

五、不得代位行使的权利及其例外

“合伙人的债权人不得代位行使合伙人依照本章规定和合伙合同享有的权利，但是合伙人享有的利益分配请求权除外”（第975条）。合伙人的债权人不同于合伙的债权人，前者是合伙人负担债务，后者是合伙（合伙体）负担债务。比如，甲和乙合伙养海参，在丙处借了10万元买饲料，这是合伙的债务，丙是合伙的债权人；甲的儿子要办婚礼，甲从丙那儿又借了30万元，这是合伙人甲的债务，丙是甲个人的债权人。

《民法典》规定了债权人代位权，但合伙人的债权人，除了利益分配请求权外，对其他权利不得代位行使。例如，甲、乙、丙合伙开设了粮食加工厂，丙个人欠丁80万元，丙从粮食加工厂可以分得利润100万元，除此之外，他没有财产可对丁清偿。此种情况下，丁可以代位行使丙要求分红的权利，请求合伙支付其80万元。但丁对丙的表决权、业务执行权等，不得代位行使，这是由合伙的人合性决定的。

第三节　合伙的终止

一、合伙终止的含义和原因

俗话说的“散伙”，也就是合伙的终止。合伙的终止，是合同法律关系的终止。合伙终止，当事人不再从事共同的事业，不再进行合伙活动，但是“散伙债不烂”，原合伙人对原合伙债务仍然承担无限连带责任。

合伙终止的原因很多，如事业目的成功或事业目的成功不能；定期合伙合同规定的期限届满；不定期合伙合同被行使随时解除权解除；合伙人死亡；合伙合同约定的解散事由发生，合伙人决议解散；等等。

对合伙是否终止发生争议的，合伙人或者利害关系人可以向法院提起确认之诉。

二、不定期合伙及其随时解除

（一）不定期合伙的产生

不定期合伙，是没有规定合伙期限的合伙。包括三种情况：其一，合伙人对合伙期限没有约定。其二，推定的不定期合伙，即合伙人对合伙期限没有约定或者约定不明确，依据《民法典》第510条的补缺规定仍不能确定的，视为不定期合伙。其三，合伙期限届满后，实际履行形成的合伙。“合伙期限届满，合伙人继续执行合伙事务，其他合伙人没有提出异议的，原合伙合同继续有效，但是合伙期限为不定期”（第976条第2款）。

（二）不定期合伙特有的随时解除权

“合伙人可以随时解除不定期合伙合同，但是应当在合理期限之前通知其他合伙人”（第976条第3款）。这是对合伙人行使随时解除权的规定。随时解除权也称为任意解除权，解除权的行使，不以提出解除理由为必要，更不要求对解除理由进行证明。虽然可以随时解除不定期合伙合同，但因解除造成其他合伙人损失而没有免责事由的，解除人仍应承担赔偿责任。

三、合伙人主体资格丧失导致的终止

（一）合伙人主体资格丧失与合伙终止

“合伙人死亡、丧失民事行为能力或者终止的，合伙合同终止；但是，合伙合同另有约定或者

根据合伙事务的性质不宜终止的除外”（第977条）。这是主体资格丧失导致终止及其例外的规定。

1. 合伙的事业目的具有特定性且与特定的人相关。作为自然人的合伙人死亡的，继承人可以继承其遗产，但对合伙人资格的继承要看具体情况。例如以攀登高山为目的成立的“驴友”合伙，某一驴友死亡时，其继承人就不能再成为合伙人，丧失行为能力（如变成精神病患者）时，不能由监护人代理执行合伙事务。如果是二人合伙，一人死亡或者丧失行为能力，则合伙终止。

2. 有时合伙人以姓名、信用出资，有的法人以商誉出资。自然人死亡或者法人终止，其他人承继为合伙人就丧失了意义，可致合伙终止。

3. 有时合伙人以特殊技能出资，没有这项技能合伙就丧失了存在的基础，“人死如灯灭”，其他人没有这项特殊技能时，合伙应当终止。例如，甲、乙、丙三人合伙销售手工泥人，只有甲有捏泥人的祖传手艺，乙、丙负责销售，甲去世后，合伙终止。

4. 合伙的成立和运行，具有强烈的人合性。合伙人的相互结合，基于相互信赖，甚至基于情感因素，且合伙人亲自参与合伙的事务。当事人丧失主体资格，他人不宜继受为合伙人的，合伙应终止。

5. 合伙人死亡、丧失行为能力的以及法人、非法人组织终止的，并不必然导致合伙终止，还要考虑合伙是否丧失存在的基础。合伙继续存在的，其合伙份额应折价补偿给继承人、承继人；合伙终止的，继承人、承继人有权参与合伙财产的分割、分配。

（二）合伙人主体资格丧失但合伙不终止的情形

合伙合同另有约定的，自当遵循其约定。合伙人主体资格丧失，根据合伙事务的性质不宜终止的，自当维系合伙。例如，甲、乙、丙三人出资合伙经营小卖部，三人以货币出资，一人死亡或者丧失民事行为能力不影响合伙继续存在。

四、合伙合同终止后的清算与合伙财产的分配

（一）合伙合同终止后的清算

清算是合伙终止后，对合伙内外财产关系的清理、结算，包括现有财产的清点、债权债务的清结、出资的返还、剩余财产的分配等。全体合伙人都是清算人，合伙人也可以委托一个或者数个合伙人进行清算。

合伙合同终止后，合伙在清算范围内视为存续。

（二）合伙财产的分配

合伙合同终止后，合伙财产在支付因终止而产生的费用以及清偿合伙债务后有剩余的，依据本法第972条对利润分配的规定进行分配（见第978条）。首先，按照合伙合同的约定办理；其次，合伙合同没有约定或者约定不明确的，由合伙人协商决定；再次，协商不成的，由合伙人按照实缴出资比例分配；最后，无法确定出资比例的，由合伙人平均分配。

思考题

1. 简析合伙合同的法律特征。
2. 论合伙事务的执行。
3. 浅析合伙出资的财产类型。
4. 论合伙人对合伙债务的无限连带责任。
5. 合伙人的债权人能否代位行使合伙人的权利？
6. 论合伙合同的终止。

第二十八章
准合同

第一节 准合同概述

一、准合同的含义和法律适用

“准”的含义，是“如同”“类似”，准合同，是“类似于合同”的意思，而不是说它是合同的一种类型。无因管理和不当得利因的要件与契约有类似之处，罗马法叫“准契约”，《民法典》将其改称“准合同”。

《民法典》合同编的第三分编就是准合同，包括无因管理（第二十八章）和不当得利（第二十九章）两章。《民法典》没有债的通则，而是以合同编第一分编的通则替代债的通则。挂在合同编最后，这是一种技术处理方法，不等于认可准合同是合同或者把它当作合同对待。

无因管理和不当得利除适用本编的规定外，还适用合同编第一分编的通则的规定，但是在性质上有冲突的除外。[①] 例如，甲对乙因无因管理取得的债权，可以依据通则的规定转让、抵销、提存或者免除等。再如，丙对丁有不当得利的债权，也可以依据通则的规定转让、抵销、提存或者免除等。

例：张甲一时想不开，攀上悬崖朝深潭纵身一跳，李乙见状纵身入潭相救，救得张甲一命，但随身携带的价值 1 万元的照相机跌落在深潭，请人打捞数次无果。李乙想找张甲要 1 万元，面子又抹不开，就将 1 万元的债权转让给了王丙并通知了张甲，张甲未履行债务，王丙起诉到法院。张甲的抗辩理由是：(1) 我是真想死，救我不构成无因管理。(2) 是李乙救了我，王丙无权找我要钱。

解：(1) 即便张甲“真想死”，也不影响李乙行为的性质，李乙构成无因管理。(2) 无因管理债权可以按《民法典》合同编第一分编通则的规定转让，受让人王丙有权请求张甲履行债务。

二、准合同与合同的区别和联系

（一）准合同与合同的区别

1. 准合同（无因管理、不当得利）之债是法定之债，合同之债是合意之债，合意之债是意定之债的一种。准合同之债的内容是法定的，合同之债的内容是约定的。

---

① 《民法典》第 468 条规定：“非因合同产生的债权债务关系，适用有关该债权债务关系的法律规定；没有规定的，适用本编通则的有关规定，但是根据其性质不能适用的除外。”

2. 准合同（无因管理、不当得利）之债的发生原因不是法律行为，不是由于当事人的意思表示。无因管理之债的发生是由于管理人的事实行为（见本章第二节），不当得利之债的发生则是由于人的事实行为和事件（见本章第三节）。成立合同之债的行为是双方法律行为或多方法律行为。我们通常说“合同是双方法律行为”，这是从原因法律事实的角度讲的。

3. 准合同与合同的标的都是给付，但准合同的标的一般是金钱之债；合同之债的标的则多种多样，可以是金钱之债，可以是非金钱之债。非金钱之债，可以是给付物的债（特定之债、种类之债），可以是给付劳务的债，还可以是给付无形财产的债。

4. 不履行或者不按照债的要求履行的责任不同。违反准合同责任是法定责任，违反合同的责任（违约责任）包括约定的责任和法定的责任两种。

（二）准合同与合同的联系

准合同与合同尽管一为法定，一为约定，但它们经常“纠缠”在一起。这里仅举三例，简要予以说明。

其一，准合同（无因管理、不当得利）之债及其他法定之债可以作为和解协议的基础法律关系。

其二，当事人可以通过实施无因管理行为，成立合同之债。例如，债务的加入，可以是因为接受委托而加入，也可以是因无因管理而加入。

例： 甲对乙有100万元的债权，由丙作为连带保证人。到期乙没有履行之债务，在保证期间内，甲未对保证人丙主张债权，保证期间届满后，丙的保证责任消灭，但其见甲对乙情绪甚为激烈，恐造成人身损害，就代乙清偿了债务。

解： 丙没有保证责任，亦未受乙委托仍履行债务（债务加入），是一种无因管理行为。

其三，被撤销的合同、无效合同和确定不生效的合同，可发生不当得利之债。

1. 被撤销的合同原是有效合同，撤销以后自始无效，可发生返还不当得利等效果，可能是单方返还，也可能是双方返还。撤销后的不当得利之债，并非原合意之债的转化，而是在消灭原合意之债的基础上依法确认的法定之债。

2. 债是法律关系。法律关系是法律调整生活事实的结果，因而都是有效的。因此，只有无效的法律行为，没有无效的法律关系。无效合同，是指合意无效，即达成合意的法律行为无效，无效合同不产生合意之债（意定之债），但可以产生不当得利等法定之债。

3. 确定不生效的合同，是指确定自始不生效的合同，其民事效果与无效合同相同，也可以产生不当得利的效果。

例： 张甲听说二手房要降价，想起好朋友李乙有一套小房要出卖，就想赶在降价之前帮他把房子卖了。张甲找到王丙，以李乙的名义与王丙签订了房屋买卖合同，收了5万元定金并以代理人的名义在合同上签了字。张甲拿着合同书找李乙，想给他一个惊喜，谁知李乙却拒绝追认。张甲要求李乙支付车马费680元。三人之间的法律关系如何？

解： (1) 根据已知条件，张甲管理李乙的事务（卖房）不符合李乙的真实意思，二人之间不发生无因管理之债。对车马费680元，张甲只有道德义务，没有法律义务。(2) 张甲无权代理签订的房屋买卖合同未被追认，确定地不发生效力，定金合同是从合同，也确定地不发生效力，不发生双倍返还的效力，但应按不当得利原数返还。

第二节　无因管理

一、无因管理的概念

无因管理，也称为无因管理行为，是指管理人没有法定的或者约定的义务，为避免他人利益受损失而管理他人事务的行为。

管理人可以是自然人，也可以是法人、非法人组织。

（一）无因管理行为发生无因管理之债

无因管理之债是因无因管理行为产生的法定之债。无因管理行为是法律事实，无因管理之债是法律关系，前者是原因，后者是结果。无因管理之债，有时也简称为无因管理。无因管理之债，一方为管理人，另一方为受益人（也称为本人）。

无因管理之债的内容，是管理人请求受益人偿还因管理事务而支出的必要费用；管理人因管理事务受到损失的，可以请求受益人给予适当补偿。[①]

（二）无因管理的行为是事实行为

1. 学子们纠结的一个问题是无因管理的行为是事实行为，还是法律行为。一般认为，无因管理的行为是事实行为，而非法律行为。无因管理的行为是按照事实行为对受益人发生效力的。故而，不要求管理人一定是完全行为能力人，有些无因管理行为，限制行为能力人、无行为能力人也可以实施。

2. 无因管理的实行行为，既可以是事实行为，也可以是法律行为。比如，台风将至，管理人亲自替远游的受益人修理房屋就是事实行为，管理人由于没有动手能力，便与第三人签订修理合同，由第三人修理受益人的房屋，签订合同就是法律行为。

无因管理人的事实行为不必细说，其实施的法律行为是“一体两面”的。法律行为依法以意思表示发生效力，以意思表示形成法律关系，法律关系的内容也按照意思表示确定，人的意志起主导作用。前例中，管理人与第三人签订修理合同，自然按法律行为发生效力，成立相对法律关系的意思表示。都是有相对人的意思表示。管理人意思表示的相对人，是修理人，不是受益人。对受益人而言，管理人签订修理合同的行为（替其管理事务），不是对其为意思表示，不是按意思表示发生效力的，不是按法律行为发生效力的，而是依法按事实行为发生效力的，即按事实行为成立无因管理之债。

所谓“一体两面”，是指无因管理人实施的法律行为，对第三人（意思表示相对人）和受益人发生不同的效力，即同一个行为有法律行为和事实行为两面效力，前者是作为实行行为发生意定法律关系，后者作为管理行为发生法定法律关系。

例：甲得急病，为避免甲受损失，乙用自己的保鲜包装盒将受益人甲的鲜活产品装好后以自己的名义卖给第三人丙。乙对甲没有为意思表示，双方没有实施法律行为。乙与第三人丙实施了双方法律行为，成立了合同之债。乙管理甲事务的行为，是按事实行为发生效力的，即按事实行为确认其与甲成立了无因管理之债。

（三）无因管理行为是合法行为

无因管理是合法行为，是违法阻却事由。违法行为不能是无因管理行为。比如，对侵权的帮助行为不是无因管理行为。

从道德角度讲，无因管理行为是见义勇为、患难相助、助人为乐的高尚行为。无因管理制度，要保护这种行为，倡导互相帮助的理念和善良风俗，同时又要防止对他人事务不必要的干预。对他人事务不必要的管理也会构成侵权行为。

例：甲的羊群在山坡上散放，一只羊离群丢失，乙拣到后到处寻找失主，共花费13元车费，最后把羊交给甲。乙的无因管理行为是合法行为，但一般认为无因管理人对物的占有是无权占有。

---

① 《诉讼时效规定》第7条第1款规定：“管理人因无因管理行为产生的给付必要管理费用、赔偿损失请求权的诉讼时效期间，从无因管理行为结束并且管理人知道或者应当知道本人之日起计算。”

解：乙对羊的占有，是实施无因管理行为的必要条件，是有权占有。认为无因管理人对物的占有是无权占有的观点不正确，与无因管理是合法行为的观念相悖。

（四）无因管理是无偿行为

无因管理是无偿行为，管理人不能因为管理行为而要求受益人给予报酬，即管理人无报酬请求权。但是必要费用（管理的成本）却有权要求受益人支付，有损失的有权要求受益人补偿。

例：张甲听到龙卷风将要来袭的天气预报，想到同村的李乙房屋破旧，很可能被龙卷风摧毁。李乙出国探亲家中无人，张甲找人帮其加固房屋，用了人工费、材料费等合理费用一万元，拆下的废料卖了150元。

解：张甲实施了无因管理行为，与李乙形成了无因管理之债的法律关系。加固费用1万元为必要费用，李乙应当支付给张甲。出卖废料的150元是管理事务所得财产，张甲应当交付给李乙，也可以通知李乙抵销。无因管理是无偿行为，张甲无权请求李乙支付报酬。房屋未被龙卷风毁损，避免了损失，避免了损失也是获得了利益，但李乙不构成不当得利，其得到利益有法律根据（法律对无因管理的规定）。

二、无因管理的成立要件

《民法典》第979条规定："管理人没有法定的或者约定的义务，为避免他人利益受损失而管理他人事务的，可以请求受益人偿还因管理事务而支出的必要费用；管理人因管理事务受到损失的，可以请求受益人给予适当补偿。管理事务不符合受益人真实意思的，管理人不享有前款规定的权利；但是，受益人的真实意思违反法律或者违背公序良俗的除外。"本条规定了无因管理之债的内容和成立要件。要件可以分解为以下四项。

（一）管理他人事务

管理他人事务，是指有管理他人事务的行为。此为客观要件。管理他人事务，可以是对他人的财产进行管理，也可以是对非财产事务进行管理。如张某癫痫发作，李某将其送至医院，就属于非财产事务的管理。无因管理，不得管理他人人身性事务。

例：周某在丈夫死后，置自己痴呆的儿子刘某于不顾，外出流浪。刘某之姨黄某从外地到周某家"串门"，发现刘某已经奄奄一息，就带回家中抚养，并安排其就医治疗。请分析黄某的行为。

解：(1) 黄某的行为是无因监护。无因监护是无因管理的一种。黄某不是监护人且未受委托，只是尽道德义务。黄某与周某之间，成立无因管理之债，周某应当向黄某支付抚养费用、医疗费用。(2) 无因管理，不得管理他人人身性事务，是指无因管理的实施行为，不得是受益人本人才能够实施的身份法律行为。比如，不能替别人结婚、收养。无因监护，是代他人（监护人）实施监护职责，这并无法律上的障碍。

受益人识别错误，是指管理人想帮甲的忙，实际却管理了乙的事务（误认乙为甲）。此种情况由乙享有管理利益、负担相应义务，即由管理人与实际受益人乙成立无因管理之债的法律关系。无因管理是事实行为，自不存在因重大误解撤销的问题。

将自己的事务误认为他人的事务而管理，称为幻想管理。幻想管理因欠缺客观要件而不构成无因管理。例如，甲想为乙做事，为乙的牛添料饲喂，后来发现喂的是自己的牛，甲为幻想管理（不构成无因管理）。

（二）有为他人利益的意思

为他人利益的意思又称为管理意思，是指管理人管理事务是为了他人的利益。此为主观要件，欠缺主观要件不构成无因管理。比如，误替他人交了电费，不具有为他人利益的意思，不构成无因管理，只能构成不当得利。无因管理是事实行为，管理人为他人利益的意思，无须向他人（受益人）表示，即可构成无因管理关系。

实施某种行为是为了自己的利益，自不构成无因管理行为，但管理他人事务，兼为自己利益的，不影响成立无因管理。例如，张甲见邻居李乙的房屋失火，为了防止殃及池鱼，引燃自己的房屋，就去救火，应认定构成无因管理。

（三）对他人事务的管理没有法定或者约定的义务

对他人事务的管理没有法定或者约定的义务，也称为无法律上的原因。法定义务如监护的义务、扶养的义务等。公众服务机构的人员履行职责的行为，也是履行法定义务的行为。如警察帮助居民脱离危险，是履行职责的行为，不构成无因管理。约定义务是指接受委托，承担受托人的义务，或者因为保管、雇佣、承揽等合同产生义务。比如保管人对寄存人的财产尽保管义务，是履行合同的行为，明显不是无因管理。

例：张甲借给李乙1万元。债务人李乙到期不还，债权人张甲找到居间人王丙，说，看你的面子，我才借给李乙钱的，你看怎么办吧？王丙内心愧疚，就给张甲写了一张1万元的欠条。王丙是债务加入，还是连带责任保证？王丙的行为，是无因管理吗？

解：(1) 王丙是债务加入（并存的债务承担），其债务与李乙的债务并存。王丙在向张甲清偿后，可向无因管理的受益人李乙求偿。(2) 王丙本无还款的义务，自动“承债”，只有两种可能：委托和无因管理。本案没有委托的事实，债务加入（并存的债务承担），只能产生于王丙的无因管理行为。

（四）符合受益人真实意思

管理人的管理行为应符合受益人的真实意思，即应按照受益人明示或可得推知的意思进行管理。比如，登山遇险人发出求救信号，周围的人前去救援是按受益人的明示实行管理行为的。没有收到求救信号得知有人遇险去救援，是按可推知的意思实行管理行为。明示的意思，也可能是受益人以往表达过的意思。

管理事务不符合受益人真实意思的，管理人不享有请求支付必要费用和请求适当补偿的权利，但是，受益人的真实意思违反法律或者违背公序良俗的除外（见第979条第2款）。管理人违反受益人真实意思进行管理，对于因其管理所生损害，虽无过失，也要承担损害赔偿的责任。但是，管理人的真实意思违反公共秩序和善良风俗的，不影响无因管理的成立。比如，甲为逃避扶养义务，把患精神病的妻子赶出家门，乙收留该精神病患者，尽管不符合某甲的真实意思，乙的行为仍为无因管理，仍可请求必要费用，有损失时可以请求适当补偿。

例：甲欠乙的钱到期不还，乙纠集打手准备殴打甲，丙得知后半路拦住乙，替甲还了钱。后来丙请求甲偿付，甲拒绝。理由是：我本来就不想还的，再说，替我还的钱不属于“费用”。丙是依无因管理请求返还，还是依不当得利请求返还？

解：丙的行为构成无因管理，甲得到人身和财产两个方面的利益。依社会一般常理，受益人甲应作出还钱避险的决策，如果甲的真实意思就是不想还钱，也是违反法律和善良风俗的，故丙构成无因管理。债权人乙的欠款得到返还，有法律根据（因丙的无因管理得到偿还），不构成不当得利，乙也没有不当得利。丙有权依无因管理请求甲返还替其偿还的借款。

三、不适法无因管理

管理人管理事务不属于前条（第979条）规定的情形，但是受益人享有管理利益的，受益人应当在其获得的利益范围内向管理人承担前条（第979条）第1款规定的义务（见第980条）。本条是关于不适法无因管理的规定。也有专家把不适法无因管理称为不适当无因管理。

不适法是不符合法律要求的意思。不适法管理，须具备管理了受益人的事务、受益人享有管理利益的要件，但不符合《民法典》第979条的规定。所谓“不符合”，主要是指违反了受益人的真实意思。

如果违反了受益人的真实意思，但受益人的真实意思违反法律或者违背公序良俗的，则适用《民法典》第979条。

不适法无因管理，管理人仅能在受益人获得的利益范围内请求给付。比如，管理人的利息损失不在受益人获得利益的范围之内，无权求偿。适法无因管理人对受益人的求偿，不受受益人所获利益的限制。

例：张甲的宠物狗丢失，李乙捡到，在寻找失主期间，见狗狗可爱，就带它到宠物店做了高价美容，宠物狗送还张甲后，张甲以自己从来没有给狗做过美容为据，表明做高价美容不符合自己的真实意思。李乙是不适法无因管理，无权请求支付美容费。

四、无因管理的追认

“管理人管理事务经受益人事后追认的，从管理事务开始时起，适用委托合同的有关规定，但是管理人另有意思表示的除外”（第984条）。(1) 管理事务在继续进行时可以追认，管理事务全部完成后也可以追认。受益人自知悉管理情事而予以追认时，无因管理即转变成“有因管理”。这种“有因管理”，适用委托合同的规定。适用委托合同的规定是为了节约法律资源。(2) 追认是受益人的单方法律行为，适用委托合同的规定使管理人处于较不利的地位时，管理人可另以意思表示拒绝。管理人毕竟是做好事的人，法律的保护要尽量周到。

五、管理人的义务

管理人开始管理他人事务后，就产生相应的义务。这种义务可以区分为以下内容。

1. 有利管理、继续管理的义务

“管理人管理他人事务，应当采取有利于受益人的方法。中断管理对受益人不利的，无正当理由不得中断”（第981条）。有利管理，即要以有利于受益人的方法为之，对需要连续进行的无因管理，不得擅自中断。例如，管理人收留了一个走失的儿童，须儿童得到妥善安置后才能终止管理。再如，替外出的人修房子不能修到一半就扔在那里，但听到该区域要统一拆除的消息后，可以中断，防止产生损失。不当管理造成损失的，受益人有权请求赔偿。[①]

2. 通知义务

“管理人管理他人事务，能够通知受益人的，应当及时通知受益人。管理的事务不需要紧急处理的，应当等待受益人的指示”（第982条）。及时通知是附随义务。有时，管理人知道受益人“姓甚名谁”，有时根本不知道受益人是谁。知道而又能通知的，应当及时通知。“及时”，是最短的合理时间。除非紧急管理，在通知以后要等待受益人的指示。

3. 报告及财产移转的义务

“管理结束后，管理人应当向受益人报告管理事务的情况。管理人管理事务取得的财产，应当及时转交给受益人”（第983条）。报告义务是附随义务，财产转交义务是给付义务。例如，管理人帮受益人出卖废品，要向受益人说明出卖了什么东西、卖了多少钱，并应及时将价款交付给受益人。

---

① 《诉讼时效规定》第7条第2款规定：“本人因不当无因管理行为产生的赔偿损失请求权的诉讼时效期间，从其知道或者应当知道管理人及损害事实之日起计算。”

第三节　不当得利

一、不当得利的含义

不当得利是指没有合法根据（合法原因）而受益，致使他人受损失的法律事实。这个法律事实，习惯上的说法是“不当得利”，是债发生的一项原因。[①] 实际上，不当得利是结果法律事实，不当得利之债，产生于人的行为、自然事件。这些行为、自然事件才是原因法律事实。

“因他人没有法律根据，取得不当利益，受损失的人有权请求其返还不当利益”（第 122 条）。返还不当利的请求权，是债权请求权，受诉讼时效限制。[②]

不当得利的客观表现是“一损一利”。由于人的行为或者自然事件，产生了一方获得利益，另一方受损害两个结果。

不当得利常与侵权行为并存（竞合）。此种情况下，由受损失人选择主张的请求权。

二、不当得利的成立要件

（一）一方取得财产利益

取得财产利益，可以是财产范围的扩大（积极的增加），也可以是财产应减少而未减少（消极的增加）。取得财产利益主要包括以下几种情况。

(1) 取得财产权。如取得所有权、无形财产权、股权、债权等。(2) 取得占有或者丧失占有本权后继续占有。占有也可以是不当得利的客体，因为占有也被认为是一种财产上的利益，是一种法益。比如，甲的物品丢失，乙误以为是谁丢弃的而据为己有，对甲的该物品（遗失物）乙不能取得所有权，其对该物的占有，是不当利益。再如，租期届满承租人丧失了占有的本权，其拒不归还，继续占有租赁物，该占有构成了不当得利。(3) 债务消灭或者减少。(4) 使用他人之物。例如，误用别人的设备。再如，得知友人的别墅空着，悄悄进入住了一个星期。(5) 接受劳务。

（二）一方受有损失

构成不当得利的要件之一，在于一方受损。一方受损，可能是既有财产的损失，也可能是白白付出了劳务等。比如，张甲雇佣“麦客”收割麦子，“麦客”走错了麦田，割了李乙家的十亩地，张甲可请求李乙返还相当于佣金的不当得利。

“于自己有利，于他人无损”的事实不构成不当得利。例如甲在某地开办大型商场，商场“火”了之后，周围的小商铺都跟着升值，升值的利益为“反射利益”，不属于不当得利。

（三）取得利益与所受损失间有因果关系

即一方财产的增加导致另一方财产的减少，或者一方财产的减少，使另一方的财产增加。例如，甲、乙的鱼池相邻，因大雨泛滥，甲鱼池里的鱼随水流进入乙的鱼池，乙的财产增加了，甲的财产减少了，两者有因果关系。乙虽无过错，仍构成不当得利。

---

① 《民法典》第 118 条规定：“民事主体依法享有债权。债权是因合同、侵权行为、无因管理、不当得利以及法律的其他规定，权利人请求特定义务人为或者不为一定行为的权利。”本条中的“无因管理”是指无因管理行为。

② 《诉讼时效规定》第 6 条规定：“返还不当得利请求权的诉讼时效期间，从当事人一方知道或者应当知道不当得利事实及对方当事人之日起计算。”

（四）取得利益没有法律上的依据

没有法律依据，是指利益的取得没有合法的原因，即没有法律的直接规定或者没有当事人给相对人增加财产的意思。没有法律上的依据分为自始没有法律依据和嗣后丧失法律依据。

1. 自始没有法律依据

取得利益从一开始就没有法律依据。如甲误替同单位的乙交了取暖费 2 500 元，如果乙不欠单位的取暖费，则收费的单位获益自始没有法律依据。再如，因无效合同是自始无效，依照无效合同取得的利益，自始没有法律依据，构成不当得利。

2. 嗣后丧失法律依据

取得利益一开始有法律依据，但后来因某种法律事实的发生，丧失了法律依据。

（1）可撤销的合同在撤销前是有效合同，合同被撤销以前，当事人所得利益有法律依据，撤销以后，合同自始无效，当事人所得利益因嗣后丧失法律依据而成为不当得利。

（2）合同解除，也可能发生不当得利的后果。比如，甲与乙订立了买卖合同，甲将货款 50 万元转账给乙，后乙到期不发货，甲催告无效后通知乙解除了合同。一次性给付的合同解除后自始失去效力。乙收取的 50 万元原来有法律依据（依据合同），解除后丧失法律依据（属于嗣后丧失）。

三、不当得利的基本类型

不当得利可分为给付型不当得利和非给付型不当得利。

（一）给付型不当得利

一方向相对人交付财产或者提供劳务，是给付行为。欠缺给付目的而增加相对人财产的行为，使相对人构成不当得利。例如，出卖人甲给买受人乙找零钱时，多给了一元钱，乙成立给付不当得利。

非债清偿，是无债务而清偿，是给付不当得利的一种表现，非故意的非债清偿，可以请求返还。诉讼时效届满后的债务清偿，不为非债清偿，受偿人不构成不当得利。

（二）非给付不当得利

非给付不当得利，是因给付以外的原因所产生的不当得利。非给付不当得利，包括因侵权产生的不当得利和因事件产生的不当得利。

例：甲在食堂买了二两米饭，放在桌子上去柜台买炒菜，乙误以为是自己购买的米饭，取而食之。乙构成过失侵权，同时构成不当得利。此为侵权责任与不当得利责任的竞合。

四、不当得利之债的内容

不当得利之债的内容，从得利人的角度观之，是返还义务。

（一）法定不得请求返还的情形

法定不得请求返还的不当得利，称为特殊不当得利。“得利人没有法律根据取得不当利益的，受损失的人可以请求得利人返还取得的利益，但是有下列情形之一的除外：（一）为履行道德义务进行的给付；（二）债务到期之前的清偿；（三）明知无给付义务而进行的债务清偿”（985 条）。

1. 道德义务给付不得请求返还

为履行道德义务的给付，即给付具有履行道德义务的性质。例如，张甲的父亲去世后，张甲误以为自己对虽成年但残疾的弟弟张乙有法定的扶养义务，就按月给张乙送粮、送钱，送了三个月后得知自己并无法定扶养义务[①]，欲请求返还。张甲对张乙虽无法定给付义务，但其三个月的给付具有道德义务的性质，故不得请求返还。

履行道德义务的给付与道德义务的赠与不同：前者双方之间没有赠与合同，给付无法律根据，构成了特殊不当得利；后者给付人有赠与的意思表示，双方成立了赠与合同，给付有法律根据，不为不当得利。

2. 期前清偿不得请求返还

债务到期之前的清偿，不管是明知未到期而清偿，还是因过失误以为到期而清偿，都不能请求返还不当利益。不能请求返还者有二：其一，已交付的款项或者其他财产不能请求返还。比如，甲公司欠乙公司 100 万元货款，按照约定应在 12 月 1 日至 10 日交付，甲公司 2 月 1 日就将款项转入乙公司的账户，后甲公司需要一笔周转资金，欲以乙公司构成不当得利为由将 100 万元要回来，到 12 月 1 日再归还。显然，甲无权请求返还该笔货款。其二，不能请求中间利息。比如，甲公司提前 10 个月偿还 100 万元货款，乙公司得到相当于 10 个月利息（中间利息）的利益，对此甲无权请求返还。

实务中，对道路交通事故，责任人多有向受害人垫付医疗费的情况。该“垫付”出自约定的，不属于期前支付；责任人单方决定的“垫付”的，是为了抢救、医疗使用方便的，也不属于期前支付。更重要的是，“垫付”并非《民法典》第 985 条第 2 项所说的“清偿”。垫付医疗费在受害人扣除（抵销）后有剩余的，可构成一般的不当得利。

3. 明知的非债清偿不得请求返还

无债务而清偿，称为非债清偿。明知无给付义务而进行的债务清偿，是明知的非债清偿。“明知”无异于放弃请求返还的权利，故法律没有保护的必要。明知的非债清偿实务上罕见，但并非无其例。比如，甲与乙订立了标的额为 100 万元的买卖合同，买受人甲向出卖人乙交付了 30 万元定金，后来乙不履行合同，其明知超过 20%的部分无效，应按 20 万元的双倍返还 40 万元再退回 10 万元（本例忽略 10 万元的利息）。但乙考虑自己违约，道义有亏，就双倍返还了 60 万元，该 60 万元中有 10 万元是明知的非债清偿，乙若后悔也无权请求返还。因有乙违约的情形，多给的 10 万元不宜解释为赠与。

非债清偿人（原告）起诉得利人请求返还不当得利，而得利人（被告）主张是明知的非债清偿而拒绝返还时，由得利人就原告的“明知”承担举证证明责任。

例：在制作口罩的原料融喷布供应紧张期间，甲公司与乙公司尚未订立买卖合同时，就将货款打入乙公司的账号，乙公司拒绝与甲公司订立合同（拒绝了甲公司的订单），甲公司打款是希望获得对价的，不为非债清偿，乙公司对货款构成不当得利，应当予以返还。

明知的非债清偿，应限于任意给付。若因受强制或其他不得已事由而给付的，仍可以不当得利为由请求返还。

过失的非债清偿，可以不当得利为由请求返还。重大过失、一般过失都排除“明知”，心存怀疑也是一种过失，也排除“明知”。

（二）善意得利人的返还义务

善意得利人，是误以为有权取得利益的得利人。“得利人不知道且不应当知道取得的利益没有法律根据，取得的利益已经不存在的，不承担返还该利益的义务”（第 986 条）。本条旨在保护善意得利人的信赖利益。“不知道且不应当知道”，表明善意的构成是“不知情且无过失”。

1. 增加财产的得利人为善意时，仅于在现存的利益范围内负返还义务，获得的利益已经

---

① 《民法典》第 1075 条第 1 款规定：“有负担能力的兄、姐，对于父母已经死亡或者父母无力抚养的未成年弟、妹，有扶养的义务。”

不存在的，就消灭了返还的义务。某餐厅对消费150元以上的客户“赠送”一盘菜，服务员给消费100元的张甲上错一盘菜，善意的张甲风卷残云地吃了以后自不必付钱，即无须返还价值额。

2. 现存的利益包括原所受利益和原所受利益的变形，包括物的变形（因加工、附合、混合而产生的物）和利益形态的转化。原形虽不存在，但得利人的财产总额增加，说明现存利益仍然存在。利益原形不存在的，可以返还价值额。

3. 善意得利人在返还时，如果没有取得利息，即现存利益中不包括利息，则不存在利息的返还义务，也不赔偿利息的损失。

4. 通说认为，现存利益的确定应以受损失人请求返还之时为准。

例：张甲丢了一个背包，被李乙在小区的垃圾桶附近捡到，以为谁丢弃的，就拿走使用。三天后，张甲听邻居说李乙在使用自己的背包，就去找李乙索要，而此时李乙已经将背包扔掉了。张甲请求返还时背包已经被抛弃，善意的李乙不承担返还责任。

（三）恶意得利人的返还义务及赔偿责任

恶意得利人，是指明知或应知无法律根据而取得利益的得利人。这种恶意，可以发生在受领财产时，也可以发生在受领财产之后，即恶意分为自始恶意和嗣后恶意（中途恶意）。“得利人知道或者应当知道取得的利益没有法律根据的，受损失的人可以请求得利人返还其取得的利益并依法赔偿损失”（第987条）。恶意得利人，应返还现存利益，如有损害，还应当予以赔偿。取得利息的应返还利息，没有取得利息的，对该利息损失应当予以赔偿。恶意得利人的责任，称为加重责任。

恶意得利人与善意得利人的返还义务和责任不同：前者，返还“现存利益＋损害赔偿”；后者，返还“现存利益”。

例：张甲从李乙处购买了一辆某品牌汽车的二手车，价款为30万元。订立合同时出卖人李乙承诺车辆来源合法，手续真实、完备。张甲去车辆管理所办理过户手续时，该车却被公安局以涉嫌盗抢案件而扣留，经查，该车确系盗窃车辆，系李乙从他人处购买，再转卖给张甲，李乙购买时虽有登记手续，但李乙知道手续不真实。

解：该汽车作为盗赃物是禁止流通物，车辆买卖合同为无效合同。[①] 李乙受领的30万元，自始没有法律根据，构成不当得利应予以返还。李乙是恶意受领人，还应支付利息损失，该利息损失不属返还的范畴，而属于赔偿的范畴，张甲若还有其他损失，亦有权请求赔偿。

（四）受损失人对第三人的返还请求权

“得利人已经将获得的利益无偿转让给第三人的，受损失的人可以请求第三人在相应范围内承担返还义务”（第988条）。第三人又称为转得人。适用本条应注意两点：第一，第三人须是无偿受让，第三人若是有偿受让的，不适用本条。第二，要考察第三人为善意还是为恶意。第三人如果是善意且取得的利益不存在的，适用《民法典》第986条，该第三人不负返还义务。

例：张甲不慎丢失一个旧手提包，李乙以为是谁当废品丢掉的，捡到后送给了王丙。张甲与王丙在超市不期而遇，认出了自己的包，包的夹层里有张甲绣的记号。张甲向王丙索要该包。王丙的抗辩理由是，包是李乙送给我的，我与你没有关系。

解：李乙是善意的相对人，按《民法典》第986条张甲无权向其请求返还手提包，但按照

---

① 《民法典》第597条第1款规定：“因出卖人未取得处分权致使标的物所有权不能转移的，买受人可以解除合同并请求出卖人承担违约责任。”第2款规定：“法律、行政法规禁止或者限制转让的标的物，依照其规定。”本案不能适用该条第1款而应适用第2款。

《民法典》第988条，张甲有权向王丙请求返还，张甲与王丙之间成立不当得利之债法律关系。

思考题

1. 无因管理的概念是什么？
2. 论无因管理的成立要件。
3. 管理行为不符合受益人的真实意思，管理人的请求权是否受影响？
4. 不当得利的概念是什么？
5. 论不当得利的成立要件。
6. 哪些不当得利，受损失的人无权请求返还？
7. 恶意得利人与善意得利人的债务有何不同？

《　　　　　　　》※任课教师调查问卷

为了能更好地为您提供优秀的教材及良好的服务，也为了进一步提高我社法学教材出版的质量，希望您能协助我们完成本次小问卷，完成后您可以在我社网站中选择与您教学相关的1本教材作为今后的备选教材，我们会及时为您邮寄送达！如果您不方便邮寄，也可以申请加入我社的**法学教师QQ群：83961183（申请时请注明法学教师）**，然后下载本问卷填写，并发往我们指定的邮箱（cruplaw@163.com）。

邮寄地址：北京市海淀区中关村大街31号中国人民大学出版社806室收

邮　　编：100080

再次感谢您在百忙中抽出时间为我们填写这份调查问卷，您的举手之劳，将使我们获益匪浅！

基本信息及联系方式：※

姓名：____________ 性别：____________ 课程：____________________

任教学校：____________________ 院系（所）：________________

邮寄地址：____________________ 邮编：____________________

电话（办公）：____________ 手机：____________ 电子邮件：____________

调查问卷：※

1. 您认为图书的哪类特性对您使用教材最有影响力？（　　）（可多选，按重要性排序）

   A. 各级规划教材、获奖教材　　B. 知名作者教材

   C. 完善的配套资源　　D. 自编教材

   E. 行政命令

2. 在教材配套资源中，您最需要哪些？（　　）（可多选，按重要性排序）

   A. 电子教案　　B. 教学案例

   C. 教学视频　　D. 配套习题、模拟试卷

3. 您对于本书的评价如何？（　　）

   A. 该书目前仍符合教学要求，表现不错将继续采用。

   B. 该书的配套资源需要改进，才会继续使用。

   C. 该书需要在内容或实例更新再版后才能满足我的教学，才会继续使用。

   D. 该书与同类教材差距很大，不准备继续采用了。

4. 从您的教学出发，谈谈对本书的改进建议：____________________

____

____

选题征集：如果您有好的选题或出版需求，欢迎您联系我们：

联系人：黄　强　联系电话：010-62515955

索取样书：书名：________________________________

书号：____________________________________

备注：※ 为必填项。